enseignement • formation • restauration • hôtellerie
collection dirigée par Domi...

LE VIN
ET LES VINS
AU RESTAURANT

ÉLABORATION
ORIGINES
DÉGUSTATION
CONSERVATION
SERVICE
ACCORDS VINS ET METS

Paul Brunet

Ce livre a obtenu, en 2003, le Grand Prix du meilleur ouvrage de l'Académie Nationale de Cuisine

Espace Clichy - 38, rue Mozart - 92587 Clichy cedex - Tél. 01 41 40 81 40 - Fax 01 41 40 81 41
Site Internet : www.editions-bpi.fr   Email : bpi@editions-bpi.fr

Collection ENSEIGNEMENT - FORMATION RESTAURATION - HÔTELLERIE

- **LA CUISINE DE REFERENCE** (Nouvelle édition 2002) version complète
  Techniques et préparations de base + Fiches techniques de fabrication
  par Michel Maincent
- **LA CUISINE DE RÉFÉRENCE** (en deux volumes)
  Tome 1 : les techniques et préparations de base
  Tome 2 : les fiches techniques de fabrication - *par Michel Maincent*
- **CUISINE DE RÉFÉRENCE** (édition 93 en un seul livre)
  Préparations et techniques de base - Fiches techniques de fabrication
  par Michel Maincent
- **TECHNOLOGIE CULINAIRE** (tous niveaux) – Personnel, équipements, matériel, produtis, Hygiène et sécurité - *par Michel Maincent*
- **TRAVAUX PRATIQUES DE CUISINE**
  Fiches techniques de fabrication - *par Michel Maincent*

Edition en langue anglaise :
- **PRACTICAL KITCHEN WORK**
  The basic arts of cooking - *par Michel Maincent, traduction Michael Anker*
- **LA TECHNOLOGIE APPLIQUÉE EN CUISINE** *par Dominique Béhague*
- **MODULES DE TECHNOLOGIE CULINAIRE**
  Tomes 1 et 2 en 2 ouvrages : livre du professeur, livre de l'élève
  (Fiches évaluation incluses) – *par M. Faraguna et M. Muschert*
- **CULTURE ET CONNAISSANCE CULINAIRE**
  Bac Techno hôtellerie Seconde
  Bac Techno hôtellerie Première - *par Stéphane Ollivier*
- **SAVOIRS ET TECHNIQUES DE RESTAURANT**
  Tome 1 : un savoir professionnel pour un service de qualité (mise à jour 2003)
  Tome 2 : mise à jour 2002 – *par Christian Ferret*
- **TP RESTAURANT** (tous niveaux) *par Christian Ferret*
- **CONNAISSANCE DES PRODUITS EN RESTAURATION**
  par Christian Ferret et Jean-Michel Framery
- **PRODUITS DE RESTAURANT**
  par P. Boileau, D. Gautier, M. Grosgeorge et D. Herry
- **TRAVAUX PRATIQUES DE RESTAURANT**
  Tome 1 : Préparations - Découpages - Flambages - *par T. Boulicot et D. Jeuffrault*
  Tome 2 : Mise en place - Décoration - Service - *par Thierry Boulicot*
- **DICTIONNAIRE DE RESTAURANT**
  par Bernard Galliot
- **LE VIN ET LES VINS ÉTRANGERS** (nouvelle édition 2004)
  Origines - Productions - Cépages - Caractères - Accords vins et mets - *par Paul Brunet*
- **VINS ET AUTRES BOISSONS (BEP-CAP)** - *par Paul Brunet*
- **PRATIQUE DU BAR ET DES COCKTAILS**
  Etudes sur les boissons - Cocktails - Technologie du bar - Gestion
  par Michel Cailhol et Bernard Grosselin
- **PLAN COMPTABLE PROFESSIONNEL DE L'INDUSTRIE HÔTELIÈRE**
- **GESTION DE L'ENTREPRISE** en 2 tomes (Bac. Pro. Restauration 1ère et 2ème années) (édition 2003) - *par Nicole Bach et Jean-Claude Oulé*
- **GESTION HÔTELIÈRE** (Bac. Techno. Hôtellerie - Première)
  par M.N. Bontoux et F. Pierson
- **GESTION HÔTELIÈRE** (Bac. Techno. Hôtellerie - Terminale) + Corrigé
  par J.J. Cariou et M. Leurion
- **CAS PRATIQUES DE GESTION HÔTELIÈRE** (Bac. Techno. Hôtellerie - Première)
  par Florent Rey et J.J. Cariou + Corrigé
- **CAS PRATIQUES DE GESTION HÔTELIÈRE** (Bac. Techno. Hôtellerie - Terminale)
  14 premiers cas + Corrigé
  16 cas suivants + Corrigé – *par Florent Rey*
- **TECHNIQUES ET MOYENS DE GESTION** (BTS Hôtellerie-Restauration 1ère et 2ème année)
  en 4 ouvrages : le manuel, le corrigé du manuel, les TP, le corrigé des TP
  par Jean-Claude Oulé
- **DROIT DE L'ENTREPRISE HÔTELIÈRE** (avec mise à jour) - *par Renée Graglia*
- **DROIT APPLIQUÉ À L'ENTREPRISE HÔTELIÈRE** (Bac. Techno. Hôtellerie -Première)
  par Renée Graglia
- **DROIT APPLIQUÉ À L'ENTREPRISE HÔTELIÈRE** (Bac. Techno. Hôtellerie - Terminale)
  par Renée Graglia
- **DROIT** (BTS Hôtellerie-Restauration 1ère et 2ème année) *par J.J. CARIOU, J.C. Oulé*
- **ÉCONOMIE ET DROIT** (Bac. Techno. Hôtellerie - Seconde) - *par Renée Graglia et Jean-Luc Cordon*
- **ÉCONOMIE ET DROIT - Dossiers d'activité** (Bac. Techno. Hôtellerie - Terminale)
  par Jean-Jacques Cariou et Florent Rey
- **ECONOMIE D'ENTREPRISE** (BTS Hôtellerie-Restauration) - *par J.P. Barret*
- **MERCATIQUE HÔTELIÈRE ET TOURISTIQUE** (BTS Hôt.-Rest. et BTS Tourisme)
  en 2 ouvrages : 1ère et 2ème année + Corrigés - *par Corinne Van der Yeught*
- **L'EUROPE CONNAISSANCES EN GASTRONOMIE** – Version professeur, version élève
  par Robert Bruzzese et Didier Tourreille
- **HÉBERGEMENT ET COMMUNICATION PROFESSIONNELLE** (BTS Hôtellerie-Restauration 1ère et 2ème année) - *par Jean-François Coutelou et Jean Hannedouche*
- **ACCUEILLIR, HÉBERGER, COMMUNIQUER**
  Bac. Techno. Hôtellerie Terminale en 2 ouvrages : version professeur, version élève
  Bac. Techno. Hôtellerie Première en 2 ouvrages : version professeur, version élève
  Bac. Techno. Hôtellerie Seconde en 2 ouvrages : version professeur, version élève
  par M. Hartbrot et B. Leproust
- **BIENVENUE DANS LE MONDE DE L'HÉBERGEMENT** (CAP-BEP 1ère année)
  en 2 ouvrages : version professeur, version élève + Corrigé
  par G. Czapiewski, M. C. Lefer et F. Mainot

- **L'ALLEMAND EN 10 LECONS - Serveurs - Cuisiniers** - *par Elisabeth Brikké*
- **L'ESPAGNOL EN 10 LECONS - Serveurs – Cuisiniers** - *par Elisabeth Brikké*
- **ANGLAIS BAC PRO** - Livret d'exercices + corrigé - *par Gilles Raguin*
- **L'ANGLAIS EN 10 LECONS - restaurant** (nouvelle édition 99) - en 3 ouvrages : livre du professeur, livre de l'élève, activity book, CD et cassettes - *par Elisabeth Brikké*
- **L'ANGLAIS EN 10 LECONS - cuisine** (nouvelle édition 00) - en 3 ouvrages : livre du professeur, livre de l'élève, activity book, CD et cassettes - *par Elisabeth Brikké*
- **LA CONJUGAISON, maîtrisez les bases de la grammaire anglaise**
  par Dieudonné Zélé
- **SCIENCES APPLIQUÉES À L'ALIMENTATION ET À L'HYGIÈNE** (CAP-BEP)
  Nutrition - Microbiologie - Règles d'hygiène - *par Dominique Brunet-Loiseau*
- **SCIENCES APPLIQUÉES À L'ALIMENTATION - Besoins et rations alimentaires - Menus - Régimes simples** - *par Dominique Brunet-Loiseau*
- **MODULES DE SCIENCES APPLIQUÉES À L'HYGIÈNE ET À L'ALIMENTATION**
  en 3 ouvrages : version professeur, version élève (fiches d'évaluation incluses)
  Matrices pour transparents - *par M. Faraguna, J. Di Lena-Reiland et M. Muschert*
- **MODULES DE SCIENCES APPLIQUÉES À L'ÉQUIPEMENT** - avec 7 fiches d'auto-évaluation - en 3 ouvrages : version professeur, version élève. Matrices pour transparents
  par M. Faraguna, J. Di Léna-Reiland et M. Muschert
- **NUTRITION - ALIMENTATION** - 55 fiches techniques (BEP carrières sanitaires et sociales) - *par Brigitte Rougier*
- **TECHNOLOGIE :** Equipement - entretien - alimentation - 51 fiches techniques (BEP carrières sanitaires et sociales) + Corrigé
  par Brigitte Rougier et Alain Chrétien
- **TECHNOLOGIE :** Ergonomie - Qualité - Animation - Technologie des Produits
  63 fiches (BEP carrières sanitaires et sociales) - *par M.F. Collombet et S. Goussé*
- **SCIENCES APPLIQUÉES BAC PRO** + Corrigé
  par B. Rougier, A. Chrétien, D. Laprévotte et C. Thiébault
- **DÉCORS ET PRÉSENTATIONS** - Assiettes - Plats - Buffets froids
  par Jean-Pierre Lebland et Olivier Dugabelle
- **L'ART DES PRÉSENTATIONS** - Assiettes - Plats - Buffets et tables dressés - Pièces factices - Techniques de décors - Canapés - *par J.P. Lebland*
- **ANNALES Bac. Pro. Restauration** en 2 ouvrages : sujets et corrigés 1994 – 1995
- **ANNALES Bac. Pro. Restauration** : sujets 1996 - 1997 - 1998 – 1999
- **ANNALES Bac. Pro. Restauration** : sujets et corrigés 2000 – 2001 - 2002
- **ANNALES BEP hôtellerie-restaur./CAP cuisine- restaur.-hébergement** : 1998
- **ANNALES BTS hôtellerie-restauration** en 2 ouvrages : sujets et corrigés 1997 – 1998

Collection ENSEIGNEMENT - FORMATION - TOURISME

- **DROIT DU TOURISME** (BTS Tourisme-Loisirs) - *par Danièle Rubio-Ayache*
- **ÉCONOMIE TOURISTIQUE** (BTS Hôtellerie-Restauration, formations supérieures)
  par Pascal Goureaux
- **L'ANGLAIS DU TOURISME EN 30 ESCALES** - *par Elisabeth Brikké*
- **PLAN COMPTABLE PROFESSIONNEL DES AGENCES DE VOYAGES**
- **GÉOGRAPHIE DU TOURISME** - *par J.C. Dinety et E. Proust*
- **LES GRANDS BASSINS TOURISTIQUES MONDIAUX** - *par M. Cogen-Vermesse, J.C. Dinety et E. Proust*
- **LA FRANCE DES PATRIMOINES** (BTS Tourisme) - *par J.C.Dinety, E. Proust, R. Rossi*

Collection BEP et CAP LES MÉTIERS DE LA RESTAURATION ET DE L'HÔTELLERIE
LE NOUVEAU PROGRAMME COMPLET ILLUSTRÉ

- **BEP – TECHNOLOGIE CULINAIRE**
  par Michel Maincent, Robert Labat et Richard Leman
- **BEP – TECHNOLOGIE RESTAURANT + CAHIER D'EXERCICES**
  par Christian Ferret
- **BEP – ENVIRONNEMENT ÉCONOMIQUE JURIDIQUE ET SOCIAL** + Corrigé
  par Christiane Balanger
- **BEP – SCIENCES APPLIQUÉES** + Corrigé
  par Brigitte Rougier et Alain Chrétien

Collection CAP RESTAURANT – CUISINE – SERVICES HÔTELIERS
FORMATION PAR ALTERNANCE

- **CAP – RESTAURANT 1ère année et 2ème année** - Version Professeur - Version Elève
  par Jean-François Augez-Sartral
- **CAP – SERVICES HÔTELIERS 1ère année et 2ème année** - Version Professeur - Version Elève
  par Jean-François Augez-Sartral
- **CAP – CONNAISSANCE DE L'ENTREPRISE HÔTELIÈRE** + Corrigé
  par Christiane Balanger

Collection BEP et CAP RESTAURANT – CUISINE
LE NOUVEAU PROGRAMME EN 100 PAGES

- **BEP – CONNAISSANCES TECHNOLOGIQUES DE CUISINE**
  par Jean-Philippe Vichard et Olivier Tondusson
- **CAP – CONNAISSANCES TECHNOLOGIQUES RESTAURANT**
  par Olivier Sapelkine
- **CAP – CONNAISSANCES TECHNOLOGIQUES DE CUISINE**
  par Jean-Philippe Vichard et Olivier Tondusson
- **CAP – SCIENCES APPLIQUÉES** – Alimentation – Hygiène – Équipements
  par M.F. Jan, D. Legrand
- **CAP - TECHNOLOGIE CULINAIRE**
  par Michel Maincent, Robert Labat, Richard Leman

© Editions BPI 2005
ISBN : 2 85708 409-9   ISSN : 0981-6615

Tous droits de traduction, d'adaptation et de reproduction par tous procédés réservés pour tous pays.
"Toute représentation ou reproduction, intégrale ou partielle, des textes et des illustrations, faite sans le consentement de l'auteur, ou de ses ayants-droit ou ayants-cause est illicite (loi du 11 mars 1957, alinéa 1er de l'article 40)».
Cette représentation ou reproduction, par quelque procédé que ce soit (photocopies, photos, films), constituerait une contrefaçon sanctionnée par les articles 425 et suivants du Code pénal. La loi du 11 mars 1957 n'autorise, aux termes des alinéas 2 et 3 de l'article 41, que les copies ou reproductions strictement réservées à l'usage privé du copiste et non destinées à une utilisation collective d'une part et, d'autre part, que les analyses et les courtes citations dans un but d'exemples et d'illustrations."

Introduction

notre patrimoine culturel. Restaurateurs, vous devez connaître le produit que vous proposez, ne serait-ce que par respect pour toutes les personnes : vigneron, maître de chai, œnologue, éleveur, etc. qui ont œuvré pour élaborer un produit de qualité. Quelle déception pour le client, lorsqu'en quelques minutes, tous ces efforts sont annihilés par un professionnel ou prétendu tel, pour qui le vin n'est qu'une boisson comme les autres et tous les clients, des ignorants.

Savoir vendre le vin :
Dernier maillon de la chaîne, la personne qui assure le service des vins (sommelier, restaurateur, maître d'hôtel, chef de rang, etc.) **doit impérativement respecter certaines règles,** sinon les clients boiront "la bonne bouteille" à la maison. D'autant qu'avec le développement d'Internet, des magasins spécialisés dans la vente des vins et les nombreuses publications dont ils disposent, ils n'auront aucune peine à se procurer la bouteille convoitée. Cela serait dommage pour le restaurateur. C'est la raison pour laquelle un long chapitre est consacré au **service :** où couper la capsule ? Quels verres choisir ? Quelle est la différence entre le décantage et le passage en carafe ?

Bien évidemment, **les accords vins/mets** occupent une place importante. Ce livre aborde également l'étude des différents vignobles français et étrangers. Eh oui ! Il existe de bons vins étrangers, dignes de figurer sur les meilleures tables ! Le restaurateur qui ne connaît pas des vins comme l'Opus One, le Vega Sicilia, le Grange, le Sassicaia… se trouve dans le cas d'un restaurateur étranger qui n'aurait jamais entendu parler de Pétrus, Margaux, Chambertin, Montrachet, Château-Chalon… De nos jours, a-t-on le droit d'ignorer les vins d'Australie, du Chili, d'Afrique du Sud ? A plus forte raison ceux d'Espagne, d'Italie et du Portugal pour ne citer que quelques pays.

En ce qui concerne les vins français, un restaurateur n'a pas le droit d'ignorer des crus tels que Château Margaux, Pétrus, Château d'Yquem, la Romanée Conti, Château-Chalon, Château Grillet, etc. Sinon, il se trouve dans la situation d'un spécialiste de la musique qui ignorerait tout de Mozart ou de Chopin ou d'un spécialiste de la peinture incapable de situer Rembrandt ou Picasso. L'étude des chapitres consacrés aux différentes régions ne doit pas se limiter pour autant à une énumération fastidieuse de crus plus ou moins connus. En effet, réciter par cœur les crus classés du Médoc en 1855, ou les 13 cépages admis pour l'A.O.C Châteauneuf-du-Pape, ne sert pas à grand chose à celui qui ignore l'existence des crus bourgeois du Médoc, des vins de Buzet, du Madiran, de Monthélie ; ou qui est incapable d'expliquer à un client la différence entre un Beaujolais et un Beaujolais Villages… Pour ne citer que ces quelques exemples.

Evidemment, un restaurateur, à plus forte raison un élève, ne peut pas mémoriser toutes les appellations. Mais chacun doit savoir qu'en dehors des vins toujours cités, il existe en France des vins moins connus, qui en raison de leur rapport qualité prix, présentent l'avantage de pouvoir se vendre facilement en restauration. De tels vins sont signalés dans cet ouvrage.

Mieux retenir grâce aux moyens mnémotechniques :
Afin de faciliter l'étude, des moyens mnémotechniques sont cités ou utilisés. Par exemple, il n'est pas toujours facile de savoir si telle appellation produit du vin blanc, du vin rouge ou les deux. Le système de couleurs adopté, utilisé par l'auteur depuis plus de 30 ans, donne de bons résultats : les vins rouges figurent en rouge (**Pomerol**), les vins blancs en bleu (**Sauternes**), les appellations qui produisent du blanc et du rouge sont présentées de cette façon : **Graves**. Pour éviter les confusions avec crus, villes-repères, cépages, etc., seules les appellations d'origine figurent en couleur. Par exemple, pour l'Alsace : Riesling n'est pas écrit en couleur, car l'A.O.C Riesling n'existe pas et ne peut pas exister. On trouvera de même : Château Latour appellation **Pauillac** contrôlée, car Château Latour ne constitue pas une A.O.C, etc. D'autres moyens mnémotechniques sont proposés, comme celui permettant de mémoriser les vins de la Côte-d'Or, en faisant la différence entre ceux produits en Côte-de-Nuits et ceux produits en Côte-de-Beaune, exercice difficile, même pour les spécialistes de la sommellerie.

Les sommeliers, "espèce en voie de disparition" au début des années soixante, sont de plus en plus nombreux. En 30 ans, en France, ils sont passés d'une cinquantaine à plus de 1 500. Malgré cette forte augmentation, la plupart des établissements n'en ont pas, ou pas encore… Dans ces restaurants, nombreux sont ceux qui chaque jour doivent en remplir les fonctions. Pour cela, il serait souhaitable qu'ils possèdent des connaissances élémentaires en œnologie, une bonne connaissance des vignobles, une bonne aptitude à la dégustation, sans oublier une bonne dose de psychologie et d'expérience. Vaste programme… Heureusement, la plupart d'entre eux, même s'ils ne s'y consacrent pas entièrement, sont des passionnés du vin, ou le deviendront. Puisse cet ouvrage les aider à découvrir ou approfondir "le monde merveilleux de la vigne et du vin"*.

Paul BRUNET

* A consommer avec modération.

Remerciements

*L'auteur exprime toute sa gratitude aux personnes et aux organismes qui lui ont apporté
leur soutien lors de la réédition de cet ouvrage, soit en lui faisant parvenir
de la documentation soit en lui permettant de reproduire certains documents.
Il est difficile de citer toutes les personnes contactées, surtout au niveau des étiquettes.
Que ceux qui ne figurent pas dans cette liste sachent que l'auteur a été très sensible
à leur collaboration : l'envoi d'une étiquette, la confirmation d'une anecdote,
sont autant de gestes pour lesquels il leur adresse ses remerciements les plus sincères.*

- ANIVIT - Paris, en particulier à Monsieur J L Maillard.
- I.N.A.O Paris.
- SOPEXA - Paris.
- ONIVINS - Paris.
- LA JOURNEE VINICOLE – Montpellier.
- O.I.V. – Paris.
- CONSEIL INTERPROFESSIONNEL des vins de d'Alsace (Monsieur Vézien, Madame Denoue) - Colmar.
- BUREAU NATIONAL Interprofessionnel de l'Armagnac - Eauze.
- UNION INTERPROFESSIONNELLE des vins du Beaujolais – Villefranche-sur-Saône.
- CONSEIL INTERPROFESSIONNEL des vins de la région de Bergerac - Bergerac.
- CONSEIL INTERPROFESSIONNEL des vins de Bordeaux - Bordeaux.
- SYNDICAT VITICOLE de Saint-Emilion – Saint-Emilion.
- AMBASSADE DES VINS de Sauternes – Sauternes.
- CONSEIL DES VINS du Médoc (Monsieur Viaut)
- BUREAU INTERPROFESSIONNEL des vins de Bourgogne (Monsieur Servant) - Beaune.
- UNION INTERPROFESSIONNELLE des vins de Cahors - Cahors.
- BUREAU NATIONAL Interprofessionnel des Calvados, Eaux-de-vie de cidre et de poiré (Mme Frêné) - Caen.
- COMITE INTERPROFESSIONNEL des vins de Champagne (Mme Batonnet) - Epernay.
- BUREAU NATIONAL Interprofessionnel du Cognac - Cognac.
- COMITE NATIONAL du Pineau des Charentes - Cognac
- CONSEIL INTERPROFESSIONNEL des vins de Provence (Monsieur Millo) - Les Arcs.
- ASSOCIATION DES VINS de Bandol – Le Beausset.
- INTER-RHONE-Avignon.
- FEDERATION DES SYNDICATS de producteurs de Châteauneuf-du-Pape – Châteauneuf-du-Pape.
- CONSEIL INTERPROFESSIONNEL des vins du Languedoc - Narbonne.
- SYNDICAT des Coteaux du Languedoc (J.P Granier) - Lattes.
- GIP Côtes du Roussillon et Côtes du Roussillon-Villages (Ann Bouard) - Perpignan.
- INAO de Perpignan (M. Paloc) - Perpignan.
- SYNDICAT DE L'AOC Corbières - Boutenac.
- COMITE INTERPROFESSIONNEL des vins de Savoie (Mme Lhomme) - Chambéry.
- F.I.V.AL Fédération des vins d'appellation d'origine du Val de Loire (M. Cabasse) - Tours.
- BUREAU INTERPROFESSIONNEL des vins de Centre - Sancerre.
- COMITE INTERPROFESSIONNEL des vins de Nantes - La Haie-Fouassière.
- COMITE INTERPROFESSIONNEL des vins d'Anjou et de Saumur - Angers.
- SYNDICAT DE L'AOC Cabardès - Aragon.
- COMITE INTERPROFESSIONNEL des vins doux naturels à AOC - Perpignan.
- COMITE INTERPROFESSIONNEL des vins du Sud-Ouest - Castanet-Tolosan.
- ASI – Association de la Sommellerie internationale (Monsieur Vaccarini).
- BENEDICTINE - Fécamp.
- BRASSEURS DE FRANCE -Paris.
- CACAO BARRY - Meulan.
- CHAMBRAIR Suisse.
- CHAMPAGNE RUINART (Mme Chamtôme, M de Calonne) - Reims.
- CHAMPAGNE LOUIS ROEDERER - Reims.
- CHAMPAGNE MERCIER - Epernay.
- CHAMPAGNE JACQUART - Reims.
- CAVE DES PRODUCTEURS JURANCON - Gan.
- CAVE DES VIGNERONS - Beaumes-de-Venise.
- CIDIL (Monsieur Rochard) - Paris.
- COINTREAU - St Barthelemy.
- DIRECTION DE LA CULTURE de la ville de Bordeaux.
- DOMAINE DE LA CITADELLE -Menerbes.
- DOMAINE HENRI MAIRE - Arbois.
- DOMAINE DE LISTEL - Sète.
- EUROFINS - Nantes.
- LE HAMEAU EN BEAUJOLAIS - Romanèche-Thorins.
- L'ESPRIT ET LE VIN - Paris.
- INSTITUT PASTEUR- Paris.
- JAILLANCE - Die.
- JEAN LENOIR - Carnoux-en Provence.
- M.M LELIEVRE ET LAROPPE - Côtes de Toul.
- MARIE BRIZARD - Bordeaux.
- MARNIER- LAPOSTOLE - Paris.
- MOET & CHANDON Centre de ressources documentaires Epernay.
- MUSE DU VIN (Monsieur Croizat) - Paris.
- NICOLAS JOLY La Coulée de Serrant - Savennières.
- DISTILLERIE Bertrand - Uberach.
- COMITE FRANÇAIS du Café - Paris.
- PELLENC - Perthuis.
- PHILIPPE FAURE-BRAC, Meilleur Sommelier du Monde - Paris.
- PHOTOTHEQUE CDT JURA - Lons-le-Saunier.
- PRODUCTEURS PLAIMONT - Saint-Mont.
- SAINT-GOBAIN emballage (Monsieur Bonnefous).
- SOCIETE CIVILE de la Romanée-Conti.
- SOCAREL - Manneville-sur-Risle.
- TONNELLERIE RADOUX - Jonzac.
- TORREFACTEURS DE FRANCE - Paris.
- UDSF Union de la Sommellerie Française (Georges Pertuiset et Catherine Doré).
- STATION ŒNOTECHNIQUE de Champagne - Epernay.
- VINICOLE PERA - Montpellier.

1. LA VIGNE EN FRANCE

Bref historique et évolution du vignoble..........................P 12
Encépagement ....P 16
Vignoble français,
localisation des principaux cépages ....P 18
Position de la France
dans le marché mondial du vin ....P 18
Connaissances indispensables
pour un restaurateur ou un œnophile ....P 18

2. VIN ET RAISIN

Le vin, définition légale ....P 22
Le raisin : composition, évolution
en cours de maturation ....P 23
Facteurs influençant la qualité ....P 26
Culture biodynamique et culture biologique ....P 27
Le moût ....P 28
Amélioration de la vendange ....P 28

3. LA FERMENTATION ALCOOLIQUE

Rappel de la définition des fermentations ....P 34
Mécanisme de la fermentation alcoolique ....P 34
Rôle de Pasteur ....P 36
Les levures ....P 36
Surveillance et contrôle de la fermentation
alcoolique ....P 38

4. LES VINIFICATIONS

Opérations communes aux diverses vinifications ....P 42
Vinification en rouge ....P 43
Vinification en rosé ....P 44
Vinification en blanc ....P 44
Soins essentiels ....P 45
Vinifications spéciales ....P 47

5. LE STOCKAGE ET LA CONSERVATION DES VINS

Principaux facteurs intervenant
dans la conservation d'un vin ....P 54
Combien de temps peut-on conserver un vin ? ....P 54
Millésimes et conservation,
existe-t-il de mauvais millésimes ? ....P 59
Durée moyenne de conservation
des principaux vins ....P 60
Importance des conditions de stockage ....P 61
La cave ....P 62

6. LA DÉGUSTATION

Définition - objectifs ....P 68
Comment aborder la dégustation ....P 70
Phases de la dégustation ....P 73
Quelques défauts des vins ....P 78
Vocabulaire du vin ....P 78
Caractères de quelques cépages français ....P 80
Quelques dégustations particulières ....P 81

7. LE VIN ET LA LOI

Notion d'appellation d'origine et recherche
de la qualité ....P 84
Conditions de production
des appellations d'origine ....P 86
Différentes catégories de vin
dans l'U.E. et en France ....P 89
Savoir lire une étiquette, carte d'identité du vin ....P 93
Vin et fiscalité ....P 95
Bouteilles et autres contenants ....P 97
Carte des vins ....P 98

8. LE SERVICE DES VINS AU RESTAURANT

Trop d'erreurs ....P 100
Le sommelier, son rôle, ses objectifs, sa formation .....P 100
Le service : présentation du vin, débouchage ....P 104
Température de service ....P 109
Décantage et passage en carafe :
choix du matériel, comment procéder ? ....P 111

SUITE

Sommaire

9. L'ÉTUDE DES VIGNOBLES

Une tâche difficile, mais pas insurmontable ....P 116
Acquisition des connaissances de base........................P 117
Les vins étrangers, une chance ou un danger ? ....P 120

10. LE VIGNOBLE ET LES VINS DE BORDEAUX

Présentation du vignoble bordelais
(importance, cépages, classements…)............................P 124
Le Médoc et les Graves ....P 130
Les grands vins blancs moelleux et liquoreux ....P 136
L'Entre-Deux-Mers, les vins blancs secs ....P 140
Saint-Emilion - Pomerol - Fronsac (Le Libournais)......P 141
Les vins de "Côtes" ....P 147
Caractères des vins – Accords avec les mets*
Restaurateurs et vins du Bordelais*

11. LE VIGNOBLE ET LES VINS DE BOURGOGNE, DU BEAUJOLAIS ET DU LYONNAIS

Présentation du vignoble bourguignon
(importance, cépages, classements…)............................P 152
Appellations régionales..P 156
Les vignobles de l'Yonne...P 158
Les vignobles de la Côte-d'Or
(Côte de Nuits, Côte de Beaune)..................................P 161
Les vignobles de Saône-et-Loire ....P 172
Le Beaujolais et le Lyonnais..P 177
Caractères des vins - Accords avec les mets*
Restaurateurs et vins de Bourgogne et du Beaujolais*

12. LE VIGNOBLE ET LES VINS DE CHAMPAGNE

Présentation du vignoble
(importance, cépages, classements…)............................P 184
Liste des appellations et principales caractéristiques....P 187
Elaboration du Champagne..P 188
Caractères des vins - Accords avec les mets ....P 190
Restaurateurs et vins de Champagne............................P 191

13. LES VIGNOBLES ET LES VINS D'ALSACE, DE LORRAINE, DU JURA, DE SAVOIE ET DU BUGEY

Alsace (présentation, cépages,
appellations, VT, SGN…)...P 196
Lorraine (présentation, cépages, appellations…)...........P 204
Jura (présentation, cépages, appellations,
vin jaune, vin de paille…)..P 206
Savoie (présentation, cépages, appellations…) ....P 210
Bugey (présentation, cépages, appellations…) ....P 215
Caractères des vins - Accords avec les mets*
Restaurateurs et vins des différentes régions*

14. LES VIGNOBLES ET LES VINS DE LA VALLÉE DU RHÔNE, DE PROVENCE ET DE CORSE

Vallée du Rhône ....P 218
   Côtes du Rhône..P 218
   Côtes du Rhône septentrionales.............................P 221
   Côtes du Rhône méridionales................................P 224
   Autres vins de la Vallée du Rhône.........................P 227
Provence ....P 230
Corse..P 235
Caractères des vins - Accords avec les mets*
Restaurateurs et vins de la Vallée du Rhône,
de Provence et de Corse*

15. LES VIGNOBLES ET LES VINS DU LANGUEDOC ET DU ROUSSILLON

Languedoc..P 241
   Coteaux du Languedoc ....P 241
   Autres vins du Languedoc ....P 245
Roussillon ....P 249
Vins Doux Naturels (VDN) ....P 251
Caractères des vins - Accords avec les mets*
Restaurateurs et vins du Languedoc,
du Roussillon et VDN*

* A la suite de chaque région, sous-région ou pays pour les vins de l'UE.

16. LES VIGNOBLES ET LES VINS DU BERGERACOIS, DES PYRÉNÉES-ATLANTIQUES, DES LANDES ET DU GERS, DU LOT-ET-GARONNE, DE CAHORS ET AUTRES VINS DU SUD-OUEST DE LA FRANCE

Présentation des vignobles .... P 258
Bergeracois .... P 259
Pyrénées-Atlantiques, Landes et Gers .... P 262
Lot-et-Garonne .... P 265
Cahors .... P 266
Autres vins du Sud-Ouest de la France .... P 268
Caractères des vins - Accords avec les mets*
Restaurateurs et vins de ces différentes régions*

17. LES VIGNOBLES ET LES VINS DU VAL DE LOIRE ET DU CENTRE

Présentation des vignobles .... P 272
Centre Loire et Centre .... P 273
Touraine et Appellations "limitrophes" de la Touraine ... P 277
Appellations communes à la Touraine et à l'Anjou .... P 282
Anjou et Appellations "limitrophes" de l'Anjou .... P 282
Les vins de Nantes .... P 289
Caractères des vins - Accords avec les mets*
Restaurateurs et vins de ces différentes régions*

18. QUELQUES VIGNOBLES ET QUELQUES VINS ETRANGERS

Les Français et les vins étrangers .... P 294
Principaux pays producteurs de vin en Europe .... P 295
Caractères des vins - Accords avec les mets*
Autres pays d'Europe producteurs de vin .... P 306
Autres pays producteurs de vin dans le monde .... P 311

19. LES EAUX-DE-VIE ET LES LIQUEURS

Eaux-de-vie (Cognac, Armagnac, Calvados, Rhum, eaux-de-vie de fruits) :
   Différentes catégories, élaboration, service .... P 316
   Principales eaux-de-vie étrangères .... P 326
Liqueurs :
   Différentes catégories, élaboration, service .... P 328
   Quelques liqueurs étrangères .... P 330

20. LES AUTRES BOISSONS

Boissons alcoolisées :
   VDL et Pommeaux .... P 332
   Cidres, bières, apéritifs .... P 334
   Pétillants de Raisin, cocktails à base de vin .... P 336
Boissons sans alcool :
   Eaux, jus de fruits .... P 337
   Boissons chaudes (café, thé, chocolat…) .... P 339

21. LES APPROVISIONNEMENTS

Achats - Détermination des besoins .... P 344
Détermination des besoins .... P 344
Où, quand et comment acheter ? .... P 346
La "gestion" de la cave .... P 351

22. LA COMMERCIALISATION

Choix d'une politique .... P 358
La carte des vins : présentation, aspect législatif .... P 362
La prise de commande .... P 367

23. LES ACCORDS VINS ET METS

Un sujet délicat, comment l'aborder ? .... P 373
Critères de choix .... P 374
Combien de vins au cours d'un même repas .... P 375
Faites preuve d'originalité .... P 376
Quel vin servir avec… ? .... P 377
Choix à partir de 5 critères .... P 380
Repas de fêtes .... P 391

ANNEXES .... P 393

BIBLIOGRAPHIE .... P 414

INDEX .... P 415

> Il est rappelé que l'abus d'alcool est dangereux pour la santé et qu'il convient de consommer les boissons alcoolisées avec modération.

La vigne en France

PHOTO : DUBŒUF

Vendanges en Beaujolais.

Bref historique et évolution du vignoble
Origines
La vigne au Moyen Âge
Le passé récent

Encépagement
Reproduction des cépages et évolution de l'encépagement
Classification
Localisation des principaux cépages

Connaissances indispensables pour un restaurateur

Position de la France dans le marché mondial du vin
Quelques chiffres
Superficies plantées en vigne
Production
Consommation
Importations - Exportations

BREF HISTORIQUE ET ÉVOLUTION DU VIGNOBLE

En Egypte 1400 ans avant JC.

Bacchus : dieu du vin pour les Romains.

SOURCE : HISTOIRE DU VIGNERON, DE LA VIGNE ET DU VIN - ANIV IT

**LA GAULE - LA FRANCE
Développement du vignoble.
Les acteurs de la croissance du vignoble**

Pendant la période gallo-romaine, le vignoble suit deux lignes d'implantation ; un itinéraire Narbonne, Toulouse, Gaillac, Bordeaux, un second itinéraire, Avignon, Vienne, Bourgogne, Moselle.

La vigne est considérée comme une des plantes les plus anciennes de la terre. Des traces de son existence relevées dans de nombreuses régions du globe (Groenland, Japon, Islande,...) prouvent que cette plante a précédé l'homme sur la terre. En France des fossiles du tertiaire ont été retrouvés dans la région de Sézanne, en Champagne ; d'autres du quaternaire dans la région de Montpellier. Il s'agissait alors de vigne sauvage poussant à l'état spontané.

Avant de poursuivre, une précision s'impose. Il faut bien faire la différence entre **la vigne** et **la viticulture**. Comme nous venons de le voir, l'origine de la vigne se perd dans la nuit des temps. En revanche, l'origine de la viticulture (c'est-à-dire la vigne cultivée) est beaucoup plus récente. Elle serait apparue aux environs de 7 000 ans avant J.C.

Origines

Pour de nombreux spécialistes, la vigne que nous connaissons aujourd'hui est originaire d'Asie Mineure. Les habitants de ces régions furent certainement les premiers "consommateurs" de vin. Personne ne sait exactement où et comment est née cette boisson. Peut-être en Perse, si on en croit la légende. Un roi de Perse aurait stocké des raisins dans une jarre, sur laquelle était inscrit "poison" et les y aurait oubliés. Une femme de son harem, délaissée et souhaitant mettre fin à ses jours, but le breuvage. Celui-ci lui redonna force et gaieté. Elle le fit goûter au roi qui l'apprécia. La belle retrouva alors les faveurs du souverain qui décréta qu'il faudrait dorénavant laisser les raisins fermenter. Ainsi serait né le premier vin, mais il ne s'agit que d'une légende...

Notons également que cette boisson est citée plus de 500 fois dans la Bible, et que le souvenir de la célèbre "cuite" de Noé est parvenu jusqu'à nous. Selon la Genèse, Noé fut le premier vigneron.

De nos jours, nous sommes loin de la vigne poussant à l'état spontané ; la main de l'homme a façonné cette plante qui appartient à la famille des **ampélidacées**. Partie d'Asie mineure, elle s'est répandue très rapidement. Plus de 2 000 ans avant J.C., elle était déjà présente en Egypte. Ce sont les Egyptiens qui ont appris aux Grecs à cultiver la vigne. Ces derniers ont transmis leur savoir aux Romains puis les Romains aux Gaulois.

Evidemment, la mythologie grecque donne une autre version des faits : ce ne serait pas les Egyptiens qui auraient appris aux Grecs à cultiver la vigne et à élaborer le vin, mais **Dionysos**, dieu grec de la végétation et en particulier de la vigne et du vin. Ce fils de Zeus et de Sémélé, est devenu **Bacchus** pour les Romains.

Dans l'Iliade et dans l'Odyssée, Homère fait souvent référence à la production et au commerce des vins en Grèce. Le vin ne fut-il pas l'arme secrète d'Ulysse face au cyclope Polyphème qui l'avait fait prisonnier ?

Au temps des romains

Des règles très précises régissent l'élaboration du vin. La date du début des vendanges est annoncée au son de la trompe, pour éviter que la cueillette ne commence avant maturité complète. Il est interdit de vendre ou de goûter les vins avant les **vinalies** (23 avril). Les vins sont déjà collés (clarifiés) au blanc d'œuf.

La première mention d'un "premier cru" réservée au célèbre vin de Falerne date de plus d'un siècle avant J.C.. Du vin pur ou coupé d'eau, était servi dans les échoppes qui bordaient les rues de Pompéi, avant la terrible éruption de 79.

La vigne en France

Ces quelques exemples nous montrent que les Romains étaient très attachés à la production de vin de qualité.

Au temps des gaulois

La vigne apparaît sur les rives de la Méditerranée 6 siècles avant J.C.. Les Gaulois sont de bons cultivateurs. Leur vignoble devient rapidement très prospère et leurs vins très prisés des Romains. Ils sont pourtant victimes de leur propre succès. En 92, l'empereur Domitien décrète l'arrachage de la moitié des vignes plantées en Gaule, prétextant favoriser la culture du blé. En réalité, il s'agissait de sauver la viticulture de la péninsule. Il faudra attendre l'an 281 et l'empereur Probus pour que la culture de la vigne soit à nouveau encouragée. L'extension du vignoble français date de cette époque.

D'après certains auteurs, ce sont les Gaulois qui auraient inventé le tonneau. En réalité, le tonneau n'a pas été inventé par les Gaulois mais par les Celtes.

La vigne au Moyen Âge

De nombreux personnages célèbres ont favorisé l'extension des vignobles de qualité : Charlemagne était propriétaire de vignes en Bourgogne, où un cru très connu porte encore son nom le *Corton-Charlemagne*. Au XIVe siècle, ce sont les papes français qui résidaient alors en Avignon qui ont créé le vignoble de *Châteauneuf-du-Pape*.

L'Eglise a joué un rôle prépondérant dans la propagation du vignoble et l'amélioration des techniques de vinification. Cela s'explique par le fait que le vin est utilisé pour célébrer la messe. Autour des monastères, les moines défrichent et plantent la vigne. Partout apparaissent alors des ceps. Nous devons aux Cisterciens nos grands vins de Bourgogne par exemple le Clos de Vougeot. La vigne est cultivée à Paris et aux portes de Paris (Passy, Suresnes, Argenteuil, Montmartre...). La plupart de ces vignobles ont disparu, mais il reste encore une petite vigne à Montmartre.

De nombreux documents nous prouvent que les moines font de gros efforts pour améliorer la qualité de leur vin. Pourquoi les ecclésiastiques se contenteraient-ils de vins de qualité médiocre ? Vivant en autarcie, ils favorisent les cultures vivrières et plus particulièrement la vigne. Lorsque l'on se penche sur l'histoire de la gastronomie, une constatation s'impose : presque partout où il y a du vin et du fromage, si l'on "gratte un peu" on trouve des moines…

Au cours du Moyen Âge, les vins français sont largement exportés vers l'Angleterre, les Flandres et les pays nordiques.

Le passé récent

Au cours des siècles derniers, la viticulture a connu des fortunes diverses. Au début du XVIIIe siècle, la France produisait trop de vin et pas assez de blé. Il fallut arracher des vignes et interdire les plantations nouvelles. Par la suite, certains événements ont profondément modifié la structure du vignoble français et la façon d'élaborer les vins. Citons par exemple le développement des moyens de transport et le terrible hiver de **1709.** Cette année-là, la mer gela sur les côtes, de nombreux vignobles subirent d'importants dégâts. Certains furent entièrement détruits. Ce fut le cas du vignoble nantais, entre autres.

D'autre part, il est impossible de parler de l'histoire de la vigne et du vin en France sans mentionner les travaux de **Pasteur,** le "père de l'œnologie moderne". Ses recherches, effectuées dans la deuxième partie du XIXe siècle ont permis de mieux maîtriser les problèmes complexes de la fermentation alcoolique (voir chapitre sur la fermentation alcoolique).

Mais le fait le plus marquant de toute l'histoire récente du vignoble français est incontestablement **l'invasion du phylloxéra,** ennemi numéro un de la vigne.

Il s'agit d'un puceron introduit accidentellement en France, lors d'essais de nouveaux plants. Sa présence fut signa-

Charlemagne possédait des vignes en Bourgogne.

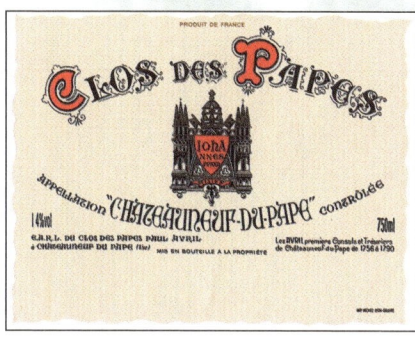

Ce sont les papes qui, au XIVe siècle, ont créé le vignoble de Châteauneuf-du-Pape.

Le Clos de Vougeot : les moines cisterciens y plantèrent la vigne dès le XIIe siècle.

L'abbaye de Passy avant la Révolution.

La vigne en France

lée, pour la première fois, dans le Gard en **1864.** Dix ans après, le vignoble français avait pratiquement disparu. Aucune région ne fut épargnée. Pendant de nombreuses années, les spécialistes cherchèrent, en vain, à lutter contre ce fléau. La submersion des vignes fut pratiquée partout où cela était possible. Seuls les vignobles plantés dans le sable furent épargnés, sans doute parce que dans ce cas l'insecte ne peut pas creuser de galeries pour passer d'un cep à l'autre. C'est à ce moment que sont apparus les vins de sable, dont certains subsistent encore (vignoble de Listel), mais il n'était pas question de reconstituer tout le vignoble sur les plages, même si à cette époque elles étaient souvent désertes.

L'injection de sulfure de carbone dans le sol fut alors essayée. Rien n'y fit. Ce fut une véritable catastrophe. La solution fut enfin trouvée grâce à la vigne d'origine américaine qui résistait particulièrement bien au phylloxéra. D'où l'idée de greffer les cépages français sur des porte-greffes américains. De nos jours tous les vignobles ont adopté ce procédé. Cela ne veut pas dire que les vins français sont issus de cépages américains ! C'est le greffon qui transmet les caractères, pas le porte-greffe.

Cette catastrophe a profondément modifié la structure du vignoble français. Certains secteurs n'ont jamais été replantés, d'autres ne l'ont été que partiellement. Cette invasion eut d'autres conséquences : la pénurie encouragea les fraudes, provoqua la mévente, puis la crise. Le point culminant de cette sombre période se situe en **1907** avec la révolte des vignerons du Midi. Le gouvernement dut faire intervenir la troupe. La Première Guerre mondiale a également eu une influence défavorable : les hommes étant partis au front, des vignobles ont gravement périclité.

En **1935,** la création des A.O.C. (Appellations d'Origine Contrôlée) et de l'INAO (Institut National des Appellations d'Origine, appelé à l'origine Comité National des Appellations d'Origine contrôlée) ont permis de mettre en place un système que le monde entier nous envie. Soixante dix ans après cette création, de nombreux pays ont mis ou mettent en place une législation qui s'inspire fortement de ce qui se fait en France.

En **1956 et 1957,** nouvelle catastrophe, le froid vigoureux et les gelées tardives frappent durement le vignoble, en particulier certaines régions comme Pomerol et Chablis.

L'année **1984** a constitué un tournant dans la politique vitivinicole européenne. Un important rapport remis au Conseil des ministres de la C.E.E. (devenue depuis l'U.E.) a prévu l'établissement d'un bilan prévisionnel : production, consommation, meilleure coordination pour la distillation des vins excédentaires, limitation du droit de replantation, limitation de la quantité produite à l'hectare pour les vins à appellation d'origine produits dans la C.E.E. et création d'un casier viticole.

Dans le **compromis de Dublin,** publié en décembre 1984, figure notamment la décision suivante : *"Pour l'avenir, seuls les investissements ayant pour but l'amélioration de la qualité des vins, sans augmentation de la production feront l'objet d'une aide communautaire."* Ainsi, au niveau de l'U.E., la recherche de la qualité est favorisée au détriment de la quantité. Les consommateurs que nous sommes ne peuvent que se réjouir de telles décisions.

Actuellement : mise en place, très difficile, de la réforme de l'**O.C.M.** (Organisation Commune du Marché) vitivinicole de l'U.E.. Un des objectifs de cette réforme est de rétablir l'équilibre du marché par une plus grande responsabilisation des états membres et un ajustement de la production à la demande. Elle porte sur le potentiel viticole (croissance du vignoble, création d'une réserve communautaire, création d'une réserve nationale ou régionale, aide à la restructuration), les pratiques œnologiques, l'organisation des VQPRD, l'étiquetage…

Que de chemin parcouru depuis l'apparition de la vigne autour du bassin méditerranéen ! De nos jours, le vin n'est

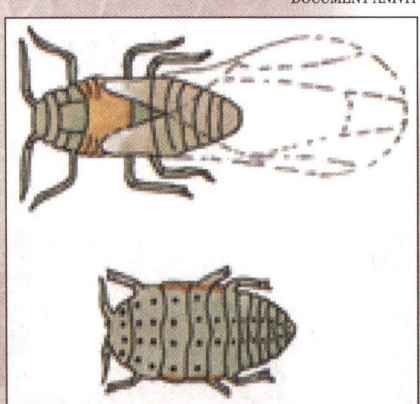

DOCUMENT ANIVIT

LE PHYLLOXÉRA
Le phylloxéra est un pou térébrant à forme volante et à forme dévorante. Dans sa forme dévorante ce minuscule insecte s'attaque aux racines de la vigne et provoque la mort des pieds de vigne. Le phylloxéra appartient au milieu biologique des États-Unis.

La vigne en France

QUELQUES GRANDES ÉTAPES (résumé)

L'origine de la vigne se perd dans la nuit des temps.

Ere tertiaire	La vigne existait certainement en France à l'état sauvage.
6000 ans avant J.C.	Un pressoir datant de 60 siècles avant J.C a été retrouvé dans la région de Damas.
2000 ans avant J.C.	La vigne est présente en Egypte.
600 ans avant J.C.	Apparition de la vigne en Gaule.
92	L'empereur Domitien décrète l'arrachage de la moitié des vignes plantées en Gaule.
281	L'empereur Probus encourage la culture de la vigne en Gaule.
Moyen Âge	L'église prend une part importante dans la propagation du vignoble et l'amélioration des vinifications.
XIIe siècle	Des moines cisterciens plantent de la vigne au Clos de Vougeot.
XVIe siècle	Apparition de la viticulture en Amérique Latine. Cette étape, très importante, est trop souvent passée sous silence.
XVIIIe siècle	L'utilisation systématique de la bouteille provoque une révolution dans le commerce des vins.
1709	Un hiver terrible provoque la destruction de nombreux vignobles.
1864	Apparition du phylloxéra dans le Gard.
1907	Révolution des vignerons du Midi, la troupe tire sur la foule.
1935	Création des A.O.C. et de l'I.N.A.O.
1958	Création de la C.E.E., début de la réglementation communautaire.
1984	Compromis de Dublin.
1994	La C.E.E. devient l'U.E. (Union Européenne).
Actuellement	Mise en place de l'O.C.M. (Organisation Commune du Marché).
De 1960 à nos jours	Diminution d'un tiers de la superficie du vignoble français.

plus seulement une boisson. Il est devenu un "phénomène de civilisation". Au début du XXe siècle, dans les salons à la mode, les conversations portaient sur la littérature, le théâtre, la musique. Dieu merci ! Ces sujets de conversation existent toujours, mais il en est un nouveau, qui prend chaque jour une place de plus en plus importante : **le vin.** Partout en France, des cours sont organisés, les non-professionnels s'y précipitent et y travaillent sérieusement.

Autre phénomène : les diverses publications sur les vins, pratiquement inexistantes il y a 30 ans, ont envahi kiosques et librairies. De nos jours, les sites Internet consacrés aux vins sont chaque jour plus nombreux et ne se limitent pas aux achats en ligne. Chaque comité interprofessionnel a son site, voire chaque appellation. Les producteurs sont de plus en plus présents sur le web. Certains sites sont remarquables, d'autres laissent à désirer… Comment choisir ? Difficile de répondre à cette question, mais il existe un critère : vérifier la date de la dernière mise à jour. Si elle est récente pas de problème, sinon passez sur un autre site !

La vigne en France

ENCÉPAGEMENT

ENCÉPAGEMENT

Art. 2 - Les vins ayant droit à l'appellation contrôlée «Châteauneuf-du-Pape» devront provenir des cépages suivants, à l'exclusion de tout autre : grenache, syrah, mourvèdre, picpoul, terret noir, counoise, muscardin, vaccarèse, picardan, cinsaut, clairette, roussanne, bourboulenc.

Tout producteur de vin de «Châteauneuf-du-Pape» possédant dans son exploitation des parcelles situées dans l'aire délimitée et contenant des hybrides ne peut revendiquer le droit à cette appellation contrôlée.

SOURCE : CIVDN.

Le **cépage** est, par définition, une **variété de plant de vigne**. L'étude des cépages s'appelle **l'ampélographie**. Tous les cépages cultivés en France appartiennent à la même espèce originelle : **vitis vinifera**. Depuis que la culture de la vigne existe, l'homme s'est efforcé de sélectionner les cépages les mieux adaptés au climat, à la nature du sol, mais aussi ceux qui donnent les vins les plus agréables à boire.

Le choix du cépage est primordial pour la qualité du vin que l'on souhaite obtenir. Pour chaque "appellation d'origine", la liste des cépages autorisés est publiée au *journal officiel* de la République française (voir exemple ci-contre).

Reproduction des cépages

Ils peuvent se reproduire de deux façons : le semis ou le bouturage. Seule cette dernière méthode permet de conserver tous les caractères propres au cépage. La "sélection clonale" est souvent citée. Un **clone** est la descendance végétative d'une même souche.

Rappel : depuis la crise phylloxérique, les vignes sont greffées sur des porte-greffes d'origine américaine, plus résistants au phylloxéra.

SOURCES: (1.) RECENSEMENT AGRICOLE 1988 S.C.E.E.S. I.N.S.E.E. (2) ONIVINS

ÉVOLUTION DE L'ENCÉPAGEMENT DE CUVE (en milliers d'hectares)			
Cépages	1976 (1)	1988 (1)	2000 (2)
BLANCS			
Ugni blanc (a)	128	103	90,3
Chardonnay	13	20	36,5
Sauvignon	7	12	20,9
Sémillon	23	18	14
Melon (Muscadet)	10	11	13,3
Chenin	10	9	9,8
Riesling	2	3	3,4
ROUGES			
Carignan (b)	207	167	95,8
Grenache noir	78	87	98,4
Merlot (c)	38	60	101,3
Cabernet Sauvignon	23	36	53,4
Syrah (d)	12	27	50,7
Gamay	34	34	35,2
Cinsault (e)	52	48	31,6
Pinot noir	17	22	28,5

(a) Cépage principal de l'aire de production du Cognac.
(b) La baisse s'explique essentiellement par la restructuration du vignoble du Languedoc-Roussillon.
(c) Ce cépage qui donne des vins moins tanniques que les Cabernets est de plus en plus apprécié.
(d) Il y a une trentaine d'années, ce cépage était surtout présent dans la partie nord de la Vallée du Rhône. De nos jours, il représente une part de plus en plus importante en Languedoc-Roussillon.
(e) Idem b.

Carignan, en très forte régression.

SOURCE : BIVB/DR

Chardonnay, en très forte progression.

SOURCE : PÉPINIÈRES HEBINGER À EGUISHEIM

Jeune pépinière de plants greffés.

SOURCE : PÉPINIÈRES HEBINGER À EGUISHEIM

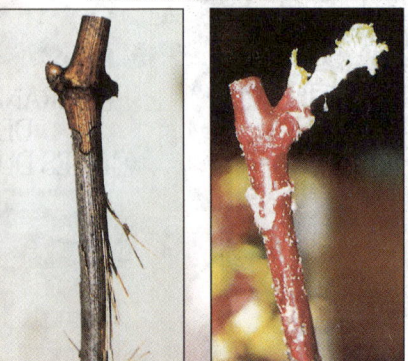

Partie inférieure : porte-greffe d'origine américaine, partie supérieure : greffon.

La vigne en France

Evolution de l'encépagement

En France, au cours des siècles, l'encépagement a évolué. Certains cépages très cultivés, le Carignan et le Cinsaut par exemple, ont vu leur aire de production fortement régresser. C'est aussi le cas de la Folle Blanche qui, il n'y a pas très longtemps, constituait encore la base de l'encépagement de la région de Cognac. Elle a pratiquement disparu au profit de l'Ugni blanc moins sensible à la pourriture. D'autres ont vu leur surface progresser fortement : c'est le cas du Chardonnay et du Sauvignon pour les blancs, du Merlot, du Cabernet Sauvignon et de la Syrah pour les rouges.

Les chiffres qui figurent dans le tableau ci-contre permettent de constater une évolution très sensible de l'encépagement du vignoble français au cours des 25 dernières années. Cette évolution s'explique par une demande très forte de certains cépages au niveau mondial (Chardonnay, Cabernet Sauvignon, Merlot), et par le développement spectaculaire des Vins de Pays.

Il est très difficile d'établir un classement rigoureux des cépages. Un savant russe, le professeur Negrel, a proposé une classification mais celle-ci n'a pas fait l'unanimité. Nous avons vu que pour donner de bons résultats les cépages doivent être adaptés au sol et au climat. Partant de cette constatation, ils sont souvent classés en fonction de la date à laquelle ils arrivent à maturité en faisant référence au chasselas. Cette classification est intéressante car elle permet de mieux localiser les différents cépages. Ainsi, ceux de première époque sont cultivés dans la moitié nord de la France et ceux de troisième époque dans la région méridionale.

Les quatre types de CÉPAGES sont ainsi définis :

Les cépages précoces : ils mûrissent 8 à 10 jours avant le Chasselas et sont adaptés aux régions septentrionales. Ils ont pratiquement disparu (Madeleine, Cardinal, etc.).

Les cépages de première époque : ils mûrissent sensiblement en même temps que le Chasselas. Ils sont cultivés en Alsace, Champagne, Bourgogne. Parmi ceux-ci figurent : Pinot noir, Gamay, Chardonnay.

Les cépages de deuxième époque : ils mûrissent 12 à 15 jours après le Chasselas. Ils sont cultivés en Alsace, Val de Loire, Sud-Ouest, Côtes du Rhône septentrionales,... Dans cette catégorie figurent : Sylvaner, Riesling, Chenin, Sémillon, Syrah, etc.

Cépages de troisième époque : ils mûrissent 20 à 30 jours après le Chasselas et sont cultivés dans la région méridionale. Ce sont les Carignan, Mourvèdre, Grenache, etc.

Localisation des principaux cépages

Nous verrons par la suite que certains vins sont issus d'un seul cépage (monocépage) : le Muscadet, le Condrieu, le Sancerre blanc, etc., d'autres sont élaborés à partir de plusieurs cépages, jusqu'à treize pour l'A.O.C. Châteauneuf-du-Pape. En règle générale, le nom du cépage ne figure pas sur l'étiquette, sauf en Alsace où les vins sont essentiellement commercialisés sous le nom du cépage dont ils sont issus (Riesling, Sylvaner, Gewurztraminer, etc.). Le Muscadet présente également cette particularité. Il est à noter que pour de nombreux vins de pays, la tendance s'oriente vers les "vins de cépage". Dans les pays anglo-saxons, l'étiquetage privilégie très souvent le cépage plutôt que l'origine géographique.

Il est difficile de mémoriser l'ensemble de l'encépagement français. En revanche, il est très facile de retenir les grandes tendances en se référant aux principales zones climatiques. D'une façon schématique la France peut être divisée en 4 zones (voir carte).

Les caractères des principaux cépages seront étudiés dans le chapitre "Initiation à la dégustation", car pour cette étude, il est absolument indispensable d'avoir quelques notions de physiologie du goût et quelques connaissances du

Merlot, en très forte progression.

Syrah, en très forte progression.

2 vins issus de Chardonnay.
Dans les pays anglo-saxons, l'étiquetage privilégie le cépage.
En France, pour les AOC, le ou les cépages ne figurent pas sur l'étiquette.
C'est l'appellation d'origine qui est privilégiée.

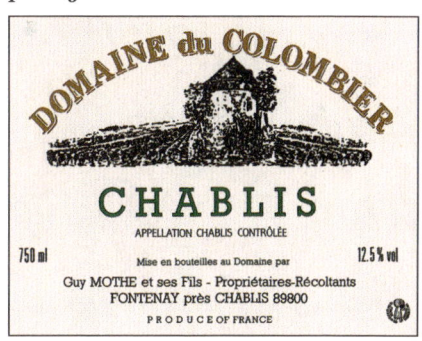

La vigne en France

LOCALISATION DES PRINCIPAUX CÉPAGES

Val de Loire
VINS ROUGES : Cabernet Franc, Gamay
VINS BLANCS : Muscadet, Pineau de la Loire, Sauvignon

Champagne / Alsace / Bourgogne
VINS BLANCS : Chardonnay + cépages alsaciens
VINS ROUGES DE MONOCÉPAGE : Pinot noir + Gamay : Beaujolais

Bordelais / Dordogne
VINS BLANCS : Sauvignon, Sémillon, Muscadelle
VINS ROUGES : Cabernet Sauvignon, Cabernet Franc, Merlot, Malbec

Côtes du Rhône / Languedoc-Roussillon / Provence
VINS BLANCS : Roussanne, Marsanne, Ugni blanc, Clairette
VINS ROUGES : Syrah, Grenache, Mourvèdre, Cinsault, Carignan

ENCÉPAGEMENT DU VIGNOBLE FRANÇAIS EN %

SOURCE : DGDDI

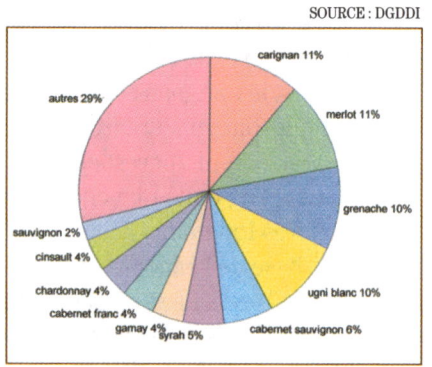

carignan 11%, merlot 11%, grenache 10%, ugni blanc 10%, cabernet sauvignon 6%, syrah 5%, gamay 4%, cabernet franc 4%, chardonnay 4%, cinsault 4%, sauvignon 2%, autres 29%

vocabulaire du vin. Mais dès maintenant, il faut retenir que pour un même cépage on constate, à la dégustation, des différences importantes en fonction de la région où il est cultivé, de la nature du sol et du mode de vinification.

POSITION DE LA FRANCE DANS LE MARCHÉ MONDIAL DU VIN

Il est impensable de demander à un restaurateur ou à un œnophile de connaître avec précision tous les chiffres concernant la position de la France dans le marché mondial du vin (d'ailleurs ces chiffres varient considérablement d'une année à l'autre).

Connaissances indispensables pour un restaurateur

Si on ne demande pas au restaurateur de connaître toutes les données économiques, en revanche, il doit être en mesure de donner un ordre de grandeur sur la production et la consommation des vins en général. Il doit également être en mesure de fournir à ses clients des renseignements sur la commercialisation des vins produits dans la région où il officie (production, exportation...).

Une petite enquête menée par l'auteur dans le milieu professionnel donne les résultats suivants. A la question :

"Combien vend-on de bouteilles de Beaujolais en moyenne chaque année ?", les réponses vont de 50 000 à 300 millions. Une différence que l'on peut qualifier de sensible... Auriez-vous donné la bonne réponse ? Bravo ! Mais pour vous convaincre que l'on peut être mis en difficulté par un client désireux de mieux connaître les vins, ou tout simplement soucieux de tester votre savoir, il suffit de faire un petit jeu. Voici quelques questions simples qui peuvent être posées lors d'une conversation. Essayez d'y répondre.

Quels sont les 4 principaux pays producteurs de vin du monde ?

En France, quelle est la production annuelle de vin, en moyenne ?

Dans cette production, que représentent les vins d'appellation d'origine contrôlée ?

La vigne en France

Quel est le pays du monde où l'on boit le plus de vin (moyenne par habitant) ?

En France, quelle est la consommation moyenne par an et par habitant ?

Combien produit-on de bouteilles de Beaujolais chaque année, en moyenne ?

Combien produit-on de bouteilles de vin chaque année dans votre région ? Si vous n'êtes pas d'une région de production, indiquez le nombre de bouteilles de Champagne commercialisées chaque année.

De ces deux pays, quel est celui qui importe le plus de vin ? USA ou France ?

Restaurateurs, futurs restaurateurs, attention ! Il y a et il y aura de plus en plus de clients qui souhaiteront parler vin avec vous : ne les décevez pas ! Le vin, au même titre que la peinture, la musique, fait partie de notre patrimoine culturel. Vous devez connaître le produit que vous proposez, ne serait-ce que par respect pour le vigneron qui n'a ménagé ni son temps ni sa peine pour offrir un produit de qualité. Quelle déception pour le client lorsqu'en quelques minutes tous ces efforts sont anéantis par un professionnel, ou prétendu tel, pour qui le vin n'est qu'une boisson comme les autres et tous les clients des ignorants...

Quelques chiffres

(à partir de chiffres communiqués par l'OIV)

Les chiffres sont parfois difficiles à retenir. Ils sont donnés ici à titre d'information, surtout pour combattre quelques contre vérités ou pour faire découvrir que certains pays, souvent passés sous silence, ont une production importante. C'est le cas de l'Argentine, cinquième producteur mondial.

Ces chiffres peuvent être utilisés pour établir des graphiques qui montrent les grandes tendances, par exemple la production de vin dans l'U.E. par rapport à la production mondiale.

Etant donné les variations importantes d'une année à l'autre, les chiffres retenus sont généralement la moyenne sur 5 ans (sauf indication contraire).

Superficies plantées en vigne

Extrait du Bulletin de l'OIV :

"…Après une croissance soutenue jusqu'en 1980, les superficies mondiales plantées en vignes ont accusé une décroissance sous l'effet des mesures d'incitation à l'arrachage de l'Union européenne et des arrachages considérables effectués dans l'ex-URSS.

La réduction qui s'est poursuivie à un rythme relativement faible entre 1996 et 1997 (- 26 000 ha), est suivie d'un redressement en 1998, notamment sous le double effet de la limitation du champ d'application de la réglementation communautaire finançant l'arrachage de la vigne et des plantations nouvelles hors Europe…"

Superficie mondiale :

Après avoir dépassé les 10 millions d'hectares (10 213 000 en moyenne) pour la période 1976-1980, la superficie plantée en vigne dans le monde a fortement régressé. Elle est actuellement de l'ordre de 7 800 000 hectares.

C'est l'Espagne qui, avec près de 1 200 000 ha, a le vignoble le plus important du monde (1). Viennent ensuite :

La France	910 000 ha
L'Italie	900 000 ha
La Turquie(2)	600 000 ha
Les U.S.A	420 000 ha
Etc.	

Production de vin

Après avoir atteint une moyenne de 334 millions d'hectolitres pour la période 1981/1985 (année record 1982, avec 366 millions) la production mondiale a fortement regressé pour atteindre 260 millions d'hectolitres pour la période 1991/1995. Depuis 1985, cette tendance s'est légèrement inversée, sur-

(1) L'Espagne qui a la plus grande superficie plantée en vigne du monde n'est que le 3ème producteur mondial de vin, loin derrière l'Italie et la France. Cela s'explique par des rendements peu élevés et une importante production de raisins de table.

(2) C'est également la production de raisins de table qui permet à la Turquie, premier pays producteur de raisins de table du monde, de se classer en 4ème position. Pour les mêmes raisons, l'Iran a pratiquement autant de vigne que le Portugal. Surprenant !

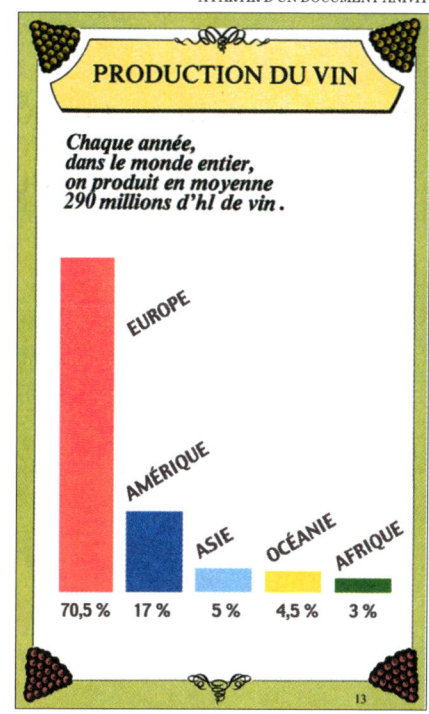

A PARTIR D'UN DOCUMENT ANIVIT

PRODUCTION DU VIN

Chaque année, dans le monde entier, on produit en moyenne 290 millions d'hl de vin.

EUROPE 70,5 % — AMÉRIQUE 17 % — ASIE 5 % — OCÉANIE 4,5 % — AFRIQUE 3 %

La vigne en France

tout en raison de l'accroissement des surfaces, hors Union européenne.

Les principaux producteurs de vin du monde sont :

L'Italie	50/55 millions d'hectolitres en moyenne
La France	50/55 millions d'hectolitres en moyenne
L'Espagne	32/35 millions d'hectolitres en moyenne
Les USA	20/22 millions d'hectolitres en moyenne
L'Argentine	13/15 millions d'hectolitres en moyenne

Viennent ensuite : l'Allemagne, l'Afrique du sud, la Roumanie, l'Australie, où la production de vin a doublé en 20 ans, etc.

Consommation

Les chiffres sont très fluctuants, il faut donc mettre la tendance en évidence. De 1980 à 1994, la consommation de vin dans le monde a baissé régulièrement. Depuis 1995, on assiste à une reprise de la consommation. Cette reprise est due, en partie, aux études effectuées après la publication de l'ouvrage "The French paradox". Ces études tendent à démontrer que le vin, **bu avec modération,** peut avoir des effets bénéfiques sur la santé.

Principaux pays consommateurs (consommation moyenne par an, par habitant) :

Luxembourg	58
France (1)	56,5
Italie	53
Portugal	46
Espagne	35
Etc.	

Certes, la consommation globale de vin a baissé, mais il y a aussi eu une évolution qualitative. Force est de constater que parallèlement à cette baisse, la consommation de vin à appellation d'origine a fortement progressé. Une constatation s'impose : les Français boivent moins, mais mieux.

Exportations-importations

Exportations

Pour la France les exportations de vins et spiritueux représentent, en moyenne, 7,2 milliards d'euros, soit l'équivalent de 140 Airbus !

Principaux pays exportateurs (ordre de grandeur, les chiffres sont très fluctuants) :

France	16 millions d'hectolitres
Italie	15,5 millions d'hectolitres
Espagne	10 millions d'hectolitres (en forte progression)
Etc.	

Importations

Principaux pays importateurs (ordre de grandeur, les chiffres sont très fluctuants) :

Allemagne	12 millions d'hectolitres
Royaume-Uni	11 millions d'hectolitres
France	5,5 millions d'hectolitres
USA	4,2 millions d'hectolitres
Etc.	

Chaque année, L'ORGANISATION INTERNATIONALE DE LA VIGNE ET DU VIN (O.I.V) 18, rue d'Aguesseau, 75008 Paris (Tél. 01.44.94.80.80, Téléfax 01.42.66.90.63, E.mail : www.oiv.int), publie une plaquette intitulée "Situation de la viticulture dans le monde" où figurent tous les chiffres se rapportant aux superficies viticoles, à la production de raisins et de vins, à la consommation, aux exportations, importations et stocks.

(1) En France, la consommation était de 120 litres par habitant en 1960, et de 110 litres en 1972. La consommation a donc fortement diminué depuis 40 ans.

ÉVOLUTION DE LA CONSOMMATION DE VIN EN FRANCE DE 1958 À NOS JOURS
(par an et par habitant)

- 1958 : 133 litres
- 1968 : 114 litres
- 1978 : 96 litres
- Actuellement : 56,5 litres

DOCUMENT ANIVIT

Le raisin et le vin

PHOTO : BRUNET.

Le vin
Définition légale
Connaissance du produit en restauration

Le raisin
Etude de la grappe
- La rafle
- Le grain (pellicule, pulpe, pépins)

Les phases de la maturation
- Variation de la composition
- Détermination de la date des vendanges et qualité.

Facteurs influençant la qualité
- Facteurs liés au milieu cultural
    - Facteurs sur lesquels l'homme peut intervenir
        - Culture biodynamique et culture biologique

Le moût
- Définition
- Composition

Amélioration de la vendange
Vendanges insuffisamment mûres
- Augmentation de la richesse en sucre - chaptalisation
- Diminution de l'acidité
- Fermentation malolactique

Vendanges insuffisamment acides.

Le raisin et le vin

LE VIN

Définition légale du vin

Il paraît difficile de parler du **vin** sans en donner sa définition légale : *"produit obtenu exclusivement par la fermentation alcoolique totale ou partielle de raisins frais, foulés ou non, ou de moût de raisin."*

Le dictionnaire de l'Académie des Gastronomes complète cette définition en précisant : *"Liquide vivant, le vin peut être atteint de maladies, il vieillit, il meurt."*

Oui, le vin est une matière vivante qui requiert des soins attentifs tout au long de sa vie. **Elaborer** un vin (on ne fait pas du vin, on l'élabore) est à la fois une science et un art. **Elever** un vin nécessite un minimum de connaissances dont un restaurateur ne saurait être dépourvu. Il doit être en mesure de déceler le moment où le vin arrive à **maturité.** Par ignorance, que de grandes bouteilles sacrifiées au stade de l'adolescence ! Alors que quelques années, voire quelques mois de patience, auraient permis de les boire au moment où le vin aurait atteint sa plénitude.

Savoir attendre, certes, mais pas trop. N'oublions jamais la phrase de Pierre Poupon : *"Laisse ton vin mûrir, ne le laisse pas mourir"*.

Connaissance du produit en restauration

Vendre un vin en restauration implique une bonne connaissance du produit. Le restaurateur doit non seulement connaître l'origine du vin, mais il doit également savoir comment celui-ci a été élaboré. Toutefois il faut préciser que personne ne demande au restaurateur d'être un œnologue. D'ailleurs, ce mot est employé ou attribué bien souvent à tort ! Un œnologue est une personne qui a reçu une formation très "pointue" (généralement bac + 4 années, sanctionnées par un diplôme universitaire). Connaître les phases essentielles de l'élaboration d'un vin ne signifie pas être en mesure d'expliquer à un client que c'est grâce aux enzymes pectolytiques et aux polyphénoloxydases que le jus du raisin se clarifie à sa sortie du pressoir. Mais plus simplement, c'est être capable de lui expliquer pourquoi il y a parfois quelques cristaux au fond de la bouteille ; pourquoi certains vins blancs pétillent légèrement au moment du débouchage ; pourquoi un vin jeune et un vin évolué n'ont pas la même robe ; que la présence de tanin qui confère au vin une certaine astringence ne constitue pas un défaut, mais a une influence sur la conservation, entre autres…

La définition légale du vin précise qu'il ne peut être élaboré qu'à partir du raisin. L'emploi du mot "vin" pour désigner un autre produit est abusif. On ne devrait donc pas trouver de vin de pêches, de groseilles, etc.

LE RAISIN

Etude de la grappe

Une **grappe de raisin** est formée de 2 parties : la **rafle et les grains**.

LA RAFLE

Son rôle

Elle peut être considérée comme la charpente de la grappe. Elle constitue le lien nourricier d'une part entre les grains et la souche (éléments puisés dans le sol) et d'autre part entre les grains et les feuilles, véritables laboratoires intervenant dans la formation des sucres (par photosynthèse).

Sa constitution

En mâchant un morceau de rafle, plusieurs sensations sont ressenties :

- Une saveur âpre, désagréable qui assèche la bouche ; elle est due à la présence de **tanins** qui peuvent conférer au vin de l'**astringence.** Les tanins sont très importants, car ils interviennent dans la qualité et la conservation.

- Une saveur acide, due aux principaux acides organiques qu'elle contient et que nous retrouverons dans le vin (acides tartrique, malique et citrique). Ces éléments interviennent également dans la conservation des vins et leur confèrent de la **fraîcheur.**

La matière fibreuse qui reste en bouche est essentiellement constituée par la cellulose.

La rafle contient également des matières minérales (surtout des sels de potassium).

Conclusion :

La constitution du vin est différente selon que la rafle (tout ou partie) a été utilisée ou non lors de la macération. Cette remarque s'applique aux seuls vins rouges, car en principe il n'y a pas de macération pour les vins blancs. En principe seulement, car certains vinificateurs pratiquent une légère macération pelliculaire sur certains cépages blancs, pour obtenir une meilleure intensité aromatique ; c'est ce que les Américains appellent "skin contact".

LE GRAIN

Le grain comprend 3 parties essentielles : la pellicule, la pulpe, les pépins.

La pellicule

Elle est recouverte d'une matière cireuse : la **pruine,** qui donne au raisin son aspect velouté. Elle assure l'imperméabilité et retient les levures apportées par le vent et les insectes.

La pellicule est très importante en vinification car elle contient les matières colorantes et pour certains cépages, des substances aromatiques.

Les matières colorantes sont contenues dans la pellicule : **anthocyanes** pour les vins rouges et **flavones** pour les blancs. Il existe quelques exceptions, les cépages dits "cépages teinturiers". Pour ces derniers, très rares, la matière colorante est présente dans la pulpe.

En pressant une grappe de raisin rouge entre les mains, le jus obtenu est incolore. A ce moment, trois possibilités peuvent être envisagées :

- Laisser le jus fermenter seul, pour obtenir un **vin blanc** comme cela se pratique en Champagne, où la majeure partie des vins provient de raisins rouges vinifiés en blanc. On obtient alors **un blanc de noirs.**

- Laisser fermenter ensemble jus et pellicules. Après un certain temps de macération, on obtient un **vin rouge.** Temps variable selon les cépages et les conditions de macération. En effet, il faut retenir que les matières colorantes sont plus solubles en présence d'alcool. La coloration est donc plus lente au début de la macération, car le produit contient peu d'alcool. Elles sont également plus solubles à chaud qu'à froid. Certaines exploitations sont équipées pour chauffer tout ou partie de la vendange et obtenir une meilleure dis-

RÉALISÉ À PARTIR D'UN DOCUMENT ANIVIT

LA GRAPPE

Sarment — Feuille — Rafle — Baies

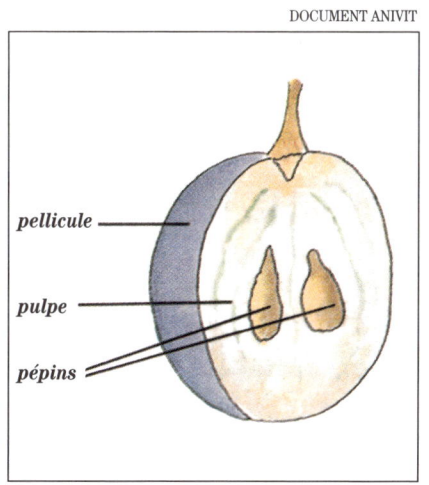

DOCUMENT ANIVIT

pellicule — pulpe — pépins

Le raisin et le vin

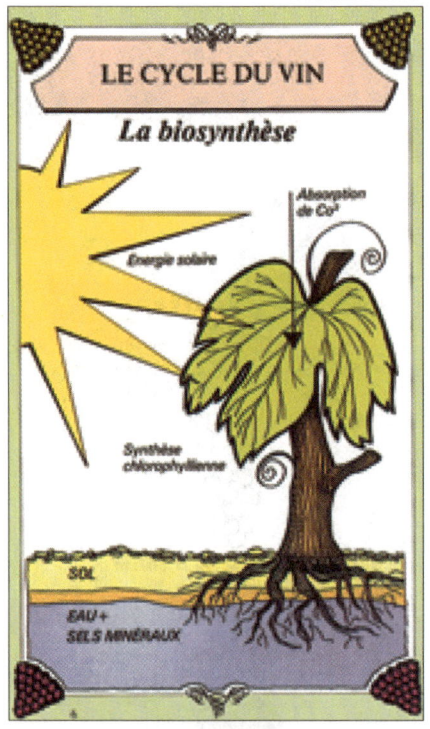

solution de la matière colorante, (thermovinification).

- Séparer le liquide des pellicules dès qu'il a atteint la couleur d'un **vin rosé**, puis le laisser fermenter seul. Dans ce cas on obtient un vin rosé dit "par saignée de cuvée" ou "rosé de saignée".

Toutes ces notions seront revues lors de l'étude des vinifications.

Les substances aromatiques : dans certains cépages, les substances aromatiques sont localisées dans la pellicule (Riesling, Muscat, etc.). Les arômes sont constants pour chaque cépage, mais d'intensité variable selon le millésime, la nature du sol, etc.

La pulpe

La pulpe ou chair est la partie la plus importante du grain de raisin.

Composition : eau 70 à 80 %, sucres (essentiellement glucose et lévulose) 100 à 300 g par litre de moût, acides organiques, sels minéraux, composés azotés (indispensables à la vie des levures), vitamines (C. P. B.).

Importance des sucres

La teneur en sucre est très faible dans le raisin vert. Elle augmente rapidement après la **véraison** (changement de couleur des grains). Au moment des vendanges, l'accroissement peut être de 4 à 5 g par jour. Sachant qu'il faut en moyenne 17 g de sucre pour obtenir un degré d'alcool, il est facile de comprendre l'importance que revêt la détermination de la date des vendanges.

Lors de la fermentation alcoolique, le sucre contenu dans le moût se transforme essentiellement en **alcool éthylique** ou **éthanol**. Le degré d'un vin dépend donc de la richesse en sucre du raisin. Cette richesse n'est pas constante d'une année à l'autre, elle est fonction de l'ensoleillement, qui favorise ou non la **photosynthèse.**

Les acides sont aussi importants que les sucres. Leur teneur varie selon les cépages, la région, l'année et la maturité. Le raisin contient essentiellement les acides suivants : **acide tartrique, acide malique, acide citrique.** Si un excès d'acidité peut constituer un défaut, un manque d'acidité est également préjudiciable. Les vins qui manquent d'acidité sont plats, mous, sans relief et sans aptitude à la conservation.

Les pépins

Quiconque a eu l'occasion de croquer des pépins de raisin a pu constater une saveur astringente (qui contracte les muqueuses). En effet, les pépins sont riches en **tanin**. Ils contiennent également une quantité importante d'huile. Il est généralement admis qu'avec les pépins provenant des raisins nécessaires à l'élaboration d'un fût de vin de 225 litres, il est possible d'obtenir un litre d'huile environ. Cette huile, en vente dans le commerce, a une excellente valeur nutritionnelle.

Lors du pressurage, il faut veiller à ne pas écraser les pépins. Le foulage aux pieds, pratiqué jadis, respectait parfaitement les pépins. Il a pratiquement disparu. Mais on le rencontre encore dans la région du Douro, au Portugal, où le foulage aux pieds est pratiqué dans certaines quintas (exploitations vinicoles) pour l'élaboration de Porto de haut de gamme.

TABLEAU RÉCAPITULATIF DE LA COMPOSITION DU RAISIN
(principaux éléments)

Rafle (1)	Tanins 3 %	Solubles dans l'alcool Astringents Oxydables Facilitent la clarification
	Eau 78 à 80 % Matières minérales 2 à 3 %	
Baie (grain)		Matières colorantes (2) Anthocyanes Flavones Tanins Huile Eau Sucres Matières organiques Matières minérales Matières azotées Matières pectiques

(1) La composition du vin sera différente selon que l'on utilise ou non les rafles lors de la macération des vins rouges.

(2) Les matières colorantes sont plus solubles à chaud qu'à froid ; elles sont peu solubles dans l'eau, mais très solubles dans l'alcool.

Nous verrons que le vin, produit fort complexe, contient des éléments déjà présents dans le raisin et d'autres apparus au cours de l'élaboration. A ce jour, plus de 500 composants ont été identifiés.

Les phases de la maturation

Floraison : elle intervient environ 100 jours avant la vendange. Il s'agit d'un stade très critique qui détermine en grande partie le potentiel quantitatif de la récolte. Si les conditions climatiques sont défavorables, les fleurs "coulent" (non-fécondation).

Nouaison : formation des grains, les sucres commencent à apparaître sans dépasser 20 g/litre, accumulation des acides.

Véraison : changement de couleur des baies, augmentation des sucres, baisse des acides (dilués par l'augmentation de volume des grains).

Maturité : sa détermination précise est capitale.

Surmaturité : elle est recherchée pour l'obtention des vins moelleux et des vins liquoreux, type Sauternes.

DÉTERMINATION DE LA DATE DES VENDANGES ET QUALITÉ

L'importance que revêt la détermination de la date des vendanges sur la qualité du produit obtenu a déjà été évoquée précédemment. Cette date varie en fonction des conditions climatiques, mais également en fonction du type de produit recherché : moelleux, sec, etc. Dans chaque région, la date du début des vendanges est fixée par une commission d'experts. Cette date peut varier d'un cépage à l'autre.

Le non-respect de cette règle peut entraîner la perte de l'appellation.

Comment est-elle déterminée ?

Pendant des siècles, le choix de la date des vendanges a été effectué de manière empirique : aspect de la grappe et des grains, saveur plus ou moins sucrée du raisin, etc. En se référant à des documents d'archives, il est assez surprenant de constater que certains viticulteurs arrivaient à déceler avec beaucoup de précision le meilleur moment pour vendanger. Sans doute parce que, sans aucune donnée scientifique, nos aïeux possédaient un esprit d'observation qui semble s'être émoussé. Actuellement, nous possédons des indices qui permettent de déterminer avec précision les différents stades de la maturité.

Les principaux indices sont :

Le rapport sucre/acidité, constant pour chaque cépage qui est en rapport étroit avec la qualité.

La richesse maximale en sucre (indice Poux) qui permet de déceler la maturité industrielle.

Egalement pour mémoire (parce que peu maniables) le rapport glucose/lévulose, le rapport acide tartrique/acidité totale, la chute glucidique dans les rafles...

Facteurs pris en considération

Indépendamment des critères réglementaires, la date est fixée en fonction de :

La quantité souhaitée : cette quantité est en rapport avec le poids du raisin. Avec des raisins atteints de pourriture noble (surmaturés), le rendement sera évidemment inférieur à celui de raisins cueillis à maturité.

La qualité souhaitée : pour certains vins, les vendanges s'effectuent parfois avant maturité complète, cela permet de conserver une certaine fraîcheur, notamment dans les régions méridionales. C'est aussi le cas pour l'élaboration des vins effervescents, car une bonne acidité fixe facilite la prise de mousse. Lorsque les conditions climatiques sont favorables (chaleur et humidité), certains viticulteurs recherchent la "surmaturation" pour élaborer des vins moelleux ou liquoreux (Bordeaux, Bergerac, Val de Loire, Alsace…).

Vigne en fleur.

La véraison.

Surmaturation (pourriture noble).

Variation de la composition.

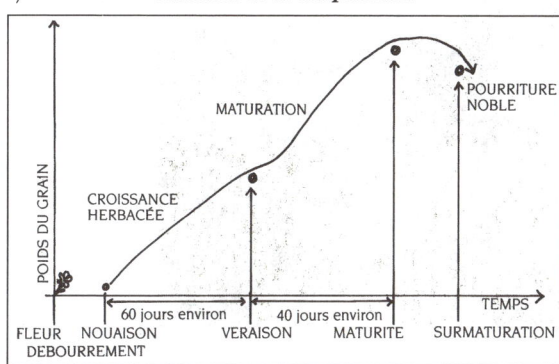

Le raisin et le vin

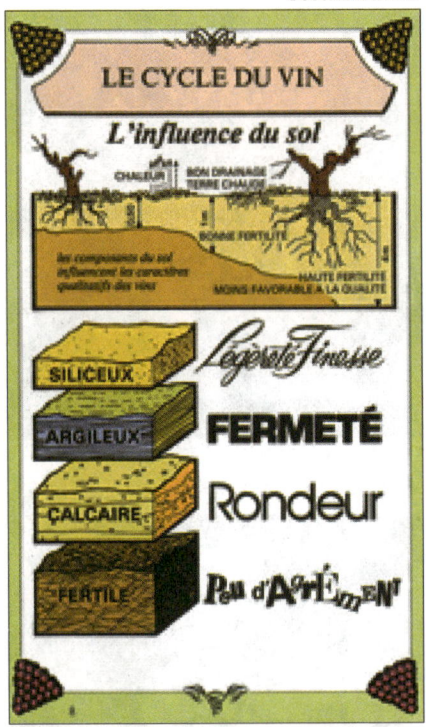

Taille de la vigne.

Facteurs influençant la qualité

Ils sont de 2 types :

Ceux liés au milieu cultural (la nature du sol, l'orientation, le climat, etc.) sur lesquels l'homme ne peut pratiquement pas intervenir.

Ceux sur lesquels l'homme peut intervenir (le respect du sol, le choix du cépage, le mode de conduite et le rendement, le choix de la date des vendanges, etc.).

FACTEURS LIÉS AU MILIEU CULTURAL

Le sol

Il s'agit d'un élément déterminant, tant sur le plan qualitatif que quantitatif. Il n'est pas rare d'entendre dire : *"La vigne doit souffrir pour fournir du bon vin"*. Effectivement, lorsque le sol est trop fertile, les vins présentent peu d'agrément. La vigne aime les sols cailloux et bien drainés. Les meilleurs résultats sont souvent obtenus sur des sols pauvres car, dans ce cas, les rendements sont limités.

Il faut se souvenir que :
La silice apporte le bouquet, la légèreté, la finesse,...
Le calcaire apporte la rondeur.
L'argile apporte la fermeté, le tanin, etc.

Le sol idéal contient ces trois éléments. Certains cépages ne donnent de bons résultats que sur un type de sol bien précis. Exemples : le Gamay nécessite un sol granitique (Beaujolais villages), le Chardonnay préfère le calcaire (Champagne, Bourgogne).

Le Climat

La vigne n'aime pas les températures extrêmes.

Lumière, température, vent, humidité sont autant d'éléments qui vont intervenir sur la qualité du vin. Ils sont déterminants dans la notion de millésime. Aucune année ne se ressemble.

Certaines années, des vignobles sont détruits par le gel (Pomerol en 1956, Chablis en 1957).

De même, une sécheresse excessive est préjudiciable à la vigne surtout si elle est encore jeune.

Les températures des mois d'août et septembre sont celles qui ont le plus d'importance, car c'est à cette période qu'intervient la "maturation". Mais pendant la floraison, qui a lieu environ 100 jours avant les vendanges, des températures trop basses peuvent aussi compromettre la quantité, car les fleurs coulent.

L'orientation

La meilleure orientation est le sud-est, car elle permet un ensoleillement maximum. Elle a une grande influence dans les vignobles situés à la limite de la culture de la vigne.

L'altitude est également importante. Elle permet d'obtenir des vins frais (bien pourvus en acidité) dans des régions méridionales.

FACTEURS SUR LESQUELS L'HOMME PEUT INTERVENIR

Choix du cépage

"Le génie du vin est dans le cépage" a dit Olivier de Serres.

Pour les vins d'appellation d'origine, le ou les cépages sont fixés par décret. Mais, dans de nombreux cas, le viticulteur a le choix entre différentes possibilités (jusqu'à 13 cépages admis à Châteauneuf-du-Pape) il doit donc faire le bon choix, en tenant compte de la nature du sol, de la situation du vignoble (plaine, coteaux, vallée, etc.), du type de vin qu'il souhaite obtenir, des conditions climatiques et des décrets qui régissent l'A.O.C.

Rappel : les Français donnent la priorité au terroir (sol, climat) pour les facteurs qualitatifs, mais dans de nombreux pays anglo-saxons, (notamment aux Etats-Unis) c'est le cépage qui est souvent l'élément déterminant.

Mode de conduite et rendement

La taille et la densité de plantation (nombre de pieds à l'hectare) ont beaucoup d'influence tant sur le plan quantitatif que sur le plan qualitatif. Il faut savoir que les rendements élevés sont rarement synonymes de qualité. Une taille courte et une densité de plantation bien maîtrisée sont deux éléments favorables quant à la qualité du produit obtenu. Si, après la nouaison, la charge de raisins est trop abondante, certains vignerons pratiquent les "vendanges vertes". C'est-à-dire qu'ils suppriment des grappes pour favoriser le développement des autres. Cette opération qui demande beaucoup de courage, car on ne sait jamais ce que réserve l'avenir, doit être effectuée tôt. A proximité des vendanges, elle ne sert plus à rien.

Choix du porte-greffe et lutte contre les ennemis de la vigne : mildiou, oïdium, pourriture grise, etc.

Reconstitution du vignoble : par tranche, afin de limiter le pourcentage de vignes jeunes.

Détermination de la date des vendanges.

Conduite des vinifications.

Elevage du vin : vieillissement sous bois, conditions de stockage, etc.

Cette énumération, non limitative, montre l'importance du facteur humain dans l'élaboration des vins de qualité.

CULTURE BIODYNAMIQUE ET CULTURE BIOLOGIQUE

Depuis longtemps déjà, certains vignerons ont pris conscience du danger que représente l'usage abusif de certains traitements chimiques. Pour beaucoup de consommateurs, les producteurs "bio" ou ceux travaillant en "biodynamique" étaient considérés comme de "doux rêveurs". Le grave problème de la vache folle a provoqué une prise de conscience. Maintenant, nombreux sont les consommateurs qui recherchent des produits avec un minimum de traitements chimiques. Deux possibilités leur sont offertes : la biodynamique ou la culture biologique.

Culture biodynamique

Les principes de cette méthode, qui découlent d'un système de pensée appelé "anthroposophie", ont été énoncés dès 1924 par Steinert pour répondre aux inquiétudes des agriculteurs de l'époque.

Cette méthode consiste à :

- valoriser le sol et la plante dans son milieu naturel grâce à des préparations issues de matières végétales, animales et minérales (bouse, corne, ortie, valériane, camomille, écorce de chêne, etc.).
- appliquer ces préparations en tenant compte des saisons, du soleil, de la lune…
- privilégier le travail du sol par des labours et des griffages effectués à des moments très précis.

Liste non limitative.

Selon le Syndicat International des Vignerons en Culture Biodynamique, dont le siège est à Tain L'Hermitage : *"Le but du viticulteur biodynamique au travers de sa culture spécifique de la vigne est de produire un vin de haute qualité avec ses caractéristiques propres issues des éléments uniques qui forment le terroir de chaque domaine. Le vin en sera l'expression car ainsi les qualités et les particularités de ce terroir seront respectées".*

Culture biologique

Précisons tout d'abord que l'on ne doit pas parler de "vins biologiques" mais de vins "issus de l'agriculture biologique".

Ce sont deux professeurs suisses qui ont, les premiers, proposé les bases d'une agriculture biologique. Cette dernière ne découle pas d'un projet de société comme celui de Steinert, mais elle se présente comme une technique pour répondre aux problèmes causés par l'agriculture moderne.

Reconnue officiellement en 1980, elle est soumise à des conditions de production très strictes.

L'U.E a officialisé l'agriculture biologique depuis juin 1991.

En France, une fédération nationale interprofessionnelle des vins biologiques a été créée en 1998.

Qu'est-ce qu'un vin issu de l'agriculture biologique ?

Brûlage des sarments.

Vendanges vertes effectuées trop tard.

Vin issu de culture biodynamique.

Vin issu de culture biologique.

Le raisin et le vin

PROPOSITION DE RÈGLES DE VINIFICATION AGRICULTURE BIOLOGIQUE

Dans le but d'assurer une cohérence entre les pratiques culturales (certifiées biologiques) et la transformation des raisins, tout en garantissant au consommateur une traçabilité globale et un contrôle produit "vin", un groupe de travail a été créé, sous l'égide de l'Onivins.

Composé de techniciens et de professionnels de la FNIVAB (Fédération nationale interprofessionnelle des vins de l'agriculture biologique) et de l'ITV, il a rédigé une proposition de règles de vinification en agriculture biologique.

Ces propositions se basent sur un principe : le respect du mode de production biologique des raisins, en limitant strictement les opérations et l'utilisation des additifs (notamment le SO_2) des auxiliaires technologiques. Les réductions de doses de SO_2 sont un enjeu important pour l'ensemble de la filière vitivinicole mais plus encore pour la viticulture biologique. En effet, le SO_2 est dénoncé par les hygiénistes et la dose journalière admissible (DJA) est souvent dépassée par un consommateur moyen. En respectant des règles simples en production, les doses proposées par le cahier des charges seraient tout à fait réalisables.

(EXTRAIT D'UN ARTICLE PUBLIÉ DANS LA JOURNÉE VINICOLE)

C'est un vin issu de vignes cultivées selon les règles conformément au règlement de 1991 de l'U.E.

Les vignes doivent être cultivées sans emploi de produits chimiques de synthèse. Elles doivent être fertilisées à l'aide d'engrais verts, de composts, pour stimuler l'activité biologique des sols.

Pour lutter contre les maladies et les insectes nuisibles, de simples sels sont utilisés (souffre et cuivre), des algues, des extraits végétaux ou des techniques modernes de lutte biologique. Le vin est élaboré en limitant très strictement l'emploi d'additifs. Les doses limites maximales de SO_2 sont les plus faibles possible.

7 degrés d'alcool acquis,
3 degrés d'alcool en puissance,
alcool total : 10° ou 10 % Vol.

Le moût

DÉFINITION

Le moût est un produit liquide obtenu naturellement ou par des procédés physiques à partir de raisins frais et ayant **un titre alcoométrique volumique acquis** égal ou inférieur à 1.

Remarque : *il existe une différence entre alcool acquis et alcool en puissance :* ***l'alcool acquis*** *est la quantité réelle d'alcool contenu dans le vin.* ***L'alcool en puissance*** *est la quantité de sucre non fermenté exprimé par sa correspondance en alcool (17 g = 1 %). Exemple : lorsqu'un vin contient 10 % de son volume en alcool et encore 34 g de sucre, il a 10° d'alcool acquis et 2° d'alcool en puissance, soit un* ***degré total*** *de 12°. Rappelons que la quantité d'alcool contenue dans un vin est exprimée en pourcentage (12 % alc.).*

COMPOSITION

Le moût est essentiellement composé d'eau (70 à 80 % du volume), de sucres (150 à 250/300 g par litre), d'acides organiques provenant des racines et des feuilles (acides tartrique, malique et citrique), de sels minéraux (provenant du sol par les racines), de composés azotés et de matières pectiques.

L'AMÉLIORATION DE LA VENDANGE

Des conditions climatiques défavorables (températures trop basses, humidité excessive, etc.) se traduisent par un manque de maturité du raisin, d'où une faible teneur en sucre et une acidité trop élevée.

Vendanges insuffisamment mûres

Il est possible d'y remédier en apportant un complément de sucre (saccharose) ou du moût concentré, et dans certains cas en diminuant l'acidité.

AUGMENTATION DE LA RICHESSE EN SUCRE - CHAPTALISATION

Louée par certains, condamnée par d'autres, la chaptalisation consiste à ajouter du sucre au moût dans le but d'augmenter la richesse alcoolique du vin.

Origine

Déjà dans l'Antiquité, le miel était utilisé pour sucrer les moûts et les vins, mais la chaptalisation telle que nous la connaissons est relativement récente. Elle doit son nom au comte Chaptal qui a préconisé le sucrage par saccharose au début du XIXe siècle. Il semble qu'à l'origine cette pratique était utilisée non pour augmenter les degrés mais pour épuiser le milieu fermentaire.

Conditions

Jusqu'en 1972, la chaptalisation était permise de façon permanente dans la limite de 3 kg par hectolitre de vendange, ou de 200 kg par hectare de vigne en production. Ceci était valable dans tout le pays, à l'exception des départements du ressort des cours d'appel d'Aix, de Nîmes, Montpellier, Toulouse, Agen, Pau et Bordeaux. Un décret du 21 avril 1972 a aboli ce privilège.

Actuellement, l'enrichissement maximum est différent selon la zone concernée, en tenant compte des degrés minimums imposés avant enrichissement et maximums après enrichissement.

La chaptalisation est strictement réglementée. En France, c'est l'I.N.A.O. qui décide, sous réserve de la parution d'un décret, de la nécessité de chaptaliser ou non (mais dans les limites de la réglementation de l'U.E.).

Normalement, toute demande d'enrichissement doit faire l'objet d'une déclaration préalable auprès de la recette locale des impôts, au plus tard 48 h avant le jour où elle sera pratiquée. Mais on assiste à un assouplissement relatif de cette obligation. En France, dans de nombreuses régions, on a recours à la "déclaration unique de chaptalisation".

Le principe est de réaliser une seule déclaration d'intention 48 h avant la première opération de chaptalisation. Cette déclaration mentionne : nom et l'adresse du déclarant, lieu de l'opération, date et heure de début, produit à enrichir (moût), nature du produit d'enrichissement.

Dans ce cas, il y a obligation de remplir le "carnet d'enrichissement par sucrage" dont les pages sont numérotées. Il

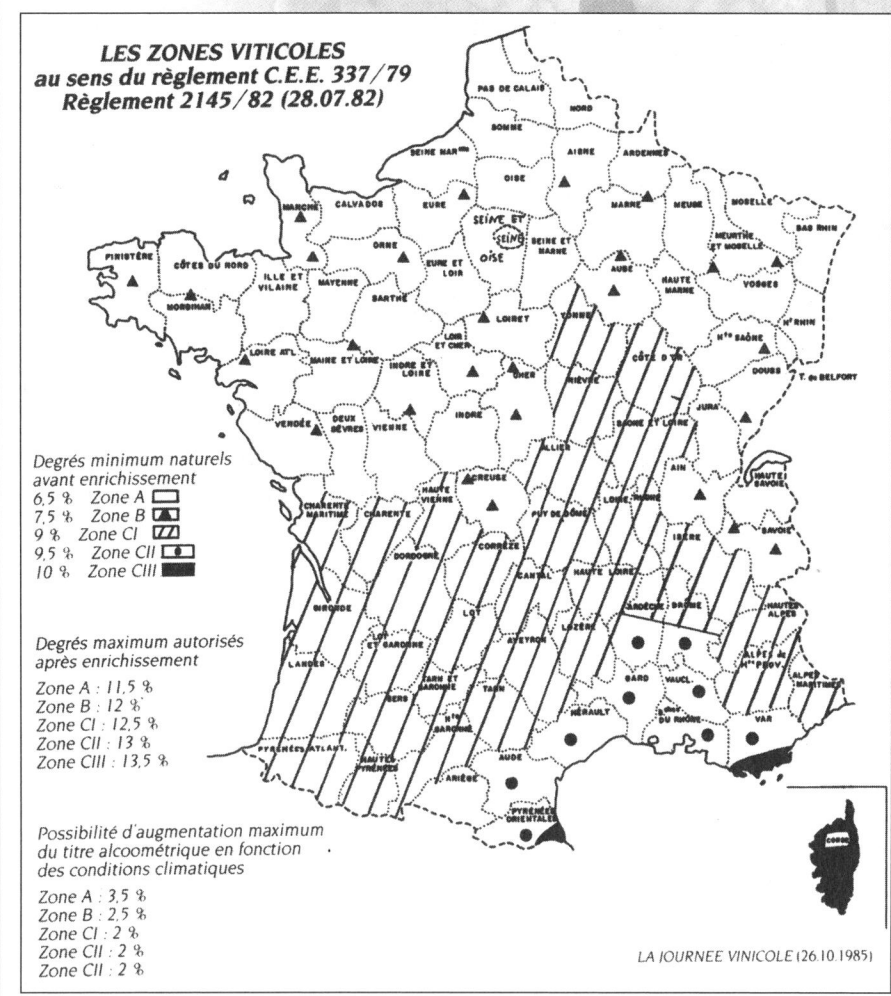

doit comporter le cachet et la signature du service des douanes.

Le registre de chaptalisation doit être, bien entendu, tenu à jour précédemment aux opérations. Des contrôles sont effectués régulièrement.

Le paiement de la taxe sur le sucre sera fait en une seule fois à la fin des vendanges.

Dès la fin des opérations d'enrichissement, le registre de chaptalisation doit être présenté à la recette locale. Celle-ci totalisera les quantités de sucre effectivement utilisées et percevra ainsi le montant de la taxe en une seule fois.

Le sucre ajouté est du saccharose (de formule chimique $C_{12}H_{22}O_{11}$). Une enzyme spécifique, la sucrase, provoque une coupure dans les molécules avec formation de deux molécules de sucres simples ($C_6H_{12}O_6$).

Jusqu'à une époque récente, au bout de 48 h, l'addition de saccharose ne pou-

Le raisin et le vin

SOURCE : AVA

Carnet d'enrichissement

ENTREES				SORTIES							Produits utilisés		Produits obtenus				STOCK	
	- Sucre en kg Détenus - MCR en HL					Produits mis en œuvre												Observations et visa du contrôleur
N° Acquis Date	Date de réception	Quantité reçue kg-hl	Fournisseur	Date		N° de la cuve	Appellation revendiquée	Cépage	Volume HL	Titre alcométrique volumique naturel % vol.	Nature	Kg/Hl	Augmentation prévue du volume	Augmentation prévue du titre % vol. alcoométrique	Volume total obtenu	Sucre ou MCR détenu en kg/hl		
				Jour	Heure													
Reprise stock	détenu au		✗															

LA R.M.N. (RÉSONANCE MAGNÉTIQUE NUCLÉAIRE)
Une méthode de détection radicale de la CHAPTALISATION SURCHAPTALISATION grâce à la méthode SNIF-NMR
(Site-Spécific Natural Isotope Fractionation étudié par RMN)

Désormais les fraudeurs n'ont plus qu'à bien se tenir. Il existe maintenant une méthode fiable pour détecter la chaptalisation. Jusqu'au début des années 80, il était impossible de détecter l'origine des sucres après leur transformation en alcool. Il était donc impossible de détecter et de quantifier la chaptalisation, surtout si elle était effectuée avec du sucre de betteraves. C'est à cette époque que le Ministère français des finances a proposé un prix de 1 million de francs pour la mise au point d'un procédé fiable de détection de l'atout de sucre pour l'élaboration des vins.
Deux chercheurs nantais Maryvonne et Gérard Martin, ont alors adapté une méthode de mise au point en collaboration avec le CNRS.
Cette méthode associe l'informatique avancée et la RÉSONANCE MAGNÉTIQUE NUCLÉAIRE (R.M.N.).
La méthode Martin a été officialisée par l'O.I.V. (Office International de la Vigne et du Vin) dès 1987 et par la Comission Européenne en 1990 (règlement CEE N°2676/90). La méthode SNIF-NMR est utilisée en routine par l'administration et les laboratoires de contrôle officiels du type douane, répression des fraudes. Les administrations européennes, allemandes, anglaises, françaises, italiennes, espagnoles, portugaises, tchèques et nord-américaines sont équipées de spectromètres R.M.N. et logiciels SNIF-NMR pour réaliser dans leurs laboratoires des analyses SNIF-NMR

PAS SEULEMENT LA CHAPTALISATION
Initialement appliquée à la détection de la seule chaptalisation des vins, la méthode exploitée par Eurofins Scientific (Nantes) s'est rapidement affirmée comme un puissant outil de détermination d'origine des produits agroalimentaires (1).

Produits analysables :
Vins secs, vins doux, bières, cidres, cognacs, armagnac, whiskies, apéritifs, vodkas, rhums, liqueurs, portos, brandies, eaux-de-vie, champagnes, alcools rectifiés, miels, arômes : vanille, anéthol, etc.

Recherches possibles :
Chaptalisation des vins par du saccharose, édulcoration des vins doux.
Identification de l'origine agricole ou synthétique d'un alcool et de sa plante d'origine (raisin, céréale, betterave, canne à sucre, etc.).
Caractéristique de la gazéification naturelle ou synthétique d'un vin mousseux.
Détection du sucre ajouté dans un moût ou un moût concentré.
Dans certains cas, il est aussi possible de contrôler les aspects suivants de l'authenticité d'un produit : vérification de la région de production d'un vin (1), vérification du millésime, d'un ajout d'arômes ou de composants volatils de synthèse dans un alcool, taux de malt dans les whiskies, etc.
Cette méthode ne se limite pas aux vins, aux alcools et autres boissons alcoolisées. Elle est également utilisée pour des produits tels que les parfums, les huiles essentielles, les miels, les confitures, etc.
Avec le développement des AOC pour un nombre de plus en plus important de produits d'origine agricole, les problèmes de la vache folle… la méthode Martin (2) a encore de beaux jours devant elle.

SOURCE : EUROFINS

(1) L'Union européenne a implanté à Ispra une banque de données des vins européens, identifiés par leurs caractéristiques isotopiques.
(2) Nom officiel de la méthode : SNIF-NMR.

---

vait plus être décelée. Cette propriété a provoqué de nombreux abus. Pour lutter contre ces abus, la Direction générale des impôts et le Service de la répression des fraudes ont lancé un concours pour récompenser celui qui mettrait au point le meilleur système de détection. C'est un chercheur nantais, le professeur Martin et son équipe qui ont réussi à mettre au point un procédé capable de déceler l'origine de l'alcool contenu dans le vin grâce à une technique physico-chimique (résonance magnétique nucléaire du deutérium).

Au niveau de l'U.E. divers projets visent à supprimer le sucrage des vins par du saccharose et à le remplacer par un enrichissement à base de raisin concentré et rectifié. Mais il ne s'agit que de projets.

Il faut enfin préciser que les vins destinés à la production d'eaux-de-vie ne peuvent en aucun cas être enrichis.

DIMINUTION DE L'ACIDITÉ

Désacidification chimique

Il est possible, sous certaines conditions, de pratiquer une désacidification chimique. Cette désacidification est très réglementée et différente selon la zone viticole (voir encadré page suivante).

Désadification biologique

Une désacidification biologique peut également être obtenue en provoquant la fermentation malolactique. Après la fermentation alcoolique, dite également fermentation tumultueuse étudiée ultérieurement, il se produit généralement une seconde fermentation appelée fermentation malolactique.

Cette fermentation est, en principe, recherchée pour les vins rouges. En ce qui concerne les vins blancs, certains vinificateurs provoquent la fermentation, alors que d'autres cherchent à l'éviter. Elle a une grosse influence sur les caractères du vin obtenu, en particulier sur sa teneur en acidité fixe. Cette acidité fixe est représentée par l'ensemble des acides organiques contenus dans le fruit et qui se retrouvent dans le vin (acides malique, citrique, tartrique). Il ne faut pas la confondre avec l'acidité volatile, qui existe normalement dans le vin, mais à faible dose (l'acide acétique est l'acide volatil dominant). En petite quantité, l'acidité volatile est indispensable à la stabilité du vin. En quantité excessive, le vin devient imbuvable (goût de vinaigre).

Rappel : Acidité fixe + acidité volatile = acidité totale

LA FERMENTATION MALOLACTIQUE

Il s'agit en fait de la dégradation de **l'acide malique en acide lactique** avec dégagement de gaz carbonique (CO_2) ce qui provoque une chute importante de l'acidité fixe, c'est-à-dire une augmentation du pH. Cela est dû au fait que l'acide malique est un diacide avec 2 fonctions acides, tandis que l'acide lactique n'en possède qu'une. Pendant très longtemps ce phénomène a été mal maîtrisé. Cette seconde fermentation commençait juste après la fermentation alcoolique ; elle était stoppée par les premiers froids de l'hiver, mais reprenait dès que les conditions redevenaient favorables. Lorsque le vin était déjà en bouteilles, il devenait pétillant, à cause du CO_2 dégagé. On disait alors tout simplement : *"le vin travaille, comme chaque année à la même époque..."*.

De nos jours, cette fermentation est assez bien maîtrisée grâce au traitement par le froid, à l'ensemencement, à la recherche de la température favorable, etc.

En provoquant la fermentation malolactique ou en la laissant se développer, il est possible de diminuer l'acidité d'un vin (augmentation de son pH).

> Lors de visites de caves, les viticulteurs parlent souvent de leurs vins en disant : *"Avec celui-ci, j'ai eu des problèmes pour lui faire faire sa malo. Avec celui-là pas de problèmes, il m'a fait sa malo dans la foulée de la fermentation alcoolique"*. Ce qui ne manque pas de provoquer de nombreuses questions au responsable du groupe à la sortie de la cave. Chacun veut savoir quelle est cette chose si mystérieuse qui semble tellement préoccuper le viticulteur. Evidemment, à la cave personne n'ose poser la question de crainte de passer pour un ignorant... C'est mal connaître ceux qui élaborent les vins, car ils sont toujours prêts à donner le maximum de renseignements, à parler de leur produit avec beaucoup de modestie.

Vendanges insuffisammment acides

Les vins de vendanges insuffisamment acides manquent de fraîcheur. Pour corriger ce défaut, il est possible de pratiquer :
- L'acidification directe, avec de l'acide tartrique, mais sous certaines conditions (voir remarque).
- L'addition de grapillons verts.
- Une utilisation rationnelle du SO_2.
- Une autre solution consiste à éviter la fermentation malolactique pour conserver le maximum d'acidité fixe.

REMARQUES CONCERNANT L'ACIDIFICATION ET LA DÉSACIDIFICATION CHIMIQUES

Ces pratiques sont strictement réglementées au niveau de la CEE (article 34 du règlement CEE) n° 337/79, remplacé par le règlement n° 3307/85 du 18 nov. 1985. Voici quelques points essentiels de ce règlement : *"Les raisins frais, le moût de raisins, le moût de raisins partiellement fermenté ; le vin nouveau encore en fermentation et le vin peuvent faire l'objet dans les zones viticoles A, B, CI a et CI b, d'une désacidification partielle ; dans les zones viticoles CII et CIII a, et sans préjudice du paragraphe 3, d'une acidification et d'une désacidification ; dans la zone viticole CII[B, d'une acidification. (L'acidification et l'enrichissement, sauf dérogation à décider cas par cas, ainsi que l'acidification et la désacidification d'un même produit, s'excluent mutuellement (...)"*

Cette réglementation prend en compte les conditions climatiques des différentes zones : possibilités de désacidification dans les zones septentrionales, possibilité d'acidification dans les zones méridionales.

La fermentation alcoolique

SOURCE : INSTITUT PASTEUR

Travaux de Pasteur sur les fermentations des vins.

Rappel de la définition des fermentations

Mécanisme de la fermentation alcoolique

Rôle de Pasteur

Les levures
Origine, structure
Reproduction : bourgeonnement, spores
Différentes espèces et succession lors de la vinification
   Action des levures :
     - En milieu aérobie
     - En milieu anaérobie
      Agents influençant la vie des levures
       Evolution dans l'utilisation des levures

Surveillance et contrôle de la fermentation alcoolique

La fermentation alcoolique

RAPPEL DE LA DÉFINITION DES FERMENTATIONS

DOCUMENT ANIVIT

Les fermentations sont des transformations chimiques que font subir certains microbes (levures, bactéries, moisissures) à certaines matières organiques, et ceci grâce à l'action des enzymes (diastases) dont ils sont équipés.

Pour caractériser une fermentation, il faut répondre aux questions suivantes :
Quelle est la substance qui se transforme ?
En quoi ?
Sous l'action de quoi ?

Quelques définitions :

Microbes ou micro-organismes : êtres microscopiques (moisissures, levures, bactéries). Tous les microbes ne sont pas pathogènes (qui engendrent la maladie). La plupart d'entre eux sont utiles et interviennent par exemple dans le processus d'élaboration de nombreux aliments : vin, bière, fromages, pain, etc.

Bactéries : êtres vivants microscopiques, unicellulaires ; les bactéries peuvent être classées en 4 catégories :

- *Les bactéries utiles*, qui interviennent dans l'élaboration des aliments cités précédemment.

- *Les bactéries banales*, non nocives, sauf lorsque leur nombre devient trop important.

- *Les bactéries d'altération des aliments* (bactéries de la putréfaction, bactéries du rancissement des corps gras, etc.).

- *Les bactéries pathogènes*, responsables de maladies infectieuses ou de toxi-infections.

Remarque : ce sont des bactéries qui sont responsables de la fermentation malolactique.

Levures : êtres unicellulaires, dix fois plus grands que les bactéries.

Enzymes ou diastases : substances organiques solubles produites en très petite quantité par un organisme vivant, et qui favorisent spécifiquement une réaction. Les enzymes sont des protéines qui ont un rôle de catalyseur. La plupart des enzymes sont indispensables à la vie des cellules qui les possèdent.

(Pour tous renseignements complémentaires, voir le chapitre "Initiation à la microbiologie" dans Hygiène et Restauration de Dominique Brunet-Loiseau, aux Editions BPI).

MÉCANISME DE LA FERMENTATION ALCOOLIQUE

Qu'est-ce qui se tranforme ?

Les sucres, ceux contenus dans le moût et éventuellement ceux qui sont ajoutés dans le cas d'une chaptalisation.

En quoi ?

Essentiellement en alcool éthylique et en CO_2 mais également en produits appelés "produits secondaires de la fermentation".

Sous l'action de quoi ?

Sous l'action des levures apportées avec les vendanges et/ou de levures ajoutées.

$$C_6H_{12}O_6 \longrightarrow 2\,C_2H_5OH + 2CO_2$$
(sucre) (alcool éthylique) (dioxyde de carbone)

Le résultat essentiel de la fermentation alcoolique du jus de

La fermentation alcoolique

raisin est la transformation totale ou partielle des sucres en alcool éthylique, en gaz carbonique et en produits secondaires.

Phénomènes observés pendant la fermentation alcoolique :

Bouillonnement du liquide en fermentation. On parle parfois de "fermentation tumultueuse".

Formation d'un "chapeau" constitué par la remontée des matières solides (insolubles) sous la pression du CO_2.

Augmentation de la température. Elle doit d'être contrôlée en permanence comme nous le verrons par la suite.

Augmentation du degré alcoolique, en relation avec la diminution des sucres.

Diminution de la densité.

Changement de couleur, cette remarque est surtout valable pour les vins rouges et rosés.

Changement de saveur.

Il faut bien retenir que la fermentation alcoolique est sensible :

- à la température (chaud, froid),
- à l'alcool (possibilié de mutage en cours de fermentation).

La fermentation alcoolique est observée et utilisée depuis fort longtemps. Pourtant, il a fallu attendre le milieu du XIXe siècle et les travaux de Pasteur pour expliquer le mécanisme de cette fermentation. C'est lui qui, le premier, a réussi à démontrer que les fermentations n'étaient pas dues à l'action de l'air sur le sucre, mais à la présence de microbes, et notamment, de levures.

Le glucose et les sucres de même catégorie ($C_6H_{12}O_6$) sont décomposés en **alcool éthylique** et en **gaz carbonique** sous l'action des enzymes que possèdent les levures. La fermentation alcoolique fournit aux levures l'énergie nécessaire à leur multiplication : elles "brûlent" les sucres.

C'est **Lavoisier,** un des créateurs de la chimie moderne (on lui doit, entre autres, la nomenclature chimique et la connaissance de la composition de l'air), qui montra, au XVIIIe siècle, que l'alcool et le gaz carbonique sont dus à la transformation des sucres. C'est en faisant référence à la fermentation alcoolique qu'il énonça le fameux principe *"Rien ne se perd, rien ne se crée, tout se transforme".*

En 1815, **Gay-Lussac** a donné l'équation suivante : $1\ C_6H_{12}O_6 \longrightarrow 2\ CH_3CH_2OH + 2\ CO_2$. Une molécule de sucre donne deux molécules d'alcool éthylique et deux molécules de gaz carbonique (dioxyde de carbone).

En 1860, **Pasteur** a démontré que cette réaction n'est valable que pour environ 95 % du sucre transformé et qu'il se forme des produits secondaires : glycérol, éthanol, acide lactique, acide acétique, acide succinique, etc.

Rappel : la fermentation alcoolique n'intervient pas seulement dans l'élaboration des boissons alcoolisées : vin, bière, cidre… Mais également dans la fabrication du pain et autres pâtes levées. L'amidon contenu dans la farine est transformé en sucres simples sous l'action des levures ajoutées, puis en alcool (ce dernier s'évapore lors de la cuisson) et en CO_2 qui provoque la levée de la pâte et les trous dans la mie.

TABLEAU COMPARATIF SIMPLIFIÉ ENTRE LA COMPOSITION DU MOÛT ET CELLE DU VIN

MOÛT	VIN	
	Déjà présents dans le moût	Provenant de la fermentation
Eau	Eau	

Sucres	Sucres	Alcool éthylique
		Glycérol
		Acide : acétique
		          lactique
		          succinique

Acide : tartrique
       malique
       citrique
	Acide : tartrique
	       malique
	       citrique	

Matières azotées	Matières azotées	Alcools supérieurs
Matières minérales	Matières minérales	

On a souvent des problèmes pour retenir quels étaient les acides déjà contenus dans le moût et ceux qui résultent de la fermentation alcoolique. Il est possible d'utiliser un moyen mnémotechnique, par exemple : Tu Marches Comme Les Anciens Soldats. La première lettre de chaque mot est la première lettre d'un acide. Les trois premières (TMC) : acides contenus dans le moût, les trois suivants LAS : acides apparus en cours de fermentation.

DOCUMENT ANIVIT

UNE ŒUVRE HUMAINE

De cave en moûts fermentés

Le vin est issu de la fermentation alcoolique. Le sucre du raisin va être transformé en alcool par les levures. C'est un processus similaire qui permet l'élaboration du pain.

La fermentation alcoolique

RÔLE DE PASTEUR

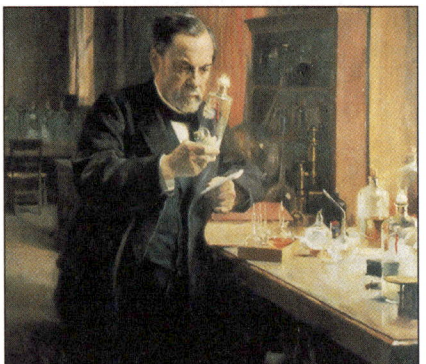

Pasteur dans son laboratoire par Edelfelt.

Pasteur, un des plus grands savants de son temps, n'a pas seulement inventé le vaccin antirabique. Nous lui devons aussi de remarquables travaux sur l'étude des fermentations. Il fut le premier à démontrer que celles-ci étaient dues à l'action des micro-organismes et que la "génération spontanée" d'êtres vivants n'existait pas.

Né à Dôle dans le Jura en 1822, il fut élève au collège d'Arbois, où son père s'était installé comme tanneur, puis au collège royal de Besançon. Reçu à l'Ecole normale supérieure, il passe ses thèses de doctorat en physique et en chimie. Professeur à Strasbourg, il quitte cette ville en 1854 pour Lille où il est nommé Doyen de la nouvelle faculté.

Il commence à étudier la fermentation lactique, puis la fermentation alcoolique affirmant que toutes les fermentations sont dues à des êtres vivants et que chaque espèce entraîne une fermentation spécifique. Passionné par ses recherches en médecine, Pasteur n'aurait peut être pas effectué ses expériences sur la fermentation alcoolique si un article posthume de Claude Bernard (savant auquel on doit, entre autres, la démonstration du rôle du pancréas dans la digestion des corps gras et la fonction glycogénique du foie, etc.) n'avait mis en doute ses théories sur la fermentation alcoolique. Répondant à cette publication, Pasteur écrivit : *"Les vingt dernières lignes de l'article de Claude Bernard sont une condamnation absolue de mes vues sur les fermentations, mais Monsieur Bernard s'est trompé."*

Il reprend aussitôt ses expériences et se rend à Arbois où il possède une vigne. Il y installe une serre. Lorsque les raisins arrivent à maturité, il cueille des grappes dans la serre et d'autres à l'extérieur. Les grains cueillis à l'extérieur fermentent sans problèmes, les autres non. Il venait ainsi de prouver que la fermentation n'est pas provoquée par l'action de l'air sur les sucres, comme on le croyait communément, mais bien par la présence de microbes, **les levures,** apportées par le vent et les insectes.

Vigne de Pasteur à Arbois

LES LEVURES

C'est la pruine, partie cireuse, située sur la pellicule, qui retient les levures ; ici sur une grappe de Mourvèdre.

Les levures qui provoquent la fermentation alcoolique sont des micro-organismes qui sont présents sur les baies et les fruits.

Origine - structure

Le vent et les insectes apportent les levures sur la pellicule du raisin. Elles y sont retenues par la pruine. Le temps a une grande influence sur la conduite des vinifications, puisque la pluie peut entraîner avec elle une partie des levures naturelles. Dans ce cas, le vinificateur devra pratiquer le levurage. C'est-à-dire le réensemencement du moût avec des levures achetées dans le commerce.

La structure générale de la levure ressemble à celle de la cellule végétale (membrane cellulosique enveloppant un cytoplasme tenant lui-même en suspension un noyau). L'aspect de la levure varie avec son âge.

Reproduction

Par bourgeonnement

C'est le mode de reproduction qui a lieu lorsque les conditions sont favorables, dans la phase active de la fermentation.

Par spores

Lorsque les conditions deviennent défavorables la levure ne se multiplie plus par bourgeonnement. Elle produit des

La fermentation alcoolique

ascospores (formes de résistance). C'est sous cette forme que se trouvent les levures sur la pellicule du raisin, dans les lies et dans les cuves.

Différentes espèces de levures et succession lors de la vinification

Les levures apiculées (Kloeckera apiculata) : elles provoquent un départ rapide de fermentation, aussitôt après le foulage des raisins. Leur action est ralentie dès que le moût atteint 3 à 4 degrés d'alcool (disparition à 5° d'alcool). Elles utilisent 20 à 21 g de sucres pour produire 1° d'alcool (1). Ces levures sont sensibles à l'action du dioxyde de soufre (SO_2) utilisé pour l'aseptisation des moûts.

Les levures elliptiques (du genre Saccaromyces acidifaciens) : agents essentiels de la fermentation, elles sont plus résistantes que les précédentes à l'action du SO_2 et ont un meilleur rendement alcoolique. Elles utilisent 17 g de sucres pour produire 1° d'alcool, (1). Elles transforment les sucres jusqu'à 14° d'alcool, parfois un peu plus.

Les levures finisseuses (dites levures de Pasteur) : elles agissent surtout en fin de fermentation. Elles ont l'avantage de travailler jusqu'à 18° d'alcool, et sont particulièrement utilisées lors des vinifications spéciales (exemple : vin naturellement doux, type Sauternes).

Action des levures

Travail en présence d'oxygène (vie aérobie)

Les levures respirent activement en brûlant les sucres du raisin ; cette réaction permet une multiplication rapide. Les sucres sont utilisés au profit de la multiplication des levures exclusivement. Il n'y a pas de production d'alcool (juste quelques traces).

Travail en absence d'oxygène (vie anaérobie)

Dès que les levures sont privées de l'oxygène de l'air libre, elles le puisent dans les molécules de sucre du raisin et le transforment en alcool et gaz carbonique, but recherché par les vinificateurs.

CONCLUSION

Lors des vinifications, il faut une période courte en milieu aérobie en début de fermentation (multiplication des levures). Puis travailler en milieu anaérobie. Cependant, durant cette période, il est parfois souhaitable de redonner aux levures un apport d'oxygène pour renforcer leur action. Cette action porte le nom de "remontage".

Agents influençant la vie des levures

Les antiseptiques : le SO_2 par exemple.

L'alcool, application pratique : élaboration des VDN.

La température.

Evolution dans l'utilisation des levures

Certains vignerons restent très attachés à l'utilisation de levures indigènes, mais depuis quelques années, de gros efforts ont été entrepris par les centres

RÉSUMÉ

	Vie aérobie	Vie anaérobie
SUCRES + LEVURES	Multiplication des levures Production de CO_2	Production d'alcool éthylique Production de CO_2

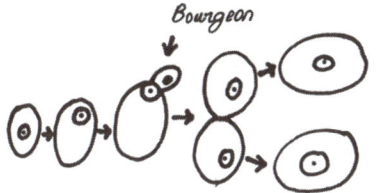

Le noyau de la cellule se déplace vers l'extérieur, s'étire, se divise en deux, donne naissance à une autre cellule qui bourgeonnera à son tour. Une cellule peut donner des millions d'autres cellules.

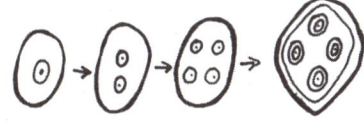

*Le noyau subit deux divisions successives, chacun des nouveaux noyaux s'entoure de cytoplasme et forme une nouvelle cellule dans l'ancienne.
Lorsque les conditions seront favorables chaque cellule reprendra une vie active.*

(1) plus ou moins.

SOURCE : MARTIN VIALATTE - ŒNOLOGUE - EPERNAY

La fermentation alcoolique

Etiquette de levures sélectionnées

(1) Pratiquer un remontage est souvent un excellent moyen pour réactiver une fermentation défaillante.

de recherche et les laboratoires œnologiques pour améliorer l'utilisation de **levures œnologiques sélectionnées.**

Dans certains cas, il est souhaitable d'éliminer les levures sauvages (on parle du caractère "killer" de certaines levures) et d'ensemencer avec des levures sélectionnées.

Ce levurage permet :

Un bon départ de la fermentation.

De réactiver une fermentation défaillante.

Certaines souches de levures ont une influence sur l'obtention des arômes.

On trouve actuellement sur le marché des levures (très important en volume et en valeur), toute une gamme de produits adaptés à des besoins spécifiques. Certaines levures sont adaptées au type de vinification, au type de vin, aux cépages, d'autres sont prévues pour le départ ou la reprise des fermentations, la prise de mousse…

LE REMONTAGE

Le remontage est l'opération qui consiste à prendre du moût en fermentation à la base d'une cuve pour l'amener à la partie supérieure de la cuve. Cette opération permet, entre autres, de fournir de l'oxygène aux levures dans le cas d'un remontage avec aération (1).

SURVEILLANCE ET CONTRÔLE DE LA FERMENTATION ALCOOLIQUE

Comme nous l'avons déjà vu, du raisin qui fermente dans un récipient (cuve, fût, bocal) permet d'observer les phénomènes suivants :

Un bouillonnement (d'ailleurs fermentation vient du mot latin "fervere" qui signifie bouillir).

La formation d'un "chapeau".

Une augmentation de la température.

Une diminution de la densité.

Une modification de la saveur du moût.

Pour chaque cuve en fermentation une fiche est établie souvent sous forme de graphique. Pour suivre l'évolution de la fermentation, on y consigne la densité et la température. Si cette dernière devient critique, il faut intervenir rapidement.

Jadis les fermentations s'effectuaient sur de petits volumes. Les températures étaient souvent maîtrisées par des

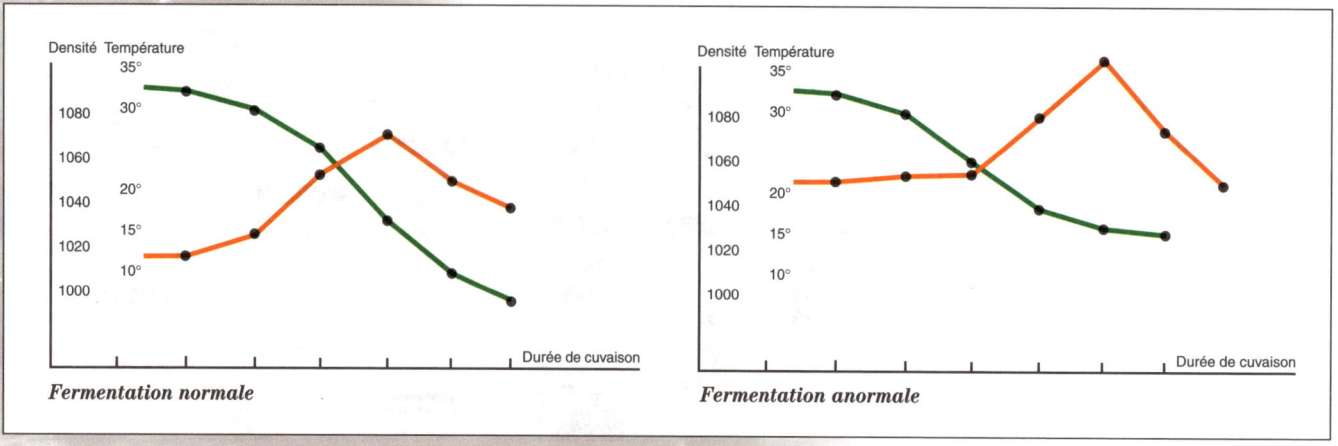

Fermentation normale — *Fermentation anormale*

La fermentation alcoolique

moyens empiriques (ouverture des portes du local durant la nuit, utilisation de drapeaux (1), etc.). L'apparition de cuves de grande capacité a longtemps posé problème aux vinificateurs.

Actuellement des installations très fiables, avec des cuves autorégulées, donnent d'excellents résultats.

Température trop basse

Lorsque la température est trop basse (10/11 °C), le départ de la fermentation est difficile, voire impossible. Celui-ci doit être provoqué pour éviter une altération du moût : soit en réchauffant la cuve ou le local, soit en utilisant un "pied de cuve" (petite quantité de raisins ou de moût mis en fermentation préalable) ajouté pour ensemencer en levures l'ensemble de la cuve (même principe que le levain utilisé pour la fabrication du pain ou de pâtes levées).

Température trop élevée

Lorsque la température est trop élevée (35 °C environ), les levures cessent leur activité, mais ne sont pas détruites pour autant. Si tout le sucre n'a pas été transformé, il reste des sucres résiduels, la fermentation risque de reprendre dès que les conditions redeviendront favorables. Ceci peut se produire alors que le vin est déjà en bouteille : la production de CO_2 (plus ou moins importante) est préjudiciable à la présentation et à la qualité du vin, surtout s'il s'agit d'un vin rouge. En effet, si le consommateur français accepte un vin blanc légèrement perlant, il n'apprécie pas la moindre présence de CO_2 dans un vin rouge. En revanche, en Italie, il n'est pas rare de rencontrer des vins rouges qui contiennent du CO_2.

INFORMATIQUE ET MAÎTRISE DES TEMPÉRATURES

Les installations modernes, de plus en plus informatisées, permettent une excellente maîtrise des températures. Une programmation à 30/33 °C en fin de fermentation permet d'obtenir un maximum de tanin et de couleur pour les vins rouges. Alors qu'avec des températures plus basses, la fixation des arômes est favorisée.

Jadis dans certaines régions, on utilisait pour préparer un "pied de cuve" un procédé peu hygiénique mais efficace. La veille des vendanges on allait cueillir une petite quantité de raisins. Ces derniers étaient mis dans un bac, légèrement foulés, puis portés à l'étable, seul endroit de l'exploitation où régnait la température idéale pour lancer une fermentation.

Lors du retour de stage en vinification des élèves de la Mention Complémentaire Sommellerie, l'auteur a été très surpris par les confidences d'une jeune fille qui avait effectué son stage dans une cave importante de la région.
Chacun à tour de rôle parlait des travaux effectués et les commentait. Arrivé à la demoiselle en question, elle commença de la façon suivante : "Avant toute chose, je dois vous faire une confidence : durant mon stage, pendant deux nuits j'ai découché". Grand silence… Réponse gênée du professeur auquel on n'a pas l'habitude de faire ce genre de confidence : "Mademoiselle, vous êtes majeure". Nouveau silence, jusqu'au moment où arriva enfin l'explication. "On m'avait confié la responsabilité de plusieurs cuves. Pour éviter tout problème, je suis allée chercher mes couvertures et mon réveil et je me suis installée au pied des cuves, plusieurs fois dans la nuit, je me suis réveillée pour contrôler les températures des cuves en fermentation." Ouf !

Le choix des températures est laissé à l'appréciation du vinificateur en fonction du produit qu'il souhaite obtenir. Mais il faut retenir que les températures sont plus élevées pour la vinification en rouge que pour la vinification en blanc. On admet généralement comme températures idéales 28 à 30 °C pour les vins rouges, 20 °C environ pour les blancs.

(1) Drapeau : circulation d'eau dans des tuyaux introduits dans la cuve. Ce système, encore en usage, offre l'avantage de pouvoir être utilisé pour refroidir une cuve, mais également pour la chauffer dans le cas d'une température trop basse.

PHOTO : BRUNET

Cuve en inox

RÉSUMÉ DE L'ACTION DE LA TEMPÉRATURE

40°	Arrêt de la fermentation
35°	Ralentissement de la fermentation
28° – 20°	Température idéale de fermentation
10°	Travail ralenti des levures (recherché pour certaines vinifications spéciales, ex : deuxième fermentation dans la méthode champenoise).
0°	pas de fermentation

La fermentation alcoolique

LA VINIFICATION PAR CHAUFFAGE DE LA VENDANGE

POURQUOI CHAUFFER LA VENDANGE ?

Simplement parce que l'élévation de température est, de loin, le principal facteur favorisant la dissolution dans le jus des constituants des parties solides de la vendange, en particulier le passage en solution des colorants contenus dans les pellicules mais aussi des composés azotés, des matières pectiques, etc. et dans une moindre mesure (que les colorants) des tanins. On obtient ainsi un moût très fortement coloré.

Ensuite, ce jus fermente seul, sans les parties solides. En général, la meilleure température de chauffage est 70-75 °C. Le chauffage proprement dit est suivi d'une macération à chaud (c'est-à-dire d'un contact entre les parties solides et le jus) dont la durée optimale est d'une demi-heure à cette température. Ensuite, on refroidit et on presse la vendange ; on recueille le jus qu'on soumet à la fermentation. Il y a donc séparation entre la macération et la fermentation alcoolique.

Ce procédé provoque la destruction de la flore naturelle du raisin (levures), empêche des réactions enzymatiques utiles. Indiscutablement le chauffage engendre une évolution vers des techniques qui diminuent la valeur nutritionnelle du vin. Tous les défenseurs du vin et les consommateurs doivent donc veiller à ce danger et freiner cette évolution vers "l'industrialisation" de la vinification. Celle-ci serait dangereuse non seulement pour la qualité du vin, mais aussi pour l'avenir de la viticulture.

La vinification par chauffage de la vendange est utile dans le cas de vendanges altérées par suite du mauvais temps au moment de la récolte. En effet, le champignon de la pourriture produit une enzyme, la laccase. Cette enzyme est très dangereuse ; elle détruit très rapidement la couleur du raisin et du vin. Dans le vin, cette destruction est appelée **casse oxydasique**. Or, la chaleur détruit cette laccase ; mais pour cela il est indispensable, pratiquement, de chauffer la vendange au delà de 70 °C. Il faut en outre que cette température soit atteinte très rapidement (en quelques secondes) et de façon très homogène par toutes les parties de la vendange soumise au chauffage. Elle doit être maintenue pendant au moins une demi-heure.

On utilise aussi le chauffage de la vendange pour la production de vins doux naturels de type de Grenache ; on obtient par ce procédé, des produits originaux assez intéressants.

L'intérêt principal du chauffage de la vendange et de la macération à chaud est l'obtention d'un jus très coloré. Malheureusement, une partie importante de ce gain de couleur disparaît ensuite pendant la fermentation alcoolique (globalement la perte de couleur est de l'ordre de 30 %) et durant la conservation. Toutefois après quelques mois, il subsiste dans les vins issus du chauffage de la vendange une couleur plus forte que celle des vins obtenus par la vinification courante. C'est le but recherché. Les principales recherches sur la vinification par chauffage de la vendange sont réalisées par l'Institut National de la Recherche Agronomique (Ministère de l'agriculture) au Domaine Expérimental INRA de Pech Rouge, près de Narbonne, par les chercheurs des Stations de Narbonne, Avignon, Montpellier et Toulouse.

Il y a un inconvénient : ce procédé de vinification est brutal ; il ne respecte pas la nature ; au contraire, il détruit la flore microbienne, l'ensemble du potentiel enzymatique de la vendange, etc. Il est, de ce point de vue, très différent de la vinification par macération carbonique qui, elle, cherche à utiliser au mieux la nature et les phénomènes naturels.

Il est toutefois souhaitable que les caves de vinification s'équipent d'un système de chauffage de la vendange. Cet équipement sera surtout utile pour préserver la récolte lorsque celle-ci s'avèrera insuffisante. Il ne doit viser qu'à traiter une partie de la récolte et en aucune façon la totalité de celle-ci.

Michel Bourzeix, Maitre de recherches à l'Institut National de la Recherche Agronomique (INRA).

PHOTO : BRUNET

Cuve auto-régulée.

Les vinifications

La transformation du jus de raisin en vin intervient durant les vinifications. La façon de procéder est différente selon le type de vin que l'on souhaite obtenir mais certaines opérations sont communes aux diverses vinifications.

Il faut savoir que l'amélioration des techniques et du matériel utilisé a permis de faire de très gros progrès durant ces dernières décennies.

Opérations communes aux diverses vinifications

Vendanges
Traitement mécanique de la vendange
Sulfitage
Levurage

Résumé des différentes opérations de vinification

En rouge
En rosé
En blanc

Soins essentiels

Ouillage
Collage
Soutirage

Vinifications spéciales

Les vins naturellement doux

Les vins obtenus par addition d'alcool :
- Vins doux naturels (V.D.N.)
- Vins de liqueur (V.D.L.)

Les vins effervescents :
- Différents procédés d'élaboration.
- Vins effervescents et législation.
- Principaux vins effervescents français.

Les vins jaunes et les vins de paille.

Les vins de glace.

SOURCE : VINICOLE PERA
PHOTO : C. O'SUGHRUE

Le matériel doit s'adapter en permanence aux nouvelles méthodes de vinifications et aux exigences des vignerons.

OPÉRATIONS COMMUNES AUX DIVERSES VINIFICATIONS

Vendanges

Longtemps contestée, la machine à vendanger qui a fait de gros progrès est de plus en plus utilisée. Néanmoins, elle reste interdite dans certaines régions : Champagne, Beaujolais (pour le vin primeur) ou pour certains types de vin : vendanges tardives, sélection de grains nobles.

Machines à vendanger.

Traitement mécanique de la vendange

Foulage

C'est l'opération qui consiste à faire éclater les grains sans écraser les pépins et les rafles. Le foulage permet une bonne macération (pour les vins rouges) et un bon départ de la fermentation. Il n'est pas pratiqué dans les vinifications en blanc de noirs, ni pour les macérations carboniques car pour ces deux types de vinification les raisins doivent être entiers lors de leur arrivée au pressoir, pour les blancs de noirs ou lors de la mise en cuve pour les macérations carboniques.

Egrappage ou éraflage

C'est l'opération qui consiste à séparer les rafles du reste de la vendange. L'égrappage permet d'obtenir des vins plus souples, moins astringents et un degré alcoolique légèrement plus élevé.

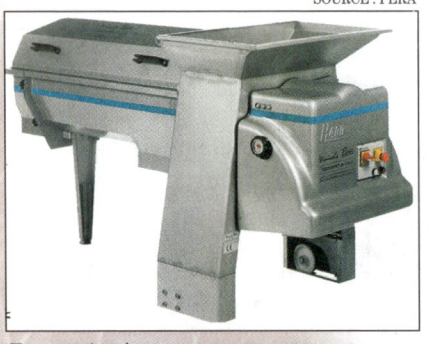

Egrappoir séparateur.

Ancien pressoir. Utilisé depuis des siècles. Bons résultats, mais lent. Ne permet pas de traiter de grosses quantités de vendanges. Perte de temps, surtout au moment du rebêchage. (Rebêchage : action qui consiste à émietter le gâteau de marc entre chaque pressée.)

Pressurage

C'est l'opération qui permet d'extraire le liquide des parties solides de la vendange.

Important : pour les vins rouges, cette opération a lieu après macération et fermentation alcoolique totale ou partielle. Dans ce cas, c'est du vin qui sort du pressoir. Pour l'élaboration des vins blancs, il n'y a pas de macération, le pressurage intervient avant la fermentation. Dans ce cas, c'est du moût (jus de raisin) qui sort du pressoir.

Sulfitage

C'est l'opération qui consiste à apporter une certaine quantité d'anhydride sulfureux ou dioxyde de soufre (SO_2) à la vendange. Elle permet :

- de sélectionner le milieu fermentaire.
- de faciliter la clarification, car en retardant le départ de la fermentation, il favorise le débourbage.
- d'acidifier le moût.
- de retarder les oxydations en particulier la madérisation des vins blancs et la casse oxydasique provoquée par une enzyme appelée oxydase.

Mal utilisé ou en trop grande quantité, le SO_2 peut produire de l'hydrogène sulfuré (H_2S) qui a une odeur caractéristique d'œufs pourris.

Pressoir moderne.

Diminution progressive de son utilisation

Cette diminution est possible grâce à une meilleure maîtrise des vinifications et un meilleur entretien du matériel vinaire.

Les vins produits dans l'U.E. doivent avoir une teneur réduite, conforme aux valeurs fixées réglementairement, de façon à respecter une dose journalière admissible (D.J.A.) pour le consommateur. L'Organisation Mondiale de la Santé a fixé à 25 mg la D.J.A. En effet, le SO_2 présente divers inconvénients, entre autres, il détruit la vitamine B1 dans l'organisme.

Sans préjudice des dispositions plus restrictives que peuvent appliquer les états membres pour les produits sur leur territoire, la teneur en anhydride sulfureux des vins autres que les vins mousseux et les vins de liqueur ne peut dépasser lors de leur mise à la consommation :

- 160 mg litre pour les vins rouges,
- 210 mg litre pour les vins blancs et les vins rosés.

Par dérogation la limite peut être portée à 210 mg SO_2/litre pour les vins rouges et 260 mg pour les vins blancs et rosés si le vin contient plus de 5 g de sucre résiduel par litre. Pour certains vins d'A.O.C. moelleux ou liquoreux, cette teneur peut être de 300 mg/L, voire 400 mg/L.

Le levurage

On ajoute à la vendange des levures en pleine activité. Le levurage permet d'obtenir un bon départ et une meilleure maîtrise de la fermentation (se reporter au chapitre *La fermentation alcoolique*).

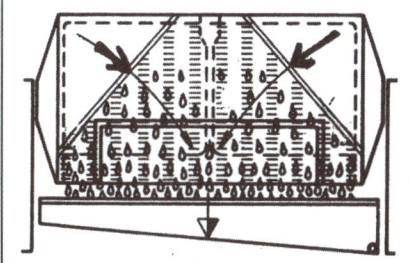

PRESSOIR PNEUMATIQUE «BUCHER». Fonctionne avec un compresseur d'air et une membrane. En introduisant l'air comprimé, la membrane presse le raisin. Le rebêchage automatique s'obtient en retirant de l'air.

RÉSUMÉ DES DIFFÉRENTES OPÉRATIONS DE VINIFICATION

La vinification en rouge

Elle est effectuée à partir de raisins rouges. Ceux-ci sont généralement foulés et égrappés. La vendange ainsi foulée et égrappée est mise en cuve, généralement en acier inoxydable, parfois en ciment ou en bois.

Débute alors la **fermentation alcoolique.** Il faut impérativement surveiller la température (revoir le chapitre sur la fermentation alcoolique). En même temps que la fermentation alcoolique se déroule **la macération.** C'est durant la macération que les matières colorantes contenues dans la pellicule vont se dissoudre et colorer ce qui est en train de devenir du vin. Cette macération est plus ou moins longue en fonction du vin que l'on souhaite obtenir. Elle est courte, quelques jours seulement, pour les vins légers, à boire jeune. Elle est beaucoup plus longue, quinze jours, voire trois semaines, pour des vins de garde. En effet, une macération prolongée permet une meilleure extraction de différents constituants du raisin, en particulier des tanins. Ces derniers interviennent dans la structure et la conservation des vins.

Lorsque la fermentation alcoolique est terminée, il faut **décuver.** On laisse s'écouler le liquide contenu dans la cuve : c'est **le vin de goutte.** Puis on expédie au pressoir les parties solides imprégnées de liquide. Le vin qui sort du pressoir est **le vin de presse.** Le vinificateur décide alors d'assembler ou non ces deux types de vin qui ont des caractères différents.

Les vins rouges effectuent ensuite leur fermentation malolactique.

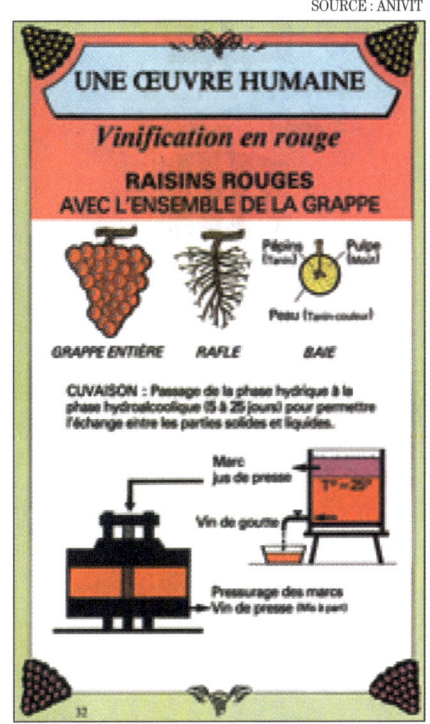

SOURCE : ANIVIT

Les vinifications

Vin gris.

Rosé de "saignée".

SOURCE : ANIVIT

Blanc de blancs.

Blanc de noirs.

La vinification en rosé

Soit en "rosé de saignée" soit en "vin gris".

Si après quelques heures de macération, on prélève du jus dans une cuve destinée à l'élaboration de vin rouge, ce jus est à peine coloré. Il suffit alors de lui laisser terminer sa fermentation **sans contact** avec les pellicules pour obtenir un vin rosé. Seul le champagne rosé est obtenu par assemblage de vin blanc et de vin rouge.

Quelques vins rosés sont obtenus sans macération : les vins gris. Pour ce type de vin, les raisins rouges sont vinifiés comme des raisins blancs. La coloration, peu soutenue, provient de l'éclatement des pellicules lors du pressurage.

La vinification en blanc

Elle est généralement effectuée à partir de raisins blancs (blanc de blancs), mais comme nous l'avons déjà vu, il est possible d'élaborer des vins blancs à partir de raisins rouges (blanc de noirs) comme cela se pratique régulièrement en Champagne.

La différence essentielle entre la vinification en rouge et la vinification en blanc est le fait que, dans le cas d'une vinification en blanc, il n'y a pas de macération (quelques exceptions avec une macération pelliculaire très courte). Les raisins sont conduits directement au pressoir. Le jus fermente sans contact avec les matières solides (peau, pépins,...). Il faut donc bien se souvenir que dans le cas d'une vinification en rouge, c'est du vin qui sort du pressoir, alors que, dans une vinification en blanc, c'est du jus de raisin.

Observations

Quel que soit le type de vinification, les vins jeunes sont généralement troubles. Diverses opérations sont nécessaires avant de les livrer à la consommation : filtrage ou collage, soutirage, etc. Durant le stockage, il faut éviter le contact prolongé avec l'air, ce qui amène à pratiquer des ouillages. Ces différentes opérations sont souvent regroupées sous la dénomination de "Soins essentiels".

SOURCE : ANIVIT

LES SOINS ESSENTIELS

Ouillage

L'ouillage est l'opération qui consiste à maintenir les récipients de stockage (cuves, fûts…) toujours pleins. Elle est indispensable pour éviter qu'au contact de l'air, des maladies d'origine microbienne, dues à des germes aérobies, apparaissent : piqûre acétique, fleur… L'ouillage doit être pratiqué fréquemment, surtout si le vin est stocké en fûts neufs. Dans ce cas, le bois "prend sa part". Dans tous les cas, il y a une légère évaporation. Ce phénomène se traduit par un "creux" dans le récipient.

Pour pratiquer l'ouillage, il faut utiliser le même vin que celui qui est contenu dans les fûts pour lesquels l'opération est pratiquée.

Filtrage, collage

Le vin naît trouble. Pour le rendre présentable, il faut le clarifier par centrifugation, filtrage ou collage. Cette dernière technique est réservée au vin "haut de gamme" en raison des coûts qu'elle génère.

Le filtrage

Pour la plupart des vins, la clarification s'effectue par filtrage. Les filtres utilisés sont composés de plaques, jadis en amiante, de nos jours en cellulose. Il serait souhaitable de ne pas utiliser de plaques trop fines pour ne par appauvrir le vin.

Le collage

Le collage est une pratique très ancienne, les Romains l'utilisaient déjà. Elle consiste à introduire dans le vin, lorsqu'il est encore en fût ou en cuve, des produits comme le blanc d'œuf, la colle de poisson, la gélatine, la bentonite, etc. (1). Ces composés de nature protéique ont la propriété de floculer au contact des tanins. Ils entraînent ainsi les particules en suspension dans le vin. Il est parfois nécessaire d'ajouter du tanin pour obtenir de bons résultats.

Après le collage, intervient généralement le soutirage.

Soutirage

C'est l'opération qui consiste à séparer le vin de son dépôt, par transvasement d'un récipient dans un autre. La forme du tonneau facilite considérablement cette opération, qui peut être comparée au "décantage". Le premier soutirage doit être réalisé rapidement. Le second est effectué au printemps, après les froids de l'hiver. Il permet d'éliminer une éventuelle précipitation de cristaux de tartre. Si le vin reste en fût, un troisième soutirage a lieu en septembre.

Remarque : pour faciliter la précipitation des cristaux de tartre, certains vins sont traités par le froid.

SOURCE : ANIVIT

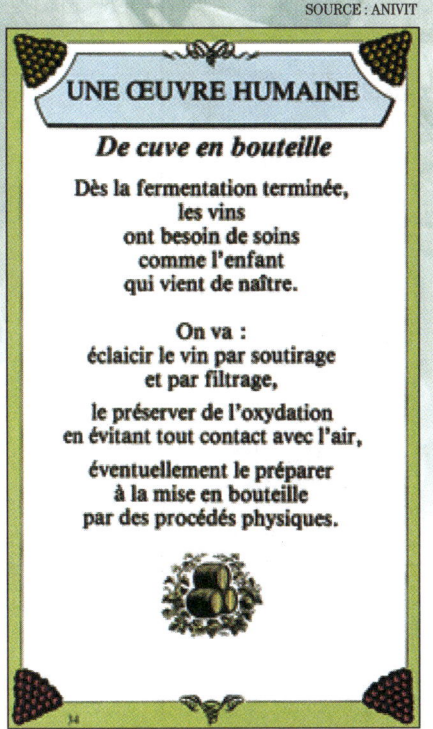

UNE ŒUVRE HUMAINE

De cuve en bouteille

Dès la fermentation terminée, les vins ont besoin de soins comme l'enfant qui vient de naître.

On va :
éclaircir le vin par soutirage et par filtrage,

le préserver de l'oxydation en évitant tout contact avec l'air,

éventuellement le préparer à la mise en bouteille par des procédés physiques.

(1) Principaux produits utilisés :
Le blanc d'œuf, surtout utilisé pour les grands vins rouges.
La caséine, poudre très fine, utilisée sur les vins blancs.
La colle de poisson, sans odeur, elle est utilisée sur les vins blancs et les vins rosés.
La bentonite, argile en poudre ou en granulés, est utilisée pour les vins blancs et pour les vins rouges.
La PVPP (polyvinylpolypyrrolidone), poudre blanche très fine, utilisée sur les vins blancs et les vins rosés. Elle élimine les polyphénols responsables du brunissement des vins.
Le sang de bœuf défibriné, longtemps utilisé, est interdit depuis le problème de la "vache folle".

DOCUMENT RÉALISÉ À PARTIR D'UN DOCUMENT TONNELLERIE RADOUX.

Les vinifications

RÉSUMÉ DES DIFFÉRENTES OPÉRATIONS DE VINIFICATION

	Vins rouges		Vins rosés		Vins blancs		Observations
	Vinification classique	Macération carbonique	Macération partielle	Vinification en blanc (vin gris)	Blanc de blancs	Blanc de noirs	
Couleur du raisin	Rouge	Rouge	Rouge	Rouge	Blanc	Rouge	Rappel : certains vins blancs sont issus de raisins noirs. Blanc de blancs signifie : vin blanc issu de raisins blancs.
Vendanges	Manuelles ou mécaniques	Manuelles	Manuelles ou mécaniques	id	id	Manuelles	Elles s'effectuent soit à la main, soit à la machine à vendanger. La détermination de la date des vendanges est très importante. Elle intervient sur la qualité et la quantité du produit obtenu.
Foulage, égrappage	Oui ou non	Non	Oui ou non	Oui ou non	Oui ou non	**Non**	Le foulage libère une partie du jus (futur vin de goutte). L'égrappage ou éraflage permet d'obtenir des vins plus souples.
Macération	Oui	Oui, sous atmosphère de CO_2	Partielle, dès que la teinte souhaitée est obtenue, il faut pratiquer «une saignée de cuve». Le reste de la vendange est vinifié en rouge.	Non	Non, éventuellement, quelques heures pour certains cépages (skin contact) rare	**Non**	Durant cette opération, les parties solides (pellicules, pépins et éventuellement rafles) sont en contact avec le jus. C'est à ce moment qu'intervient la coloration. Durée de macération (ou cuvaison) variable : de quelques heures (rosé) à 15 jours et plus pour certains vins de garde.
Fermentation alcoolique	Pour les vins rouges et rosés, elle intervient pendant la macération et se poursuit éventuellement après.				Directement après le pressurage. Pas de macération.		Durant cette opération, il faut contrôler régulièrement la température et la densité.
Pressurage	Oui, après macération	Oui, après macération	Non, dans le cas de «saignée de cuve»	Oui, sans macération préalable	Oui, dès que le raisin est cueilli.	Pressurage léger, pour éviter la coloration.	Attention : Lors d'une vinification en blanc, c'est du jus de raisin qui sort du pressoir. Lors d'une vinification en rouge, il s'agit déjà du vin.
Clarification	Oui	Oui	Oui	Oui	Débourbage, après un sulfitage (avant la fermentation alcoolique).		
Fermentation malolactique	Oui	Oui	En principe	En principe	Oui ou non	En principe	Elle est évitée pour certains vins blancs (recherche de fraîcheur).
Filtration	Oui	Oui	Oui	Oui	Oui	Oui	Les plaques d'amiante furent longtemps utilisées. Actuellement, ce sont des plaques en cellulose.
Mise en bouteilles	Oui	Oui	Oui	Oui	Oui	Oui	Les vins sont de plus en plus rarement livrés à la consommation en fûts. Mis en bouteille, certains peuvent être consommés immédiatement (vins de table). D'autres demandent un vieillissement plus ou moins long en bouteilles (de quelques mois à de nombreuses années, pour les vins de garde).
Ou pour les grands vins :	Elevage en fûts de chêne (de quelques mois à 2 ans, voire 2 ans 1/2), interviennent alors les opérations suivantes : - ouillage, - les collages, - les soutirages. Puis la mise en bouteilles et enfin le vieillissement en bouteilles.						

LES VINIFICATIONS SPÉCIALES

Dans cette catégorie figurent :
- Les vins naturellement doux.
- Les vins obtenus par addition d'alcool (V.D.N., V.D.L.).
- Les vins effervescents.
- Les vins jaunes.
- Les vins de paille.

On peut également y adjoindre les "vins de glace".

Les vins naturellement doux

Leurs moûts sont très riches en sucres (parfois 300 g et plus) et la fermentation s'arrête avant transformation complète des sucres en alcool.

Ces vins sont obtenus à partir de raisins surmaturés : "passerillage" ou "pourriture noble". Cette pourriture est provoquée par une moisissure le **Botrytis cinerea.** En s'attaquant à la pellicule, ce champignon microscopique permet une concentration du moût par évaporation d'une partie de l'eau. Le rapport sucre/acidité est modifié en faveur du sucre.

Pour les grands vins blancs liquoreux, le raisin est vendangé en plusieurs fois, car sur une même grappe, tous les grains ne sont pas atteints en même temps par le Botrytis cinerea (voir Sauternes dans le chapitre Bordeaux).

Les principales régions de production sont : le Bordelais avec les *Sauternes, Barsac*, etc., le Sud-Ouest avec le *Jurançon*, le Bergeracois avec le *Monbazillac*, le Val de Loire avec les *Coteaux du Layon* et certains *Vouvray*. Mais la pourriture noble se rencontre également en Alsace. Dans cette région, un décret de 1964 fixe des conditions très strictes pour l'élaboration des vendanges tardives et pour les sélections de grains nobles. Pour ces derniers, il faut un minimum de 279 g de sucre naturel au litre pour le cépage Gewurztraminer.

C'est la qualité tout à fait exceptionnelle des vins naturellement doux qui a fait la renommée mondiale des vins de la région de Sauternes. Un type de vin trop souvent délaissé par les Français qui les qualifient, à tort, de "vins sucrés", terme tout à fait impropre pour désigner des vins moelleux ou liquoreux.

Il faut noter que ces vins ont une excellente aptitude au vieillissement. En revanche, leur élaboration et leur conservation sont délicates en raison des sucres résiduels qu'ils peuvent contenir. Cela se traduit par une utilisation plus importante de SO_2 que pour les vins secs.

Les vins obtenus par addition d'alcool

Dans cette catégorie figurent les Vins Doux Naturels (V.D.N.) et les Vins De Liqueur (V.D.L.). Pour l'U.E, les VDN constituent une catégorie particulière dans les vins de liqueur (VDLPRD).

Trop souvent méconnus, ces vins riches et capiteux offrent au restaurateur toute une palette, allant des *muscats* délicieusement parfumés à boire jeunes et frais, aux *Banyuls, Maury, Rasteau*, etc. qui peuvent accompagner poissons, viandes, gibiers... et après quelques années de bouteilles, fromages et desserts. Une excellente solution pour sortir des sentiers battus.

LES VINS DOUX NATURELS (VDN)

Cette dénomination très ancienne, est apparue en **1898,** avec la loi Pams (nom du parlementaire qui la fit adopter). Ces vins proviennent essentiellement des régions Languedoc et Roussillon, qui représentent à elles seules 90 % des V.D.N. français. Une petite quantité est également élaborée dans les Côtes du Rhône méridionales *(Rasteau, Beaumes-de-Venise...)* et en Corse. Les différents V.D.N. seront étudiés dans leur région respective.

Vins naturellement doux.

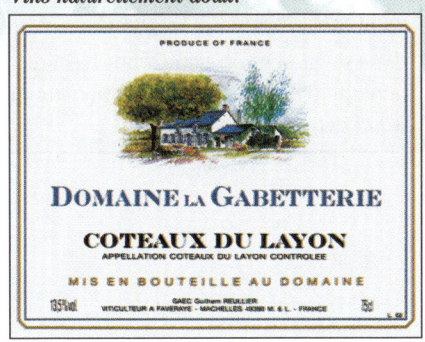

V.D.N. (Vin Doux Naturel).

V.D.L. (Vin De Liqueur).

Les vinifications

Si l'on en croit la légende, le *Pineau des Charentes* aurait été "inventé" de la façon suivante : "L'histoire se passe pendant les guerres de religion. Un brave paysan charentais vient de terminer le pressurage de son raisin. Arrive alors un de ses voisins qui lui conseille d'aller se cacher rapidement dans les bois, des hommes en armes étant en train de passer au fil de l'épée les habitants d'un village voisin. Ne sachant combien de temps il devra rester éloigné, notre homme avise des jarres en grès destinées à recevoir le cochon, y verse son jus de raisin, recouvre le tout avec de la paille, puis disparaît. Le danger passé, il revient au village. Le jus de raisin après s'être transformé en vin, s'était piqué, devenant imbuvable. La mort dans l'âme, notre paysan vide dans le caniveau le contenu de ses jarres, jusqu'au moment où il remarque que l'une d'elles n'a pas le même aspect. Il goûte. Quelle n'est pas sa surprise de découvrir un délicieux breuvage ! Il croit d'abord à un don du ciel, jusqu'au moment où il se souvient que, dans son affolement, il avait versé du jus de raisin dans un récipient contenant encore du Cognac."

Il ne s'agit peut-être que d'une légende, que certains contestent, mais n'est-ce pas un excellent moyen pour se souvenir de la façon dont est élaboré le *Pineau des Charentes* ?

Elaboration

Ils sont obtenus à partir des cépages Grenache, Malvoisie, Maccabéo et Muscat, avec une tolérance de 10 % pour les cépages accessoires. Pour les vins de "Muscat" : Muscat de Rivesaltes, Muscat de Frontignan, par exemple, seuls les cépages Muscat sont admis.

Les moûts doivent posséder une richesse en sucre égale ou supérieure à 252 g/litre, et recevoir en cours de fermentation un apport d'alcool titrant au moins 95° et représentant au minimum 5 % et au maximum 10 % du volume du moût. Cette addition d'alcool agit sur les levures et stoppe la fermentation : cette opération qui s'appelle le mutage permet de conserver l'arôme du raisin.

Les V.D.N. doivent avoir au moins 21,5 % d'alcool total, dont 15 % minimum d'alcool acquis.

<u>Rappel</u> : alcool total = alcool acquis + alcool en puissance (x fois 17 g de sucre+-).

Les sucres contenus dans un V.D.N. proviennent donc uniquement du raisin. En revanche, l'alcool a deux origines : l'alcool ajouté et l'alcool obtenu par transformation d'une partie des sucres du moût.

VINS DE LIQUEUR (V.D.L.)

Ils sont élaborés par mutage à l'alcool, comme les V.D.N., mais pour les V.D.L., l'addition d'alcool peut avoir lieu avant le départ de la fermentation. On obtient alors une mistelle. Parmi les principaux V.D.L. français, citons : le *Pineau des Charentes*, élaboré par addition de *cognac* à du moût de raisin frais, les deux doivent provenir de la même exploitation ; le *Floc de Gascogne* dans la région de l'Armagnac, le *Macvin du Jura*…

Ces produits sont présentés dans le chapitre "autres boissons".

Différence entre V.D.N. et V.D.L.

Indépendamment du mode d'élaboration, il existe une différence importante sur le plan fiscal. En France, les V.D.N. bénéficient d'un régime fiscal particulier, les V.D.L. sont soumis à celui des spiritueux. Pour les V.D.L., les taxes sont beaucoup plus élevées (la différence est de l'ordre de 1 à 4).

Au niveau de l'Union Européenne, les Français se sont toujours opposés à la décision de la Commission de Bruxelles qui, en 1979, a classé les V.D.N. parmi les vins de liqueur. En effet, même si ni leur définition ni leur réglementation ne le précisent, la plupart des vins de liqueur sont élaborés à base de mistelles, c'est-à-dire que le titre alcoolique du vin élaboré provient en totalité de l'alcool ajouté. Cet alcool d'ajout est, sauf pour certains V.D.L., dont les V.D.L. français cités précédemment, de l'alcool sans garantie de substance, c'est-à-dire essentiellement de l'alcool de betterave ou de céréale. Enfin, les moûts de raisins utilisés sont souvent de provenance quelconque, tant en ce qui concerne le terroir de production que le cépage.

Après des années de procédure, l'U.E. a admis que les V.D.N. constituent une catégorie particulière dans les vins de liqueur (VDLPRD), ce qui permet de continuer à bénéficier du régime fiscal particulier.

Les vinifications

Les vins effervescents

La production française de vins effervescents est de l'ordre de 450 millions de bouteilles par an. Ces vins sont caractérisés par la présence plus ou moins importante de gaz carbonique (dioxyde de carbone : CO_2).

Dans cette catégorie se trouvent :

Les vins gazéifiés.

Les autres vins effervescents.
Ces vins peuvent être élaborés selon différentes méthodes :
- méthode rurale (ou ancestrale),
- méthode de la cuve close, dite méthode de Charmat,
- méthode traditionnelle (longtemps appelée méthode champenoise).

Parmi ces vins, il faut faire une distinction entre :

- *Les vins mousseux*, qui ont une surpression égale ou supérieure à 3 bars à une température de 20 °C.
- *Les vins pétillants*, qui ont une surpression égale ou supérieure à 1, mais sans dépasser 2,5 bars à une température de 20 °C.

DIFFÉRENTS PROCÉDÉS D'ÉLABORATION

Vins gazéifiés (mousseux ou pétillant)

Ils sont obtenus par addition de CO_2 industriel. Ce procédé ne permet pas d'élaborer des produits de grande qualité. Ces vins, dont l'effervescence est obtenue (même partiellement) par l'addition d'acide carbonique ne provenant pas que de leur propre fermentation, doivent porter en caractères très apparents la mention "vin mousseux (ou pétillant) gazéifié".

Méthode rurale ou ancestrale

Il s'agit d'un procédé très ancien, utilisé bien avant la méthode traditionnelle. Contrairement à celle-ci, il n'y a pas d'adjonction de liqueur de tirage (sucre + levures). Au cours de la fermentation, on utilise le froid ou des filtrations et soutirages répétés pour conserver une partie des sucres contenus dans le moût. Le vin est alors mis en bouteilles. Dès que les conditions redeviennent favorables la fermentation reprend. Il y a donc production de CO_2 à partir du sucre naturel du raisin. Cette méthode est de moins en moins utilisée, mais elle se rencontre encore dans certaines régions : Limoux, Die, Bugey… Attention, il ne faut pas confondre la *Blanquette* de Limoux élaborée par la méthode traditionnelle et la "blanquette ancestrale" (voir chapitre sur les vins du Sud-Ouest).

Dans la région de Die (Drôme), on utilise la méthode Dioise Naturelle (voir schéma). Son principe consiste à ralentir la fermentation des jus par le froid de façon à conserver dans le vin suffisamment de sucre naturel du raisin et à privilégier l'aspect aromatique. Le vin est alors mis en bouteilles où va s'effectuer une seconde fermentation, sans aucun ajout. Cette méthode ne fait appel qu'à des procédés physiques (refroidissement et filtration).

(Voir chapitre : "Les vins de la Vallée du Rhône".)

Cuve close dite "méthode Charmat"

La première phase de cette méthode consiste à élaborer un vin tranquille. Ensuite, il y a addition de sucre et de levures. Il se produit alors une seconde fermentation. Comme son nom l'in-

Une cave en Champagne.

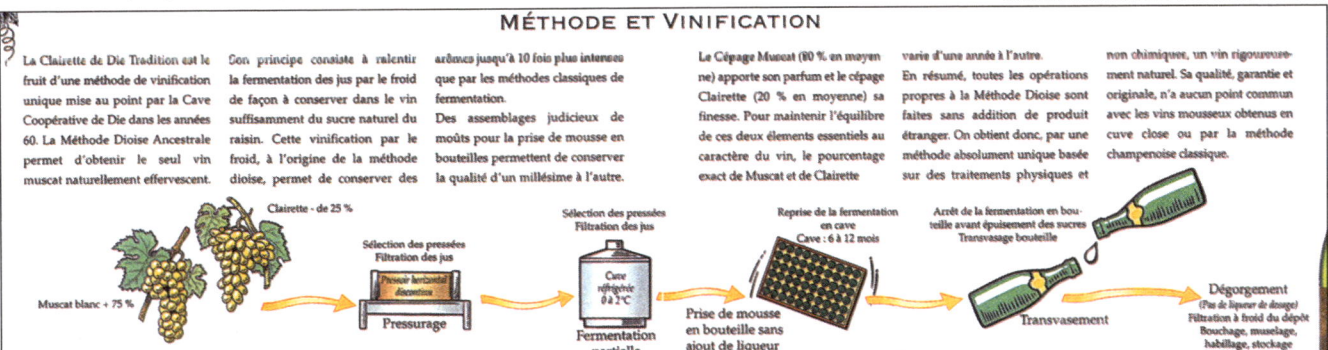
Elaboration de la Clairette de Die.

Les vinifications

dique, et contrairement à la méthode traditionnelle, cette seconde fermentation s'effectue en cuves. Sur le plan qualitatif les résultats obtenus ne peuvent rivaliser avec les vins obtenus par la méthode traditionnelle, mais cela permet d'élaborer rapidement des vins mousseux avec un prix de revient beaucoup moins élevé.

La méthode traditionnelle longtemps appelée "méthode champenoise (1)" :

En France, c'est cette méthode qui est utilisée pour l'élaboration du champagne et des vins mousseux de qualité, notamment ceux bénéficiant d'une A.O.C. (Crémants*, Saumur, Saint-Péray, etc.).

Comme pour la méthode précédente, il y a élaboration d'un vin tranquille, puis addition de sucre et levures (liqueur de tirage). Mais la seconde fermentation s'effectue en bouteilles. De ce fait, elle nécessite de nombreuses manipulations, ce qui évidemment augmente le prix de revient. Parmi ces manipulations figurent le remuage et le dégorgement *(voir détails au chapitre : "Elaboration du Champagne")*. Cette méthode permet d'obtenir des vins effervescents d'excellente qualité. La différence de prix avec les vins obtenus par la méthode de la cuve close est tout à fait justifiée.

Au niveau de l'U.E. les mousseux sont classés en trois catégories :

- Vins mousseux.
- Vins mousseux de qualité.
- V.M.Q.P.R.D. : vin mousseux de qualité produit dans une région déterminée.

Pour ces deux dernières catégories, la législation du pays producteur peut être plus restrictive que celle de l'U.E. En France, par exemple, la durée minimale de conservation en cave pour un champagne est de 15 mois, alors que l'U.E. n'impose que 9 mois pour les vins de la même catégorie.

LISTE ET LOCALISATION DES PRINCIPAUX VINS EFFERVESCENTS FRANÇAIS

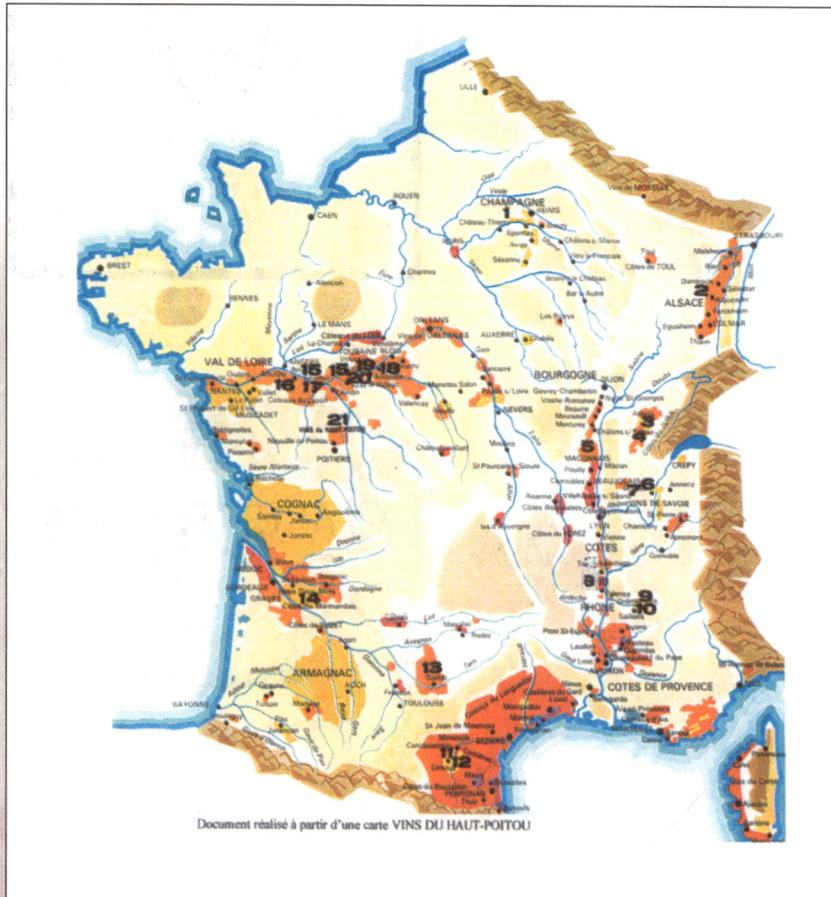

Document réalisé à partir d'une carte VINS DU HAUT-POITOU

1. Champagne
2. Crémant d'Alsace
3. Crémant du Jura
4. Etoile
5. Crémant de Bourgogne
6. Seyssel
7. Bugey
8. Saint-Péray
9. Crémant de Die
10. Clairette de Die
11. Crémant de Limoux
12. Blanquette de Limoux
13. Gaillac
14. Crémant de Bordeaux
15. Crémant de Loire
16. Anjou
17. Saumur
18. Touraine
19. Vouvray
20. Montlouis
21. Haut-Poitou
Etc.

(1) L'utilisation de la mention "méthode champenoise" sur les étiquettes a longtemps prêté à confusion, surtout à l'étranger. Pour éviter tout risque, cette mention ne peut plus être utilisée pour des vins autres que le champagne.

* Le règlement européen de 1992 réservait l'emploi du terme "crémant", à la France et au Luxembourg. Mais suite à un recours d'une firme espagnole, la cour européenne a annulé cette décision. Depuis 1996, la mention "crémant" est également autorisée, sous certaines conditions, dans les autres états membres. Mais elle ne peut s'appliquer qu'à des vins mousseux de qualité élaborés par méthode traditionnelle. Le nom de la région doit obligatoirement être associé à la mention "crémant".

Les vinifications

Sur les étiquettes (en dehors des crémants), la mention "méthode traditionnelle" a remplacé "mousseux". A condition, bien évidemment, que les vins soient élaborés selon cette méthode.

La forte concentration dans le Val de Loire s'explique en partie, par la qualité des caves creusées dans le tuffeau (calcaire tendre qui rappelle celui des caves champenoises).

Un arrêté publié au J.O. en juin 2000 autorise la mention de deux cépages pour le VMQPRD. Avant cet arrêté, un seul pouvait être mentionné.

Vin jaune et vin de paille

VIN JAUNE

La vinification du vin jaune est tout à fait particulière. En effet, pour l'ensemble des vins le contact avec l'air est limité pour éviter les maladies d'origine microbienne dues à des micro-organismes aérobies (piqûre acétique, maladie de la fleur...). Pour le vin jaune, il en va tout autrement. Après les fermentations, le vin est stocké dans des fûts de chêne, où il va rester plusieurs années sans ouillage (6 ans minimum). Durant ce laps de temps, le niveau baisse dans les fûts et le vin se recouvre d'un voile épais à l'abri duquel il prend son précieux "goût de jaune", qui rappelle la noix. Jusqu'aux travaux effectués par la station œnologique de Poligny (Jura), l'élaboration du vin jaune était très aléatoire et pas toujours à la hauteur du sacrifice consenti.

En France, le vin jaune est une spécialité du Jura, où est notamment élaboré le célèbre *Château-Chalon* vendu en bouteilles de 62 cl, le clavelin (*voir chapitre : "Les vins du Jura"*).

A l'étranger, ce type de vinification est surtout utilisé à Jerez et à Montilla Moriles (Espagne).

LE VIN DE PAILLE

Spécialité du Jura et de l'Hermitage dans les Côtes du Rhône, ce vin rare et cher est, normalement, élaboré à partir de *raisins séchés sur de la paille*, d'où son nom. De nos jours, les grappes sont parfois suspendues sur des fils placés dans une pièce où circule de l'air chaud : une telle solution est rapide, mais ne donne pas la meilleure quali-

LA CRYOEXTRACTION SÉLECTIVE

Il s'agit d'un procédé physique conçu dans le but d'améliorer sensiblement la qualité des moûts destinés à l'élaboration des vins.

Cette augmentation de la qualité peut être obtenue de deux manières différentes au choix de l'utilisateur :

- par sélection des baies au moment du pressurage,
- par extraction plus poussée des éléments favorables à l'augmentation de la qualité des moûts contenus dans les baies.

Le principe du procédé est le suivant : les raisins de maturité ou de surmaturité différente n'ont pas exactement le même comportement lorsqu'ils sont soumis à la congélation ou à la décongélation. Cette différence de comportement est due à plusieurs propriétés physiques comme la chaleur spécifique, la conductibilité thermique des moûts à l'état liquide et à l'état solide, ainsi qu'aux chaleurs latentes de solidification et de fusion.

La cryoextraction sélective consiste à placer la vendange à une température telle que les raisins les moins riches, donc les moins intéressants, soient congelés et pas les autres. En effectuant immédiatement le pressurage, seuls les raisins les plus riches vont libérer leur jus, qui constitue le meilleur moût contenu dans la vendange initiale.

Le procédé utilisé de cette façon permet la sélection de la matière première utilisée.

Par ailleurs au cours du refroidissement, la congélation va entraîner des modifications importantes des tissus au niveau des parois cellulosopectiques et au niveau des membranes. Pour cette raison, une baie qui a déjà subi la congélation, libère encore plus facilement le contenu de ses cellules lorsqu'elle est soumise au pressurage après décongélation.

Ce phénomène est appelé *supra extraction*.

Les différentes expérimentations réalisées à l'échelle des équipements pilotes, ainsi qu'en grandeur réelle, ont permis d'effectuer un certain nombre d'observations sur les vinifications des vins blancs secs et des vins blancs doux provenant de cépages et de régions différentes.

Dans tous les cas essayés, les dégustations ont montré que les vins blancs issus de cryoextraction étaient de meilleure qualité que les vins témoins correspondants. A chaque fois le procédé a permis d'avoir des vins plus aromatiques et beaucoup plus pleins en bouche tout en respectant leur spécificité.

Les essais de terrain ont permis de mettre au point la technologie à mettre en jeu, afin d'utiliser ce procédé dans les meilleures conditions pratiques et économiques.

(Extrait de la Revue des œnologues et des techniques vitivinicoles et œnologiques.)

Note de l'auteur de l'ouvrage : ce procédé ne semble pas à la hauteur des espoirs suscités.

Les vinifications

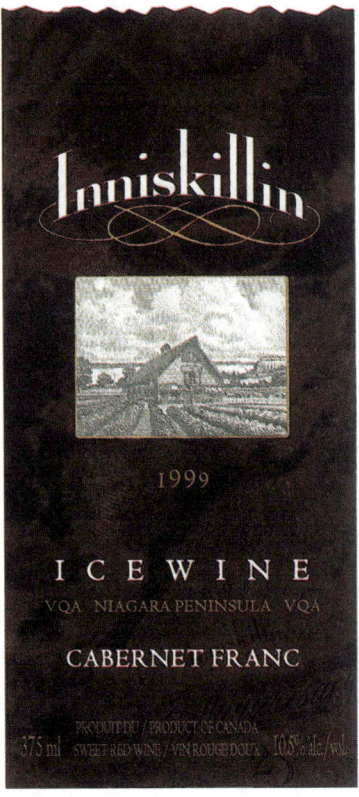

té. En Italie, un vin peut être assimilé à ce type de vinification : le *Vino Santo* surtout élaboré en Toscane, il tire son nom du fait, qu'à l'origine, les raisins récoltés en septembre/octobre, n'étaient pressés que pendant la Semaine Sainte.

Le vin de glace

Le vin de glace est élaboré à partir de raisins gelés sur pied. Les trois principaux pays producteurs de vin de glace sont : l'Allemagne, l'Autriche et le Canada. Ces trois pays ont conclu, en 2000, un accord sur les normes de production. Cet accord stipule que les raisins utilisés pour l'élaboration du vin de glace (ou Eiswein) doivent être gelés au moment de la cueillette et du pressurage. Il est recommandé que ce dernier s'effectue à des températures inférieures à - 8 °C. La congélation artificielle est interdite. Les vins doivent provenir d'une seule région, la teneur alcoolique naturelle doit s'élever à 15 % vol. et la teneur alcoolique minimum réelle doit être de 5 % vol. Aucun enrichissement n'est permis. La teneur en SO_2 ne doit pas être supérieure à 400 mg/litre.

Stockage et conservation des vins

"Après un an, deux ans ou... vingt ans, le vin atteindra le sommet de sa qualité, mais il descendra ensuite la pente... Après cent ans on le boira sans beaucoup de plaisir, peut-être, mais à coup sûr avec respect".

citation de I.R. Humbert Droz, publiée dans la *journée vinicole*.

SOURCE :
AVEC L'AIMABLE AUTORISATION
DU CH ÉTANG DE
COLOMBES (CORBIÈRES)

Principaux facteurs intervenant dans la conservation d'un vin

Combien de temps peut-on conserver un vin ?

Influence du bois
Influence du liège
Influence de la vinification sur la conservation
Durée moyenne de conservation des principaux vins

Millésimes

Millésimes et conservation
Existe-t-il de mauvais millésimes ?
Comment apprécier la valeur d'un millésime
Carte comparative de la qualité des millésimes récents

Importance des conditions de stockage

De l'amphore à la bouteille
Caractéristiques d'une bonne cave
Comment améliorer sa cave
Agencement de la cave

Stockage et conservation des vins

FACTEURS INTERVENANT DANS LA CONSERVATION D'UN VIN

PHOTO : BRUNET

La conservation d'un vin dépend principalement des facteurs suivants :

- de sa couleur et son type : blanc, rouge, sec, moelleux, etc.
- de son origine : région septentrionale, région méridionale, vignoble de plaine, vignoble d'altitude, etc.
- de sa constitution (alcool, tanin, acidité...), qui dépend elle-même de la nature du sol, du cépage et des conditions climatiques, variables selon les millésimes,
- de la vinification,
- des conditions de stockage.

Il ne faut jamais perdre de vue que **le vin est une matière vivante** et qu'il évolue. Sa jeunesse se traduit parfois par une certaine astringence pour les vins rouges et une pointe d'acidité pour les blancs. Fougue de la jeunesse… à l'âge mûr, il atteint sa plénitude, prend souvent de la rondeur et devient plus flatteur. Puis vient la vieillesse et la décrépitude… à moins que, et c'est souhaitable, la bouteille n'ait été dégustée avant cette échéance.

COMBIEN DE TEMPS PEUT-ON CONSERVER UN VIN ?

Vins à boire jeunes.

Le vin naît trouble et barbouillé, *"la purée septembrale"* comme l'appelait Rabelais. Pour le rendre "présentable", le vinificateur effectue différentes opérations : débourbage, soutirage, collage, etc. *(voir le chapitre sur les vinifications)*.

Certains vins sont prêts à la consommation quelques mois après la cueillette du raisin : les vins de primeur, par exemple, commercialisés dès le mois de novembre qui suit la récolte voire dès la mi-octobre pour les vins de pays primeurs. D'autres, au contraire, sont agressifs, astringents et instables. Ils doivent vieillir afin de "s'assagir" avant d'atteindre la qualité première d'un vin : l'équilibre entre ses différents composants.

Une question revient très souvent : quels sont les vins à boire jeunes et quels sont ceux qui doivent vieillir ? Le problème est fort complexe. La réponse n'est pas évidente. Néanmoins, certaines généralités peuvent être mises en évidence :

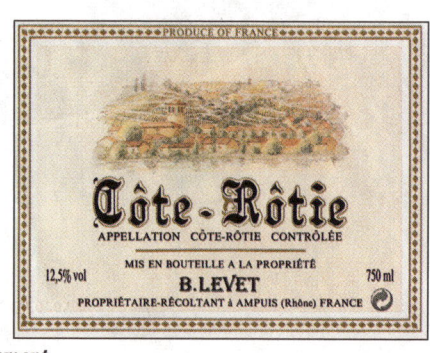

Ces vins ont une excellente aptitude au vieillissement.

Stockage et conservation des vins

La plupart des vins blancs secs et frais (bien pourvus en acidité, type Muscadet, Sancerre, Crépy…), les vins rosés et les vins rouges légers en particulier les vins nouveaux ou "primeur" doivent être bus jeunes. Mais attention aux exceptions, parmi lesquelles il faut citer certains Chablis (ces exceptions sont signalées dans la partie étude des vignobles).

Les grands vins blancs de la Côte de Beaune, en Bourgogne, mais surtout les vins moelleux ou liquoreux du Bordelais, du Val de Loire et d'Alsace ont souvent une excellente aptitude au vieillissement.

Quant aux vins rouges, ceux issus exclusivement ou essentiellement à partir des cépages Syrah, Cabernet Sauvignon, Mourvèdre, demandent un vieillissement plus ou moins long pour se livrer pleinement. Surtout s'ils ont été élaborés par macération longue (premiers crus du Bordelais, Côte Rôtie, Bandol…). Ce vieillissement s'effectue en bouteilles, mais il est souvent précédé par un séjour en fût de chêne. Deux éléments importants interviennent au cours de ce vieillissement : le **bois** et le **liège**.

Influence du bois

Comme nous l'avons déjà vu, ce ne sont pas les Gaulois qui auraient inventé le tonneau, mais les Celtes. Ceux utilisés pour le stockage des vins de qualité sont essentiellement en chêne, plus rarement en châtaignier. Lors du stockage sous bois, celui-ci transmet au vin certains éléments : tanins (surtout avec des fûts neufs) lignine, hémicelluloses et polysaccharides, et principalement leurs composés de dégradation qui sont en général très aromatiques.

Pour les vins de haut de gamme : grands châteaux du Bordelais, grands crus de Bourgogne… des fûts neufs sont utilisés chaque année.

Le bois est un matériau poreux. Il permet au CO_2 dissous dans le vin de s'échapper, et à l'oxygène de l'air de pénétrer dans le récipient. Ces échanges sont très importants pour l'évolution des caractères organoleptiques des vins (1).

Des travaux de la station œnologique de Bordeaux ont démontré que *"la bonne oxydation ménagée de l'élevage des vins en barriques"* peut être assez bien reproduite lors de l'élevage en cuves. En effet, les récipients de bois doivent affronter la concurrence des cuves métalliques, généralement en inox. Ces récipients, d'un prix d'achat élevé, présentent de nombreux avantages : facilité d'entretien, peu encombrants, possibilité d'agir sur les températures (par ruissellement sur les parois, certains systèmes sont équipés de doubles parois avec circulation de liquide de refroidissement). Qui plus est, ces cuves sont pratiquement inusables.

Cependant, l'utilisation de la barrique et de la cuve en bois semble retrouver la faveur de certains vinificateurs, alors que le métier de tonnelier était sur le point de disparaître.

Là encore, il n'existe pas une, mais plusieurs solutions. Le vinificateur ou le négociant éleveur fait son choix en fonction du produit qu'il souhaite obtenir et des impératifs économiques.

(1) Organoleptique : terme créé au XIXe siècle par Chevreuil pour qualifier les caractères perceptibles par les organes des sens. De la confusion habituelle entre "organoleptique" et "sensoriel" la normalisation du vocabulaire de l'analyse sensorielle a fait décider conventionnellement que sensoriel ne s'appliquerait qu'au volet "organes des sens" et organoleptique au volet "produits examinés". Ainsi doit-on dire en langage technique précis : la dégustation est un examen sensoriel qui révèle les caractères organoleptiques du produit examiné (Revue du vin en France n° 270).

SOURCE : CIVCP. STUDIO PORTALIS

Vin de Bandol élevé sous bois.

SOURCE : BNIC. BERNARD VERRAX

Séchage du bois avant le fabrication des fûts.

SOURCE : TONNELLERIE RADOUX

Fabrication des fûts.

SOURCE : TONNELLERIE RADOUX

Cuverie en bois.

SOURCE : BIVB BOURGOGNE D'AUJOURD'HUI

Cave en Bourgogne.

SOURCE : CHÂTEAU MARGAUX

Chai à colonnes à Château-Margaux (vins de première année).

Stockage et conservation des vins

DÉFINITION DU TONNEAU DE BOIS

Le fût en bois est le récipient idéal pour le vieillissement des vins et des alcools. Il permet l'oxydation des produits qu'il contient, c'est-à-dire le vieillissement naturel. Celui-ci se fait tout simplement par élimination des éthers nocifs que contiennent les vins et les alcools, grâce aux pores du bois, alors qu'en échange l'oxygène est filtré lentement par ceux-ci.

Le fût est un excellent emballage pour le transport des vins et alcools :
- Il ne transmet aucun mauvais goût à son contenu, contrairement aux matières plastiques.
- Il est résistant aux chocs, contrairement au verre.
- Il permet une isolation totale contre les variations de température.
- Il est assuré d'une longue vie.

ENTRETIEN ET CONSEILS D'UTILISATION DU TONNEAU

Fût chêne merrain

Utilisation

Ce fût brut de bois intérieur et extérieur est conçu pour le vieillissement des vins et des alcools bruns. L'intérieur brut permet l'apport de tanin, pendant que se fait l'oxydation.

Mise en service

Asperger le fût d'eau.
Remplir celui-ci **d'eau froide.**
Resserrer légèrement les cercles, si nécessaire, à l'aide d'un marteau.
Vérifier ensuite régulièrement que le tonneau soit plein, car la couche d'air pouvant se trouver à l'intérieur du tonneau provoque l'apparition de bactéries qui entraînent une fermentation acétique qui transformera rapidement votre vin en vinaigre.
Faire de temps en temps l'ouillage, car l'alcool s'évapore en très faible quantité, par les pores du bois (part des anges).
Attention de bien faire l'ouillage **au début du vieillissement.**

Entretien

Lorsque votre fût est vide :
Le laver à l'eau chaude (bien agiter le fût rempli au 1/3 avec l'eau chaude).
Le laisser égoutter deux à trois jours, la bonde en bas.
Une fois sec, fermer la bonde après avoir fait brûler une mèche de soufre au bout d'un fil de fer, celui-ci étant coincé sous la bonde, et le stocker en cave fraîche.
Avant le nouveau remplissage du fût, mettre de l'eau froide 24 heures à l'avance.

(DOCUMENTATION TONNELLERIE BERTHOMIEU – EXTRAIT)

PRODUCTION ANNUELLE MONDIALE DE LIÈGE : 340 000 TONNES

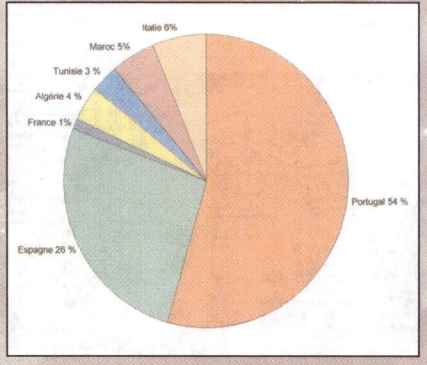

SOURCE : LA JOURNÉE VINICOLE

Influence du liège

C'est Dom Pérignon qui aurait introduit le bouchon de liège en France, à la fin du XVIIe siècle. Jusqu'à cette époque, les bouteilles étaient bouchées avec des chevilles de bois. Mais le liège était utilisé ailleurs depuis fort longtemps. Une amphore étrusque bouchée avec du liège, datant de 600 ans avant J.C, a été découverte en Italie.

Pour le vin, le liège est un *"mystérieux complice, un prodige de la nature"*, qui mérite quelques explications.

Il provient d'un arbre cultivé essentiellement à l'ouest du bassin méditerranéen (Italie, Espagne, Corse, Roussillon...), mais aussi du Maroc et surtout du Portugal qui, à lui seul, représente plus de 50 % de la production mondiale. Des essais de plantations aux U.S.A. et en Amérique du Sud, ne semblent pas donner les résultats escomptés. En France, le chêne-liège est surtout présent dans le Var et dans les Pyrénées-Orientales, près de la frontière espagnole. De nombreux bouchonniers, parmi les plus connus, sont installés dans la région de Céret, au sud de Perpignan.

En fait, le liège est produit à partir de l'écorce du **chêne-liège,** qui se forme au rythme de 1,5 mm par an dans les premières années et de 1 mm par la suite. La première récolte intervient lorsque l'arbre a environ 30 ans. Sur un chêne-liège, le liège se reconstitue régulièrement. Il faut compter environ 9 ans entre deux récoltes. Après 12 à 15 récoltes, l'arbre, alors âgé de 150 ans, n'est plus exploitable.

Le liège est le matériau idéal de bouchage en raison de différentes caractéristiques :

- il est souple pour pénétrer dans le goulot.
- il est élastique, ce qui lui permet de reprendre sa forme et d'obturer parfaitement.
- il a un bon pouvoir d'adhérence aux surfaces lisses, même humides.
- il est neutre et imputrescible.

Malgré toutes ces qualités, on rencontre parfois des bouteilles couleuses. Plusieurs raisons : le bouchage mécanique, la pression dans la bouteille, mais aussi la qualité du liège. En effet, il existe des lièges de différentes qualités. A partir des meilleurs sont fabriqués des bouchons longs, qui font généralement 53 mm. Ces bouchons, très recherchés et très chers, sont utilisés pour les vins de garde. Pour les vins de table et les vins à boire jeunes sont généralement utilisés des bouchons de qualité moindre. Il existe évidemment des qualités intermédiaires.

Stockage et conservation des vins

LA CULTURE DU LIÈGE S'APPELLE LA SUBÉRICULTURE.

Pour conclure :

vins de garde = grands bouchons ;
vins à boire jeunes = petits bouchons.

Différents types de bouchons :

Le bouchon naturel élaboré avec des planches de qualité supérieure.

Le bouchon colmaté pour lequel est utilisée de la poudre de liège.

Le bouchon mixte qui se compose de liège aggloméré et d'une ou deux rondelles à chaque extrémité.

Les bouchons de champagne et les agglomérés à deux têtes naturelles.

Actuellement des recherches sont effectuées pour mettre au point des produits de substitution, mais une enquête récente de la SOFRES montre que les Français restent très attachés au bouchon de liège.

Le goût de bouchon (ou les goûts de bouchon)

En restauration, le goût de bouchon est souvent évoqué. En réalité, le véritable "goût de bouchon" est très rare. Très souvent, le mauvais goût assimilé au "goût de bouchon" provient d'un mauvais stockage des bouchons ou de l'utilisation mal maîtrisée de produits chlorés.

Influence de la vinification sur la conservation

Vinification courte ou vinification longue ? Le sujet a fait et continue à faire couler beaucoup d'encre. Dès la fin des années 60, cette question a défrayé la chronique. La Revue du vin de France a publié, à l'époque, des réponses aux questions de certains restaurateurs, inquiets sur l'avenir des vins élaborés selon une tendance moderne en vinification, et visant à permettre la consommation plus rapide des grands vins rouges.

Réponse de M. Daniel Querre, propriétaire du Château Monbousquet à St-Emilion : "... il ne s'agit pas d'un vieillissement accéléré, mais de l'obtention d'une qualité réelle supérieure, en éliminant certains défauts inutiles : rapu, âpreté, acidité, qui proviennent de la rafle..."

Réponse de la maison Moillard-Grivot à Nuits-St-Georges : "...le restaurateur, le détaillant ou l'amateur doit savoir choisir entre un vin "châtré" et un vin à qui le propriétaire ou le négociant a eu le grand soin de laisser prendre, pendant une longue fermentation, tout ce que la nature a bien voulu lui prodiguer, pendant la belle saison ensoleillée..."

Les années ont passé. Actuellement il y a "cohabitation". Certains vins sont obtenus par vinifications courtes : ils sont souples, bons à boire assez rapidement. D'autres sont élaborés par vinifications longues : plus charpentés, ils demandent un séjour en cave plus prolongé.

Production de liège dans la région de Céret (Pyrénées-Orientales).

GOÛT DE BOUCHON, GOÛT DE PLASTIQUE

Question urgente à *L'Hôtellerie*, toujours de bon conseil.

Dans ma pizzeria, je sers du vin italien en bouteilles dont le bouchon n'est pas en liège mais en une sorte de plastique.
Personnellement, je trouve le procédé très bien conçu, car ce type de bouchon me paraît très hygiénique, et de plus, le vin ne risque pas d'être dénaturé par un mauvais liège. Ce qui arrive encore trop souvent. Mais voilà, mes clients sont beaucoup plus sceptiques et même parfois carrément hostiles à ce nouveau bouchon. Ce n'est pas l'affaire du siècle, mais si vous avez des arguments techniques à me proposer, je serais ravi de pouvoir les exposer à mes convives. Ce sont souvent des amis, mais dans le Sud... (Luigi sur le Forum de L'Hôtellerie)

Ce type de bouchon se développe depuis deux ans sur la scène internationale. Le plastique a effectivement pour objectif de supprimer le goût du liège, qui apparaît parfois dans le vin, mais il reste une grande inconnue et une grande peur pour toute la filière. Aujourd'hui, certains puristes affirment remarquer des goûts de plastique après quelques mois de conservation avec ce système. Il est actuellement présenté dans tous les salons vitivinicoles, recueillant un vif succès auprès des producteurs de vins du nouveau monde.

Chez nous, ce type de bouchon doit encore faire ses preuves. Pour anecdote, des bouchonniers viennent de mettre en place "un préserveur Cortex" sur le miroir des bouchons de champagne comme alternative au bouchon synthétique. Ce préserveur évite au vin d'être en contact direct avec le liège ! Autre produit connu depuis 1995 cette fois, et qui semble aujourd'hui donner satisfaction à un plus grand nombre : le bouchon Altec, lancé par Sabaté et confectionné avec de l'aggloméré et de la colle. On dit que c'est le must des bouchons nouvelle génération. A suivre.

(JOURNAL L'HÔTELLERIE N°2701)

Stockage et conservation des vins

ASPECTS TECHNIQUES ET PRATIQUES DU BOUCHAGE LIÈGE

Dans l'esprit du consommateur, "bons vins" est associé au bouchon liège. Actuellement, le liège est le seul matériau susceptible d'obturer efficacement et durablement des bouteilles de vins de garde.

Parallèlement, la tolérance vis-à-vis des bouteilles couleuses est de moins en moins grande. Les fuites, mêmes importantes, sont toujours préjudiciables à la présentation de la bouteille.

Elles entraînent :

- une baisse du niveau du vin dans la bouteille pouvant aller jusqu'à poser des problèmes réglementaires,
- une altération de la capsule de surbouchage,
- un développement de micro-organismes ou moisissures sur le bouchon,
- une dégradation de l'habillage avec coulure sur l'étiquette.

Les causes de bouteilles couleuses sont variées. On peut citer : le plissement mécanique du bouchon, la qualité insuffisante du liège, la pression dans la bouteille, le défaut du goulot...

(…) Un bon bouchon est élastique dans tous les sens pour reprendre sa forme initiale et revenir le plus près possible de son volume de départ, en adhérant parfaitement aux parois du goulot.

La qualité du liège peut aussi être altérée par des attaques de teignes, dont les larves creusent dans le bouchon des galeries permettant des fuites de vin. L'utilisation de capsules de surbouchage en polyéthylène prévient très bien ce genre d'accidents.

La pression dans la bouteille peut également être une cause de bouteilles couleuses. Le bouchon introduit dans une bouteille agit comme un piston dans le goulot et comprime l'air au moment de son enfoncement. Un bouchage de bonne qualité permet au bouchon de tenir, sans fuite, des pressions comprises entre 0,8 et 1,5 atmosphère ; tout facteur qui favorise des pressions élevées au-delà de ces chiffres est susceptible de provoquer des fuites.

Les bouteilles modernes sont étalonnées à 20 °C pour contenir 750 ml de vin à des niveaux situés, soit à 55 mm, soit à 63 mm du haut du goulot. Tout embouteillage, à des températures différentes, doit tenir compte de la dilatation ou de la contraction du vin.

Dans la bouteille, la pression est d'autant plus élevée que le vide de tête est faible. Le remplacement de l'air contenu dans le goulot par du gaz carbonique immédiatement avant l'enfoncement du bouchon, entraîne une diminution rapide de la pression dans la bouteille qui peut alors aller jusqu'à des pressions inférieures à la pression atmosphérique, du fait de la dissolution du gaz carbonique dans le vin. Cette dissolution n'entraîne pas de modifications organoleptiques.

L'élasticité du liège, donc la meilleure adhérence du bouchon au goulot, est plus grande dans le cas de bouchons humides, mais la pression du bouchage est supérieure. La mise en œuvre d'une cadence élevée de bouchage permet, même avec des bouchons humides, d'éliminer sensiblement la pression.

Suivant la norme CETIE, le diamètre intérieur du goulot des bouteilles doit être compris entre 18 et 19 mm au débouchage. A 45 mm de profondeur dans le goulot, il doit être inférieur à 21 mm. Un diamètre trop large entraîne une mauvaise adhérence du bouchon. Le défaut le plus dangereux est la conicité inverse qui confère au bouchon une très mauvaise tenue à la pression. Par contre, des bourrelets annulaires réguliers et limités ne sont pas à craindre.

Le bouchage liège est un stade important du conditionnement des vins de garde. L'embouteilleur doit se munir de tous les atouts techniques lui permettant de bien le réaliser.

CHRISTIANE BARRERE I.T.V. BORDEAUX- ARTICLE PUBLIÉ PAR LA JOURNÉE VINICOLE

La vinification a incontestablement une influence sur la conservation des vins : utilisation ou non de la rafle, durée de macération, température de vinification, etc. Lorsqu'un restaurateur achète un vin, il serait souhaitable qu'il se renseigne sur la façon dont le vin a été élaboré et l'achète en fonction de l'utilisation souhaitée : à consommer rapidement ou à conserver.

Une petite précision : contrairement à certaines idées répandues, un vin rouge qui a une robe très soutenue (vin coloré) ne provient pas obligatoirement d'une macération longue. En effet, la thermovinification (que nous avons vue précédemment) permet d'obtenir en quelques heures des vins rouges très colorés, mais qui ont parfois des caractères qui sont plus proches des vins blancs que des vins rouges. Là aussi, le restaurateur devrait s'informer, ou mieux, être en mesure de porter un jugement après avoir dégusté le produit.

FAÇONS ORIGINALES D'ÉLEVER LES VINS

Dans la vie d'un vin, la période de l'élevage constitue une étape importante. La plupart des vins sont élevés de façon très classique, même si au début des années 90, on a assisté à une "inflation" du passage sous bois neuf. Il ne faut pas oublier que seuls certains vins méritent le bois neuf et que lors d'une dégustation, le bois doit se deviner, jamais s'imposer.

Indépendamment de ces élevages classiques, de nombreuses expériences ont été tentées. Peuvent être citées : l'élevage de 20 barriques de Madiran Ch. Montus à 2 200 m d'altitude ainsi que l'immersion, pendant 4 ans, de vins de Loire à 10 m de fond dans l'Atlantique.

Stockage et conservation des vins

À SIGNALER

Une célèbre marque d'apéritif, située à Thuir (Pyrénées-Orientales), possède la plus grande cuve en bois du monde : elle a une contenance d'un million de litres.

Le musée de la tonnellerie de Cognac possède plus de 1500 objets provenant du monde entier.

Dans les Pyrénées-Orientales, un musée du liège, très intéressant, peut être visité à Maureillas entre Céret et le Perthus.

UN MAÎTRE DE CHAI VOYAGEUR

Lorsque des grands vins sont conservés très longtemps, il est souhaitable de changer de bouchon (tous les 20 ans environ). Il s'agit d'une opération très délicate, qui doit être confiée à un spécialiste. Le maître de chai d'un grand château du Bordelais se déplace chez certains collectionneurs de vieux millésimes pour effectuer ce changement. Il parcourt ainsi le monde entier.

Pour éviter le goût de bouchon, la capsule à vin est de plus en plus présente.

MILLÉSIMES

Le **millésime** est l'année de naissance du vin.

Cette mention n'est pas obligatoire, sauf dans quelques cas particuliers (Champagne millésimé, Alsace grand cru, etc.), mais elle figure généralement sur l'étiquetage des bouteilles. Lorsque le millésime n'est pas indiqué, il s'agit généralement d'un vin provenant d'un assemblage de plusieurs années.

Millésimes et conservation

Dans les grands millésimes, les vins possèdent généralement une bonne, voire une excellente aptitude au vieillissement. Alors que les vins de millésimes réputés moyens ou petits doivent se boire plus rapidement.

Si la quantité se "joue" surtout au moment de la floraison de la vigne, la qualité d'un millésime est surtout tributaire du temps au cours de la période, allant du début août aux vendanges.

Existe-t-il de mauvais millésimes ?

Avec les progrès de l'œnologie, il n'existe plus de mauvais millésimes. Mais ils ne sont pas tous exceptionnels ! Il y a souvent une alternance : très bon, bon, moyen, petit. Evidemment, chacun ne souhaiterait boire que des millésimes exceptionnels. Mais ces années-là, les grands vins sont chers et il faut savoir les attendre (surtout pour les grands vins rouges et certains vins liquoreux). Actuellement, les "petits" millésimes sont trop souvent négligés, voire condamnés. Ils présentent pourtant l'avantage d'évoluer rapidement et d'être à des prix abordables. N'est-ce pas une bonne chose pour le restaurateur ? Il faudrait arriver à faire accepter cette idée au client. Très souvent celui-ci goûte le vin, le trouve excellent, demande l'année, consulte sa carte des millésimes. S'il constate alors qu'il ne s'agit pas d'une grande année, il nuance son jugement... C'est alors le rôle du restaurateur de lui expliquer que le vin est à maturité et de lui faire découvrir que si l'on n'attend pas trop, il est possible de "se faire plaisir" en dehors des grands millésimes. 1994, petite année pour les Bordeaux rouges, en est une excellente illustration. Des crus classés, achetés à des prix très abordables,

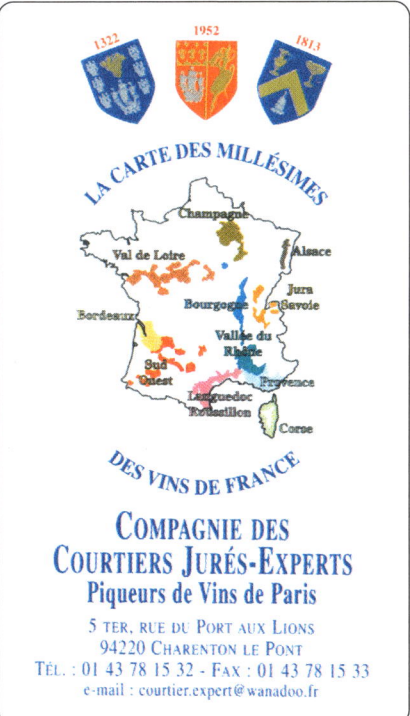

La carte publiée et **mise à jour chaque année** par la Compagnie des courtiers Jurés-Experts piqueurs de vins de Paris doit retenir l'attention. Elle peut être obtenue contre une petite participation aux frais en s'adressant au siège de la Compagnie (voir page suivante et annexe).

Stockage et conservation des vins

SOURCE : CIE DES COURTIERS JURÉS-EXPERTS PIQUEURS DE VINS DE PARIS.

ont permis à quelques initiés de déguster des vins d'un excellent rapport qualité/prix. Bien entendu, il ne fallait pas attendre vingt ans avant de les boire.

Il y a incontestablement des différences sensibles d'un millésime à l'autre. Mais **la règle d'or est de ne pas généraliser,** ce qui arrive trop souvent. Il existe presque toujours d'excellents vins dans des millésimes réputés moyens. De même, il peut y avoir des déceptions dans un grand millésime. N'oublions jamais le facteur humain. Pour beaucoup de personnes l'année 1975 a représenté un grand millésime. Cela est vrai pour certains Bordeaux, en Bourgogne au contraire, 1975 a donné de piètres résultats. Beaucoup plus près de nous, 1997 a été un excellent millésime pour les Côtes du Rhône septentrionales et un bon millésime sans plus pour les Bordeaux rouges. Même à l'intérieur d'une région, des différences sensibles sont souvent constatées, d'un cépage à l'autre, d'un type de vin à l'autre. En Bordelais, 1990 est considérée comme une année prestigieuse pour les vins rouges ; en revanche, les vins blancs secs sont généralement de qualité moyenne. L'année 1997 fut un bon millésime pour l'ensemble des vins français, mais en Alsace où, en raison de la date tardive des vendanges et d'une très belle arrière-saison, 1997 est classée comme un millésime exceptionnel. Ces quelques exemples montrent qu'il ne faut pas généraliser.

DURÉES MOYENNES DE CONSERVATION DES VINS

SOURCE : SOPEXA.

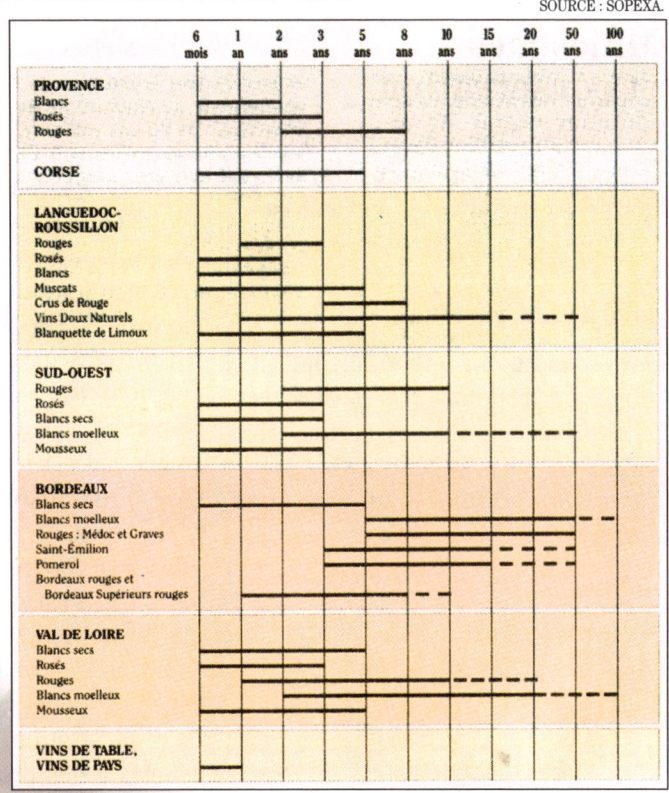

Stockage et conservation des vins

Comment apprécier la valeur d'un millésime ?

La dégustation reste le meilleur moyen d'appréciation, mais il n'est pas possible de déguster tous les vins. Chaque année, pendant ou avant les vendanges, les qualités du millésime sont annoncées. Les commentaires vont bon train : "Catastrophique !", "Année du siècle !" Soit ! Mais dans quelle région ? Pour quel vin ? Provenant de quel viticulteur ? Cela peut paraître excessif ; mais il faut savoir que lorsque l'été est très chaud, les vignes jeunes souffrent beaucoup plus de la sécheresse que les vieilles vignes qui possèdent des racines solidement et surtout profondément implantées. Il est d'ailleurs significatif de constater la réserve des vrais spécialistes lorsqu'ils commentent la nouvelle ou la future récolte. Mais alors, est-il encore possible de se faire une idée sur la valeur d'un millésime ? Oui, de nombreux organismes nous aident en publiant des cartes.

IMPORTANCE DES CONDITIONS DE STOCKAGE

Lorsque les vinifications sont terminées le vin peut être consommé directement à la sortie du tonneau ou de la cuve. Mais il est généralement mis en bouteilles, puis stocké plus ou moins longtemps à la cave.

Au cours des siècles, les bouteilles ont évolué. Leur qualité et leur présentation se sont améliorées. Quant aux caves, elles ont également évolué. Malheureusement pas toujours dans le bon sens. Jadis, la cave se situait sous la maison ou sous l'immeuble (on trouve de très belles et très bonnes caves sous beaucoup d'anciens immeubles parisiens). De nos jours, très souvent, dans les immeubles récents, la cave se limite à un box bétonné sensible à toutes les nuisances (variations de températures, vibrations…). Est-ce à dire qu'il n'est plus possible de stocker les vins dans de bonnes conditions ? Dieu soit loué, les bonnes caves existent toujours et les caves où règne le béton peuvent être aménagées voire remplacées par des caves d'appartement. Cette dernière solution est surtout valable pour l'œnophile, beaucoup moins pour le restaurateur qui doit souvent stocker un grand nombre de bouteilles.

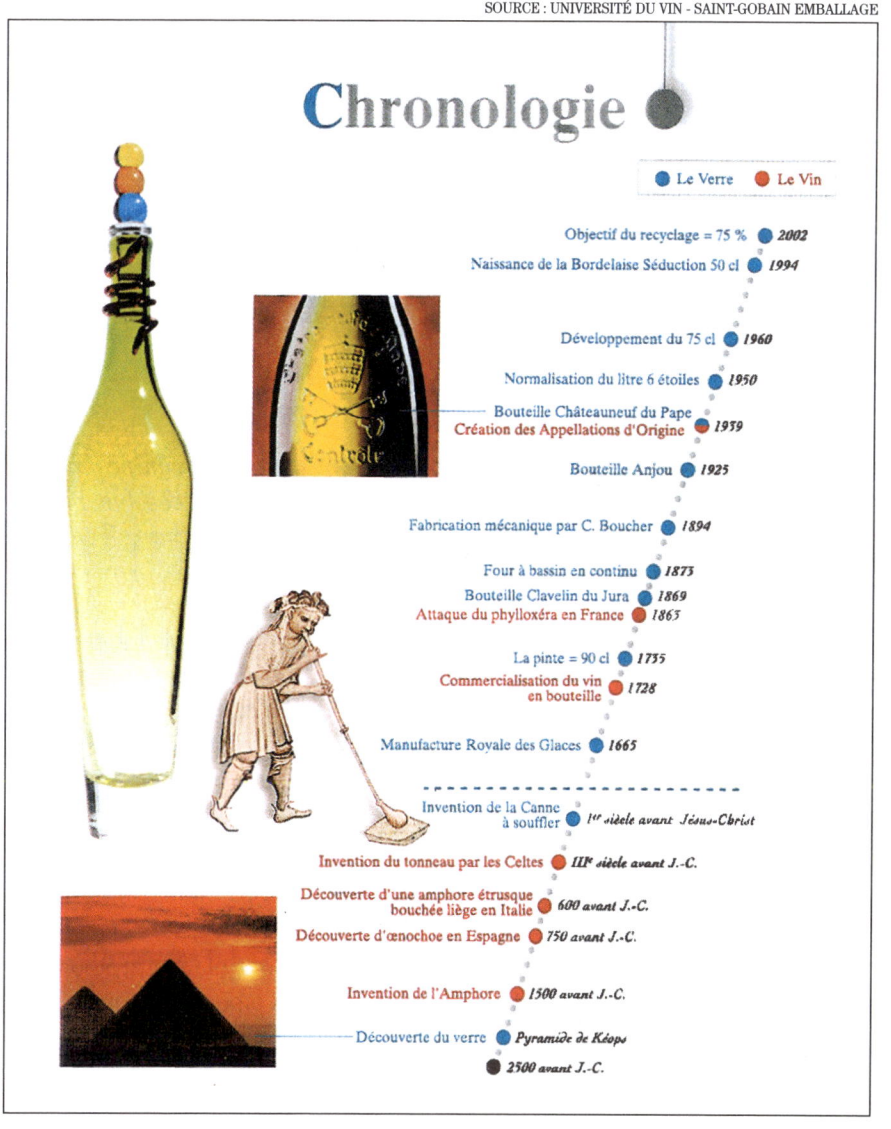

SOURCE : UNIVERSITÉ DU VIN - SAINT-GOBAIN EMBALLAGE

Chronologie

- Le Verre
- Le Vin

- Objectif du recyclage = 75 % — 2002
- Naissance de la Bordelaise Séduction 50 cl — 1994
- Développement du 75 cl — 1960
- Normalisation du litre 6 étoiles — 1950
- Bouteille Châteauneuf du Pape / Création des Appellations d'Origine — 1959
- Bouteille Anjou — 1925
- Fabrication mécanique par C. Boucher — 1894
- Four à bassin en continu — 1873
- Bouteille Clavelin du Jura — 1869
- Attaque du phylloxéra en France — 1863
- La pinte = 90 cl — 1735
- Commercialisation du vin en bouteille — 1728
- Manufacture Royale des Glaces — 1665
- Invention de la Canne à souffler — 1er siècle avant Jésus-Christ
- Invention du tonneau par les Celtes — IIIe siècle avant J.-C.
- Découverte d'une amphore étrusque bouchée liège en Italie — 600 avant J.-C.
- Découverte d'œnochoé en Espagne — 750 avant J.-C.
- Invention de l'Amphore — 1500 avant J.-C.
- Découverte du verre — Pyramide de Kéops
- 2500 avant J.-C.

Stockage et conservation des vins

SOURCE : UNIVERSITÉ DU VIN - SAINT-GOBAIN EMBALLAGE

La Présentation du Vin

L'usage de tous ces récipients n'était pas toujours parfait. Les Grecs, les Romains devaient ajouter au vin des aromates, du miel... pour rendre celui-ci consommable et éviter qu'il ne tourne en vinaigre.

L'invention de la *canne à souffler* au premier siècle avant J.C. a permis aux Égyptiens et aux Syriens de réaliser de petits récipients en forme d'*alabastron* ou d'*œnochoe*. Ces objets servaient d'urne cinéraire.

La technique du soufflage consiste à cueillir le verre en fusion dans un four à creuset au bout d'une canne creuse ; ensuite l'artisan souffle pour donner une forme à l'objet. Cette technique va s'étendre dans tout l'Occident et s'implanter en Italie et en Gaule. Les Gaulois ont leur petit récipient en verre, en forme de tonneau : *le barillet*.

Les invasions barbares vont perturber cette progression en gênant les acheminements de matières premières comme la soude. C'est en utilisant des cendres de fougères ou de bois que les Gaulois et les Germains réussirent à fabriquer du verre.

1 - Souffleur de verre
2 - Verrerie gallo-romaine

Bouteilles classiques : *flûte (Alsace), champenoise, bordelaise, bourguignonne, vin jaune (Jura).*

Autres types de bouteilles. *Les bouteilles de 0,5 litre sont de plus en plus présentes.*

De l'amphore à la bouteille

"Le vin n'est pas un produit comme les autres. Il est vivant. Il évolue. Pour le succès de cette alchimie, il lui fallait un matériau naturel, inerte et beau. Seul le verre répond à ces exigences. Il reste le matériau idéal par sa neutralité et sa stabilité. Il protège bien sûr, mais doit aussi mettre en valeur comme le ferait une vitrine. Le vin a une personnalité : celle du terroir, celle des vignerons. La bouteille affirme les différences par des techniques de personnalisation infinies : teintes, formes, gravures, etc..."

Cet extrait d'une plaquette éditée par Saint Gobain emballage pour l'exposition "de l'amphore à la bordelaise grand cru" qui s'est tenue à Bordeaux en 2000, met bien en évidence l'importance de la bouteille en verre pour la présentation et la conservation des vins.

De nos jours, les vins sont offerts aux consommateurs essentiellement en bouteilles de verre. Il n'en a pas toujours été ainsi. Chacun a entendu parler des amphores utilisées, dans l'Antiquité, sur le pourtour méditerranéen.

A quelle époque peut-on faire remonter la fabrication des premières bouteilles en verre ?

Jean Barrelet, délégué général de la Fédération des Industries du Verre nous donne des précisions dans un article consacré à l'histoire de la bouteille de verre. On y apprend qu'il faut faire une distinction entre flacons et bouteilles. La fabrication des premiers a précédé de plus d'un millénaire celle de la bouteille de verre. Les verriers égyptiens et syriens fabriquaient de tout petits flacons réservés au commerce des fars et des parfums.

La bouteille cylindrique à épaulement arrondi, prototype de la bouteille à vin des temps modernes semble dater du IVe siècle de notre ère. Mais il faudra attendre le XVIIIe siècle pour que la bouteille de verre trouve enfin sa véritable fonction : celle d'assurer la conservation et le vieillissement du vin. Ce n'est que vers la fin du XVIIIe siècle et le début du XIXe que l'on commence à mentionner des bouteilles "bordeaux" ou "champagne".

De nos jours, à côté des bouteilles traditionnelles (bordelaise, bourguignonne, flûte alsacienne...), on trouve de plus en plus souvent des formes et des contenances nouvelles (1), par exemple les bouteilles de 50 cl. Ce centilitrage semble bien adapté à la restauration.

LA CAVE

Comme nous l'avons vu précédemment, la conservation d'un vin dépend de son origine, de sa constitution, de son millésime, des soins apportés lors de la vinification, mais aussi des conditions de stockage. A partir du moment

---

(1) Dans la limite des normes fixées par l'U.E.

Stockage et conservation des vins

où le vin entre dans son établissement, le restaurateur est vraiment impliqué, surtout s'il achète des vins qu'il souhaite conserver.

Dans de nombreux restaurants, le stock en cave représente une mise de fonds importante, au grand dam de celui qui tient les cordons de la bourse (responsable des achats, directeur financier,...). Mais acheter des vins et les élever peut s'avérer très rentable. Ce problème sera traité dans un autre chapitre.

Il ne faut jamais oublier que le vin n'est pas un produit inerte. Le responsable doit le surveiller sans cesse et se préoccuper de son environnement, du lieu où il va être stocké, éventuellement élevé. Ce lieu s'appelle la cave.

Dans la plupart des restaurants, il y a deux caves : la cave du jour et la cave centrale.

La cave du jour

La cave du jour est généralement située à proximité de la salle de restaurant. Y sont stockées tout ou partie des références qui figurent à la carte, mais surtout les vins à rotation rapide. L'analyse des ventes sur une période, grandement facilitée par l'informatique permet de déterminer le nombre de bouteilles à stocker.

Si la place le permet, tout le matériel nécessaire au service du vin (seaux, carafes, paniers verseur...) doit être stocké à la cave du jour.

A la cave centrale, les vins sont stockés à la température idéale pour l'élevage et la conservation (10/12 °C). A la cave du jour, ils doivent l'être à la température de service. Pendant très longtemps cette exigence a posé problème au restaurateur. De nos jours le matériel idéal existe. Il n'y a donc plus d'excuses lorsque le vin n'est pas servi à bonne température. Ce qui est une erreur encore trop fréquente dans de nombreux établissements.

Plusieurs sociétés ont mis au point des armoires «spécial restauration». Il s'agit d'armoires à capacité variable :

SOURCE : CHAMBRAIR - SUISSE - LUCERNE

120, 200, 250… bouteilles. Elles comportent des zones à différentes températures, très souvent échelonnées entre 4° et 18 °C. Certaines sont conçues pour être installées directement dans la salle. Ce type de matériel se rencontre plus souvent à l'étranger qu'en France. Il offre pourtant l'avantage de pouvoir donner au client un aperçu des vins offerts à la carte.

Lorsque la décision d'achat est prise, il serait souhaitable d'avoir deux armoires de capacité moyenne, par exemple : 2 x 120, qu'une armoire de 240 bouteilles. Pensez au nombre de fois où la porte va être ouverte pendant le service…(1). Une excellente solution consiste à avoir une armoire pour les vins blancs, une autre pour les rouges.

La cave centrale

Pour obtenir une bonne conservation des vins, la cave centrale doit remplir certaines conditions. Evidemment, l'approche sera différente si l'on fait construire ou si le bâtiment existe déjà. Mais dans tous les cas, il est souhaitable de se rapprocher des conditions de la cave idéale.

Que ce soit à la cave centrale ou à la cave du jour, **les vins doivent être stockés couchés, les eaux-de-vie et liqueurs debout** (voir schéma).

SOURCE : CHAMBRAIR - SUISSE - LUCERNE

(1) voir le chapitre service.

Stockage et conservation des vins

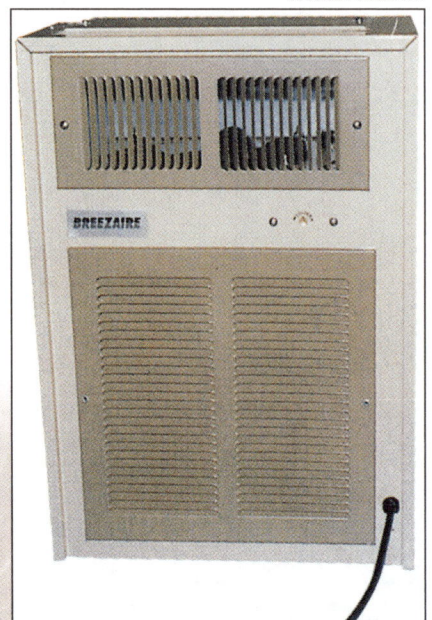

Climatiseur.

Caractéristiques d'une bonne cave

Exposition, situation

L'exposition idéale est le nord-est, pour éviter les variations excessives de température. La cave doit être à l'abri des nuisances suivantes :

- odeurs (mazout, produits d'entretien, légumes, etc.), il faut donc éviter de stocker d'autres produits dans une cave à vin,
- trépidations (ascenseur, voie ferrée, proximité d'une route à grande circulation),
- sources de chaleur (chaufferie, canalisations d'eau chaude),
- courants d'air.

S'il s'agit d'une nouvelle construction, dans la mesure du possible, ne pas oublier de prévoir un accès facile pour les livraisons.

Température

La cave doit être fraîche (10 à 12 °C), néanmoins quelques degrés de plus ou de moins ne sont pas catastrophiques. Ce sont surtout les variations brusques de température qui sont préjudiciables au vin. Une cave trop fraîche ralentit le développement du vin, elle peut aussi être la cause d'une précipitation de cristaux de tartre dans les bouteilles. Dans une cave où la température est trop élevée, le vin évolue beaucoup plus rapidement. Cela se traduit par un vieillissement prématuré.

Il est assez surprenant de constater que, dans beaucoup de caves, il n'y a ni thermomètre ni hygromètre. Leur installation ne représente pas un gros investissement… Il devrait même y avoir deux thermomètres : un près du sol, un autre près du plafond. Cette façon de procéder permet de constater une différence de plusieurs degrés entre les deux et d'en tirer des enseignements pour le stockage des différents types de vins.

Humidité

Les meilleures caves ont un sol en terre battue et un taux d'hygrométrie situé entre 70 et 75 %. Plus sèches, il y a risque de dessiccation des bouchons. Plus humides, risque d'altération des bouchons et surtout des étiquettes.

Clarté, aération

La clarté doit être aussi faible que possible. Une lumière trop vive altère la couleur des vins. Il faut surtout éviter les éclairages au néon. Avec ce type d'éclairage, les vins stockés dans des bouteilles en verre blanc risquent de prendre un "goût de lumière" qui les rend rapidement inconsommables. La cave doit être aérée mais sans excès.

Comment améliorer sa cave

Si la température est trop élevée

Il est possible d'isoler soigneusement le local avec du polystyrène expansé (10 cm environ) ou avec de la mousse de polyuréthane. Il est également possible d'installer une climatisation selon deux systèmes : à eau ou à air. La climatisation à circulation d'eau a l'avantage d'être silencieuse, mais elle nécessite une installation difficilement réalisable par un non-professionnel. Celle à air, plus simple à installer, est parfois bruyante et peut provoquer des vibrations lorsqu'elle démarre. Il est donc souhaitable de l'installer, lorsque cela est possible, à l'extérieur de la cave en pratiquant un trou dans le mur pour l'arrivée d'air frais. Des systèmes très performants et peu onéreux sont proposés par plusieurs spécialistes.

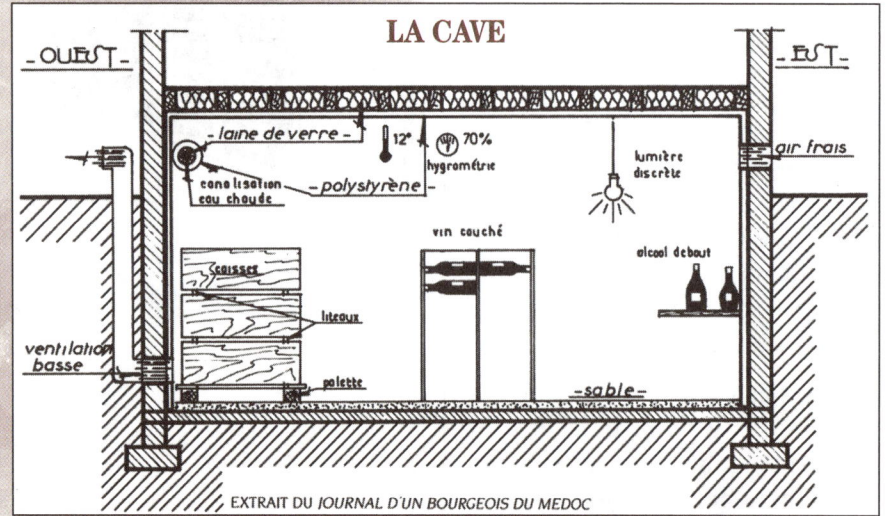

Si la cave donne directement sur l'extérieur ou sur un local dont la température est élevée, il est conseillé de construire un sas avec deux portes, pour que la chaleur ne pénètre pas dans la cave à chaque ouverture de la porte.

Si la cave est trop humide

Améliorer l'aération. Essayer d'installer un absorbeur d'humidité (facile à trouver dans le commerce), mais on peut tout simplement disposer sur le sol des briques pleines sur champ. De bons résultats sont également obtenus en répandant sur le sol une couche de mâchefer.

Si la cave est trop sèche

Arroser le sol ou disposer des récipients contenant de l'eau (il ne faut pas oublier de les changer de temps en temps, sinon l'eau risque de croupir).

Si la cave est soumise à des vibrations

Il faut installer des patins en caoutchouc sous les casiers à bouteilles et éviter de "coller" les casiers contre les murs.

Remarque : La gestion de la cave sera étudiée dans le chapitre "Commercialisation".

Agencement de la cave

De nombreuses possibilités sont offertes aux restaurateurs pour stocker les bouteilles à la cave. Il a le choix entre : des casiers métalliques, en bois, en béton, en composite bois-ciment, en pierre volcanique, etc.

Les casiers métalliques sont faciles à monter, peu chers, mais ils n'offrent pas toujours une stabilité parfaite.

Les casiers en bois, souvent réalisés par le restaurateur lui-même ou par un artisan, présentent plusieurs inconvénients : risque d'effondrement si le bois n'est pas assez résistant, mais aussi et surtout risque d'introduire dans la cave des vers qui peuvent attaquer les bouchons. Le traitement du bois est fortement déconseillé en raison de l'odeur qu'il peut dégager.

De nos jours de nombreuses sociétés proposent le matériel idéal. Par exemple celui fabriqué en composite bois-ciment ou en pierres volcaniques, matériaux légers, ils stabilisent la température ambiante et régule le degré d'humidité de la cave. Faciles à transporter et à monter, ils offrent l'avantage d'être modulables à l'infini (il existe des modules pour les différents types de magnums, les flûtes, les demi-bouteilles…). Eu égard à tous les avantages que présentent ces nouveaux systèmes, la différence de prix par rapport aux systèmes classiques (métalliques, bois…) ne doit pas constituer un obstacle.

Quelques exemples d'aménagement :

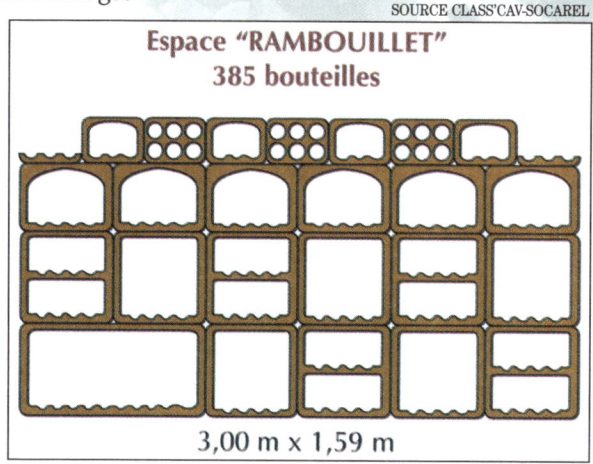

Espace "RAMBOUILLET" 385 bouteilles — 3,00 m x 1,59 m

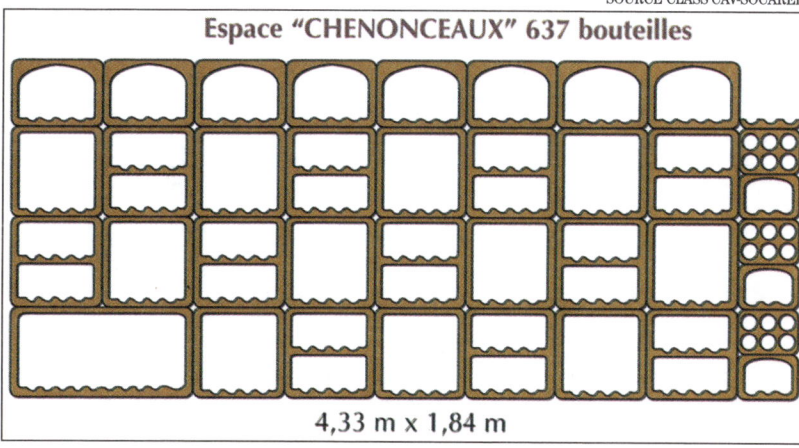

Espace "CHENONCEAUX" 637 bouteilles — 4,33 m x 1,84 m

La dégustation

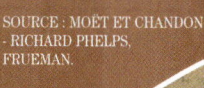
SOURCE : MOËT ET CHANDON
- RICHARD PHELPS,
FRUEMAN.

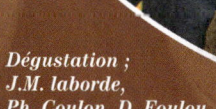
*Dégustation ;
J.M. laborde,
Ph. Coulon, D. Foulou.*

Généralités
Définition de la dégustation
Objectifs de la dégustation
La dégustation, une école de modestie...

Comment aborder la dégustation
Reconnaissance des saveurs de base
- Rôle de la langue
- Quelques exercices pratiques

Sensibilisation aux perceptions olfactives
Influence des conditions de dégustation
- Choix du verre
- Environnement

Phases de la dégustation
Phase visuelle

Phase olfactive
- Classification des odeurs
- Quelques constatations

Phase gustative

Savoir conclure

Quelques défauts du vin

Vocabulaire du vin

Caractéristiques de quelques cépages
Cépages rouges
Cépages blancs

Quelques dégustations particulières
Dégustation des vins effervescents
Dégustation des eaux-de-vie.

La dégustation

GÉNÉRALITÉS

CITATIONS

"On n'a pas d'avis, tant qu'on n'a pas goûté." (Max Léglise)

"Allez vieux fous, allez apprendre à boire, on est savant quand on boit bien*, qui ne sait boire, ne sait rien." (Boileau)

"Monsieur, quand on a l'honneur de se faire servir un tel vin, on prend son verre avec respect, on le regarde, on le hume, puis l'ayant reposé, on en parle." (Talleyrand)

* Note de l'auteur : avec modération, bien évidemment.

Dégustation analytique.

Dégustation hédonique.

(1) Hédonisme : système de philosophie qui fait du plaisir le but de la vie, la recherche du maximum de satisfaction par le minimum d'efforts.

Définition de la dégustation

Déguster, c'est *"goûter avec attention un produit dont on veut apprécier la qualité. C'est le soumettre à nos sens, en particulier ceux du goût et de l'odorat ; c'est essayer de le connaître en recherchant ses différents défauts et ses différentes qualités et en les exprimant. C'est étudier, analyser, décrire, juger, classer."*

Cette définition de la dégustation donnée par M.M. Ribéreau-Gayon et Peynaud est citée dans le magnifique ouvrage d'Emile Peynaud *Le goût du vin* - Ed. Dunod. Elle fixe parfaitement les objectifs et les limites de cet "art" difficile.

Objectifs de la dégustation

Beaucoup trop de personnes pensent que l'objectif numéro un de la dégustation consiste à identifier le vin servi. Chacun est persuadé, qu'après quelques heures de cours, il sera en mesure de donner l'appellation, le nom du cru et le millésime d'un vin présenté à l'aveugle. Ceci ne peut et ne doit pas être l'objectif prioritaire.

Il faut savoir qu'il existe plusieurs approches de la dégustation et que les objectifs seront différents selon le type de dégustation : **dégustation dite hédonique** (1) ou **dégustation analytique.**

La **dégustation hédonique** est celle qui se pratique généralement à table entre amis, dans une ambiance chaleureuse. Elle consiste à rechercher et à exprimer le plaisir ou, éventuellement, la déception ressentie, à rechercher les meilleurs accords vins et mets.

La **dégustation analytique** se pratique très souvent à la cave ou dans des laboratoires, lors de dégustation de concours, d'agrément, etc. Ses objectifs consistent à préciser la constitution, l'équilibre et la typicité d'un vin, à rechercher ses défauts éventuels. Cette dégustation permet également de se prononcer sur l'évolution du vin : à boire immédiatement ou à conserver.

Pour ce type de dégustation, une fiche de dégustation est très souvent utilisée **(voir modèle en annexe).**

Nous verrons dans le chapitre "approvisionnement", que lors d'une dégustation d'achat pour un restaurant, il faut concilier ces deux types de dégustation. C'est-à-dire pratiquer une dégustation analytique sans perdre de vue que l'objectif final, c'est la satisfaction du client.

Quel que soit le type de dégustation pratiquée, la dégustation, c'est également juger, décrire. Il faut donc apprendre à parler du vin en **employant le mot juste à bon escient.** Certains spécialistes sont en mesure de captiver un auditoire, pendant des heures, en commentant quelques vins. Ce fut le cas de Max Léglise, Louis Orizet... qui ont marqué plusieurs générations de dégustateurs. De nos jours, on peut citer : Jacques Puisais, Denis Dubourdieu, Philippe Faure-Brac, Marcus del Monego, etc.

Mais, en dehors de ces éminents spécialistes de renommée mondiale, n'est-il pas merveilleux d'écouter certains viticulteurs parler de leur vin ? Quelle foi ! Quel amour ! Ils en parlent comme de leurs propres enfants, et c'est bien souvent à regret qu'il faut les quitter pour le prochain rendez-vous... Quiconque a organisé un voyage dans un vignoble sait qu'il ne faut pas prévoir trop de visites. Les hommes du vin sont parfois intarissables...

La dégustation, une école de modestie

"La dégustation est à la fois une science et un art." La science constitue un ensemble de connaissances humaines acquises par la découverte des lois objectives de phénomènes et leur explication. L'art est l'expression d'un idéal dans les œuvres humaines.

La dégustation

Le vin, "œuvre humaine", bu **avec modération** est, comme nous l'a dit Pasteur, *"la plus saine et la plus hygiénique des boissons"*. Elle peut également être source de plaisir et de convivialité pour qui sait l'apprécier à sa juste valeur. L'homme qui s'enivre ne peut pas être un amoureux du vin (avec un grand A). D'ailleurs, on ne peut que se réjouir de voir l'évolution de la consommation de vin en France : le Français boit moins, mais il boit mieux. Cela veut-il dire qu'il y a plus de connaisseurs ? Incontestablement ! Nous verrons par la suite comment devenir sinon un expert, du moins un dégustateur averti, capable de discuter des mérites d'un vin avec un client ou un ami. Mais pour ce faire, la première qualité à posséder s'appelle **modestie**. Combien de personnes prétendent être en mesure d'identifier un vin à coup sûr ! Il s'agit rarement de spécialistes, car eux, savent qu'en matière d'identification, il est possible de se tromper lourdement. Ils savent qu'il n'est pas évident avec les yeux bandés de déceler, un vin blanc parmi des vins rouges. Ils savent qu'entre un vieux Pomerol et certains vins de Bourgogne, la différence n'est pas toujours évidente. Ils savent que, servi à deux températures différentes, un même vin peut présenter des caractères organoleptiques fort différents.

Toutefois, cela ne signifie pas qu'il est impossible d'identifier un vin, bien au contraire : certains sont bien typés et relativement faciles à situer. Les vins de monocépage, par exemple, sont généralement plus faciles à identifier que ceux provenant de plusieurs cépages.

Par ailleurs, dans une région donnée, un viticulteur ou un œnologue pourra non seulement donner l'appellation d'un vin dégusté à l'aveugle, mais il dira s'il provient du bas ou du haut du coteau. Ainsi, ce qui est réalisable pour un secteur bien précis, ne l'est pas forcément pour l'ensemble du vignoble français. Pourtant, lors de concours tels que "Meilleur Sommelier de France", "Trophée Ruinart du meilleur jeune Sommelier de France", "Meilleur sommelier d'Europe", "Concours du meilleur sommelier du monde" etc., certains candidats obtiennent d'excellents résultats lors de l'identification. Il faut savoir que, pour eux, l'entraînement est journalier. Ils se trouvent dans la situation des athlètes de haut niveau ; en aucun cas l'entraînement ne peut être relâché sous peine de compromettre leurs chances pour la finale.

Certaines personnes essayent de "piéger" un ami ou un collègue, en mettant, par exemple, un vin d'une autre provenance dans une bouteille de type Bordeaux ou Bourgogne. Cette façon de faire est **détestable.** En revanche, quel plaisir d'essayer d'identifier un vin avec un groupe où chacun connaît les difficultés, et où l'objectif n'est pas de voir les gens se "planter", pour reprendre une expression à la mode...

La dégustation est un art, et comme tous les arts, elle nécessite une éducation des plus étendues et un état d'esprit. Un pianiste qui désire ne jouer que du Debussy est obligé d'apprendre pourtant toute la musique, et un peintre qui se spécialise dans le portrait doit pratiquer tout le dessin et toute la technique picturale.

De la même façon, le dégustateur de vin n'accédera à la "grande forme" que par une large ouverture sur l'univers sensoriel et une capacité d'appréciation gustative qui débordent largement le vin. Mais les deux sens avec lesquels il travaille, le goût et l'odorat, subissent une telle régression par notre mode de vie actuel, qu'ils ont besoin d'une longue "réanimation" pour fonctionner à plein rendement de leur capacité.

(SOURCE : UNE INITIATION À LA DÉGUSTATION DES GRANDS VINS, MAX LEGLISE, DIVO EDITEUR).

EXEMPLE DE COMMENTAIRE DE DÉGUSTATION PAR PHILIPPE FAURE-BRAC, MEILLEUR SOMMELIER DU MONDE

Détour en terre catalane / pour ce vin des Côtes du Roussillon qui est situé, bien sûr, dans les Pyrénées-Orientales.

Cette cuvée à base de Syrah, bien que disponible dans un millésime jeune, se révèle déjà d'une gourmandise assez exceptionnelle.

Sa couleur est chatoyante, d'un rouge rubis pourpre profond, typique du cépage Syrah.

Sa robe est brillante, limpide et présente une belle capillarité.

Le nez est en même temps fin, intense et assez puissant.

On y trouve des notes de fruits noirs – le cassis, la mûre, la myrtille – et des notes d'épices un peu confites.

En bouche, ce vin est franc et parfumé. Le corps offre une belle générosité, la dominante aromatique s'exprime sur des notes de fruits et une pointe légèrement torréfiée.

La finale est assez dense : les tanins sont bien présents mais fins.

C'est un vin que l'on peut boire maintenant, sur son fruit, en prenant soin de le servir à 16 °C.

Mais, il pourra attendre aisément 3 à 5 ans dans une bonne cave. Il sera alors dans un état de maturité lui permettant d'être apprécié plutôt à 18 °C.

A faire découvrir à vos amis / amateurs comme vous d'originalité / tout en dégustant des plats pleins de saveur : des terrines, des petits gibiers à plumes, des spécialités méditerranéennes à base d'anchois.

Vous avez sûrement envie de savoir de quel vin il s'agit : c'est le domaine Laporte 1998 à Perpignan.

La dégustation

COMMENT ABORDER LA DÉGUSTATION

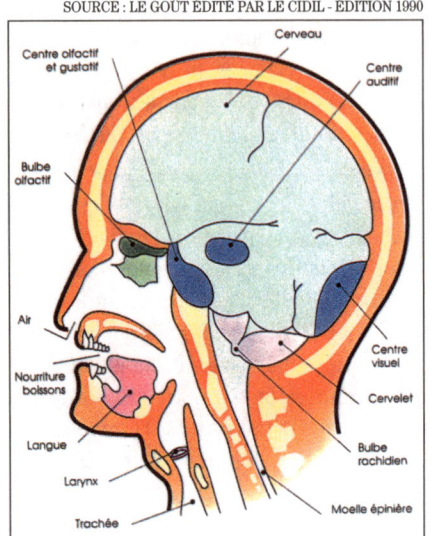

Le goût et l'odorat.

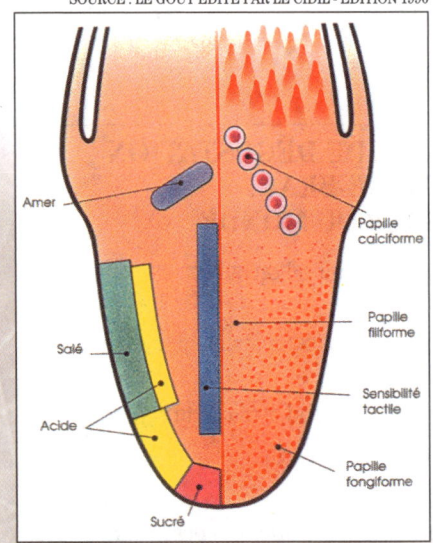

La langue.

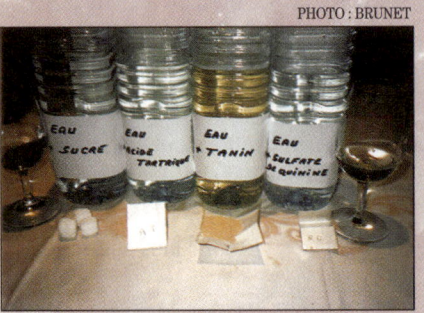

Trop souvent, lors d'un premier cours de dégustation, les participants sont mis en présence de plusieurs verres de vin. Ils se trouvent alors dans la situation d'un maçon qui commencerait la construction d'un immeuble pour lequel les fondations auraient été oubliées.

Une bonne appréciation des caractères organoleptiques d'un vin ne peut être obtenue qu'après quelques exercices simples, mais indispensables :

- La reconnaissance des saveurs de base.
- Une sensibilisation aux perceptions olfactives.
- L'acquisition des principaux termes qui permettent de traduire les impressions ressenties.

Reconnaissance des saveurs de base

En schématisant, on peut admettre que les stimulations gustatives ou saveurs de base sont au nombre de quatre :

- La sensation salée.
- La sensation sucrée.
- La sensation acide.
- La sensation amère.

RÔLE DE LA LANGUE

C'est la langue qui nous permet d'apprécier les saveurs de base. Elle est recouverte de plusieurs milliers de papilles gustatives. Chacune de ces papilles est reliée au cerveau par l'intermédiaire du système nerveux.

Le schéma de la langue met en évidence la localisation de ces papilles. A partir de cette localisation, la détection des saveurs de base est grandement facilitée.

Les perceptions, sur la langue, se répartissent de la façon suivante :

L'extrémité est sensible aux saveurs sucrées (sucre, alcool...).

Les bords supérieurs à l'acide.

Le tour au sel.

L'arrière langue à l'amer.

La partie centrale de la langue, quant à elle, est insensible.

N.B : quelques spécialistes ne sont pas tout à fait d'accord avec cette répartition. Mais l'expérience prouve qu'il serait regrettable de ne pas pratiquer les exercices proposés ci-dessous.

Partant de ces constatations, différents exercices peuvent être organisés afin de mieux connaître sa langue. Lors de ces différents exercices, il faudra porter une attention toute particulière au comportement de la salive. Au cours de la dégustation d'une solution sucrée, la salive devient épaisse et visqueuse. Une solution acide rend la salive abondante et fluide, avec une légère irritation des muqueuses internes des joues et un resserrement des gencives. Alors qu'une solution astringente donne une impression de sécheresse et de rugosité due au fait que la mucine, protéine de la salive, est coagulée par le tanin.

QUELQUES EXERCICES PRATIQUES

Pour se familiariser avec les différentes saveurs de base, préparer ou faire réaliser par son pharmacien les solutions suivantes.

Solution n° 1 : 1 L d'eau pure + 1 g d'acide tartrique - mise en évidence de l'acidité.

Solution n° 2 : 1 L d'eau + 10 g de saccharose - mise en évidence du goût sucré.

Solution n° 3 : 1 L d'eau + 5 g de sel - mise en évidence du goût salé.

Solution n° 4 : 1 L d'eau + 1 g de tanin - mise en évidence de l'astringence, différente de l'amertume.

Solution n° 5 : 1 L d'eau + 10 mg de sulfate de quinine - mise en évidence de l'amertume.

Dans un premier temps, lorsque ces solutions sont dégustées, veiller à bien étudier les zones sollicitées au niveau de la langue et le comportement de la salive.

Après cette première série d'exercices, il serait souhaitable de faire :

- une dégustation comparative avec les solutions 4 et 5 pour bien faire la différence entre l'astringence (assèchement des muqueuses) et l'amertume (fin de bouche désagréable). En effet, la présence de tanins est souvent bénéfique au vin, alors que l'amertume est souvent un défaut.

- Ajouter 80 g d'alcool éthylique à un litre de solution N° 2, puis faire une dégustation comparative des 2 solutions (une sans alcool, l'autre avec l'alcool) pour mettre en évidence le fait que l'alcool augmente l'impression de sucré.

Puis, il sera possible de continuer avec les exercices suivants en mélangeant en proportions égales :

Solution n° 5 + solution n° 1 : (amer + acidité) l'acidité renforce l'amertume.

Solution n° 1 + solution n° 4 : (acidité + astringence) l'astringence renforce l'acidité.

Solution n° 1 + solution n° 2 : (acidité + sucre) l'acidité diminue le goût sucré et réciproquement.

Solution n° 5 + solution n° 2 : (amer + sucré) le sucré diminue l'amertume et réciproquement.

Tous ces exercices, peu onéreux, permettent une excellente sensibilisation, non seulement à la dégustation des vins, mais également à celle des mets. Lors de ces dégustations, une constatation s'impose : tous les individus n'ont pas le même seuil de perception aux différentes saveurs. Ainsi, une personne qui met deux sucres dans sa tasse de café peut être moins sensible à la sensation sucrée que celle qui boit son café sans sucre. Il en va de même pour l'acidité, il faudra une concentration assez forte pour être perçue par la personne qui boit du jus de citron sans sucre. C'est la raison pour laquelle, pour les dégustations "très pointues", on détermine au préalable le seuil de perception et le seuil d'identification de chaque dégustateur.

Sensibilisation aux perceptions olfactives

La dégustation des vins permet d'entrer dans le monde fabuleux des parfums, des odeurs, des senteurs... Cependant, il apparaît très rapidement que, si dans l'ensemble, nous n'avons pas de problèmes au niveau des perceptions visuelles ou acoustiques, il en va tout autrement pour l'olfaction. Nous sommes pratiquement tous "handicapés". Que de fois entend-on : *"je connais cette odeur, mais je ne trouve pas son nom"* ou encore : *"Non, je ne perçois rien."* Quelle est la raison de cette faiblesse ? Elle est simple : nous oublions de faire travailler notre nez ! Il s'agit pourtant d'un "attribut" très important pour la dégustation. Rappelons que Jean Lenoir un Bourguignon, a mis au point des coffrets de petits flacons qui permettent de "faire ses gammes" et d'apprendre à reconnaître les principaux arômes rencontrés dans le vin. Chacun de nous peut obtenir des résultats honorables sur le plan olfactif en s'imposant de petits exercices très simples, qui peuvent être réalisés quotidiennement à peu de frais. Il suffit par exemple d'aller dans un jardin pour apprendre à y sentir les fleurs. Ceux qui ne possèdent pas de jardin peuvent lors d'une promenade, à la campagne ou en forêt, ramasser quelques fleurs sauvages, des herbes, de la mousse, des feuilles mortes, de la fougère, etc., et les porter à leur nez.

Dans la cuisine, pourquoi ne pas ouvrir les petits flacons renfermant noix de muscade, thym, laurier, sauge, etc. et essayer de mémoriser ces odeurs. Ces exercices ne permettront pas de rivaliser avec les "nez" responsables de l'élaboration des parfums dans la région de Grasse, mais ils sont absolument indispensables pour obtenir de bons résultats en dégustation. Il ne peut s'agir que d'un travail personnel. Mais n'est-ce-pas le

SOURCE : JEAN LENOIR - CARNOUX-EN-PROVENCE

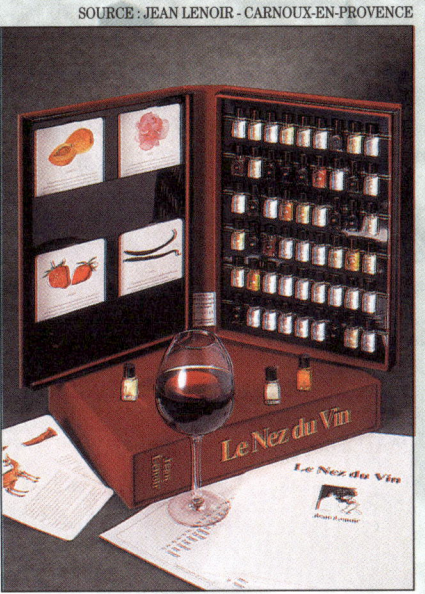

Le nez du vin : 54 arômes.

> **L'anosmie** est peu compatible avec le métier de sommelier.
> Il s'agit, en effet, d'une diminution ou de la perte complète de l'odorat.

La dégustation

INAO à gauche, Vouvray à droite.

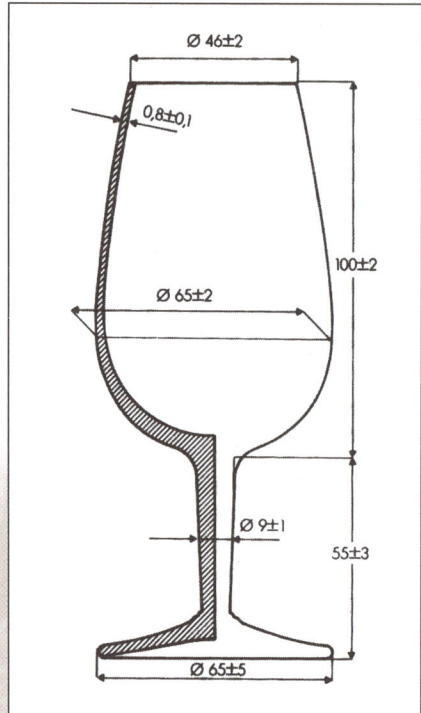

Verre à dégustation normalisée (type I.N.A.O).

meilleur moyen pour retrouver le tilleul dans un vin blanc du Val de Loire, le genêt sur un *Jurançon*, la cerise sur un *Morgon*, ou le litchee sur un *Muscat de Beaumes-de-Venise* ?

Remarque : dans les lycées hôteliers, la mise en évidence des saveurs de base et l'identification des arômes peuvent constituer d'excellents exercices dans le cadre des cours de technologie appliquée, aussi bien en salle qu'en cuisine.

Influence des conditions de dégustation

Déguster, c'est étudier, analyser, décrire. Pour le faire dans de bonnes conditions, il faut respecter quelques règles, le choix du verre et l'environnement ont une influence non négligeable.

CHOIX DU VERRE

Le choix du verre est très important. Un vin est apprécié différemment selon qu'il est servi dans un type verre à moutarde ou dans un verre approprié. La dégustation nécessite un verre à pied. Il doit être mince et transparent, d'une contenance raisonnable (25 cl environ). Le bord du verre, appelé buvant, doit être fin. Les verres colorés ne conviennent pas du tout. Pratiquement chaque région possède son verre. Certains sont bien adaptés à la dégustation comme le verre de l'Académie des vins de Bordeaux ou le verre INAO. D'autres le sont moins, par exemple, celui utilisé à Vouvray (Touraine) a une forme très évasée ce qui rend difficile le mouvement qui consiste à faire tourner le vin dans le verre.

Actuellement, dans la plupart des dégustations officielles, mais également chez de nombreux particuliers, le verre utilisé est celui mis au point par des spécialistes et l'Institut national des appellations d'origine. Ce verre, homologué par L'A.F.N.O.R est généralement appelé "verre INAO" (voir schéma). Il peut être utilisé pour les différentes catégories de vin, mais également pour les eaux-de-vie.

Ce type de verre a vraiment sa place en restauration où il se rencontre encore trop rarement. Dans beaucoup d'établissements, un effort s'impose quant au choix des verres destinés à la dégustation des grands vins. La mode des très grands verres est discutable. Cela peut se traduire par une boutade : il est indispensable de pouvoir mettre son nez dans le verre, le nez, mais pas la tête... En revanche, les vins ne doivent jamais être servis dans des verres trop petits. Le verre I.N.A.O. et ceux proposés par plusieurs spécialistes répondent parfaitement à ces différents critères.

Le lavage des verres destinés à la dégustation ne doit pas s'effectuer avec un produit détergent. Ils doivent être rincés à l'eau chaude. S'ils ont besoin d'être dégraissés, l'eau peut éventuellement être additionnée d'un peu de savon sans odeur. Une sage précaution consiste à sentir son verre vide avant de passer à la dégustation. Evidemment, dans un restaurant, cela peut choquer.

En règle générale, les dégustateurs professionnels n'essuient pas leur verre, il le laisse sécher. Avant de passer à la dégustation, ils le rincent à l'eau claire et éventuellement l'envinent (action qui consiste à rincer le verre avec un peu de vin). Cette pratique est très courante en Italie.

ENVIRONNEMENT

De nombreux facteurs influencent la dégustation : température ambiante (de préférence entre 20° et 22 °C), éclairage, bruit, présence de fumée, etc.

Si la salle de dégustation est l'endroit idéal pour une dégustation analytique,

Un verre pour chaque type de vin.

La dégustation

il faut bien reconnaître que la majorité des dégustations se font en d'autres lieux : à la cave, sur un stand de foire, à la salle à manger, au restaurant. Quoi qu'il en soit, il faut s'efforcer de respecter un certain nombre de règles et savoir que la fumée de cigarette, plus encore celle du cigare et de la pipe ainsi que les parfums violents peuvent inhiber la dégustation d'un grand vin. Pensez-y lorsque vous êtes invités à un repas !

Au restaurant, n'hésitez pas à choisir les salles non fumeur. Nous verrons également dans le chapitre : "Achat des vins" que lors d'une dégustation d'achat, il faut se méfier de certains accompagnements tels que les noix et le fromage, qui restent cependant bien agréables lors d'une dégustation hédonique.

ORGANISATION D'UNE SÉANCE DE DÉGUSTATION

Lors de l'organisation de séances de dégustation, l'ordre de présentation des vins et la température de service peuvent avoir une importance primordiale sur les résultats. Elles ne doivent pas être organisées de façon empirique, comme cela arrive parfois. Une excellente solution consiste à utiliser les normes de l'O.I.V (voir exemple en annexes).

EN 1994, l'O.I.V (Office International de la Vigne et du Vin) a approuvé et publié les normes des concours internationaux des vins. Parmi ces normes, voici celles préconisées pour l'ordre de présentation des vins et les températures de service.

Ordre de service des vins :

Blancs tranquilles

Blancs effervescents

Rosés tranquilles

Rosés effervescents

Rouges tranquilles

Rouges effervescents

Vins sous voile, vins doux naturels, vins de liqueur

Mistelle

Température de service :

Les plus grands efforts doivent être faits pour que les vins soient dégustés aux températures suivantes :

Vins blancs ou rosés : 10/12 °C

Vins rouges : 15/18 °C

Effervescents : 8/10 °C

Vins de liqueur et mistelles : 8/10 °C

Concours des vins à Colmar.

Dégustation à l'institut des vins de Porto à Porto.

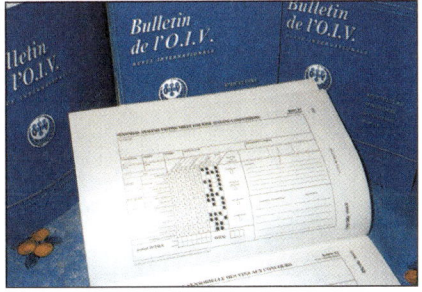

PHASES DE LA DÉGUSTATION

Le choix du verre étant effectué, l'environnement, la température et l'ordre de service satisfaisants, voyons maintenant les différentes phases de la dégustation, en ayant toujours présent à l'esprit qu'il existe **une différence essentielle entre boire et déguster.** On boit pour étancher sa soif, on déguste pour toutes les raisons citées précédemment.

La personne à qui un grand vin vient d'être servi et qui le porte directement à ses lèvres n'est pas digne de ce vin ! Elle est dans le cas d'un voyageur qui, parcourant une des plus belles régions de France, le ferait avec un bandeau sur les yeux. En effet, que de choses merveilleuses à découvrir dans un verre de vin de qualité ! La plupart de nos sens sont sollicités : la vue, l'odorat, le goût, mais aussi, dans une moindre mesure, l'ouïe.

La dégustation peut être divisée en trois phases :

La phase visuelle (description, conclusion).

La phase olfactive (description, conclusion).

La phase gustative (description, conclusion).

La dégustation

DOCUMENT ANIVIT

Phase visuelle

Pour cette phase, lorsqu'il y a plusieurs dégustateurs, il est indispensable d'avoir la même quantité de vin dans chaque verre.

Examen du disque :

Le disque est la partie supérieure du vin contenu dans le verre. Il doit être brillant. Un disque mat ou irisé constitue un mauvais indice (vin malade).

Examen de la limpidité et de la transparence :

Il s'agit de déceler d'éventuels éléments en suspension dans le vin. Le vin est porté à hauteur des yeux, si possible face à une source lumineuse. Pour décrire ses impressions, le dégustateur utilise les mots de la liste en bas de page (non limitative).

Attention : la présence de petits cristaux au fond du verre ne constitue pas un défaut majeur. Cela est généralement dû à la précipitation du bitartrate de potassium provoquée par le froid (cette précipitation n'a pas lieu si le vin a été traité par le froid avant la mise en bouteilles). Très souvent, les éléments en suspension sont dus aux "peluches" laissées par les torchons, lors de l'essuyage. Il faut éviter les essuie-verres en coton.

Examen de la couleur et de son intensité :

Il s'agit maintenant d'apprécier la couleur et son intensité : c'est-à-dire la **robe** du vin. Dans la mesure du possible cette opération doit s'effectuer sur fond blanc mat (par exemple une feuille de papier blanc). Cet examen donne une idée sur l'évolution du vin. D'une personne rencontrée dans la rue, il est difficile, même impossible de dire : *"Elle a trente deux ans"*. En revanche, il est possible de dire : *"Cette personne a une trentaine d'années"*.

De même, si la robe d'un vin ne permet pas de déceler son millésime, elle peut fournir de précieuses indications sur son évolution. Un vin blanc, très clair avec des reflets verts est en principe un vin jeune. Des tons or, topaze, voire topaze brûlée, traduisent une certaine évolution. Pour les vins rouges, des reflets violets indiquent la jeunesse, le tuilé se retrouve sur des vins plus évolués.

Différents stades d'évolution : très jeune, jeune, évolué, très évolué, passé.

Pour qualifier la robe d'un vin, les termes les plus utilisés sont :

Vin blanc
Aqueux
Jaune pâle
Jaune or pâle
Jaune or
Jaune citron
Jaune paille
Ambré*
Topaze*
Topaze brulée*

Vin rosé
Gris
Champagne
Rose franc
Rose framboise
Rose orangé
Pelure d'oignon
Saumon
Vieux rose

Vin rouge
Claire ou peu soutenue
Reflets violacés
Grenat
Carmin
Rubis
Vermillon
Pourpe
Tuilé

*Sur les très vieux vins blancs et sur certains VDN. Cette liste n'est pas limitative.

Ces appréciations peuvent être nuancées en précisant par exemple : jaune pâle avec des reflets verts, jaune paille soutenu, etc.

Examen de l'effet de capilarité (appelé également "jambage" ou "larmes") :

En inclinant son verre et en le faisant tourner légèrement, puis en le portant à hauteur des yeux, on constate

Examen favorable du vin	Examen défavorable du vin
Cristallin	Terne
Brillant	Voilé
Limpide	Louche
Etc.	Trouble
	Etc.

qu'un bourrelet s'est formé sur la paroi du verre. Il peut être plus ou moins important. Des gouttes se détachent de ce bourrelet, puis descendent rejoindre le liquide, plus ou moins rapidement. Elles sont appelées jambes ou larmes, le vin pleure plus ou moins en fonction de sa constitution. Pendant de nombreuses années, dans les cours de dégustation, l'étude de ce phénomène a été associé à la présence plus ou moins importante de glycérol. Puis est arrivé le livre du professeur Peynaud : *Le goût du vin* qui qualifie cette explication de *"légende, soigneusement entretenue par les professionnels eux-mêmes"*. Voici un extrait du livre de Peynaud *"Amerine et Roessler nous apprennent que ce phénomène est dû à "l'effet Marangoni" et que l'explication correcte a été donnée par James Thomson déjà en 1855. Brièvement, l'alcool étant plus volatil que l'eau, il se forme à la surface et sur le haut du verre mouillé par le vin une mince couche de liquide plus aqueux, donc d'une tension superficielle plus forte. L'effet de capillarité fait monter le liquide le long du verre et l'élévation de la tension superficielle tend à former des gouttes ; celles-ci en retombant constamment dessinent des coulures qui figurent, l'imagination aidant les pleurs du vin. Plus élevée est la concentration en alcool et plus abondantes sont les larmes. Elles sont généralement incolores"*.

Dégagement gazeux :

mentionner également un éventuel dégagement gazeux, dû à la présence plus ou moins importante de CO_2. La dégustation des vins effervescents est traitée en fin de chapitre. Mais certains vins "tranquilles" sont parfois légèrement perlant (quelques fines bulles de CO_2). C'est le cas de certains Muscadet sur lie, vins de Savoie issus de Chasselas, Gaillac, etc.

Conclusion : synthèse des observations et jugement, en quelques mots.

Phase olfactive

Le siège de l'odorat se situe dans la partie supérieure du nez. Les narines n'ont que peu d'importance en dégustation, d'où le nom de "zones vestibulaires" qui leur est parfois donné.

Les odeurs ne sont perçues qu'en phase gazeuse et peuvent atteindre la zone olfactive de deux façons : la voie nasale directe, inspiration par les narines, la voie rétronasale (voir schéma page 76).

Pour obtenir une bonne perception, il faut expirer l'air de ses poumons, puis pratiquer de petites inspirations répétées.

La phase olfactive se déroule généralement en deux temps, voire en trois temps :

- Le premier coup de nez, sans bouger le verre.

- Le deuxième coup de nez, en faisant tourner le vin contenu dans le verre ; apparaît alors une différence importante avec le premier coup de nez, surtout au niveau de l'intensité de la perception. Cette perception peut être : discrète, moyenne, bonne, très bonne, exubérante.

- Le troisième coup de nez, même opération que précédemment, mais avant de porter le verre à hauteur du nez, le vin est "brisé" en inversant d'un geste brusque le sens de rotation. Ce troisième coup de nez est très efficace pour déceler un excès de SO_2.

La phase olfactive permet d'étudier non pas le bouquet mais **les bouquets** d'un vin :

DOCUMENT ANIVIT

ARÔME OU BOUQUET ?

La différence entre arôme et bouquet n'est pas toujours évidente, y compris pour les spécialistes. Dans son ouvrage "le goût du vin" (déjà cité), le professeur Emile Paynaud résume un long passage consacré à ce problème de la façon suivante :

"Différents types d'arômes et de bouquets :

Arôme primaire : provenant du raisin, à caractère fruité.

secondaire : provenant des fermentations, à caractère vineux.

Bouquet (arôme tertiaire)

d'oxydation : type de vins vieillis au contact de l'air

de réduction : type de vins vieillis à l'abri de l'air (bouquet de maturation des vins conservés en fûts, bouquet de vieillissement des vins conservés en bouteilles)"

Il semblerait donc judicieux de parler d'arôme pour les vins jeunes et de bouquet pour les vins plus évolués.

La dégustation

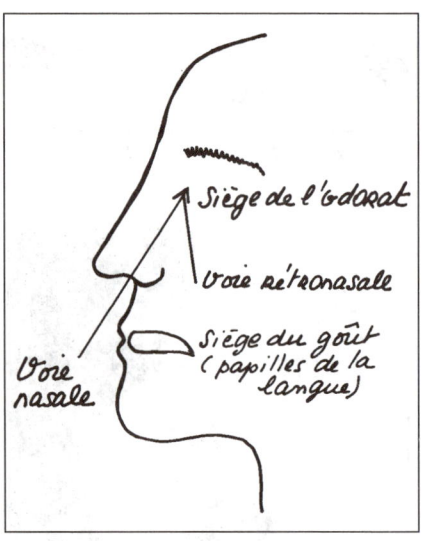

- **Arôme ou bouquet primaire**, existe dans le raisin, particulièrement dans les cépages aromatiques (Muscat, Sauvignon, etc.). C'est ce type de bouquet qui est perçu lors de la dégustation des V.D.N., car le fait de les muter à l'alcool en cours de fermentation permet de conserver les arômes du raisin, surtout pour les muscats. Pour les autres vins, les caractères aromatiques s'atténuent en cours de vinification.
- **Arôme ou bouquet secondaire**, il apparaît en cours de fermentation.
- **Bouquet tertiaire**, il se développe pendant le vieillissement. Certains bouquets tertiaires sont parfois fort complexes.

Comme indiqué précédemment, il est également possible de parler de **"bouquet d'oxydation"** dans le cas de vins ayant vieilli au contact de l'air (bouquet caractéristique des vins jaunes).

Arômes et bouquets peuvent rappeler les fleurs (violette, rose, tilleul, etc.), les fruits frais (cerise, cassis, framboise, coing, etc.), mais aussi des odeurs herbacées, des odeurs de feuilles mortes ou de venaison, notamment sur certains vins rouges très évolués.

A ce niveau, une précision s'impose : certains vins ont des arômes caractéristiques parfaitement identifiables, mais ce n'est pas toujours le cas. Aussi est-il surprenant de constater que bon nombre de personnes se croient obligées de trouver dans chaque vin une liste impressionnante de senteurs les plus diverses. Sont-elles toujours présentes ou s'agit-il "d'épater" ? Il est difficile de répondre à cette question, mais beaucoup de dégustateurs (à moins qu'il ne s'agisse de dégustateurs confirmés) devraient **faire preuve de modestie et se contenter des arômes réellement présents dans le vin.**

Néanmoins pour faciliter le travail pour la phase olfactive, voici une classification des odeurs et quelques constatations.

Conclusion : synthèse des observations et jugement, en quelques mots.

CLASSIFICATION DES ODEURS

Il existe de nombreux systèmes de classification des odeurs. Voici celui proposé par Emile Peynaud (déjà cité) :

- **Animales** : odeurs musquées de certains cépages aromatiques ; odeurs de venaison sur certains vins rouges vieux.
- **Balsamiques** : odeurs de résine fine.
- **Boisées** : odeurs issues de l'évolution des tanins et des fûts.
- **Chimiques** : odeurs d'acide acétique, odeur d'hydrogène sulfuré, etc.
- **Ethérées** : odeurs d'esters acétiques, odeur d'éthyle ou d'alcools supérieurs, etc.
- **Epicées.**
- **Empyreumatiques** : odeur de brûlé, de fumé, de cuit.

Mais les plus courantes sont :

- **Florales** : violette, rose, troène, acacia, iris, etc.
- **Fruitées** : fruits frais : framboise, pêche, coing, cerise, etc. ; fruits secs : noisette, amande grillée, pruneau, etc.
- **Végétales** : fougère, feuille de cassis, feuille de noyer, etc.

QUELQUES CONSTATATIONS

D'après Max Léglise (*Une initiation à la dégustation des grands vins, Divo éditeur*) :

- Les arômes de fleurs blanches et jaunes dominent dans les vins blancs (acacia, réséda, troène, chèvrefeuille).
- La fleur de sureau se retrouve dans le *Muscat*, mais les *Muscats* les plus fins tirent sur la rose.
- La violette est présente dans divers crus rouges de la Bourgogne et du Beaujolais (*Fleurie, Juliénas, Savigny-les-Beaune, Volnay, Chambolle-Musigny...*).
- Les odeurs de pomme sont une caractéristique de la plupart des vins blancs. Pomme golden dans le

Muscadet et les *Vins de Savoie*. Pomme reinette à *Chablis*.

- L'abricot est un arôme d'exception qui se retrouve parfois sur des vins issus de Viognier *(Condrieu, Château Grillet)*.
- Les vins du *Beaujolais* issus de macération carbonique présentent des arômes de banane mûre et de bonbon anglais.
- La framboise est un des caractères les plus répandus des vins rouges jeunes.
- Le cassis est une constante des *Bourgognes rouges*.
- La cerise est un arôme noble, rare sur les vins rouges jeunes, à l'exception du *Morgon*. Mais il est souvent présent dans la région de *Gevrey-Chambertin*.
- Certains *Puligny-Montrachet* ont des odeurs de fougère.
- La feuille de cassis est perçue sur certains vins issus de Sauvignon *(Sancerre, Pouilly-fumé)* ; celle de feuille de noyer sur les *Arbois blancs* et les vins jaunes, etc.

La connaissance de ces caractères met parfois le dégustateur dans la situation d'un lecteur de roman policier qui aurait déjà lu le dernier chapitre...

Phase gustative

Dans cette phase interviennent la langue, la cavité buccale et le bulbe olfactif (rétro-olfaction). Elle va permettre de mettre en évidence :

- Les saveurs de base (sucré, salé, acidité, amertume).
- Les sensations d'ordre thermique et tactile (température, chaleur due à l'alcool, viscosité, présence de CO_2, astringence...).
- L'équilibre ou le déséquilibre (acidité/moelleux pour les vins blancs, acidité/moelleux/tanin pour les vins rouges).

Dans un vin bien équilibré, tous ces éléments doivent être bien fondus, aucun ne doit prédominer.

- La **persistance aromatique intense**, exprimée en secondes ou **caudalies**.

Comment procéder ?

Il faut prendre une petite quantité de vin en bouche, très exactement dans le creux de la langue transformé en berceau pour mieux le recevoir. Le faire progresser vers le fond de la cavité buccale, puis le faire revenir vers les lèvres. Au moment où il va les atteindre, aspirer un petit peu d'air, ce qui a pour effet de diviser le vin qui est alors en contact avec l'ensemble des muqueuses de la bouche. A ce moment-là, mâcher le vin, puis, soit l'avaler, soit le recracher (tout ou partie).

Sont d'abord perçues les sensations à dominance sucrée : sucre, alcool, glycérol (on parle souvent de "l'attaque" du vin). Puis apparaissent les sensations acides, et enfin l'astringence. Pour apprécier la persistance en bouche, aussitôt après avoir avalé le vin, il faut se concentrer puis compter à la cadence des secondes, et ce, tant que l'ensemble du vin est présent en bouche. Attention, surtout au début, il y a souvent confusion entre d'une part, cette persistance en bouche, qui est de 2 s environ pour un vin de table et qui peut dépasser les 10 s pour un très grand vin, et d'autre part les impressions laissées seulement par l'alcool, l'acidité ou les tanins qui, elles, dépassent souvent la minute.

Cet examen des caudalies, facile à réaliser, permet d'établir rapidement une hiérarchie parmi plusieurs vins.

Durant cette phase gustative, le bulbe olfactif intervient à nouveau : il permet de percevoir certains arômes peu volatils qui n'ont pas été perçus lors de l'olfaction directe.

Conclusion : synthèse des observations et jugement, en quelques mots.

SAVOIR CONCLURE

Indépendamment de la conclusion pour chaque phase, à la fin d'une dégustation, il est indispensable de porter un jugement global sur le produit dégusté : qualité, défauts éventuels, évolution présente et à venir, accords souhaitables avec les mets, éventuellement rapport qualité/prix…

Dans les dégustations de concours, attribution ou non d'une médaille.

QUELQUES DÉFAUTS DU VIN

Le nez du vin : les défauts.

SOURCE : JEAN LENOIR - CARNOUX-EN-PROVENCE

Bien que cela arrive rarement, lors d'une dégustation certains vins peuvent présenter des défauts.

En voici quelques-uns parmi les plus courants :

- **Végétal** : odeur de feuille et de rafles écrasées. Ce défaut provient généralement d'un manque de maturité, de surpressurage, de la présence trop importante de rafles…
- **Réduction** : odeur de souffre due à un excès de SO_2 ; odeur d'oeuf pourri (H_2S). Le SO_2 en excès est réduit par les levures ; odeur d'oignon…
- **Oxydation** :
Goût d'acétaldéhyde qui rappelle la pomme blette.
Piqûre acétique (micoderma aceti) le vin sent le vinaigre, ce défaut est dû au contact du vin avec l'air (mauvais ouillage…).
Acétate d'éthyle, le vin présente une odeur de colle, de solvant. Ce défaut est dû à un contact prolongé avec l'air ou à un mauvais nettoyage du matériel vinaire.
- **Goût de bouchon** : ils sont étudiés dans le chapitre "conservation".

Cette liste n'est pas limitative.

VOCABULAIRE DU VIN

Voici deux commentaires succincts de la dégustation d'un même vin rouge. Lequel préférez-vous ?

a) Ce vin a une couleur sombre. Il sent bon, les arômes sont bien perceptibles au nez. En bouche, il râpe un petit peu, mais dans le fond ce n'est pas désagréable.

b) Ce vin a une robe soutenue, un nez agréable et une bonne intensité aromatique. En bouche, on perçoit une petite pointe d'astringence de bon aloi.

Les deux dégustateurs ont eu les mêmes perceptions, mais les ont exprimées différemment.

Difficile à codifier, le vocabulaire du vin est souvent imagé. Les termes utilisés en dégustation sont fort nombreux. Certaines listes peuvent effrayer le débutant. Qu'il se rassure, il est préférable de bien maîtriser une dizaine de termes, choisis parmi les plus courants en dégustation, et de les utiliser à bon escient plutôt que de vouloir "épater" avec des mots ou des expressions qui ne correspondent pas à des caractères précis, par exemple, dire d'un vin qu'il a de la cuisse. Il faut également éviter les mots passe-partout tels que "gouleyant", terme qui signifie dans la langue de Rabelais qui réjouit la "goule".

La dégustation

Au début, il suffit de retenir les termes suivants et de bien les maîtriser.

En rapport avec l'alcool :

- **Léger** : vin peu alcoolisé.
- **Corsé** : vin riche en alcool et en extrait sec, c'est le contraire d'un vin léger.
- **Généreux** : riche en alcool, bien constitué, qui procure un sentiment de bien-être, sans pour autant monter à la tête.
- **Capiteux** : riche en alcool et qui monte à la tête.

En rapport avec l'acidité :

- **Mou** : vin qui manque d'acidité, c'est un vin plat, sans relief.
- **Frais** : peu alcoolisé, bien pourvu en acidité.
- **Nerveux** : vin ayant du caractère, l'acidité domine.
- **Vert** : acidité très marquée, voire excessive. Le vin est parfois herbacé.

Lors de la présentation d'un vin à un client, il est préférable de parler de fraîcheur, plutôt que d'acidité.

En rapport avec la sensation sucrée :

- **Sec** : pas de perception sucrée à la dégustation.
- **Gras** : onctueux, impression de douceur.
- **Doucereux** : qui manque d'équilibre, trop de sucre par rapport à l'alcool et à l'acidité.
- **Moelleux** : utilisé pour les vins blancs, désigne une certaine richesse en sucre. Ce mot est également utilisé pour les vins rouges présentant du gras et une certaine onctuosité (dans ce cas, il ne faut pas dire que le vin est moelleux, mais qu'il a du moelleux).
- **Liquoreux** : doux, légèrement sirupeux, souvent capiteux.

La notion de vin sec est quelque chose de très relatif : par exemple, un vin considéré comme sec en Allemagne, peut être qualifié de doux par des consommateurs français.

En rapport avec le tanin :

- **Souple** : vin peu tannique, agréable à boire.
- **Ferme** : vin où dominent légèrement l'astringence et l'acidité.
- **Dur** : mêmes caractères que le précédent, mais plus prononcés.
- **Astringent** : vin ayant un excès de tanin. Il donne en bouche une impression de sécheresse. Cette astringence s'atténue au cours du vieillissement.

Appréciations globales :

Un vin rond est un vin souple, bien constitué, légèrement velouté : tanin et acidité sont bien "fondus".

Un vin équilibré est un vin complet, c'est souvent l'apanage des grands vins.

Deux autres termes sont souvent utilisés en dégustation : flaveur et organoleptique.

Flaveur : il s'agit d'un vieux mot français qui désigne l'ensemble du goût et des odeurs d'une boisson ou d'un aliment.

Organoleptique (déjà cité) rappel : terme créé au siècle dernier par le chimiste français Chevreuil pour qualifier les caractères perceptibles par les organes des sens. Il ne faut pas confondre sensoriel et organoleptique. Sensoriel s'applique aux organes des sens, organoleptiques aux produits examinés. L'examen sensoriel est effectué par un individu pour mettre en évidence les caractères organoleptiques d'un produit.

Pour les autres termes utilisés en dégustation (voir Annexes).

Les bons vins parlent d'eux-mêmes et n'ont pas besoin de porte-parole. Le dégustateur authentique converse plus avec son verre qu'avec son voisin...

Apprenti ou confirmé, le dégustateur ne croira personne et n'écoutera personne. Comme M. Prudhomme, il ne partagera son avis qu'avec lui-même, contre l'unanimité s'il le faut. Pour acquérir l'indépendance, il vaut mieux se tromper tout seul que n'avoir pas d'opinion en partageant celle des autres...

(SOURCE : *UNE INITIATION À LA DÉGUSTATION DES GRANDS VINS*, MAX LEGLISE, DIVO EDITEUR).

Lors des épreuves de dégustation dans les concours de sommellerie, l'identification des vins reste aléatoire. En réalité, elle apporte peu de points. En revanche, l'analyse sensorielle est primordiale. Mais le candidat ne doit pas se contenter de cette analyse. Il doit ensuite se prononcer sur la température de service, l'évolution du vin (à boire ou à conserver) et faire des propositions d'accords vins et mets. Même en dehors des concours, **toutes les dégustations devraient se terminer de cette façon.**

Une des erreurs les plus fréquentes et lourdement sanctionnée, lors de ces épreuves, consiste à dire une chose et son contraire au cours d'une même dégustation. Par exemple : "ce vin est très souple" et quelques instants après "les tanins sont encore trop présents" ou "c'est un vin frais" et ensuite "ce vin manque d'acidité".

CARACTÉRISTIQUES DE QUELQUES CÉPAGES FRANÇAIS

Cabernet Sauvignon.

Gewurztraminer.

Sauvignon.

Après l'étude des différentes phases de la dégustation, il est intéressant de déguster les vins issus d'un seul cépage afin de bien mémoriser les caractères propres à chacun d'eux.

Principaux caractères (sans oublier que ces derniers varient en fonction de la maturité et de la vinification, entre autres) :

Cépages rouges

Cabernet Franc : vin corsé et aromatique : framboise, cassis, myrtille… Bordelais, Val de Loire (où il est vinifié seul).

Cabernet Sauvignon : plus corsé et plus coloré que le précédent, vin tannique, apte au vieillissement, arômes de cassis et de violette. Il constitue l'encépagement principal du Médoc et des Graves

Cinsault : très productif, donne des vins corsés, vieillissement rapide, arômes floraux. Région méridionale.

Gamay : vin léger, peu apte au vieillissement, prédilection pour les sols granitiques ; arômes de fruits rouges (framboise, cerise…) et de banane, etc. Cépage du Beaujolais, Val de Loire, Savoie.

Grenache : vin riche en alcool, arômes de fruits rouges très mûrs, d'épices, de cuir.. Région méridionale où il intervient entre autres dans l'élaboration des V.D.N.

Merlot : vin souple et bouqueté. Cépage très présent dans le Libournais.

Mourvèdre : vin charpenté et tannique, arôme de violette, bonne aptitude au vieillissement, c'est le cépage de Bandol, mais il est de plus en plus présent en Languedoc-Roussillon.

Pinot noir : peu tannique, arômes de fruits rouges. Bourgogne, Champagne, Alsace, etc.

Syrah : coloré, charpenté et tannique ; arômes de violette, cerise, cassis,… Côtes du Rhône (surtout septentrionales), de plus en plus présent en Languedoc-Roussillon.

Cépages blancs

Aligoté : de la fraîcheur et du fruité, à boire jeune, très présent en Bourgogne.

Chardonnay : vin ferme, complet, bonne aptitude au vieillissement. C'est le cépage des grands bourgognes blancs.

Chasselas : vin léger et frais. Savoie, Pouilly-sur-Loire, Suisse…

Gewurztraminer : charpenté, généreux, puissant, bouqueté (rose, litchee, épices…). Alsace, Allemagne, Autriche…

Marsanne : sec, bouqueté. Vallée du Rhône, Languedoc…

Riesling : fruité, bouquet délicat. Alsace, Allemagne, Luxembourg…

Sauvignon : vin sec et aromatique, c'est le cépage du Centre-Loire. Il est assemblé à d'autres cépages pour les grands vins liquoreux du Bordelais, de la Dordogne, etc. Il apporte au vin de la fraîcheur.

Sémillon : très sensible à la pourriture noble. Il apporte la rondeur aux grands vins blancs du Sud-Ouest (Bordelais, Bergeracois…).

Ugni blanc : frais et nerveux. Région méridionale, Cognac.

La dégustation

QUELQUES DÉGUSTATIONS PARTICULIÈRES

Dégustation des vins effervescents

Elle diffère de celle des autres vins car, indépendamment de la phase olfactive et de l'appréciation de la robe, il faut porter une attention toute particulière au comportement de la mousse et des bulles.

A la dégustation, les vins de qualité doivent présenter les caractéristiques suivantes :

- Le gaz carbonique doit s'échapper lentement.
- Les bulles doivent être très fines.
- Une importante couche de mousse doit se former immédiatement, disparaissant à partir du centre ; elle se rassemble ensuite sur les parois du verre pour former le "cordon" ou la "collerette". En inclinant le verre, la collerette doit rester fixée sur la partie la plus haute atteinte par le vin.

Pour ce type de vin la démarche est donc la suivante :

- Examen visuel de la mousse (couleur, persistance), du cordon et des bulles (très fines, fines, moyennes, grosses, rapides, lentes, en chaîne).
- Examen olfactif.
- Examen gustatif : il faut étudier le dégagement gazeux en bouche, il ne doit pas gêner la dégustation.
- Appréciation générale, portant sur le dosage, en rapport avec la quantité de sucre ajouté à la liqueur d'expédition (brut, sec, demi-sec).

Rappel : en fonction de leur teneur en CO_2, les vins peuvent être qualifiés de : perlant, pétillant, crémant, mousseux.

Le choix du verre est très important. Il faut surtout éviter d'utiliser des coupes. Pour s'en convaincre, il suffit de servir, à partir d'une même bouteille, une flute et une coupe et d'observer.

Dégustation des eaux-de-vie

La présence d'alcool gêne le dégustateur d'eaux-de-vie qui se fatigue plus vite que lorsqu'il déguste un vin. La méthode de dégustation est donc légèrement différente. Comme pour un vin, il faut d'abord examiner la couleur (eaux-de-vie ambrées), puis la limpidité. L'eau-de-vie doit être exempte de toute impureté. Comme nous le verrons dans le chapitre qui leur est consacré, certaines d'entre elles peuvent être colorées avec du caramel. Dans ce cas, l'examen de la robe ne renseigne pas sur l'âge. Il est préférable d'avoir recours au test du verre vide. Celui-ci consiste à recouvrir d'une feuille de papier un verre ayant contenu : un Cognac, un Armagnac, un Rhum, etc. Si après deux heures, le nez ne perçoit plus rien, il faut en déduire que si séjour sous bois il y a eu, il fut de courte durée ! Si au contraire 5 ou 6 h après, le produit est toujours présent dans le verre, réjouissez-vous, il a subi un bon vieillissement. S'il est encore présent 24 h après, gardez précieusement le flacon pour les connaisseurs.

Pour se faire une idée sur la qualité d'une eau-de-vie, certaines personnes frottent le dessus de leur main avec quelques gouttes de produit. Ce procédé est discutable surtout si, au préalable, les mains ont été lavées avec un savon parfumé ou si une eau de toilette a été utilisée.

L'élément le plus important pour une eau-de-vie, est le nez. Lors d'une dégustation, les coefficients suivants sont généralement attribués :

CRITERES	COEFFICIENTS
couleur	1
limpidité	1
bouquet	4
goût	2
Longueur, persistance du goût	2

SOURCE : CIVC

Vin effervescent (Champagne) : collier de bulles dans la flûte.

Eau-de-vie.

Eau-de-vie.

La dégustation

Lors de la dégustation d'une eau-de-vie, dans un premier temps, mettre votre nez sur le bord inférieur du verre, comme pour un vin. Puis, dans un deuxième temps à hauteur du bord supérieur. Vous ne manquerez pas d'en tirer des conclusions...

PHOTO : BRUNET

Ce qui montre bien l'importance attribuée à l'aspect olfactif. Contrairement à la dégustation d'un vin, pour une eau-de-vie ambrée, le verre peut être pris dans le creux de la main pour l'amener à bonne température (20 à 24° environ) Dans certains établissements le verre est chauffé avec une petite lampe. Pourquoi pas ? Mais il suffit d'observer les réactions des gens "du cru", producteurs, distillateurs, éleveurs, pour se poser des questions sur le bien-fondé de cette pratique...

Les eaux-de-vie blanches ne devraient pas être tenues dans le creux de la main car elles sont généralement servies fraîches, voire glacées. Elles paraissent alors moins riches en alcool et leurs arômes sont mis en exergue. Quelle que soit l'eau-de-vie dégustée, en mettant le nez dans le verre, il ne faut pas inspirer violemment, mais au contraire, tout doucement pour bien percevoir les effluves. A ce moment-là, sont perçues l'intensité et la qualité du bouquet.

Une bonne eau-de-vie n'est jamais violente. Elle ne doit pas "agresser". Le dégustateur peut alors apprécier arômes et senteurs spécifiques à chaque produit. Kirsch, framboise, poire, etc. sont facilement identifiables. Mais avec un peu d'expérience, on peut également retrouver : le pruneau sur un *Armagnac*, une note vanillée finement boisée sur un *Cognac*, et un arôme de bonnes pommes bien mûres sur un *Calvados*. Attention en présence d'un très vieux rhum, on part souvent sur une fausse piste.

Il faut prendre en bouche une petite quantité d'eau-de-vie (la garder ou la recracher) pour apprécier ses qualités et éventuellement ses défauts : corps, finesse... Elle peut être : subtile, légère, lourde, souple, dure boisée, etc.

Les caractéristiques des principales eaux-de-vie seront étudiées dans le chapitre qui leur est consacré.

Le vin et la loi

SOURCE : RÉALISÉ À PARTIR DE DOCUMENTS INAO ET JOURNÉE VINICOLE.
PHOTO : BRUNET

Notion d'appellation d'origine et recherche de la qualité
Définition de l'appellation d'origine
Recherche de la qualité

Conditions de production des vins d'appellation d'origine
Aire géographique, aire délimitée
Encépagement
Rendements
Titre alcoométrique volumique minimum
Méthode de taille, de culture et de vinification
Dégustation obligatoire

Différentes catégories de vin, en France et dans l'U.E.
   V.Q.P.R.D. :
     - A.O.C.
     - A.O.V.D.Q.S.
   Vins de table :
     - Vins de pays
     - Vins de table proprement dits

Savoir lire une étiquette, carte d'identité du vin
Mentions obligatoires
Mentions facultatives
Cas particuliers

Vin et fiscalité
Déclarations de stocks et de récolte
Titres de mouvement ou document d'accompagnement
Licences

Bouteilles et autres contenants

Carte des vins

Editions BPI - REPRODUCTION INTERDITE

Le vin et la loi

NOTION D'APPELLATION D'ORIGINE ET RECHERCHE DE LA QUALITÉ

SOURCE : INAO

Au centre, ouvrage publié pour le cinquantenaire des AOC (1985).

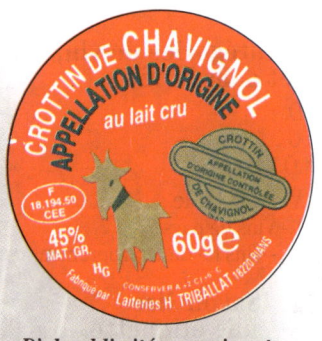

D'abord limitée aux vins et eaux-de-vie, l'AOC a été accordée à certains fromages.

(1) I.G.P. (Indication Géographique Protégée).

Définition de l'appellation d'origine

La définition de l'appellation d'origine contrôlée a fait l'objet de nombreux textes publiés au journal officiel.

Il faudrait plusieurs centaines de pages pour les reproduire.

Essayons d'en donner une définition succincte :

"L'appellation d'origine est l'indication d'un lieu géographique d'où un produit est originaire et qui, en raison de sa notoriété, fait présumer un certain nombre de caractéristiques faisant la valeur de ce produit. (…)

Constitue une appellation d'origine la dénomination d'un pays, d'une région ou d'une localité servant à désigner un produit qui en est originaire et dont la qualité ou les caractères sont dus au milieu géographique, comprenant des facteurs naturels et des facteurs humains."

LA LÉGISLATION FRANÇAISE DES A.O.C. : UNE RÉFÉRENCE

Mis en place en 1935, le système des appellations d'origine contrôlée a prouvé son efficacité. Vanté par certains, critiqué par d'autres, il a su s'imposer. De nos jours, nombreux sont les pays qui mettent en place des structures inspirées de ce qui se fait en France depuis plus de 60 ans.

D'abord limitée aux vins et eaux-de-vie, l'A.O.C. a été accordée aux produits laitiers (en particulier aux fromages), puis aux produits agricoles et agroalimentaires autres que vins et produits laitiers. Citons : noix de Grenoble, huile d'olive et olives de Nyons, lentilles vertes du Puy, volaille de Bresse, miel de sapin des Vosges, etc.

En France, il existe actuellement 4 comités nationaux au sein de l'INAO :

Le comité national des vins et des eaux-de-vie, créé en 1935 en même temps que l'INAO qui s'appelait à l'origine CNAO (Comité National des Appellations d'Origine).

Le comité national des produits laitiers et **le comité national des produits agroalimentaires** (1990).

Le comité national pour les indications géographiques protégées. Ce dernier comité n'a pas à traiter des vins, les produits du secteur vitivinicole ainsi que les eaux-de-vie étant exclus du bénéfice des IGP (1).

Au niveau de l'U.E., depuis 1992, un règlement européen instaure un système de protection des noms géographiques comportant deux notions : l'Appellation d'origine Protégée (A.O.P.) et l'Indication Géographique Protégée (I.G.P.).

Recherche de la qualité

De tout temps, des mesures ont été prises pour protéger la qualité des

Le vin et la loi

grands vins français. Citons la célèbre ordonnance du duc de Bourgogne, Philippe le Hardi qui a interdit en 1395 l'entrée des vins de Gamay dans la bonne ville de Beaune, les vins issus de ce cépage étaient alors chargés de tous les péchés du monde. Aujourd'hui, le Gamay est présent dans de nombreux vignobles, c'est le cépage du Beaujolais. Il faut donc reconnaître qu'il a dû faire de gros progrès… Ou plutôt qu'il y a eu, à l'époque, une erreur d'appréciation. Certains auteurs affirment qu'il ne s'agissait pas du Gamay noir à jus blanc, c'est-à-dire celui que nous connaissons aujourd'hui. Citons également un document important de la fin du XVIe siècle : le règlement de viticulture de Riquewihr, en Alsace, qui prévoyait des amendes en cas de non-respect de ce règlement notamment au niveau de l'encépagement. Les exemples sont nombreux dans les différentes régions de France. Mais ce n'est vraiment qu'après les ravages du phylloxéra *(revoir : "l'Histoire de la vigne en France")* et les calamités qui ont suivi cette invasion, qu'il est devenu indispensable d'imposer des règles très strictes pour mettre fin à des pratiques que d'aucuns n'hésitèrent pas à qualifier de frauduleuses.

Il y eut d'abord la loi de 1905, portant sur la répression des fraudes et les falsifications des denrées alimentaires qui fut suivie par de nombreux règlements, lois et décrets. A la suite de problèmes concernant la délimitation de la Champagne, un texte de 1908 a précisé que les délimitations devraient se faire réglementairement, en se basant sur les **usages locaux, loyaux et constants.** Puis vint la loi de 1919 supprimant les délimitations administratives régionales et donnant aux tribunaux civils le droit exclusif de définir les appellations. En 1927, Monsieur Capus, parlementaire de la Gironde, fit voter une loi qui a subordonné le droit à l'appellation d'origine d'un vin à son origine géographique, aux cépages et à l'aire de production consacrée par les usages.

A cette époque, l'étiquetage était très succinct, voire fantaisiste, le nom du producteur, la teneur en alcool, la contenance, etc. n'y figuraient pas.

C'est finalement le **décret-loi du 30 juillet 1935** et la création de l'I.N.A.O qui constituèrent le fondement des A.O.C. Quiconque s'intéresse au vin et ignore cette date se trouve dans le cas d'un spécialiste de l'époque napoléonienne qui ignorerait ce qui s'est passé en 1821.

Ce décret-loi délègue à l'I.N.A.O. des pouvoirs réglementaires très importants. Aucune nouvelle A.O.C. ne peut être créée sans un avis favorable de cet organisme.

Une appellation d'origine peut s'appliquer à l'ensemble d'une région, c'est le cas de l'A.O.C. Bordeaux, à une sous-région : *Médoc*, à une commune : *Pauillac*, voire à un seul cru : *Romanée Conti* (moins de 2 hectares) ou *Chambertin* en Bourgogne, *Bonnezeaux* en Anjou, etc.

Après avis favorable du Comité national de l'I.N.A.O., chaque A.O.C., qu'elle soit régionale, sous-régionale, communale ou qu'elle ne concerne qu'un seul cru, fait l'objet d'un décret publié au Journal Officiel. Ce décret précise :

- L'aire géographique avec des limites globales (région, communes…).
- L'aire délimitée, parcelle par parcelle à l'intérieur de l'aire géographique.
- Le ou les cépages autorisés.
- Le titre alcoolique volumique naturel minimum.
- Le rendement de base et le rendement butoir.
- Les conditions de taille, de culture et de vinification.
- La dégustation obligatoire.
- Les conditions de mise en circulation avec des certificats délivrés par l'I.N.A.O., relatifs aux examens analytiques et organoleptiques…

A titre d'exemple, voir en Annexe, un décret publié au Journal Officiel.

Jadis, l'étiquetage était très succinct, voire fantaisiste, le nom du producteur, la teneur en alcool, la contenance, etc. n'y figuraient pas.

Etiquette actuelle pour un vin de Mâcon.

Le vin et la loi

CONDITIONS DE PRODUCTION DES APPELLATIONS D'ORIGINE

Les exemples cités pour illustrer chaque partie sont des articles extraits du décret relatif à l'AOC Minervois-La Livinière (décret publié dans la Journée Vinicole).

DÉCRET DU 12 FÉVRIER 1999 RELATIF À L'APPELLATION D'ORIGINE CONTRÔLÉE «MINERVOIS-LA LIVINIÈRE»

Le Premier Ministre,

Sur le rapport du ministre de l'Economie, des Finances et de l'Industrie et du ministre de l'Agriculture et de la Pêche,
Vu le code général des impôts ;
Vu le code des douanes ;
Vu le code rural ;
Vu le code de la consommation ;
Vu le décret-loi du 30 juillet 1935 modifié relatif à la défense du marché des vins et au régime économique de l'alcool ;...

Art. 2 - L'aire de production est délimitée à l'intérieur du territoire des communes suivantes :

Département de l'Aude
(1 commune)
Azille.

Département de l'Hérault
(5 communes)
Azillanet, Cesseras, Félines-Minervois, La Livinière, Siran.

Art. 3 - Les vins doivent être issus de vendanges récoltées dans l'aire de production visée à l'article 2, délimitée par parcelles ou parties de parcelle, telle qu'elle a été approuvée par le Comité national des vins et eaux-de-vie de l'Institut national des Appellations d'origine lors de sa réunion du 27 mai 1998, sur proposition de la Commission d'experts désignées à cet effet.

Les plans de délimitation sont déposés à la mairie des communes intéressées.

Aire géographique, aire délimitée

Cette délimitation est très stricte. Elle se fait parcelle par parcelle, certaines pouvant être exclues de l'aire géographique pour diverses raisons : nature du sol, exposition, etc. C'est le cas de certains terrains situés en bordure de fleuves et constitués d'alluvions modernes, de certaines parcelles exposées au Nord ou au-delà d'une certaine altitude.

Il faut bien retenir qu'il **ne suffit pas qu'un vin provienne d'une région déterminée pour qu'il puisse bénéficier de l'appellation d'origine.**

Encépagement

L'encépagement doit être approuvé par le Comité national de l'I.N.A.O., puis confirmé par les pouvoirs publics (publication au J.O.). Pour certaines A.O., un seul cépage est admis : le Sauvignon pour le *Sancerre blanc*, le Viogner pour *Condrieu*, etc. Pour d'autres A.O.C., plusieurs cépages sont admis : jusqu'à 13 pour l'A.O.C *Châteauneuf-du-Pape*.

Pour de nombreuses A.O.C., le pourcentage maximum ou minimum est précisé pour chaque cépage.

Le non-respect de ces règles entraîne la perte de l'appellation pour la totalité de la récolte.

Rendement de base et rendement butoir

Rendement élevé et qualité sont rarement compatibles. Il a donc fallu limiter les rendements, ce qui a posé de gros problèmes au niveau de l'application.

Pendant de nombreuses années, c'est le rendement figurant au décret de contrôle sous le nom de "rendement

RÉSUMÉ DES DIFFÉRENTES DÉMARCHES NÉCESSAIRES POUR LA DÉLIMITATION

Etude préliminaire → Commission de délimitation → **Dossier :** rapports des experts et liste des parcelles retenues → TRANSMIS AU

Syndicat de l'appellation pour **avis** → Comité National de l'I.N.A.O. pour **décision** → Dépôt des plans délimités dans les mairies concernées pour **mise à l'enquête** (2 mois) → PUIS À NOUVEAU

Syndicat de l'appellation pour **avis** — Comité National de l'I.N.A.O. pour **décision**

Ce résumé montre le sérieux des démarches effectuées.

Le vin et la loi

> (1) Pour illustrer cette pratique, reprenons l'exemple cité dans le livre publié en 1985 à l'occasion du cinquantenaire de l'I.N.A.O. et des A.O.C.
>
> *"Un exemple pris dans le cadre d'une A.O.C. communale du Médoc permet de bien illustrer cette possibilité. En vertu des textes existants et en prenant en considération le caractère de moins en moins restrictif de production des A.O.C. de cette zone, il est établi que l'A.O.C. communale (Pauillac ou Margaux par exemple) peut se replier en A.O.C. Haut-Médoc, celle-ci en Médoc, cette dernière en Bordeaux, et l'ensemble être déclassé en vin de table. Cette possibilité résultait notamment de l'existence de rendements différents qui, de 40 hl pour l'A.O.C. communale allaient à 50 hl Bordeaux, en passant par 43 pour le Haut-Médoc et 45 hl pour Médoc.*
>
> *Soit un producteur ayant récolté, par exemple, 80 hl de vin sur un hectare de vigne d'une A.O.C. communale. Il pouvait les déclarer de la manière suivante et le plus légalement du monde :*
>
> *Surface : 1 hectare avec une production de 80 hl*
> *A.O.C. communale : (40)*
> *A.O.C. Haut Médoc : 3 (40 + 3 = 43)*
> *A.O.C. Médoc : 2 (40 + 3 + 2 = 45)*
> *A.O.C. Bordeaux : 5 (40 + 3 + 2 + 5 = 50)*
> *Vin de table : 30*
> *Total : 80 hl*
>
> *Le rendement réel de la vigne et donc de chaque A.O.C. déclarée, était de 80 hl et non de 40, 43, 45 ou 50 hl (…). Une telle conception de limitation ne pouvait donc être maintenue, sans compromettre le sérieux et la fiabilité des appellations."*

maximum" qui a été retenu. A partir des années 50, l'amélioration des techniques a permis d'obtenir de meilleurs rendements, entraînant des demandes de dérogations de plus en plus nombreuses. Jusqu'en 1974 les excédents pouvaient être déclassés ou vendus comme vins de table. Il était facile d'utiliser la déclaration de récolte dite en cascade (voir encadré).

Le décret du 19 octobre 1974 a mis fin à ces pratiques. Actuellement, il existe un rendement de base et un rendement butoir. Chaque année, le syndicat de défense de l'A.O. fait une proposition de rendement et l'I.N.A.O. nomme une commission de 5 membres qui donne son avis en fonction de l'état du vignoble avant les vendanges. Les résultats des travaux de cette commission sont transmis à l'I.N.A.O. qui peut modifier le rendement de base de l'A.O. dans le cadre du P.L.C. (plafond limite de classement, qui ne peut excéder 20 %). Mais le rendement total ne peut en aucun cas dépasser le rendement butoir fixé par décret. Dans certaines régions, par exemple en Alsace, il peut y avoir un rendement butoir par cépage.

Restaurateurs attention : on vous propose parfois des "vins déclassés". Or, en deçà du rendement butoir, ils bénéficient de l'appellation, au-delà ils ne doivent pas être commercialisés. Ils doivent être distillés. Une grande vigilance est de rigueur.

LE COEFFICENT K

Comme nous l'avons déjà vu, chaque année, sur proposition de l'INAO, un décret publié au Journal Officiel fixe les rendements pour chaque AOC. Ces rendements sont exprimés en hectolitres. Mais il y a deux exceptions : pour le champagne et les crémants où le rendement autorisé est exprimé en kilos de raisins à l'hectare ; pour certains vins liquoreux (Sauternes, Barsac, Monbazillac, Bonnezeaux, etc.) où le rendement maximal autorisé est exprimé sous forme d'un coefficient dit coefficient K.

Exemples :

Sauternes : K = 2,32

Bonnezeaux : K = 2,65

Si le rendement de l'AOC Sauternes est de 25 hl/ha, et celui de l'AOC Bordeaux de 58 hl/ha, on obtient le coefficient K de la manière suivante :

$$K = \frac{58}{25} = 2,32$$

Art. 4 - Les vins doivent provenir des cépages suivants, à l'exclusion de tout autre :
- cépages principaux : Grenache noir, Syrah noire, Mourvèdre noir. L'ensemble Grenache N, Syrah N et Mourvèdre N doit représenter au minimum 60 % de l'encépagement, dont 40 % pour l'ensemble Syrah, Mourvèdre N ;
- cépages secondaires : Lladoner Pelut N, Carignan N, Cinsault N, Piquepoul N, Terret N, Aspiran N.

Dans cet article, par le terme encépagement, il faut comprendre l'encépagement de la totalité des parcelles produisant le vin de l'Appellation.

Art. 6 - Le rendement de base est fixé à 45 hl par hectare.
Le rendement butoir est fixé à 54 hl par hectare.
Le bénéfice de l'Appellation «Minervois-La Livinière» ne peut être accordé aux vins provenant de jeunes vignes qu'à partir de la quatrième année suivant celle au cours de laquelle la plantation a été réalisée en place avant le 31 août.

APPELLATION D'ORIGINE CONTRÔLÉE	COEF-FICIENT K
Comité régional Val de Loire	
Anjou Coteaux de la Loire..	1,58
Coteaux du Layon...............	1,58
Coteaux de Layon - chaume...................	2
Coteaux de Layon + communes...............	1,5
Bonnezeaux.........................	1,8
Quarts de Chaume..............	1,8
Coteaux de l'Aubance........	1,58
Coteaux de Saumur............	1,58
Comité régional Sud-Ouest	
Barsac*.................................	2
Sauternes*..........................	2
Loupiac*..............................	1,5
Sainte-Croix-du-Mont*.......	1,5
Cadillac*.............................	1,5
Cérons.................................	1,5
Monbazillac*......................	2
Comité régional Toulouse-Pyrénées	
Pacherenc du Vic Bilh........	1,5

* Pour les AOC de vins blancs liquoreux de Gironde, le rendement de référence en AOC «Bordeaux» est de 60 hl/ha pour les AOC «Barsac» et Sauternes» et de 65 hl/ha pour les AOC «Cadillac», «Cérons», «Loupiac» et «Sainte-Croix-du-Mont».

Le vin et la loi

> **Art. 5** - Les vins doivent provenir de raisins récoltés à bonne maturité et présenter un titre alcoométrique volumique naturel minimum de 12 %.
> Ne peut être considéré à bonne maturité tout lot unitaire de vendange présentant une richesse en sucre inférieure à 200 g par litre.

En conséquence : chaque fois que l'on produit un hectolitre de Sauternes, tout se passe comme si l'on avait produit 1 x 2,32 = 2,32 hl de bordeaux.

Ce coefficient varie en fonction du rendement maximal autorisé pour l'AOC régionale.

Titre alcoométrique volumique minimum (naturel)

Il s'agit du degré minimum qu'un vin doit posséder, avant enrichissement, pour pouvoir bénéficier de l'appellation d'origine convoitée. A l'origine, chaque décret indiquait une teneur minimale en sucre pour la vendange et une teneur minimale en alcool pour le vin fait. Maintenant, pour chaque A.O., le degré minimal existe toujours, mais il est devenu le degré minimal **moyen** au niveau du lot unitaire de récolte, étant bien entendu qu'en dessous d'un degré minimal certains lots ne peuvent être incorporés à la vendange.

Il faut également préciser que pour tout vin enrichi, un degré alcoolique maximal doit être respecté. Sur les étiquettes, la teneur en alcool des vins est indiquée en pourcentage (volume d'alcool dans 100 volumes de vin).

Méthodes de taille, de culture et de vinification

Pour chaque A.O. sont fixés : la densité de plantation à l'hectare, l'âge à partir duquel la vigne peut bénéficier de l'appellation et la ou les méthodes de taille. Le vinificateur doit également se conformer à des règles très précises au niveau de la vinification : respect de la date de début des vendanges, type de pressoir, limite de chaptalisation ; mais aussi à certaines règles spécifiques comme la mise en bouteille dans la région d'origine (Champagne, Alsace...) le vieillissement minimum, etc.

Dégustation obligatoire

Il est possible qu'un vin répondant à toutes les conditions de production d'une appellation puisse présenter des défauts. Pour y remédier et éviter de mettre de tels vins sur le marché, la dégustation obligatoire a été instituée pour l'obtention de l'appellation d'origine. D'abord limitée à quelques appellations (*Lirac, Bordeaux, Clairet, etc.*), cette pratique a été étendue à tous les vins d'appellation d'origine. Cette disposition est prévue depuis 1970 dans la réglementation communautaire. En France, la dégustation obligatoire s'est généralisée à partir de 1974. Ces dégustations portent le nom de "dégustation d'agrément" ou "dégustation d'agréage". Afin de faciliter la tâche des dégustateurs, des fiches de dégustation spécifiques ont été mises au point. Deux critères importants sont pris en compte : absence de défauts et typicité. Pour les AOVDQS, la dégustation est obligatoire depuis leur création (1948).

> **.../...**
> Pour l'élaboration de ces vins, la thermovinification, plusieurs foulages ou pompages successifs, les vinificateurs continus, les cuves à remontage automatique, les cuves à recyclage de marcs, les érafloirs centrifuges, les égouttoirs à vis et les pressoirs continus sont interdits.
>
> **Art. 9** - L'irrigation pendant la période de végétation de la vigne ne peut être autorisée, en application de la réglementation générale en vigueur, que sur proposition de l'Institut national des Appellations d'origine et à la demande du Syndicat de défense de l'Appellation.
>
> **Art. 10** - Pour avoir droit à l'Appellation d'origine contrôlée «Minervois-La Livinière», les vins doivent être élevés à la propriété jusqu'au 1er novembre de l'année qui suit celle de la récolte.
>
> **Art. 11** - Les vins ne peuvent être mis en circulation avec l'Appellation d'origine contrôlée «Minervois-La Livinière» sans un certificat délivré par l'Institut national des Appellations d'origine dans les conditions prévues par le décret n° 74-871 du 19 octobre 1974 relatif aux examens analytique et organoleptique des vins à Appellation d'origine contrôlée.
> **.../...**

SOURCE : AOC CORBIÈRES

Gobelet	Guyot	Cordon de Royat
5 coursons à 2 bourgeons francs	Baguette à 6 yeux courson à 2 bourgeons francs	8 coursons à 1 bourgeon franc

Exemple de taille pour l'AOC Corbières

Le vin et la loi

L'appellation d'origine offre donc des garanties incontestables. Le restaurateur doit en être un défenseur et ne pas hésiter à parfaire "l'éducation" de ses clients en mettant en évidence le sérieux des produits bénéficiant de ladite appellation. Cet aspect est trop souvent méconnu de bon nombre de consommateurs.

L'INAO et les différents organismes interprofessionnels veillent scrupuleusement au respect de la réglementation en vigueur.

> **BORDEAUX :**
> **L'INAO SANCTIONNE LE BÂCHAGE DES VIGNES**
>
> Plusieurs viticulteurs du Bordelais ont été sanctionnés par l'INAO pour avoir expérimenté une technique de bâchage des vignes pour les protéger de la pluie. Les vins provenant des parcelles bâchées, une dizaine d'hectares au total, ont perdu l'appellation et dû être déclassés en vin de table. La technique consistait à étendre au pied des ceps des bâches en plastique imperméable pour empêcher l'eau de pluie de pénétrer dans le sol et d'atteindre les racines. L'INAO a considéré qu'il s'agissait là d'une dérive, et que le procédé gommait "l'effet terroir" recherché dans la production de vins d'appellation d'origine contrôlée.
>
> (SOURCE : LA JOURNÉE VINICOLE)

> Un producteur-négociant allemand vient d'être condamné à une peine de plusieurs années de prison ferme pour trafic frauduleux de faux Chablis en Allemagne.
>
> Le Syndicat de défense de l'appellation Chablis et le BIVB viennent de remporter un procès vital pour la défense des vins d'AOC. Le verdict de la Cour du Tribunal de grande instance de Bad Kreuznach, en Allemagne, devrait créer un précédent décisif pour les nombreux cas de fraudes détectés en France et à l'étranger…/…
>
> (EXTRAIT D'UN ARTICLE PUBLIÉ DANS LA JOURNÉE VINICOLE ; OCTOBRE 2000)

DIFFÉRENTES CATÉGORIES DE VIN, DANS L'UNION EUROPÉENNE ET EN FRANCE

Pendant de nombreuses années, chaque pays producteur de vin a eu sa propre législation, plus ou moins stricte. Il existe maintenant **une législation communautaire.** Cette législation qui s'applique aux différents pays de l'U.E. s'est fortement inspirée de la législation française qui a créé les A.O.C. en 1935.

Au niveau de l'U.E, **il existe deux grandes catégories de vin :**

Les V.Q.P.R.D., Vins de Qualité Produits dans une Région Déterminée.

Les vins de table.

Les vins de table sont régis par la législation communautaire. Quant aux V.Q.P.R.D., les règles de production, de mise en circulation et de commercialisation relèvent de la compétence des Etats membres, sous réserve de respecter un cadre minimum imposé par l'U.E.

En France, deux catégories de vin entrent dans le cadre des V.Q.P.R.D. : les A.O.C. (Vins à Appellation d'origine Contrôlée) et les A.O.V.D.Q.S. (Appellation d'origine Vins Délimités de Qualité Supérieure).

Toujours en France, les vins de table sont divisés en 2 catégories : les vins de pays, et les vins de table (autres que les vins de pays). Jusqu'en 1973, ces vins étaient appelés "vin de consommation courante" (V.C.C.). Cette dénomination n'existe plus.

Attention : les vins de pays sont des vins de table. Il faut en tenir compte lors de l'élaboration de la carte des vins, même si, depuis 1989, la mention vin de table ne figure plus sur l'étiquette.

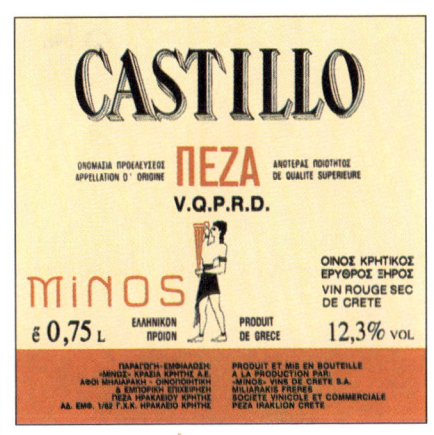

Le vin et la loi

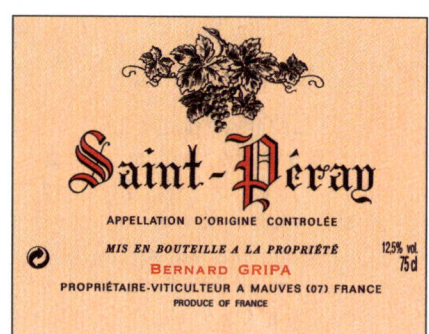

A.O.C.

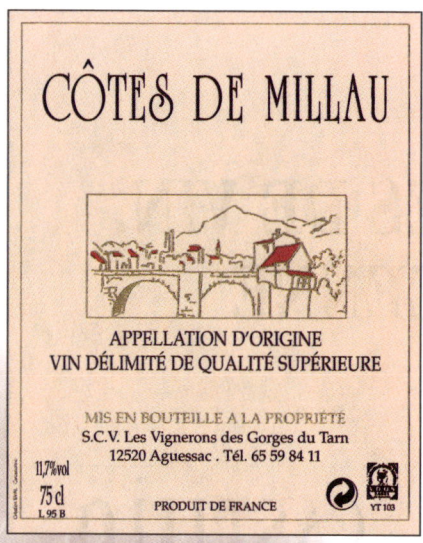

A.O.V.D.Q.S.

Les V.Q.P.R.D.

LES A.O.C. (APPELLATIONS D'ORIGINE CONTROLÉE) :

Créés par le décret-loi du 30 juillet 1935, les vins A.O.C. sont soumis aux règles énoncées dans la partie "conditions de production des appellations d'origine". Dans cette catégorie figurent tous les grands vins français, certains depuis la création des A.O.C. *(Bordeaux, Bourgogne, Champagne, Arbois, etc.)* ; d'autres y sont arrivés plus tardivement *(Alsace* en 1962, dans ce cas, le retard est dû à des raisons historiques). A la fin des années soixante-dix, ce fut le tour des *Côtes de Provence,* ensuite celui des *Coteaux du Languedoc, des Corbières,* etc. ; plus récemment : *Côtes de Toul, Cabardés, Viré-Clessé, Côtes du Forez…*

ANALYSES DES DIFFÉRENTES EXPÉRIENCES FRANÇAISES

Les expériences françaises paraissent intéressantes, pour développer une procédure adaptée au concept que nous proposons. Il faudrait croiser les procédures reposant sur la valorisation des produits telles que l'AOC et celles reposant sur les territoires avec notamment la charte des PNR (Parcs Naturels Régionaux), afin de mettre en place un cadre général servant de support pour la mise en oeuvre du label terroir qui ferait le croisement entre les produits et le territoire.

L'appellation d'origine contrôlée

L'INAO est un établissement public à caractère administratif placé sous la tutelle du ministère de l'agriculture. Il a pour mission de reconnaître les produits agricoles et agroalimentaires en A.O.C. (appellation d'origine contrôlée), d'en assurer le suivi, le contrôle et la défense. La mention AOC identifie un produit agricole typique et spécifique dont le caractère est lié à son origine géographique. Les produits reconnus en Appellations d'Origine Contrôlée sont l'expression d'un lien intime entre une production et un terroir, le tout mis en oeuvre et perpétué par des hommes doués d'un savoir-faire.

Seuls les professionnels organisés en syndicat, ou en association de défense d'un produit, peuvent initier auprès de l'INAO une démarche de reconnaissance en A.O.C. La procédure de mise en place comprend une étude sur le territoire et une autre sur le produit. La mise en place du projet de produit est à la charge des professionnels, c'est à eux de définir les conditions de production auxquelles ils devront se soumettre. Ils sont pour cela conseillés par les agents de l'INAO quant à la démarche à suivre. Ce projet de produit est ensuite soumis au comité national de l'INAO. Ce comité se compose de professionnels de la filière concernée (producteurs, transformateurs, négociants...), il nomme une commission d'enquête composée de membres professionnels choisis en son sein. Cette commission nomme à son tour une commission d'experts composée de spécialistes (géologues, biologistes, spécialistes du microclimat, historien...) et présidée par un ingénieur spécialisé de l'INAO. C'est cette commission qui est chargée d'identifier les liens entre le produit et le terroir afin de délimiter l'aire géographique de l'AOC.

L'intégration des projets concernant le produit et l'aire géographique donne le projet AOC sur lequel la commission d'enquête travaille en collaboration avec les professionnels et le chef de centre de l'INAO jusqu'à ce qu'il soit acceptable, et qu'elle le soumette au Comité National. Enfin, les décisions des professionnels siégeant au Comité National, structures délibératives, sont transmises aux ministères de tutelle, Agriculture d'une part et Finances d'autre part, qui les acceptent ou les refusent mais **ne peuvent en aucun cas les modifier.** La reconnaissance de l'A.O.C., incluant la délimitation et les conditions de production, est alors formalisée par un décret qui est publié dans le bulletin officiel.

L'obtention de l'AOC n'est pas une fin en soi, le produit est ensuite régulièrement soumis à des contrôles par les agents de l'INAO, pour vérifier la qualité des produits et le respect du cahier des charges.

Dans la procédure AOC, la partie territoriale (délimitation de l'aire) est donc déléguée au niveau local. En revanche, la gestion du produit implique l'intervention d'une instance nationale.

(SOURCE : www.agora21.org/publication/terroir)

Ces vins représentent une production de l'ordre de 20 à 25 millions d'hectolitres par an soit environ 40 % de la production de vins en France et près de 10 % de la production mondiale. Environ 1/3 des vins français bénéficiant d'une AOC est exporté.

LES A.O.V.D.Q.S. :

Créée en 1949, cette catégorie se situe entre les vins de table et les A.O.C. Les vins ne peuvent être mis en vente qu'accompagnés d'un label de garantie. Dès leur création, ces vins ont été soumis à l'analyse et à la dégustation obligatoire. Il y a de moins en moins de vins dans cette catégorie, les meilleurs d'entre eux passent en A.O.C. Cela pose quelques problèmes, car l'aire délimitée en A.O.V.D.Q.S. n'est pas toujours reprise intégralement en A.O.C. nouvelle catégorie, nouvelles règles...

Les vins de table

LES VINS DE PAYS

Cette dénomination date du décret du 8 février 1930. Les Vins de Pays devaient alors provenir d'un seul canton. Ils étaient désignés comme "vin de Pays du Canton de...". Seul un degré minimum était requis.

Actuellement, un décret du 1er septembre 2000 fixe les conditions de production des Vins de Pays et abroge le décret précédent de 1979. Les Vins de Pays de zone et les Vins de Pays régionaux font l'objet de décrets particuliers définissant leurs conditions de production qui selon le texte même du décret de 2000 peuvent fixer des conditions plus restrictives.

Les Vins de Pays doivent répondre à des règles très strictes : zones de production, encépagement (ils ne peuvent être produits que sur des parcelles uniquement complantées en cépages recommandés), rendement, titre alcoométrique (supérieur ou égal à 9 %) teneur en SO_2, normes analytiques, dégustation qualitative (agrément en Vin de Pays, etc).

Il existe différentes catégories de Vins de Pays :

- *Vins de Pays à dénomination départementale :* Vin du Gard, Vin de la Vienne, Vin des Alpes de Haute-Provence, etc. Mais le nom du département ne peut pas être utilisé s'il constitue ou s'il entre dans l'intitulé d'une appellation d'origine. Ainsi les Vins de Pays produits en Corse sont vendus sous la dénomination Vin de Pays de l'Ile de Beauté, ceux du Jura sous "Vin de Pays de Franche-Comté"... En effet, il existe une AOC Vin de Corse, une AOC Côtes du Jura...

- *Vins de Pays à dénomination de zone :* zone distincte du département, généralement plus restreinte : un village, une vallée, un canton ou un lieu-dit. Par exemple : Vin de Pays des Coteaux du Pont du Gard, Vin de Pays des Coteaux du Verdon, etc.

- *Vins de Pays à dénomination régionale :* ces dénominations s'étendent sur plusieurs départements.
  Il existe actuellement 5 dénominations régionales :
  - Vin de Pays d'Oc (Languedoc et Roussillon),
  - Vin de Pays du Jardin de la France (Val de Loire),
  - Vin de Pays du Comté Tolosan (Sud-Ouest),
  - Vin de Pays des Comtés Rhodaniens (Rhône-Alpes),
  - Vin de Pays Portes de Méditerranée (Alpes-de-Haute-Provence, Hautes-Alpes, Alpes-Maritimes, Ardèche, Drôme, Var et Vaucluse), plus les deux départements corses.

(Attention pour la carte des vins, ce n'est pas : Vin de Pays des Portes de la Méditerranée, mais Vin de Pays Portes de Méditerranée).

La liste complète des Vins de Pays figure en annexe.

Les Vins de Pays se rencontrent de plus en plus en restauration, en raison de prix d'achat très abordables. Le choix est parfois difficile car il existe de nombreuses dénominations. En revanche, le choix est très large : vins blancs, vins rouges, vins rosés ; vins de cépages...

Vin de Pays à dénomination départementale.

Vin de Pays à dénomination de zone.

Vin de Pays à dénomination régionale.

Le vin et la loi

EXEMPLE DE RÉPARTITION DES DIFFÉRENTES DÉNOMINATIONS
(région Midi-Pyrénées, où l'on trouve 17 dénominations) :

SOURCE : ANIVIT

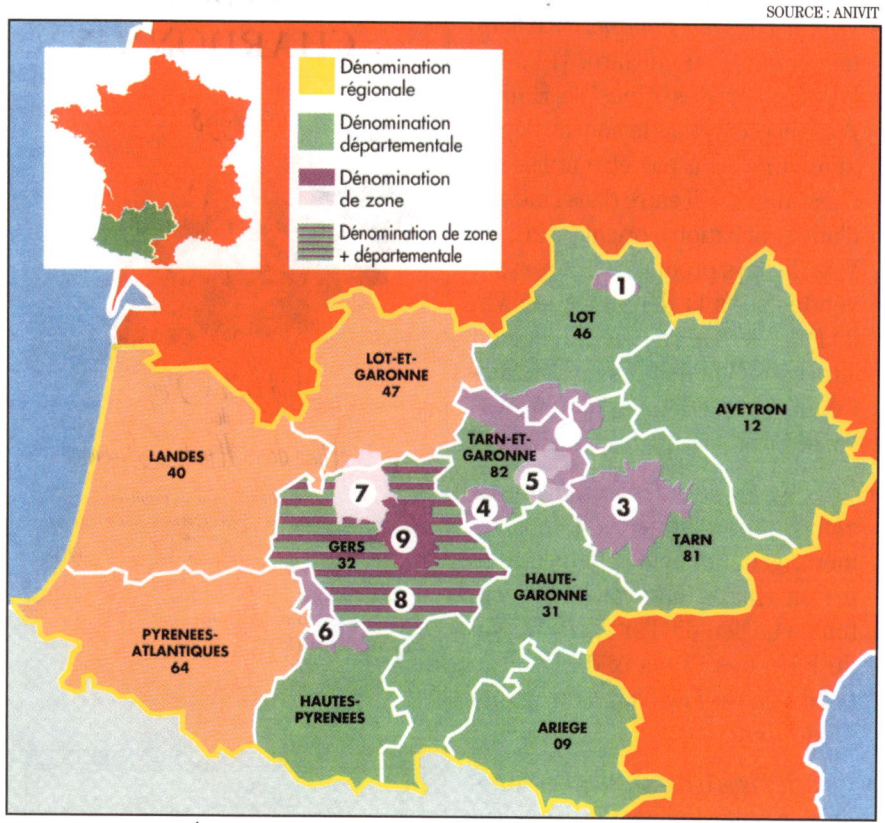

UN VIN DE PAYS RÉGIONAL :
Vin de Pays du Comté Tolosan qui peut être revendiqué par 11 départements producteurs.

HUIT VINS DE PAYS DE DÉPARTEMENT
(en vert sur la carte).

HUIT VINS DE PAYS DE ZONE :
Vin de Pays des Coteaux de Glanes (1)
Vin de Pays des Côtes du Tarn (3)
Vin de Pays de Saint-Sardos (4)
Vin de Pays des Coteaux et Terrasses de Montauban (5)
Vin de Pays de Bigorre (6)
Vin de Pays des Côtes du Condomois (7)
Vin de Pays des Côtes de Gascogne (8)
Vin de Pays de Montestruc (9).

Sous certaines conditions, les Vins de Pays peuvent être commercialisés en "primeur ou nouveau". Dans ce cas, ils sont débloqués dès le 4e jeudi d'octobre soit presque un mois avant le Beaujolais nouveau.

Pour les AOC, l'indication du cépage sur l'étiquette est très rare (sauf en Alsace). En revanche, le nom du cépage dont ils sont issus figure très souvent sur les étiquettes de nombreux Vins de Pays. C'est un argument de vente, surtout auprès de la clientèle anglo-saxonne. Une décision de l'ONIVINS de janvier 1996 permet, sous certaines conditions de faire figurer 2 variétés de cépages sur l'étiquette. Dans ce cas, les vins doivent être issus exclusivement des cépages mentionnés. Le nom du cépage dont la proportion est la plus importante doit apparaître en premier. Seuls les Vins de Pays ayant fait l'objet d'un agrément spécifique par cépage pourront porter la mention d'un ou deux cépages sur l'étiquette.

Au terme d'un règlement communautaire de mai 1999 portant sur l'organisation commune du marché vitivinicole, tous les pays de l'U.E. peuvent élaborer des vins de table à indication géographique, c'est-à-dire l'équivalent de ce qui est appelé en France les Vins de Pays. A condition, toutefois, qu'ils soient obtenus intégralement à partir de certains cépages désignés expressément et qu'ils proviennent exclusivement du territoire, délimité de façon précise, dont il porte le nom.

Il existe donc des Vins de Pays dans plusieurs états de l'U.E. : Vino tipico (Italie), Landwein (Allemagne), Vins de Pays (Grèce, Luxembourg...), etc.

LES VINS DE TABLE PROPREMENT DITS

Au plan européen, ils doivent être issus de raisins provenant exclusivement de variétés fixées par un règlement du Conseil du 16 mars 1987 portant organisation commune du marché vitivinicole.

Ils doivent avoir (éventuellement après enrichissement) un titre alcoolmétrique volumique non inférieur à 8,5 % vol. pour les zones viticoles A et B, et non inférieur à 9 % vol. pour les autres zones et un titre alcoolmétrique volumique total non supérieur à 15 % vol.

Ils sont généralement commercialisés sous le nom d'une marque commerciale. Dans la plupart des cas, ils proviennent d'assemblages qui permettent de proposer une qualité suivie pour une marque donnée.

En France, environ 40 % de la superficie plantée en vignes produit des vins de table.

Les vins de table proprement dits peuvent être coupés entre eux à condition d'être de provenance communautaire. En revanche, les coupages de ces vins avec des vins importés des pays hors U.E. sont interdits, de même que les coupages des vins des pays tiers entre eux.

L'étiquette des vins de table doit comporter la mention "vin de table" suivie immédiatement de l'indication du pays de provenance dans le cas d'un vin récolté et vinifié dans un seul pays. Exemple: "vin de table français" ou "de France" ou, dans le cas d'un vin provenant d'assemblage de vins de différents pays de l'U.E. "vin de table mélange de vins de différents pays de la Communauté européenne".

La partie "Vins de Pays" a été réalisée à partir de documents de l'ANIVIT (Association Nationale Interprofessionnelle des Vins de table et des Vins de Pays).

SAVOIR LIRE UNE ÉTIQUETTE, CARTE D'IDENTITÉ DU VIN

Il est absolument indispensable pour un restaurateur de savoir lire une étiquette, car elle constitue "la carte d'identité du vin". Cette connaissance lui évitera bien des problèmes lors de l'élaboration de la carte des vins et de la présentation des vins aux clients. Elle peut également lui éviter de se retrouver sur les bancs d'un tribunal, comme cela arrive très souvent.

Au niveau de l'U.E., il existe des règles très précises pour la désignation et la présentation des vins d'A.O. Ces règles s'appliquent également aux pays tiers.

La réglementation de l'U.E. a arrêté 2 listes de mentions :

- L'une concerne les mentions obligatoires.
- L'autre les mentions facultatives.

Mentions obligatoires

Dénomination du produit
Nom de l'embouteilleur ou du conditionneur
Adresse de l'embouteilleur et du lieu d'embouteillage
Adresse de l'expéditeur et du lieu d'expédition
Qualité de l'embouteilleur, du conditionneur ou de l'expéditeur
Titre alcoométrique
Volume nominal
Pays d'origine
Numéro de lot

Mentions facultatives

Couleur du vin
Type ou produit
Teneur en sucre résiduel

O : obligatoire
F : facultatif

Le vin et la loi

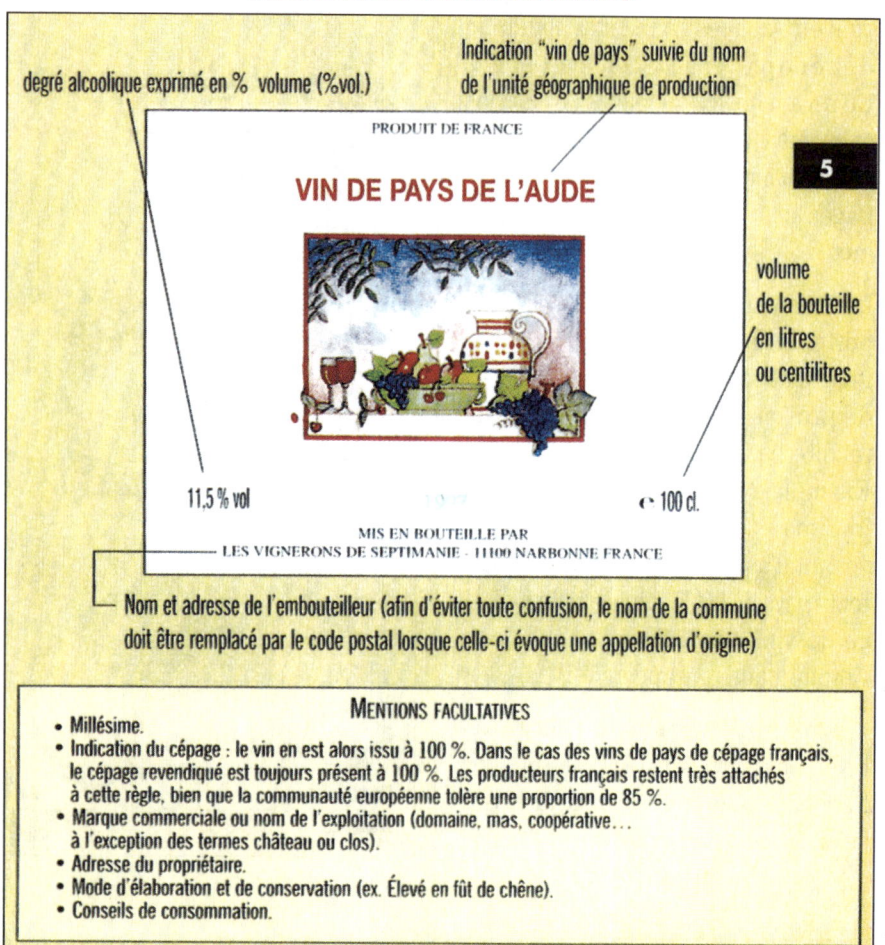

Lecture d'une étiquette de vin de pays.

Mode d'élaboration
Année de récolte
Cépage
Mentions traditionnelles
Nom d'une unité géographique
Marque commerciale
Nom et adresse des participants au circuit commercial
Nom de l'exploitation viticole
Mentions relatives à la mise en bouteilles
Distinction officiellement décernée au vin
Numéro officiel de contrôle
Conseil aux consommateurs
Arguments commerciaux (vin issu de l'agriculture Biodymanique, de l'agriculture biologique)
Numéro de bouteille attribué par l'embouteilleur
Vieilli en fûts de chêne
Etc.

Bien évidemment ces mentions facultatives doivent répondre à des normes très strictes. En voici deux exemples à gauche.

Cas particuliers

Champagne et *Cognac* sont dispensés de faire figurer la mention "appellation d'origine contrôlée" sur leurs étiquettes.

Si la mention « vieilli en fûts » figure sur l'étiquette, le passage sous bois doit être AU MINIMUM de 6 mois.

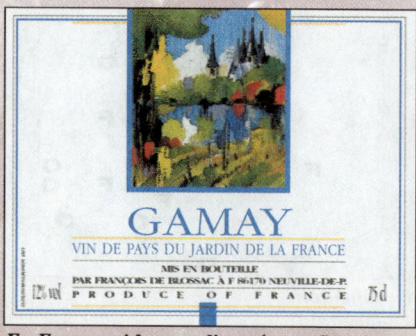

En France, si le nom d'un cépage figure sur l'étiquette, il doit toujours être présent à 100 % (ce qui n'est pas le cas dans de nombreux pays).

Étiquettes actuelles.

Le vin et la loi

Pour les vins de liqueur et les V.D.N., autres que les A.O.C., l'étiquette doit comporter la lettre "A" ou "apéritif" (entre 15° et 18° d'alcool acquis) ou la lettre "D" ou "digestif" (entre 18° et 23° d'alcool acquis).

Les mentions obligatoires pour les vins sont également valables pour les eaux-de-vie.

Indépendamment de l'aspect législatif, qui doit toujours être respecté, la présentation des étiquettes évolue.

> **BORDEAUX APPELLATION CONTRÔLÉE OU APPELLATION BORDEAUX CONTRÔLÉE ?**
>
> Si seul le nom de l'appellation figure sur l'étiquette, il peut être suivi immédiatement en dessous de l'expression "appellation contrôlée", dans le cas de l'emploi d'un nom de cépage, d'un nom d'exploitation ou d'une marque, l'appellation doit être reprise entre les mots "appellation" et "contrôlée".

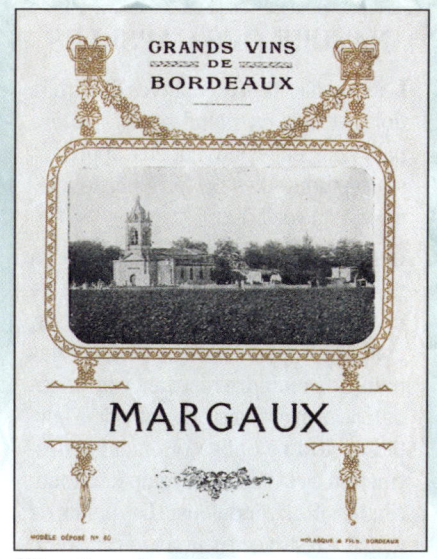

Etiquette ancienne.

VIN ET FISCALITÉ

Déclarations de récolte et de stocks

Les producteurs sont tenus de faire tous les ans 2 déclarations des vins qu'ils possèdent.

La première, faite au 31 juillet de chaque année, est la *déclaration de stock*. La seconde est la *déclaration de récolte*. Cette dernière doit être déposée à la mairie du siège de l'exploitation dès la fin des vendanges et au plus tard à la date fixée par le préfet du département. Lors de ce dépôt, la mairie lui attribue un numéro, mentionne la date et remet au déclarant la copie N° 4 pour valoir accusé de réception.

Ces documents permettent de connaître la quantité de vin détenue par le viticulteur, et ce, pour chaque type de vin, éventuellement pour chaque A.O. et chaque cépage. Par la suite, les boissons alcoolisées ne peuvent circuler qu'avec un titre de mouvement. Cette façon de procéder constitue donc un contrôle rigoureux.

Titres de mouvement ou documents d'accompagnement

Un produit alcoolisé ne peut circuler que si les taxes fiscales, matérialisées par un document d'accompagnement, ont été payées. Cette obligation, très contraignante a beaucoup évolué.

Avant 1971, toute mise en circulation de boissons alcoolisées devait s'accompagner d'un titre de mouvement. Il fallait se présenter à chaque fois à la recette locale des impôts. Celle-ci n'était pas ouverte 24 h sur 24, ni 365 jours par an, cela posait de gros problèmes aux commerçants et surtout aux viticulteurs qui vendaient une partie de leur récolte par petites quantités à une clientèle de passage.

Consciente de ces inconvénients, l'administration fiscale a pris des mesures d'assouplissement en proposant :

- La remise de registres de congés aux expéditeurs.
- L'institution de la facture-congé, qui est la synthèse de la facture et du congé. De ce fait, il y a eu regroupement du document commercial et du document fiscal.
- L'apposition **d'une capsule représentative des droits** (C. R.D.) souvent dénommée "capsule congé".

Chaque capsule doit comporter un certains nombre de mentions obligatoires (1).

Le numéro d'agrément du responsable de l'embouteillage figurant sur la couronne, la marque fiscale, l'indication de

Bouteilles munies de C.R.D.

> (1) Mentions devant figurer sur les capsules :
>
> a) Le N° d'agrément de la personne responsable de l'embouteillage du produit. Ce N° délivré par le directeur régional des douanes et droits indirects territorialement compétent se compose du mot «récoltant» ou «non récoltant» pour les non récoltants (SICA, négociants) ;
>
> Ces mots peuvent être remplacés respectivement par les lettres «R» ou «N». Les récoltants dont les syndicats viticoles, les groupements professionnels, les caves coopératives et leurs unions embouteillant leur récolte pour le compte de leurs adhérents bénéficient du mot «récoltant» ou de la lettre «R».
>
> b) La marque du fabricant de capsule...
>
> (J.O DU 5 OCTOBRE 2000)

Le vin et la loi

NATURE DES CAPSULES

Les capsules représentatives des droits doivent être en métal ou en matière plastique, elles peuvent être apposées sur les bouteilles ou faire partie intégrante du récipient.

Les capsules métalliques doivent être en métal assez mince pour pouvoir être déchirées ou, s'il s'agit d'un métal dur, épais ou trop malléable, présenter des points de moindre résistance disposés de telle manière que l'ouverture de la bouteille entraîne obligatoirement la destruction de la capsule et empêche toute réutilisation frauduleuse. Les points de moindre résistance peuvent toutefois être remplacés sur les capsules métalliques de surbouchage par le seul encollage si celui-ci donne des garanties suffisantes de non-réutilisation. Une autorisation doit être demandée au service fiscal local pour être habilité à recevoir et à utiliser des capsules de surbouchage non encollées.

Les capsules en matière plastique ne sont agréées par l'administration, aux conditions qu'elle détermine dans chaque cas particulier, que dans la mesure où elles sont rendues inutilisables lors de l'ouverture de la bouteille. Elles doivent parfaitement épouser le col de la bouteille de telle manière que le décapsulage puisse intervenir que par excision ou par déchirement des capsules.

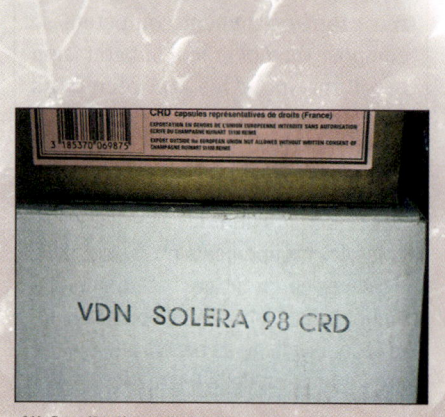

(1) Inutile d'ouvrir tous les colis, si les bouteilles sont munies de capsules-congé, les lettres CRD figurent sur les caisses ou les cartons.

contenance et le cas échéant, le titre alcoométrique volumique figurant au centre de la couronne sont indiqués sur fond :

Vert pour les vins tranquilles et mousseux d'A.O. (AOC et AOVDQS). Pour le **champagne,** ce nom d'appellation doit figurer sur la capsule.

En bleu pour tous les autres vins, y compris les «Boissons Fiscalement Assimilées au Vin». Pour ces dernières la mention "BFAV" doit figurer sur la couronne.

Orange pour les produits intermédiaires bénéficiant d'une AOC. Pour les VDN bénéficiant d'une AOC, la mention VDN doit figurer sur la couronne.

Jaune d'or pour le Cognac et l'Armagnac.

Rouge pour le rhum.

Blanc pour les autres alcools.

Les CRD destinées à être apposées, dans les autres états de la Communauté européenne, sur les bouteilles et récipients doivent comporter, entre autres, le numéro d'agrément délivré par l'administration des douanes et droits indirects précédé du sigle du pays, par exemple : DE pour l'Allemagne, IT pour l'Italie, ES pour l'Espagne, GB pour la Grande-Bretagne, etc.

Jusqu'en 2000, il existait différents titres de mouvement :

- Le congé : lorsque le droit était payé à l'enlèvement.
- La capsule-congé.
- Le passavant ou laissez-passer : lorsque la franchise de l'impôt pouvait être accordée.
- L'acquit-à-caution : lorsque le droit était consigné ou simplement garanti.

Seuls les deux premiers titres intéressaient vraiment les restaurateurs.

Une nouvelle législation, de 2000, a mis fin à des dispositions dont certaines dataient de plus de 150 ans. Ces dispositions étaient différentes selon les opérateurs. Maintenant, l'ensemble des opérateurs : viticulteurs, caves coopératives, négociants, distillateurs, brasseurs, bouilleurs de cru sont considérés comme "entrepositaires agréés". Acquits-à-caution, passavants, congés… ont été remplacés par deux formulaires administratifs utilisables aussi bien en France que dans les états membres de l'U.E : le document d'accompagnement administratif (DAA) et le document simplifié d'accompagnement (DSA).

Restaurateurs attention, à chaque livraison, vérifiez la présence de CRD (1) ou exigez les documents d'accompagnement et conservez-les soigneusement. Ils peuvent être exigés à tout moment par l'administration. En cas de déménagement, le transporteur les demande systématiquement. Cela est également valable pour les particuliers.

Licences

En France, la vente des boissons (alcoolisées ou non) est soumise à une réglementation très stricte. Cette réglementation s'applique aux débits de boissons mais également à la restauration.

Toute ouverture ou mutation d'un établissement doit faire l'objet d'une déclaration écrite 15 jours au moins à l'avance à la Mairie suivie d'une déclaration à la DGDDI.

Tout débit de boissons de 2ème, 3ème et 4ème catégorie dont l'exploitation régulière a cessé depuis plus de 3 ans est considéré comme supprimé.

Les boissons sont réparties en 5 groupes.

Il existe 8 licences dont **2 concernent particulièrement la restauration.**

LICENCES POUR LES RESTAURANTS

Petite licence restaurant :
Les boissons du <u>**1er**</u> et du **2ème** groupes <u>ne peuvent être servies qu'à l'occasion des repas principaux et comme accessoire de la nourriture.</u>
Exonération du droit de licence.
Pas de limitation sauf dans les enceintes sportives et lieux de pratique d'activités physiques et sportives.

Le vin et la loi

Licence restaurant :
Toutes les boissons autorisées (groupes 1, 2, 3, 4, et 5) peuvent être servies dans les conditions mentionnées ci-dessus (seulement à l'occasion des repas principaux et comme accessoire de la nourriture).
Paiement d'un droit de licence.
Pas de limitation sauf dans les enceintes sportives et lieux de pratique d'activités physiques et sportives.

SOYEZ VIGILANT, si vous n'avez qu'une licence restaurant, ne servez jamais de boissons en dehors des repas.

Pour information :

POUR LES VENTES A EMPORTER

Petite licence à emporter :
Vente des boissons des deux premiers groupes.
Exonération du droit de licence.
Pas de limitation sauf dans les enceintes sportives et lieux de pratique d'activités physiques et sportives.

Licence à emporter :
Vente de toutes les boissons autorisées.
N.B. : Les licences Débits de Boissons et Restaurants permettent de faire de la vente à emporter pour les catégories de boissons qui les concernent.

GROUPES DE BOISSONS

Premier groupe	Boissons dont la teneur en alcool n'excède pas 1,2 % : gazéifiées, jus de fruits ou de légumes, sirops, sodas, limonades, chocolat, café, infusions.
Deuxième groupe	Boissons fermentées non distillées : vins, bière, cidre, poiré, vins doux naturels bénéficiant du régime fiscal des vins, hydromel, crème et jus de fruits ou de légumes – 3 % alc.
Troisième groupe	Vins doux naturels autres que ceux appartenant au groupe 2, vins de liqueurs et apéritifs à base de vins – 18 % alc. liqueurs de fraise, framboise, cassis et cerises – 18 % alc.
Quatrième groupe	Rhums, tafias, alcools de vins, cidres, poirés, liqueurs anisées édulcorées de sucre ou glucose et autres liqueurs édulcorées.
Cinquième groupe	Toutes les autres boissons alcoolisées, non interdites : whisky, vodka, gin, amer, gentiane, etc.

LICENCES POUR DÉBITS DE BOISSONS

Catégorie	Boissons
Première catégorie	Groupe 1
Deuxième catégorie	Groupes 1 & 2
Troisième catégorie	Groupes 1 2 & 3
Quatrième catégorie	1, 2, 3, 4 & 5 à l'exclusion de toute boisson interdite, par exemple l'absinthe

Paiement d'un droit de licence.
Pas de limitation sauf dans les enceintes sportives et lieux de pratique d'activités physiques et sportives.

PHOTO : BRUNET.

BOUTEILLES ET AUTRES CONTENANTS

Il serait fastidieux d'énumérer tous les textes réglementaires qui ont été pris pour garantir la qualité des matériaux destinés à être au contact des aliments en général, et des vins en particulier. Deux grands principes s'en dégagent :

- Tous les matériaux doivent être élaborés avec des constituants autorisés.

- Ne peuvent être utilisés que des matériaux inertes, ne donnant pas lieu à la cession de substances étrangères.

Il existe un vaste choix pour le conditionnement des vins : bouteille en verre, en plastique, caisse-outre, complexe carton-aluminium, boîte métallique, etc. Mais on trouve actuelle-

Le vin et la loi

ment, en restauration classique principalement la bouteille en verre. Elle est très ancienne : des bouteilles mérovingiennes sont exposées au Musée des antiquités nationales à St-Germain-en-Laye. Pendant très longtemps, les bouteilles de verre furent très rares, et il fallut attendre le XVIIIe siècle pour que leur usage devienne courant.

Comme tous les contenants, elles doivent répondre à des règles strictes. La réglementation européenne a notamment fixé des normes destinées à éliminer les contenances fantaisistes. C'est en raison de cette réglementation que le célèbre vin jaune du Jura a été sur le point de voir son traditionnel clavelin (contenance 62 cl) disparaître. C'est également pour se conformer à cette législation que la bouteille de Champagne est passée de 80 cl à 75 cl, et la flûte alsacienne de 70 cl à 75 cl.

La contenance est réglementée, mais la forme reste libre.

CARTE DES VINS

PHOTO : BRUNET.

L'élaboration de la carte des vins est traitée dans le chapitre "commercialisation". Mais indépendamment de sa présentation, la carte doit respecter des règles très précises, et parfois méconnues au niveau de la législation.

La rédaction de la carte des vins ne doit prêter à aucune confusion quant à l'origine des produits. Les vins sans appellation ne doivent pas être classés parmi les vins d'appellation d'origine. Le millésime annoncé doit être respecté, etc. La contenance doit être indiquée.

Les prix doivent figurer de façon très lisible : attention aux ratures et aux surcharges ! Préciser : prix nets ou service compris. Ne pas oublier de mentionner le pourcentage du service lorsque l'on indique "service compris".

Des renseignements concernant la rédaction de la carte des vins peuvent être obtenus auprès des services de la D.G.D.D.I. car contrairement à une opinion très répandue, cette dernière n'a pas qu'un rôle répressif.

Attention : si la carte des vins est affichée à l'extérieur (cela arrive quelquefois) ou pour les vins qui doivent obligatoirement être affichés à l'extérieur, le restaurateur doit être en mesure de servir tous les vins qui y figurent. Il ne peut pas prétexter *"qu'il vient de vendre la dernière bouteille"*. Si ce vin n'a pas été rayé, comme pour les mets, il peut être condamné pour publicité mensongère.

Outre les 9 prestations couramment commercialisées dans son établissement, un restaurateur a l'obligation d'afficher à l'extérieur, les menus et les cartes du jour, ainsi **qu'une carte comportant au minimum le prix de 5 vins.** S'il vend moins de 5 vins, il doit afficher le prix de tous les vins proposés. S'il ne vend pas de vin, il doit afficher le prix de 5 boissons couramment servies.

RESTAURATEURS. ATTENTION, NUL N'EST CENSÉ IGNORER LA LOI

USAGE D'UNE FAUSSE A.O.C.

Restaurant : Vin de table servi comme vin d'appellation d'origine. Tromperie - oui. Vente de produits sous une appellation d'origine inexacte : oui, condamnation.
Jugement du T.G.I. de Paris.
Les agents de la D.G.D.D.I. étaient intervenus dans un restaurant parisien dont un ancien serveur avait dénoncé la pratique consistant à servir du vin ordinaire dans des bouteilles à appellation d'origine et à donner à la clientèle les aliments non consommés antérieurement. Les constatations opérées sur place et les résultats d'analyses et de prélèvements effectués démontrèrent que le vin servi sous une appellation d'origine était en réalité du vin de table. Le gérant du restaurant en cause a été poursuivi devant le T.G.I de Paris pour les délits de tromperie et de mise en vente de produits portant une appellation d'origine qu'il savait inexacte. Il a reconnu à l'audience être l'auteur desdites manipulations.
Le tribunal l'a reconnu coupable et l'a condamné à 6 mois de prison avec sursis, 20 000 F d'amende, à la publication du jugement par extraits dans le journal ainsi qu'à son affichage pendant 7 jours aux portes de l'établissement.

Le service des vins au restaurant

SOURCE : CHAMPAGNE RUINART

Lauréats du Trophée Ruinart du Meilleur Jeune Sommelier de France.

Trop d'erreurs

Le sommelier
Situation et évolution de la profession, la féminisation
Son rôle
Qualités et comportement
Ses objectifs
La formation

Le service
Généralités
Présentation des vins au client
Choix du couteau-sommelier
   Débouchage
     Le sommelier doit-il goûter le vin ?
    A quel moment doit-on servir les vins ?
     Comment effectuer le service ?
    A quel moment faut-il débarrasser les verres ?

Température de service
  Vins blancs
  Vins rouges
  Températures de service des principaux vins français
  Moyens dont dispose le restaurateur

Décantage et passage en carafe
Définition et justification
Comment procéder

Pour la *carte des vins* et les *accords vins et mets* voir le chapitre "commercialisation"

Le service des vins au restaurant

TROP D'ERREURS

Dernier maillon de la chaîne, la personne qui assure le service des vins (sommelier, restaurateur, maître d'hôtel, chef de rang, etc.) doit impérativement respecter certaines règles, afin de ne pas annihiler en quelques instants les efforts de tous ceux qui, viticulteurs, œnologues, éleveurs… n'ont ménagé ni leur temps, ni leur peine pour offrir au client un produit de qualité.

Malheureusement, force est de constater que dans de nombreux établissements, y compris dans des restaurants qui ont des prétentions gastronomiques, le service des vins laisse à désirer. Capsules mal coupées, verres inadaptés, voire ébréchés ; main sur l'étiquette, vins servis à température trop élevée, vins épuisés qui figurent encore à la carte, millésime non conforme à celui annoncé… sont autant de désagréments pour le client. Eu égard aux prix pratiqués, mais justifiés précisément en raison d'un stockage éventuel et du service, si ces erreurs persistent le client boira la bonne bouteille à la maison, ce qui serait fort regrettable pour le restaurateur.

L'expérience prouve que ce n'est pas une question de temps, mais de volonté. Gagne-t-on du temps en coupant la capsule au mauvais endroit et en masquant l'étiquette ?

Même au moment du "coup de feu", **les règles essentielles doivent être impérativement respectées.** Il en va de la renommée de l'établissement et de l'image de nos vins.

Cherchez l'erreur.

LE SOMMELIER

Serge Dubs, Meilleur Sommelier du Monde.

"Espèce en voie de disparition" au début des années soixante, la profession de sommelier renaît. En France, il y a 40 ans, ils étaient 50 sommeliers professionnels. Ils sont maintenant plus de 1 500. En principe, le sommelier est le professionnel qui sert les vins dans un restaurant. Qu'en est-il de tous ceux qui officient dans d'autres structures commerciales : grandes surfaces, cavistes… ? Le débat est ouvert et risque de le rester très longtemps.

Il n'est pas question de prendre position ici. Mais toutes les consignes de service qui suivent concernent aussi bien le sommelier professionnel que tous ceux qui assurent, chaque jour, le service des vins (restaurateur, maître d'hôtel, chef de rang, serveur, etc.).

Le service des vins au restaurant

Situation et évolution de la profession

Le renouveau de la profession s'explique en partie par l'organisation de nombreux concours et manifestations pour promouvoir la sommellerie en France et dans le monde. Parmi les concours de sommeliers peuvent être cités : concours du meilleur sommelier de France (créé en 1961), trophée Ruinart du meilleur jeune sommelier de France (pour les jeunes de moins de 26 ans), concours du meilleur sommelier d'Europe, concours du meilleur sommelier du monde... Concours auxquels il faut ajouter de nombreux concours régionaux.

Depuis 2000, la sommellerie fait partie des métiers pour lesquels est décerné le titre de M.O.F. (Meilleur Ouvrier de France). Il s'agit d'une reconnaissance de la profession au niveau de "l'excellence".

Ces manifestations ont permis, et permettent encore, à de nombreux élèves ou anciens élèves d'écoles hôtelières ou de CFA de se révéler. Certains occupent des postes de chef-sommelier dans des établissements parmi les plus réputés. Le développement des mentions complémentaires sommellerie qui forment du personnel avec de solides connaissances en vin ne peut que confirmer ce renouveau. En outre, de nombreux restaurateurs, en France et dans de nombreux pays étrangers, ont pris conscience que la présence d'un sommelier dans leur établissement apporte un "plus" non négligeable.

Cette mesure se traduit par une meilleure image de marque de la maison et, généralement, par un accroissement appréciable du chiffre d'affaires et de rentabilité pour le poste "boissons".

Chaque année, un concours du meilleur sommelier a lieu dans de nombreux pays dont la Suède, la Russie, le Japon, le Canada, la République Tchèque, etc. Dans chaque région française, il existe une association de sommeliers (voir liste en annexe). Ces associations sont regroupées au sein de l'U.D.S.F. (Union de la Sommellerie Française). Cette dernière fait partie de l'A.S.I. (Association de la Sommellerie Internationale) qui regroupe plus de 30 pays.

Malgré l'augmentation constante du nombre de sommeliers, la plupart des établissements n'en ont pas, ou pas encore... Dans ces restaurants, nombreux sont ceux qui, chaque jour, doivent en remplir les fonctions. Pour cela, il est souhaitable qu'ils possèdent des connaissances élémentaires en œnologie, une bonne connaissance du vignoble français et des principaux vins étrangers, sans oublier qu'ils doivent faire preuve de psychologie et d'expérience. Vaste programme... heureusement, la plupart d'entre eux, même s'ils ne s'y consacrent pas entièrement, sont des passionnés du vin.

La féminisation de la profession

Il y a une vingtaine d'années, une femme sommelier, à plus forte raison Chef Sommelier, constituait une exception.

Actuellement, elles sont de plus en plus nombreuses et de plus en plus recherchées par les employeurs. Que de chemin parcouru. Merci aux restaurateurs de renom, dont plusieurs 3 macarons Michelin, d'avoir accepté d'accueillir en stage des jeunes filles de la Mention Complémentaire Sommellerie à une époque où elles étaient refusées dans de nombreux établissements. Grâce à eux, les clients parfois sur la réserve, ont vite compris que le poste de sommelier est un emploi qui sied parfaitement à la gente féminine. Merci aux vignerons qui ont accepté des jeunes filles dans leurs caves pour participer aux vinifications.

Son rôle

Le rôle du sommelier consiste à :

- **Conseiller** le client, en proposant des vins, ou autres boissons, en tenant compte : du plat ou du menu choisi, du budget, de la saison, des goûts du client (élément important mais qui est trop souvent oublié), etc.

Les 4 MOF de l'an 2000 (Franck Thomas, Christian Pechoutre, Eric Duret, Arnaud Chambost).

Avec l'aimable autorisation de Brigitte Leloup.

Le sommelier doit travailler en étroite collaboration avec la cuisine.

Le service des vins au restaurant

Mise en place de la cave du jour.

Le sommelier se doit donc d'avoir une bonne connaissance des vins, mais aussi des mets. Il doit travailler en étroite collaboration avec le chef de cuisine.

Il ne doit jamais imposer ses goûts personnels. Il doit constamment s'efforcer d'augmenter le chiffre d'affaires et la rentabilité du poste "boissons" sans pour autant forcer la vente. Il est relativement facile "d'amener" un client à choisir un vin figurant sur la carte à un prix élevé, surtout s'il a des invités. Le problème est de savoir si le client ainsi "piégé" reviendra dans l'établissement ?

Au moment de conseiller les vins, plusieurs cas peuvent se présenter. Le sommelier connaît son client, alors pas de problème, il sait s'il doit sortir la grande bouteille (on disait jadis "de derrière les fagots"...) ou si, au contraire, il doit présenter un cru plus modeste. A noter que selon les circonstances, le même client peut souhaiter l'un ou l'autre. C'est là qu'intervient la psychologie professionnelle. Deuxième cas de figure : le sommelier ne connaît pas son client, mais celui-ci lui fait confiance, ce qui arrive très souvent. Dans ce cas, attention, pas d'excès ! Il faut s'efforcer de trouver le bon vin à un prix raisonnable, afin d'éviter cette scène vécue dans un restaurant : à la fin du repas un client appelle le patron et lui commande une bouteille de *Champagne* ; celui-ci revient quelques instants plus tard avec une bouteille de *Dom Pérignon*... il s'agit d'une erreur fréquente. Il faut bien se souvenir qu'un bon *Bordeaux* ne veut pas forcément dire un *Château Margaux*.

Elaboration et mise à jour de la carte des vins.

Service du vin.

- **Effectuer le service des vins et autres boissons.**
- **Collaborer** aux achats.
- **Elaborer** ou participer à l'élaboration de la carte des vins, en tenant compte de la classe de l'établissement, du type de cuisine servie et de la législation en vigueur.
- **Participer** au travail de la cave : réception, vérification de la livraison, rangement, surveillance des conditions de stockage (température, hygrométrie, position des bouteilles...).
- **Mettre en place** la cave du jour.

Cette liste n'est pas limitative. Dans de nombreux établissements, le sommelier est également responsable de la **gestion de la cave**.

Lorsqu'il y a un Chef sommelier, celui-ci doit, en plus des tâches énumérées ci-dessus, assurer la formation de ses collègues, sans se limiter aux seuls sommeliers. Parfois le chef de rang peut être amené à servir les vins, même dans les maisons où officie un sommelier.

Qualités et comportement

Qualités

Le sommelier doit posséder les qualités physiques, morales et intellectuelles propres à tout le personnel de la restauration : disponibilité, discrétion, serviabilité, efficacité, courtoisie, être accueillant et déférent, sans pour autant être obséquieux.

Mais le sommelier doit également être sobre, avoir l'esprit d'initiative, de solides connaissances des produits, bien maîtriser l'expression orale (clarté, vocabulaire, précision, élocution) et être en mesure de s'exprimer en une ou plusieurs langues étrangères.

Comportement

Comme tout employé de restaurant, il devra :

- Eviter toute familiarité, même si le client est "gentil".
- Ne jamais faire part de ses difficultés personnelles.
- Eviter les conversations sur la politique et la religion.
- Ne jamais donner l'impression d'écouter les conversations.
- Rester imperturbable en présence d'actes ou de paroles pouvant paraître risibles.
- Ne jamais laisser un client supposer

que sa table est délaissée au profit d'une autre.

- Ne jamais s'essuyer le visage avec son liteau, ne jamais le mettre sous l'aisselle.
- Ne jamais rien utiliser sans en avoir contrôlé l'état de propreté.
- Eviter de faire preuve de suffisance, ne pas "étaler" ses connaissances. En revanche, il doit être en mesure d'intervenir à chaque fois que cela est nécessaire, en ayant toujours présent à l'esprit que le meilleur service est celui qui passe inaperçu...

Ses objectifs

Assurer la commercialisation des boissons avec le souci constant de **satisfaire le client tout en respectant les intérêts de son employeur.**

La satisfaction du client :

- En lui conseillant des vins en rapport avec les mets choisis, mais aussi avec son budget.
- En répondant sans hésitation à toutes ses questions.
- En lui faisant découvrir des crus qui sortent des sentiers battus.
- En l'incitant à tenter quelques expériences telles que : un vin blanc sur certains fromages, une liqueur à l'orange, un armagnac ou un V.D.N. sur une préparation au chocolat, etc.
- En lui donnant l'impression "**d'être la personne la plus importante de la maison**" pour reprendre une formule célèbre. Il ne faut jamais oublier que si le client est là pour se restaurer, il souhaite également trouver un environnement agréable. Le cadre a son importance, mais le comportement du personnel est souvent un élément déterminant dans le jugement que porte le client sur l'établissement. Que de repas gâchés par un chef de rang, un maître d'hôtel au visage hermétique et à la réplique acerbe, par un sommelier triomphant après avoir remis en place, devant ses invités, un client ignare ou prétendu tel, ou avoir fait remarquer à une femme que ce n'était pas son rôle de choisir les vins. C'est oublier un petit peu vite qu'avant même l'entrée de la première femme à Polytechnique et l'élection de Marguerite Yourcenar à l'Académie française, de nombreuses femmes occupaient déjà des places enviables et enviées dans le monde du vin.

En France, plusieurs femmes ont obtenu le titre de Meilleur Sommelier de France ou meilleur Jeune sommelier de France. Mais indépendamment de ces "professionnelles du vin", nombreuses sont les femmes qui, tant sur le plan des connaissances que sur celui de la dégustation, peuvent rivaliser avec bien des hommes.

Respect des intérêts du patron :

- En aidant la direction à découvrir les produits présentant le meilleur rapport qualité/prix.
- En assurant une bonne gestion de la cave.
- En essayant d'augmenter le C.A. et d'améliorer la rentabilité.
- En proposant des formules originales pour la promotion de certains vins.
- En fidélisant la clientèle.

En contrepartie, la Direction devra lui donner les moyens et les supports nécessaires pour lui permettre d'exploiter ses connaissances et son esprit d'initiative. Pour atteindre les siens, il devra être informé des objectifs commerciaux de l'établissement.

Les formations

Au départ, **il est indispensable pour un sommelier d'avoir une solide formation de base en restauration (salle, cuisine, accueil).** Cette formation doit être complétée par une formation spécifique en œnologie, en dégustation, en législation et en géographie vitivinicoles nationales et internationales. Ce dernier point est un peu le talon d'Achille des sommeliers français.

En France, les vins sont enseignés

> Ce n'est qu'à partir du règne de Charlemagne que les femmes furent admises à la même table que les hommes. Louis XI interdit cette pratique sous prétexte que le mouvement de leurs mâchoires déformait leur visage ! Il faudra attendre François Ier pour qu'elles retrouvent leur place lors des banquets donnés à la Cour.

PHOTO : BRUNET.

L'ASI regroupe plus de 30 pays.

Le service des vins au restaurant

dans les Lycées Hôteliers depuis leur création au début des années 30. Il y a quelques années, les élèves qui préparaient un B.T. avaient une heure/semaine d'œnologie en première et une heure/semaine de crus des vins en terminale. En assistant à ces cours, nombreux sont ceux qui se sont découverts une vraie passion pour le monde fabuleux de la vigne et du vin. Ces cours ont été supprimés. De nos jours, l'enseignement des vins est réduit à quelques heures intégrées dans les cours de technologie. Est-ce un bien, est-ce un mal ? Difficile d'être juge et partie. Mais une constatation s'impose : dans de nombreux pays, les horaires consacrés à l'étude des vins sont beaucoup plus importants qu'en France.

En revanche, il existe des formations spécifiques : la Mention Complémentaire Sommellerie (M.C.S.) et le Brevet professionnel.

La M.C.S. s'adresse à des élèves ou à des étudiants déjà titulaires d'un diplôme hôtelier. La durée des études est de 1 an avec plusieurs stages en entreprise, dont un en vinification. La M.C.S. est préparée dans de nombreux lycées hôteliers et en alternance dans les CFA.

Le B.P. Sommellerie a été créé en 1986. Il se prépare en alternance. Quatre centres : Beaune, Tours, Avignon et Béziers dispensent les 840 heures d'enseignement nécessaires. Cette formation comporte un tour de France des vignobles sur huit semaines.

LE SERVICE

PHOTOS : BRUNET.

Généralités

Quelle que soit la classe de l'établissement, il faut porter une attention toute particulière au service des boissons en général et à celui des vins en particulier. **Dans un restaurant, la vente des boissons représente une part importante du chiffre d'affaires.** D'autre part, si la vente des très grands vins reste l'apanage des établissements de luxe, la plupart des clients sont prêts à faire un effort pour "s'offrir une bonne bouteille", surtout lorsqu'il s'agit de fêter un événement, et les occasions sont nombreuses. Mais à une seule condition : que cette bouteille leur soit servie correctement. C'est-à-dire à bonne température, dans des verres adéquats et avec un minimum de précautions. Sinon, ils boiront de l'eau ou un petit vin en carafe au restaurant et la bonne bouteille qu'ils n'auront aucune peine à se procurer avec le développement des rayons et des magasins spécialisés… à la maison. Cela serait bien dommage pour le restaurateur.

Il y a de plus en plus de clients qui s'intéressent au vin. Des salons comme celui des vignerons indépendants (plus de 1000 exposants à Paris) attirent de plus en plus de visiteurs. Sur ce type de salon, l'accent est mis sur l'aspect pédagogique. On apprend aux clients à déguster, mais aussi comment servir le vin dans de bonnes conditions.

Ne pas oublier de mettre une assiette sous le seau.

La solution idéale.

Le service des vins au restaurant

Au restaurant, à qui doit-on présenter la carte des vins ?

Lorsqu'un couple se trouve au restaurant, il est surprenant, voire choquant, qu'en règle générale, la carte des vins soit remise à l'homme.

Pourquoi ne pas poser la question de savoir qui va effectuer le choix ? L'effet de surprise passé, les femmes y sont très sensibles, et la plupart des hommes apprécient…

Pour la prise de commande : voir le chapitre "commercialisation".

Présentation des vins au client

Les vins blancs et certains rosés sont apportés à la table dans un seau contenant de l'eau et de la glace. Ce seau doit être déposé dans un stand ou sur une assiette à cause de la condensation.

Les vins rouges sont apportés à la main ou en panier. Seuls les vieux vins rouges devraient être servis en panier, car ils sont censés avoir un dépôt. Mais on assiste actuellement à une "inflation" de l'utilisation du panier verseur. Il n'est pas rare qu'il soit utilisé pour des *Beaujolais primeurs*… Cette pratique est généralement la cause de nombreuses taches sur la nappe, car le service d'un vin en panier est plus difficile à effectuer qu'à la main. A ce sujet, il serait souhaitable que tous ceux qui ont encore des problèmes pour la manipulation des dits paniers s'entraînent, à l'office, avec de l'eau colorée car seule l'habitude confère l'assurance indispensable qui évite de jouer à "l'arroseuse municipale" !

PHOTO : BRUNET.

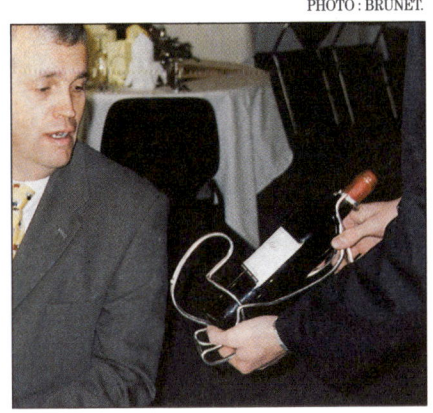

Le vin, surtout lorsqu'il a vieilli, est un produit fragile : il faut donc éviter les secousses et les mouvements brusques. Dans tous les cas, le vin doit être transporté délicatement de la cave du jour à la table du client.

Puis, quel que soit le type de vin servi, la bouteille doit être présentée au client qui l'a commandée. L'étiquette doit être bien visible. Le nom et le millésime du vin commandé doivent être annoncés clairement. Si, sur un vieux vin, il y a de la poussière, il ne faut pas l'enlever.

Choix du couteau-sommelier

Ce choix ne doit pas être négligé. En effet, cet instrument est l'outil du sommelier.

Dans la plupart des cas, les bouteilles sont débouchées avec des tire-bouchons tout à fait inadaptés : crochet à l'extrémité du levier pour ouvrir les boîtes métalliques, gros décapsuleurs, mèche trop courte… Une vraie catastrophe !

De nos jours, il est pourtant facile de se procurer des couteaux-sommeliers qui donnent entière satisfaction. Certains (type meilleurs sommeliers du monde) peuvent paraître chers à l'achat, mais ce matériel est du véritable matériel professionnel.

D'autre part, il existe actuellement sur le marché des systèmes à double leviers qui facilitent grandement le débouchage surtout pour les bouchons

SOURCE : VIALIS

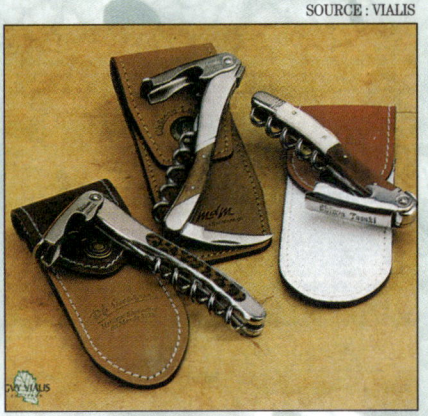

SOURCE : PULLTEX FRANCE

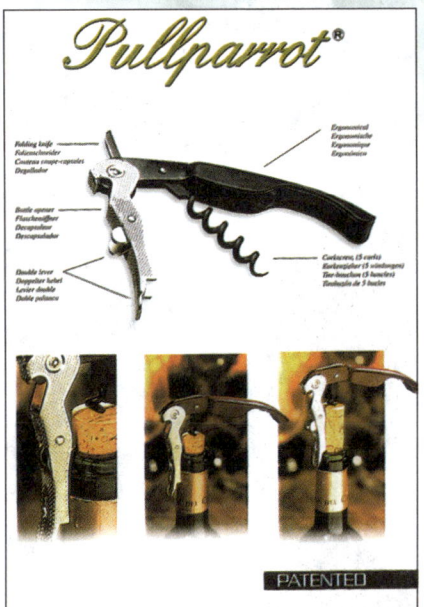

LE MUSÉE DU TIRE-BOUCHON

A Ménerbes, dans les Côtes du Lubéron, le Domaine de la Citadelle abrite un musée très original : celui du TIRE-BOUCHON. Ce sont plus de 1000 pièces du 17e siècle à nos jours qui y sont exposées. Une visite qui permet de tout apprendre sur l'outil du sommelier…

SOURCE : MUSÉE DU TIRE-BOUCHON - DOMAINE DE LA CITADELLE - MÉNERBES.

Le service des vins au restaurant

PHOTOS : BRUNET.

Incorrect.

Correct.

Mauvaise position du doigt, à la base du levier.

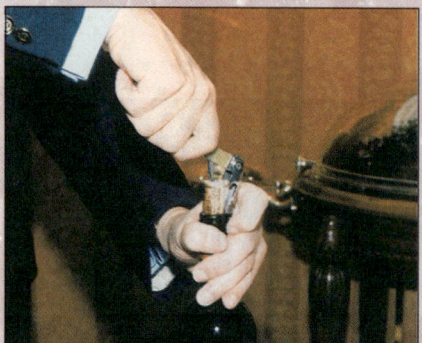
Bonne position du doigt, le bouchon sort droit.

longs et difficiles à extraire. Le modèle qui vous est présenté (Pullparrot) a obtenu le premier prix du concours du tire-bouchon de l'an 2000 lors de la Saint Vincent tournante à Gevrey-Chambertin.

Débouchage

Pour le débouchage, il ne faut pas sortir la bouteille du seau, ni la relever si elle est en panier. Avec la lame du couteau-sommelier, couper franchement la capsule. Ne pas la couper à la partie supérieure, mais juste en dessous de la bague afin d'éviter que le vin soit en contact avec la capsule qui est souvent oxydée.

Essuyer soigneusement la partie supérieure du goulot avec un liteau très propre.

Introduire la virole au milieu du bouchon. Cette opération est délicate : trop profondément, du liège tombe dans le vin, pas assez, le bouchon casse. Comment savoir à l'avance si l'on a affaire à un bouchon court ou un bouchon long ? Une petite astuce : se souvenir que seuls les vins de garde ont des grands bouchons. Alors qu'il y a pénurie de liège, quel serait l'intérêt d'avoir un long bouchon sur un vin à consommer jeune ? Ce n'est donc pas une question de région comme on l'entend trop souvent.

Faire basculer le levier sur le bord du goulot, puis extraire doucement le bouchon.

Durant cette opération, attention à la position du doigt pour éviter de casser le bouchon. Ce petit détail revêt beaucoup d'importance.

Lorsque le bouchon est bien dégagé, terminer l'opération à la main, en inclinant légèrement le bouchon au dernier moment. Sans cette précaution, il peut se produire un bruit désagréable et, plus grave encore, une projection de liquide pour les vins rouges en panier. Dans ce cas, pour éviter cette projection, le goulot de la bouteille ne doit jamais être placé face au client pendant le débouchage.

Il faut ensuite sentir le bouchon, en se tournant très légèrement. Cette opération permet de déceler les vins "bouchonnés". Ils sont rares, mais cela se produit quelquefois.

Trop souvent le personnel de service, auquel il est demandé de sentir le bouchon, rétorque : "je n'y connais rien". Ce n'est pas une question de connaissances, mais une question de bon sens : lorsque l'on a l'habitude de sentir les bouchons, une odeur anormale est décelée sans difficulté. Cette précaution présente également l'avantage de diminuer les retours dus aux clients qui confondent "goût de bouchon" et "goût de terroir" ou à ceux qui pensent avoir décelé une odeur anormale... Si le vin est vraiment bouchonné, la bouteille doit être changée. Il faut alors faire un bon de retour et conserver le flacon défectueux pour permettre un éventuel contrôle de la direction ou du responsable. Cette façon de procéder peut faire diminuer de façon sensible les bouteilles dites "bouchonnées". Pour les mêmes raisons, il faut conserver le goulot avec bouchon ou capsule d'une bouteille cassée accidentellement avant son ouverture.

Bouchon transpercé.

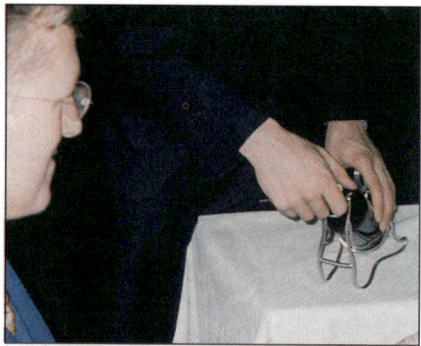
Débouchage face au client, risque de projection. Qui plus est, le client ne voit pas l'étiquette.

Le service des vins au restaurant

Si le bouchon ne présente pas d'odeur anormale, ce qui est généralement le cas, il faut essuyer à nouveau le goulot avec le liteau propre. Puis, pour éliminer les peluches éventuelles, passer le bouchon sur le goulot. Attention ! Contrairement à ce qui se fait trop souvent, c'est la roule du bouchon qui doit être utilisée, pas le miroir ! Car c'est sur celui-ci que se déposent les petits cristaux de tartre. Ils risquent alors de retomber dans le vin.

Pendant tout le débouchage la bouteille doit rester immobile, il ne faut pas la faire tourner. Pour tous les grands vins, les bouchons doivent impérativement rester à la vue du client, car dans la plupart des cas, ils garantissent l'origine du produit. Lors du débouchage d'un vin blanc, il faut éviter de jeter capsule et bouchon dans le seau, ce dernier ne doit en aucun cas être considéré comme une poubelle.

Le sommelier doit-il goûter le vin ?

Une fois la bouteille débouchée, le sommelier (ou celui qui en fait fonction) doit-il goûter le vin ? Les avis sont partagés, mais le bon sens peut aider à répondre à cette question. Pour les vins connus, ceux qui sont servis journellement, le test du bouchon semble suffire. En revanche, pour les vins servis plus rarement, il est normal d'en prendre un peu dans un verre et de le goûter (se tourner légèrement sur le côté pour effectuer cette opération). Pour un vieux vin, cela devient indispensable, car il peut être très flatteur au nez et se révéler décevant en bouche.

Indépendamment du test du bouchon ou d'une éventuelle dégustation par le sommelier, **il faut faire goûter le vin** à la personne qui l'a commandé.

À quel moment doit-on servir les vins ?

Trop souvent, les vins sont servis trop tard. Le vin rouge arrive alors que les convives ont déjà bien entamé leur plat de viande. Dans les concours de sommellerie cette erreur est lourdement sanctionnée, ce qui est normal.

Les vins doivent être impérativement servis avant chaque plat. Il est préférable de différer de quelques minutes le service d'un plat pour respecter cette règle. Pas de problème s'il s'agit d'un plat froid. Attention pour les plats chauds à ne pas réclamer en cuisine avant l'arrivée du vin. On entend parfois une objection : "comment faire si le client a pris l'apéritif ?". Si votre client est un connaisseur, ce qui est généralement le cas, il aura pris soin de boire une gorgée d'eau ou de manger un petit morceau de pain.

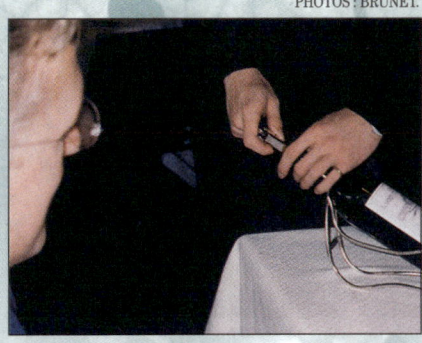

Il faut sentir le bouchon.

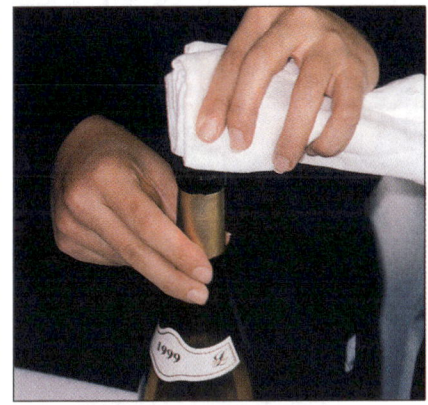

Essuyer le goulot avec un liteau très propre.

Le seau n'est pas une poubelle.

Il faut faire goûter le vin à la personne qui l'a commandé.

Le service des vins au restaurant

Ne pas masquer l'étiquette.

Verres de gauche : incorrect.
Verres de droite : correct.

Incorrect.

Eviter de laisser les bouteilles sur un guéridon ou une console. Pour les vins blancs, le stand à vin est la solution idéale.

Trop de verres, à éviter.

Le service proprement dit

Le service des vins, comme celui de toutes les boissons s'effectue en passant par la droite du client. Rappel : **l'étiquette ne doit pas être masquée !** Il ne faut donc jamais "emmailloter" une bouteille dans une serviette. Pour les bouteilles servies en seau, il suffit de les essuyer délicatement pour éviter les gouttes d'eau.

Comme nous l'avons déjà vu, c'est à la personne qui a commandé le vin qu'il faut le faire goûter (à moins d'avoir reçu d'autres consignes). Pour la quantité à servir à ce moment-là voir la partie : "température des vins".

S'il n'y a pas d'objection de la part du client qui a goûté, servir les autres personnes en respectant la préséance. **Ne pas oublier de resservir la personne qui a goûté** (erreur très fréquente).

Il faut bannir les verres trop petits mais ne pas tomber dans l'excès contraire. Il est indispensable de pouvoir mettre le nez dans son verre, pas la tête…

Il faut se souvenir que si un verre ne doit **jamais être vide,** il ne doit **jamais être plein.** Ce qui a fait dire au professeur Puisais qui fut pendant de très nombreuses années président de l'Union Nationale des œnologues : *"Combien de fois voyons-nous ces merveilleux verres devenir tristes d'être insuffisamment pleins ou être embarrassés par un envahissement trop volumineux".*

Il ne faut jamais remplir un verre à ras bord, les **2/3 constituent un maximum.** Par la suite, il ne faut pas oublier de repasser le vin à chaque fois que cela est nécessaire.

Lorsqu'une bouteille est terminée, il est de mauvais goût de la retourner dans le seau. Comme il est inadmissible de "s'arranger" pour ne plus avoir assez de vin au moment de servir la dernière personne de la table, et de regarder celui qui invite d'un œil interrogateur…

Pendant le service, les bouteilles ne doivent pas rester sur un guéridon, qui est amené à être déplacé en cours de service, ou sur une console, car au moment du "coup de feu", il y a trop souvent des erreurs. Le vin d'une table peut être resservi à la table voisine, surtout s'il s'agit d'un même vin, avec toutes les conséquences que cela peut entraîner. Pour les vins blancs, une excellente solution consiste à utiliser des stands à vin.

À quel moment faut-il débarrasser les verres ?

Bien qu'il ne s'agisse pas d'une règle intangible, les verres à vin blanc doivent être retirés aussitôt après le service du vin rouge.

Quant aux verres à vin rouge, ils sont généralement débarrassés dès le service du café, car à ce moment-là seul le verre à eau doit rester sur la table.

Que ce soit pour les vins blancs ou pour les vins rouges, deux cas de figure peuvent se présenter au moment de débarrassage : le verre est vide, pas de problème, il peut être débarrassé ; s'il reste du vin, il faut alors poser la question au client : *"Puis-je me permettre de vous débarrasser ?"*

Attention dans certains pays, on ne débarrasse jamais un verre dans lequel il reste du vin.

Toutefois, ces règles peuvent varier d'un établissement à l'autre. En revanche, il faut éviter de laisser la table encombrée de verres inutiles.

Par ailleurs, il faut penser à **changer régulièrement les cendriers,** eu égard au vin et aux personnes qui ne fument pas.

Le service des vins effervescents sera étudié dans le chapitre *"Champagne".*

TEMPÉRATURE DE SERVICE

A bonne température, le vin est toujours meilleur... Pour s'en convaincre, il suffit de déboucher une bouteille de *Beaujolais* de l'année, d'en transvaser la moitié dans une autre bouteille, de les amener respectivement à 12 °C et 18 °C, et de faire une dégustation comparative. Il est possible de faire la même expérience avec un excellent *Meursault* servi à 11 °C et à 3 °C. D'ailleurs, dans ce cas, le test olfactif suffit... A 3 °C, le bouquet est complètement paralysé. En restauration, deux excès sont souvent constatés : **les vins blancs sont servis trop frais et les vins rouges trop chambrés.** Le verbe : chambrer, qui signifie amener à la température de la pièce, date d'une époque où le chauffage central et les convecteurs n'existaient pas encore. Il régnait alors une température nettement inférieure à celle que nous avons aujourd'hui dans nos appartements et nos salles à manger.

Nous allons essayer de voir pourquoi les vins blancs sont servis trop frais et les rouges trop chambrés.

Les vins blancs

Au restaurant, lorsqu'un client goûte un vin blanc en début de repas, très souvent, il ne le trouve pas assez frais et demande d'attendre un peu. Pourtant, le restaurateur est sûr que son vin est à bonne température. Que s'est-il donc passé ? Tout simplement, le peu de vin servi à 6/7 °C pour faire goûter, est versé dans un verre à la température de la salle à manger (20° minimum). Très rapidement, le vin passe à 11/12 °C, voire 13 °C, surtout si le client fait tourner le vin dans son verre pour en apprécier le bouquet (ce qui est tout à fait normal). Lorsque le client se plaint que le vin n'est pas assez frais, il s'entend répondre "C'est parce que vous avez eu la partie qui se trouvait dans le goulot, c'est-à-dire hors de la glace". Dans la plupart des cas, la bouteille vient d'être mise dans le seau, ce n'est donc pas la raison. Une solution consiste à servir une quantité un peu plus importante à la personne qui doit goûter. Chacun y trouve son compte. Le client, qui peut étancher sa soif et boire son vin en même temps que le plat qu'il a commandé, mais aussi le restaurateur car il vendra peut-être deux bouteilles au lieu d'une...

Avec les précautions d'usage, il faut également expliquer au client que le froid paralyse le bouquet des vins et que seuls ceux qui ont quelque chose à cacher (qualité médiocre, excès de SO_2, par exemple) méritent d'être servis glacés.

Les vins rouges

En principe, aucun vin ne devrait être servi à plus de 18/19 °C. Est-ce réellement le cas lorsque les vins sont stockés dans la salle à manger ? Ce qui arrive encore très souvent. Certains clients n'apprécient pas un vin trop chambré. Ils demandent parfois un seau avec quelques glaçons. Il ne faut pas s'en offusquer. Effectivement, le choc thermique peut être préjudiciable au vin mais certains vins rouges sont vraiment imbuvables à plus de 20 °C.

Température de service des principaux vins français

Il faut toujours veiller à amener les vins **lentement** à la température convenable. Les vins blancs secs et rosés doivent être servis frais, **jamais glacés,** ni frappés ; de préférence entre 7 et 12 °C. Les vins blancs jeunes, secs et frais aux environs de 8 °C. Les grands vins blancs secs, type Meursault, Pessac Léognan, Hermitage... à la température d'une bonne cave, c'est-à-dire aux environs de 12 °C.

Les vins blancs demi-doux ou moelleux, le Champagne (sauf les grandes cuvées) et les mousseux doivent être servis plus frais, entre 6 et 8 °C.

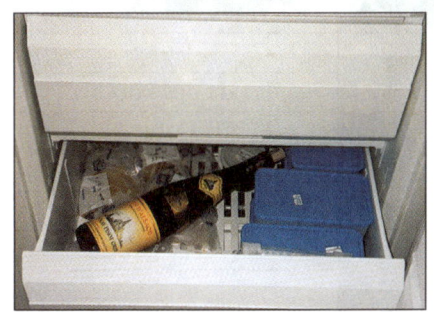

Ce qu'il ne faut pas faire.

Le service des vins au restaurant

°C	
25°C	
24	
23	
22	Température moyenne des appartements et des restaurants
21	
20	
19	
18	
17	Grands vins de Bordeaux rouges
16	
15	Grands vins de Bourgogne rouges
14	Vins rouges corsés, encore jeunes
13	Grands vins blancs secs
12	**CAVE IDÉALE**
11	Vins rouges légers et jeunes
10	Vins rosés, vins de primeur
9	
8	La plupart des vins blancs secs et le Champagne
7	
6	Vins liquoreux
5	
4	Vins effervescents gazéifiés
3	
2	

Ne pas oublier que dans les verres, le vin prend rapidement quelques degrés.

Celliers thermo-régulés.

PHOTO : BRUNET.

Les vins rouges légers et fruités (type Beaujolais, Chinon,...) et la plupart des vins issus de Gamay doivent être servis à la température de la cave, c'est-à-dire entre 10 et 12 °C.

Les vins rouges corsés doivent être servis chambrés sans excès, c'est-à-dire amenés à la température d'une pièce modérément chauffée (Bordeaux 17/18 °C, Bourgogne 15/16 °C).

De façon schématique, ci-dessus le tableau des températures moyennes souhaitables pour les différents types de vins. Elles sont rappelées dans les différents chapitres pour les vins de chaque région.

Ce qu'il ne faut pas faire :

Pour les vins blancs : laisser trop longtemps un vin au réfrigérateur, utiliser le congélateur ou le freezer, introduire des glaçons dans le vin.

Pour les vins rouges : tiédir à l'excès, chambrer n'est pas chauffer ; plonger un vin dans un seau d'eau chaude, placer une bouteille sur un radiateur.

Pour tous les vins : éviter de les brutaliser ; agir toujours lentement pour les amener à la température convenable.

Les vins jeunes se servent généralement plus frais que les vins vieux.

Moyens dont dispose le restaurateur

De nos jours, l'installation de caves du jour bien aménagées, l'utilisation de celliers thermo-régulés permettent de bien maîtriser les problèmes de température. Cela nécessite souvent un investissement assez lourd, mais certainement rentable. Il semblerait que, si les restaurateurs n'hésitent pas à faire de gros investissements pour la cuisine et pour la salle à manger, la partie "cave du jour" est trop souvent oubliée (revoir le chapitre stockage et conservation des vins).

Il est préférable d'avoir plusieurs celliers de capacité moyenne qu'un de grande capacité. En effet, durant le service, les portes sont ouvertes très souvent. Il serait souhaitable d'en avoir deux : un pour les blancs, l'autre pour les rouges. Oui, c'est plus cher ! Mais la satisfaction du client ne mérite-t-elle pas ce petit effort ?

Avoir les vins à bonne température à la cave du jour ne suffit pas. Encore faut-il qu'ils soient servis à bonne température et qu'ils restent à cette température pendant tout le repas. Si pour les vins

SOURCE : L'ESPRIT ET LE VIN - PARIS

Equilibreur thermique.

blancs et les vins rosés les seaux sont utilisés régulièrement, on constate une certaine frilosité pour l'utilisation des équilibreurs thermiques et des briques à vins. Ce matériel offre pourtant de nombreux avantages : esthétique, efficace, facile à entretenir. Il peut être utilisé pour tous les vins (blancs, rouges, rosés). C'est certainement le meilleur moyen pour servir et conserver les vins rouges à bonne température, surtout l'été en terrasse.

Par ailleurs, toutes les personnes responsables du service des vins devraient être en possession d'un thermomètre à vin et s'entraîner à déterminer la température à laquelle a été servie une boisson. Cet entraînement, qui peut être considéré comme un jeu, réserve de grosses surprises au début ; par la suite, chacun est capable de déterminer la température à un degré près.

Indépendamment du thermomètre à vin, il existe sur le marché différents matériels destinés à apprécier la température de service des boissons : bracelet en cuir, qui, mis autour de la bouteille, indique la température du vin contenu dans celle-ci ; étiquettes à cristaux liquides, la couleur des cristaux liquides se modifie en fonction de la température ; il existe même un verre avec thermomètre incorporé. Les résultats ne sont pas toujours à la hauteur du génie des inventeurs…

Brique à vin.

DÉCANTAGE OU PASSAGE EN CARAFE

Ces opérations font couler beaucoup de vin, certes, mais également beaucoup d'encre. Il y a ceux qui sont pour, et ceux qui sont contre, chacun a de bons arguments à faire valoir. Parmi ceux qui sont pour, certains ne le sont que dans des cas bien précis. Mais, au fait, qu'est-ce que le **décantage** ? Quelle et la différence entre le décantage et le **passage en carafe** ?

Pour cette opération, le mot "carafage" ou "carafer un vin" est souvent utilisé. A tort semble-t-il. Car ils ne figurent pas encore dans le dictionnaire.

Définition et but(s) du décantage

Le Petit Larousse laisse le choix entre "décantation" et "décantage" et donne la définition suivante : *"Transvaser doucement un liquide qui a fait un dépôt"*.

En restauration, c'est le mot "décantage" qui est utilisé. Le décantage est l'opération qui consiste à séparer le vin de son dépôt. Or, les vins actuels ont peu ou pas de dépôt. Il n'en a pas toujours été ainsi. On peut citer à ce sujet le passage consacré au dépôt présent dans les vins, extrait de l'ouvrage Nouveau manuel complet du sommelier et du Marchand de vins, publié dans les premières années du XXe siècle Edit Manuel Roret : *"Aussi clairs que soient les vins, lorsqu'on les met en bouteilles, ils déposent presque toujours au bout d'un certain temps. Les rouges font ordinairement des dépôts plus volumineux que les blancs, et leur couleur se précipite constamment jusqu'à ce qu'ils soient totalement dépouillés.*

Les dépôts varient de forme et de densité, suivant les crus et les années qui ont produit le vin. Les uns sont gras, les autres bourbeux, d'autres adhèrent à la paroi de la bouteille ; il en est de très légers que le moindre mouvement mêle à la liqueur. Souvent, un même vin dépose sous deux formes différentes dans la même bouteille ; le premier dépôt adhère à la paroi ou se réunit en masse au fond du vase, tandis que l'autre flotte". (dans ce texte le mot liqueur est utilisé pour désigner le vin).

De nos jours, un dépôt *"en masse au fond du vase"* est très rare. A cela plusieurs raisons : les techniques d'éla-

Le service des vins au restaurant

SOURCE : L'ESPRIT ET LE VIN - PARIS.

PHOTO : BRUNET.

SOURCE : L'ESPRIT ET LE VIN - PARIS.

Pique-bouchon, étain massif brillant. Un drôle de nom pour un accessoire qui répond à une vraie fonction : permettre l'identification d'un vin en carafe, le bouchon était souvent la carte de visite d'un vin. Piquez le bouchon de part et d'autre, puis passez le pique-bouchon comme un collier autour du col de la carafe.

boration ont considérablement évolué et les vins se boivent plus jeunes.

La question se pose donc : **est-il toujours nécessaire de décanter ?** Oui, selon l'auteur de cet ouvrage, ne serait-ce que pour l'aspect cérémonial de l'opération ! Il n'est pas rare de constater que lors d'un décantage dans une salle de restaurant, les conversations cessent, les regards se portent sur l'officiant, le moment est parfois solennel. Quel plus bel hommage peut-on rendre à un grand vin ?

Mais indépendamment de l'aspect cérémonial, le but du décantage est double : séparer le vin d'un éventuel dépôt et provoquer une aération modérée. Le vin doit être versé lentement. Cette aération permet au vin de s'exprimer sur le plan olfactif et d'atténuer l'astringence si les tanins sont encore un peu trop présents.

Décantage, oui, mais il ne faut pas en abuser. Il ne faut jamais oublier qu'une vieille bouteille constitue un merveilleux équilibre, un chef-d'œuvre de la nature, mais que cet équilibre est fragile. Un contact violent avec l'air peut le détruire en quelques secondes.

En revanche, certains *Bordeaux*, *Madiran*, *Porto*, etc., ayant quelques années de bouteilles, un peu de dépôt et encore sur la réserve gagnent à être décantés. Encore faut-il que cette opération soit effectuée correctement.

Choix du matériel

Il faut porter une attention toute particulière au choix des carafes et des supports métalliques.

Certaines carafes ont un goulot trop étroit, d'autres manquent de stabilité en raison d'un bec en métal trop lourd par rapport au poids de la carafe. Il faut également donner la préférence à des carafes faciles à nettoyer.

Il existe un très grand choix de modèles.

Pour les supports, avant un achat en nombre, un essai s'impose. En effet, la recherche de formes stylisées a conduit à mettre sur le marché du matériel où il n'est pas évident de trouver l'emplacement que doit occuper la bouteille ou qui présentent de grosses difficultés pour introduire la dite bouteille. Là aussi, pensez à la stabilité.

Quant à la bougie, il ne faut pas la choisir trop haute.

Pour l'achat de tout ce matériel, il est souhaitable de s'adresser à de vrais professionnels.

Comment procéder ?

Il faut s'efforcer d'obtenir la commande de vin rouge dès le début du repas.

- Préparer tout le matériel sur le guéridon.
- Apporter délicatement la bouteille à la table du client dans la position qu'elle occupait à la cave. En effet, même si le dépôt est moindre qu'autrefois, certains vins en ont encore. Cela ne constitue généralement pas un défaut, bien au contraire.
- Présenter et annoncer la bouteille, comme indiqué précédemment.
- Allumer la bougie, éteindre l'allumette sans souffler dessus.
- Déboucher la bouteille comme indiqué précédemment, sans la remuer.
- Poser le bouchon sur une soucoupe.

Le service des vins au restaurant

- Goûter le vin.
- Prendre une carafe ou une aiguière, en cristal de préférence, préalablement rincée à l'eau tiède ; "l'enviner" (on "envine" un verre ou une carafe, on "avine" un fût : réf. Pr. Peynaud), c'est-à-dire la rincer avec quelques gouttes du vin qui va être décanté. Cette petite quantité de vin est versée dans un verre prévu à cet effet.
- *Procéder ensuite au décantage proprement dit* (sans bruit et sans faire de taches sur le guéridon).
- Prendre la carafe dans une main, la bouteille dans l'autre, puis transvaser délicatement le vin, celui-ci doit glisser lentement le long des parois de la carafe.
  Durant toute cette opération, une bougie allumée est placée sous l'épaulement de la bouteille. Elle va permettre d'apercevoir, par transparence, l'arrivée du dépôt.
- Relever la bouteille, d'un geste rapide, au moment précis où le dépôt va s'engager dans le goulot de la bouteille.
- Eteindre la bougie sans souffler dessus, le bouquet d'un grand vin s'accommode fort peu d'une odeur qui se rencontre généralement dans les églises après l'office…

Le vin est alors prêt à être servi.

- Faire goûter le vin et le servir comme indiqué précédemment.

Il faut toujours laisser la bouteille et le bouchon à la vue des clients. Des magasins spécialisés vendent de petites chaînettes qui permettent de présenter le bouchon sur la carafe.

Il y a parfois controverse en ce qui concerne le décantage. Certains préconisent pour cette opération d'enlever complètement la capsule, prétextant qu'elle empêche de voir l'arrivée du dépôt. Soit ! mais il faut s'arrêter de transvaser dès que le dépôt se présente au début du goulot, à hauteur de la capsule, l'opération est risquée. Qui plus est, une bouteille sans capsule ne semble-t-elle pas mutilée ? Enlever la capsule peut se justifier si on utilise le panier, mais celui-ci ne se prête pas toujours à cette opération car il empêche de voir ce qui se passe dans la bouteille.

Si la bouteille a été stockée debout pendant quelques heures, pourquoi ne pas la décanter directement en la tenant à la main ? Si elle était couchée, il faut utiliser un décantoir c'est-à-dire un support métallique, il en existe de magnifiques en métal argenté. Ils offrent l'avantage de ne pas masquer l'arrivée du dépôt, mais aussi et surtout, ils permettent au client de voir "sa bouteille", ce qui n'est pas le cas lorsqu'elle est dans un panier.

LE PASSAGE EN CARAFE

Le passage en carafe se pratique de plus en plus souvent. Il y a parfois confusion entre décantage et passage en carafe.

Le décantage s'effectue généralement sur des vins qui ont déjà quelques années de bouteille et qui présentent un dépôt. Le passage en carafe s'effectue sur des vins encore jeunes ou très exactement qui ne sont pas encore à "maturité".

Comment procéder :

Dans les deux cas, on utilise une carafe, mais l'utilisation de la bougie ne se justifie pas pour un passage en carafe. Pour le décantage, le vin doit glisser lentement sur les parois de la carafe, pour un passage en carafe, l'opération s'effectue plus rapidement, car l'objectif est "d'aérer le vin".

Pourquoi est-il, parfois, souhaitable de passer certains vins en carafe ?

Il y a quelques années déjà, une question revenait régulièrement "combien de temps à l'avance dois-je déboucher mes vins ?" La seule réponse valable était "un certain temps" comme aurait dit un humoriste célèbre en parlant du fût du canon… De toute façon, en restauration, sauf pour les banquets, il est difficile de déboucher le vin plusieurs heures à l'avance.

Heureusement, le Professeur Emile Peynaud dans son magnifique ouvrage sur la dégustation "le goût du vin" Editions Dunod, nous dit : *"Il est tout*

Pour le décantage, attention au choix du support.

Très souvent, les paniers ne sont pas adaptés au décantage.

IL NE FAUT PAS CONFONDRE SHAKER ET CARAFE À DÉCANTER

Lors des différents concours de sommellerie, les candidats ont souvent tendance à confondre les deux. Pour enviner la carafe, il faut la faire tourner délicatement pour que le vin entre en contact avec les parois. Il n'est pas nécessaire de faire des circonvolutions et de secouer la carafe comme un shaker lors de l'élaboration d'un cocktail.

D'autre part, la carafe est envinée pour la préparer à recevoir le vin et éventuellement éliminer toute trace d'eau si elle a été préalablement rincée à l'eau tiède. Jamais pour la nettoyer si elle arrive sale de l'office, comme on l'entend parfois. Ces deux petites erreurs sont des péchés de jeunesse, très certainement dues au stress de certains candidats.

Le service des vins au restaurant

Pour un passage en carafe, l'utilisation de la bougie ne se justifie pas.

Carafe «grand arôme».

à fait indifférent de déboucher une bouteille trois heures avant de la servir ou juste au dernier moment. Il ne se passe rien en effet physiquement ou chimiquement en deux ou trois heures dans ces conditions. Il ne peut y avoir d'évoporation et l'oxydation est infime. La quantité d'oxygène qui pénètre ainsi est à peine mesurable..."

Or, certains vins on besoin d'un contact avec l'oxygène pour se livrer pleinement. C'est le cas de beaucoup de vins issus de Cabernet Sauvignon, de Syrah, de Mourvèdre, etc, surtout si ces vins rouges ont été élaborés avec une macération longue. Une solution consiste donc à passer les vins en carafe.

Aussi surprenant que cela puisse paraître, certains grands vins blancs encore "sur la réserve" gagnent également à être passés en carafe. C'est le cas de certains vins des A.O.C. : Alsace Grand Cru, Pessac-Léognan, Savennières, Meursault, Hermitage… En effet, surtout en restauration, ces vins sont souvent mis à la carte trop rapidement. Un passage en carafe leur permet de se livrer plus facilement surtout sur le plan olfactif.

Si vous n'êtes pas convaincu du bien-fondé du passage en carafe, faites l'expérience suivante : prenez deux bouteilles d'un des vins mentionnés ci-dessus, au début du repas, passez-en une en carafe et contentez-vous de déboucher la seconde. Puis faites, avec vos clients ou vos amis, une dégustation comparative. Cette expérience facile à réaliser vaut mieux que de longs discours…

Pour le service des boissons autres que le vin (bières, eau-de-vie, café…), reportez-vous au chapitre correspondant.

Étude des vignobles

SOURCE : CIV CÔTES DE PROVENCE.
PHOTO : F. MILLO.

**Une tâche difficile,
mais pas insurmontable**

**Acquisition des connaissances
de base**
Présentation de la région : origine du vignoble, son importance..
Différentes appellations et couleur des vins
Situation géographique
Nature du sol
Observations
Caractères des vins – accords avec les mets
Restaurateurs et vins de…
Pour la petite histoire

**Les vins étrangers,
une chance ou un danger ?**

Civet de lapereau.

Étude des vignobles

L'ÉTUDE DES VIGNOBLES :
UNE TÂCHE DIFFICILE MAIS PAS INSURMONTABLE

De nombreux livres sont consacrés à l'étude des vignobles français et étrangers. Certains traitent de l'ensemble des vignobles, d'autres, plus spécialisés, ne concernent qu'une seule région, voire une seule appellation (collection le "Grand Bernard") ou un seul cru (*Yquem* par Richard Olney). Tous ces ouvrages permettent d'acquérir une bonne connaissance des crus et appellations. Mais rares sont ceux qui s'adressent aux restaurateurs et à ceux qui chaque jour, vendent des boissons.

Un restaurateur, à plus forte raison un élève ou un étudiant, peut-il connaître toutes les appellations et tous les crus, des vignobles français et étrangers ? Non ! Il en est qui ne doivent pas être ignorés, d'autres pour lesquels il n'y a aucune honte à se reporter à un ouvrage de référence pour en connaître les différentes caractéristiques. Au même titre qu'en cuisine, où il n'est pas possible de connaître toutes les garnitures et préparations, les professionnels ne doivent pas hésiter à avoir recours à un ouvrage. Cela ne veut pas dire que rien n'est à apprendre par cœur, mais il ne faut pas se limiter à une énumération fastidieuse de crus plus ou moins connus.

En revanche, un restaurateur n'a pas le droit d'ignorer des crus tels que *Château Mouton Rothschild*, *Pétrus*, *Château Yquem*, *Romanée-Conti*, *Corton Charlemagne*, *Château-Chalon*, *Château Grillet*, *Vega Sicilia*, *Opus One*, etc., de même qu'un spécialiste de la musique ne peut ignorer Mozart ou Chopin, qu'un spécialiste de la peinture doit pouvoir situer Rembrandt ou Picasso. Mais indépendamment des listes de crus et d'appellations, il est souhaitable de mettre l'accent sur les facteurs propres à chaque région et sous-région : importance, différentes appellations et hiérarchie, situation géographique, cépages, nature du sol, caractères des vins, accords avec les mets… Mais d'autres aspects, même s'ils sont parfois négligés, font partie d'un minimum de connaissances indispensables. C'est le cas de l'aspect culturel. Il existe d'excellents ouvrages sur le sujet (*le vin de Bordeaux, cet inconnu* de Gaston Marchou, *Petite histoire du champagne et de sa province* de Pierre Andrieu, *Alsace, de l'homme au vin* d'Isabelle Bianquis, etc.).

Étude des vignobles

ACQUISITION DES CONNAISSANCES DE BASE

Dans cet ouvrage, les vins sont présentés de la façon suivante :

Présentation de la région : origine du vignoble, son importance.

Différentes appellations et couleur des vins*.

Situation géographique*.

Nature du sol*.

Observations*.

Caractères des vins – accords avec les mets.

Restaurateurs et vins de…

Pour faciliter le travail, les principales informations sont regroupées sous forme de tableaux (voir exemple ci-contre).

Importance du vignoble

Lorsque l'on est en Alsace, est-ce bien utile de connaître la superficie exacte de l'A.O.C. *St Nicolas-de-Bourgueil ?* En revanche, il faut savoir lequel de ces vignobles est le plus important : Bordelais ou Bourgogne ? Champagne ou Alsace ?

Il n'est pas question de retenir avec précision la superficie de tous les vignobles mais il faut être en mesure de donner un ordre de grandeur pour les principaux. Une excellente solution consiste à prendre comme référence un vignoble connu, de préférence un vignoble que l'on a visité. Cela permet de se faire une idée sur son importance. En effet, il n'est pas évident de se représenter l'étendue d'un vignoble de plusieurs milliers d'hectares. Mais en partant de ce vignoble connu, par exemple l'Alsace (14 000 hectares) retenir que la Champagne c'est environ deux fois la superficie du vignoble alsacien, le Bordelais six fois et demie l'Alsace, etc.

Pour mémoriser un ordre de grandeur quant à la production annuelle de chaque grande région, pourquoi ne pas se référer au nombre de bouteilles par Français ? Deux bouteilles et demie de Beaujolais, deux bouteilles et demie d'Alsace (2,5 x 60 millions = 150 millions). Pour la région de Sauternes-Barsac, une bouteille pour dix Français, etc.

LISTE DES APPELLATIONS ET PRINCIPALES CARACTÉRISTIQUES

Appellations	Situation géographique	Principaux cépages	Nature du sol	Observations
Graves	Rive gauche de la Garonne de la Jalle de Blanquefort au sud de Langon	Blancs : **Sémillon, Sauvignon,** Muscadelle Rouges : **Merlot, Cabernet Sauvignon,** Cabernet Franc, Malbec,..	Galets, graviers, sable, argile	Grande diversité au niveau des vins en raison de la diversité des sols et des expositions

Liste des appellations et couleur des vins

Toutes les A.O.C. et toutes les A.O.V.D.Q.S. figurent dans les différents tableaux.

La couleur des vins produits pose souvent problème. Par exemple, pour la Bourgogne, il n'est pas évident de mémoriser les A.O.C. qui ne produisent que du vin blanc et de celles qui ne produisent que du vin rouge. Depuis des décennies, l'auteur utilise le jeu des couleurs. Cette solution est très appréciée par les élèves, les étudiants, les restaurateurs et les œnophiles. Dans les tableaux, toutes les appellations qui produisent des vins blancs figurent en bleu, celles qui produisent des vins rouges en rouge (Sauternes, Médoc…). Si l'appellation produit des blancs et des rouges, le nom est écrit avec les deux couleurs en tenant compte du pourcentage de chaque couleur (Graves, Chinon, Alsace…). Après quelques

MAJUSCULES OU MINUSCULES POUR LES NOMS DE CÉPAGES ?

Doit-on écrire les noms de cépages avec une majuscule ? Non, si l'on se réfère au dictionnaire.

Mais dans presque tous les documents y compris ceux qui sont publiés par la plupart des comités interprofessionnels, les noms de cépages sont écrits avec des majuscules. C'est également le cas dans le «PRÉCIS D'AMPÉLOGRAPHIE PRATIQUE» de Pierre Galet. C'est la raison pour laquelle, dans cet ouvrage, les majuscules ont été retenues.

Étude des vignobles

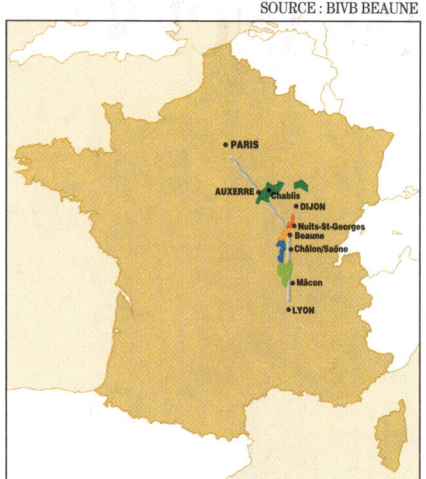
Situation géographique.

Le Pinot noir.

Le Chardonnay.

La montagne de Reims (sol).

Bouillabaisse et vin de Provence.

instants d'observation, il est possible de dégager des généralités. A titre d'exemple, reportez-vous au chapitre Bourgogne. Vous pouvez constater que toutes les A.O.C. de la Côte de Nuits, qu'elles soient communales ou grands crus, produisent essentiellement du vin rouge (exceptions : Vougeot, Musigny...). Pour la Côte de Beaune, toutes les A.O.C. communales produisent des vins blancs et des vins rouges (sauf : Pommard, Volnay et Côtes de Beaune-Villages), quant aux A.O.C. grand cru, elles ne produisent que des vins blancs (exception : Corton). On a ainsi mémorisé la couleur des vins pour une soixantaine d'appellations.

N.B : Seules les appellations figurent en couleur, jamais les cépages, et ce, pour éviter les confusions entre cépages et appellations. Exemple : Pommard *mais Pinot noir,* Chablis *mais Chardonnay.*

Situation géographique

La présentation des vignobles doit s'appuyer ou renforcer un pré-acquis géographique à condition de ne pas tomber dans une description trop détaillée. Il est plus facile de situer le vignoble du Beaujolais entre Mâcon et Lyon, plutôt qu'entre Leynes et l'Arbresle lorsque l'on a affaire à des non spécialistes.

Pour localiser les crus dans l'ordre géographique, il est possible d'avoir recours à un moyen mnémotechnique (voir la *carte de la Côte de Nuits, au chapitre "Bourgogne"*).

Pigeons au Muscat de Beaumes-de-Venise.

Cépages

Le choix des cépages est effectué en fonction de la nature du sol et du climat propre à chaque grande région. A partir de cette constatation, il est possible de diviser la France en zones (voir la partie *cépages dans le chapitre : "La vigne en France"*). Il ne reste plus qu'à retenir les exceptions.

Dans les tableaux, pour chaque appellation, les cépages principaux figurent en gras.

Nature du sol

Comme nous l'avons déjà vu, la nature du sol est un élément déterminant pour la qualité et les caractères organoleptiques des vins.

Si, pour certaines appellations, la nature du sol est homogène, ce n'est pas toujours le cas. Certaines d'entre elles sont situées sur des sols très complexes. Dans ce cas, seules les caractéristiques dominantes sont signalées.

Caractères des vins – Accords avec les mets

Pour chaque région, les caractères des vins sont signalés : *types de vin* secs, demi-secs, moelleux... pour les blancs.

Légers, souples, tanniques... pour les rouges ; *aptitude à la conservation.*

Par rapport aux éditions précédentes, la partie accords vins et mets est beaucoup plus étoffée. Sont signalés les accords classiques (riesling et choucroute, madiran et cassoulet…), mais aussi bon nombre d'accords originaux (vin rouge avec certains poissons, canard aux fruits et vin doux naturel,…).

Étude des vignobles

Restaurateurs et vins de...

Dans cette partie, la température de service des principaux vins est mentionnée. On y trouve également de nombreux conseils pour l'élaboration de la carte : aspect législatif, principaux pièges à éviter,... Mais aussi, et surtout, des conseils pour l'achat des vins en fonction de leur destination : à consommer maintenant ou à conserver en cave. Sont également signalés les vins qui constituent pour l'auteur de véritables "vins de restaurateur".

Dans les tableaux "liste des A.O.C. et principales caractéristiques" figurent toutes les grandes appellations, celles que tout le monde connaît *(Médoc, Margaux, Pomerol, Pommard, Châteauneuf-du-Pape, Chambertin, Montrachet,* etc.), mais y figurent également toutes les appellations moins connues. Celles que l'auteur qualifie de "vins de restaurateur" en raison de leur rapport qualité/prix.

Comme nous le verrons, il peut être tentant pour un restaurateur d'avoir à sa carte des appellations et des crus prestigieux, mais il ne faut pas oublier que dans la plupart des restaurants, ces vins sont très difficiles à vendre, même après l'application d'un coefficient multiplicateur raisonnable.

De nombreux Vins de Pays sont également signalés. La plupart d'entre eux méritent de figurer plus souvent sur les cartes de vins.

Nous avons déjà vu que l'étude des vins ne doit pas se limiter à une énumération fastidieuse de crus plus ou moins connus. Il est donc souhaitable de compléter la découverte des différentes régions vinicoles par quelques anecdotes ou faits historiques. N'est-ce pas grâce à la poule au pot que des générations de potaches ont retenu qu'Henri IV fut roi de France et de Navarre ? Ainsi, peut-on parler des vins de Chinon sans évoquer Rabelais, de ceux du Mâconnais en passant Lamartine sous silence, du vignoble de Palette sans faire allusion à Cézanne ? Elèves, étudiants et clients apprécient cette approche de l'étude des vins, elle a donc été privilégiée dans la partie consacrée à la découverte des principaux vignobles.

Étude des vignobles

LES VINS ÉTRANGERS : UNE CHANCE OU UN DANGER ?

Les vins étrangers sont et seront de plus en plus présents sur nos tables. Est-ce une chance ou un danger ?

Les avis sont partagés. Comme en toute chose, il faut avoir le sens de la mesure. Il ne faut pas les ignorer mais il ne faut pas croire, comme certains gourous, que l'avenir est aux seuls vins du Nouveau Monde.

Indépendamment de l'aspect découverte, nombreux sont les vins étrangers qui présentent un très bon rapport qualité/prix.

De nos jours, a-t-on encore le droit d'ignorer les vins d'Italie, d'Espagne, d'Australie, du Chili, d'Afrique du Sud,... ? Certainement pas. Il est consternant d'entendre des restaurateurs dire "Pourquoi aller chercher ailleurs, en France nous sommes les meilleurs, nous avons les meilleurs vins du monde". Certes, nous avons en France des vins pour tous les goûts et toutes les bourses mais il faut prendre conscience que nous ne sommes plus les seuls sur la "planète vin". C'est la raison pour laquelle un chapitre de cet ouvrage est consacré aux principaux vignobles étrangers. Il s'agit d'une présentation succincte mais si vous souhaitez plus d'informations consultez l'ouvrage *"Le vin et les vins étrangers"* 368 pages - P. Brunet - Editions BPI.

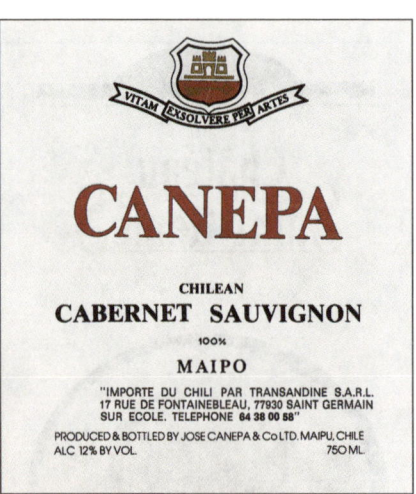

Difficile à rattacher à une des régions que nous allons découvrir, voici un vin français produit dans l'Océan Indien, à plus de 10 000 km de la métropole. Il s'agit du vin de Cilaos qui provient d'un vignoble situé sur les hauteurs de l'île de la Réunion.

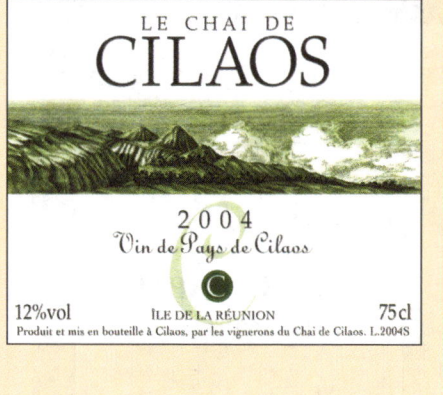

Depuis 2004, les vins de Cilaos bénéficient de la dénomination "VIN DE PAYS de CILAOS".

Étude des vignobles

LOCALISATION DES PRINCIPAUX VIGNOBLES FRANÇAIS

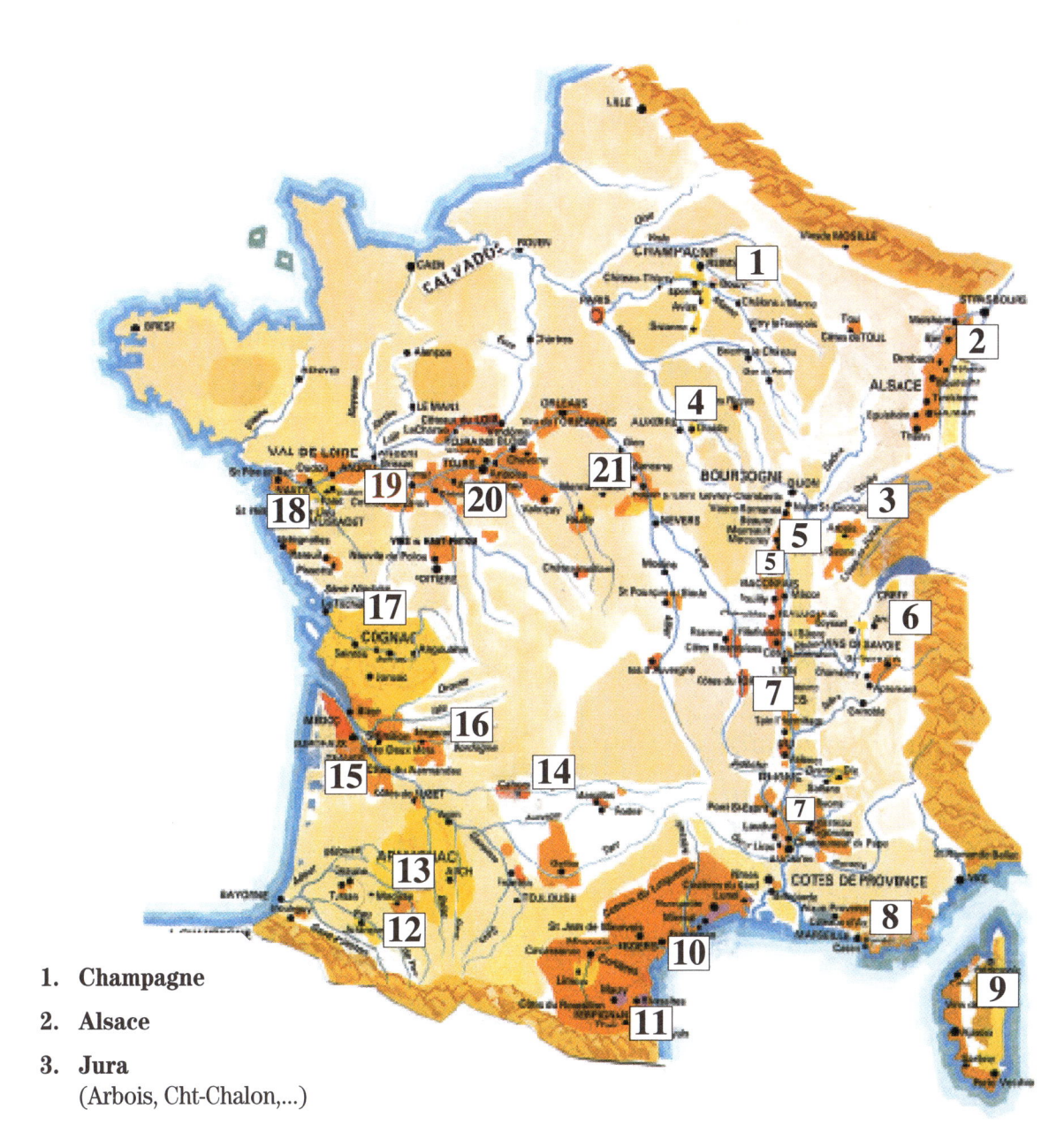

1. **Champagne**
2. **Alsace**
3. **Jura**
   (Arbois, Cht-Chalon,...)
4. **Chablis**
5. **Bourgogne**
   (Côte de Nuits, Côte de Beaune, Côte Chalonnaise, Macon,...)
6. **Savoie**
   (Crépy, Seyssel,...)
7. **Côtes-du-Rhône**
   (Côte-Rôtie, Hermitage, Châteauneuf,...)
8. **Provence**
   (Côtes de Provence, Bandol, Cassis, Bellet,...)
9. **Corse**
   (Patrimonio, Ajaccio,...)
10-11 **Languedoc-Roussillon**
12. **Pyrénées**
    (Jurançon, Madiran,...)
13. **Armagnac**
14. **Cahors**
15. **Bordeaux**
    (Médoc, Graves, Sauternes, St-Emilion, Pomerol,...)
16. **Dordogne**
    (Bergerac, Monbazillac,...)
17. **Cognac**
18. **Pays Nantais**
    (Muscadet)
19. **Anjou**
    (Savennières, Coteaux du Layon...)
20. **Touraine**
    (Vouvray, Chinon, Bourgueil,...)
21. **Nièvre-Berry**
    (Sancerre, Pouilly-Fumé...)

DOCUMENT RÉALISÉ À PARTIR D'UNE CARTE DU SYNDICAT DES VITICULTEURS DU HAUT-POITOU

Les vignobles et les vins de Bordeaux

SOURCE : CHÂTEAU MARGAUX

Chai souterrain.
Vins de 2e année à
Château Margaux.

Présentation des vignobles bordelais
Situation géographique et nature du sol
Principaux cépages
Classifications des vins de Bordeaux
Caractères et service des vins de Bordeaux
Les A.O.C. "régionales"
Cartes des appellations

Le Médoc et les Graves
Liste des A.O.C. et principales caractéristiques
Principaux crus
Caractères des vins - Accord avec les mets
Restaurateurs et vins du Médoc et des Graves

Les grands vins blancs moelleux et liquoreux
Liste des A.O.C. et principales caractéristiques
Principaux crus
Caractères des vins - Accord avec les mets
Restaurateurs et grands vins blancs moelleux et liquoreux

Entre-deux-Mers et vins blancs secs

Saint-Emilion Pomerol Fronsac (Le Libournais)
Liste des A.O.C. et principales caractéristiques
Principaux crus
Caractères des vins - Accord avec les mets
Restaurateurs et vins du Libournais

Les vins de "Côtes"
Liste des A.O.C. et principales caractéristiques
Principaux crus
Caractères des vins - Accord avec les mets
Restaurateurs et vins de "Côtes"

Editions BPI - REPRODUCTION INTERDITE

Les vignobles et les vins de Bordeaux

PRÉSENTATION DU VIGNOBLE BORDELAIS

SOURCE : CULTURE MAIRIE DE BORDEAUX

Le port de Bordeaux a toujours joué un rôle primordial pour faire connaître les vins de la région dans le monde entier.

SOURCE : CIVB, PHOTO MICHEL GENEY-BURDIN

Sol caractéristique du Médoc et des Graves.

SOURCE : CIVB, PHOTO PIERRE MACKIEWICZ

Cabernet-Sauvignon, cépage tardif, 25 000 ha dans le Bordelais, très présent dans le Médoc et les Graves.

SOURCE : CIVB, PHOTO PIERRE MACKIEWICZ

Cabernet Franc, surtout présent dans le Libournais.

Bordeaux, ancienne capitale de la Guyenne est aujourd'hui le chef-lieu du département de la Gironde. Partout dans le monde, lorsque le nom de Bordeaux est prononcé, il n'évoque pas les célèbres allées de Tourny, ni la Place des Quinconces, mais le **vin**, "le vin de Bordeaux". Ce dernier est connu dans tout l'univers. A cela plusieurs raisons :

- Il s'agit du vignoble d'appellation d'origine contrôlée le plus important de France avec une superficie proche de 115 000 hectares, dont un peu plus de 113 000 en A.O.C. (à titre de comparaison : 30 000 ha pour la Champagne, 14 000 pour l'Alsace). Les vins de Bordeaux sont commercialisés sous 57 appellations différentes.

- Les Anglais, maîtres des mers pendant de nombreux siècles, ont été des prescripteurs de ce vin aux quatre coins du monde. En effet, à la suite du mariage d'Alienor d'Aquitaine avec Henri Plantagenêt, duc de Normandie et comte d'Anjou (1152), la région passe à la couronne anglaise lorsque ce dernier devient roi d'Angleterre en 1154. Elle y restera jusqu'à la reconquête de l'Aquitaine par les Français lors de la bataille de Castillon, en 1453.

- Autre atout non négligeable : le vin de Bordeaux voyage facilement. Ce qui fait dire à Gaston Marchoux dans un livre consacré aux vins de cette région : *"Il franchit les mers avec l'endurance d'un pèlerin et le pouvoir convaincant d'un missionnaire."* Actuellement plus d'un tiers de la production est exporté.

Le Bordelais produit en moyenne, chaque année, de 5,5 à 6 millions d'hectolitres pour les seules A.O.C. (les vins rouges représentent 85 % de la production). Chaque Français pourrait boire de 12 à 15 bouteilles de bordeaux annuellement.

Ce vignoble a une origine très ancienne. Au premier siècle de notre ère la découverte d'une nouvelle variété de vigne résistante aux hivers rigoureux : le biturica bouleverse l'histoire de la viticulture. Elle permet aux habitants de l'époque, une peuplade de guerriers celtiques, les Bituriges de planter leur propre vignoble.

Géographique et nature du sol

Le vignoble est entièrement situé sur le département de la Gironde, le plus grand département français. Les grandes masses d'eau que constituent : l'Océan, la Garonne, la Dordogne et de nombreux autres cours d'eau assurent à cette région un climat très propice à la culture de la vigne. La présence de la forêt intervient également comme régulateur.

Comme dans tous les vignobles réputés la vigne est essentiellement cultivée sur des sols très pauvres. Sols et sous-sols sont très variés : graveleux en Médoc et dans les Graves, ferrugineux à Pomerol, palus dans le Bourgeais et le Blayais, etc.

Principaux cépages

Contrairement à certaines régions où les vins proviennent d'un seul cépage (vin de monocépage), en Bordelais ils sont généralement élaborés à partir de plusieurs cépages. Aussi bien en blanc qu'en rouge, deux vins d'une même appellation et d'un même millésime peuvent avoir des caractères organoleptiques et une aptitude au vieillissement différents en fonction du pourcentage des différents cépages utilisés. Il s'agit d'un point très important pour le restaurateur. Il faudra en tenir compte au moment de l'achat et lors des accords vins et mets. Sous l'A.O.C. Pessac-Léognan, par exemple, indépendamment de la différence au niveau des sols et de l'exposition, un *Château Malartic-Lagravière* blanc

Les vignobles et les vins de Bordeaux

issu à 85 % de Sauvignon sera différent d'un *Château Olivier blanc* où ce cépage ne représente que 40 %.

En Bordelais, on trouve essentiellement les cépages suivants :

• **Cépages rouges :**

le *Cabernet Sauvignon*, qui donne des vins tanniques, aptes au vieillissement, il est très présent dans le Médoc et Graves.

le *Cabernet Franc*, qui évolue plus rapidement que le précédent, il est surtout présent dans le Libournais.

le *Merlot* qui donne des vins souples et bouquetés, il constitue la base de l'encépagement à Saint-Emilion et à Pomerol.

A ces trois cépages, il convient d'ajouter le *Petit Verdot* qui apporte aux vins du corps et de la couleur et le *Malbec*. Ce dernier donne des vins riches en tanin.

• **Cépages blancs :**

le *Sémillon*, qui est sans aucun doute le cépage bordelais par excellence. Il est présent dans pratiquement tous les vins blancs. Sa bonne aptitude à prendre la pourriture noble en fait le cépage de prédilection dans la région des grands vins blancs liquoreux (Sauternes, Barsac, Loupiac,…).

le *Sauvignon*, ce cépage aromatique, est de plus en plus cultivé en Bordelais. Certains vins blancs sont élaborés exclusivement à partir de ce cépage. C'est lui qui apporte l'acidité nécessaire à l'équilibre des grands vins blancs.

la *Muscadelle*, ce cépage a pratiquement disparu.

Classifications des vins de Bordeaux

Avant de parler de classification, il paraît indispensable de donner la définition du mot "château" en Bordelais. Il s'agit d'une exploitation viticole qui possède des bâtiments pour l'élaboration et l'élevage des vins. Cette désignation s'applique aussi bien à un véritable château, au sens architectural du terme, qu'à une modeste demeure de vigneron. Pour ce type d'exploitation on utilise également les mots : domaine, cru et clos (avec des restrictions pour ce dernier).

Sujet délicat à aborder, la ou plutôt **les** classifications des vins de Bordeaux continuent à faire couler beaucoup d'encre. La plus ancienne, la plus connue et la plus "attaquée" est sans aucun doute la fameuse classification de 1855. Jusqu'à cette date, il existait des classifications non officielles mais généralement admises par les professionnels de la région. C'est Napoléon III qui demanda une classification officielle pour l'Exposition Universelle de 1855. Cette mission fut confiée à la Chambre de Commerce de Bordeaux. Cette dernière a alors demandé aux courtiers en vin de la région d'effectuer ce travail. Connaissant parfaitement bien les crus de Bordeaux, ils étaient certainement les plus qualifiés pour mener à bien cette mission. Un des principaux critères pris en compte a été les prix pratiqués lors des transactions dans les dernières décennies. Cette façon de procéder, reflétant la loi de l'offre et de la demande, était censée être en rapport avec la qualité, ce qui était d'ailleurs le cas à l'époque. En 1855, le "verdict" tomba.

Sauvignon, il donne des vins secs et aromatiques.

Muscadelle, peu cultivée.

La classification des grands vins de la Gironde date de 1855.

Château Prieuré-Lichine, dans le Médoc.

Merlot, cépage précoce, le plus présent dans le Bordelais avec 40 000 ha. Il constitue l'encépagement principal du Libournais.

Sémillon

Clos du Clocher à Pomerol.

Les vignobles et les vins de Bordeaux

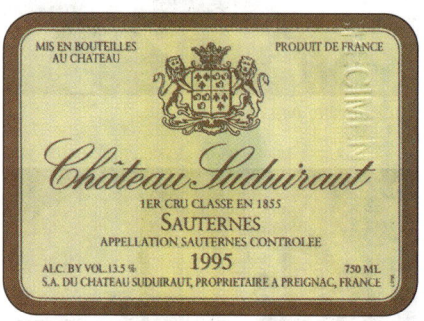

La classification de 1855 ne concerne que le Médoc et le Sauternais. Une seule exception, le Château Haut-Brion dans les Graves.

Vins rouges :

4 premiers crus,
15 deuxièmes crus,
14 troisièmes crus,
11 quatrièmes crus,
18 cinquièmes crus.

Soit 62 crus au total. Répartition : 61 Médoc, 1 Graves, mais aucun vin de St-Emilion et de Pomerol. A cette liste, il faut ajouter 26 crus de la région de Sauternes, pour les vins blancs *(VOIR CLASSIFICATION DE 1955 en annexes).*

Dès sa publication, cette classification a été contestée (c'est à cette époque que le Château Mouton Rothschild a pris pour devise : *"Premier ne suis, second ne daigne, Mouton suis"*). 150 ans après, la contestation est toujours à l'ordre du jour… Etant donné les polémiques qu'elle soulève, il est difficile à l'auteur de ces lignes de prendre parti. Cette classification existe, les clients la connaissent et le restaurateur n'a pas le droit de l'ignorer. L'expérience prouve que, dans l'ensemble, les vins qui y figurent, le méritent. Faut-il revoir la hiérarchie ? C'est possible, mais pour quels crus et selon quels critères ? En revanche, de nos jours, certains vins non classés en 1855 y auraient certainement leur place, mais pour différentes raisons, une refonte paraît peu probable. Une seule modification est intervenue en 1973, de deuxième cru, le Château Mouton Rothschild est passé premier cru. D'autre part, en 1932, pour le Médoc, ont été créés les crus bourgeois, les crus artisans et les crus paysans. De nos jours, certains crus bourgeois sont vendus aussi chers que des crus classés en 1855. Le consommateur rectifie donc de lui-même les éventuelles injustices de ce classement.

Le reproche le plus grave que l'on peut faire à cette classification de 1855, qui porte le nom de "Classification officielle des grands vins de la Gironde", c'est d'être limitée aux seuls vins du Médoc et du Sauternais (une seule exception : le *Château Haut-Brion* qui est un Graves). Plusieurs raisons sont données pour tenter d'expliquer l'absence des *St-Emilion, Pomerol, Graves,...* mais elles ne sont pas toujours convaincantes. Ne pouvant bénéficier de cette classification, ces différentes régions ont créé la leur :

- une pour les Graves en 1953 (complétée et modifiée en 1959). Elle concerne 16 châteaux ou domaines qui peuvent faire figurer sur leur étiquette "cru classé des Graves".

- une pour St-Emilion, en 1954, elle est révisable tous les 10 ans. Depuis la dernière révision (en 1996), 68 crus bénéficient de cette classification qui comporte 13 Premiers Grands Crus Classés et 55 Grands Crus Classés.

- Il n'existe pas de classification officielle à Pomerol.

Cru bourgeois du Médoc.

Cru bourgeois du Médoc.

Cru classé des Graves.

Les vignobles et les vins de Bordeaux

Cela devient souvent source de malentendus dans l'esprit des consommateurs et constitue un casse-tête pour les restaurateurs ! En effet, du point de vue qualitatif, il est difficile de comparer, en se référant aux différents classements existants, un deuxième cru du Médoc, un cru classé des Graves, un *St-Emilion* grand cru et un *Pomerol*, sachant que pour cette dernière région, il n'existe pas de classement officiel.

En conclusion, il est possible de donner à l'acheteur le conseil suivant : lorsqu'une classification existe, elle établit en principe une hiérarchie à l'intérieur d'une région précise, voire d'une appellation, mais aucune échelle de valeur ne permet de passer d'une classification à une autre.

Caractères des vins de Bordeaux

Le Bordelais présente la particularité d'offrir une gamme complète de vins.

Les vins blancs peuvent être :

- secs et agréables à boire dans les 2 à 3 ans *(Entre-deux-Mers, Bordeaux secs et Bordeaux Haut-Benauge...)*,
- secs, souples et puissants avec une bonne aptitude au vieillissement *(Graves, Pessac-Léognan...)*,
- moelleux ou liquoreux, certains d'entre eux sont des vins de longue garde, voire, de très longue garde *(Sauternes, Barsac, Loupiac, Graves supérieurs...)*.

Les vins rouges peuvent être :

- légers et à boire rapidement, sur leur fruit *(Bordeaux clairet)*,
- légers et moyennement tanniques, à boire entre 2 et 5 ans, parfois plus *(Bordeaux et Bordeaux supérieur...)*,
- corsés et tanniques, surtout lorsqu'ils sont jeunes, avec une bonne aptitude au vieillissement, jusqu'à 50 ans et plus (en particulier ceux qui sont produits sous l'A.O.C. *Pauillac*),
- corsés et souples, avec une aptitude au vieillissement un peu plus courte que pour les précédents, mais il y a des exceptions *(Saint-Emilion, Pomerol, Fronsac...)* !

Il existe également des bordeaux rosés, généralement frais, à boire rapidement et des vins effervescents sous l'A.O.C. Crémant de Bordeaux. Ce dernier ne gagne pas à être conservé trop longtemps.

Service des vins de Bordeaux

De par leur diversité, ils peuvent accompagner tout un repas. Les blancs seront servis frais, jamais glacés. Les rouges chambrés sans excès. Certains *Bordeaux* rouges méritent d'être carafés ou décantés. Cette dernière opération est grandement facilitée par la forme de la bouteille. La bordelaise a des "épaules" qui permettent de mieux retenir un éventuel dépôt. (Pour le service et le décantage, se reporter au chapitre : *"Le service des vins"*. Les conseils concernant l'accord des vins et des mets seront donnés pour chaque région du Bordelais).

Les vins blancs secs se servent entre 8 et 11°, les moelleux ou les liquoreux aux environs de 8°.

Les vins rouges jeunes et légers se servent autour de 15/16°.

Les grands vins rouges, plus évolués, autour de 18°.

Pour les vins rouges, n'hésitez pas à carafer les vins jeunes encore un peu trop tanniques et sur leur réserve sur le plan aromatique. Les millésimes anciens présentent souvent un dépôt. Les vins peuvent alors être décantés (attention pour les très vieux millésimes, voir *la partie service*).

L'ordre de dégustation des vins du bordelais

A titre indicatif, voici l'ordre proposé par le comité interprofessionnel des vins de Bordeaux.

L'ordre le plus judicieux est d'aller des Bordeaux les plus légers aux Bordeaux les plus corsés, des plus

Pas de classement à Pomerol.

Grand cru classé de Saint-Emilion.

Bouteilles de Château d'Yquem 1948.

Les vins rouges jeunes et encore sur la réserve gagnent à être carafés.

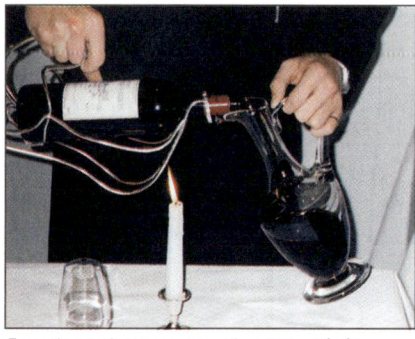
Les vieux vins rouges qui ont du dépôt peuvent être décantés.

Les vignobles et les vins de Bordeaux

fermes aux plus souples, des plus jeunes aux plus vieux.

Cela donne l'ordre suivant :

1. vins blancs légers et vifs,
2. vins blancs secs et souples,
3. vins rouges nouveaux,
4. vins blancs soutenus et plus ou moins gras,
5. vins rouges de garde.

Dans une même catégorie, les vins sont dégustés dans l'ordre d'âge croissant.

Note de l'auteur : cet ordre est l'ordre logique, mais l'expérience prouve qu'il existe de nombreuses exceptions, surtout pour l'âge des vins.

Les A.O.C. régionales

Plus de 50 % des vins du Bordelais sont commercialisés sous les appellations régionales (appelées à tort génériques) Bordeaux et Bordeaux supérieur.

BORDEAUX & BORDEAUX SUPÉRIEUR. Ces deux appellations peuvent être complétées par une indication de provenance : "Côtes-de-Francs", "Haut-Benauge", etc. Le nom d'un château figure généralement sur l'étiquette. Dans ce cas, le vin ne peut provenir que de la propriété en question.

Dans l'ensemble, ces vins ont vraiment leur place en restauration, leur prix d'achat est généralement très raisonnable. Ils permettent d'avoir à la carte des vins, des *Bordeaux* à des prix très abordables. Chacun sait que lorsque les prix les plus bas de la carte sont trop élevés (par exemple, pas de vins à moins de 120 F), la plupart des clients ne consomment pas de vin. Il est certes flatteur d'avoir à sa carte des crus et des appellations prestigieuses, mais il faut se souvenir que les A.O.C. régionales offrent très souvent un excellent rapport qualité/prix.

C'est également sous l'A.O.C. *Bordeaux* ou *Bordeaux Supérieur* que sont com-

Appellations	Situation géographique	Principaux cépages	Nature du sol	Observations
Bordeaux	Zones du département de la Gironde aptes à produire des vins d'A.O.C., généralement celles ne bénéficiant pas d'une A.O.C. communale ou sous-régionale.	Blancs : **Sémillon, Sauvignon,** Muscadelle Rouges : **Merlot, Cabernet Sauvignon,** Cabernet Franc, Malbec…	Quatre principaux types de sols : les palus (sols aux alluvions récentes), les graves (les meilleurs), les sols argilo-calcaires, les boulbènes (silice, argile et sable).	Cette appellation se décline en : - Bordeaux rouge, - Bordeaux blanc sec, - Bordeaux rosé et Bordeaux clairet : robe claire pour le rosé, macération 12 à 18 h. Robe plus intense pour le clairet, macération 24 à 36 h. Le clairet a été le premier type de vin élaboré dans le Bordelais.
Bordeaux Supérieur et Bordeaux Supérieur moelleux	Idem	Blancs : **Sémillon, Sauvignon,** Muscadelle Rouges : **Merlot, Cabernet Sauvignon,** Cabernet Franc, Malbec…	Idem	Conditions plus strictes que pour les précédents : rendements plus limités, 12 mois minimum d'élevage. Généralement une bonne aptitude au vieillissement. Le Bordeaux Supérieur moelleux est élaboré à partir de raisins blancs surmûris.
Crémant de Bordeaux	Idem	Blancs : **Sémillon, Sauvignon,** Muscadelle… Rouges : Merlot, Cabernet Sauvignon, Cabernet Franc, Malbec…	Idem	Officiellement créée en 1990, l'appellation Crémant de Bordeaux est l'aboutissement d'une longue tradition bordelaise de vins effervescents. Existe en blanc et en rosé.

Les vignobles et les vins de Bordeaux

mercialisés les vins blancs produits dans le Médoc. Exemple : le Pavillon blanc de Château Margaux ou l'Aile d'Argent de Mouton Rothschild. En effet, les A.O.C. du Médoc ne concernent que les vins rouges. C'est également le cas des vins blancs secs produits dans le Sauternais, exemples : Y d'Yquem, R de Rieussec,...

MAITRE DE CHAI

Personnage d'importance considérable dans tous les vignobles du Bordelais. La réussite d'un vin dépend de son appréciation et est soumise à sa seule autorité. Une particularité, sa tenue. La même depuis des siècles : une veste noire et un tablier de cuir.

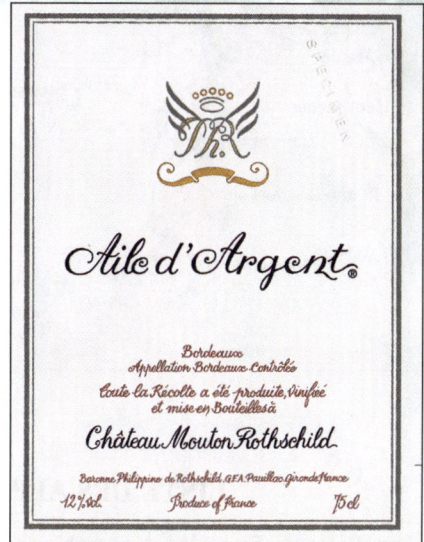

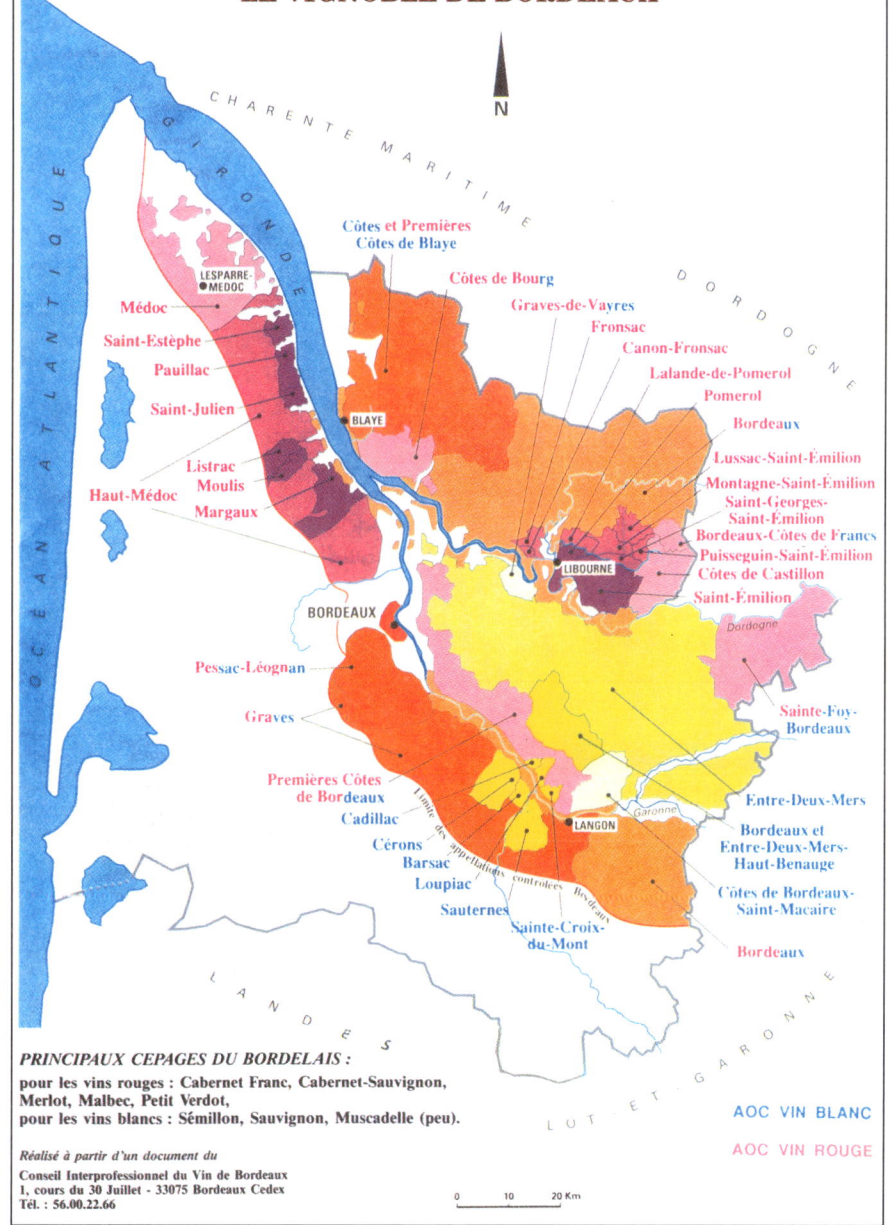

Les vignobles et les vins de Bordeaux

LE MÉDOC ET LES GRAVES

SOURCE : DOCUMENT ABC

Le Médoc

Le Médoc, qui signifie "terre du milieu" constitue une vaste presqu'île triangulaire au nord-ouest de Bordeaux.

Il est situé sur le 45e parallèle. Le vignoble est localisé sur la rive gauche de la Gironde, sur une longueur d'environ 80 km pour une largeur moyenne de 5 km. Située entre deux masses d'eau (l'estuaire et l'Océan), protégée des vents par la forêt de pins, cette région bénéficie d'un microclimat très propice à la culture de la vigne. De faibles écarts de température et une certaine humidité de l'atmosphère associés à la chaleur due à un bon ensoleillement permettent d'obtenir une excellente maturation.

La vigne occupe des terroirs modelés en forme de petites collines de graves (cailloux sur fonds d'argile, de calcaire ou de sable). La pauvreté du sol oblige la plante à développer ses racines en profondeur, ce qui est excellent pour la qualité du vin, car comme nous l'avons déjà vu, les sols trop fertiles donnent des vins communs.

Le Médoc est subdivisé en deux sous-régions : le Haut-Médoc, de la Jalle (1) de Blanquefort à St-Seurin de Cadourne et le Bas-Médoc qui prolonge le Haut-Médoc vers l'Océan. Il n'existe pas d'A.O.C Bas Médoc. En effet, cette dernière pourrait avoir une connotation péjorative. Les vins de cette région sont vendus sous l'A.O.C. Médoc.

Il existe huit A.O.C. pour les vins du Médoc. Ils sont présentés soit sous les A.O.C. Médoc ou Haut-Médoc soit sous une A.O.C. communale.

LISTE DES APPELLATIONS ET PRINCIPALES CARACTÉRISTIQUES

Appellations	Situation géographique	Principaux cépages	Nature du sol	Observations
Médoc	Rive gauche de l'estuaire de la Gironde, de Saint-Seurin de Cadourne au sud, à Saint-Vivien (près de l'Océan) au nord.	**Cabernet Sauvignon**, Cabernet Franc, Merlot, Petit Verdot.	Sols variés, mais toujours très pauvres, ce qui est excellent pour la qualité des vins.	Pas de crus classés en 1855 vendus sous cette appellation mais de nombreux crus bourgeois et crus artisans.
Haut-Médoc	Rive gauche de l'estuaire de la Gironde de la Jalle de Blanquefort (1) au sud, à Saint-Seurin de Cadourne au nord.	**Cabernet Sauvignon**, Cabernet Franc, Merlot, Petit Verdot.	Sols variés, mais toujours très pauvres, ce qui est excellent pour la qualité des vins.	Tous les crus du Médoc classés en 1855 sont situés dans le Haut-Médoc.

(1) Jalle : petit ruisseau.

SOURCE : CONSEIL DES VINS DU MÉDOC.

Les A.O.C. du Médoc.

Editions BPI - REPRODUCTION INTERDITE

Les vignobles et les vins de Bordeaux

Les 6 appellations communales suivantes sont situées dans le Haut-Médoc :

Appellations	Situation géographique	Principaux cépages	Nature du sol	Observations
Saint-Estèphe	A.O.C. communale la plus septentrionale du Haut-Médoc.	**Cabernet Sauvignon,** Cabernet Franc, Merlot, Petit Verdot.	Sol de graves avec plus d'argile que dans les autres A.O.C. situées plus au sud.	Les vins sont très aromatiques, fins et souples. Ils sont corsés sans excès.
Pauillac	Près de l'estuaire, en amont de Saint-Estèphe.	**Cabernet Sauvignon,** Cabernet Franc, Merlot, Petit Verdot.	Sol de graves, très grosses par endroit, ce qui assure un drainage parfait.	Les vins sont en général très corsés avec beaucoup de finesse et de distinction. Très bonne aptitude au vieillissement.
Saint-Julien	Au centre du Haut-Médoc en amont de Pauillac.	**Cabernet Sauvignon,** Cabernet Franc, Merlot, Petit Verdot.	Le vignoble est situé sur deux croupes graveleuses.	Les vins ont du corps, un bouquet fin et délicat. Ils sont généralement bien équilibrés.
Margaux	C'est l'A.O.C. communale la plus au sud. Elle s'étend sur 5 communes : Margaux, Cantenac, Arsac, Labarde et Soussans.	**Cabernet Sauvignon,** Cabernet Franc, Merlot, Petit Verdot.	Le vignoble est situé sur les croupes graveleuses des 5 communes qui composent l'A.O.C.	Les vins sont généreux sans être capiteux. Ils sont suaves et très fins.
Moulis-en-Médoc	Entre Margaux et Saint-Julien.	**Cabernet Sauvignon,** Cabernet Franc, Merlot, Petit Verdot.	Sol varié : calcaire, argilo-calcaire et graves.	Les vins sont suaves, corsés, et très bouquetés. Certains sont bons à boire assez rapidement.
Listrac-Médoc	Au sud-ouest de Moulis. C'est l'A.O.C. la plus éloignée de l'estuaire, à la lisière de la forêt.	**Cabernet Sauvignon,** Cabernet Franc, Merlot, Petit Verdot.	Graves pyrénéennes à dominance calcaire à l'ouest, argilo-calcaire au centre, graves garonnaises à l'est.	Les vins sont fruités, charnus et bien charpentés. Ils ont une bonne aptitude à la conservation.

Sous ces huit appellations, ce sont 110 000 millions de bouteilles qui sont commercialisées, en moyenne, chaque année.

La production est répartie entre des propriétés de tailles et de notoriété différentes.

- **Les prestigieux crus classés** en 1855 et 1973 (pour le Mouton Rothschild). Ces vins représentent l'aristocratie des vins du Médoc. Au nombre de 60, ils représentent 25 % de la production totale du Médoc.
- **Les crus bourgeois,** un nouveau classement (2003) a ramené leur nombre de 420 à 247, dont 9 "exceptionnels"* et 87 "supérieurs". Ils constituent d'excellents vins de restaurateurs. La plupart des crus bourgeois restent à des prix très abordables, même si certains d'entre eux ont acquis une telle renommée qu'ils se vendent au prix des crus classés (5e, 4e, 3e, voire au prix des 2e).

* Voir liste page 135.

Cru classé en 1855.

Cru bourgeois.

Les vignobles et les vins de Bordeaux

Cru artisan

- **Les crus artisans,** issus de petites propriétés familiales, ils gagneraient à être plus présents sur les cartes des vins en raison de leur rapport qualité/prix. Ils représentent environ 10 % de la production du Médoc.

- Les caves coopératives ne sont pas très nombreuses dans la région (13). Elles représentent 15 % de la production.

Quelques Crus (voir classification de 1855 en annexe) :

Saint-Estèphe : Ch. Cos d'Estournel**, Ch. Montrose**, Ch. Haut Marbuzet*, Ch. les Ormes de Pez*.

Pauillac : Ch. Latour**, Ch. Lafite Rothschild**, Ch. Mouton Rothschild**, Ch. La Fleur Millon*.

Saint-Julien : Ch. Léoville-Las-Cases**, Ch. Gruaud Laroze**, Ch. du Glana*, Ch. Moulin Riche*.

Margaux : Ch. Margaux**, Ch. Rauzan-Ségla**, Ch. Mont-Brison*, Ch. Vincent*.

Moulis-en-Médoc : Ch. Brillette*, Ch. Chasse Spleen*, Ch. Maucaillou*, Ch. Poujeaux*.

Listrac-Médoc : Ch. Fourcas Dupré*, Ch. Fourcas Loubaney*, Ch. Moulin de la Borde*, Ch. l'Ermitage*.

*** crus classés en 1885.   * crus bourgeois.*

Chaque année, l'étiquette est dessinée par un artiste différent : Braque, Matisse, Picasso, etc.

Les Graves

Berceau des vins de Bordeaux, cette région s'étend sur la rive gauche de la Garonne de la Jalle de Blanquefort, limite sud du Médoc, jusqu'au sud de Langon. Cette bande de terre, d'environ 55 km de long sur 10 km de large produit à la fois des vins blancs et des vins rouges. La région des Graves doit son nom à la nature de son sol qui est constitué d'une grande variété de graviers, de galets fluviaux ou glaciaires roulés par les eaux, de débris cailouteux de taille et de couleurs fort différentes, de sable et de galets. C'est la seule A.O.C. française à porter le nom du sol qui la caractérise.

La ville de Bordeaux constitue une enclave dans la région des Graves. Certains crus parmi les plus célèbres sont situés dans la proche banlieue bordelaise.

Les vins de Graves, longtemps considérés comme les meilleurs et les plus recherchés des vins de Bordeaux, ont retrouvé, à juste titre, depuis une trentaine d'années la faveur du public.

Les graves ont fait l'objet d'un classement spécifique établi en 1953 et 1959 à la demande du syndicat de défense de l'appellation. Neuf crus sont classés pour leurs vins blancs, treize pour les rouges. Ils peuvent tous faire figurer la mention "cru classé" sur l'étiquette.

Vins rouges :

Château Haut-Brion (classé 1er cru en 1855 et cru classé des Graves), Pessac ; *Château Pape-Clément*, Pessac ; *Château La Mission-Haut-Brion*, Talence ; *Château Latour-Haut-Brion*, Talence ; *Château Haut-Bailly*, Léognan ; *Château Smith Haut-Lafitte*, Martillac ; *Château Fieuzal*, Léognan.

Vins blancs :

Château Laville-Haut-Brion, Talence ; *Château Couhins, Château Couhins-Lurton*, Villenave d'Ornon.

Vins rouges et blancs :

Château Carbonnieux, Léognan ; *Domaine de Chevalier*, Léognan ; *Château Malartic-Lagravière*, Léognan ;

Les vignobles et les vins de Bordeaux

LISTE DES APPELLATIONS ET PRINCIPALES CARACTÉRISTIQUES

Appellations	Situation géographique	Principaux cépages	Nature du sol	Observations
Graves	Rive gauche de la Garonne, de la Jalle de Blanquefort au sud de Langon.	Blancs : **Sémillon, Sauvignon,** Muscadelle Rouges : **Merlot, Cabernet Sauvignon,** Cabernet Franc, Malbec,...	Galets, graviers, sable, argile.	Grande diversité au niveau des vins en raison de la diversité des sols et des expositions.
Pessac-Léognan	Partie nord des Graves, aux portes de Bordeaux	Blancs : **Sémillon, Sauvignon,** Muscadelle Rouges : **Merlot, Cabernet Sauvignon,** Cabernet Franc, Malbec,...	Graves composées de galets roulés par les eaux reposant sur un sous-sol d'argile de sable et de calcaire.	Depuis 1987, cette partie des Graves bénéficie d'une A.O.C. propre. Tous les crus classés des Graves sont situés sur cette appellation. Rouges et blancs ont une bonne aptitude à la conservation.
Graves supérieures	Identique à l'A.O.C. Graves.	**Sémillon, Sauvignon,** Muscadelle	Galets, graviers, sable, argile.	Vins moelleux qui ne sont pas sans rappeler ceux du Sauternais.

Château Olivier, Léognan ; *Château Latour-Martillac*, Martillac ; *Château Bouscaut*, Cadaujac.

Rappel : à l'exception du *Château Haut-Brion* (classé en 1855), pour les Graves : 1er cru, 2ème cru, etc. n'existent pas, seule figure la mention "**cru classé**" pour les crus bénéficiant du classement du 16 février 1959.

CARACTÈRES DES VINS ACCORD AVEC LES METS
(Médoc et Graves)

Les vins du Médoc et des Graves ont généralement une robe profonde et un nez subtil. Ce sont des vins rouges corsés avec une belle persistance en bouche. Ils peuvent paraître un peu astringents lorsqu'ils sont jeunes. Cela est généralement dû à la présence en quantité importante du Cabernet-Sauvignon qui constitue l'encépagement principal de ces régions. Cette astringence ne doit pas être considérée comme un défaut. Avec le temps, les vins s'arrondissent et deviennent fins et délicats. Il ne faut jamais oublier que le tanin est un des éléments de conservation du vin. D'ailleurs, une des caractéristiques des vins du Médoc et des Graves (rouges) est leur longévité extraordinaire, surtout pour les plus grands d'entre eux.

- A Saint-Estèphe, les vins sont aromatiques, fins et souples moyennement corsés. Ils ont beaucoup de finesse.

- A Pauillac, les vins sont généralement corsés. Ils ont un bouquet fin et délicat et une bonne aptitude au vieillissement. Cette appellation donne **les vins les plus corsés du Médoc**, il faut savoir les attendre.

L'A.O.C. Graves produit des vins blancs et des vins rouges.

Sous l'A.O.C. Graves supérieures sont commercialisés de grands vins liquoreux issus de raisins botrytisés.

En dehors des vins du Médoc, le Château Haut-Brion est le seul vin rouge à bénéficier de la classification de 1855 (1er cru).

Cru classé des Graves.

Les vignobles et les vins de Bordeaux

Magret de canard.

Pigeonneau.

Quelques «seconds vins». A ne pas confondre avec les deuxièmes crus classés.

- A St-Julien : les vins sont plus souples, avec une grande richesse en sève, du corps et un bouquet délicat.

- A Margaux : les vins sont généreux sans être capiteux. Ils sont suaves. Ils ont beaucoup de finesse, ce sont des vins tendres et élégants.

- A Listrac : les vins sont fruités, charnus et bien charpentés. Ils ont une bonne aptitude au vieillissement.

- A Moulis : les vins sont suaves, corsés et très bouquetés. Plus souples que les précédents, certains sont prêts à boire rapidement.

- Les Graves rouges, surtout les Pessac-Léognan ont du corps, de la finesse, ils sont délicatement bouquetés et ont une bonne aptitude au vieillissement.

- Les vins blancs de l'A.O.C. Pessac-Léognan sont secs, fruités et aromatiques lorsqu'ils sont jeunes. Après quelques années, les plus grands d'entre eux acquièrent une très belle complexité aromatique et de la rondeur.

Les vins du Médoc et les Graves rouges accompagnent : les volailles, les viandes rouges, le gibier, les cèpes, les fromages… Sur une viande blanche, il est possible de servir les plus légers d'entre eux, par exemple : un Margaux ou un Moulis. Le Pauillac et certains Graves font merveille sur l'agneau. Quant aux Graves blancs, s'ils sont très secs, ils accompagneront parfaitement les huîtres et les poissons meunière ou pochés ; plus souples, on les servira avec les poissons en sauce mais également sur une volaille ou une viande blanche.

RESTAURATEURS ET VINS DU MÉDOC ET DES GRAVES

Les crus classés figurent généralement en bonne place sur la plupart des cartes des vins. En revanche, en restauration, les appellations régionales et communales, ainsi que les crus bourgeois n'ont pas toujours la place qu'ils méritent. Ils ont pourtant l'avantage d'être à des prix beaucoup plus abordables que les "grands crus et crus classés". Ils présentent généralement un bon rapport qualité/prix. Certaines appellations du Médoc, certes moins connues que Pauillac ou St-Julien, ont tendance à être oubliées, c'est le cas de *Moulis* et de *Listrac-Médoc*. Peut-être parce qu'il est plus difficile de les localiser.

Par ailleurs, de nombreux châteaux commercialisent des "seconds vins". Il s'agit en fait de vins produits par des vignes jeunes ou provenant de cuvées n'ayant pas atteint la perfection des grands crus. Les amateurs avisés savent les repérer sur les cartes des vins. Ils ne peuvent pas rivaliser avec les premiers vins, mais leur prix les rend très attrayants. Dans cette catégorie, on peut citer : les *Forts de Latour* (Château Latour), *Pavillon rouge* (Château Margaux), *Carruades de Lafite* (Lafite), *Petit Mouton* (Mouton Rothschild), *le Clos du Marquis* (Château Léoville-Las-Cases), *La Flamme* (Château Bouscaut, dans les Graves), etc. (voir liste en annexe).

D'autre part, il ne faut pas hésiter à faire preuve d'originalité en proposant des vins rares et peu connus. C'est le cas des vins blancs produits dans le Médoc (vins réservés à une élite branchée, selon la revue l'Amateur de Bordeaux). Evidemment, ils ne peuvent pas bénéficier de l'A.O.C. Médoc. Ils sont commercialisés sous l'appellation Bordeaux. Parmi ces vins : le *Pavillon Blanc* (Château Margaux), *Aile d'Argent* (Mouton Rothschild), le *Caillou* (Château Talbot), etc.

Les vignobles et les vins de Bordeaux

Lors de la rédaction de la carte des vins, il serait souhaitable d'avoir recours à l'étiquette pour savoir quelle est l'appellation exacte sous laquelle le vin doit figurer à la carte. Par exemple, attention à ne pas confondre les "Moutons" : *Château Mouton-Rothschild* appellation Pauillac, premier cru classé en 1855, *Château Mouton Baronne Philippe* (pour les millésimes anciens). Pour les millésimes antérieurs à 1988 on peut trouver : *Château Mouton Baron Philippe* ou *Château Mouton Baronne Philippe*. Depuis 1988, ce château a retrouvé son nom d'origine : Château d'Armailhac. Ce cru a été classé en 1855, *Mouton Cadet*, appellation Bordeaux, mais qui se décline également sous d'autres A.O.C. : Graves, Médoc (voir chapitre commercialisation, partie carte des vins)...

Certains clients se plaignent que les grands *Bordeaux* sont chers. Le restaurateur doit être en mesure de leur expliquer que des fûts neufs sont utilisés chaque année, que les vins sont collés puis soutirés et enfin élevés sous bois pendant plusieurs mois, voire plusieurs années. Cela ne manque pas de se répercuter sur le prix de vente, mais aussi sur la qualité (cette remarque est valable pour d'autres régions).

Attention à ne pas confondre les «Moutons».

> Alors qu'il était encore dans la restauration, l'auteur a reçu un coup de fil d'un client courroucé qui l'a traité de voleur. Il avait vu sur la carte d'un de ses concurrents un château Margaux à un prix 5 fois moins cher que dans son établissement. Il avait tout simplement confondu le château Margaux et l'appellation Margaux. Le premier, vendu sous l'A.O.C. Margaux ne peut provenir que du seul Château Margaux. Alors que si l'étiquette mentionne simplement "appellation Margaux contrôlée", le vin peut provenir de l'ensemble des 5 communes qui constituent l'A.O.C.

Crus bourgeois exceptionnels, région du Médoc
(arrêté du 17/06/2003)

Château	Commune	AOC
Château Chasse-Spleen	Moulis-en-Médoc	Moulis-en-Médoc
Château Haut-Marbuzet	Saint-Estèphe	Saint-Estèphe
Château Labegorce Zédé	Soussans	Margaux
Château Ormes de Pez (Les)	Saint-Estèphe	Saint-Estèphe
Château Pez (de)	Saint-Estèphe	Saint-Estèphe
Château Phélan Ségur	Saint-Estèphe	Saint-Estèphe
Château Potensac	Ordonnac	Médoc
Château Poujeaux	Moulis-en-Médoc	Moulis-en-Médoc
Château Siran	Labarde	Margaux

Depuis 1988, ce cru est présenté sous son ancien nom : Château d'Armailhac.

> Montesquieu est très connu comme écrivain et comme philosophe. Mais il fut également vigneron et un ardent défenseur de la viticulture. A la Brède, dans les Graves, il dirigeait lui-même un vignoble d'une cinquantaine d'hectares. Ses descendants possèdent toujours le château de la Brède.
>
> Le traité des vins du Médoc, édition 1845, nous relate une histoire surprenante mais qui semble avérée. Jadis, la terre de Carbonnieux (qui est actuellement un cru très réputé de Pessac-Léognan) appartenait à des Bénédictins. Ces derniers avaient trouvé un excellent débouché pour leurs vins : la Turquie. Mais arrivés sur place, la loi musulmane constituait une entrave à leur commercialisation. Qu'à cela ne tienne, les moines changèrent l'étiquette qui se transforma en "Eaux minérales de Carbonnieux". La limpidité parfaite des vins a beaucoup aidé à cette supercherie. Evidemment, il s'agissait d'un gros péché pour nos braves Bénédictins mais les affaires sont les affaires...
>
> Comme nous l'avons déjà vu, les gens d'église ont toujours eu une grande influence dans le monde du vin. Toujours sous l'A.O.C. Pessac Léognan, le château Pape Clément doit son nom à son ancien propriétaire Bertrand de Goth. Evêque de Bordeaux, il est devenu pape en 1305 sous le nom de Clément V. Il a été le premier pape à résider en Avignon.

Mouton Cadet se décline sous différentes A.O.C. : Bordeaux, Médoc, Graves (voir «commercialisation» partie «carte des vins»)...

Les vignobles et les vins de Bordeaux

LES GRANDS VINS BLANCS MOELLEUX ET LIQUOREUX

SOURCE : DOCUMENT ABC

Vins de légende, les grands vins blancs moelleux ou liquoreux du Bordelais sont connus dans le monde entier (1). C'est dans cette catégorie que l'on trouve le fameux *Sauternes* et le célèbre *Château d'Yquem* considéré comme un des meilleurs vins blancs du monde. Pourquoi une telle renommée ? Elle est en partie due au développement d'un champignon microscopique, **le Botrytis cinerea,** qui provoque, lorsque les conditions sont favorables, la fameuse **pourriture noble.** Dans cette région, il ne suffit pas que les raisins soient arrivés à maturité pour être vendangés. La surmaturation et le développement du Botrytis cinerea sont recherchés. Cette moisissure attaque à la fois l'intérieur et la peau du raisin qui se ride et prend une couleur brun-violet. Il se produit alors une concentration des sucres, une évaporation de l'eau, ainsi que de nombreuses modifications qui vont transformer le jus de raisin en une véritable "liqueur" dont la richesse peut dépasser 400 g de sucre par litre de moût. Pour que la pourriture noble se développe dans de bonnes conditions, une belle arrière-saison ne suffit pas ; il faut une alternance de chaleur et d'humidité, ce qui n'est pas le cas chaque année.

La pourriture noble n'apparaît pas en même temps sur toutes les grappes et, sur une même grappe, tous les grains ne sont pas atteints en même temps. Très souvent, les vendanges s'effectuent par tries successives. Il n'est pas rare de passer 4 ou 5 fois sur le même pied de vigne. Dans certains grands châteaux, dix passages et plus sont parfois nécessaires. Les faibles rendements et cette façon de procéder expliquent le prix parfois élevé de ce type de vin.

Toutefois, le Sauternais n'a pas le monopole du Botrytis cinerea qui se rencontre également sur la rive droite de la Garonne et dans d'autres régions de France : Dordogne, Val de Loire, Alsace, etc. mais aussi dans d'autres pays parmi lesquels on peut citer l'Allemagne (Trockenbeerenauslese) et l'Autriche (Ausbruch).

(1) Sur le plan réglementaire, le degré alcoolique final des vins moelleux est au maximum égal à 15°, alors que celui des vins liquoreux peut dépasser le seuil des 15°.

SOURCE : AMBASSADE DES VINS SAUTERNES BARSAC.

Grappe botrytisée (pourriture noble).

Cérons, une A.O.C. trop souvent oubliée.

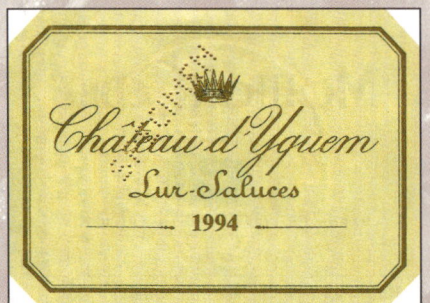

Yquem, un des meilleurs vins blancs du monde.

Le Sauternais a bénéficié de la classification de 1855.

Les vins de Barsac peuvent être présentés soit sous l'A.O.C. Sauternes soit sous l'A.O.C. Barsac.

Les vignobles et les vins de Bordeaux

LISTE DES APPELLATIONS ET PRINCIPALES CARACTÉRISTIQUES

A. Sur la rive gauche de la Garonne

Appellations	Situation géographique	Principaux cépages	Nature du sol	Observations
Sauternes	Rive gauche de la Garonne au nord-ouest de Langon.	**Sémillon,** Sauvignon, Muscadelle.	Silico-graveleux sur sous-sol argilo-calcaire.	Cette A.O.C. est limitée à cinq communes : Sauternes, Barsac, Bommes, Preignac et Fargues.
Barsac	Rive gauche de la Garonne au nord-ouest de Sauternes dont elle n'est séparée que par une petite rivière : le Ciron.	**Sémillon,** Sauvignon, Muscadelle.	Idem Sauternes, mais avec dominance calcaire.	La commune de Barsac peut vendre son vin soit sous l'A.O.C. Barsac, soit sous l'A.O.C. Sauternes. La réciproque n'est pas possible.
Cérons	Prolonge le plateau de Barsac vers le nord-ouest.	**Sémillon,** Sauvignon, Muscadelle.	Argilo-graveleux avec sous-sol pierreux	On trouve sous cette A.O.C. des vins secs, mais le Cérons type est proche des A.O.C. précédentes, même si les vins de Cérons sont généralement plus légers et plus nerveux.

LISTE DES APPELLATIONS ET PRINCIPALES CARACTÉRISTIQUES

B. Sur la rive droite de la Garonne

Appellations	Situation géographique	Principaux cépages	Nature du sol	Observations
Sainte-Croix-du-Mont	Rive droite de la Garonne, en face de Sauternes.	**Sémillon,** Sauvignon, Muscadelle.	Argilo-calcaire sur sous-sol pierreux.	Après quelques années de bouteilles, les vins liquoreux de cette appellation acquièrent de l'onctuosité et un bel équilibre.
Loupiac	Rive droite de la Garonne en face de Barsac.	**Sémillon,** Sauvignon, Muscadelle.	Argilo-calcaire sur sous-sol calcaire, argileux ou graveleux.	Les vins de Loupiac sont fermes, généreux, nerveux et très fins. Ils ont une bonne aptitude à la conservation.
Cadillac	Bande longue et étroite (60 km sur 5 km) rive droite de la Garonne, partie sud des Premières Côtes.	**Sémillon,** Sauvignon, Muscadelle.	Calcaire et graves.	Les vins de Cadillac, suaves et bien équilibrés sont des vins à découvrir en raison de leur bon rapport qualité/prix. 22 communes ont droit à l'A.O.C.
Côtes de Bordeaux-St-Macaire	Rive droite de la Garonne au nord-est de Langon.	**Sémillon, Sauvignon,** Muscadelle	Coteaux graveleux et argileux.	Vins blancs moelleux, fins et corsés. Bel équilibre.

Quelques crus de :

- Cérons : Château de Cérons, Ch. Huradin, Ch. de Rochefort, etc.
- Sainte-Croix-du-Mont : Ch. Loubens, Ch. du Pavillon, Ch. de Taste, Ch. du Mont, Ch. des Arroucats, etc.
- Loupiac : Ch. de Loupiac, Ch. Les Roques, Ch. Grand Peyruchet, Ch. Loupiac-Gaudiet, Ch. du Gros, etc.
- Cadillac : Ch. La Tour Faugas, Ch. Reynon, Ch. Carsin, Ch. Frappe-Peyrot, Ch. La Bertrande, Ch. Mémoires, Ch. Suau, etc.

Accords mets et vin moelleux ou liquoreux.

Les vignobles et les vins de Bordeaux

Ces 4 A.O.C., situées sur la rive droite de la Garonne, offrent des vins à des prix beaucoup plus abordables que ceux du sauternais. Ce qui en fait d'excellents «vins de restaurateur».

SOURCE : DOCUMENT CIVB

La vendangeuse cueille grain après grain avec la plus extrême délicatesse. Elle repassera plusieurs fois sur la grappe, selon le degré d'avancement de la pourriture.

Une pourriture noble sur une grappe de Sémillon.
DOCUMENT C.I.V.B.

On trouve également des vins blancs moelleux sous les appellations : Bordeaux Supérieur, Premières Côtes de Bordeaux, Sainte Foy Bordeaux et Graves Supérieures (rechercher dans les tableaux correspondants).

Caractères des vins et accords avec les mets

Très recherchés au début du siècle, les vins liquoreux n'attiraient plus beaucoup de consommateurs il y a une trentaine d'années. Ils étaient souvent qualifiés de "sucrés", terme tout à fait impropre pour ce type de vin. Ils sont soit moelleux soit liquoreux. Depuis quelques années, ce type de vin a retrouvé la faveur des amateurs de grands vins. Ce n'est que justice, car il s'agit très souvent de vins d'exception. Qui plus est, si les plus grands d'entre eux atteignent des prix très élevés, nombreux sont les vins de qualité à des prix très raisonnables.

Ce type de vin a sa place sur le foie gras, le homard et la langouste à la crème, les poissons fins en sauce, les volailles à la crème, les viandes blanches, le roquefort et tous les fromages onctueux, le melon, les fruits secs, certaines pâtisseries (tarte à la Bourdaloue, Pithiviers, gâteaux au noix), etc. Il peut également être servi à l'apéritif. En revanche et, contrairement à une opinion très répandue, il faut éviter de le

Classement des crus de Sauternes et Barsac (1855)

NOM DU CRU CLASSÉ EN 1855	NOM ACTUEL DU CRU CLASSÉ
PREMIER CRU SUPÉRIEUR	
Château d'YQUEM	Château d'YQUEM
PREMIERS CRUS	
Château LA TOUR BLANCHE	Château LA TOUR BLANCHE
Château PEYRAGUEY	Château LAFAURIE PEYRAGUEY
	Château CLOS-HAUT-PEYRAGUEY
Château VIGNEAU	Château de RAYNE-VIGNEAU
Château SUDUIRAUT	Château SUDUIRAUT
*Château COUTET	Château COUTET
*Château CLIMENS	Château CLIMENS
Château BAYLE	Château GUIRAUD
Château RIEUSSEC	Château RIEUSSEC
Château RABAUD	Château RABAUD-PROMIS
	Château SIGALAS-RABAUD

Pour les deuxièmes crus, voir en annexes
* Barsac

Les vignobles et les vins de Bordeaux

servir sur des desserts trop sucrés. Il faut se souvenir que les vins de Barsac ont en général un peu moins d'onctuosité, mais un bouquet plus développé que les *Sauternes*, mais il ne s'agit que de nuances.

Lorsque l'année n'est pas bonne, certains châteaux ne commercialisent pas leur récolte sous le nom du château. Ce fut le cas pour *Yquem* en 1964, 1972, et un tiers seulement de la récolte fut commercialisé en 1982. Au vu de ces millésimes, une constatation s'impose : une bonne année pour les vins rouges n'est pas obligatoirement une bonne année pour les vins liquoreux. A cela une explication : pour les vins liquoreux, tout se "joue" au moment où, pour les rouges, les vendanges sont déjà terminées.

Restaurateurs et grands vins de blancs moelleux ou liquoreux

En restauration, on peut faire preuve d'originalité en proposant un verre de vin liquoreux avec un foie gras ou un roquefort. Lorsque cette prestation est incluse, dans le prix du plat ou du menu, le client, généralement très sensible aux "découvertes gastronomiques", devient souvent un adepte de cette formule.

Contrairement à la plupart des vins blancs secs, les grands vins blancs moelleux et liquoreux ont une excellente aptitude au vieillissement. Ils demandent à être servis frais, jamais glacés.

Lors de l'exposition universelle de Paris en 1867, au cours d'une compétition restée célèbre, le Château Rayne-Vigneau, un Sauternes, fit triompher les vins français devant un vin allemand spécialement sélectionné, alors que le vin français provenait de l'ensemble de la récolte. C'est également au château Rayne-Vignaud que fut découvert un gisement de pierres précieuses. De nombreux géologues ont essayé de déterminer leur provenance, sans succès.

De tout temps, nos grands vins liquoreux ont été très prisés de la clientèle étrangère. On raconte que le grand-duc Constantin, frère du tsar de Russie, "arracha" pour un prix qualifié de démentiel, un tonneau de 900 litres de Château d'Yquem. De nos jours pour ce château, le rendement moyen à l'hectare est de l'ordre de 9 hectolitres, soit environ un verre de vin par pied de vigne. En 1985, lors d'une dégustation organisée à Bruxelles, 67 millésimes de Château d'Yquem furent dégustés (de 1867 à 1980). Certains observateurs ont estimé cette dégustation à 5 millions de francs belges...

Depuis quand utilise-t-on la pourriture noble en Bordelais ? Il est difficile de répondre avec précision à cette question, il y a plusieurs hypothèses en présence. Mais l'on raconte qu'en 1847, le marquis de Lur Saluces, propriétaire d'Yquem, rentra plus tard que prévu d'un voyage en Russie. En son absence, personne n'osa prendre la décision de faire commencer les vendanges. A son retour, la majeure partie de la récolte était atteinte de pourriture, noble bien entendu. La vendange eut lieu et chacun connaît la suite...

En Allemagne, on raconte la même chose pour le Schloss Johanisberg, propriété du Prince de Metternich...

SOURCE : PHOTO CHÂTEAU D'YQUEM.

Les grands vins liquoreux ont une excellente aptitude au vieillissement.

L'ENTRE-DEUX-MERS ET LES VINS BLANCS SECS DU BORDELAIS

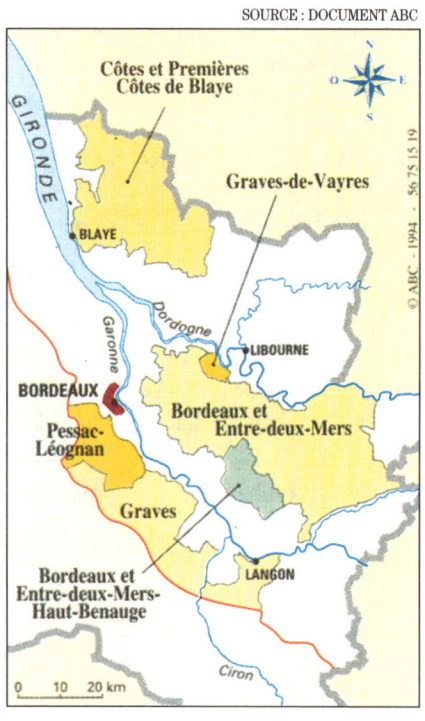

L'Entre-deux-Mers est une vaste région située entre la Garonne et la Dordogne. Elle constitue une mosaïque de terroirs très divers. L'A.O.C. Entre-deux-Mers est réservée aux seuls vins blancs secs (la teneur en sucre résiduels ne doit être supérieure à 4 g/L). Les vins rouges, produits en quantité non négligeable sur l'aire d'appellation sont commercialisés sous les A.O.C. Bordeaux ou Bordeaux Supérieur.

De nombreuses A.O.C. du Bordelais produisent des vins blancs secs. Vous les retrouvez dans les différents tableaux car elles produisent également d'autres types de vin. Pour vous faciliter la tâche voici la liste de ces A.O.C. :

Bordeaux

Bordeaux Haut-Benauge

Côtes de Blaye et Premières Côtes de Blaye

Côtes de Bourg

Graves

Graves de Vayres

Pessac-Léognan

Les vins de l'Entre-deux-Mers et les vins secs des A.O.C. précédentes sont légers et fruités. Ils accompagnent : les huîtres, les fruits de mer, les hors-d'œuvre, les entrées, la charcuterie, les poissons de mer et de rivière, les viandes blanches… S'ils sont issus de Sauvignon, l'accord est parfait avec les fromages de chèvre. En effet, certains vins particulièrement en Entre-deux-Mers sont élaborés à partir de 100 % de Sauvignon. Ces vins ne sont pas sans rappeler ceux de la région Nièvre-Berry.

Que des vins blancs secs sous ces 2 AOC.

LISTE DES APPELLATIONS ET PRINCIPALES CARACTÉRISTIQUES

Appellations	Situation géographique	Principaux cépages	Nature du sol	Observations
Entre-deux-Mers Entre-deux-Mers-Haut-Benauge	Entre la Garonne et la Dordogne.	**Sauvignon**, Sémillon, Muscadelle.	Très variée, en raison de l'étendue de l'A.O.C. : souvent un mélange de calcaire, d'argile, silice et graves.	Huit communes situées à l'ouest de Sauveterre de Guyenne peuvent vendre leurs vins sous l'A.O.C. Entre-deux-Mers Haut-Benauge.

Les vignobles et les vins de Bordeaux

SAINT-ÉMILION, POMEROL, FRONSAC (LIBOURNAIS)

Saint-Emilion, Pomerol et Fronsac. Ces trois régions ont plusieurs points communs, même si leurs vins ont leurs caractéristiques propres. Elles sont situées sur la rive droite de la Dordogne, dans une région appelée le Libournais. Elles ne produisent que des vins rouges et sont connues de tous les amateurs de Bordeaux. Pour la qualité des vins qui y sont produits, mais aussi pour des raisons historiques : Saint-Emilion pour sa célèbre Jurade qui veille sur la qualité des vins depuis 1199 ; Pomerol comme halte sur la route des pèlerins se rendant à St-Jacques-de-Compostelle et Fronsac grâce à Richelieu.

Cabernet Franc, surtout présent dans le Libournais.

Merlot, cépage précoce, le plus présent dans le Bordelais avec 40 000 ha. Il constitue l'encépagement principal du Libournais.

En Libournais, la propriété est plus morcelée que dans le Médoc. Le cépage dominant est le Merlot qui donne des vins corsés, plus souples que ceux qui sont obtenus à base de Cabernet-Sauvignon. Le Cabernet Franc est également très présent dans de nombreux crus. Certains vins produits dans cette région font une excellente transition entre les vins de Bordeaux et ceux de la Bourgogne. La production dépasse les 650.000 hl en moyenne par an, dont 500.000 pour les vins de Saint-Emilion.

Saint-Emilion

Situé à l'est de Libourne le vignoble de Saint-Emilion est un des plus grands du Bordelais. La diversité de ses sols, la prédominance du Merlot et le savoir-faire de ses vignerons, qui remonte à l'époque gallo-romaine, permettent d'offrir aux consommateurs une palette de vins rouges exceptionnelle. Ses 6 appellations représentent 9 000 ha environ, plus de 1 500 propriétés ou châteaux.

Classement des vins de Saint-Emilion :

Une même aire géographique pour les deux A.O.C. : Saint-Emilion et Saint-Emilion Grand Cru. Au sein de cette dernière il existe un classement officiel. En effet, ne bénéficiant pas de la fameuse classification de 1885, la région de Saint-Emilion a créé la sienne. Depuis 1954, un décret régit le classement des vins de Saint-Emilon en Grands Crus Classés et en Premiers Grands Crus Classés. Contrairement à ce qui se passe dans le Médoc, ce classement n'est pas immuable. Il est révisé tous les 10 ans. Le dernier date de 1996. Il comporte 55 Grands Crus et 13 Premiers Grands Crus Classés. Parmi ces 13 derniers, deux ont été particulièrement distingués en "Premier Grand Crus Classé A" : Château Ausone et Château Cheval Blanc.

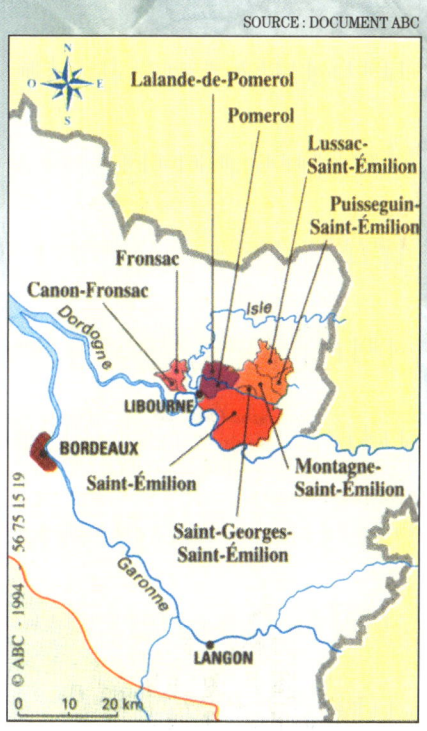

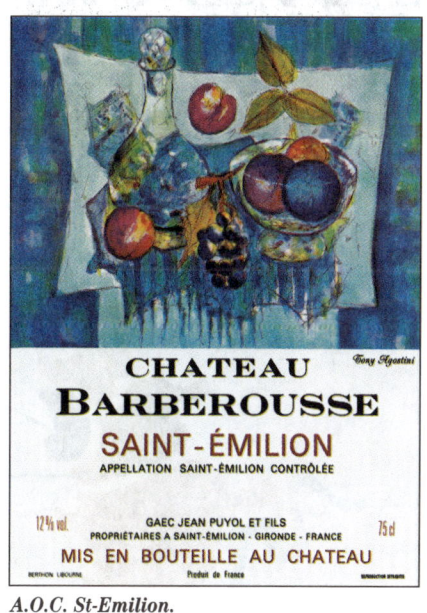

A.O.C. St-Emilion.

Les vignobles et les vins de Bordeaux

LISTE DES APPELLATIONS ET PRINCIPALES CARACTÉRISTIQUES (SAINT-ÉMILION)

Appellations	Situation géographique	Principaux cépages	Nature du sol	Observations
Saint-Emilion	Rive droite de la Dordogne en amont de Libourne.	**Merlot, Cabernet Franc,** Cabernet Sauvignon, Malbec.	Calcaire aux alentours de la ville. Graves silico-argileuses en direction de Libourne, argilo-calcaires pour les côtes et les vallons, sablo-graveleux pour la vallée de la Dordogne.	L'A.O.C. St-Emilion s'étend sur les 8 communes qui composaient l'ancienne juridiction de Saint-Emilion (1) plus une partie de la commune de Libourne (ancienne A.O.C. Sables-Saint-Emilion).
Saint-Emilion Grand cru	Idem Saint-Emilion.	**Merlot, Cabernet Franc,** Cabernet Sauvignon, Malbec.	Idem Saint-Emilion.	Cette A.O.C. ne correspond pas à une aire géographique délimitée à l'intérieur de l'aire Saint-Emilion mais à une sélection des meilleurs crus de l'appellation.

(1) *Saint-Emilion, Saint-Christophe des Bardes, Saint-Etienne de Lisse, Saint-Hippolyte, Saint-Laurent des Combes, Saint-Pey d'Armens, Saint-Sulplice de Faleyrens, Vignonet.*

Saint-Emilion premiers grands crus classés (en 1996) :

A- *Château Ausone, Château Cheval blanc*

B- *Château Angelus*

Château Beauséjour Bécot

Château Beauséjour (Héritiers Duffau-Lagarosse),

Château Belair

Château Canon

Château Figeac

Château la Gaffelière

Château Magdelaine

Château Pavie

Château Trottevieille

Clos Fourtet

Voir la liste des Grands Crus Classés en annexes.

Certaines communes situées au nord-est des A.O.C. précédentes peuvent vendre leurs vins en utilisant le nom Saint-Emilion, mais celui-ci doit être obligatoirement précédé par le nom de la commune. Ces 4 A.O.C. sont dites "satellites de Saint-Emilion". Attention pour la carte des vins (voir la partie restaurateurs et vins de Saint-Emilion).

A.O.C. Saint-Emilion grand cru.

Les deux premiers grands crus classés «A».

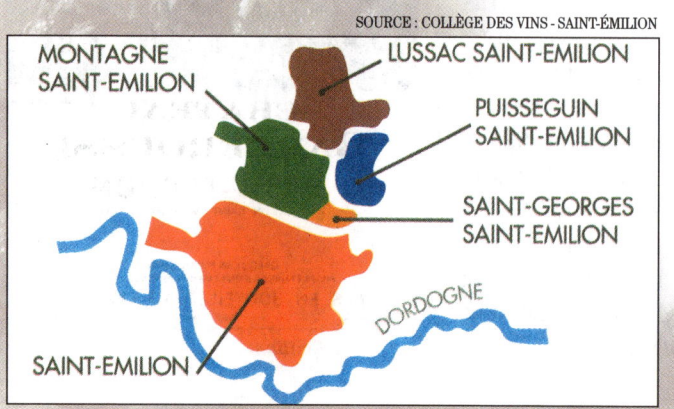

Les vignobles et les vins de Bordeaux

LISTE DES APPELLATIONS ET PRINCIPALES CARACTÉRISTIQUES (AOC DITES "SATELLITES")

Appellations	Situation géographique	Principaux cépages	Nature du sol	Observations
Montagne-Saint-Emilion	Dans le prolongement des vignobles de Pomerol et Saint-Emilion, vers le nord.	**Merlot,** Cabernet Franc, Cabernet Sauvignon, Malbec.	Argilo-calcaire ou limoneux-argileux	Sous cette A.O.C., sont commercialisés les vins des communes de Montagne et de Parsac. Les vins sont corsés, souples et généreux.
Saint-Georges-Saint-Emilion	Dans le prolongement des vignobles de Pomerol et Saint-Emilion, vers le nord.	**Merlot,** Cabernet Franc, Cabernet Sauvignon, Malbec.	A dominance argilo-calcaire	La plus petite, en superficie, des A.O.C. satellites. Vins corsés avec une bonne aptitude au vieillissement.
Puisseguin-Saint-Emilion	Face au plateau de Saint-Emilion.	**Merlot,** Cabernet Franc, Cabernet Sauvignon, Malbec.	A dominance argilo-calcaire	Vins corsés, de bonne garde.
Lussac-Saint-Emilion	La plus septentrionale des appellations satellites.	**Merlot,** Cabernet Franc, Cabernet Sauvignon, Malbec.	Argilo-graveleux dans les vallons, sablo-argileux sur les plateaux, argilo-calcaires sur les coteaux.	Cette A.O.C. se caractérise par la diversité de ses sols. Les vins ont une robe profonde et un bouquet subtil.

Les 4 A.O.C. dites «satellites» de Saint-Emilion.

Eglise monolithe à Saint-Emilion.

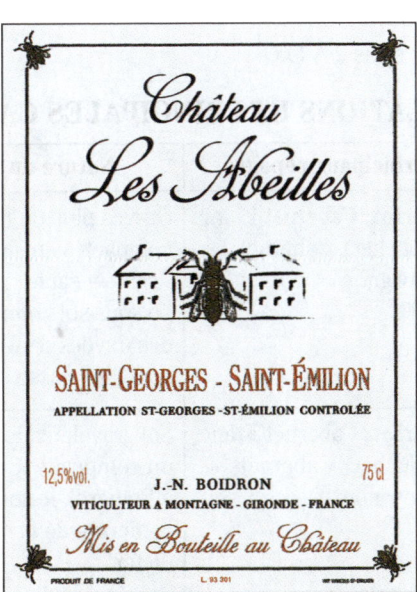

Les vignobles et les vins de Bordeaux

Le château Ausone occuperait l'emplacement d'un ancien vignoble ayant appartenu au poète latin Ausone, dans les années 310. Ce château possède de vastes chais creusés directement dans le roc.

La Jurade, garante de la tradition.

Dans chaque région, il existe une ou plusieurs confréries vineuses. Celle de Saint-Emilion "la Jurade" est fort ancienne. Elle veille sur la qualité des vins depuis 1199 date à laquelle Jean sans Terre, roi d'Angleterre, octroya à la ville ses privilèges.

Porteuse du renom de l'appellation, la Jurade, comme au 12e siècle, continue solennellement à célébrer tous les grands moments de la vigne et du vin. Elle est dans le monde entier l'ambassadrice des Vins de Saint-Emilion. Son costume comporte une toque rouge avec une cape blanche et parements d'hermine.

SOURCE : SYNDICAT VITICOLE DE ST-EMILION.

A mi-juin et mi-septembre se déroulent chaque année les chapitres solennels de la Fête du printemps et du Ban des vendanges.

En 1963 et 1965, les vins de Saint-Emilion n'ayant pas étaient jugés dignes de l'appellation, ils ont été déclassés par la Jurade.

SAINT-EMILION : premier paysage viticole inscrit au patrimoine mondial de l'UNESCO. C'est en décembre 1999 que la Juridiction de Saint-Emilion a obtenu cette prestigieuse distinction.

A Saint-Emilion, on peut visiter, entre autres, une magnifique église monolithe (souterraine).

Pomerol

Tout petit, 780 ha, le vignoble de Pomerol bénéficie d'une renommée universelle. Sa situation, sur la route des pèlerins de Saint-Jacques-de Compostelle, n'explique pas à elle seule cette renommée. Le vignoble est situé sur un ensemble géologique unique et exceptionnel. C'est sur ce terroir que le Merlot, qui représente 80 % de l'encépagement, donne des vins que le monde entier nous envie.

Les vins de la région sont commercialisés sous 2 A.O.C. :

LISTE DES APPELLATIONS ET PRINCIPALES CARACTÉRISTIQUES

Appellations	Situation géographique	Principaux cépages	Nature du sol	Observations
Pomerol	A quelques kilomètres à l'ouest de Libourne.	**Merlot,** Cabernet Franc (Bouchet), Cabernet-Sauvignon.	Graves plus ou moins compactes en surface. Argile et sable. Le sous-sol comporte des oxydes de fer, appelés "crasse de fer".	Ici le Merlot représente 80 % de l'encépagement. Vins puissants, fins et suaves.
Lalande-de-Pomerol	Séparé de Pomerol par un ruisseau : la Barbanne. Deux communes : Lalande-de-Pomerol et Néac.	**Merlot,** Cabernet Franc (Bouchet), Cabernet-Sauvignon.	Sol graveleux, argileux ou composite. Comme à Pomerol, le sous-sol comporte de la crasse de fer.	Cette A.O.C. s'étend sur un millier d'hectares. Ses vins offrent beaucoup de similitude avec ceux de Pomerol.

Jadis, l'A.O.C. Néac était revendiquée, maintenant les vins produits sur cette commune sont commercialisés sous l'A.O.C. Lalande de Pomerol.

Il n'existe pas de classification officielle pour les vins de Pomerol. Mais Pétrus est le vin le plus prestigieux de l'A.O.C. Un des meilleurs vins rouges du monde de l'avis des spécialistes… A signaler également le Château Le Pin, avec une toute petite production, recherché par les amateurs du monde entier.

Autres crus (cités parmi les meilleurs par Huges Johnson) :

Château Certan-de-May

Château Clinet

Clos de l'Eglise

Château La Fleur-Pétrus

Château le Gay

Château Gazin

Château Petit Village

Château de Sales

* Pour les autres crus voir en annexe

Fronsac

Situé à quelques kilomètres de Libourne, le très ancien vignoble de Fronsac a été officiellement classé dans le groupe des grands vins du Libournais avec Saint-Emilion et Pomerol. Comme ces deux derniers, il produit exclusivement des vins rouges. Ces vins sont commercialisés sous deux appellations.

Il n'existe pas de classification officielle à Fronsac.

A titre indicatif, voici quelques crus :

- A.O.C. Canon-Fronsac :

Ch. Lamarche Canon

Ch. Haut Ballet

Ch. Coustolle

Ch. La Fleur Cailleau

Ch. Mazeris

Etc.

A la carte des vins, précisez bien s'il s'agit d'un Fronsac ou d'un Canon-Fronsac.

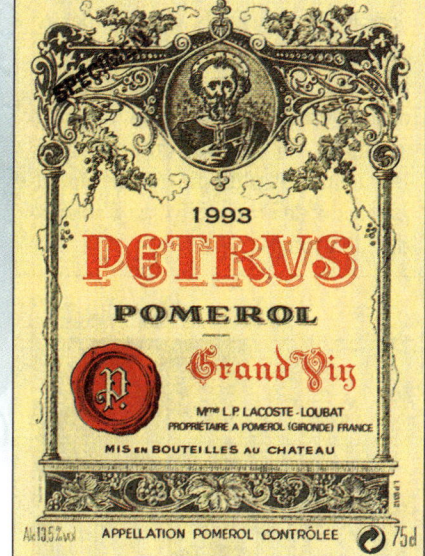

Pétrus, un vin que le monde entier nous envie.

L'année 1956 est à marquer d'une pierre noire pour Pomerol. En effet, de fortes gelées ont détruit plus de 50 % du vignoble. Il a fallu de nombreuses années pour le reconstituer.

Le Pétrus, le plus célèbre cru du Pomerol, n'a que 11 ha 50. Il fut pendant très longtemps la propriété de Mme Loubat, une restauratrice de Libourne. A plus de 90 ans, elle dirigeait encore l'exploitation. Actuellement, les vins de ce château sont très recherchés dans le monde entier. Les millésimes anciens atteignent des prix très élevés.

SOURCE : SYNDICAT VITICOLE DE FRONSAC

Le vignoble de Fronsac sur la rive droite de la Dordogne.

LISTE DES APPELLATIONS ET PRINCIPALES CARACTÉRISTIQUES

Appellations	Situation géographique	Principaux cépages	Nature du sol	Observations
Fronsac	Aux portes de Libourne entre l'Isle et la Dordogne.	**Merlot,** Cabernet Franc (Bouchet), Cabernet-Sauvignon.	Argilo-calcaire composé des fameuses mollases du Fronsadais.	Les vins sont produits sur 6 communes. Les vins sont de moyennement à fortement tanniques.
Canon-Fronsac	Aux portes de Libourne entre l'Isle et la Dordogne, mais limitée aux seules communes de Fronsac et de Saint-Michel de Fronsac.	**Merlot,** Cabernet Franc (Bouchet), Cabernet-Sauvignon.	Plateaux cailloteux sur calcaire à astéries. Côtes souvent très accidentées sur les molasses du Fronsadais.	Vins charnus et racés. Ce sont des vins de garde. Les plus grands d'entre eux ont une longévité remarquable.

Les vignobles et les vins de Bordeaux

Sous le règne de Louis XV, le Bordeaux était souvent nommé "tisane à Richelieu". Le duc de Richelieu, maréchal de France et gouverneur de Guyenne, soignait ses maux, dit-on, avec du bon vin de Bordeaux, et plus particulièrement avec ceux de Fronsac. Il était d'ailleurs duc de Fronsac.

SOURCE : CIVB - PHOTO : R. ROSENTHAL

La lamproie à la bordelaise se sert avec un vin rouge, généralement un Saint-Emilion.

Quelques crus de la région des « Graves » de Saint-Emilion.

- A.O.C. Fronsac

Ch. de Carles

Ch. La Brande

Ch. La Vielle Cure

Ch. Pétraque

Ch. Les Trois Croix

Ch. La Garde

Etc.

Les vins du Libournais - caractères et accords avec les mets

Les vins du Libournais ont du corps et une sève agréable. Ils sont généralement plus souples que ceux du Médoc et des Graves, surtout en raison de leur encépagement à base de Merlot.

Lorsqu'ils sont jeunes, ils accompagnent parfaitement le gibier, les viandes en sauce, la plupart des fromages... Plus âgés, ils peuvent être servis sur un rôti de bœuf, un gigot, une volaille et plus particulièrement la pintade. La ville de Saint-Emilion, indépendamment de ses vins, est renommée pour ses macarons, mais on y déguste également la lamproie à la bordelaise, poisson préparé avec du vin rouge. Le *Saint-Emilion* accompagne très bien cette préparation, surtout lorsqu'il est servi légèrement frais. Il faut se souvenir que pour les vins de Saint-Emilion, les caractères seront différents selon qu'ils proviennent des "Côtes" ou des "Graves" ; il faudra en tenir compte lors de l'accord des vins et des mets.

On dit des vins de *Pomerol* qu'ils ont la finesse des *Médoc* et le corps des *Saint-Emilion*. Certains d'entre eux possèdent un bouquet de truffe tout à fait particulier. Ils peuvent être servis sur tous les plats déjà cités, mais ils accompagnent parfaitement tous les plats à base de truffes, en particulier une noisette de chevreuil sauce Périgueux. Les vins produits sur Lalande-de-Pomerol sont un peu moins corsés que les précédents. Ils accompagnent à merveille : les viandes rouges, l'agneau, les gibiers à plumes et les fromages.

Le Fronsac se caractérise par une saveur et un bouquet légèrement épicés. Certains d'entre eux demandent à vieillir un peu pour se livrer pleinement.

Très souvent, autour d'une même table, certaines personnes préfèrent le *Bordeaux*, d'autres le *Bourgogne*. Il est possible de servir les deux, mais une excellente solution consiste à proposer un vin du Libournais bien choisi ; si celui-ci a déjà quelques années de bouteille, il donnera entière satisfaction aussi bien aux amateurs de Bordeaux qu'aux amateurs de Bourgogne. Les vins produits dans la zone des "Graves" de Saint-Emilion semblent tout indiqués, ainsi que certains *Pomerol*.

Restaurateurs et vins du Libournais

En règle générale, en raison de l'encépagement, dans un même millésime, les vins du Libournais arrivent à maturité avant ceux du Médoc. Faites une dégustation comparative. Cela vaut mieux que de longs discours.

Pensez-y au moment des accords vins/mets.

"Pour choisir un Saint-Emilion, il ne suffit pas d'avoir du nez, il faut savoir où il est né." Cette phrase, maintes fois répétée, reflète bien la réalité. En effet, l'A.O.C. Saint-Emilion possède plus de 1.000 crus, ayant certes des points communs, mais aussi leurs caractéristiques propres. A raison d'un cru par jour, il faudrait plus de 3 ans pour les goûter tous.

On distingue deux grandes catégories de Saint-Emilion :

- Le Saint-Emilion proprement dit, commercialisé sous les appellations : **Saint-Emilion et Saint-Emilion grand cru.** Ces vins proviennent des communes formant l'ancienne juridiction de Saint-Emilion.
Pour les vins produits sous ces A.O.C., il faut distinguer ceux qui proviennent des "Côtes" où le sol est argilo-calcaire, argilo-siliceux sur sous-sol calcaire, et ceux qui proviennent des "Graves" avec sol de

Les vignobles et les vins de Bordeaux

graves sur sous-sol de graves alluvionnaires et grès ferrugineux. Cette zone qui jouxte Pomerol produit des vins qui se caractérisent par leur souplesse et la finesse de leur bouquet. Le client amateur de Saint-Emilion ne doit pas être pris pour un ignare lorsqu'il pose la question "Votre Saint-Emilion provient-il de la région des Graves ?".

Quelques crus de la région des Graves : Ch. Cheval Blanc, Ch. Figeac, Ch. Ripeau, Ch. La Dominique, Ch La Tour du Pin Figeac, Ch. La Tour Figeac, Ch. Jean Faure, Ch. Grand Corbin Despagne (attention Despagne en un mot), etc.

- Les appellations dites "satellites". Cinq communes ont droit à l'appellation Saint-Emilion, mais à condition de faire précéder celle-ci du nom de la commune. Ce sont Montagne-Saint-Emilion, Parsac-Saint-Emilion (1), Lussac Saint-Emilion, Saint-Georges-Saint-Emilion, Puisseguin Saint-Emilion. Ces vins sont intéressants en restauration car ils présentent souvent un bon rapport qualité/prix.

Mais attention, à la carte des vins, ils ne doivent pas figurer sous l'appellation Saint-Emilion tout court. Il faut préciser l'appellation exacte.

Pour les vins de Fronsac, précisez bien s'il s'agit d'un Fronsac ou d'un Canon-Fronsac.

Nous avons vu que le cépage Merlot constitue la base de l'encépagement du Libournais, mais il y a des exceptions. Au château Cheval Blanc (dans les Graves de Saint-Emilion), le Cabernet Franc représente plus de 60 % des cépages cultivés. A Ausone, Merlot et Cabernet franc représentent chacun 50 %. A Pétrus, il y a essentiellement du Merlot (95 %).

En règle générale, les vins du Libournais se vendent bien en restauration. Ils ont l'avantage d'être connus, tout le monde connaît Pomerol, Saint-Emilion et, à un degré moindre, Fronsac. Qui plus est, en règle générale, ils sont moins astringents que la plupart des vins du Médoc et des Graves.

(1) vendus sous l'A.O.C. Montagne Saint-Emilion.

LES CÔTES

Ce ne sont pas les vins les plus connus du Bordelais et pourtant… Si leurs grands frères leur font parfois de l'ombre, les Côtes ont leur place sur toutes tables, y compris les plus prestigieuses. Qui plus est, la plupart d'entre eux sont à des prix très raisonnables. Installées dans les paysages vallonnés et ensoleillés des rives droites de la Garonne et de la Dordogne, "les Côtes" se déclinent en cinq A.O.C.

SOURCE : SYNDICAT VITICOLE DE BOURG.

Vigne à Saint-Seurin de Bourg.

SOURCE : DOCUMENT ABC

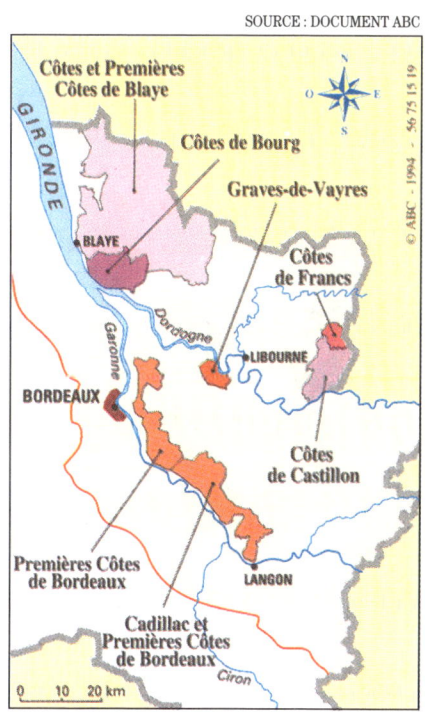

Les vignobles et les vins de Bordeaux

LISTE DES APPELLATIONS DES CÔTES ET LEURS PRINCIPALES CARACTÉRISTIQUES

Appellations	Situation géographique	Principaux cépages	Nature du sol	Observations
Premières Côtes de Bordeaux	Rive droite de la Garonne, elles forment une bande étroite de 60 km de Langon au nord de Bordeaux.	<u>Blancs</u> : **Sémillon, Sauvignon,** Muscadelle <u>Rouges</u> : **Merlot, Cabernet Sauvignon,** Cabernet Franc, Malbec...	Sols variés, alluvions en bordure de la Garonne, graveleux ou calcaire sur les coteaux.	Cette appellation produit des vins blancs (doux) et des vins rouges. Les vins rouges sont corsés et puissants. La plupart arrivent à maturité assez rapidement 3 à 5 ans.
Côtes de Bourg	Rive droite au confluent de la Garonne et de la Dordogne, face à Margaux.	<u>Blancs</u> : **Sémillon, Sauvignon,** Muscadelle <u>Rouges</u> : **Merlot,** Cabernet Sauvignon, Cabernet Franc, Malbec...	Limons quaternaires*, graves sablo-argileuses**, sédiments argilo-calcaires * Sol propice au Merlot. ** Tendance majoritaire pour les cabernets.	Les rouges sont fins et fruités avec une bonne aptitude au vieillissement. Les blancs (rares) sont secs et fruités.
Côtes de Blaye **Premières Côtes de Blaye** **Blaye*****	Rive droite de la Gironde, face au Médoc.	<u>Blancs</u> : **Sémillon, Sauvignon,** Muscadelle + pour les Côtes de Blaye, le Colombard <u>Rouges</u> : **Merlot, Cabernet Sauvignon,** Cabernet Franc, Malbec...	Dominance argilo-calcaire, avec par endroits des graves. Sous-sol d'alios ferrugineux.	L'A.O.C. Premières Côtes représente la presque totalité des vins du Blayais. Sous cette A.O.C., les rouges peuvent se boire jeunes. En blanc les vins, à base de Sauvignon, sont secs et frais. *** L'A.O.C. Blaye n'est pratiquement plus revendiquée.
Côtes de Castillon	Rive droite de la Dordogne, à l'est de Saint-Emilion.	<u>Rouges</u> : **Merlot, Cabernet Sauvignon,** Cabernet Franc, Malbec...	Argilo-calcaire, riche en fer, sur les collines ; graveleux en bordure de la Dordogne.	Produits sur une terre chargée d'histoire (victoire de Talbot sur les Anglais en 1453), les vins des Côtes de Castillon sont corsés et généreux.
Bordeaux Côtes de Francs	Cette A.O.C. jouxte les Côtes de Castillon, sur la rive droite de la Dordogne.	<u>Blancs</u> : **Sémillon,** Sauvignon, Muscadelle <u>Rouges</u> : **Merlot,** Cabernet Sauvignon, Cabernet Franc...	Coteaux argilo-calcaires et marneux avec des molasses calcaires de "l'Agennais".	Actuellement, l'appellation exacte n'est pas Côtes de Francs, mais Bordeaux Côtes de Francs.

Sur la rive droite de la Garonne en face des Graves.

Rive droite de l'estuaire de la Gironde en face de Margaux.

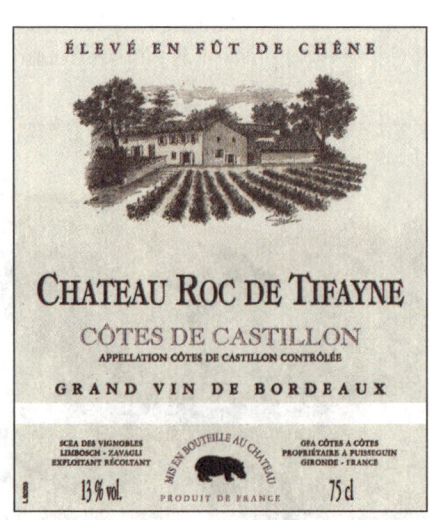

Rive droite de la Dordogne à l'est de Saint-Emilion.

Les vignobles et les vins de Bordeaux

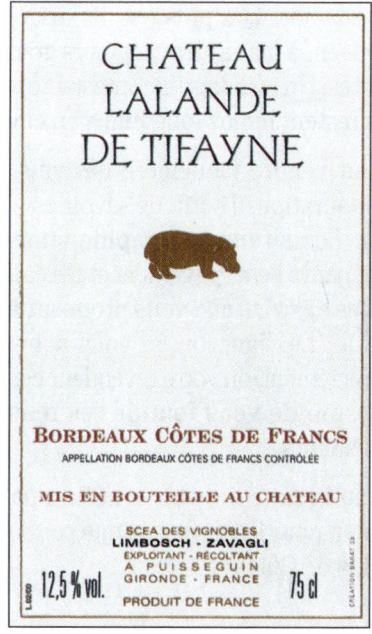

A l'est de Saint-Emilion. Attention, l'A.O.C. exacte est Bordeaux Côtes-de-Francs.

Rive gauche de la Dordogne en aval de Libourne.

Rive droite de la Gironde en face du Médoc.

Bien que ne faisant pas partie des vins de "Côtes", ces 2 A.O.C. sont présentées ici car il est difficile de les rattacher à un autre groupe.

LISTE DES APPELLATIONS ET PRINCIPALES CARACTÉRISTIQUES

Appellations	Situation géographique	Principaux cépages	Nature du sol	Observations
Sainte Foy Bordeaux	Rive gauche de la Dordogne. A l'extrémité est du Bordelais.	<u>Blancs</u> : **Sémillon, Sauvignon**, Muscadelle. <u>Rouges</u> : **Merlot, Cabernet Sauvignon**, Cabernet Franc, Malbec...	Très variée : argilo-calcaire, argilo-siliceux, sablo-argileux, ou graveleux. Les alluvions modernes sont exclues de l'A.O.C.	Les vins blancs sont moelleux. Les rouges relativement corsés arrivent à maturité rapidement.
Graves de Vayres	Rive gauche de la Dordogne, en aval de Libourne. Cette A.O.C. constitue une enclave dans l'Entre-deux-Mers.	<u>Blancs</u> : **Sémillon**, Sauvignon, Muscadelle <u>Rouges</u> : **Merlot**, Cabernet Sauvignon, Cabernet Franc...	Essentiellement des terrains sablo-graveleux.	Les vins blancs, généralement secs, sont à boire jeunes. Les rouges peuvent être bus jeunes, sur le fruit, ou après quelques années de bouteille.

Caractères des vins de Côtes - accords avec les mets

Les vins de "Côtes" offrent une grande diversité. Les vins blancs secs produits sous les A.O.C. : Côtes de Blaye, Premières Côtes de Blaye, Côtes de Bourg et Graves de Vayres, accompagnent parfaitement les fruits de mer, les poissons, surtout s'il s'agit de poissons meunière ou grillés, les viandes blanches et les fromages de chèvre. Les vins blancs moelleux des A.O.C. : Sainte Foy Bordeaux et Premières Côtes de Bordeaux sont à servir sur le foie gras, les poissons en sauce, les fromages persillés, les desserts aux amandes, les tartes aux fruits blancs. Les rouges ne sont pas moins divers avec des vins corsés mais souples dans le Blayais. Ces vins accompagnent les viandes blanches, les viandes rouges grillées, les fromages pas trop puissants. Les vins de Bourg généralement un peu plus puissants peuvent être servis sur les mêmes plats mais aussi sur les plats en sauce et le gibier à plumes. Plus corsés et plus généreux ceux des Côtes de Castillon sont recommandés sur les viandes rouges, le gibier en général, et sur les fromages qui ont du caractère.

A l'extrémité est du Bordelais, surtout connu pour ses vins moelleux.

Les vignobles et les vins de Bordeaux

Restaurateurs et vins de "Côtes"

Certes, ils sont moins connus que les grandes appellations du Médoc, des Graves et de Saint-Emilion. Cela ne représente pas un handicap pour le restaurateur, bien au contraire. Moins demandés, leurs prix restent plus sages. Ces A.O.C. permettent d'avoir à la carte, des vins de qualité à des prix raisonnables. Qui plus est, ils arrivent souvent à maturité avant leurs grands frères. Un avantage incontestable, car ils restent moins longtemps en cave.

Pour vendre facilement ces vins en restauration, il suffit de savoir en parler. Les situer géographiquement, connaître l'encépagement et les caractères des vins que vous proposez à la carte. Le vigneron, si vous achetez directement, ou votre revendeur est en mesure de vous fournir ces renseignements.

Pour la carte des vins, n'hésitez pas à créer, pour le Bordelais, une rubrique "vins de Côtes".

Les rosiers qui sont encore présents au bout de chaque rang de vigne servaient autrefois de signal d'alarme ; plus sensibles que la vigne aux maladies, ils prévenaient les viticulteurs qu'il était temps de traiter.

Rosiers au Clos Labory, à Saint-Estèphe.

Tous les deux ans, a lieu à Bordeaux, au mois de juin, le salon Vinexpo. Les producteurs du monde entier sont présents. Plus de 2 000 exposants, 1 200 journalistes spécialisés... Une occasion unique pour découvrir les vins de tous les pays producteurs.

PHOTO BRUNET   PHOTO BRUNET

VINEXPO : des visiteurs et des vins du monde entier.

Les vignobles et les vins de Bourgogne,
du Beaujolais et du Lyonnais

Les Hospices de Beaune

Généralités sur les vignobles et les vins de Bourgogne
Présentation de la Bourgogne vinicole
Son importance
Différentes catégories d'A.O.C.
Classification – Lecture des étiquettes
Principaux cépages
Caractères des vins

Les A.O.C. régionales

Les vignobles de l'Yonne
Chablis
Autres vignobles de l'Yonne

Les vignobles de la Côte-d'Or
Côte de Nuits
Côte de Beaune

Les vignobles de Saône-et-Loire
Côte Chalonnaise
Mâconnais

Le Beaujolais et le Lyonnais

POUR CHAQUE RÉGION :
Présentation du vignoble
Liste des A.O.C. et principales caractéristiques
Caractères des vins - Accord avec les mets
Restaurateurs et vins de...

Les vignobles et les vins de Bourgogne, du Beaujolais et du Lyonnais

GÉNÉRALITÉS SUR LE VIGNOBLE ET LES VINS DE BOURGOGNE

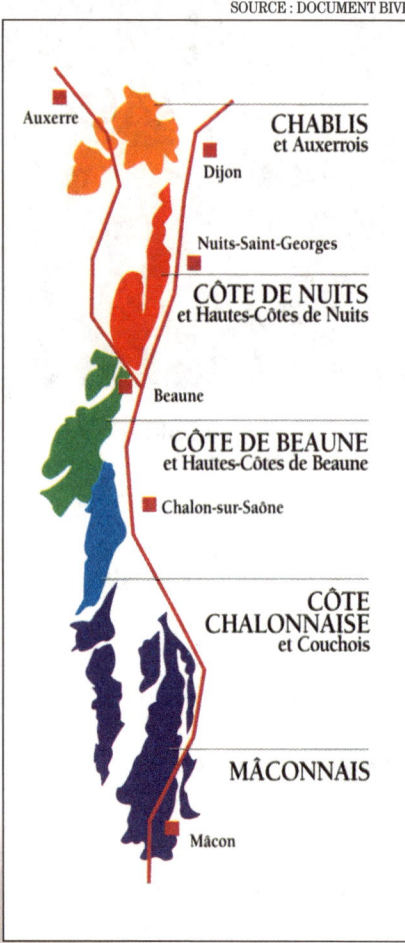

SOURCE : DOCUMENT BIVB.

Située aux confins du Bassin parisien, des plaines de la Saône et du Massif Central, la Bourgogne n'a pas d'unité physique. Elle appartient à des ensembles géographiques très différents.

Présentation de la Bourgogne vinicole

Pendant de nombreux siècles, son sort fut lié à l'histoire de l'Europe. Tour à tour royaume, duché et province, cette vaste région n'est devenue française que sous le règne de Louis XI, à la mort de Charles le Téméraire, le puissant duc de Bourgogne qui avait retenu le roi de France prisonnier à Péronne.

De nos jours, cette région est surtout connue pour ses vins, exportés dans le monde entier. Les vignobles actuels trouvent leurs origines dans les nombreuses églises et monastères de la région, parmi lesquels doivent être cités Cîteaux en Côte d'Or et Cluny en Saône-et-Loire.

Difficiles à cerner, car très fluctuantes au cours des temps, les limites de la Bourgogne varient selon qu'il s'agit de la délimitation historique, administrative ou vinicole. Actuellement, sur le plan administratif, la région Bourgogne comprend quatre départements : l'Yonne, la Côte-d'Or, la Saône-et-Loire et la Nièvre. Quant à la Bourgogne vinicole, elle s'étend sur 3 départements. La Nièvre n'y figure pas.

Ces 3 départements sont :

- L'Yonne, avec les vignobles de Chablis, de l'Auxerrois, de Tonnerre, de Joigny et de Vézelay.
- La Côte-d'Or avec les célèbres Côte de Nuits, Côte de Beaune et les Hautes-Côtes.
- La Saône-et-Loire, avec les vignobles de la Côte Chalonnaise, du Couchois et du Mâconnais.

Evidemment, une question vient tout de suite à l'esprit : le Beaujolais doit-il être considéré comme un vin de Bourgogne ? La réponse sera donnée lors de l'étude de cette région.

Importance du vignoble bourguignon

Elle varie considérablement selon que le Beaujolais y est inclus ou non.

Quelques chiffres (à titre indicatif) hors Beaujolais :

Superficie : près de 25.000 hectares soit environ 1/4 du Bordelais.

Production moyenne : 1,3 million d'hectolitres - 58 % de vins blancs, 42 % de vins rouges.

Exportations : plus de 50 % de la récolte est exportée dans 150 pays. Ce sont surtout ses grands crus et quelques A.O.C. communales prestigieuses qui ont fait connaître les vins de Bourgogne

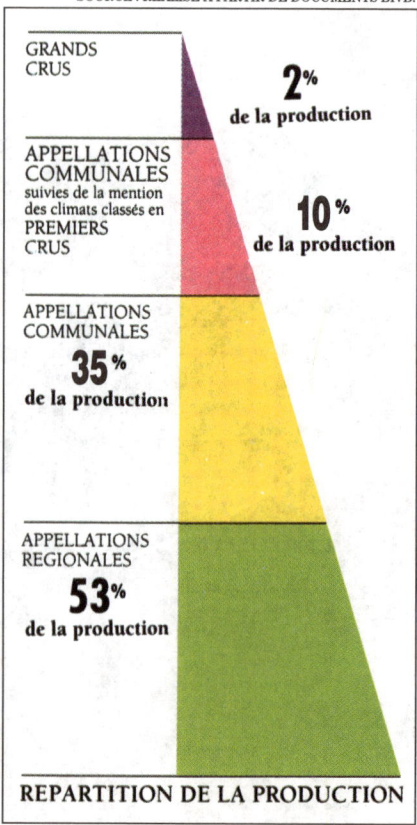

SOURCE : RÉALISÉ À PARTIR DE DOCUMENTS BIVB.

RÉPARTITION DE LA PRODUCTION

---

*CLIMAT

Très utilisé en Bourgogne, le mot climat désigne un terroir particulier. Il correspond en général à un lieu-dit cadastral. Sous certains aspects, il peut être considéré comme l'équivalent du "château" en Bordelais si l'on fait abstraction du nombre de propriétaires. En effet, pour un château du Bordelais, il n'y a qu'un seul propriétaire. En Bourgogne, un climat appartient très souvent à de nombreux propriétaires.

L'OUVRÉE

Encore utilisé de nos jours, surtout lors des ventes de parcelles de vigne, "l'ouvrée" correspond à 428 m².

En 1994, des vignes de Montrachet ont été vendues 3,5 millions l'ouvrée !

Les vignobles et les vins de Bourgogne, du Beaujolais et du Lyonnais

dans le monde entier. Les "climats"* classés grands crus tels que *Montrachet, Corton, Romanée-Conti, Chambertin, Clos de Vougeot*, etc. ne représentent pourtant qu'un peu plus de 2 % des vins produits en Bourgogne. Quant aux A.O.C. communales, leur production est également limitée.

Un travail très bien documenté, réalisé par le Bureau interprofessionnel des vins de Bourgogne, met bien en évidence la répartition entre les différentes productions :

Grands crus : 2 %

Premiers crus : 10 %

A.O.C. communales : 35 %

A.O.C. régionales : 53 %

Différentes catégories d'A.O.C.

Elles peuvent être classées en 3 catégories :

- **Les A.O.C. régionales** appelées, à tort, génériques *(voir tableau)*.
- **Les A.O.C. communales,** parfois appelées "Villages", ce qui n'est pas souhaitable, car il y a risque de confusion avec des A.O.C. telles que *Côte de Nuits Villages* et *Beaujolais-Villages* qui ne rentrent pas dans cette catégorie.

Cette catégorie se subdivise en 3 parties :
- Les vins vendus sous la seule A.O.C. communale sans indication de cru (climat).
- Les vins vendus sous l'A.O.C. communale, mais avec une indication du lieu de production, climat non classé.
- Les vins vendus sous l'A.O.C communale, avec indication du climat de production, climat classé premier cru. Il en existe un peu plus de 560.

- **Les A.O.C. grand cru.** Exemple : *Chambertin, Corton, Grand Echezeaux*, etc. Alors que dans le Bordelais, l'appellation d'origine contrôlée s'arrête au niveau de la commune (exemple : le *Château Latour* n'est pas vendu sous l'A.O.C. Château Latour, mais sous l'A.O.C. Pauillac), en Bourgogne, certains climats, dont la superficie est parfois inférieure à 2 hectares, bénéficient d'une A.O.C. propre. C'est le cas des exemples cités précédemment et de nombreux autres climats. Il existe 33 climats classés en Grand Cru. Ils figurent tous dans les tableaux "liste des appellations".

Attention à ne pas confondre l'A.O.C. communale qui peut s'appliquer à l'ensemble de la commune (sous réserve de répondre aux conditions de l'A.O.C.) et l'A.O.C. Grand Cru limitée à un seul climat. Ce qui revient à dire que le Chambertin est un Gevrey-Chambertin, mais qu'un Gevrey-Chambertin n'est pas un Chambertin.

À noter également : certains grands crus sont à cheval sur deux communes, par exemple Bonnes-Mares (Morey-St-Denis et Chambolle-Musigny), Montrachet (Puligny-Montrachet et Chassagne-Montrachet).

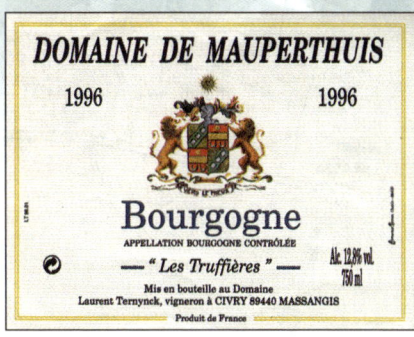

A.O.C. régionale.

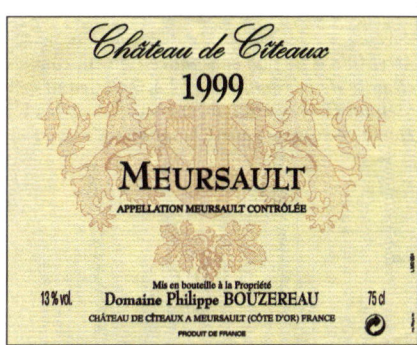

A.O.C. communale.

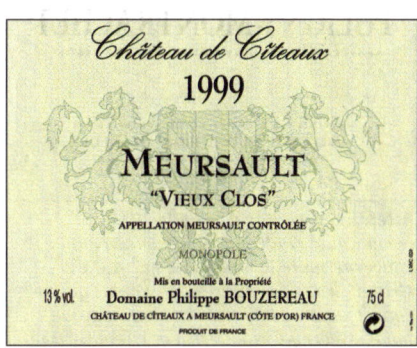

A.O.C. communale avec mention d'un climat non classé en 1er ou grand cru.

A.O.C. Grand Cru. Dans ce cas, c'est le nom du climat qui constitue l'A.O.C.

A.O.C. communale Premier Cru. Dans ce cas (aucun cru mentionné), le vin peut provenir de l'assemblage de plusieurs premiers crus de l'appellation Beaune.

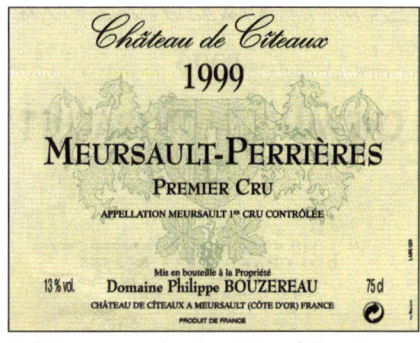

A.O.C. communale climat classé Premier cru. Le vin ne peut provenir que du climat Perrières.

Les vignobles et les vins de Bourgogne, du Beaujolais et du Lyonnais

SOURCE : BUREAU INTERPROFESSIONNEL DES VINS DE BOURGOGNE, BIVB.

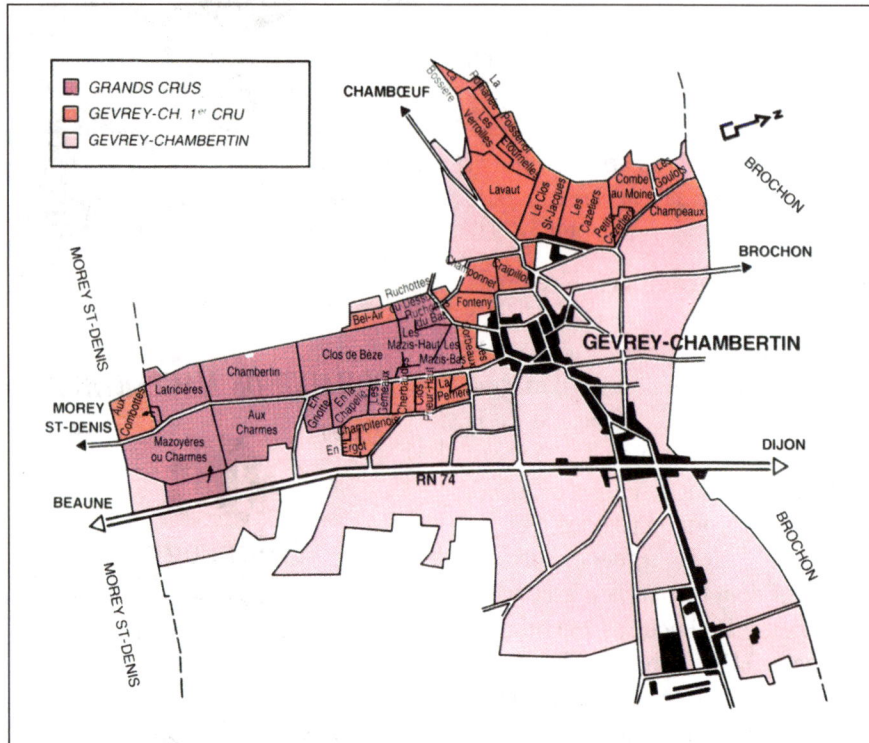

Attention à ne pas confondre l'A.O.C. communale qui peut être revendiquée par l'ensemble des climats de la commune et l'A.O.C. Grand cru qui ne concerne qu'un climat. Un Chambertin est bien un Gevrey-Chambertin mais tous les Gevrey-Chambertin ne sont pas des Chambertins. Même remarque pour Chambolle-Musigny et Musigny, Corton et Aloxe-Corton, etc.

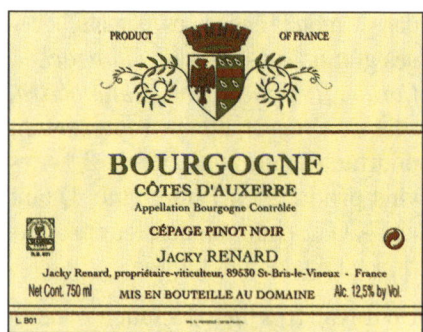

L'A.O.C. Bourgogne est parfois complétée par une indication de provenance. Dans ce cas, les vins ne peuvent provenir que de la zone délimitée.

L'A.O.C. régionale, dans certains cas, celle-ci peut-être assortie d'une indication de provenance, Bourgogne Côtes d'Auxerre ou Bourgogne Vézelay, par exemple, mais il s'agit d'exceptions.

En Bourgogne, pour savoir si l'on est en présence de l'une ou de l'autre de ces A.O.C., il suffit de savoir lire une étiquette.

Attention à ne pas confondre l'A.O.C. communale (Puligny-Montrachet) qui concerne toute la commune et l'A.O.C. Grand Cru (Chevalier-Montrachet) qui ne concerne que ce climat. Même remarque pour : Gevrey-Chambertin et Chambertin, Aloxe Corton et Corton, etc.

Classification et lecture des étiquettes

Une première classification, de 1861, classe les vins de Bourgogne en : tête de cuvée, 1ère classe, 2ème classe, etc.

Cette classification n'a plus cours.

De nos jours, on peut distinguer, par ordre décroissant (non officiel mais pratique) :

Les grands crus, qui bénéficient d'une A.O.C. propre.

Les premiers crus vendus sous l'A.O.C communale, avec indication du lieu dit en caractères identiques (de même hauteur) que l'A.O.C., ou avec la mention "premier cru" *(voir étiquettes)*.

L'A.O.C. communale (avec indication facultative d'un climat non classé premier cru).

L'A.O.C communale tout court.

Qualitativement, il n'y a pas à faire une distinction entre ces deux dernières catégories.

Principaux cépages

Contrairement à d'autres régions, les grands vins de Bourgogne sont issus d'un seul cépage.

Pour les vins rouges

- **Le Pinot noir** : omniprésent en Côte d'Or, c'est lui qui fait la renommée des grands vins rouges de Bourgogne. Il est également utilisé dans d'autres régions : en Champagne (où il est généralement vinifié en blanc), en Alsace, dans le Sancerrois, en Lorraine, dans le Bugey, etc. Il se rencontre également dans de nombreux pays parmi lesquels on peut citer les USA et l'Australie. Lors de dégustations comparatives de vins de ces différentes provenances, l'importance du terroir (sol et climat) est facilement mise en évidence.

Les vignobles et les vins de Bourgogne, du Beaujolais et du Lyonnais

- **Le Gamay** (dans le sud du Mâconnais et surtout en Beaujolais). Originaire du village de Gamay près de Puligny-Montrachet, il donne ses meilleurs résultats sur les terrains granitiques, particulièrement dans le nord du Beaujolais. Le Gamay se rencontre dans d'autres régions : Val de Loire, Savoie, etc. Il s'agit essentiellement du Gamay noir à jus blanc. Autre variété : le Gamay teinturier, il n'est pratiquement plus cultivé.

- À signaler également, le César et le Tressot dans l'Yonne.

Pour les vins blancs

- **Le Chardonnay,** cépage dont sont issus tous les grands vins blancs de Bourgogne. Il se rencontre également en Champagne, dans la Côte des Blancs ; en Californie, en Australie, etc. Il donne des vins bien équilibrés, avec beaucoup de finesse sur le plan aromatique.

- **L'Aligoté,** ce cépage ne donne pas droit à l'A.O.C. Bourgogne, mais seulement à l'A.O.C. Bourgogne Aligoté ou à l'A.O.C. communale Bouzeron. À l'exception de cette dernière A.O.C., il est généralement cultivé dans les terres ne convenant pas au Pinot et au Chardonnay

- À signaler également : un peu de **Pinot gris,** appelé "beurrot" en Bourgogne et **le Sauvignon,** cultivé dans l'Yonne, au sud-est d'Auxerre, dont est issu le Sauvignon de St-Bris (A.O.V.D.Q.S.).

Caractères des vins

Les caractères des vins sont différents selon la nature du sol, le cépage, le millésime et la vinification. Ces caractères seront signalés par la suite, lors de l'étude des différentes régions. Mais dès maintenant, en généralisant, il est possible d'admettre que plus l'on descend vers le sud, plus les vins rouges sont légers. Les plus généreux viennent de la Côte de Nuits, donc du nord. Ceux de la Côte de Beaune sont plus légers que ceux de la Côte de Nuits. Mais ils ont plus de corps que ceux de la Côte chalonnaise, ces derniers étant à leur tour plus corsés que ceux du Mâconnais.

Cette remarque s'applique aussi pour le Beaujolais : les crus situés au nord sont plus puissants et plus charnus que les autres Beaujolais-Villages situés dans la zone intermédiaire. Et c'est dans la partie sud que se rencontrent les vins les plus légers.

Il y a cependant quelques exceptions : Pommard en Côte de Beaune, St-Amour en Beaujolais...

Les grands vins blancs de la Côte de Beaune ont la particularité d'être secs avec une pointe de moelleux. Les vins issus de Pinot et de Chardonnay ont une meilleure aptitude au vieillissement que ceux qui sont issus de Gamay et d'Aligoté.

Chardonnay.

Pinot noir.

LES APPELLATIONS RÉGIONALES

Si seule l'A.O.C. Bourgogne figure sur l'étiquette, le vin peut provenir de l'ensemble du vignoble bourguignon.

Ces A.O.C. représentent, en volume, plus de la moitié des vins produits en Bourgogne.

Dans cette catégorie d'appellation sont commercialisés les vins qui peuvent provenir de l'ensemble du territoire de la Bourgogne viticole (1).

Les actions entreprises pour revaloriser les A.O.C. régionales et les rendre dignes du nom prestigieux sous lequel elles sont commercialisées ont porté leurs fruits. Les vins présentés sous ces appellations sont dignes de figurer sur toutes les tables, y compris les plus prestigieuses.

Caractères des vins, accords avec les mets

Les vins blancs présentés sous l'A.O.C. Bourgogne sont généralement secs et souples. Dans l'ensemble, ce ne sont pas des vins de garde. A consommer entre 2 et 5 ans. Les rouges sont généralement légers, souples avec des tanins discrets. Ce sont des vins de moyenne garde : 3 à 6 ans, voire 10 dans les grands millésimes. Le Bourgogne Passetoutgrain, plus léger en raison de la présence du cépage Gamay est à consommer jeune : 2 ou 3 ans. Le Bourgogne Aligoté est un vin léger et vif. Il est souhaitable de le consommer

LISTE DES APPELLATIONS ET PRINCIPALES CARACTÉRISTIQUES

Appellations	Situation géographique	Principaux cépages	Nature du sol	Observations
Bourgogne	Ensemble du territoire de la Bourgogne viticole (1).	<u>Blancs</u> : **Chardonnay**, Pinot blanc. <u>Rouges</u> : **Pinot noir** + César et Tressot dans l'Yonne.	Variable selon la région, mais à dominance argilo-calcaire.	Sous certaines conditions, cette A.O.C. peut être complétée par un nom d'aire de production plus restrictive*.
Bourgogne Grand Ordinaire	Ensemble du territoire de la Bourgogne viticole.	<u>Blancs</u> : Chardonnay, Pinot blanc, Aligoté,... <u>Rouges</u> : Pinot noir, Pinot gris, Gamay ; César et Tressot dans l'Yonne.	Variable selon la région, mais à dominance argilo-calcaire.	Peut être complété par rosé ou clairet. Très peu de vin vendu sous cette A.O.C.
Bourgogne Passetout-grain	Ensemble du territoire de la Bourgogne viticole (1).	Pinot noir : 1/3 minimum. Gamay : 2/3 maximum.	Variable selon la région, mais à dominance argilo-calcaire.	L'assemblage doit s'effectuer à la mise en cuve, jamais avec des vins terminés.
Bourgogne Aligoté	Ensemble du territoire de la Bourgogne viticole (1).	Aligoté.	Variable selon la région, mais à dominance argilo-calcaire.	Surtout produits dans l'Auxerrois, les Hautes-Côtes et en Côte Chalonnaise (voir A.O.C. Bouzeron).
Crémant de Bourgogne	Ensemble du territoire de la Bourgogne viticole (1).	Pour les vins blancs et rosés : Chardonnay, Aligoté, Sacy, Pinot noir, Gamay.	Variable selon la région, mais à dominance argilo-calcaire.	Il s'agit de vin effervescent élaboré par la méthode traditionnelle (seconde fermentation en bouteille).
Bourgogne mousseux	Ensemble du territoire de la Bourgogne viticole (1).	Pinot noir, Gamay...		Cette A.O.C. n'est admise que pour les vins rouges, très faible production.

* L'A.O.C. Bourgogne suivie de Côtes d'Auxerre*, Chitry*, Coulanges*, Epineuil*, Côtes du Couchois*, ainsi que 4 A.O.C. du Maconnais sont considérées comme des A.O.C. régionales. Vous les retrouverez dans leurs régions respectives.

(1) Restrictions pour le département du Rhône (voir Beaujolais)

jeune. Le Crémant de Bourgogne est léger et fruité, mais les caractères peuvent varier légèrement selon le pourcentage des différents cépages utilisés.

Le Bourgogne blanc accompagne les entrées, les poissons grillés ou en sauce. L'Aligoté sera servi sur la charcuterie, les fritures de poissons, les fromages de chèvre… Associé à la crème de cassis de Dijon ; il constitue le véritable "Kir".

Quant au crémant, il peut être servi à l'apéritif, au cours du repas ou sur le dessert s'il est légèrement dosé, c'est-à-dire s'il n'est pas trop brut. C'est également un vin de réception.

Restaurateurs et appellations régionales

Indépendamment des A.O.C. prestigieuses et très connues (donc chères), il est souhaitable qu'un restaurant ait à sa carte des vins plus modestes (souvent excellents) mais à prix abordable. Ces vins existent, il n'y a que l'embarras du choix. Encore faut-il faire le bon choix ! Deux moyens : se rendre sur place, verre en main ou faire confiance à son fournisseur habituel qui se rend régulièrement dans les différents vignobles.

Les vins commercialisés sous une appellation régionale constituent d'excellents "vins de restaurateur". En effet, ils portent le nom d'une région viticole parmi les plus prestigieuses. Qui plus est, ces vins sont à des prix très abordables, donc faciles à vendre en restauration même après l'application du coefficient multiplicateur.

Température de service :

Bourgogne blanc : 10 à 12°.
Aligoté légèrement plus frais : 8 à 10°.
Crémant : 6 à 8°

Bourgogne rouge : jeune : 14°.
Plus de 5 ans : vers 16° ;
Passetoutgrain : 12 à 14°

Lors de la rédaction de la carte des vins, veillez à bien faire figurer l'appellation exacte. Par exemple, pour un Bourgogne Passetoutgrain, bien préciser Passetoutgrain. Si une indication de provenance complète l'A.O.C. Bourgogne, exemple Bourgogne Côtes d'Auxerre, ne pas se contenter de Bourgogne ou de Côtes d'Auxerre. Il faut faire figurer l'intitulé exact. Ne pas oublier le nom du producteur ou du négociant.

Le Kir, le vrai, est élaboré avec 2/3 de Bourgogne Aligoté et 1/3 de Cassis de Dijon. Il doit son nom au célèbre chanoine Kir qui fut maire de Dijon pendant de nombreuses années au milieu du XXe siècle. Il n'a pas inventé le vin blanc cassis, qui existait depuis fort longtemps, mais il l'a remis au goût du jour. Les mauvaises langues prétendent qu'il a eu cette idée pour pallier la mévente de l'aligoté et du cassis, deux spécialités régionales. Il a fait déguster cette préparation à tous les grands de ce monde lors de leur visite en Bourgogne.

Bourgogne Passetoutgrain : Pinot noir, Gamay (1/3 minimum de Pinot noir).

Crémant de Bourgogne et dessert.

Aligoté est le nom d'un cépage, Bourgogne Aligoté, une A.O.C.

Vin effervescent élaboré par la méthode traditionnelle (comme le champagne).

Les vignobles et les vins de Bourgogne, du Beaujolais et du Lyonnais

LES VIGNOBLES DE L'YONNE

Vignoble chablisien.

C'est dans cette région que se trouve le célèbre vignoble de Chablis. En regardant une carte de la Bourgogne viticole, on peut se poser la question : pourquoi le vignoble de Chablis se trouve-t-il si éloigné des autres vignobles bourguignons (plus de 100 km) ? Une explication : avant l'invasion du phylloxéra, la vigne s'étendait de Dijon à Chablis. Après la destruction du vignoble, seuls les coteaux les plus propices à la culture de la vigne ont été replantés.

Il y a quelques décennies, le vignoble de Chablis a connu une éclipse en raison de sa sensibilité à la gelée (pas de récolte en 1957 et 1961). Il n'a vraiment repris son essor que depuis l'installa-

LISTE DES APPELLATIONS DES VINS DE L'YONNE ET PRINCIPALES CARACTÉRISTIQUES

Appellations	Situation géographique	Principaux cépages	Nature du sol	Observations
Chablis	19 communes proches de la ville d'Auxerre, à mi-chemin entre Paris et Dijon.	Chardonnay, appelé localement "Beaunois".	Marnes calcaires (Kimméridgien).	Le vignoble de Chablis est très sensible aux gelées de printemps.
Chablis grand cru	Certaines parcelles des communes de Chablis, Fyé et Poinchy, sur la rive droite du Serein.	Chardonnay, appelé localement "Beaunois".	Coteaux calcaires (Kimméridgien).	A.O.C. réservée à 7 climats : Blanchots, Bougros, Les Clos, Grenouilles, les Preuses, Valmur, Vaudésir (moins de 100 ha).
Chablis premier cru	Rive gauche et rive droite du Serein.	Chardonnay, appelé localement "Beaunois".	Marnes calcaires (Kimméridgien).	A.O.C. réservé à 40 climats : Fourchaume, Mont de Milieu, Montée de Tonnerre, Montmains, Vaillons, etc.
Petit Chablis	Idem Chablis, mais sur les terrains situés à la périphérie du vignoble ou sur les plateaux.	Chardonnay, appelé localement "Beaunois".	Dominance calcaire (Kimméridgien).	Cette A.O.C. ne concerne qu'une faible production. Vins moins complexes et plus marqués par l'acidité que les précédents.
Irancy	3 communes à une quinzaine de km d'Auxerre : Irancy, Cravant, et Vincelotte.	Pinot noir, César.	Marnes calcaires.	Bénéficie de sa propre A.O.C. depuis 1998.
Bourgogne Côte d'Auxerre Bourgogne Chitry Bourgogne Coulanges Bourgogne Côte Saint-Jacques Bourgogne Epineuil	3 communes près d'Auxerre. Commune de Chitry-Le-Fort. 4 communes dont Coulanges. Au-dessus de la ville de Joigny. Près de Tonnerre.	Blancs : Chardonnay, Pinot gris (Côte St-Jacques). Rouges : Pinot noir.	Dominance calcaire et argilo-calcaire.	Réservées à des zones restreintes, ces A.O.C. (régionales) offrent une gamme de vins de très bonne qualité, ainsi qu'une grande diversité. Petite production de vin à partir du "Pinot beurrot" pour Côte St-Jacques. Deux crus à signaler pour les Côtes d'Auxerre : le Clos de la Chaînette et le Clos de la Migrenne.
Saint-Bris	Au sud d'Auxerre, communes : Saint-Bris-le-Vineux, Chitry, Irancy, Quenne et Vincelottes.	Sauvignon.	Varié, mais dominance argilo-calcaire.	Depuis 2003, l'A.O.C. Saint-Bris a remplacé l'A.O.V.D.Q.S. : Sauvignon de Saint-Bris.

Les vignobles et les vins de Bourgogne, du Beaujolais et du Lyonnais

tion de systèmes de protection contre le gel (chauffage des vignes).

Caractères des vins de l'Yonne - accord avec les mets

Essentiellement blancs, les vins de l'Yonne offrent toute une gamme de vins allant des vins légers et vifs à consommer rapidement : Petit Chablis, Sauvignon de Saint-Bris,... aux grands vins secs, souples et puissants avec une bonne aptitude au vieillissement : Chablis premier cru, Chablis grand cru. Certains grands crus ont une excellente aptitude au vieillissement, particulièrement : les Clos, les Bougros et les Preuses ; Grenouilles et Valmur évoluent plus rapidement. Les premiers crus sont à boire entre 5 et 8 ans, éventuellement entre 10 et 12 ans dans les meilleurs millésimes. Les vins rouges d'Irancy et d'Epineuil sont colorés et fruités ; ils ont des tanins fins et une assez bonne aptitude à la conservation.

Les Chablis premier cru et grand cru accompagnent poissons en sauce, viandes blanches et volailles ainsi que le foie gras, mais seulement pour les plus grands d'entre eux. Les autres Chablis et les vins blancs des A.O.C. régionales seront conseillés avec les huîtres, les fruits de mer, la charcuterie, les escargots, les poissons meunière. Comme la plupart des vins blancs secs, ils peuvent être proposés avec les fromages de chèvre. Quant aux vins rouges, ils accompagneront les viandes blanches, les volailles et les fromages à pâte molle.

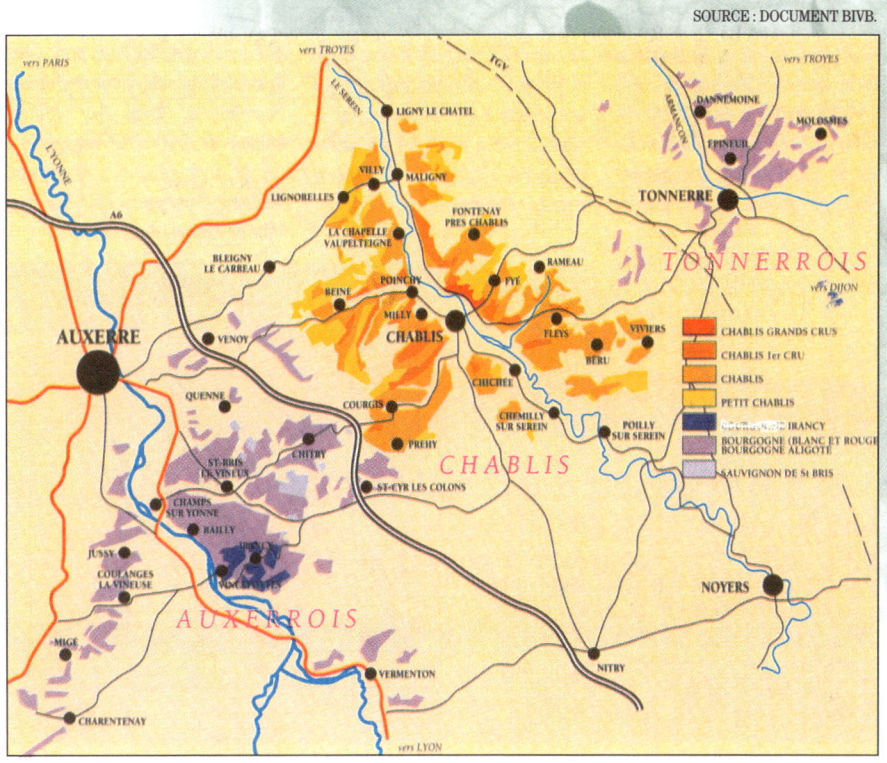

SOURCE : DOCUMENT BIVB.

Restaurateurs et vins de l'Yonne

Si les chablis figurent très souvent sur les cartes des vins, les autres vins de l'Yonne mériteraient d'y figurer plus souvent. Ils offrent généralement un bon rapport qualité/prix et un choix remarquable.

Pour la carte des vins, il faut bien faire la différence entre les différents Chablis. Attention à bien faire figurer l'A.O.C. exacte. Par exemple, ne pas omettre la mention "Petit" pour le Petit Chablis.

Si le Sauvignon de St-Bris figure à la carte, attention, il ne s'agit pas d'une A.O.C., mais d'une A.O.V.D.Q.S.

A Chablis, on chauffe les vignes pour lutter contre le gel ; sont également utilisées l'aspersion d'eau et les hélices géantes.

4 A.O.C. pour les vins de Chablis : Chablis, Petit Chablis, Chablis Premier Cru, Chablis Grand Cru.

Les vignobles et les vins de Bourgogne, du Beaujolais et du Lyonnais

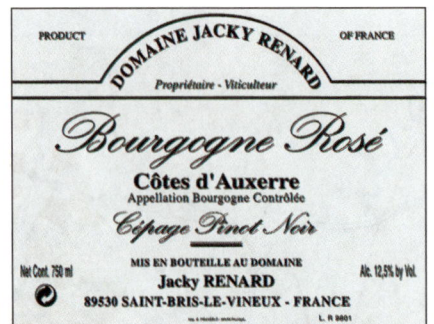

Le vignoble de l'Yonne ne se limite pas aux seuls Chablis.

7 climats bénéficient de l'A.O.C. Grand Cru.

Température de service : Chablis grand cru et premier cru : entre 12 et 14 °C, les Chablis, Petit Chablis et les autres vins blancs légèrement plus frais : 10 à 12°. Quant aux vins rouges (Irancy, Epineuil), il faut les proposer aux environs de 14 °C s'ils sont jeunes, légèrement plus chambrés s'ils ont déjà quelques années de bouteilles.

Dans la région de Tonnerre, un vignoble renaît d'une tradition millénaire : le vignoble d'Epineuil, vins issus de Pinot et ayant droit à l'A.O.C. Bourgogne Epineuil. Dans la région de Joigny, au nord-ouest d'Auxerre : le vignoble de la Côte-Saint-Jacques produit un vin généralement vinifié en gris et vendu sous l'A.O.C. Bourgogne. En y ajoutant l'Irancy et les bourgognes Côtes d'Auxerre, Coulanges et Chitry, une constatation s'impose : il existe encore en Bourgogne des vins à découvrir et à faire découvrir. Les clients les apprécieront d'autant mieux qu'ils sont à des prix raisonnables. A part l'Irancy, qui bénéficie d'une A.O.C. propre, à la carte de vins, il ne faut pas oublier de faire précéder les noms précédents de Bourgogne.

Contrairement à une opinion très répandue, Moutonne n'est pas un cru, mais une dénomination déjà en usage sous l'ancien régime. Elle s'appliquait à une vigne de Chablis située dans la Côte des "Vaudésirs" (l'un des sept grands crus). Elle était la propriété des moines de l'abbaye de Pontigny. Elle fut vendue en 1791, à Simon Depaquit, ex-procureur de l'abbaye. De nos jours, les vins produits par la vigne de la Moutonne, 2 ha, 35 a, 20 ca sont commercialisés sous l'A.O.C. Chablis Grand Cru.

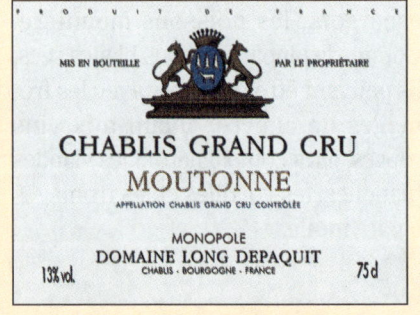

Chablis a longtemps été l'appellation d'origine viticole la plus usurpée au monde. Il n'était pas rare de rencontrer des Chablis de Californie, d'Australie... pendant de nombreuses années, on a trouvé du Spanish Chablis, surtout commercialisé par les Anglais. Cette pratique n'a vraiment cessé qu'avec la réglementation communautaire sur les documents d'accompagnement (1er septembre 1973).

Tout près de St-Bris, il existe une cave d'élaboration de Crémant creusée dans le calcaire, appelée "cathédrale du vin" en raison de ses dimensions.

LES VIGNOBLES DE LA CÔTE D'OR

C'est dans ce département que sont produits les vins les plus prestigieux de la Bourgogne, essentiellement rouges en Côte de Nuits, rouges et blancs en Côte de Beaune. Dans cette région, le Pinot et le Chardonnay trouvent leur aire de prédilection. Le vignoble occupe une ligne de coteaux qui dominent la plaine de la Saône sur une longueur de 60 km environ, du sud de Dijon à Santenay. Du nord au sud, que de noms prestigieux ! La Côte-d'Or viticole peut être divisée en trois parties :
La Côte de Nuits.
La Côte de Beaune.
Les Hautes-Côtes.

Côte de Nuits et Côte de Beaune occupent les coteaux bien exposés est et sud-est. Tous les meilleurs climats sont situés à mi-coteau soit entre 230 mètres et 320 mètres *(voir schéma)*. En quittant Dijon vers le sud, le premier vignoble rencontré est celui de Marsannay, surtout renommé pour son rosé.

Les Hautes-Côtes situées en parallèle de la Côte de Nuits et de la Côte de Beaune occupent les pentes bien exposées des collines dominant la côte d'environ 150 mètres.

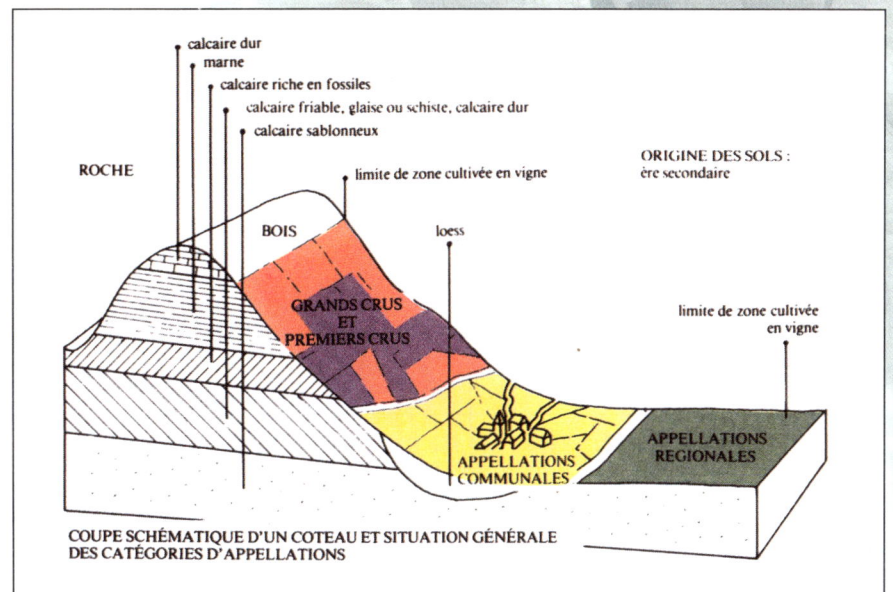

SOURCE : FÉDÉRATION DES INTERPROFESSIONS DES VINS DE GRANDE BOURGOGNE.

LA CÔTE DE NUITS

La Côte de Nuits s'étend des portes de Dijon au nord à Corgoloin au sud, soit sur une longueur de 20 km environ ; la largeur est de l'ordre de 200 à 800 mètres maximum. En venant de Dijon et en allant vers le sud, tous les grands crus sont situés à droite de la RN 74. Orientée à l'est, cette côte est coupée par des combes profondes.

LISTE DES APPELLATIONS DE LA CÔTE DE NUITS ET PRINCIPALES CARACTÉRISTIQUES

Appellations du nord au sud	Situation géographique	Principaux cépages	Nature du sol	Observations
MARSANNAY	À la sortie sud de Dijon.	Blancs : **Chardonnay**, Rouges : **Pinot noir**.	Calcaire, marne, argile, cailloux et graviers.	Cette A.O.C. est très connue pour ses vins rosés.
FIXIN	À une dizaine de km au sud de Dijon.	**Pinot noir**.	Calcaire avec quelques traces de marnes.	Prononcer : Fissin. Les vins peuvent revendiquer l'A.O.C. Côtes de Nuits-Villages.
GEVREY-CHAMBERTIN Chambertin Chambertin-Clos de Bèze Chapelle-Chambertin Charmes et Mazoyères-Chambertin Griotte-Chambertin Latricières-Chambertin Mazis-Chambertin Ruchottes-Chambertin	Au sud de Fixin, sur les communes de Gevrey-Chambertin et Brochon.	**Pinot noir**.	Calcaire avec des marnes argileuses.	Cette appellation, très étendue, compte 9 grands crus et 25 premiers crus. L'A.O.C. Clos de Bèze peut revendiquer l'A.O.C. Chambertin. Charmes et Mazoyères ont une superficie d'un peu plus de 30 ha ; Griottes seulement 2,7 ha.

Pour le 1er tableau, majuscules : A.O.C. communales, minuscules A.O.C. grand crus. Pour les 1er crus voir la liste en annexes.

Les vignobles et les vins de Bourgogne, du Beaujolais et du Lyonnais

LISTE DES APPELLATIONS DE LA CÔTE DE NUITS ET PRINCIPALES CARACTÉRISTIQUES (SUITE)

Appellations du nord au sud	Situation géographique	Principaux cépages	Nature du sol	Observations
MOREY-SAINT-DENIS **Clos Saint-Denis** **Clos de la Roche** **Clos des Lambrays** **Clos de Tart** **Bonnes-Mares (partie)**	Partie centrale de la Côte de Nuits, au sud des A.O.C. précédentes.	Blancs : **Chardonnay**. Rouges : **Pinot noir**.	Calcaire avec marnes, sables, limons rouges et cailloutis.	5 grands crus, Bonnes-Mares est à cheval sur deux communes. Toute petite production de vin blanc.
CHAMBOLLE-MUSIGNY **Musigny** **Bonnes-Mares (partie)**	Au sud de Morey-Saint-Denis.	Blancs : **Chardonnay**. Rouges : **Pinot noir**.	Calcaire avec des graviers et beaucoup de cailloux.	2 grands crus, dont le Musigny qui produit un peu de vin blanc.
VOUGEOT **Clos de Vougeot**	Au sud de Chambolle-Musigny.	Blancs : **Chardonnay**. Rouges : **Pinot noir**.	Calcaire avec argile par endroits, beaucoup de cailloux.	1 grand cru : le Clos de Vougeot connu dans le monde entier. Un peu de vin blanc sous l'A.O.C. Vougeot.
VOSNE-ROMANÉE **Romanée** **Romanée-Conti** **Romanée-St-Vivant** **Richebourg** **La Tâche** **Echezeaux** **Grands-Echezeaux** **La Grande Rue**	Entre Vougeot et Nuits-Saint-Georges ; communes de Vosne-Romanée et Flagey-Echezeaux.	**Pinot noir**.	Argilo-calcaire.	Prononcer Vône. 8 grands crus parmi les plus renommés de la Bourgogne et 14 premiers crus. La Romanée 0 ha 84 est la plus petite A.O.C. de France. La Romanée-Conti : 1 ha 80 à 50 ca.
NUITS SAINT-GEORGES	Au sud de la Côte de Nuits. Sur les communes de Nuits St Georges et Prémeaux-Prissey.	Blancs : **Chardonnay**. Rouges : **Pinot noir**.	Calcaire et marnes (Jurassique moyen).	Pas de grands crus sous cette A.O.C., mais de très nombreux premiers crus. Toute petite production de vin blanc.

Voir caractères des A.O.C. communales et liste des premiers crus en annexe.

 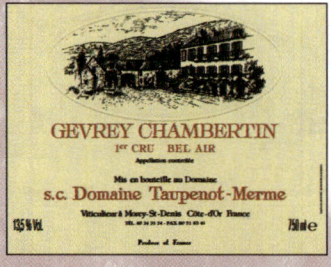  

Quelques A.O.C. communales (Premiers crus).

Les vignobles et les vins de Bourgogne, du Beaujolais et du Lyonnais

MARSANNAY

FIXIN

GEVREY-CHAMBERTIN
Chambertin
Chambertin-Clos de Bèze
Chapelle-Chambertin
Charmes et Mazoyères-Chambertin
Griotte-Chambertin
Latricières-Chambertin
Mazis-Chambertin
Ruchottes-Chambertin

MOREY-SAINT-DENIS
Clos Saint-Denis
Clos de la Roche
Clos des Lambrays
Clos de Tart
Bonnes-Mares (partie)

CHAMBOLLE-MUSIGNY
Musigny
Bonnes-Mares (partie)

VOUGEOT
Clos de Vougeot

VOSNE ROMANÉE
Romanée
Romanée-Conti
Romanée-St-Vivant
Richebourg
La Tâche
Echezeaux
Grands-Echezeaux
La Grande Rue

NUITS SAINT-GEORGES

DOCUMENT AJOUTÉ À LA CARTE PAR L'AUTEUR
(A.O.C. COMMUNALES EN MAJUSCULES, GRANDS CRUS EN MINUSCULES).

Le vignoble bourguignon comporte quelques difficultés, entre autres, celles qui consistent à bien faire la différence entre les A.O.C. situées en Côte de Nuits et celles situées en Côte de Beaune. Il y a un moyen mnémotechnique qui permet de retenir celles de la Côte de Nuits et par déduction de retrouver celles qui appartiennent à la Côte de Beaune. Alors qu'il était encore dans l'hôtellerie et qu'il donnait des cours dans une classe de CAP, l'auteur de cet ouvrage avait proposé la phrase suivante à ses élèves : "Messieurs, faites gaffe mon chat vous voit noir." La première lettre de chaque mot permet de retrouver dans l'ordre géographique les A.O.C. communales de la Côte de Nuits (M.F.G.M.C.V.V.N.).

SOURCE : BIVB BEAUNE.

*Le résultat étant probant, il a continué à donner cette phrase, sans grande signification, il faut bien le reconnaître. Il a été très agréablement surpris de la retrouver 20 ans après dans un ouvrage consacré aux vins écrit par des collègues.
D'autre part, le jeu des couleurs vous permet de constater que les vins blancs constituent une exception en Côte de Nuits.*

Quelques A.O.C. Grand Cru

Les vignobles et les vins de Bourgogne, du Beaujolais et du Lyonnais

LISTE DES APPELLATIONS DE LA CÔTE DE NUITS ET PRINCIPALES CARACTÉRISTIQUES (SUITE)

Appellations	Situation géographique	Principaux cépages	Nature du sol	Observations
Côte de Nuits-villages	5 communes situées au nord et au sud de la Côte de Nuits.	Blancs : **Chardonnay**. Rouges : **Pinot noir**.	Variable, mais à dominance argilo-calcaire.	Appellation commune à Brochon, Fixin, Prémeaux-Prissey, Comblanchien et Gorgoloin.
Bourgogne Hautes-Côtes de Nuits	A l'ouest de la Côte de Nuits, à une altitude légèrement supérieure.	Blancs : **Chardonnay**. Rouges : **Pinot noir**.	Varié.	Attention, il s'agit d'une AOC régionale.

Caractères des vins – accord avec les mets

Les vins rouges de la Côte de Nuits sont généralement des vins puissants et généreux, souvent tanniques et colorés. Les plus puissants proviennent de Gevrey-Chambertin, Fixin et Nuits Saint-Georges. Ceux de Vosne-Romanée sont charnus, élégants et très aromatiques. À Chambolle-Musigny, dominent l'élégance et la finesse, en particulier sur le Musigny, les Bonnes-Mares sont plus puissants. Les vins de Morey-Saint-Denis ont la finesse des Chambolle et la puissance des Gevrey-Chambertin. A Vougeot, les vins sont harmonieux avec une très bonne intensité aromatique.

Les rares vins blancs de la Côte de Nuits sont secs et souples, le Musigny blanc est un vin rare, suave et tout en finesse.

Les appellations communales se conservent 5 à 15 ans selon les millésimes et la vinification. Les premiers crus jusqu'à 20 ans. Quant aux grands crus, c'est seulement après un vieillissement de 15 à 25 ans qu'ils se livrent pleinement.

Il faut servir les vins de Gevrey-Chambertin et Nuits Saint-Georges sur les viandes rouges, les plats en sauce (civet, bœuf bourguignon,…), sur le gibier et sur les fromages puissants (sauf les bleus). Pour accompagner les viandes blanches, le filet de bœuf, le canard rôti, les petits gibiers à plumes et les fromages pas trop puissants, les vins produits sur Morey-Saint-Denis, Chambolle-Musigny et Vosne-Romanée conviennent parfaitement.

Restaurateurs et vins de la Côte de Nuits

Il est indispensable de bien connaître les caractères des différents vins. En effet, il y a souvent une différence très importante entre un Chambertin et un Musigny, un Musigny et un Bonnes-Mares, etc.

Il faut servir les vins blancs entre 10 à 12 °C, les rouges jeunes provenant des AOC Communales à 14/15 °C, les grands crus et les vins plus évolués aux environs de 16 °C. Attention, ces vins sont régulièrement servis trop chambrés. N'oubliez pas que dans le verre,

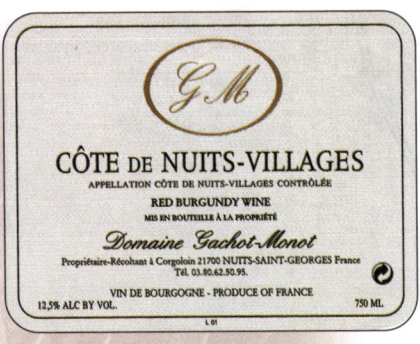

Attention à ne pas confondre ces 3 A.O.C. :

Nuits-Saint-Georges : communes de Nuits-Saint-Georges et Premeaux-Prissey.

Côte de Nuits-Villages : 5 communes situées au nord et au sud de la Côte de Nuits.

Bourgogne Hautes-Côtes de Nuits : une vingtaine de communes sur le plateau, à l'ouest de la Côte.

L'A.O.C. Côte de Nuits tout court n'existe pas.

PHOTO : BRUNET.

Le Clos de Vougeot.

PHOTO : BRUNET.

Les Chambertin.

Les vignobles et les vins de Bourgogne, du Beaujolais et du Lyonnais

le vin prend rapidement quelques degrés supplémentaires.

Pour la carte des vins, il est souhaitable de classer les A.O.C. du nord au sud, pour faciliter le travail du personnel. Attention à bien faire la distinction entre les différents types d'appellation (communales, premiers crus, grands crus). Indiquer toujours le nom du producteur ou du négociant. En effet, contrairement au Bordelais, la propriété est très morcelée en Bourgogne. Il y a parfois un nombre impressionnant de propriétaires pour un même climat, surtout sur les grands crus. Exemples : Chambertin Clos de Bèze, moins de 15 ha avec presque une vingtaine de propriétaires ; *Clos de Vougeot*, 50 ha avec **80** propriétaires environ. Très souvent, les amateurs de vins de Bourgogne savent que tel ou tel propriétaire est mieux situé sur le coteau, ou encore que sa vinification est différente de celle de son voisin.

Ce morcellement peut rendre l'achat des vins difficile. Beaucoup de restaurateurs font dorénavant confiance à des négociants-éleveurs qui ne ménagent ni leur temps, ni leur peine pour présenter des vins de grande qualité. Ce résultat est dû à beaucoup de rigueur au niveau de la sélection, et à des soins attentifs en cours d'élevage.

Il existe quelques "châteaux" en Bourgogne : Château de Citeaux, de Pommard, de Meursault, de Marsannay...

Le vin préféré de Napoléon était le Chambertin d'où le nom de "Vin de l'Empereur" qui lui est parfois donné. Au départ de chaque campagne, l'Empereur était accompagné de sa "provision" de Chambertin. Il en aurait ainsi bu au pied des pyramides d'Egypte et lors de la campagne de Russie... Un des vétérans des campagnes napoléoniennes s'était retiré à Fixin, village voisin de Gevrey, il y fit construire un monument encore visible de nos jours, "Le réveil de Napoléon".

LA PERLE DU MILIEU DU COLLIER BOURGUIGNON

À la question : "Quel est le plus réputé des vins rouges de Bordeaux ?" La réponse varie en fonction des goûts de chacun. Certains préfèrent le Château Margaux, d'autres le Château Mouton Rothschild ou encore le Pétrus, Ausone ou Cheval Blanc. En Bourgogne, la Romanée-Conti semble faire l'unanimité. Ce climat prestigieux, d'une superficie de 1 ha 80 à 50 ca, fut qualifié par Gaston Roupnel de : "perle du milieu du collier bourguignon". Longtemps convoité par la Pompadour, ce cru devint la propriété du prince de Conti, d'où son nom. Vendu comme bien national lors de la Révolution, il passa ensuite entre différentes mains. Il est actuellement distribué par la société civile des domaines de la Romanée-Conti, selon un procédé tout à fait particulier. Il n'est pas possible d'acheter une bouteille ou une caisse de Romanée-Conti. En revanche, il est possible d'acheter une caisse de vins du domaine, composée de différents vins, par exemple : La Tâche, Richebourg, Romanée-St-Vivant, Echezeaux, et une ou deux bouteilles de Romanée-Conti.

Même si cela peut choquer les amateurs de peinture, il existe des points communs entre ce cru et La Joconde. En découvrant ces deux chefs-d'œuvre, leur petite taille déçoit, mais très rapidement, la déception fait place à l'émerveillement.

La Romanée-Conti.

La Romanée-Conti et le village de Vosne-Romanée.

Les vignobles et les vins de Bourgogne, du Beaujolais et du Lyonnais

SOURCE : BRUNET.

Montrachet : grand cru.

LA CÔTE DE BEAUNE

Il est difficile de parler de la Côte de Beaune sans évoquer ceux qui sont à l'origine de crus toujours réputés aujourd'hui : les moines de Cîteaux et de Cluny, mais aussi les Ducs de Bourgogne qui ont joué un rôle décisif pour la mise en valeur des vins de la région.

La ville de Beaune est considérée, à juste titre, comme la capitale des vins de Bourgogne. Chaque année, la vente des vins de ses célèbres hospices attire des acheteurs du monde entier. C'est dans cette ville que se sont installées, au XVIIIe siècle, la plupart des maisons de négoce.

La Côte de Beaune qui s'étend de Ladoix au nord à Cheilly les Maranges au sud, offre un large éventail d'appellations prestigieuses : Beaune, Pommard, Volnay, Meursault,…

C'est incontestablement dans cette région que sont produits les plus grands Chardonnays du monde avec de nombreux premiers crus et grands crus, entre autres, le célèbre Montrachet, un des plus grands vins blancs du monde.

LADOIX
ALOXE-CORTON
  Corton
  Corton-Charlemagne
PERNAND-VERGELESSES
SAVIGNY-LES-BEAUNE
CHOREY-LES-BEAUNE
BEAUNE
POMMARD
VOLNAY
MONTHELIE
AUXEY-DURESSES
SAINT-ROMAIN
MEURSAULT
(BLAGNY)
PULIGNY-MONTRACHET
  - Montrachet
  - Bâtard-Montrachet
  - Chevalier-Montrachet
  - Bienvenues-Bâtard-Montrachet
CHASSAGNE-MONTRACHET
  - Montrachet
  - Bâtard-Montrachet
  - Criots-Bâtard- Montrachet
SAINT-AUBIN
SANTENAY
MARANGES

DOCUMENT AJOUTÉ À LA CARTE PAR L'AUTEUR
(A.O.C. COMMUNALES EN MAJUSCULES, AOC GRANDS CRUS EN MINUSCULES).

Avec le jeu des couleurs, il est facile de constater qu'à l'exception de Pommard et Volnay toutes les A.O.C. communales produisent des vins blancs et des vins rouges (revoir le tableau pour Blagny). Tous les grands crus, à l'exception de Corton, ne produisent que des vins blancs. Certaines A.O.C. sont peu connues, elles commercialisent souvent une grande partie de leur vin sous l'A.O.C. Côte de Beaune Villages (voir tableaux).

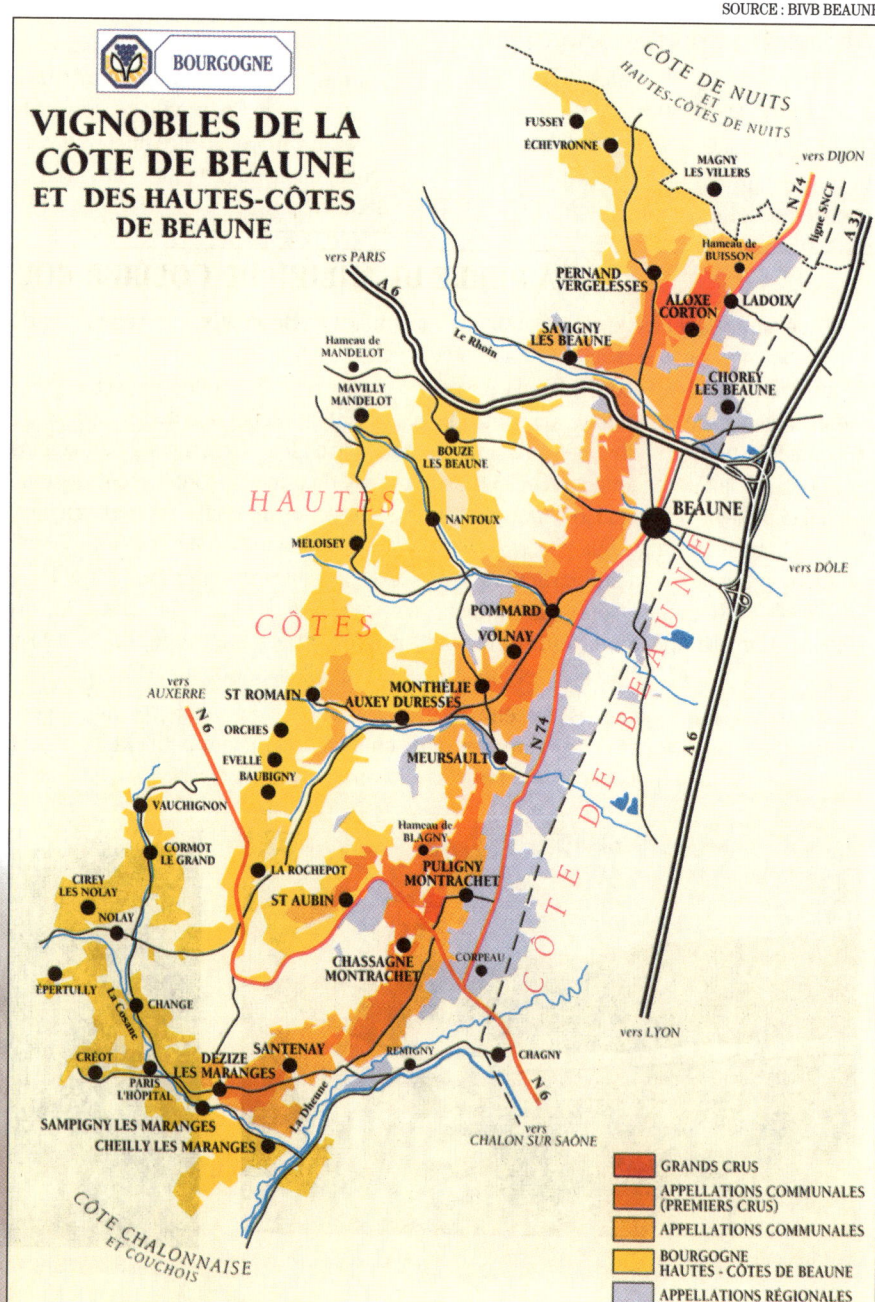

SOURCE : BIVB BEAUNE.

LISTE DES APPELLATIONS DE LA CÔTE DE BEAUNE ET PRINCIPALES CARACTÉRISTIQUES
A- au nord de Beaune

Appellations du nord au sud	Situation géographique	Principaux cépages	Nature du sol	Observations
LADOIX	Commune de Ladoix-Serrigny, N.E de Beaune, au pied de la montagne de Corton.	Blancs : **Chardonnay.** Rouges : **Pinot noir.**	Calcairo-marneux, un peu d'argile dans les secteurs qui produisent des vins blancs.	Certaines parcelles ont droit aux A.O.C. Aloxe-Corton, Corton et Corton-Charlemagne.
ALOXE-CORTON Corton Corton-Charlemagne	Au nord de Beaune.	Blancs : **Chardonnay.** Rouges : **Pinot noir.**	A dominance argilo-calcaire, très caillouteux par endroits.	Prononcer "Alosse". Une grande partie de la commune est classée en appellations grands crus. Avec une production de l'ordre de 3 500 hl, le Corton est le Grand cru le plus important de la Bourgogne. Il est subdivisé en une vingtaine de climats : Perrières, Clos du Roi, Bressandes,…
PERNAND-VERGELESSES	Au nord-ouest d'Aloxe-Corton.	Blancs : **Chardonnay.** Rouges : **Pinot noir.**	A dominance argilo-calcaire.	Une partie du Corton-Charlemagne est située sur cette commune qui produit également du Corton rouge.
SAVIGNY-LES-BEAUNE	A la limite nord de la ville de Beaune.	Blancs : **Chardonnay.** Rouges : **Pinot noir.**	Varié mais à dominance argilo-ferrugineuse et calcaire, léger par endroits (graves).	C'est à hauteur de Savigny que le vignoble de la Côte occupe la plus grande largeur.
CHOREY-LES-BEAUNE	Egalement au nord de Beaune.	Blancs : **Chardonnay.** Rouges : **Pinot noir.**	Varié : calcaire avec un peu de fer à l'ouest, sable et pierres au nord, marnes-graviers au sud.	D'excellents vins mais pas de premiers crus sur cette appellation.
BEAUNE	À une cinquantaine de km au sud de Dijon.	Blancs : **Chardonnay.** Rouges : **Pinot noir.**	Calcaire mélangé à du sable ou de l'argile par endroits.	Pas de grands crus mais 39 climats classés en premiers crus.

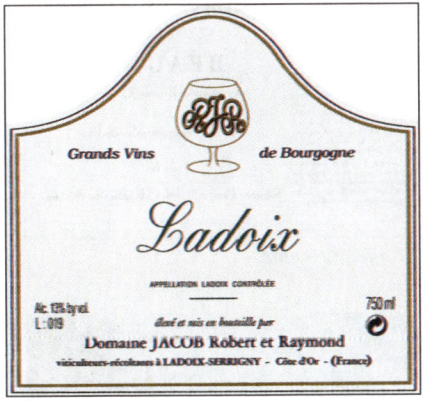

Quelques A.O.C. communales.

SOURCE . DIVD DR.

Clos de la Pucelle.

Les vignobles et les vins de Bourgogne, du Beaujolais et du Lyonnais

L'Empereur Charlemagne possédait un vignoble sur Aloxe et Pernand. Il y fit planter des vignes qu'il offrit à la collégiale de Saulieu en 775, d'où le nom de Corton-Charlemagne.

Le village d'Aloxe-Corton et au fond, la montagne de Corton.

Que des vins blancs sous cette appellation.

Contrairement à une opinion très répandue, Meursault produit des vins blancs et des vins rouges.

Contrairement aux autres A.O.C. communales de la Côte de Beaune, Pommard et Volnay ne produisent que des vins rouges.

LES HOSPICES DE BEAUNE

Chacun a entendu parler de la célèbre vente des vins des Hospices de Beaune. En fait, il ne s'agit ni d'un cru ni d'une appellation, mais d'un ensemble de vignobles appartenant aux Hospices, constitué au cours des siècles grâce à des legs.

Les Hospices furent créés en 1443 par Nicolas Rollin, chancelier du duc de Bourgogne et sa femme Guigogne de Salins. Après bien des hésitations entre Autun, Dijon et Beaune, c'est cette dernière ville qui a été retenue pour la construction d'un édifice, prévu pour soigner les "pauvres de Notre Seigneur Jésus-Christ". Pendant cinq siècles, à une époque où la Sécurité Sociale n'existait pas encore, de nombreux malades furent soignés gratuitement dans la *Grande Chambre des Pôvres*. De nos jours, en raison de l'afflux de visiteurs, les malades sont hospitalisés dans un autre bâtiment.

Dès leur création, les Hospices ont bénéficié de nombreux dons. Ils sont actuellement à la tête d'un vignoble de 61 ha. Depuis 1859, à l'initiative de Joseph Pétasse, économe des Hospices, les vins sont vendus aux enchères, le troisième dimanche de novembre. En réalité, cette manifestation dure 3 jours : ce sont les Trois Glorieuses. Le samedi a lieu la dégustation des vins (il s'agit, bien entendu, des vins de l'année). Le soir se tient le chapitre des Chevaliers du Tastevin au Clos de Vougeot. Le dimanche après-midi est organisée la vente des vins aux enchères, en présence d'acheteurs venus du monde entier. Cette cérémonie est toujours présidée par une personnalité de haut rang. Cette vente peut-être considérée comme la plus grande vente de charité du monde. En 2000, le montant de la vente s'est élevé à 3 771 193 euros (plus de 24 millions de francs). Le lendemain de la vente, c'est-à-dire le lundi, les cérémonies se terminent par la paulée de Meursault (jadis la paulée était le repas de fin de vendanges). L'argent de la vente sert à l'entretien des Hospices, mais également à améliorer les services hospitaliers.

Les vins sont vendus en fûts neufs, non repris. L'enlèvement doit être effectué avant le 15 janvier. Pour tout enlèvement non effectué à cette date, des frais d'entretien sont perçus. En cas de non-enlèvement dans les délais (6 mois après la date limite), la vente est résiliée de plein droit.

D'autre part, la totalité des vins achetés doit obligatoirement être mise en bouteilles bourguignonnes, dans la région de production délimitée Bourgogne vinicole. Les étiquettes sont obligatoirement fournies par l'administration des Hospices. Sont mentionnés : l'appellation, le nom de la cuvée (nom du donateur et le millésime).

Ancienne étiquette.

Etiquette récente.

Les Hospices de Beaune ont été créés par Nicolas Rollin et Guigogne de Salins.

Les vignobles et les vins de Bourgogne, du Beaujolais et du Lyonnais

LISTE DES APPELLATIONS DE LA CÔTE DE BEAUNE ET PRINCIPALES CARACTÉRISTIQUES
B- au sud de Beaune

Appellations du nord au sud	Situation géographique	Principaux cépages	Nature du sol	Observations
POMMARD	Au centre de la Côte de Beaune.	**Pinot noir.**	Calcaire et argile.	Pas de grands crus sur cette appellation renommée mais d'excellents premiers crus : Les Rugiens, Les Epenots, etc.
VOLNAY	Au sud de Pommard.	**Pinot noir.**	Marnes calcaires et éboulis argilo-calcaires.	Pas de grands crus sur cette appellation mais de nombreux premiers crus : Caillerets, Champans, etc.
MONTHELIE	Au centre de la Côte de Beaune, au sud de Volnay.	Blancs : **Chardonnay.** Rouges : **Pinot noir.**	Calcaire et argile, cette dernière est plus ou moins présente selon les climats.	Les vins de cette appellation gagnent à être mieux connus.
AUXEY-DURESSES	Prolonge le vignoble de Monthélie vers l'ouest.	Blancs : **Chardonnay.** Rouges : **Pinot noir.**	Calcaire et marnes (vins blancs) calcaire et argile (vins rouges).	Prononcer "Aussé". Cette A.O.C., pas assez connue, possède 6 premiers crus.
SAINT-ROMAIN	Au nord-ouest d'Auxey-Duresses.	Blancs : **Chardonnay.** Rouges : **Pinot noir.**	Marnes calcaires avec bancs d'argile favorables aux vins blancs.	Cette appellation est surtout renommée pour ses vins blancs.
MEURSAULT	A une dizaine de km au sud-ouest de Beaune.	Blancs : **Chardonnay.** Rouges : **Pinot noir.**	Marnes blanches idéales pour les vins blancs. Calcaire, graviers, argile dans la partie nord (vins rouges).	Ici le Chardonnay trouve son terrain de prédilection. Les vins produits sur le climat Santenots ont droit à l'A.O.C. Meursault pour les vins blancs et Volnay pour les rouges.

BLAGNY : Seuls les vins rouges de ce hameau peuvent revendiquer l'A.O.C. Blagny. En fonction de leur situation géographique, les blancs bénéficient des A.O.C. Meursault ou Puligny-Montrachet 1er cru.

Appellations	Situation géographique	Principaux cépages	Nature du sol	Observations
PULIGNY-MONTRACHET Montrachet Bâtard-Montrachet Chevalier-Montrachet Bienvenues-Bâtard-Montrachet	Prolonge le vignoble de Meursault vers le sud.	Blancs : **Chardonnay.** Rouges : **Pinot noir.**	Argilo-calcaire, riche en cailloux.	Très connue pour ses vins blancs cette A.O.C. produit d'excellents vins rouges. Le Montrachet considéré, à juste titre, comme un des meilleurs vins blancs du monde est à cheval sur Puligny et sur Chassagne. Idem pour Bâtard.
CHASSAGNE-MONTRACHET Montrachet Bâtard-Montrachet Criots-Bâtard-Montrachet	Au sud de Puligny-Montrachet. Une petite partie de Remigny a droit à l'appellation Chassagne-Montrachet.	Blancs : **Chardonnay.** Rouges : **Pinot noir.**	Calcaire brun argileux (vins blancs) et calcaire marneux (vins rouges).	Très connue pour ses vins blancs, cette A.O.C. produit également d'excellents vins rouges. Les vins des A.O.C. produites sur Puligny et Chassagne sont recherchés dans le monde entier.
SAINT-AUBIN	A l'ouest de Puligny-Montrachet.	Blancs : **Chardonnay.** Rouges : **Pinot noir.**	Calcaire avec des cailloux pour les vins rouges ; terres blanches avec argile pour les blancs.	Cette A.O.C. gagnerait à être mieux connue. Elle souffre peut-être de la renommée de ses proches voisins.

Les vignobles et les vins de Bourgogne, du Beaujolais et du Lyonnais

LISTE DES APPELLATIONS DE LA CÔTE DE BEAUNE ET PRINCIPALES CARACTÉRISTIQUES (SUITE)

Appellations du nord au sud	Situation géographique	Principaux cépages	Nature du sol	Observations
SANTENAY	Au sud de la Côte de Beaune.	Blancs : **Chardonnay**. Rouges : **Pinot noir**.	Calcaire dur avec des marnes.	Essentiellement des vins rouges sous cette appellation. Le village est également connu pour ses sources thermales.
MARANGES	A.O.C. la plus au sud de la Côte de Beaune. Elle est située en Saône-et-Loire, 3 villages ont droit à l'appellation*.	Blancs : **Chardonnay**. Rouges : **Pinot noir**.	Terrain argilo-calcaire liasique.	Cette A.O.C. remplace depuis 1989 les A.O.C. : Cheilly-les-Maranges*, Dezize-les-Maranges* et Sampigny-les-Maranges*.

*Voir caractères des A.O.C. communales et listes des 1ers crus en annexe.

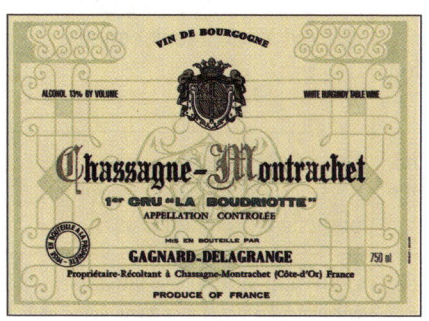 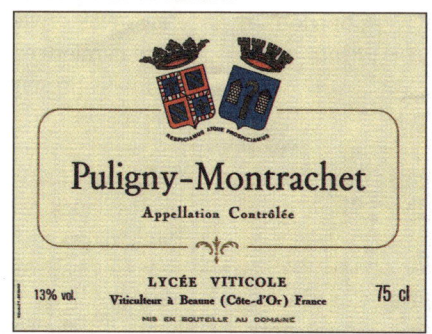

A l'exception des Corton, tous les grands crus de la Côte de Beaune sont produits sur les communes de Chassagne-Montrachet et Puligny-Montrachet.

LISTE DES APPELLATIONS DE LA CÔTE DE BEAUNE ET PRINCIPALES CARACTÉRISTIQUES (SUITE)

Appellations	Situation géographique	Principaux cépages	Nature du sol	Observations
COTE DE BEAUNE - VILLAGES	Toutes les communes de la Côte de Beaune à l'exception de Beaune, Aloxe-Corton, Pommard et Volnay.	Pinot noir.	Varié en raison de l'étendue de l'appellation mais à dominance argilo-calcaire.	Chaque viticulteur peut choisir soit l'A.O.C. communale soit l'A.O.C. Côte de Beaune-Villages. A ne pas confondre avec Côte de Beaune.
COTE DE BEAUNE	Quelques hectares répartis sur plusieurs climats aux environs de Beaune.	Blancs : **Chardonnay**. Rouges : **Pinot noir**.	Dominance d'argile et de cailloux.	ATTENTION cette A.O.C. est une appellation très restreinte. Elle ne s'applique pas à l'ensemble de la Côte de Beaune.
BOURGOGNE HAUTES-COTES DE BEAUNE	Parallèle à la Côte de Beaune en allant vers l'ouest ; altitude légèrement plus élevée que pour la Côte.	Blancs : **Chardonnay**. Rouges : **Pinot noir**.	Varié en raison de l'étendue de l'appellation (une vingtaine de communes).	Attention, il s'agit d'une A.O.C. régionale. Les conditions climatiques y sont un peu moins favorables qu'en Côte de Beaune.

Caractères des vins de la Côte de Beaune - accords avec les mets

Tous les vins blancs sont élaborés à partir du Chardonnay. Les grands crus offrent des vins aux arômes riches et complexes où dominent la noisette, le miel et le pain grillé. Ce sont des vins secs avec beaucoup de gras, de moelleux (attention il ne s'agit pas de vins moelleux). Ces vins ont un corps et une persistance exceptionnels. Ils ont une excellente aptitude à la conservation : 10 à 20 ans, voire plus, pour les plus grands. Les premiers crus sont parfois proches de la qualité des grands crus. À boire entre 6 et 10 ans. Quant aux A.O.C. communales, elles produisent des vins élégants, caractérisés

Les vignobles et les vins de Bourgogne, du Beaujolais et du Lyonnais

par un bel équilibre acidité-moelleux. Il serait souhaitable d'attendre 4 à 5 ans avant de les déboucher.

Il faut servir les grands Bourgognes blancs sur les poissons fins, les crustacés en sauce, le foie gras, les volailles, les viandes blanches, mais aussi sur les fromages à fortes saveurs : Epoisses, bleus,…

Les vins rouges de la Côte de Beaune peuvent être classés en trois catégories :

- vins tanniques et fermes avec une très bonne aptitude à la conservation pour Pommard et Corton (le seul grand cru en rouge). Ces vins se servent sur le gibier, les viandes en sauce, et la plupart des fromages forts.

- Vins corsés avec des tanins fins et une bonne aptitude à la conservation, pour Aloxe-Corton, Chassagne-Montrachet, Santenay, Maranges et certains Beaune. À servir avec les viandes rouges, la pintade, les volailles, les fromages à la saveur pas trop marquée.

- Vins fins, souples et légers sur les A.O.C. : Volnay, Savigny-lès-Beaune, Chorey-lès-Beaune, Pernand-Vergelesses, certains Beaune. Ces vins arrivent à maturité plus rapidement que les précédents. Généralement au bout de 4 à 5 ans. Il faut les servir sur les viandes blanches, les grillades, les fromages à saveur douce.

Les œufs en meurette, célèbre spécialité bourguignonne, devraient être accompagnés du vin ayant servi à leur préparation, c'est-à-dire un vin blanc ou un vin rouge. Les vins rouges s'allient

Accord Bourgogne fromage.

parfaitement avec les fromages (sauf les chèvres). Mais attention, à bien choisir le ou les fromages en fonction du vin et non l'inverse... Certains Beaune ou certains Volnay résisteraient-ils à un vieux langres ? Si l'on veut sortir des sentiers battus, mieux vaut conseiller un vieux *Marc* de Bourgogne ou un grand vin blanc "bien mûr" qui constituent un accord parfait avec ce fromage.

Restaurateurs et vins de la Côte de Beaune

Comme nous l'avons vu précédemment, la Côte de Beaune offre une remarquable palette aussi bien pour les vins blancs que pour les vins rouges. Mais trop souvent, ces vins ne sont pas servis à la température qui leur permet de s'exprimer pleinement. Que de grands Meursault, Puligny-Montrachet ou autres grands vins incapables d'exalter leur remarquable bouquet parce que servis glacés !

Attention, les Bourgognes rouges ne doivent pas être servis trop chambrés. Dans l'ensemble, la température ne devrait pas dépasser 15 à 16 °C au

Poisson fin avec un Meursault 1er cru.

Pommard, un vin idéal avec les viandes rouges, le gibier et les champignons.

En dehors des A.O.C. prestigieuses, il existe en Bourgogne de nombreuses appellations plus modestes qui produisent d'excellents vins.

Les vignobles et les vins de Bourgogne, du Beaujolais et du Lyonnais

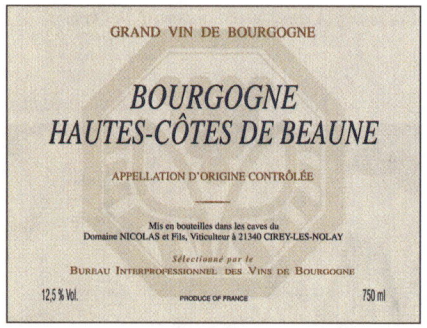

Attention à ne pas confondre ces appellations (voir tableaux).

moment du service. Il faudrait même servir les vins jeunes et légers un peu plus frais. Les grands vins blancs de cette région doivent être servis de 12 à 14 °C !

En restauration, ces problèmes de température doivent être un souci permanent.

Pour la carte des vins, attention à ne pas confondre Côte de Beaune, Côte de Beaune-Villages et Bourgogne Hautes-Côtes de Beaune.

Sinon, toutes les consignes données pour la Côte de Nuits s'appliquent à la Côte de Beaune : ordre géographique, nom du producteur, etc.

D'autre part, n'oubliez pas qu'en dehors des appellations prestigieuses, toujours citées, il existe en Bourgogne un grand nombre d'appellations plus modestes qui produisent d'excellents vins. Une opportunité pour la restauration !

Rappel :

Toutes les A.O.C. communales produisent des vins blancs et des vins rouges, sauf Pommard et Volnay (revoir tableau pour Blagny).

Toutes les A.O.C. grand cru ne produisent que du vin blanc, sauf Corton.

Certaines A.O.C. sont peu connues, elles commercialisent souvent une grande partie de leur vin sous l'A.O.C. Côte de Beaune-Villages.

Côte de Beaune-Villages : vin rouge provenant de l'une des 17 communes pouvant revendiquer cette A.O.C., ou de l'assemblage de vins de plusieurs de ces communes. À ne pas confondre avec Côte de Beaune : cette A.O.C., très rare, est réservée aux vins récoltés sur l'aire de production Beaune, avec en plus, quelques hectares limitrophes situés sur le territoire de Beaune, mais non classés A.O.C. Beaune.

LA SAÔNE-ET-LOIRE

Mercurey.

Le vignoble de Saône-et-Loire est défini par le Comité interprofessionnel des vins de cette région comme étant "la charnière de la Bourgogne, le véritable trait d'union entre la noble Côte d'Or et le démocratique Beaujolais" Le vignoble de Saône-et-Loire est constitué de deux entités : La Côte Chalonnaise au nord et le Mâconnais au sud. Le département de Saône-et-Loire produit également de nombreux vins vendus sous les A.O.C. régionales :

Bourgogne, Bourgogne Passetoutgrain, Bourgogne Aligoté, etc.

La Côte Chalonnaise

Prolongement naturel de la Côte de Beaune, la Côte Chalonnaise, appelée parfois Région de Mercurey, produit des vins réputés parmi lesquels les plus connus sont incontestablement le Mercurey et le Rully.

Les vignobles et les vins de Bourgogne, du Beaujolais et du Lyonnais

SOURCE : BUREAU INTERPROFESSIONNEL DES VINS DE BOURGOGNE.

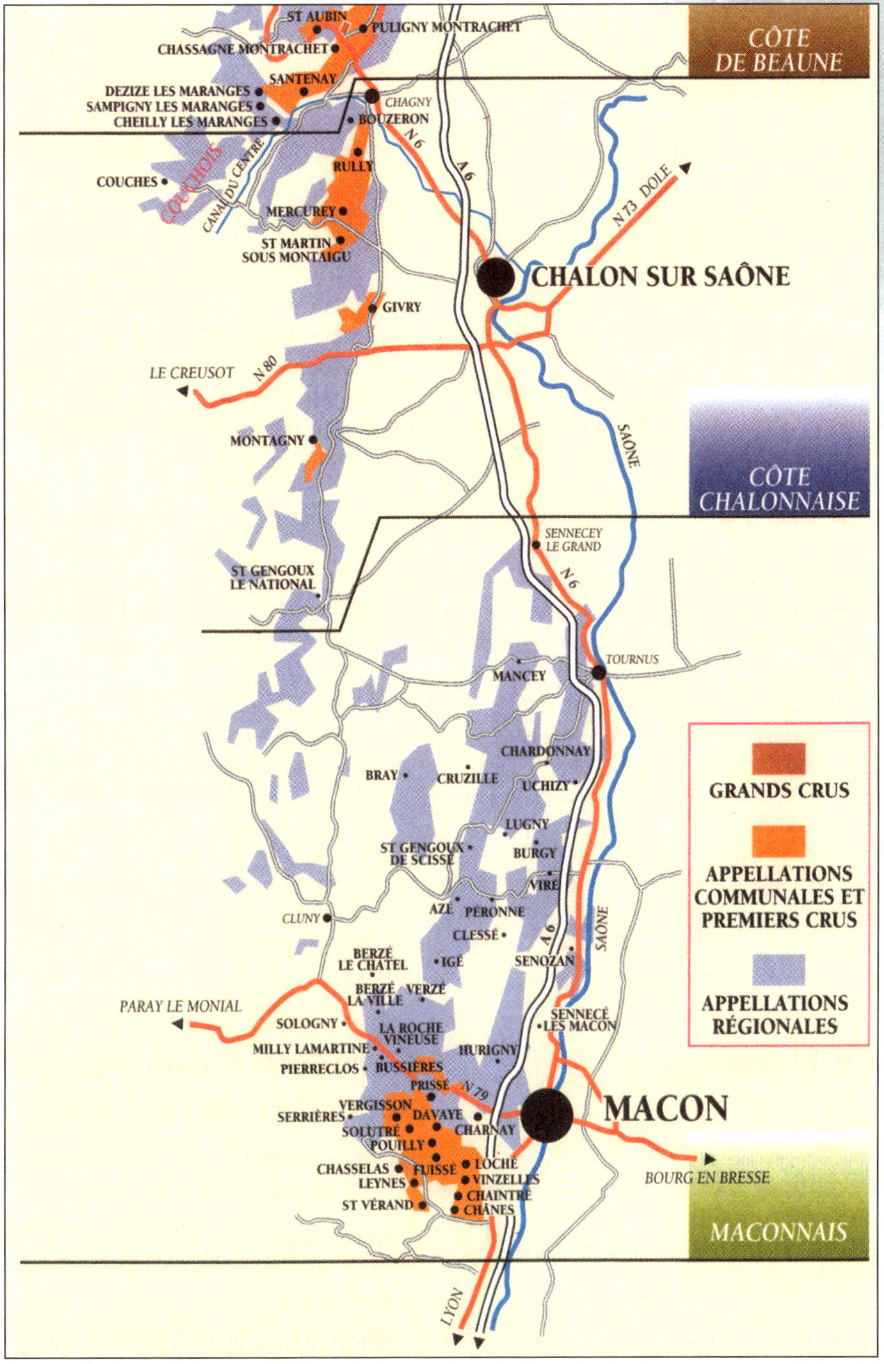

Rully est surtout connu pour ses vins blancs.

BOUZERON
RULLY
MERCUREY
GIVRY
MONTAGNY

MACON
MACON SUPERIEUR
MACON VILLAGES
VIRE-CLESSE
POUILLY-FUISSE
POUILLY-LOCHE
POUILLY-VINZELLES
SAINT-VERAN

DOCUMENT AJOUTÉ À LA CARTE PAR L'AUTEUR POUR METTRE EN ÉVIDENCE LA COULEUR DES VINS PRODUITS.

Certains climats de la côte chalonnaise sont classés en premier cru.

Les vins du Couchois

Depuis 2001, le vignoble du Couchois a été reconnu par l'INAO en obtenant l'A.O.C. **Bourgogne Côtes du Couchois.** Le vignoble est situé dans le prolongement de la Côte et des Hautes-Côtes de Beaune, à l'extrême N.O. de la Côte Chalonnaise. Vignoble très morcelé, on y trouve essentiellement des caves particulières. L'A.O.C. Bourgogne Côtes du Couchois est réservée aux vins rouges produits sur 5 communes. Les vins concernés sont des vins de garde, solides et colorés.

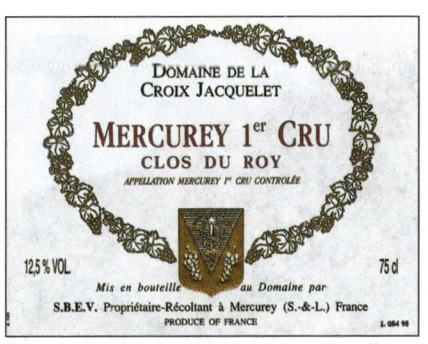

Mercurey produit essentiellement des vins rouges.

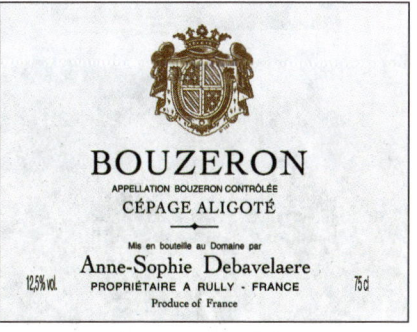

Bouzeron, un terroir privilégié pour l'aligoté.

Les vignobles et les vins de Bourgogne, du Beaujolais et du Lyonnais

LISTE DES APPELLATIONS DE LA CÔTE CHALONNAISE ET PRINCIPALES CARACTÉRISTIQUES

Appellations du nord au sud	Situation géographique	Principaux cépages	Nature du sol	Observations
BOUZERON	Prés de Rully, aux portes de Chagny.	**Aligoté.**	Argilo-calcaire.	Longtemps vendus sous l'A.O.C. Bourgogne Aligoté Bouzeron, les vins bénéficient depuis 1997 d'une A.O.C. propre.
RULLY	Au sud de Chagny, dans le prolongement de la Côte de Beaune. L'A.O.C. déborde un peu sur Chagny.	Blanc : **Chardonnay.** Rouge : **Pinot noir.**	Marnes et argile à dominance calcaire.	Surtout connu pour ses vins blancs. Certains lieux-dits sont classés en Premiers Crus (voir en annexe).
MERCUREY	Sur 3 communes à une dizaine de km au nord-ouest de Chalons-sur-Saône.	Blanc : **Chardonnay.** Rouge : **Pinot noir.**	Argilo-siliceux sur calcaire, quelques marnes ferrugineuses.	Un des plus anciennes A.O.C. françaises (1936).
GIVRY	A l'ouest de Chalons-sur-Saône. Sur Givry et une partie des communes de Dracy-le-Fort et Jambles.	Blanc : **Chardonnay.** Rouge : **Pinot noir.**	Sols bruns calcaires ou calciques (jurassique).	On prétend que les vins de Givry étaient très appréciés par Henri IV.
MONTAGNY	A.O.C. la plus au sud de la Côte Chalonnaise.	Blanc : **Chardonnay.**	Marnes ou calcaire avec marnes du lias et du trias.	Que des vins blancs sous cette A.O.C. Tous les vins qui tirent 11,5 % alc. peuvent être étiquetés 1er cru.

Depuis 1990, le nom de "Côte Chalonnaise" peut être adjoint à celui de Bourgogne, Bourgogne Clairet ou Bourgogne rosé pour les vins récoltés à l'intérieur de l'aire délimitée Bourgogne sur le territoire de 44 communes du département de Saône-et-Loire. Ne sont pas comprises dans l'aire de production les parcelles incluses dans les A.O.C. : Mercurey, Montagny, Rully et Givry.

Le Mâconnais

Dans le sud du département, se trouve le vignoble du Mâconnais (cher à Lamartine). Il marque la frontière sud de la Bourgogne viticole. Il s'étend sur 35 km de long, entre Sennecey le Grand et Saint-Vérand aux portes du Beaujolais, pour une largeur moyenne de 10 km. Le porte-drapeau des vins du Mâconnais est incontestablement le Pouilly-Fuissé, produit au pied de la célèbre roche de Solutré.

SOURCE : BIVB - PHOTO : N. ESCHMANN.

Le Mâconnais.

PHOTO : BRUNET.

Le Pouilly-Fuissé est produit au pied de la roche de Solutré.

Caractères des vins et accords avec les mets

Les vins blancs produits en Saône-et-Loire sont généralement secs et frais. Jeunes, ils accompagnent fort bien les huîtres, les grenouilles, les fruits de mer et les crustacés, le fromage de chèvre, ainsi que tous les plats où un vin blanc sec et frais s'impose. Après quelques années de bouteille, les plus grands d'entre eux présentent des arômes d'amande grillée et de noisette et un très bel équilibre. De ce fait, ils accompagnent parfaitement les poissons fins comme le turbot poché sauce hollandaise, les filets de sole Normande,… mais aussi les volailles, les viandes blanches, les ris de veau à la crème.

Les vins rouges de la Côte Chalonnaise peuvent être servis sur les mêmes plats que les vins de la Côte de Beaune. Quant à ceux du Mâconnais, plus légers, surtout lorsqu'ils sont issus de Gamay, ils peuvent être servis avec la

Les vignobles et les vins de Bourgogne, du Beaujolais et du Lyonnais

LISTE DES APPELLATIONS DU MACONNAIS ET PRINCIPALES CARACTÉRISTIQUES

Appellations	Situation géographique	Principaux cépages	Nature du sol	Observations
MÂCON*	Arrondissement de Mâcon (blancs). Arrdt de Mâcon + 12 communes (rouges et rosés).	Blanc : **Chardonnay**. Rouge : **Gamay** noir à jus blanc. Pinot (1).	Argilo-siliceux ou argileux au nord, siliceux ou granitiques au sud.	Si certaines conditions sont respectées le nom de la commune de production peut être adjoint à l'A.O.C. Mâcon.
MÂCON SUPÉRIEUR*	Pratiquement de Tournus à Mâcon.	Blanc : **Chardonnay**. Rouge : **Gamay** noir à jus blanc. Pinot.	Argilo-siliceux ou argileux au nord, siliceux ou granitiques au sud.	Degré alcoolique supérieur à celui prévu pour l'A.O.C. Mâcon.
MÂCON-VILLAGES*	Certaines communes de l'A.O.C. Mâcon.	**Chardonnay**.	A dominance calcaire.	Que des vins blancs sous cette A.O.C.
VIRÉ-CLESSÉ	Communes de Clessé, Viré, Laizé et Montbellet.	**Chardonnay**.	A dominance calcaire.	A.O.C. depuis 1998. Cette appellation remplace les A.O.C. Mâcon-Viré et Mâcon-Clessé.
POUILLY-FUISSÉ	Communes de Fuissé, Pouilly, Solutré, Vergisson et Chaintré.	**Chardonnay**.	Argilo-calcaire du jurassique.	Bien qu'elle soit connue dans le monde entier, cette A.O.C. n'est pas très étendue (700 ha).
POUILLY-LOCHÉ	Exclusivement sur la commune de Loché.	**Chardonnay**.	Argilo-calcaire.	Vin un peu moins puissant que le précédent.
POUILLY-VINZELLES	Sur les communes de Vinzelles et de Loché.	**Chardonnay**.	Argilo-calcaire sur un sol très homogène.	Toute petite appellation, une cinquantaine d'hectares.
SAINT-VÉRAN	À la charnière du Mâconnais et du Beaujolais.	**Chardonnay**.	Argilo-calcaire du jurassique.	À noter que le nom de la commune s'écrit Saint-Vérand.

* Ces appellations sont considérées comme des appellations régionales.
(1) Les vins produits sur l'aire délimitée "Mâcon" ont droit à l'A.O.C. Bourgogne s'ils sont issus de Pinot noir.

charcuterie, les grillades, les volailles, et pourquoi pas sur un pot-au-feu ?

Restaurateurs et vins de Saône-et-Loire

Le vignoble de Saône-et-Loire offre au restaurateur une gamme de vins très étendue. La plupart de ces vins sont proposés à des prix très abordables (aspect non négligeable en restauration).

En revanche, avec une production souvent importante, il faut être en mesure de sélectionner les meilleurs produits. Cette tâche semble plus facile en Côte Chalonnaise où la hiérarchie est plus marquée que dans le Mâconnais (à l'exception du Pouilly-Fuissé et de Viré-Clessé).

En effet, certains climats de la Côte Chalonnaise sont classés en premiers crus. Le choix est ainsi facilité, mais il existe également de bons vins dans les crus non classés.

Dans le Mâconnais, il faudra peut-être donner la préférence aux vins rouges issus de Pinot Noir ou de Gamay produit sur les terrains granitiques, comme dans le nord du Beaujolais (à signaler que certaines A.O.C. du Beaujolais sont situées tout ou en partie en Saône-et-Loire).

Les meilleurs vins rouges issus de Pinot noir doivent être servis à 14/15 °C pour les plus jeunes, 15/16 °C pour les vins à maturité. Les vins issus de

Si certaines conditions sont respectées, le nom de la commune peut être adjoint à l'AOC Mâcon.

Très connu, le Pouilly-Fuissé n'est produit que sur 5 communes.

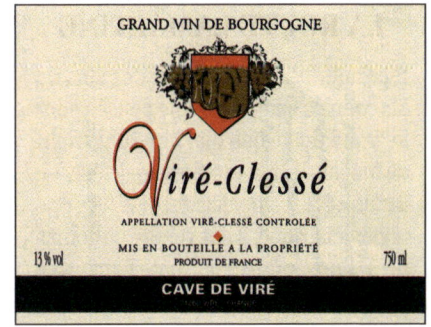

AOC récente.

Les vignobles et les vins de Bourgogne, du Beaujolais et du Lyonnais

Saint-Véran se situe à la limite du Mâconnais et du Beaujolais.

Gamay doivent être servis plus frais, de 12 à 14 °C maximum.

Pour les vins blancs, il faut peut-être donner la préférence aux vins produits sur sol calcaire ou à dominance calcaire. Comme c'est le cas sur les Pouilly, le Viré-Clessé et les vins vendus sous l'A.O.C. Mâcon + Nom de commune.

Le Pouilly-Fuissé et le Viré-Clessé se servent entre 13 et 14 °C, jamais glacés ! Les autres vins blancs, légèrement plus frais, de 10 à 12 °C.

Pour la carte des vins, attention à ne pas confondre : d'une part, Pouilly-Fuissé, Pouilly-Loché et Pouilly-Vinzelles, produits en Bourgogne dans la région de Mâcon, avec d'autre part, Pouilly-Fumé et Pouilly-sur-Loire, vins du Val de Loire. Il faut également retenir que l'A.O.C. Pouilly tout court n'existe pas. Elle ne doit donc jamais figurer à la carte des vins.

LA ROCHE DE SOLUTRÉ

Le vignoble de Pouilly-Fuissé est situé au pied de la célèbre Roche de Solutré. C'est à cet endroit que furent découverts de très nombreux ossements, des silex taillés et des squelettes d'hommes de Cro-Magnon. Dans les temps préhistoriques, la configuration de la roche (en plan incliné du côté de la plaine, mais se terminant par une falaise abrupte au sommet) permettait aux populations vivant à proximité de se nourrir. Il suffisait de diriger les chevaux venant de la plaine vers le sommet. Ceux-ci basculaient alors au bas de la falaise et il ne restait plus qu'à aller les récupérer. Ce site a donné son nom à une période de la Préhistoire : l'époque Solutréenne (paléolithique supérieur, environ 18 000 ans avant J.C.). De nombreux objets venant de cet endroit sont exposés au musée de la Préhistoire aux Eyzies-de-Taillac en Dordogne.

PHOTO : BRUNET.

Attention à ne pas confondre Pouilly-Fuissé (Bourgogne blanc, cépage Chardonnay) et Pouilly-fumé (Val de Loire, cépage Sauvignon).

La Roche de Solutré, haut lieu de la préhistoire.

LA ROUTE LAMARTINE

Il paraît difficile de parler des vins du Mâconnais sans avoir une pensée pour le grand poète que fut Lamartine. Natif de Mâcon, il était propriétaire à Milly où il cultivait la vigne. A la fin de sa vie, pratiquement ruiné, il dut vendre ce domaine. De nos jours, une Route Lamartine permet de marcher sur les pas du poète et de découvrir ainsi cette magnifique région.

LE ROI SOLEIL ET LES VINS DU MACONNAIS

Au XVIIe siècle, les vins du Mâconnais firent leur entrée à la cour du roi-Soleil, grâce à un dénommé Claude Brosse. Pour mieux faire connaître les vins de sa province, il chargea quelques barriques de vin sur un char à bœufs et prit le chemin de la capitale où il arriva un mois après. Lors d'une cérémonie, l'attention du roi fut attirée par un homme restant debout, alors que toute la foule était à genoux. En réalité, l'homme était bien à genoux mais de taille tout à fait exceptionnelle. Le roi voulut connaître cet homme à la stature imposante. Celui-ci lui fit goûter son vin, le roi l'apprécia et fit passer commande. C'est ainsi que les vins du Mâconnais firent leur entrée à Versailles.

LE BEAUJOLAIS

Les vignobles et les vins de Bourgogne, du Beaujolais et du Lyonnais

Présentation du vignoble

Pendant très longtemps, le Beaujolais a été présenté comme un vin de Bourgogne. Il figurait d'ailleurs dans les statistiques avec les vins de l'Yonne, de la Côte d'Or et de la Saône-et-Loire. Cela pouvait s'expliquer car certains Beaujolais peuvent se replier en appellation Bourgogne. mais certains seulement. Cela n'était pas sans poser problème, notamment au niveau de la carte des vins. Depuis quelque temps les Beaujolais ne sont plus pris en compte dans les statistiques de la Bourgogne viticole. Il convient donc de les présenter à part.

Cette vaste région (22.000 ha) s'étend de Leynes, au sud de Mâcon, à L'Arbresle, à quelques kilomètres de Lyon. Située au sud de la Bourgogne vinicole, aux portes de la Bresse et du Lyonnais, elle bénéficie d'un environnement hautement gastronomique. Ces régions, et particulièrement la région lyonnaise, doivent leur réputation à leurs chefs prestigieux, mais aussi à leurs "mères", c'est-à-dire aux femmes qui pendant de nombreuses années ont "régné" sur la cuisine locale.

Tous les Français et de nombreux étrangers connaissent le Beaujolais. Son vin est présent dans pratiquement tous les restaurants, ainsi que chez beaucoup de particuliers. Cependant, l'expérience prouve que la différence entre Beaujolais tout court et Beaujolais supérieur, Beaujolais et Beaujolais-Villages, Beaujolais nouveau et Beaujolais primeur n'est pas toujours évidente ! En effet, il n'existe pas un

SOURCE : DUBŒUF.

Paysage du Beaujolais.

SOURCE : MONTAGE RÉALISÉ À PARTIR D'UN DOCUMENT «CONNAISSANCE DU BEAUJOLAIS». CCI VILLEFRANCHE ET UIVB.

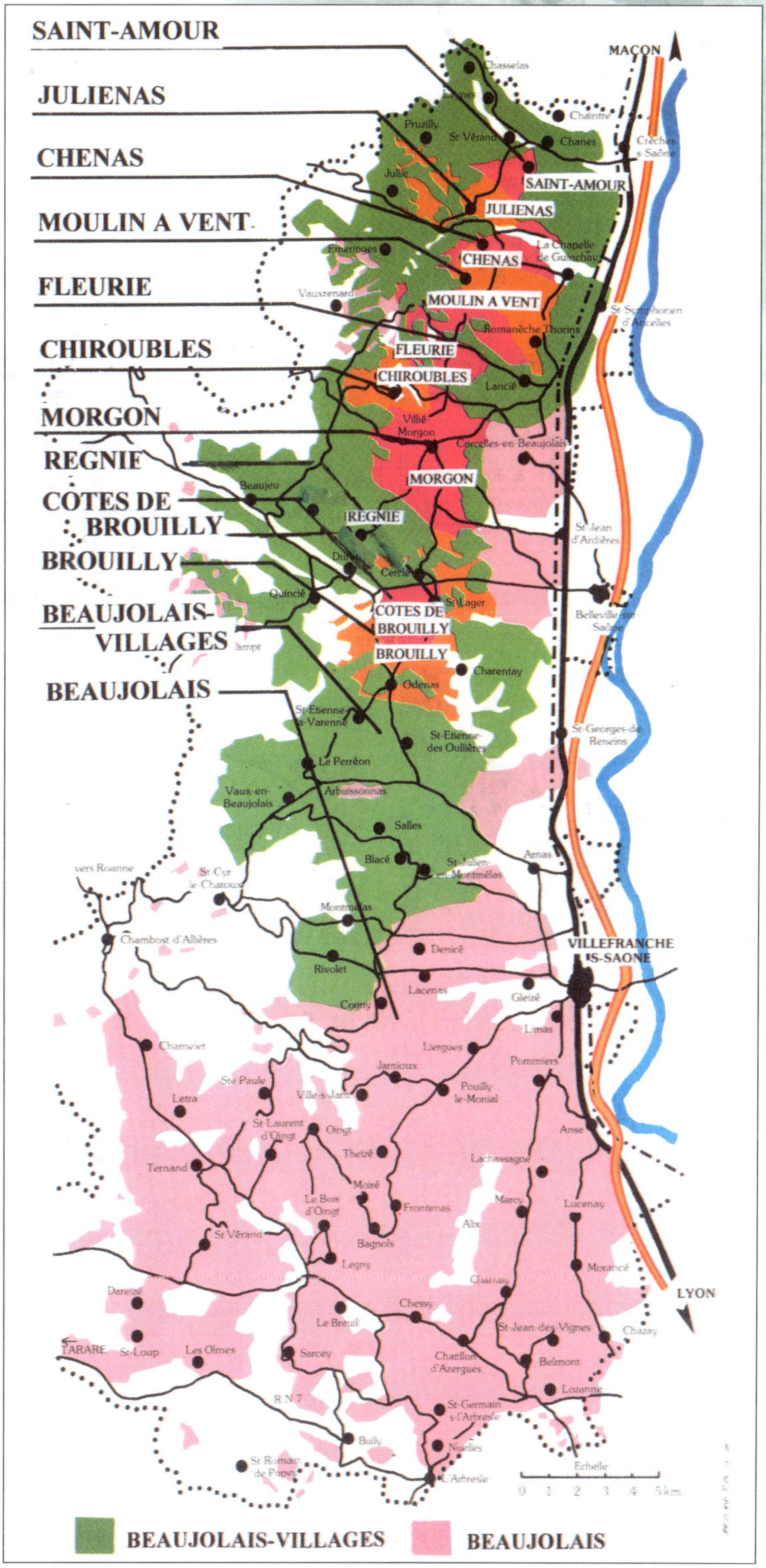

Les vignobles et les vins de Bourgogne, du Beaujolais et du Lyonnais

Beaujolais et Beaujolais-Villages : quelle est la différence ?

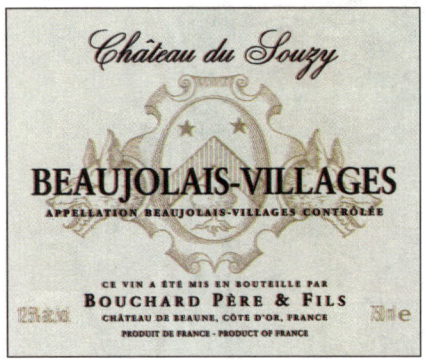

SOURCE : DOCUMENT UIVB.

beaujolais mais des beaujolais. Cette vaste région offre une gamme de vins beaucoup plus étendue qu'il n'y paraît de prime abord. Certes, les Beaujolais blancs et rosés ne représentent qu'un faible pourcentage de la production, mais ils existent ! Quant aux vins rouges, ils sont tout à fait différents, bien qu'issus du même cépage (le gamay noir à jus blanc) selon qu'il s'agit d'un Beaujolais primeur, vin agréable et très prisé des consommateurs mais sans prétention gastronomique ou d'un Moulin-à-Vent, vin corsé et capiteux, ayant une bonne aptitude au vieillissement.

La production annuelle est de l'ordre de 160 à 175 millions de bouteilles. Environ la moitié de ces vins est exportée. Un tiers de la production totale est commercialisé en vin de primeur.

Les vins du Beaujolais sont présentés sous 13 A.O.C. dont dix réservées aux "crus" (en Beaujolais, un cru peut être assimilé à une appellation communale).

SOURCE : DUBŒUF.

Vendanges en Beaujolais.

Gamay noir à jus blanc.

Nouveau ou primeur ?

LISTE DES APPELLATIONS DU BEAUJOLAIS ET PRINCIPALES CARACTÉRISTIQUES
A - AOC régionales

Appellations	Situation géographique	Principaux cépages	Nature du sol	Observations
BEAUJOLAIS	Essentiellement dans le département du Rhône. Du sud de Mâcon, au nord de Lyon, très précisément de Leynes à l'Abresle.	Blanc : Chardonnay. Rouge : **Gamay** noir à jus blanc et Pinot noir.	Granitique au nord, argilo-calcaire avec du grès par endroits dans la partie sud.	Les vins vendus sous cette appellation proviennent essentiellement de la région située au sud de Villefranche-sur-Saône.
BEAUJOLAIS SUPÉRIEUR	Idem.	**Gamay** noir à jus blanc et Pinot noir.	Idem.	Degré minimum supérieur pour cette A.O.C., peu revendiquée. Ne produit plus de vin blanc depuis 2004.
BEAUJOLAIS-VILLAGES	Entre Mâcon au nord et Villefranche au sud. 39 communes ont droit à cette appellation.	Blanc : Chardonnay. Rouge : **Gamay** noir à jus blanc et Pinot noir.	Dominance de sols granitiques.	Certaines communes peuvent adjoindre leur nom à l'A.O.C., exemple : Beaujeu, Quincié, Odenas, etc.

Les vignobles et les vins de Bourgogne, du Beaujolais et du Lyonnais

La vinification beaujolaise

La plupart des vins de cette région sont vinifiés par la méthode dite de "vinification beaujolaise".

Résumé : Vendanges manuelles, les grappes entières sont mises en cuve. Dans le fond de la cuve, le jus de raisin fermente et libère du gaz carbonique. En zone intermédiaire, les grappes flottent dans le jus, elles macèrent ; les pellicules changent de consistance. Les constituants de la pellicule du raisin (anthocyanes, tanins, précurseurs d'arômes) sont libérés progressivement. Dans la partie supérieure, les grappes entières sont en atmosphère anaérobie constituée de gaz carbonique, à l'intérieur des baies a lieu une fermentation intracellulaire.

La particularité de la vinification beaujolaise (en grappes entières et sous atmosphère de CO_2) repose sur l'ensemble de ces phénomènes fermentaires complexes qui contribuent à l'obtention d'un vin particulièrement fruité.

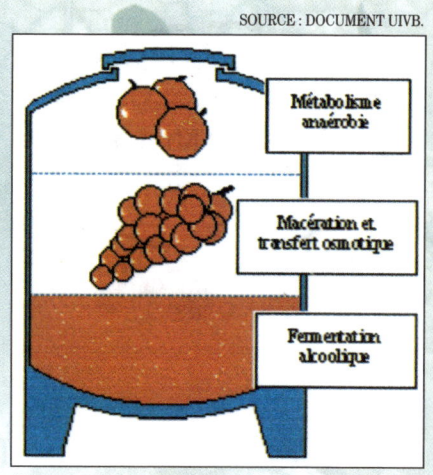

SOURCE : DOCUMENT UIVB.

Schéma de la vinification beaujolaise.

LISTE DES APPELLATIONS DU BEAUJOLAIS ET PRINCIPALES CARACTÉRISTIQUES (SUITE)
B- Les crus

Appellations du nord au sud	Situation géographique	Principaux cépages	Nature du sol	Observations
SAINT-AMOUR	Au nord du Beaujolais, en Saône-et-Loire.	**Gamay** noir à jus blanc et Pinot noir.	Granitique, schisteux et caillouteux.	Vin fin, délicat et bouqueté.
JULIENAS	Au sud-ouest de Saint-Amour.	**Gamay** noir à jus blanc et Pinot noir.	Sols plus profonds, plus argileux que sur les autres crus.	Vin fruité et charpenté, peut se conserver quelques années.
CHÉNAS	Au sud des 2 A.O.C. précédentes, limitrophe de Moulin-à-Vent.	**Gamay** noir à jus blanc et Pinot noir.	Granitique.	Vins différents selon leur situation. Une partie des vins de la commune bénéficie de l'A.O.C. Moulin-à-Vent.
MOULIN-À-VENT	À cheval sur les départements du Rhône et de Saône-et-Loire.	**Gamay** noir à jus blanc et Pinot noir.	Sol granitique riche en manganèse.	Vin corsé, généreux, avec une bonne aptitude au vieillissement (5 à 10 ans, voire plus).
FLEURIE	Au sud-ouest de Moulin-à-Vent.	**Gamay** noir à jus blanc et Pinot noir.	Granit à grands cristaux.	Vin léger et fruité.
CHIROUBLES	Au sud-ouest de Fleurie.	**Gamay** noir à jus blanc et Pinot noir.	Cirque granitique.	Vin fin et élégant. Village natal de Victor PULLIAT (1).
MORGON	Au sud des A.O.C. précédentes.	**Gamay** noir à jus blanc et Pinot noir.	Roches pourries désagrégation de schistes pyriteux, oxyde de fer.	Vin généreux, charnu, goût de terroir dû à la nature du sol. On dit que le vin "morgonne".
RÉGNIÉ	Entre Belleville et Beaujeu au sud-ouest de Morgon.	**Gamay** noir à jus blanc et Pinot noir.	Granit rose, riche en éléments minéraux.	Vin souple, corsé et aromatique.
BROUILLY	Au sud de Morgon.	**Gamay** noir à jus blanc et Pinot noir.	Granits et schistes.	Vin fruité avec une belle structure.
CÔTE DE BROUILLY	Sur la colline du même nom.	**Gamay** noir à jus blanc et Pinot noir.	Granits et schistes. Avec les célèbres pierres bleus-verts.	Vin racé, il demande à mûrir un peu avant de se livrer pleinement.

(1) Chiroubles est la patrie de Victor PULLIAT (1827-1897). Ce savant, ampélographe, est considéré comme le sauveur des vignobles européens, après l'invasion du phylloxéra. Il doit sa réputation à ses études sur le greffage de la vigne et la reconstitution des vignobles sur plants américains.

Les vignobles et les vins de Bourgogne, du Beaujolais et du Lyonnais

Les 10 crus.

BEAUJEU

C'est la ville de Beaujeu, ancienne capitale, qui a donné son nom à la région. La fille de Louis XI, Anne de France, épousa le Sire de Beaujeu en 1474. Cette femme, qui avait un tempérament d'homme d'Etat, a beaucoup marqué la politique de son époque. Elle est, entre autres, à l'origine du rattachement de la Bretagne à la France. Elle fut surnommée "Madame la Grande".

Caractères des vins - accords avec les mets

Les principaux caractères des vins figurent dans le tableau ci-dessus (voir partie observations).

N'oublions pas que nous sommes aux portes de la Bresse et du Lyonnais. En vertu du principe de l'harmonie entre vins et spécialités d'une même région, les vins du Beaujolais s'exprimeront pleinement sur les plats typiques de ces deux régions. Le Beaujolais blanc, issu de Chardonnay, pourra être servi avec les quenelles et les poissons des Dombes, par exemple.

Les vins rouges, Beaujolais, Beaujolais supérieur et Beaujolais-Villages, généralement souples, peu tanniques, frais et aromatiques conviennent bien pour les cochonnailles (dont la célèbre rosette de Lyon), le saucisson en brioche, les grillades et tous les plats qui demandent un vin rouge pas trop puissant.

Le St-Amour léger et fruité, peut accompagner les viandes blanches et certains abats (ris de veau par exemple), le Fleurie, les fameuses andouillettes du pays et le Juliénas la poularde au vinaigre, autre spécialité lyonnaise, etc.

Les vins plus corsés, plus charnus, tels que Moulin-à-Vent et Morgon sont servis avec des plats plus relevés y compris le gibier et les plats en sauce.

Les Beaujolais primeurs, légers et fruités, généralement obtenus par macération carbonique (voir chapitre sur les vinifications) sont servis sur les plats

Les vignobles et les vins de Bourgogne, du Beaujolais et du Lyonnais

de tous les jours, notamment ceux d'origine lyonnaise : bœuf ou pommes de terre à la lyonnaise (avec des oignons), salade de dents de lion, saladier lyonnais, etc.

Il est bien entendu que ces quelques exemples n'ont rien de limitatif et que ces vins peuvent s'adapter à la cuisine des différentes provinces.

Il faut bien se souvenir que c'est sur les sols granitiques que le Gamay donne ses meilleurs résultats. C'est pourquoi les Beaujolais-Villages sont généralement supérieurs aux Beaujolais provenant de sols argilo-calcaires (partie sud de la région).

Un excellent exercice de dégustation consiste à rechercher les arômes spécifiques des différents crus du Beaujolais (éviter les macérations carboniques). En principe : la pêche à St-Amour, la pivoine à Juliénas et sur une partie de Chénas, l'iris à Fleurie, l'iris et la rose fanée à Moulin-à-Vent, la violette à Chiroubles, le Kirsch à Morgon, et les fruits rouges à Brouilly.

Par ailleurs, de nombreux vins du Beaujolais ont des arômes de banane, qui se retrouvent sur la plupart des vins issus de Gamay, mais aussi des arômes de bonbons anglais surtout lorsque les vins sont élaborés par macération carbonique. D'après les spécialistes, le choix des levures utilisées lors de la fermentation a une influence sur cette palette aromatique.

Restaurateurs et vins du Beaujolais

En règle générale, tous les restaurants proposent du Beaujolais à la carte des vins, en France, mais également dans la plupart des pays du monde. Il est donc important de les bien connaître et de les servir dans les meilleures conditions.

Il faut retenir que les vins du Beaujolais doivent être servis frais, mais attention, frais ne veut pas dire glacé. Quelques glaçons dans un seau pour maintenir la température, soit, mais en aucun cas le vin ne doit être servi à 3 ou 4° C. Il faut les servir à la température d'une

LE JULIÉNAS

Le Juliénas est très prisé des Lyonnais. L'explication en serait la suivante : dans les représentations de Guignol (institution lyonnaise), Gnafron, l'un des principaux personnages faisait souvent allusion à ce vin. Alors, rien d'étonnant qu'après avoir abandonné leurs culottes courtes et arrivés à l'âge adulte, les habitants de l'ancienne capitale des Gaules demandent ce vin lorsqu'ils prennent leur repas dans les "bouchons", ces restaurants typiques où l'on peut déguster les spécialités lyonnaises parmi lesquelles figurent le tablier de sapeur (à base de gras-double), la jambe de bois (pot-au-feu préparé avec de la jambe de bœuf) les quenelles, etc. Sans oublier la cervelle de canut (1) consommée jadis par les canuts de la Croix-Rousse. Il s'agit d'un fromage blanc servi avec des échalotes, de la crème, de l'huile, du vin blanc ; préalablement bien battu "comme si c'était sa femme" disait-on à Lyon, avant la création du M.L.F, bien évidemment...

(1) Les canuts sont des ouvriers spécialisés dans le tissage de la soie sur un métier à bras (la ville de Lyon a longtemps été considérée comme la capitale de la soie).

bonne cave (10 à 12 °C). Les crus et particulièrement le Moulin-à-Vent, peuvent être servis légèrement plus chambrés. À part quelques exceptions (Moulin-à-Vent, Morgon), les vins du Beaujolais se boivent jeunes. Les meilleurs Beaujolais-Villages peuvent néanmoins se conserver de 3 à 5 ans.

Sur la carte des vins, les Beaujolais peuvent-ils figurer parmi les vins de Bourgogne ? Cela serait possible pour certains d'entre eux. En effet, les 10 crus, les Beaujolais blancs issus de Chardonnay et les vins issus de Pinot noir peuvent se replier en Bourgogne. Attention, il ne s'agit pas d'un déclassement, mais d'un repli (voir chapitre sur la législation).

La plupart des autres Beaujolais peuvent se replier en Bourgogne grand ordinaire. Cependant, certains vins produits dans le canton de l'Arbresle n'ont pas cette possibilité. Une sage précaution consiste donc à ne pas faire figurer les Beaujolais à la carte des vins sous la rubrique "Bourgogne" ou "Vin de Bourgogne". Il est préférable de les classer à part.

En restauration, il faut savoir que même s'ils sont très flatteurs, les Beaujolais primeurs doivent être consommés très rapidement (en principe avant le retour du printemps). Mais contrairement à certaines idées reçues, il n'existe pas de date limite légale de vente pour ce type de vin (dans l'état actuel de la législation).

Ils sont rares, mais ils existent.

Les vignobles et les vins de Bourgogne, du Beaujolais et du Lyonnais

LYON ET LE BEAUJOLAIS

On a coutume de dire, comme le fit Léon Daudet : "il y a trois fleuves qui coulent à Lyon : le Rhône, la Saône et le Beaujolais...". Il s'agit d'une boutade, mais il est vrai qu'avant de partir à l'assaut de la Capitale, il y a plus de soixante ans (aidé en cela par les journalistes d'un journal satyrique...), le Beaujolais était surtout consommé dans les bistrots lyonnais, où il coulait à flots.

Primeur ou nouveau ?

Un vin est dit nouveau dès la date de sa première mise à la consommation, c'est-à-dire à partir du 15 décembre pour la plupart des A.O.C. Il peut être considéré comme un vin nouveau jusqu'à la récolte suivante. Le Beaujolais et quelques autres appellations ont le droit de commercialiser leurs vins comme "vin de primeur". Dans ce cas, la mise à la consommation est anticipée, en principe à partir du 3e jeudi de novembre pour le Beaujolais. Sur les étiquettes, les termes "primeur" et "nouveau" sont utilisés indifféremment. Cela peut poser un problème, mais les mentions "vin nouveau, tiré en primeur" figurent de plus en plus souvent sur les étiquettes, le consommateur sait alors qu'il faudra le consommer rapidement.

"Nouveau" et "primeur" ne constituent pas des appellations, puisque celles-ci ne peuvent s'appliquer qu'à un lieu géographique. Les vins sont vendus sous leurs A.O.C. respectives. Les 10 crus ne peuvent pas être vendus en primeur.

LE HAMEAU DU VIN À ROMANÈCHE-THORINS

L'ancienne gare de Romanèche-Thorins abrite le Hameau du vin. On peut y découvrir une exposition muséologique, un espace géologie-ampélographie, un audiovisuel qui explique la greffe et les cépages, un diaporama sur les vins de la région, ainsi que de très belles fresques évoquant les principaux sites du Beaujolais et du Mâconnais ainsi que l'histoire du transport du vin.

SOURCE : DUBŒUF. PHOTO BRUNET.

Hameau du vin : histoire du transport du vin.

Hameau du vin Romanèche-Thorins : histoire du transport du vin.

COTEAUX DU LYONNAIS

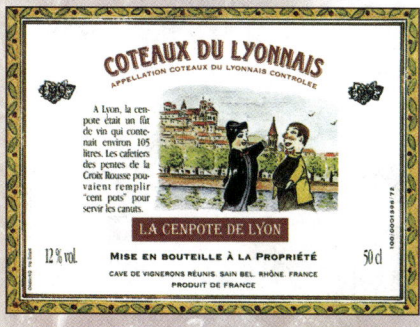

Cette appellation est rattachée au Comité régional de l'INAO de la région Bourgogne mais IL NE S'AGIT PAS D'UN BEAUJOLAIS.

En appellation d'origine contrôlée depuis 1984, les vins de cette région font partie du vignoble historique de Lyon dont les vins étaient très prisés à la fin du XVIe siècle.

Les vins des Coteaux du Lyonnais sont légers et fruités. Il faut les boire jeunes et frais, à la température d'une bonne cave pour les rouges, entre 8 et 10 °C pour les blancs. Ils accompagnent parfaitement toutes les spécialités lyonnaises (citées pour le Beaujolais). En dehors de la région lyonnaise, c'est faire preuve d'originalité pour un restaurateur que de proposer cette appellation à la carte des vins.

LISTE DES APPELLATIONS ET PRINCIPALES CARACTÉRISTIQUES

Appellations	Situation géographique	Principaux cépages	Nature du sol	Observations
COTEAUX DU LYONNAIS	Arrondissement de Mâcon.	Blancs : **Chardonnay**, Aligoté. Rouge : **Gamay** noir à jus blanc.	Varié : argilo-calcaire, granit, lœss, etc.	Ce vignoble constitue un trait d'union entre le Beaujolais et la Vallée du Rhône.

Le Champagne

Présentation de la Champagne et du Champagne
Qui a "inventé" le Champagne ?
Situation géographique - subdivision du vignoble
Nature du sol et encépagement
Classification, échelle des crus

Liste des appellations et principales caractéristiques

Elaboration du Champagne
Elaboration du vin de base
Tirage et prise de mousse

Caractères des vins - Accord avec les mets
Restaurateurs et vins de Champagne
Savoir lire une étiquette
Conservation et service du Champagne

SOURCE : CHAMPAGNE JACQUART.

Le Champagne

GÉNÉRALITÉS

SOURCE : MOËT ET CHANDON.
Dom Pérignon.

Située à l'est du Bassin Parisien, la Champagne produit des vins que le monde entier nous envie.

Actuellement, près de 300 millions de bouteilles sont commercialisées chaque année, dont un tiers à l'exportation. Le Champagne est associé à tous les événements importants. Il figure sur toutes les cartes des vins. C'est la raison pour laquelle le restaurateur doit être en mesure de renseigner le client lorsque celui-ci lui demande la différence entre un grand cru et un premier cru (ces mentions se trouvent de plus en plus souvent sur les étiquettes) ; combien de temps un champagne millésimé doit rester en cave avant d'être commercialisé ; s'il peut exister des Champagnes italiens ou espagnols ? Ou encore, tout simplement, quelle est la contenance d'un jéroboam ?

Qui a "inventé" le Champagne ?

D'abord connu pour ses vins rouges et rosés servis à la cour des rois de France, le vin de Champagne a pris une nouvelle orientation à la fin du XVIIe siècle avec Dom Pérignon. Né en 1638 à Ste-Menehould (ville célèbre pour ses pieds de porc...), il est mort en 1715 (la même année que Louis XIV). Dom Pérignon, moine cellérier à l'Abbaye de Hautvillers, n'a pas "inventé" le Champagne comme on le croit communément. En revanche, on peut lui attribuer le titre de "père du Champagne effervescent".

Le Champagne existait depuis fort longtemps déjà. Il était très apprécié dès le Moyen Âge. Mais ce fut Dom Pérignon qui, le premier, eut l'idée d'exploiter la tendance naturelle des vins de cette région à faire des bulles. Ce qui était alors considéré comme un défaut, devint une des qualités essentielles de ce vin. C'est également lui qui, le premier, se livra à des assemblages, comme cela se pratique aujourd'hui lors de l'élaboration de la cuvée. Il avait un don d'observation hors du commun. Dans son livre *Petite histoire du Champagne*, Pierre Andrieu reprend cette appréciation de Maurice Hollande : "Dom Pérignon semble avoir, sinon inventé, du moins développé et perfectionné l'idée de faire des mélanges de crus différents, idée vraiment géniale que ce savant assemblage de crus constituant une symphonie très supérieure à ce que donne, isolément, chacun des vins, pourtant séduisants qui la composent." D'après un manuscrit de Frère Pierre : "Le Père Pérignon ne goûtait pas les raisins aux vignes, bien qu'il y allât presque tous les jours à l'approche de leur maturité, mais il se faisait apporter des raisins des vignes et n'en faisait la dégustation que le lendemain à jeun, après leur avoir fait passer la nuit à l'air, sur sa fenêtre. Jugeant du goût suivant les années, non seulement il composait ses cuvées suivant ce goût, mais encore, selon la disposition du temps, des années précoces, tardives, froides, pluvieuses, et selon les vignes bien ou médiocrement fournies de feuilles. Tous ces événements lui servaient de règle pour la composition de ses cuvées." En outre, c'est à lui que revient l'idée d'avoir utilisé ou réutilisé (car, pour certains auteurs, il était déjà connu au temps des Romains), le bouchon de liège pour remplacer les chevilles de bois qui fermaient les bouteilles. Force

RUINART, LA PLUS ANCIENNE MAISON DE CHAMPAGNE, FONDÉE EN 1729

Dans son ouvrage «*Connaissance du Champagne*» auquel la recherche d'une documentation indiscutable conduit toujours à se reporter, Maurice Hollande ouvre ainsi le chapitre : "Maisons bicentenaires et centenaires" :

"Parmi les négociants de profession - nous en tenant aux firmes qui existent encore à l'heure actuelle - la palme de l'ancienneté revient incontestablement à la Maison Ruinart Père et Fils de Reims, fondée en 1729 par un neveu de Dom Ruinart, savant bénédictin de l'abbaye d'Hautvillers et contemporain de Dom Pérignon..."

PHOTO BRUNET
Dom Ruinart.

Le Champagne

est de constater que cet homme a beaucoup fait pour les vins de cette région. Les travaux de Dom Pérignon ont eu d'autant plus d'importance qu'ils se sont produits à une période difficile pour le vignoble champenois. En effet, à cette époque, Bourgognes rouges et vins de Champagne étaient des concurrents directs. Aussi, lorsque Fagon, le médecin de Louis XIV, interdit au roi de boire du vin de Champagne, en lui prescrivant du Bourgogne, une menace sérieuse pesa sur le vignoble champenois. Dom Pérignon ne fut pas le seul à œuvrer pour le renom du Champagne, il faut également citer : le frère Oudart, le pharmacien François, Dom Ruinart etc.

Situation géographique, subdivision du vignoble

Le vignoble champenois est essentiellement localisé sur 3 départements :

La Marne, avec plus de 22.000 ha ;

L'Aube, avec un peu moins de 6.000 ha ;

L'Aisne, avec 2.000 ha ;

Quelques hectares en Seine-et-Marne et en Haute-Marne (une-vingtaine d'hectares pour chaque département).

L'ensemble a une superficie totale proche de 30.000 hectares. Le double du vignoble alsacien, un peu plus du quart du vignoble bordelais, 2 % du vignoble français. Le vignoble champenois est subdivisé en sous-régions :

La Montagne de Reims ;

La Vallée de la Marne ;

La Côte des blancs ;

Les vignobles de l'Aube (Côte des Bar), région de Bar-sur-Seine et Bar-sur-Aube ;

Le Sézannais (département de la Marne).

Pour la situation de ces différentes régions, se reporter à la carte.

SOURCE : MOËT ET CHANDON. PHOTO : ALAIN MANGIN.

L'abbaye de Hautvilliers, berceau du Champagne.

MONTAGE RÉALISÉ À PARTIR D'UN DOCUMENT CIVC.

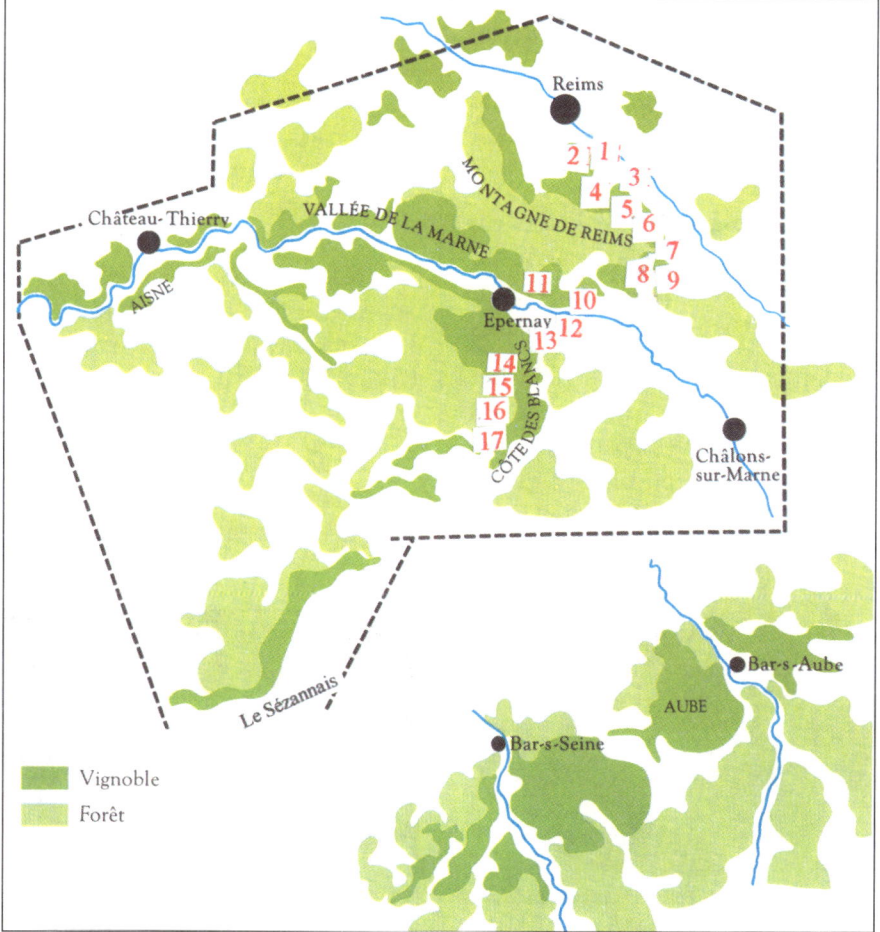

17 communes sont classées à 100 % dans «l'échelle des crus» (Grand Cru) :

1. SILLERY
2. PUISIEULX
3. BEAUMONT-SUR-VESLE
4. MAILLY
5. VERZENAY
6. VERZY
7. LOUVOIS
8. BOUZY
9. AMBONNAY
10. TOURS-SUR-MARNE*
11. AY
12. OIRY
13. CHOUILLY**
14. CRAMANT
15. AVIZE
16. OGER
17. MESNIL-SUR-OGER

*Pour les rouges seulement.

**Pour les blancs seulement.

Le Champagne

Le calcaire est un élément important pour la qualité du Champagne.

Pinot noir.

Pinot meunier.

Chardonnay.

Nature du sol

Le sol calcaire est un élément primordial de la qualité des vins de Champagne. Les meilleurs crus reposent, en général, à mi-coteau, sur une mince couche d'éboulis, où affleure la craie. La couche de terre meuble et fertile varie entre 20 et 50 cm. La craie en sous-sol assure un drainage parfait, permettant l'infiltration des eaux en excès, tout en conservant au sol une humidité suffisante. De plus, la craie a la faculté d'emmagasiner et de restituer la chaleur solaire, jouant ainsi un rôle bénéfique pour la maturation. De surcroît, le calcaire assure au vin finesse et légèreté.

Encépagement

Trois cépages sont admis en Champagne :

- Le **Pinot noir,** surtout présent en Montagne de Reims et, dans une moindre mesure, en Vallée de la Marne. Il donne au vin, force, sève et générosité.

- Le **Pinot Meunier,** très présent dans la Vallée de la Marne et le vignoble de l'Aube. Moins noble que le précédent, il a l'avantage d'être plus rustique. Il est apprécié pour les assemblages en raison de son évolution rapide.

- Le **Chardonnay** est le cépage de la Côte des blancs. Il apporte au vin fraîcheur, légèreté et finesse. Il est le seul cépage admis pour le blanc de blancs.

Remarque : il faut se souvenir que trois bouteilles de Champagne sur quatre sont élaborées à partir de raisins rouges, vinifiés en blanc ; que la Champagne est la seule région où un vin rosé peut être obtenu par assemblage de vin blanc et de vin rouge. Bien évidemment, dans ce cas, les vins utilisés pour l'assemblage doivent bénéficier de l'AOC Champagne. Le champagne rosé peut également être élaboré par macération courte.

Seuls les cépages Chardonnay et Pinot noir sont admis pour les crus classés à 100 % (grands crus).

Classification, échelle des crus

Contrairement à ce qui se passe dans les autres régions françaises, la plupart des négociants champenois n'achètent pas le vin terminé, mais le raisin qu'ils vinifient eux-mêmes. D'ailleurs, en Champagne, le rendement de base n'est pas exprimé en hectolitres, mais en kilos de raisin.

Avant les vendanges, le Comité Interprofessionnel des Vins de Champagne fixe le prix du kilo de raisin pour les crus à 100 %, ce qui entraîne automatiquement la fixation des prix pour l'ensemble de l'échelle des crus.

En Champagne, chaque commune est répertoriée dans un document appelé "Echelle des crus" ; chacune y est classée en fonction de la qualité des vins qu'elle produit. Cette pratique n'est pas récente puisqu'elle est utilisée depuis 1920. Aux meilleures communes est affecté le coefficient 100. C'est ce qu'on appelle les crus à 100 % puis viennent les communes à 99 %, 98 %, etc. jusqu'à 80 % (voir échelle des crus en annexes).

Pendant de nombreuses années, le restaurateur n'a pratiquement pas été concerné par ce classement qui servait essentiellement aux transactions entre

Rosé obtenu par assemblage de vin blanc et de vin rouge (les 2 doivent bénéficier de l'A.O.C.).

producteurs et négociants. Mais actuellement, l'apparition de plus en plus fréquente des mentions "grand cru" ou "premier cru" sur les étiquettes oblige à se pencher sur ce classement. La possibilité de faire figurer la mention "grand cru" est réservée aux crus à 100 % (17 actuellement), "premier cru" étant réservé aux communes classées de 90 à 99.

Grand cru.

Premier cru.

LISTE DES APPELLATIONS DE LA CHAMPAGNE ET PRINCIPALES CARACTÉRISTIQUES

Il n'y a que 3 appellations d'origine contrôlée pour la région champenoise.

Appellations	Situation géographique	Principaux cépages	Nature du sol	Observations
Champagne	Département de la Marne, de l'Aube, de l'Aisne, plus quelques hectares en Seine-et-Marne et en Haute-Marne.	Blanc : **Chardonnay**. Rouges : **Pinot noir** et Pinot Meunier.	Mince couche de terre sur sous-sol calcaire.	Cette AOC est réservée aux vins blancs et rosés effervescents élaborés par la méthode de seconde fermentation en bouteille. Il ne peut pas exister de Champagne produit dans une autre région ou un autre pays.
Coteaux Champenois	Idem	Blanc : **Chardonnay**. Rouges : **Pinot noir** et Pinot Meunier.	Mince couche de terre sur sous-sol calcaire.	Cette appellation est réservée aux vins non effervescents. Attention les indications de provenance : Bouzy, Cumières, etc. ne constituent pas des AOC. Elle doivent toujours être précédées par "Coteaux Champenois".
Rosé des Riceys	Les vins de cette AOC ne peuvent provenir que de la commune des Riceys, au sud du département de l'Aube.	Pinot noir.	Argilo-calcaire.	ATTENTION, il ne s'agit pas d'un Champagne rosé, même si, par ailleurs, la commune a droit à l'AOC Champagne. Ce vin, rare, était déjà servi à la table des rois de France.

Petite particularité : tout comme le cognac, eau-de-vie d'AOC, le champagne n'est pas tenu de faire figurer la mention "appellation contrôlée" sur l'étiquette. Cette exception ne s'applique qu'à ces deux produits.

N.B : pour la lecture des étiquettes, voir la partie restaurateurs et vin de Champagne.

Les 3 A.O.C. de la Champagne : A.O.C. Champagne, A.O.C. Rosé des Riceys, A.O.C. Coteaux champenois (vin tranquille).

Le Champagne

ÉLABORATION DU CHAMPAGNE

Vendanges en Champagne.

Vendanges en Champagne à la fin du XIXe, début du XXe siècle.

Pressoir traditionnel.

Elaboration de la cuvée. Dégustation : JM Laborde, Ph. Coulon, D. Foulon.

Champagne millésimé.

Cette élaboration s'effectue en deux temps :

- Elaboration d'un vin tranquille (vin de base).
- Tirage et prise de mousse.

Elaboration du vin de base

Vendanges. En principe, elles ont lieu fin septembre, début octobre. Les raisins sont recueillis dans des récipients appelés mannequins, jadis en osier, aujourd'hui en plastique, de faible capacité pour éviter que les raisins ne soient écrasés. Dans la plupart des cas, les raisins sont des raisins rouges, il faut donc éviter toute coloration.

Transport rapide de la vendange, toujours pour éviter la coloration et l'oxydation. Beaucoup de maisons possèdent des vendangeoirs situés directement dans le vignoble.

Pesage du raisin. Un **poids** de **4 000 kg** de raisin constitue un marc, soit le contenu d'un pressoir champenois traditionnel.

Pressurage. Cette opération s'effectue avec des pressoirs qui exercent une pression modérée et très progressive. Toujours le risque de coloration !

Jusqu'en 1991, à partir d'un marc, on pouvait élaborer 2 050 litres de vin de cuvée (10 pièces), 410 litres de première taille (2 pièces), 206 litres de deuxième taille (1 pièce), soit un total de 2 666 litres. Au-delà, le vin ne pouvait plus prétendre à l'A.O.C. Pourquoi 2 666 litres et pas 2 660 ou 2 670 ? Tout simplement parce qu'à chaque fraction correspond le multiple d'une pièce champenoise (tonneau) qui contient 205 litres.

Depuis 1992, dans un souci qualitatif, les Champenois ont décidé de passer de 150 à 160 kg de raisin pour obtenir un hectolitre de vin mis en bouteille. Cela signifie que les 4 000 kilos de raisin ne donnent plus, comme auparavant, 2 666 litres mais seulement 2 550 litres. La différence, soit 116 litres de deuxième taille est éliminée de l'appellation.

Fermentation alcoolique, puis malolactique, ainsi que toutes les opérations classiques de la vinification en blanc (débourbage, soutirage, etc.).

À ce moment, on est en présence d'un vin tranquille qu'il va falloir rendre "effervescent".

Vont alors intervenir les opérations suivantes :

Tirage et prise de mousse

Elaboration de la cuvée

Lorsqu'un client commande un vin de Bordeaux, il demande une appellation ou un cru, par exemple un Médoc ou un Château La Louvière. Même chose pour un vin de Bourgogne (Pommard, Corton…). Pour l'Alsace, il demande généralement un cépage : Riesling ou Sylvaner, par exemple. En Champagne, il en va tout autrement, le client demande une marque, Laurent Perrier, Moët et Chandon, Pommery, Lanson, Mumm, Ruinart, etc. Il s'attend alors à trouver un type de vin donné pour une marque donnée. C'est là qu'intervient l'élaboration de la cuvée. En assemblant des vins de différentes provenances, de différents cépages, voire de différentes années, les responsables de la cuvée vont "mettre au point" un Champagne représentatif du style de la marque commercialisée par la Maison.

Ces assemblages requièrent une grande habileté, une maîtrise parfaite de la dégustation, et ne peuvent être réalisés que par d'éminents spécialistes.

Lorsque l'année se suffit à elle-même, seuls sont assemblés des vins de différentes provenances, éventuellement, de différents cépages mais d'une seule année. Dans ce cas, le Champagne **peut être millésimé**.

Certaines personnes prétendent qu'il suffit de 80 % de vin d'une même année pour qu'un Champagne soit millésimé. C'est une erreur ! L'origine de cette erreur provient du fait que la réglementation champenoise exige qu'un producteur conserve au moins 20 % des vins d'un millésime pour pouvoir les assembler avec les cuvées sans année, ce qui est tout à fait différent.

Si l'année ne se suffit pas à elle-même, il y a possibilité d'assemblage avec des vins d'un autre millésime, toujours dans le but d'obtenir un produit harmonieux. Dans ce cas, le Champagne **ne pourra pas être millésimé**.

C'est ce qui explique que certains millésimes ne se trouvent pas sur le marché, et en partie, que le Champagne millésimé, donc d'une bonne année, se vend plus cher qu'un non-millésimé.

Certaines maisons assemblent des vins de grands millésimes pour élaborer une cuvée particulière. Dans ce cas, bien évidemment, aucun millésime ne peut figurer sur l'étiquette.

Addition de la liqueur de tirage

Lorsque la cuvée est composée, la liqueur de tirage est ajoutée. Il s'agit de sucre et de levures (24 g de sucre par litre pour un champagne classique). Avant les travaux de Pasteur, cette technique était mal maîtrisée, le sucre était ajouté d'une façon plus ou moins empirique ; cela se traduisait parfois par une casse importante (jusqu'à 80 % en 1828). Il est vrai qu'à cette époque, les bouteilles soufflées à la bouche n'étaient pas d'une qualité aussi suivie que de nos jours.

Mise en bouteilles

Descente en caves profondes et fraîches, seconde fermentation en bouteilles :

Les caves champenoises, taillées dans la craie, présentent toutes les qualités pour une bonne prise de mousse. En effet, la température y est constante et peu élevée (10 à 11°C). Cela permet d'obtenir une seconde fermentation en bouteilles très lente, et une bonne prise de mousse. Les bouteilles sont alors dites "sur lattes".

Mise sur pupitres et remuage

Lors de la seconde fermentation en bouteilles, il se produit un dégagement de CO_2, qui reste emprisonné dans le flacon. C'est le but de l'opération. Il y a également production d'un peu d'alcool, un degré et demi environ. Mais un dépôt, surtout constitué de levures mortes, s'est formé dans le flacon. Il va falloir l'expulser en conservant le CO_2. Les bouteilles sont alors mises sur pupitres. Elles sont placées en position inclinée, goulot vers le bas, dans les trous des pupitres. Ces trous sont façonnés de telle manière que l'inclinaison des bouteilles peut varier au cours du remuage, qui dure de 6 semaines à deux mois. Chaque jour, d'un geste du poignet, le "remueur" soumet la bouteille à une rotation d'un quart ou d'un huitième de tour à droite ou à gauche. En fin de remuage, la bouteille est presque à la verticale, le dépôt s'est rassemblé près du bouchon. Elle peut alors être stockée "sur pointe". C'est certainement dommage, ne serait-ce que pour le folklore, mais le remuage manuel est de plus en plus remplacé par d'autres techniques : pupitres automatiques, giropalettes... Les giropalettes sont des cages métalliques dans lesquelles sont placées les bouteilles, le système est relié à un ordinateur qui, en fonction d'un programme, va faire osciller l'ensemble pour obtenir le rassemblement du dépôt en quelques jours seulement.

Une nouvelle formule a été expérimentée pour faciliter le rassemblement du dépôt. Elle consiste à enfermer les levures dans des billes de silicate : elles agissent ainsi sans se répandre dans le vin. La fermentation terminée, les bouteilles sont mises sur pointes, les billes descendent très rapidement vers le bouchon (en quelques heures). Il ne reste plus qu'à effectuer le dégorgement. Les recherches sont toujours en cours.

Champagne non millésimé.

Bouteilles avant la mise sur pupîtres.

Lors de la seconde fermentation, un dépôt se forme dans la bouteille.

Remuage.

Giropalette.

Le Champagne

Bouteilles en «masse» stockées «sur pointes».

Les goulots des bouteilles passent dans un mélange réfrigérant.

Stockage des bouteilles sur pointes

Le dégorgement

Il consiste à expulser la totalité du dépôt avec une perte de pression minimale. Pendant très longtemps, cette opération a été effectuée "à la volée". Actuellement, le dégorgement est réalisé avec le froid artificiel : le goulot des bouteilles passe dans un mélange réfrigérant, un petit glaçon se forme, emprisonne le dépôt et facilite son expulsion.

Cette opération est facilitée par l'utilisation de "bidules". Il s'agit de tout petits gobelets en plastique situés juste sous le bouchon provisoire.

Addition de la liqueur d'expédition

Le vide provoqué par le dégorgement est comblé par la **liqueur d'expédition**, composée de vins de Champagne et de sucre.

En fonction du dosage, c'est-à-dire de la quantité de sucre ajouté, il est possible d'élaborer différents types de Champagne : extra dry, brut, demi-sec… (voir lecture des étiquettes).

Puis interviennent les deux opérations suivantes :

Bouchage définitif et habillage

LE CHAMPAGNE NE PEUT ÊTRE COMMERCIALISÉ QU'APRÈS UN SÉJOUR MINIMUM EN CAVE.

Champagne non millésimé : séjour minimum de **15 mois après le tirage,** c'est-à-dire la mise en bouteilles, qui ne peut avoir lieu avant le 1er janvier suivant les vendanges.

Champagne millésimé : séjour minimum de **trois ans après le tirage.** De nombreuses maisons gardent leur vin plus longtemps, mais quoi qu'il en soit, le Champagne peut être consommé dès sa mise sur le marché.

Dégorgement à la volée.

CARACTÈRES DES VINS
ACCORD AVEC LES METS

En fonction du dosage (voir précédemment), le champagne offre toute une gamme de vins qui va des vins très secs aux vins doux, même si ces derniers sont de plus en plus rares.

Le Champagne offre la particularité d'être un vin qui peut être consommé à toutes heures de la journée, certains ajoutent "et de la nuit". Il se sert en dehors des repas, à l'apéritif, lors d'une réception, mais également pour accompagner tout un menu. Il ne doit pas pour autant constituer la solution de facilité. Il faut effectuer le bon choix. Le type de vin choisi doit être différent selon qu'il sera servi à l'apéritif, sur un poisson, un carré d'agneau, un fromage ou un dessert.

Les blancs de blancs sont généralement plus légers que les blancs de noirs. Un Champagne sans année est normalement servi avant un millésimé.

Champagne à l'apéritif.

Champagne et foie gras.

Champagne et coquille Saint-Jacques.

Le Champagne

Le Champagne brut est très apprécié à l'apéritif, beaucoup moins sur un dessert sucré. Au dessert, il convient de servir un Champagne sec (il a malheureusement disparu, sauf chez les Champenois) ou un demi-sec.

A deux personnes, il est très agréable de boire une bouteille de Champagne tout au long d'un repas. Mais lorsque le nombre de convives est un peu plus important, pourquoi ne pas varier les nuances en proposant par exemple :

Un **Champagne blanc de blancs** sans année à l'apéritif ; une enquête de l'I.F.O.P. a montré que les Français boivent de plus en plus souvent le Champagne à l'apéritif.

Un **Champagne brut millésimé** avec l'entrée et le poisson.

Un **Champagne rosé** avec la viande, notamment les volailles et l'agneau rôti (selle, carré, etc.). Il est possible de continuer avec ce vin pour les fromages, mais attention alors de bien choisir ces derniers. Pour le fromage une autre solution : déboucher une bouteille de Coteaux champenois rouge (type Bouzy).

Un **Champagne sec ou demi-sec** avec le dessert.

SOURCE : DOCUMENTS CIVC.

Champagne et tarte aux fraises.

Champagne et poularde.

Champagne rosé et agneau.

Champagne et crustacés.

Champagne et caviar.

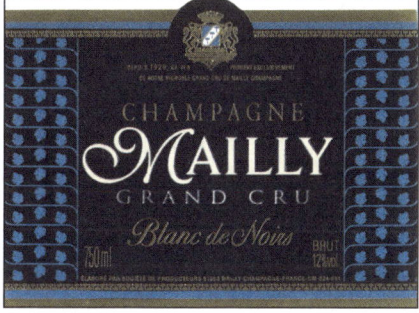
Blanc de noirs.

Blanc de blancs.

RESTAURATEURS ET VINS DE CHAMPAGNE

Pour le restaurateur, le Champagne ne pose pas de gros problèmes au niveau de la carte des vins. Néanmoins, il faut veiller à ce que les vins "tranquilles" figurent bien sous l'appellation "Coteaux champenois". La dénomination "Champagne nature" ne doit pas être utilisée. Les indications de provenance : Bouzy, Cumières etc. ne constituent pas des AOC. Il faut toujours les faire précéder de Coteaux Champenois. Evidemment, il ne viendrait à l'idée d'aucun restaurateur de faire figurer sur sa carte : Champagne italien, Champagne espagnol... ou de faire figurer sous la rubrique "Champagne" des vins mousseux élaborés selon la méthode traditionnelle !

Chaque restaurateur et chaque consommateur doivent lutter contre l'emploi abusif du mot Champagne. Chacun doit réagir lorsque ce mot est utilisé pour un produit autre que celui provenant de cette région. **On ne peut produire du champagne qu'en Champagne.**

Alors qu'il effectuait un voyage en Russie, en Ukraine et en Moldavie l'auteur a beaucoup apprécié que le mot "champagne" soit très rarement utilisé par les gens du pays, en particulier à l'école d'œnologie de Kichinev, pour les vins effervescents locaux. En revanche, il a trouvé indécent que les nombreux touristes français présents sur place réclament à cor et à cri du "champagne russe".

Le Champagne

Bouzy rouge ne suffit pas. A la carte des vins, il faut préciser Coteaux Champenois Bouzy. Même remarque pour les autres Coteaux Champenois où figure une indication de provenance.

Quelques cuvées de prestige.

SOURCE : RUINART.

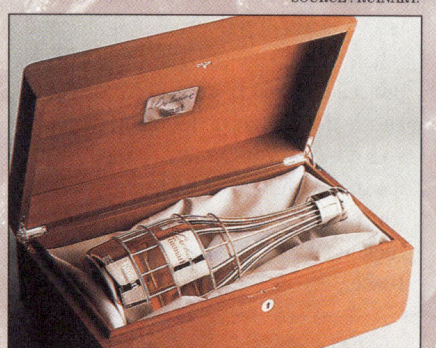

(1) «Exclusive en magnum» Ruinart.

SOURCE : ROEDERER.

(1) «Mathusalem de Cristal 2000» Roederer.

Jadis, il était possible de trouver du champagne avec la mention "CRÉMANT". Il s'agissait alors d'un champagne dont la pression était inférieure à celle d'un champagne classique : 3 atmosphères au lieu de 6. Cette dénomination ne peut plus être utilisée en Champagne depuis le 1er septembre 1994.

Dans la plupart des restaurants, des "Cuvées de Prestige" figurent à la carte. Il s'agit en fait d'une sélection rigoureuse effectuée par chaque maison. Ces vins sont présentés dans de très belles bouteilles. Ils sont généralement de grande classe et leurs prix sont en rapport. Certains de ces vins existent en blanc et en rosé.

Parmi les Cuvées de Prestige, citons : Dom Ruinart (Ruinart), Dom Pérignon (Moët & Chandon), Cristal Roederer, avec sa bouteille qui rappelle le cristal (Roederer), Comtes de champagne (Taittinger), Cuvée Grand Siècle, élaborée à partir de 3 millésimes (Laurent Perrier), Célébris (Gosset), Cuvée des Roys et Femme de Champagne (Gosset), Blason de France et Belle Epoque (Perrier Jouët), Bollinger R.D., récemment dégorgé (Bollinger), Grande Cuvée et Clos du Mesnil (Krug), William Deutz (Deutz), Louise (Pommery), Clos de Goisses (Philipponat), La Grande Dame (Veuve Clicquot Ponsardin), Mumm de Cramant et Grand Cordon (Mumm), Réserve Spéciale R. P. (Pol Roger), Champagne des Princes (De Venoge), Rare (Piper Heidsieck).
Liste non limitative.

Pour le passage à l'An 2000, la plupart des maisons de Champagne ont réalisé des cuvées prestigieuses. Voici quelques exemples (1) :

La lecture des étiquettes

Indépendamment des indications classiques qui figurent normalement sur les étiquettes de vins d'AOC, l'étiquette champenoise présente quelques particularités. Outre les mentions "grand cru", "premier cru", brut, demi-sec, etc., sur chaque étiquette de Champagne, figure en petits caractères un numéro d'immatriculation délivré par le C.I.V.C. (Comité Interprofessionnel des Vins de Champagne) précédé des initiales qui renseignent sur la catégorie professionnelle de l'élaborateur. A savoir :

- **N.M. Négociant-Manipulant,** personne physique ou morale qui achète des raisins, des moûts ou des vins et assure l'élaboration dans ses locaux.

- **R.M : Récoltant-Manipulant,** il assure, dans ses locaux, l'élaboration des seuls vins issus de sa récolte. Tolérance d'achat, mais limitée à 5 % de sa récolte.

- **R.C : Récoltant-Coopérateur,** il reprend de sa coopérative des vins en cours d'élaboration ou prêts à être commercialisés à la clientèle.

- **C.M : Coopérative de Manipulation,** elle élabore, dans ses locaux, les vins provenant de raisins de ses adhérents.

- **S.R : Société de Récoltants,** elle élabore les vins provenant de la récolte de ses membres appartenant à la même famille.

- **N.D : Négociant-Distributeur,** il achète des vins en bouteilles terminées sur lesquelles il appose, dans ses locaux, un étiquetage.

- **R : Récoltant** qui n'est ni manipulant ni coopérateur, peut faire élaborer à façon les vins provenant de sa récolte par un négociant-manipulant.

- **M.A : Marque Auxiliaire,** il s'agit d'une marque qui n'appartient pas au professionnel (mais, par exemple, à son client). Dans ce cas, les initiales à mentionner sont "MA".

Sur les étiquettes figurent également le

Le Champagne

"type" de Champagne. Information primordiale pour les accords vins et mets.

- **Brut :** moins de 15 g de sucre par litre (90 % du champagne consommé en France appartient à ce type).
- **Extra-dry :** entre 12 et 20 g de sucre par litre.
- **Sec :** entre 17 et 35 g de sucre par litre.
- **Demi-sec :** entre 35 et 50 g de sucre par litre.
- **Doux :** plus de 50 g de sucre par litre.
- Pour une teneur de moins de 3 grammes, peuvent être utilisées les mentions : "brut nature", "pas dosé" ou "dosage zéro".

La mention "Appellation d'origine contrôlée" n'apparaît pas sur l'étiquette. En France, deux produits seulement en sont dispensés : le cognac et le champagne.

Conservation et service du Champagne

CONSERVATION

Le Champagne se conserve en cave fraîche, ni trop sèche, ni trop humide, à température constante (si possible 10 à 12 °C), à l'abri des courants d'air, des trépidations et de la lumière.

Les bouteilles doivent être couchées pour que, baignant complètement dans le liquide, le bouchon ne se dessèche pas, ce qui provoquerait des "couleuses" (perte de gaz et de liquide).

Après une élaboration qui a duré au moins un an et demi à trois ans, le Champagne est mis sur le marché, il peut alors être consommé immédiatement ou, mieux, après quelques semaines de repos à la suite de son transport.

Stocké dans de bonnes conditions, le Champagne gardera longtemps ses qualités. La plupart des auteurs ont écrit qu'il ne faudrait pas le conserver au-delà d'une dizaine d'années. C'est en partie exact, mais en partie seulement. En effet, pour certaines cuvées non millésimées, élaborées essentiellement à base de Pinot Meunier, il est souhaitable de les boire rapidement (entre 3 et 5 ans). En revanche, la plupart des Cuvées de Prestige n'atteignent leur apogée qu'après plusieurs années de bouteilles et se conservent très bien pendant 12, 15 ans, voire plus.

SERVICE

Le Champagne doit être servi frais, jamais glacé. Jeune et vif, il peut être servi à 8 °C, un Champagne plus évolué ou millésimé à 10 °C.

Comment le refroidir ?

10 à 15 minutes dans un seau contenant de la glace et de d'eau. N'utiliser le réfrigérateur qu'avec prudence : placer la bouteille, toujours couchée, pendant 3 à 4 heures dans la partie la moins froide de l'appareil, mais jamais dans le congélateur ou le bac à glace : le froid excessif serait préjudiciable à la qualité du vin.

Comment déboucher la bouteille de Champagne ?

Après avoir présenté le flacon à ses clients ou à ses amis, tenir la bouteille d'une main, de l'autre, défaire le muselet qui retient le bouchon. Incliner légèrement la bouteille et maintenir fermement le bouchon en imprimant un mouvement de rotation à la bouteille : le bouchon se libérera facilement. **C'est la bouteille qui doit tourner, pas le bouchon.** Dégager progressivement ce dernier, de sorte que le gaz s'échappe doucement (1). Essuyer le rebord du goulot avec une serviette puis verser dans chaque verre un doigt de Champagne avant de le remplir aux deux-tiers.

Le nom qui se trouve sur l'étiquette est la signature du Champagne. Il ne faut jamais la masquer en "emmaillotant" la

PHOTO : BRUNET.

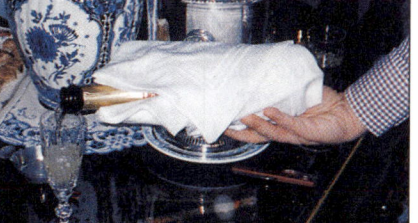

Ce qu'il ne faut jamais faire : masquer l'étiquette.

SOURCE : DOCUMENT CIVC.

Cette étiquette comporte obligatoirement :
- *L'appellation d'origine contrôlée Champagne, en caractères très apparents*
- *La marque*
- *La contenance de la bouteille*
- *Le titre alcoométrique du vin (% vol.)*
- *La teneur en sucre résiduel ou dosage (voir détails ci-après)*
- *Le nom ou la raison sociale de l'élaborateur, le nom de la commune où il exerce son activité et le nom France.*
- *Un numéro d'immatriculation délivré par le C.I.V.C. précédé des initiales qui renseignent sur la catégorie professionnelle de l'élaborateur (voir détails ci-après)*
- *Le cas échéant, le millésime ou telle particularité de la cuvée (blanc de blancs, rosé, etc., voir détails ci-après).*

Brut.

Demi-sec.

SOURCE : PHOTO JOLYOT.

Epreuve de «Service du Champagne» lors du concours du Meilleur Sommelier d'Europe (Trophée Ruinart).

(1) Durant toutes ces opérations, il faut laisser le pouce, en protection, sur la partie supérieure du bouchon.

Le Champagne

Pourquoi la coupe, inadaptée à la dégustation du champagne a-t-elle connu un tel succès ? Peut-être à cause de la légende qui nous dit que la première aurait été moulée sur le sein de la Pompadour...

SOURCE : COLLECTION CIVC.

bouteille avec une serviette, comme cela se voit trop souvent !

Si le bouchon "juponne", c'est à dire si sa base (miroir) reprend sa forme initiale, c'est que le vin n'est pas resté très longtemps dans la bouteille depuis le dégorgement. Si le bouchon "cheville", c'est qu'il a passé beaucoup de temps dans la bouteille depuis le dégorgement.

Peut-on garder une bouteille entamée ?

Toute bouteille ouverte doit être consommée rapidement. Il existe cependant des bouchons, parfaitement étanches, qui permettent au vin, tenu au frais, de conserver son effervescence pendant quelques heures. A utiliser avec modération.

Quels verres utiliser ?

Tout verre à pied fin, élancé, élégant comme le Champagne lui-même, conviendra parfaitement. La coupe, incommode et mal adaptée au Champagne, sera écartée. On lui préférera la flûte traditionnelle ou, mieux encore, le verre tulipe ou ovoïde.

Attention : éviter l'usage du "fouet à Champagne" (ou moser) qui anéantit en quelques secondes des années de soins attentifs et fait perdre au vin l'une de ses plus brillantes qualités, son effervescence.

Remarque : Il ne faut jamais rafraîchir les verres avec des glaçons avant de servir le Champagne.

EUGÈNE MERCIER AVAIT LE GÉNIE DE LA PUBLICITÉ

En 1889, il fit construire un foudre géant, unique au monde, d'une capacité de 200.000 bouteilles, pesant, à vide, plus de 20 tonnes. Pour sa fabrication, il avait fait venir de Hongrie des chênes entiers. Le foudre terminé, il le fit décorer par le sculpteur rémois Naviet, le plaça sur quatre énormes roues et le fit traîner jusqu'à Paris par un attelage de 24 bœufs. Dans certaines côtes, on dût ajouter jusqu'à 18 chevaux. Le voyage dura 8 jours. Il fallut consolider trois ponts (sur la Marne, le Grand et le Petit Morin). A certains tournants, Eugène Mercier se vit obligé d'acheter des maisons qui gênaient le virage. Les barrières de Paris furent même enlevées pour laisser entrer le monstre, grâce à une autorisation spéciale du ministre de la Guerre.

En 1900, pour l'Exposition universelle, il fit projeter le premier en date des films publicitaires. La vie d'une bouteille de Champagne de la grappe à la coupe, un film dont les épreuves jaunies, sont conservées pieusement à la maison Mercier.

La même année, il avait installé, au Champ de Mars, un ballon captif. Dans la nacelle, les curieux allaient boire une flûte de Champagne. Un jour, le câble se rompit sous l'effet d'un vent violent. L'aéronaute, le serveur et les neuf passagers involontaires se virent enlever, chassés vers l'Est, à vive allure. Ils atterrirent 16 heures plus tard, sur les cimes d'une forêt d'Alsace, alors province allemande. La douane infligea au Champagne Mercier une amende de 20 marks, pour omission de déclaration de six bouteilles de Champagne.

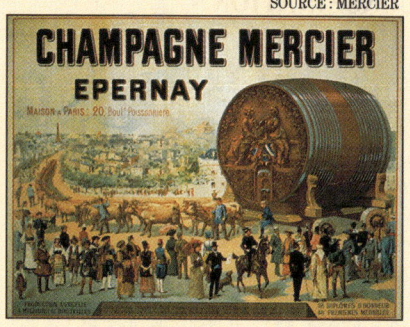

SOURCE : MERCIER

DEUX VEUVES CÉLÈBRES

Restée veuve en 1858, Madame Pommery prit la direction de la maison. Son but ne fut pas de sauvegarder tant bien que mal les positions acquises. Elle développa les activités de l'entreprise, notamment en direction de l'Angleterre où sa réussite fut immense, au point de susciter quelques jalousies. Des concurrents peu scrupuleux firent courir le bruit qu'elle avait des difficultés financières. Pour couper court à ces rumeurs, en septembre 1889, Madame veuve Pommery acquit pour la somme de 300.000 francs or le tableau Les Glaneuses du peintre Jean-François Millet, tableau qui était mis en vente à Paris et qui risquait fort de passer l'Atlantique. Elle l'offrit à sa mort, en 1890, au Musée du Louvre. Jean-François Millet, qui a vécu au XIXe siècle, était considéré comme l'un des plus grands peintres de sa génération.

Madame veuve Clicquot ne partit pas à la conquête de l'Angleterre, mais de la Russie. La légende veut que le prodigieux essor des vins de Champagne en Russie au cours du XIXe siècle date seulement de l'occupation de Reims par les troupes slaves en 1815 (après la défaite de Napoléon). On dit même qu'à la vue des officiers qui sabraient son Champagne dans ses caves, Madame veuve Clicquot se contentait de dire avec un sourire plein de finesse : "Qu'on les laisse donc faire. Ils boivent ? Ils paieront !". En fait, elle avait depuis longtemps pressenti le fabuleux débouché que pouvait représenter la Russie en période de paix. Ainsi en 1806, son homme de confiance M. Bohne lui écrivait : "La Tzarine est enceinte. Si c'est un prince, des flots de vin de Champagne seront bus dans cet immense pays. N'en parlez pas, tous nos concurrents arriveraient." Le temps passa. Après la défaite des armées de Napoléon, Madame veuve Clicquot anticipa sur le retour à la paix en Russie. En 1815, elle expédia de Rouen un bateau chargé de Champagne. Le pari était risqué. Il fut gagné. Le Champagne veuve Clicquot était sur place au bon moment, et surtout bien avant ses concurrents.

Les vignobles de l'est de la France
Alsace, Lorraine, Jura, Savoie et Bugey

SOURCE : CDT DU JURA.
PHOTO : STUDIOVISION.

Alsace
Présentation du vignoble alsacien
Les cépages
Liste des A.O.C. et principales caractéristiques
Les Grands crus
Les Vendanges tardives et les sélections de grains nobles
Caractères des vins - Accords avec les mets
Restaurateurs et vins d'Alsace

Lorraine

Jura
Présentation du vignoble jurassien
Liste des A.O.C. et principales caractéristiques
Vin Jaune et vin de paille
Caractères des vins - Accords avec les mets
Restaurateurs et vins du Jura

Savoie
Présentation du vignoble savoyard
Liste des A.O.C. et principales caractéristiques
Caractères des vins - Accords avec les mets
Restaurateurs et vins de Savoie

Bugey

Vins et fromages du Jura.

Les vignobles de l'est de la France Alsace, Lorraine, Jura, Savoie et Bugey

ALSACE

L'Alsace est le pays des cigognes et des maisons à colombages, de la bière et de la choucroute. Telle est l'image que se font trop souvent ceux qui n'y sont jamais allés. Mais celui qui a la chance de la bien connaître sait que l'Alsace ne se limite pas à ces clichés. C'est une région où il fait bon vivre.

Les Alsaciens, très attachés aux traditions, savent accueillir et faire partager leur amour du terroir et leur art de vivre, et la table tient une part importante. Ici, la gastronomie est devenue une institution, très certainement en raison de la diversité et de la richesse des productions locales. Parmi celles-ci, le vin tient une place de choix. Une des particularités des vins d'Alsace, c'est d'être commercialisés essentiellement sous le nom du cépage dont ils sont issus : Riesling, Sylvaner, Gewurztraminer, etc.

Présentation du vignoble alsacien
(Voir carte en annexe 410)

Abrité des influences océaniques par le massif vosgien, le vignoble alsacien s'étend sur près de 15 000 hectares. Il est localisé essentiellement sur les collines sous-vosgiennes, de Thann au sud, à Marlenheim au nord. Quelques communes situées plus au nord, près de la frontière allemande, dans la région de Wissembourg bénéficient également de l'AOC Alsace. La diversité des sols permet d'obtenir une palette de vins très large à partir d'un même cépage. D'autre part, le vignoble alsacien peut s'enorgueillir de posséder une des plus belles routes des vins de France. Sur plus de 100 km, c'est une succession de petits villages aux maisons typiques, avec des fleurs à profusion, de véritables paysages de cartes postales.

Lieu de passage, cette région située sur les bords du Rhin a subi tout au long de son histoire de fréquentes invasions. Malgré cela, les Alsaciens ont toujours su faire face à l'adversité et reconstituer leur vignoble. Le XIVe et le XVe siècles ont représenté pour l'Alsace une période de prospérité. En effet, cette région n'a pas été concernée par la guerre de Cent Ans. A cette époque, elle faisait partie du Saint Empire romain germanique. En revanche, la guerre de Trente ans sonne le glas de la prospérité alsacienne. C'est une province exsangue qui intègre le royaume de France en 1648 (traité de Westphalie). Redevenu prospère, le vignoble alsacien n'échappe pas au phylloxéra. Après la guerre de 1870, l'Alsace devient allemande. Les plants nobles sont arrachés et remplacés par des cépages communs, gros producteurs. La région redevenue française, à l'issue de la Première Guerre mondiale, il faudra de nombreuses années pour reconstituer le vignoble. C'est la raison pour laquelle les vins d'Alsace n'obtiennent l'A.O.C. qu'en 1962. Depuis cette date, les efforts sont poursuivis : création des A.O.C *Alsace grand cru* et *Crémant d'Alsace*, nouvelles dispositions concernant les *vendanges tardives*, *les sélections de grains nobles*, etc. C'est ce qui explique que sur les 150 millions de bouteilles produites chaque année, près de 40 millions sont exportées.

Attention, pour les vins d'Alsace, il y a très souvent confusion entre cépages et appellations. Vous ne trouverez jamais sur une étiquette appellation Riesling, Gewurztraminer, Muscat, Sylvaner… contrôlée. L'AOC fait référence non pas au cépage mais à une entité géographique. Il existe en France une seule exception pour le Muscadet.

Attention à ne pas confondre cépages et AOC. Riesling et Gewurztraminer sont des cépages, Alsace et Alsace Grand Cru, des AOC.

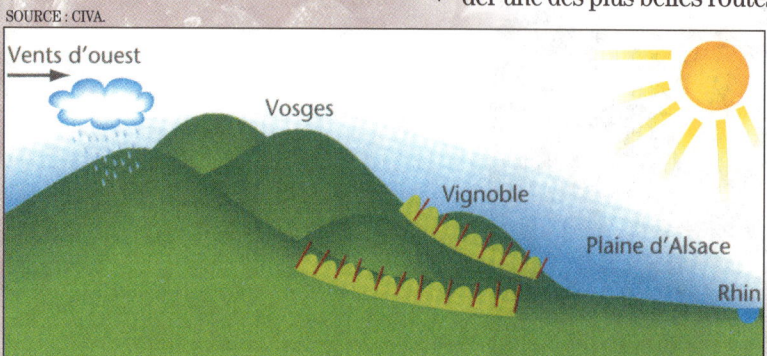

Les vignobles de l'est de la France Alsace, Lorraine, Jura, Savoie et Bugey

Les cépages

Comme nous l'avons déjà vu, les vins d'Alsace sont généralement commercialisés sous le nom du cépage dont ils sont issus. De ce fait, la notion de cépage a une importance primordiale dans cette région.

Liste des cépages :

- **Le Riesling,** environ 20 % de l'encépagement. C'est le vin préféré des Alsaciens.
- **Le Gewurztraminer,** environ 20 % de l'encépagement. Il serait originaire du village de Tramin ou Termeno dans le Tyrol Italien où il a été mentionné pour la première fois vers l'an mil.
- **Le Muscat,** un peu plus de 2 % de l'encépagement. Il passe pour être le plus ancien cépage alsacien. Il est très sensible à la coulure au moment de la floraison. Deux variétés sont utilisées en Alsace : Muscat d'Alsace ou Muscat à petits grains et Muscat Ottonel.
- **Le Tokay Pinot gris,** qui n'est pas originaire de Hongrie comme on l'entend trop souvent. Les superficies plantées sont en progression constantes, elles représentent 10 % de l'encépagement.

Jusqu'en 2005, seuls ces 4 cépages étaient admis pour l'A.O.C. *Alsace grand cru*.

Riesling.

Muscat.

Gewurztraminer.

Tokay Pinot gris.

Les vignobles de l'est de la France Alsace, Lorraine, Jura, Savoie et Bugey

Pinot blanc.

Pinot noir.

Sylvaner.

AUTRES CÉPAGES :

- Le Pinot blanc appelé localement Klevner, (sans E après le V, contrairement au Klevener d'Heiligenstein). Les superficies plantées en Pinot blanc (21 %) se sont accrues ces dernières années en raison du développement des ventes de *Crémant*.

- L'Auxerrois, assimilé au Pinot blanc (voir commentaires).

- Le Sylvaner, en régression, mais il représente encore 14 % de l'encépagement.

- Le Chasselas, son aire de production a fortement régressé (1 %), les nouvelles plantations ne sont plus autorisées.

- Le Pinot noir, qui permet d'élaborer les seuls vins rouges et rosés produits en Alsace.

- Savagnin rosé pour le Klevener d'Heiligenstein (avec un E).

Les vins vendus comme Klevener d'Heiligenstein ne peuvent provenir que d'une petite zone située à proximité du bourg d'Heiligenstein, entre Barr et Obernai. Ils sont élaborés à partir du Savagnin rosé qui est originaire du village de Tramin (comme le Gewurztraminer) dans le Tyrol italien. En 1992, les vignerons d'Heiligenstein ont fêté le 250ème anniversaire de l'introduction de ce cépage sur le ban communal.

En Alsace, l'Auxerrois, qui n'est pas originaire de l'Yonne, comme son nom pourrait le laisser supposer, mais plus certainement de Lorraine ou du Luxembourg, est assimilé au Pinot blanc. Très présent dans la région de Wissembourg, il donne généralement des vins un peu plus souples que ceux issus de pinot blanc.

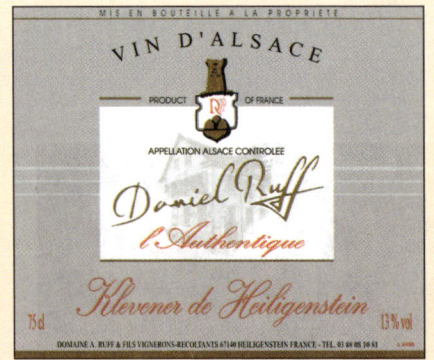

Les vignobles de l'est de la France Alsace, Lorraine, Jura, Savoie et Bugey

En Alsace il n'y a que trois appellations d'origine contrôlée.

LISTE DES APPELLATIONS D'ALSACE ET PRINCIPALES CARACTÉRISTIQUES

Appellations	Situation géographique	Principaux cépages	Nature du sol	Observations
Alsace ou vin d'Alsace	Au pied des Vosges sur les départements du Haut-Rhin et du Bas-Rhin.	**Riesling, Sylvaner, Gewurztraminer, Pinot blanc,** Auxerrois, Tokay-Pinot gris, Muscat, Chasselas, Pinot noir.	Très variée : schistes (Andlau), granitique (Turckheim), volcanique (Thann), marno-calcaire (Mittelbergheim), etc.	Cette AOC représente 85 % de la production. Les étiquettes indiquent généralement le nom du cépage dont le vin est issu : Riesling, Sylvaner,… ou la mention "Edelzwicker".
Alsace Grand cru (1)	Idem, mais cette AOC est réservée à 50 lieux-dits strictement délimités.	**Riesling, Gewurztraminer, Tokay Pinot gris, Muscat.** (1)	Très variée : schistes (Kastelberg), granitique (Brand, Schlossberg,…) volcanique (Rangen), marno-calcaire (Zotzenberg), gréseux (Wiebelsberg), etc.	Cette AOC ne représente que 3 % de la production totale. Mention du millésime obligatoire. Rendement nettement inférieur à l'AOC précédente. Depuis 2001, l'étiquette doit faire apparaître le nom du Grand Cru en caractères aussi grands que toute autre mention.
Crémant d'Alsace	Même aire de production que pour l'AOC Alsace.	**Pinot blanc,** Tokay-Pinot gris, Auxerrois Pinot noir, Riesling, Chardonnay (peu).	Très variée.	Vin effervescent élaboré selon la "méthode traditionnelle" avec seconde fermentation en bouteille (comme le champagne). Petite production de vin rosé.

A.O.C. Alsace.

Les grands crus

Nous avons vu que les vins d'Alsace sont généralement commercialisés sous le nom du cépage.

Cela n'exclut pas pour autant les indications de provenance. Depuis 1975, les viticulteurs alsaciens mettent en valeur les climats les plus renommés en revendiquant l'appellation "Alsace grand cru" pour les lieux-dits qui ont été retenus pour cette appellation.

Les vins qui bénéficient de cette Appellation (3 % de la production totale) ne peuvent provenir que des 50 lieux-dits strictement délimités. Les conditions de production sont beaucoup

(1) Depuis le décret publié au JO du 25/03/2005, le comité régional d'experts peut proposer un plan d'encépagement pour chaque lieu-dit selon les usages locaux. Exemple, depuis ce décret, le cépage Sylvaner est admis pour le grand cru Zotzenberg, l'Altenberg de Bergheim peut provenir d'un assemblage de cépages (défini par décret). Voir site : www.vinsalsace.com

Quelques grands crus.

A.O.C. Crémant d'Alsace.

A.O.C. Alsace grand cru.

Les vignobles de l'est de la France Alsace, Lorraine, Jura, Savoie et Bugey

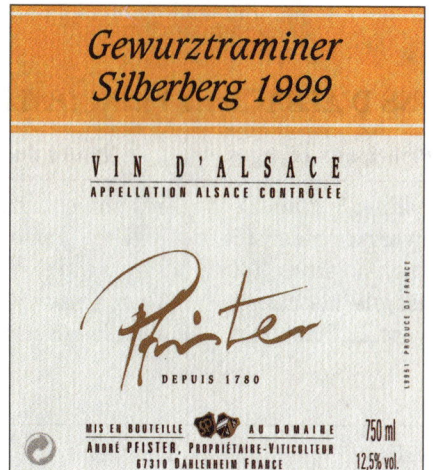

Les mentions "Vendanges tardives" (VT) et "Sélection de grains nobles" (SGN) peuvent compléter les A.O.C. *Alsace et Alsace grand cru* si les conditions fixées par le décret du 1er mars 1984, modifié en 1999, sont remplies. Ce décret précise que ces vins doivent :

- être issus de vendanges manuelles,
- être issus d'un seul cépage, ce dernier doit figurer sur l'étiquette,
- être issus de vendanges de l'un des cépages ci-dessous, présentant les richesses naturelles minimales respectives spécifiques suivantes en sucre par litre de moût (voir tableau),
- n'avoir fait l'objet d'aucun enrichissement,
- présenter le titre aloométrique volumique total correspondant à la richesse en sucre précisée dans le tableau,

plus restrictives que pour l'A.O.C. Alsace, notamment au niveau des rendements. Vins de grande qualité, la plupart d'entre eux ne s'expriment vraiment qu'après quelques années de bouteille, y compris les Riesling.

Quelques grands crus : Kastelberg à Andlau, Rosacker à Hunawihr, Brand à Turckheim, Steiner à Pfaffenheim, Kirtterlé à Guebwiller (il y a 3 grands crus sur cette commune), Rangen à Thann, etc. (voir liste complète et localisation en annexes).

Indépendamment des grands crus, le nom d'un lieu-dit figure parfois sur l'étiquette. Dans ce cas, le vin est présenté sous l'A.O.C. Alsace (voir étiquette Silberberg).

Vendanges tardives et sélection de grains nobles

Lorsque les conditions climatiques sont favorables, le Botrytis cinérea (pourriture noble) se développe en Alsace et permet d'obtenir des vins d'une qualité exceptionnelle, présentés sous les dénominations : vendanges tardives ou sélections de grains nobles (dans ce cas, les raisins botrytisés sont récoltés grain par grain, comme à Sauternes).

Parmi les grands crus, il existe 3 «ALTENBERG».

Vendanges tardives.

PHOTO BRUNET.

Vendanges tardives.

Désignation	"Vendanges tardives" *	"Sélection de grains nobles" *
Gewurztraminer	243 g/L soit 14° 4 (257 g/L soit 15° 3)	279 g/L soit 16° 6 (306 g/L soit 18° 2)
Tokay Pinot gris	243 g/L soit 14° 4 (257 g/L soit 15° 3)	279 g/L soit 16° 6 (306 g/L soit 18° 2)
Riesling	220 g/L soit 13° 1 (235 g/L soit 14°)	256 g/L soit 15° 2 (276 g/L soit 16° 4)
Muscat	220 g/L soit 13° 1 (235 g/L soit 14°)	256 g/L soit 15° 2 (276 g/L soit 16° 4)

*Premiers chiffres = décret. Entre parenthèses : dans un souci de renforcer la typicité de ces produits, les degrés minimums ont été relevés à partir de la récolte 2001, dans le cadre des mesures annuelles adoptées par le comité national de l'INAO (ici pour la récolte 2004). * cœfficient : 16,83 g/L*

Les vignobles de l'est de la France Alsace, Lorraine, Jura, Savoie et Bugey

En Alsace, la richesse des moûts est très souvent exprimée en degrés OECHSLE. Ce qui ne manque pas de surprendre les visiteurs, lors d'une dégustation dans une cave.

Les degrés œchslé sont les termes d'une échelle qui correspond à la densité du moût multipliée par mille et dont on a ensuite soustrait mille. Exemple : si la densité du moût est de 1,070 le degré oechslé est de (1,070 x 1000) – 1000 = 70

Quelques équivalences :
70 œchslés ⟶ 9,1°
80 œchslés ⟶ 10,6°
90 œchslés ⟶ 12,2°

Sélection de grains nobles.

- avoir fait l'objet d'une déclaration préalable lors de la vendange auprès des services locaux de l'Institut national des appellations d'origine contrôlée qui procède à un contrôle obligatoire le jour des vendanges chez le producteur.
- être présentés, dégustés et agréés à l'examen analytique et organoleptique sous leur mention particulière.
- être présentés obligatoirement avec l'indication du millésime.

Caractères des vins - accords avec les mets

L'Alsace produit en petite quantité des vins rouges et rosés issus de Pinot noir (ces vins proviennent donc du même cépage que les vins rouges de Bourgogne). Mais cette région est surtout connue pour ses vins blancs, qui offrent une gamme complète, allant des vins secs, légers et fruités, aux grands vins moelleux, corsés et, parfois même capiteux. Cette diversité offre de nombreuses possibilités pour les accords mets et vins. En voici quelques uns :

Le Sylvaner, vin léger, frais et fruité, avec la tarte à l'oignon, les hors-d'œuvre, les fruits de mer, les entrées froides, les poissons frits,… Mais aussi pour étancher sa soif.

Le Muscat à l'apéritif, mais aussi sur les asperges. Contrairement à beaucoup d'autres muscats, le Muscat d'Alsace est un vin sec, délicieusement bouqueté.

Le Pinot blanc ou Klevner, vin sec et souple, sur les poissons meunière, les volailles, etc.

Le Riesling, vin sec et racé, considéré par les Alsaciens comme le "Roi des Vins d'Alsace" avec les crustacés et les poissons, sauf si ces derniers sont servis avec une sauce trop relevée. Il se sert également avec la choucroute alsacienne.

Le Tokay Pinot gris, opulent et corsé, le plus capiteux des vins d'Alsace, sur une viande blanche, une volaille, le petit gibier, le Bäckeofe (spécialité aussi connue en Alsace que la choucroute) surtout si ce vin a été utilisé pour la marinade. Sec, il remplace très avantageusement la vodka sur le caviar. Un grand Tokay Pinot gris VT ou SGN est l'accompagnement parfait pour le foie gras.

Sylvaner et entrée froide.

Truite au bleu et Riesling.

Foie gras en brioche et Tokay Pinot Gris.

Poissons et Riesling.

Les vignobles de l'est de la France Alsace, Lorraine, Jura, Savoie et Bugey

Bäckeofe et Tokay Pinot Gris.

Crémant à l'apéritif.

Kugelhopf et Gewurztraminer.

Munster et Gewurztraminer.

Le Gewurztraminer, vin corsé, charpenté, sec ou moelleux selon la provenance et l'année, toujours très aromatique, sur le foie gras (moelleux), les volailles pochées, le kugelhopf, mais aussi le munster. Un bon munster fermier, des pommes de terre chaudes en robe des champs, du Gewurztraminer : "hop là, essayez voir une fois".

Quant à *l'Edelzwicker*, il s'agit d'un vin agréable, sans prétention, convenant plutôt pour la consommation courante et les entrées. Les caractères de ce vin varient en fonction des assemblages, ce n'est qu'après avoir goûté l'Edelzwicker, que l'on peut vraiment l'associer avec des mets.

Le Pinot noir, jadis très cultivé en Alsace, complète la gamme. Il peut être servi sur les charcuteries, les viandes grillées, les volailles rôties, les petits gibiers, etc. Il permet de faire tout un repas sans quitter le vignoble alsacien.

Le Crémant d'Alsace constitue un excellent apéritif. Il est également servi au cours des réceptions. Il peut accompagner tout un repas à condition de bien choisir les plats en fonction du vin, et en "jouant" sur la structure et le dosage des vins (brut, demi-sec…).

Contrairement à une opinion très répandue, certains vins d'Alsace vieillissent très bien, c'est le cas des Gewurztraminer, des Tokay Pinot gris et de certains Riesling (surtout s'il s'agit de VT et de SGN) ; ils ont une aptitude au vieillissement exceptionnelle : 10, 15, voire 20 ans et plus pour les plus grands d'entre eux. Il ne faut pas oublier que dans les grandes années, la pourriture noble se développe dans cette région. Actuellement, certains Gewurztraminer et Tokay-Pinot Gris 1959 et 1976 ont encore beaucoup de fraîcheur.

Restaurateurs et vins d'Alsace

La commercialisation sous le nom du cépage facilite le choix des vins d'Alsace. Chaque cépage a, en effet, ses caractères propres. Mais ici, la nature du sol va faire la différence. Le véritable amateur de vin d'Alsace n'achète pas tous ses vins sur le même terroir. Il sait qu'il est préférable d'acheter le Riesling provenant de telle ou telle commune, le Muscat de telle autre, le Tokay-Pinot gris provenant de tel coteau, etc. Dans ces conditions, comment une personne qui ne connaît pas ou peu la région peut-elle acheter ? La solution consiste à demander l'avis des gens du cru ou de faire confiance à de bons fournisseurs, viticulteurs ou négociants, sans oublier les caves vinicoles. Par ailleurs, attention, ce n'est pas parce que la mention "Sylvaner" ou "Riesling" figure sur l'étiquette que l'on est en présence d'un vin d'Alsace ! Ces cépages sont cultivés dans d'autres pays : Allemagne, Luxembourg,

Les vignobles de l'est de la France — Alsace, Lorraine, Jura, Savoie et Bugey

Chine, etc. Avant de mettre des vins à la carte sous la rubrique "Vins d'Alsace", il faut s'assurer que la mention "Appellation Alsace contrôlée" figure bien sur l'étiquette.

A la carte des vins, si le vin est présenté sous le nom du climat (grand cru ou autre), il faut préciser le cépage, par exemple : Kaefferkopf 19.. ou Schlossberg 19.. ne suffit pas, il faudrait préciser Gewurztraminer Kaefferkopf 19.., Riesling Schlossberg 19... Pour ce dernier, comme pour tous les grands crus, il est souhaitable de préciser que ces vins bénéficient de l'A.O.C. Alsace grand cru.

De même, pour la plupart des vins qui figurent à la carte sous le nom de leur cépage, il serait souhaitable de préciser le nom du récoltant ou du négociant. Par exemple : au lieu de Gewurztraminer 19.., préciser, Gewurztraminer 19.., Domaine Schlumberger à Guebwiller.

Les vendanges tardives et surtout les sélections de grains nobles peuvent paraître chers à l'achat. Il faut savoir qu'ils sont obtenus comme les grands Sauternes, et que pour ces vins d'Alsace, peut-être en raison de la situation septentrionale du vignoble, les normes sont encore plus sévères que dans les autres régions (voir tableau). Il serait souhaitable qu'en dehors de leur région d'origine, ces vins soient plus souvent présents sur les cartes des vins. Encore un moyen de sortir des sentiers battus et de faire découvrir des produits d'exception.

A la question qu'est-ce qu'un Edelzwicker, il faut répondre "un assemblage harmonieux de différents cépages alsaciens". Certains précisent de cépages nobles. Il faut savoir que depuis 1972, il n'y a plus de distinction en Alsace entre les différents cépages.

Le renouveau du "Gentil" :

Le Gentil correspondait dans les années 1920 à un vin issu de parcelles de cépages nobles plantés en mélange. Remis au goût du jour par la famille Hugel (maison fondée en 1639), ce vin d'assemblage connaît un franc succès en raison de son excellente relation qualité/prix.

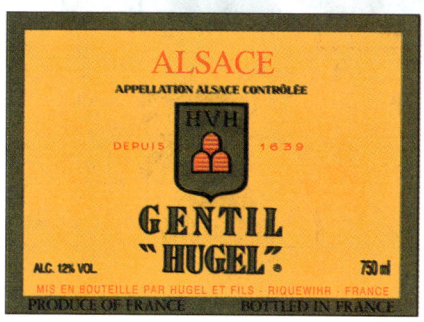

Le Kaefferkopf est un vin très connu. Il s'agit d'un célèbre lieu-dit de la commune d'Ammerschwihr, délimité, dès 1932, par un jugement du tribunal de Colmar. Pour différentes raisons, il ne figure pas parmi les grands crus. L'étiquette peut comporter la seule mention "Kaefferkopf" sans indication de cépages ; dans ce cas, il s'agit d'un assemblage de différents cépages. Ce qui donne des vins très équilibrés. Si le nom d'un cépage est indiqué, le vin ne peut provenir que de ce cépage. Attention à la lecture des étiquettes…

Pendant très longtemps en Alsace, on a appelé "Tokay" les vins issus de Pinot gris. La légende nous apprend que ce cépage aurait été ramené de Hongrie par Lazard de Schwendi après sa victoire sur les Turcs à Tokay en 1565. Or cette variété de cépage ne semble jamais avoir été utilisée en Hongrie pour l'élaboration de Tokay. Ce dernier est issu de Furmint et d'Harselevelu. Au début des années 80, les instances de la CEE (U.E.) ont interdit l'utilisation du nom "Tokay" pour les vins d'Alsace. L'affaire a fait grand bruit dans tout le vignoble alsacien. Actuellement, figure sur les étiquettes "Tokay Pinot gris". A terme, le nom Tokay doit disparaître.

Le Clos Sainte-Hune, appelé parfois "la Romanée Conti" de l'Alsace (au grand dam d'une des propriétaires de ce célèbre climat bourguignon…), a une superficie de 1 ha 25. Il est situé sur le lieu-dit Rosacker tout près de l'église d'Hunawihr. Il fait partie du "gotha" des plus grands vins du monde. On y produit du Riesling d'une qualité et d'une complexité exceptionnelles. A attendre plusieurs années, au moins 10 ans pour les grands millésimes.

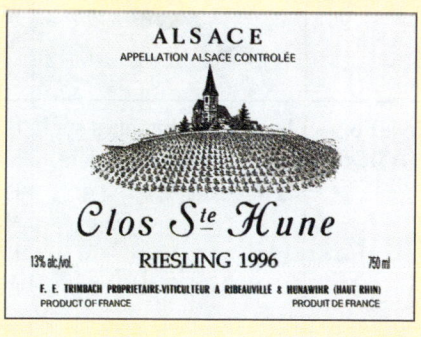

Les vignobles de l'est de la France Alsace, Lorraine, Jura, Savoie et Bugey

LORRAINE

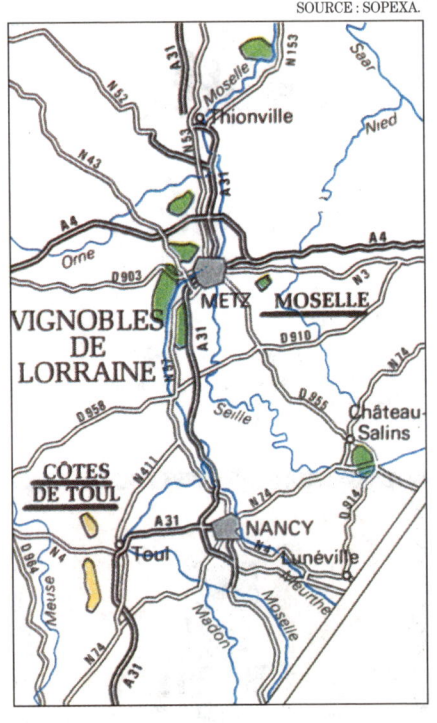

Le vignoble lorrain est très ancien. Dès 1650, les Ducs de Lorraine ont établi un code pour protéger et réglementer la production des vins lorrains. Il y a une centaine d'années, la superficie plantée en vigne en Lorraine était aussi importante que celle du vignoble champenois actuel. On dit même qu'à l'époque, les négociants champenois venaient s'approvisionner en vin de Lorraine pour les transformer en Champagne. Bien évidemment, c'était avant les appellations d'origine contrôlée. De toute façon, depuis 150 ans, il y a prescription…

Plusieurs fois, le vignoble Lorrain a été sur le point de disparaître : après l'invasion du phylloxéra, puis en 1913, suite à des orages d'une rare violence, enfin à la suite des combats qui ont endeuillé cette région au cours de la Première Guerre mondiale.

Grâce à quelques viticulteurs, le vignoble subsiste toujours, même si sa superficie a fortement régressé. Ce sont surtout les vins gris du Toulois qui ont fait connaître les vins lorrains en dehors de leur région d'origine. En 1951, les vins de la région de Toul ont obtenu l'A.O.V.Q.D.S, puis le 31/03/1998, ils sont passés en A.O.C.

Le vins gris, caractéristique des Côtes de Toul, est obtenu par pressurage immédiat (c'est-à-dire sans macération) de la vendange fraîche. Aucun des deux cépages principaux (Gamay et Pinot noir) ne doit dépasser à lui seul 85 % des superficies mises en œuvre et ils doivent être vinifiés en assemblage.

Le vignoble des Côtes de Toul.

Les Côtes de Toul sont surtout connues pour leur vin gris, mais elles produisent également des vins rouges et des vins blancs.

LISTE DES APPELLATIONS ET PRINCIPALES CARACTÉRISTIQUES

Appellations	Situation géographique	Principaux cépages	Nature du sol	Observations
Côtes de Toul	Huit communes situées à l'ouest de la ville de Toul, département de Meurthe-et-Moselle.	Blancs : **Auxerrois**, Aubin. Rouges : **Pinot noir.** Gris : **Gamay, Pinot noir,** (1), Pinot Meunier, Auxerrois et Aubin.	Sols bruns silico-argileux cailloutteux et sols argilo-siliceux peu cailloutteux.	Cette AOC est surtout connue pour ses vins gris. Voir ci-dessus. (1) Pour les vins gris 10 % minimum de Pinot noir.
Moselle AOVDQS	Dix-neuf communes sur les coteaux qui bordent la Moselle.	Blanc : **Auxerrois**, Meunier, Pinot blanc, Pinot gris, Riesling, Müller-Thurgau… Rouges : **Gamay, Pinot noir.**	Varié mais à dominance argilo-calcaire.	Ce vignoble situé près du Luxembourg peut être divisé en deux zones : une au sud et à l'est de Metz, l'autre près de Sierck-les-Bains. Le Müller-Thurgau est surtout présent dans cette dernière.

Les vignobles de l'est de la France — Alsace, Lorraine, Jura, Savoie et Bugey

Caractères des vins et accords avec les mets

A l'exception de certains vins issus de Pinot noir, les vins de Lorraine sont à consommer jeunes.

Les vins blancs sont secs. Ils ont un nez intense et de la souplesse surtout ceux issus, ou à base, d'Auxerrois. Ils peuvent être servis à l'apéritif ou avec la quiche, la truite aux amandes, les poissons meunière ou grillés...

Les vins rouges, plus souples qu'il y a quelques années, sont tanniques sans excès. Ils accompagnent les viandes rouges, les volailles rôties et les fromages pas trop puissants.

Quant aux vins gris, ils ont un nez agréable de petits fruits rouges. Ce sont des vins frais et légers. Ils accompagnent parfaitement la charcuterie et la plupart des plats lorrains (quiche, potée, terrine de lapereau, salade de pissenlits aux lardons, jarret de veau…).

Restaurateurs et vins de Lorraine

C'est faire preuve d'originalité que de faire figurer les vins de Lorraine à la carte des vins. Les clients apprécient de découvrir des vins que bien souvent ils ne connaissent pas. Qui plus est, ces vins sont à des prix très raisonnables. Très souvent, pour la plupart d'entre eux, leur fraîcheur en fait des vins d'été.

Il faut servir les vins blancs de 8 à 10 °C, les rouges légèrement frais aux environs de 14 °C et les gris entre 9 et 11 °C.

Pas de difficultés particulières pour la carte des vins. Mais n'oubliez pas de préciser AOVDQS pour l'appellation "Moselle".

Il paraît difficile de parler de la Lorraine sans mentionner la mirabelle, eau-de-vie qui bénéficie d'une appellation d'origine réglementée.

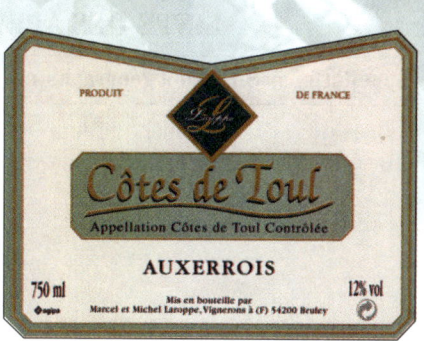

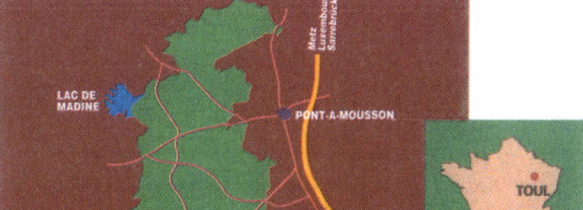

SOURCE : SYNDICAT DE L'AOC CÔTES DE TOUL.

PHOTO BRUNET.

Moselle : AOVDQS.

Editions BPI - REPRODUCTION INTERDITE

Les vignobles de l'est de la France Alsace, Lorraine, Jura, Savoie et Bugey

JURA

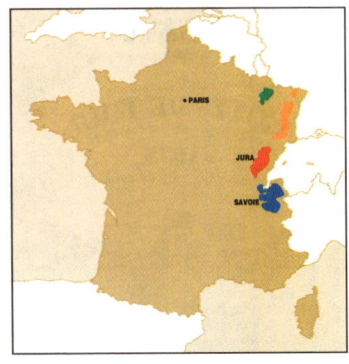

Présentation du vignoble

Le vignoble du Jura est surtout connu pour ses célèbres vins jaunes. Le meilleur d'entre eux, le Château-Chalon, a souvent été classé parmi les meilleurs vins de France, à côté des Montrachet, Château d'Yquem, Château Grillet, etc.

Mais cette région produit également d'autres vins de qualité dont le vin d'Arbois qui n'est pas sans évoquer le souvenir de Pasteur. Le vignoble est entièrement localisé sur le département du Jura. Il s'étend à flanc de

LISTE DES APPELLATIONS ET PRINCIPALES CARACTÉRISTIQUES

Appellations	Situation géographique	Principaux cépages	Nature du sol	Observations
Côtes du Jura	Département du Jura de Port-Lesné à Saint-Amour.	Blancs : **Savagnin (ou Naturé), Chardonnay** (appelé localement Gamay blanc ou Melon d'Arbois), **Pinot blanc**. Rouges : **Pinot noir, Trousseau, Poulsard**. Pour les jaunes : **Savagnin**.	Calcaires durs, associés, par endroits au lias et au trias.	Sont commercialisés sous cette A.O.C. des vins blancs, rouges et rosés, mais également des vins jaunes et des vins de paille.
Arbois	Département du Jura, au nord de Poligny.	Blancs : **Savagnin (ou Naturé), Chardonnay** (appelé localement Gamay blanc ou Melon d'Arbois), **Pinot blanc**. Rouges : **Pinot noir, Trousseau, Poulsard**. Pour les jaunes : **Savagnin**.	Calcaires, graviers, argiles du bajocien inférieur, du lias et du trias.	Mêmes types de vin que pour l'A.O.C. précédente. Le nom de Pupillin peut être ajouté à l'A.O.C. Arbois pour les vins produits sur cette commune.
L'Etoile	Département du Jura, au nord de Lons-le-Saunier.	Blancs : **Savagnin (ou Naturé), Chardonnay** (appelé localement Gamay blanc ou Melon d'Arbois). Pour les jaunes : **Savagnin**.	Sols marneux dans lesquels on trouve des fossiles en forme d'étoiles (les encrines), d'où le nom.	Pas de vins rouges sous cette A.O.C.
Château-Chalon	Cinq communes du département du Jura, au sud-ouest de Poligny : Château-Chalon, Ménétru, Nevy/Seille Voiteur et Domblans.	**Savagnin** (naturé).	Marnes bleues du lias.	Cette A.O.C. ne produit que du vin jaune. Aucun vin n'est vendu sous cette appellation lorsque l'année n'est pas bonne. Pas de Château-Chalon en 1974, 1984 et 2001.
Crémant du Jura	Département du Jura de Port-Lesné à Saint-Amour.	Blancs : **Savagnin (ou Naturé), Chardonnay**. Pour le rosé : **Pinot noir, Trousseau, Poulsard** et Pinot gris.	Marnes avec par endroits des éboulis calcaires.	Vins effervescents élaborés par la méthode traditionnelle (seconde fermentation en bouteilles).
Macvin du Jura	Département du Jura de Port-Lesné à Saint-Amour.	Blancs : **Chardonnay, Savagnin**. Rouges : **Pinot noir, Trousseau et Poulsard**.	Calcaires durs, associés, par endroits au lias et au trias.	Cette appellation est réservée aux seuls vins de liqueur élaborés par mutage.

Les vignobles de l'est de la France — Alsace, Lorraine, Jura, Savoie et Bugey

coteaux sur le rebord ouest du Revermont, de Port-Lesney au nord à Saint-Amour au sud (attention à ne pas confondre avec le cru du Beaujolais) ; soit sur une longueur de 80 km et une largeur de 6 à 10 km.

Les vins blancs sont produits à partir des cépages Chardonnay et Savagnin. Ce dernier est le seul autorisé pour la production des vins jaunes.

Les vins rouges sont produits à partir des cépages *Poulsard* (ou ploussard) très présent à Pupillin, il donne des vins fins et fruités ; *Trousseau*, il donne des vins corsés et tanniques ; *Pinot noir*, principal cépage rouge de la Bourgogne toute proche.

Il existe 5 AOC pour les vins du Jura auxquelles il faut ajouter le Macvin.

Deux spécificités du Jura : le vin jaune et le vin de paille. Ces deux mentions lorsqu'elles figurent sur l'étiquette ne constituent pas des AOC. Elles font référence à un type d'élaboration, pas à une entité géographique.

Attention, il y a souvent une confusion entre vin jaune et vin de paille. Il s'agit de deux produits tout à fait différents.

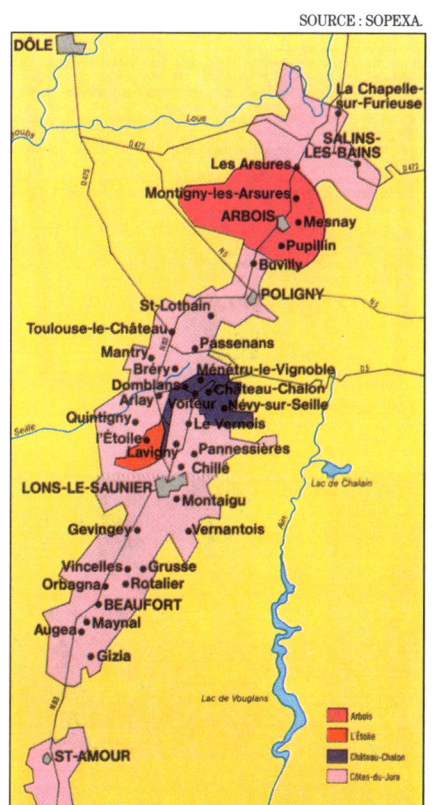

Côtes du Jura, AOC régionale.

Crémant du Jura : vin effervescent élaboré par la méthode traditionnelle (comme le champagne).

Vignoble d'Arbois, Domaine du Sorbief.

Vin jaune en bouteilles de 62 cl : le clavelin.

Le nom de Pupillin peut compléter l'AOC Arbois.

L'AOC Château-Chalon ne produit que du vin jaune.

Les vignobles de l'est de la France Alsace, Lorraine, Jura, Savoie et Bugey

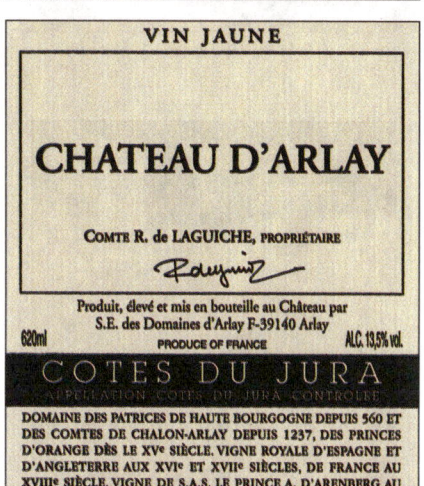

Ces 4 AOC produisent du vin jaune.

Lors d'un dîner, le prince de Metternich (homme d'Etat très influent au début du XIXe siècle) servit à Napoléon III du Johannisberg. Ce dernier déclara au prince, "Vous me servez le premier vin du monde" - "Sire, répondit le Prince, le premier vin blanc du monde n'est pas le Johannisberg, mais il se récolte dans un petit canton de votre empire : à Château-Chalon".

L'élaboration du vin jaune

Il ne peut être élaboré qu'à partir du cépage Savagnin. Les vendanges débutent généralement dans la deuxième quinzaine d'octobre. Après fermentation, le vin obtenu est mis en pièces de chêne de 228 litres où il séjournera au minimum 6 ans et 3 mois sans ouillage. Progressivement, le niveau du vin baisse. Au bout de 6 ans, il ne reste plus que 2/3 du vin dans la pièce. Pendant ce vieillissement, un voile de levures se développe et protège le vin. C'est à l'abri de ce voile que le vin prend son précieux "goût de jaune" qui rappelle la noix.

Chaque année, une commission donne un avis sur la possibilité de revendiquer la dénomination "vin jaune".

A partir de 2004, les vins pour lesquels sera revendiquée l'AOC Château-Chalon devront subir une dégustation en fin d'élaboration.

Le vin jaune est présenté en bouteille de 62 cl : le clavelin. Le vin jaune a une aptitude au vieillissement tout à fait exceptionnelle : 100 ans et plus...

Quatre AOC jurassiennes produisent du vin jaune, mais **Château-Chalon ne produit que du vin jaune.**

L'élaboration du vin de paille et du Macvin

Issus des cépages Chardonnay, Savagnin et Poulsard, les grappes sont stockées dans une pièce sèche et aérée. Elles restent suspendues ou déposées dans des caissettes en bois pendant plusieurs mois (à l'origine, les raisins étaient déposés sur des lits de paille d'où le nom). Après une perte d'humidité de l'ordre de 80 %, les raisins sont pressés. Le moût très riche en sucre fermente lentement. Le vin ainsi obtenu vieillit dans des fûts de chêne pendant deux à trois ans avant d'être commercialisé. Le vin de paille titre entre 15 et 17° d'alcool naturel.

Il faut environ 100 kg de raisin pour obtenir 18 litres de vin de paille.

Le MACVIN, production traditionnelle du Jura, est classé parmi les VDL

SOURCE : CDT DU JURA. PHOTO : CH. MICHEL.

Vin jaune en cours d'élaboration.

A ne pas confondre avec le vin jaune.

SOURCE : HENRI MAIRE.

Poulsard
Les cépages du vin de paille.

Chardonnay

Savagnin

Les vignobles de l'est de la France — Alsace, Lorraine, Jura, Savoie et Bugey

(Vin de Liqueur). Il bénéficie d'une AOC depuis novembre 1991. Il est élaboré à partir de moût muté en une seule fois avec de l'eau-de-vie bénéficiant de l'appellation d'origine : eau-de-vie de marc de Franche-Comté.

Caractères des vins, accords avec les mets

Les vins blancs sont fins et puissants. Ils peuvent surprendre lors d'une première approche. En effet, certains d'entre eux ont parfois un bouquet particulier propre au terroir jurassien. Il ne s'agit pas d'un défaut, bien au contraire. Ce bouquet, qui est parfois pris, à tort, pour un bouquet d'oxydation, est dû à la présence de Savagnin et éventuellement à un passage du vin dans un fût ayant contenu du vin jaune. D'ailleurs, sur certains vins blancs se perçoivent déjà les prémices du jaune. Ils ont généralement une bonne aptitude à la conservation. Ils se servent sur les poissons, les grenouilles, les préparations à la crème, les viandes blanches, le Comté...

Les vins rouges ont des caractères différents selon qu'ils sont présentés en monocépage ou qu'ils proviennent d'assemblage. Le Trousseau est souvent associé au Pinot noir. Les vins rouges issus de Poulsard (ou Ploussard) sont peu colorés mais très aromatiques. Ceux issus de Trousseau sont riches en couleur et en tanin. Les vins issus de ces deux cépages jurassiens accompagnent les viandes fumées, les viandes rouges, les volailles,...

Les vins jaunes, et en particulier le Château-Chalon, sont des vins très typés, parfois surprenants pour celui qui les découvre. Robe flatteuse, nez très aromatique, rappelant un peu le Fino de Jerez. Lors d'une première dégustation, à l'œil, on pense être en présence d'un vin moelleux, voire liquoreux. Il s'agit en fait d'un vin très sec, au goût de noix très caractéristique, sa persistance en bouche est tout à fait exceptionnelle comme sa longévité. Le vin jaune se sert en apéritif, (mais dans ce cas, attention au vin qui va suivre…), sur le foie gras, le homard,

les écrevisses, les fromages persillés, le gâteau aux noix… Mais c'est surtout sur le coq au vin jaune et aux morilles (spécialité de la région) qu'il est le mieux apprécié, ainsi que sur le fromage de Comté, surtout lorsque celui-ci sort directement de la fruitière et possède ce goût de noisette que recherchent les amateurs.

Le vin de paille se sert à l'apéritif, sur le foie gras et de nombreux desserts dont la tarte aux figues. Il faut le servir à une température de 7 à 10 °C. Le Macvin, servi de 5 à 8 °C, peut être proposé à l'apéritif, sur le melon et sur la plupart des desserts.

Restaurateurs et vins du Jura

Le vignoble du Jura est un vignoble intéressant pour le restaurateur, car indépendamment des vins blancs et rouges, cette région offre des vins tout à fait particuliers : les vins jaunes et le vin de paille.

Les vins blancs doivent être servis entre 10 et 12 °C, les rouges de 13 à 16 °C. En revanche, il faut prêter une attention particulière à la température de service des vins jaunes. **Ces derniers doivent être servis entre 15 et 17 °C.**

Il n'est pas rare d'entendre dire que le vin jaune est difficile à vendre en restauration en raison de son prix. Etant donné les conditions de production (rendement, 6 ans minimum en fût, etc.) et en le comparant avec la plupart des vins de qualité des autres régions, cette affirmation n'est pas justifiée. D'ailleurs, et cela se fait de plus en plus souvent, pourquoi ne pas le servir au verre ? D'autant plus que, dans ce cas, il n'y a pas besoin d'installation spé-

Vin jaune et coq aux morilles.

Vin de paille, glace à la vanille, et pommes sautées.

Les vignobles de l'est de la France Alsace, Lorraine, Jura, Savoie et Bugey

ciale (gaz inerte), le vin jaune peut rester plusieurs jours débouché sans perdre ses qualités. Il est d'ailleurs recommandé de le déboucher quelques heures à l'avance.

Pour la carte des vins, il faut obligatoirement préciser la contenance du clavelin : 62 centilitres.

Le souvenir de Pasteur (né à Dole en 1822) est toujours très présent à Arbois où il a fait une partie de ses études. En 1863, chargé par Napoléon III d'étudier les "maladies de la vigne" fort nombreuses à l'époque, il s'installa à Arbois. En 1874, pour mener à bien ses expériences, il acheta une vigne à la sortie de la ville. Cette vigne existe toujours au lieu-dit "des Rosières". C'est à Arbois qu'il a effectué la plupart des travaux, en particulier sur la fermentation alcoolique, travaux qui lui ont valu le titre de "Père de l'œnologie moderne". Sa maison a été transformée en musée. Une visite à ne pas manquer lors d'un passage à Arbois.

On raconte qu'en 1595, Henri IV fut convié à un repas à Arbois, après la capitulation de la ville. A la fin du dîner, peut-être pour se faire pardonner d'avoir assiégé la cité, il fit des compliments sur les vins qu'il venait de déguster. Il lui fut répondu malicieusement : "Sire, nous en avons des meilleurs, mais nous les gardons pour les grandes occasions".

La devise du vin d'Arbois : "Du vin d'Arbois, plus on en boit, plus on va droit". Cela reste à démontrer.

Le clavelin, bouteille spécifique pour le vin jaune, était jadis fabriqué à la main, dans la forêt de la Vieille-Loye, dont il est souvent question dans l'œuvre de Bernard Clavel (plusieurs ouvrages consacrés à l'histoire de la Franche-Comté). La contenance du clavelin n'étant pas une norme européenne, cette bouteille a failli disparaître. Finalement, le bon sens l'a emporté car il a été démontré que cette contenance n'est pas du tout fantaisiste. En effet, après plus de six ans en fût sans ouillage, de 100 litres de vin, il n'en reste plus que 62 (CQFD).

SAVOIE

Avec le développement des sports d'hiver, la Savoie est devenue une région très touristique. Pays des Allobroges, nom donné, à l'époque gauloise, aux habitants de la région située entre le Rhône et les Alpes, la Savoie est devenue française au moment de la Révolution, mais elle n'a été définitivement rattachée à la France qu'après le plébiscite de 1860.

Présentation du vignoble savoyard

Le vignoble savoyard est très ancien. Pline et Columelle le mentionnaient déjà au premier siècle après J.C.

En Savoie, la vigne est cultivée entre 200 et 400 mètres d'altitude sur des coteaux bien exposés. Le vignoble, qui produit surtout des vins blancs secs, 2/3 des vins de Savoie sont des blancs, est très dispersé. Il s'étend sur quatre départements : la Savoie, la Haute-Savoie, l'Isère et l'Ain. Il peut être divisé en trois zones : le vignoble du Léman, celui de la Vallée de l'Isère, et

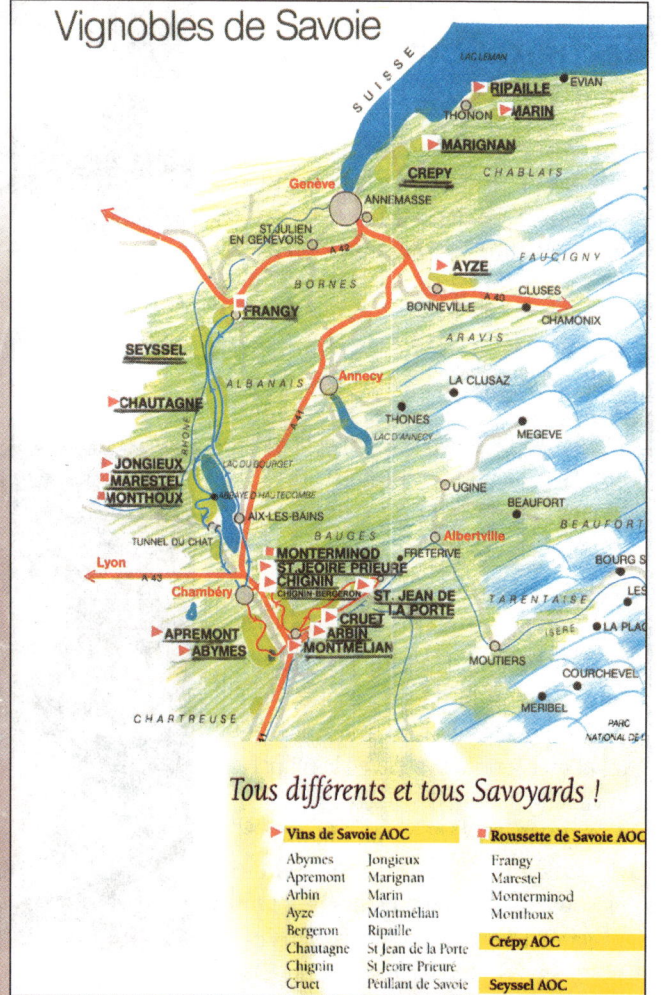

MONTAGE RÉALISÉ À PARTIR DE DOCUMENTS DU COMITÉ INTERPROFESSIONNEL DES VINS DE SAVOIE, CHAMBÉRY.

Les vignobles de l'est de la France — Alsace, Lorraine, Jura, Savoie et Bugey

DOCUMENT CIVS CHAMBÉRY.

Jacquère

Altesse

Chasselas

Gamay

Mondeuse

Les principaux cépages.

LISTE DES APPELLATIONS ET PRINCIPALES CARACTÉRISTIQUES

Appellations	Situation géographique	Principaux cépages	Nature du sol	Observations
Vin de Savoie et Vin de Savoie + nom de cru*	Situées sur 4 départements : Savoie, Haute-Savoie, Isère et Ain les zones de production sont très dispersées.	Blancs : **Jacquère**, l'Altesse ou Roussette, Chasselas (en Hte Savoie), Molette, Gringet, Roussanne. Rouges : **Gamay**, Mondeuse, Pinot noir.	Sols très variés : Rive gauche du Rhône : éboulis calcaires et moraines. Rive droite de l'Isère : éboulis calcaires et formation morainiques. Prés de Chambéry : caillouteux et peu calcaires.	Sauf indication contraire, les vins de cru peuvent être issus de plusieurs cépages. Seuls les principaux sont mentionnés dans la colonne prévue à cet effet.
Vin de Savoie + nom de cru*				
Ripaille* Marignan* Marin*	Au nord de la Haute-Savoie près du lac Léman.	**Chasselas** uniquement + Gamay et Pinot noir pour les vins rouges.	Formations quaternaires morainiques.	
Ayze*	Près de Bonneville.	**Gringet** et Roussette d'Ayze.	Molasses rouges du tertiaire.	Ayze, vin effervescent (mousseux ou pétillant).
Jongieux*	Entre le Rhône et le lac du Bourget.	**Mondeuse, Gamay**, Jacquère pour le blanc.	A dominance calcaire, caillouteux à Jongieux.	On dit que c'est ici que l'on produit les meilleurs vins rouges de Savoie.
Chautagne*	Au nord du lac du Bourget.	**Gamay**, Pinot noir, Mondeuse, Jacquère.	Molasses, alluvions et éboulis glaciaires.	Surtout connu pour ses vins issus de Gamay.
Apremont* Abymes* St Jeoire Prieuré* Chignin* Chignin-Bergeron* ou Bergeron*	Au pied du Mont Granier. Tous ces vins sont produits près de Chambéry (Cluse de Chambéry).	**Jacquère**, Chardonnay,… Cépages de l'AOC Savoie pour Chignin. **Bergeron** (Roussanne de l'Hermitage) pour Chignin Bergeron.	Très variés pour Abymes et Apremont (fractures). Eboulis calcaire à Chignin.	Ces Appellations sont surtout connues pour leurs vins blancs, mais elles produisent également quelques vins rouges issus de Gamay et de Mondeuse.
Arbin* Cruet* St Jean de la Porte* Montmélian*	Rive droite de l'Isère, dans la zone appelée "La Combe de Savoie". Situé au sud, Montmélian peut être rattaché à la Combe.	**Mondeuse** (Arbin), **Jacquère**, Chardonnay, Gamay. Cépages de l'AOC Savoie pour Montmélian.	Eboulis argilo-calcaires et pierreux.	Indépendamment des crus, d'excellents vins sont produits sur les communes de St-Pierre d'Albigny et de Fréterive.

N.B : Il n'y a plus de déclaration de récolte pour les crus Charpignat et Sainte-Marie-d'Alloix.

Les vignobles de l'est de la France Alsace, Lorraine, Jura, Savoie et Bugey

Vin de Savoie issu de cépage Mondeuse.

Vin de Savoie issu de cépage Gringet.

Vin de Savoie issu de cépage Jacquère.

Vin de Savoie issu de Roussette (ou Altesse).

SOURCE : CIVS.

La Roussette est appelée "Altesse" en souvenir d'Anne de Lézignan, Princesse de Savoie. C'est elle qui aurait rapporté ce cépage de l'île de Chypre.

LISTE DES APPELLATIONS ET PRINCIPALES CARACTÉRISTIQUES (SUITE)

Appellations	Situation géographique	Principaux cépages	Nature du sol	Observations
Roussette de Savoie et **Roussette de Savoie + nom de cru** **Frangy***	Idem vins de Savoie mais surtout à proximité du lac du Bourget. Près de Bellegarde.	**Altesse ou Roussette**, le Chardonnay n'est plus admis depuis la récolte 2000. **Altesse ou Roussette.**	Idem vins de Savoie.	La Roussette est un des vins préférés des Savoyards. C'est un cépage peu productif. * Quatre noms de crus peuvent compléter l'AOC Roussette de Savoie.
Marestel* **Monthoux***	A l'ouest du lac du Bourget.			
Monterminod*	Près de Chambéry.			
Crépy	Rive sud du lac Léman.	**Chasselas.**	Calcaire.	Il rappelle son voisin suisse "le Fendant" qui est d'ailleurs issu du même cépage.
Seyssel	Sur les 2 rives du Rhône à cheval sur les départements de l'Ain et de la Haute-Savoie.	**Roussette.**	Alluvions calcaires.	La zone de production a été délimitée dès 1930.
Seyssel mousseux	Idem.	**Molette, Chasselas + 10 % minimum de Roussette.**	Alluvions glacières.	Élaboré par la méthode traditionnelle, deuxième fermentation en bouteilles.

Les vignobles de l'est de la France — Alsace, Lorraine, Jura, Savoie et Bugey

AOC vin de Savoie.

Vin de Savoie + nom du cru.

Vin de Savoie (effervescent) + nom du cru.

AOC Roussette de Savoie.

4 noms de crus peuvent compléter l'AOC Roussette de Savoie.

AOC Crépy sur les rives du Léman.

celui de la Vallée du Rhône et du lac du Bourget.

Le cépage le plus présent en Savoie est un cépage blanc : le Jacquère, ses surfaces représentent plus de 50 % du vignoble savoyard. Autres cépages blancs : l'Altesse (ou Roussette), le Chasselas, le Chardonnay.

Pour les vins rouges, le Gamay arrive en tête avec un peu moins de 20 %, suivi par la Mondeuse et le Pinot noir.

Le vignoble savoyard, c'est : 4 AOC et 21 crus, dont 4 pour la fameuse Roussette.

Caractères des vins, accord avec les mets

Les vins blancs issus de Chasselas sont frais et légers, souvent "perlants". Ils ont des arômes caractéristiques d'aubépine. Parmi ces vins, le Crépy peut être bu jeune, mais également après quelques années de bouteille. Il perd alors un peu de sa fraîcheur mais conserve son bouquet. Les vins issus de Chasselas sont généralement servis sur les poissons des lacs et des torrents : friture, truites, lavarets, ombles, etc., mais aussi sur les fromages locaux et la fondue.

Le cépage Jacquère donne des vins frais qui ont généralement une robe plus soutenue que ceux issus de Chasselas. Ces vins accompagnent parfaitement la friture et la fondue, à condition qu'elle soit savoyarde, bien évidemment. La Roussette donne un vin sec et souple. Elle est souvent bue trop jeune. Après quelques années de bouteille, elle prend un bouquet d'amandes et de noix tout à fait caractéristique ; elle se sert généralement à l'apéritif, sur les poissons en sauce et les viandes blanches. Le Bergeron donne des vins fins et équilibrés. Très présents en bouche, il a sa place sur toutes les grandes préparations de poisson, mais également sur une volaille.

Les vins rouges sont dans l'ensemble légers. Il faut les boire jeunes, surtout

SOURCE : CIVS.

Accords vins de Savoie et spécialités régionales.

L'AOC Seyssel se décline en vin effervescent élaboré en méthode traditionnelle (comme le Champagne) et en vin «tranquille», cépage Roussette ou Altesse.

Les vignobles de l'est de la France Alsace, Lorraine, Jura, Savoie et Bugey

SOURCE : CIVS.

La Savoie est très connue pour ses vins blancs, mais elle produit aussi des vins rouges, rosés et effervescents.

s'ils sont issus de Gamay, voire de Pinot noir. En revanche, ceux issus de Mondeuse, cépage typiquement savoyard, gagnent à rester quelques années en bouteille. Ils sont caractérisés par des arômes de fruits rouges. Les vins issus de Mondeuse accompagnent les charcuteries, les viandes blanches, les volailles et les fromages locaux.

Quant au Seyssel mousseux, il a sa place à l'apéritif et sur certains desserts.

Qu'ils soient rouges ou blancs, les vins de Savoie s'accordent parfaitement avec les nombreux fromages de la région : reblochon, tommes, beaufort, etc.

Restaurateurs et vins de Savoie

La Savoie offre une gamme de vins très complète : blancs, rouges, rosés, mousseux et pétillants. Malheureusement, en dehors de leur région d'origine, les vins de Savoie se rencontrent rarement sur les cartes des vins. La plupart d'entre eux y ont pourtant leur place, surtout lorsqu'à la carte figurent : huîtres, poissons crustacés, etc. Une fois encore, c'est peut-être l'occasion d'être un peu plus original. Qui plus est, les clients seront certainement ravis de retrouver le vin de leurs vacances. Les vins de Provence, surtout certains d'entre eux, ne doivent-ils pas une petite partie de leur succès au fait qu'ils sont associés au souvenir d'un séjour sur la Côte ?

Les vins blancs doivent être servis entre 8 et 10 °C, 10 à 12 °C pour le Chignin-Bergeron. Les rouges, surtout s'ils sont issus de Gamay, se servent à 12/13 °C. Ceux issus de Pinot noir et de Mondeuse (après quelques années de bouteille) se servent à 14/15 °C.

Pour la carte des vins, il faut bien retenir que le nom des crus doit toujours être précédé de Vin de Savoie ou Roussette de Savoie selon le vin proposé. Les noms : Ripaille, Apremont, Chignin, etc. ne doivent jamais figurer seuls à la carte. Ils ne constituent pas des A.O.C. propres.

Trop souvent, figurent sur les cartes des vins : Mondeuse, Roussette,... sans autres précisions. Il faut obligatoirement préciser l'appellation d'origine.

A mentionner également : les vins de pays d'Allobrogie qui ont l'avantage d'être très peu connus et à des prix très abordables, comme la plupart des vins de pays.

Il semble prouvé que les vins d'Allobrogie étaient recherchés dans la Rome Antique. Etait-ce en raison de leur qualité ou de leur proximité ? De leur qualité, répondent tous les Savoyards.

Apremont et Abymes sont établis sur un effondrement du Mont Granier qui fit plusieurs milliers de morts en 1248. Une date facile à retenir par un moyen mnémotechnique…

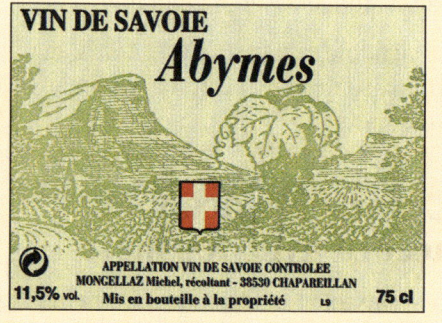

Les Savoyards ne sont plus seulement ramoneurs, mais pépiniéristes…

Au lendemain de la crise phylloxérique, la Savoie s'est spécialisée dans la production des plants de vigne. Les pépiniéristes de la région fournissent : la Champagne, le Bordelais, la Bourgogne,… mais aussi de nombreux acheteurs en Allemagne, en Italie, en Suisse, etc. Toutes les variétés de cépages sont proposées.

Né à Thonon, Henry Bordeaux, écrivain célèbre et membre de l'Académie française, qualifiait les vins de Savoie de "subtils et même parfois perfides". Evidemment, comme la plupart des vins légers, ils se boivent très (trop) facilement…

BUGEY

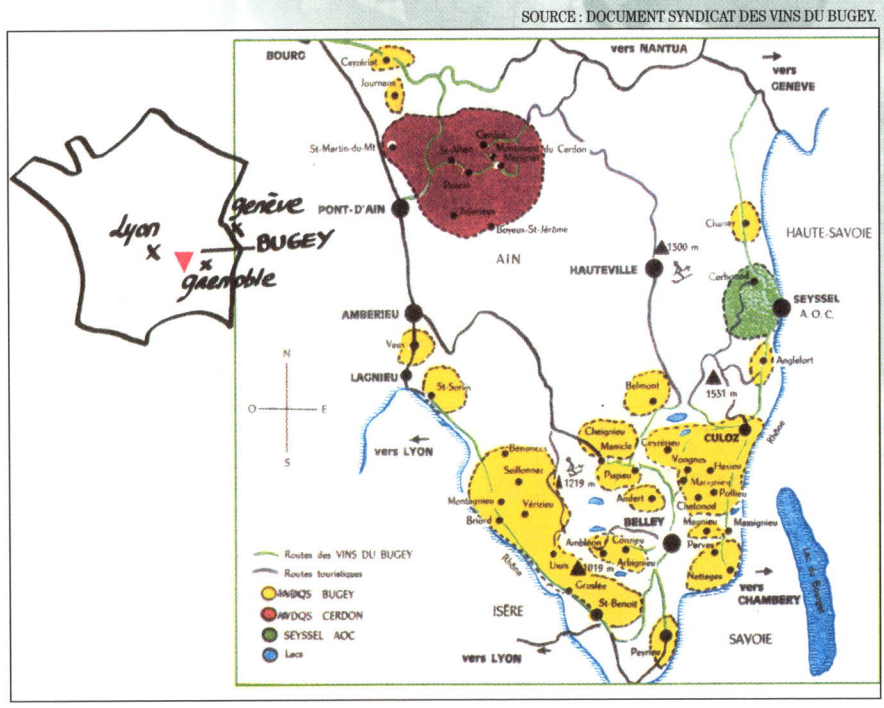

SOURCE : DOCUMENT SYNDICAT DES VINS DU BUGEY.

Le vignoble du Bugey est localisé principalement dans le sud du département de l'Ain, au pied des monts du Jura.

Il s'étend sur environ 500 hectares, pour une production annuelle de l'ordre de 25 000 hectolitres. Les vins blancs constituent les trois quarts de la production.

Le sol est surtout composé d'éboulis calcaires.

Les cépages sont à la fois ceux de la Bourgogne : Aligoté, Chardonnay, Gamay et Pinot noir et ceux de la Savoie : Mondeuse, Altesse,... Si on y ajoute un cépage du Jura, le Poulsard, pour le Cerdon, cet encépagement reflète parfaitement la situation géographique de l'appellation.

Si la production de vins de qualité est fort ancienne en Bugey, elle ne s'est vraiment organisée que depuis 1958, date à laquelle les vins du Bugey sont passés en A.O.V.D.Q.S.

Depuis le décret du 13/03/04, les vins sont présentés sous les appellations suivantes :

Bugey (blanc, rouge et rosé) généralement commercialisé avec le nom du cépage.

Bugey suivi du nom géographique : *Manicle* (blanc : 100 % Chardonnay, rouge : 100 % Pinot noir), *Montagnieu* (rouge : 100 % Pinot noir).

Bugey mousseux ou Pétillant (blanc et rosé).

Bugey mousseux ou Pétillant suivie du nom géographique de : "*Cerdon**" (rosé) ; "*Montagnieu*" (blanc).

Roussette du Bugey (100 % Altesse à partir de 2008).

Roussette du Bugey (100 % Altesse) suivie du nom géographique de "*Montagnieu*" (blanc) ; "*Virieu le Grand*" (blanc).

* Le véritable Cerdon est un vin rosé effervescent obtenu par la "méthode ancestrale", c'est-à-dire par fermentation spontanée en bouteille.

Vin mousseux méthode traditionnelle (comme en Champagne).

Cerdon méthode ancestrale.
Vin peu alcoolisé à découvrir.
Depuis 2004, "Bugey" au lieu de vin du Bugey.

Les vignobles de l'est de la France Alsace, Lorraine, Jura, Savoie et Bugey

Les vins blancs sont frais, nerveux et parfumés. Il faut les boire jeunes aux environs de 10 °C. Ils accompagnent bien huîtres, poissons (les quenelles, entre autres), crustacés, grenouilles, écrevisses,...

Les rouges issus de Gamay sont légers et fruités, il se boivent à 10/12 °C. Issus de Pinot ou de Mondeuse, ils sont plus charpentés et doivent être servis vers 14 °C. Ces vins rouges se servent sur les charcuteries, les viandes rouges et les volailles rôties.

Quant au Cerdon, il s'agit d'un vin demi-sec, très aromatique. Il est léger, fin et très désaltérant. Il est parfait à l'apéritif et avec la brioche aux pralines. Peu alcoolisé (7 à 8,5°), c'est le vin idéal pour étancher sa soif.

Les vins de cette région sont à des prix très abordables, ce qui en fait d'excellents vins de restaurateurs. Ils sont rarement présents sur les cartes. Est-ce parce qu'il n'est pas toujours évident de situer cette région sur la carte de France ? Il s'agit pourtant de la patrie de Brillat-Savarin (1), auteur de *la Physiologie du goût*...

(1) Né à Belley dans l'Ain en 1755.

BUGEY MONTAGNIEU
Méthode traditionnelle.

BUGEY CHARDONNAY

BUGEY CAMAY

Les vignobles et les vins de la vallée du Rhône de la Provence et de la Corse

SOURCE :
CAVE DES VIGNERONS DE RASTEAU.

VALLEE DU RHONE
Présentation des vignobles

Côtes du Rhône
A.O.C régionales
Côtes du Rhône septentrionales
Côtes du Rhône méridionales
Caractères des vins - Accords avec les mets
Liste des A.O.C. et principales caractéristiques
Restaurateurs et vins des Côtes du Rhône

Autres vins de la Vallée du Rhône
Présentation des vignobles
Liste des A.O.C. et principales caractéristiques

PROVENCE
Présentation des vignobles
Liste des A.O.C. et principales caractéristiques
Caractères des vins - Accords avec les mets
Restaurateurs et vins de Provence

CORSE
Présentation du vignoble
Liste des A.O.C. et principales caractéristiques
Caractères des vins - Accords avec les mets
Restaurateurs et vins de Corse

Côtes du Rhône villages Rasteau et truffes.

Les vignobles de la Vallée du Rhône, de la Provence et de la Corse

VALLÉE DU RHÔNE

Les vignobles de la Vallée du Rhône, à ne pas confondre avec les Côtes du Rhône, produisent en moyenne 3,6 millions d'hectolitres de vin par an, dont 2 millions d'hectolitres pour la seule A.O.C. régionale "Côtes du Rhône". La répartition par couleur est de : 91 % pour les rouges, 6 % pour les blancs et 3 % pour les rosés. Plus de 450 millions de bouteilles de vin de la Vallée du Rhône sont commercialisées chaque année, dont 30 % à l'exportation (chaque Français pourrait consommer 5 bouteilles et demie de vin de cette région chaque année…).

Présentation des vignobles des Côtes du Rhône

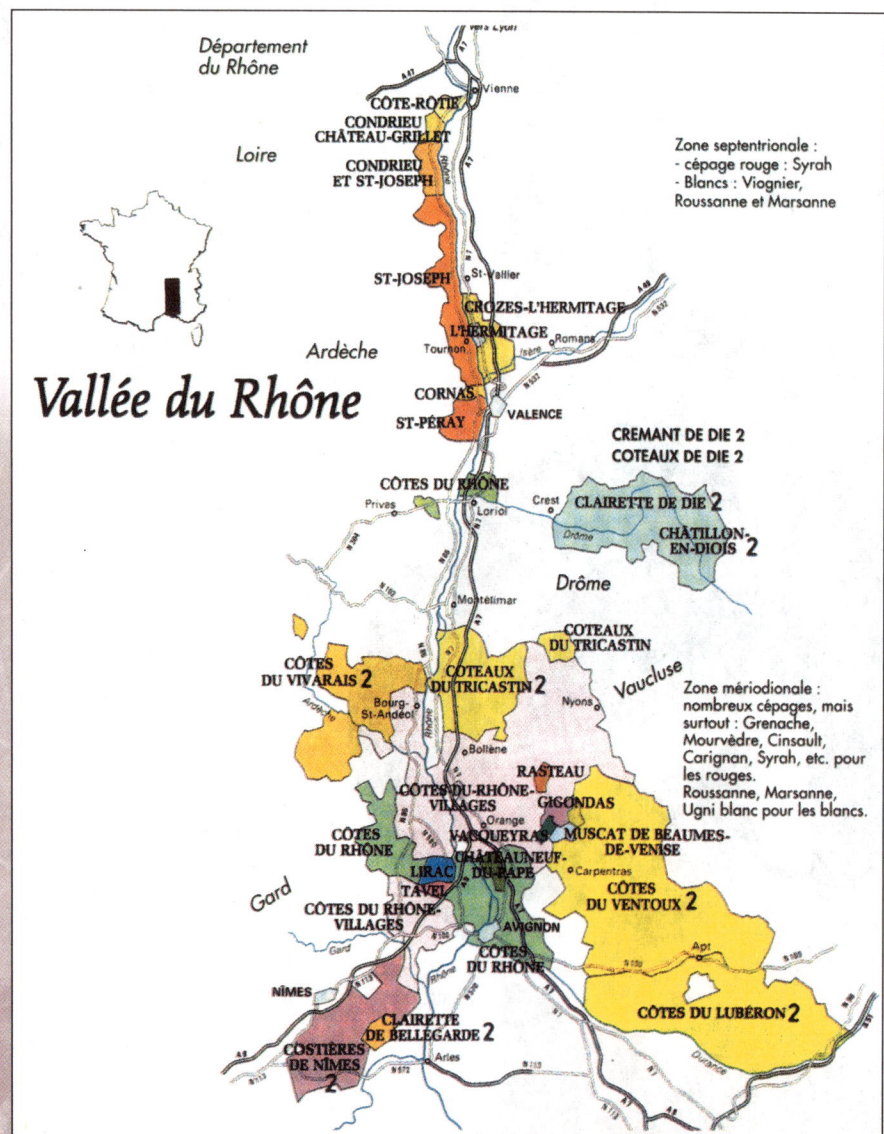

SOURCE : RÉALISÉ À PARTIR D'UN DOCUMENT SOPEXA.

RESTAURATEURS, ATTENTION : Les A.O. suivies du chiffre «2» : Côtes du Vivarais, Côtes du Ventoux, Côtes du Lubéron, etc. ; c'est-à-dire les vins figurant dans le tableau «Autres vins de la Vallée du Rhône» ne doivent pas être présentés à la carte des vins sous la rubrique «Côtes-du-Rhône». En effet, ils ne peuvent en aucun cas se replier sous cette appellation. Vous pouvez les faire figurer sous «Vins de la Vallée du Rhône», cette dernière mention ne constituant pas une Appellation d'origine.

Les vignobles des Côtes du Rhône s'étendent du sud de Lyon au sud d'Avignon. Ils sont surtout localisés sur les deux rives du Rhône. Ce fleuve qui prend sa source en Suisse, dans le massif du St-Gothard, a déjà rencontré, avant d'arriver à Lyon, les vignobles suisses du Valais et une partie du vignoble savoyard.

Le vignoble des Côtes du Rhône est l'un des plus importants vignobles d'A.O.C. de France, après le Bordelais. Il s'étend sur 56.000 hectares (77.000, si on y ajoute les autres vins de la Vallée du Rhône). Il est réparti sur 163 communes et 6 départements : le Rhône, la Loire, l'Ardèche, la Drôme, le Vaucluse et le Gard.

Selon leur provenance : région septentrionale ou région méridionale, les vins des Côtes du Rhône ont des caractères tout à fait différents. Cela s'explique par des différences fondamentales au niveau des sols, du climat et de l'encépagement, trois facteurs qualitatifs parmi les plus importants. Dans la partie nord, le sol est composé essentiellement de granit et de schistes, la vigne est cultivée sur des coteaux parfois très abrupts. Dans la partie sud, le sol très caillouteux est souvent composé d'alluvions. La région septentrionale a un climat semi-continental, la partie méridionale un climat méditerranéen. Il y a également des différences importantes en ce qui concerne l'encépagement. Dans la partie

Les vignobles de la Vallée du Rhône, de la Provence et de la Corse

Côtes du Rhône septentrionales : le vignoble de l'Hermitage.

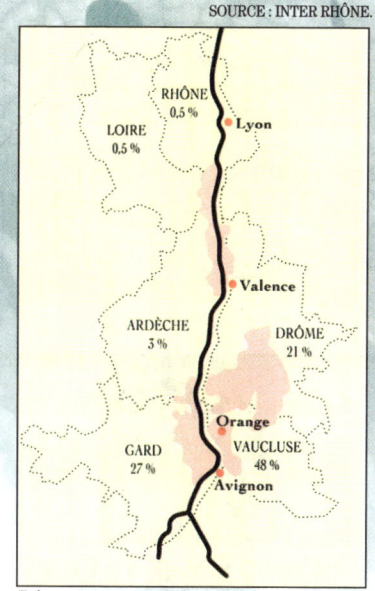

Répartition par département.

Côtes du Rhône méridionale : Châteauneuf-du-Pape.

nord, les vins sont essentiellement issus de monocépage avec la Syrah pour les rouges, le Viognier, la Roussanne et la Marsanne pour les blancs. Dans la partie sud, pour chaque A.O.C., de nombreux cépages sont admis, jusqu'à 13 pour Châteauneuf-du-Pape. Toutes ces différences démontrent l'importance de bien connaître l'origine géographique des vins des Côtes du Rhône. C'est la raison pour laquelle, dans cet ouvrage, les vins de la Vallée du Rhône sont présentés dans des tableaux différents : Côtes du Rhône septentrionales, Côtes du Rhône méridionales et autres vins de la Vallée du Rhône.

Comme dans toutes les grandes régions viticoles, il existe différents types d'A.O.C. : régionales, appellations locales (crus)…

A.O.C. RÉGIONALE ET CÔTES DU RHÔNE VILLAGES - DIFFÉRENTES CARACTÉRISTIQUES

Appellations	Situation géographique	Principaux cépages	Nature du sol	Observations
Côtes du Rhône	Sur 6 départements et 163 communes de Vienne au sud d'Avignon.	Blancs : **Grenache blanc, Clairette,** Marsanne, Roussanne, Bourboulenc et Viognier doivent représenter 80 % de l'encépagement. Rouges et rosés : **Grenache** (40 % mini), Syrah, Mourvèdre. Ces 3 cépages doivent représenter 70 % de l'encépagement.	Sols variés, différents selon la provenance. Les sols composés de sable et de loess donnent des vins légers. Les sols argilo-calcaires avec cailloux, des vins de garde.	Les vins de cette appellation proviennent essentiellement des départements de la Drôme, du Vaucluse et du Gard.
Côtes du Rhône Villages	Une centaine de communes sur les départements de l'Ardèche, de la Drôme, du Gard et du Vaucluse.	Blancs : **Grenache blanc, Clairette,** Marsanne, Roussanne, Bourboulenc, Viognier. Autres cépages : 20 % maxi. Rouges : **Grenache** 50 % mini, Syrah et/ou Mourvèdre 20 % mini ; autres cépages admis 20 % maxi ; cépages blancs 20 % maxi.	Sols variés : les sols arides et cailouteux donnent des vins fins et fruités ; les sols argilo-calcaires, des vins plus colorés et plus puissants.	Conditions de production (rendement, degré) plus restrictives que pour l'A.O.C. précédente. 16 noms de communes peuvent compléter cette A.O.C. (voir partie : vins et restaurateurs).

Les vignobles de la Vallée du Rhône, de la Provence et de la Corse

A.O.C. Côtes du Rhône

A.O.C. Côtes du Rhône Villages

SOURCE : CIV CRVR

On trouve également des vins blancs sous les A.O.C. Côtes du Rhône et Côtes du Rhône Villages.

SOURCE : VIGNERONS DE BEAUMES DE VENISE - STUDIO MICHEL MARTIN - RESTAURANT MAS DE BOUVAU, VIOLÈS.

Côtes du Rhône Beaumes-de-Venise et filets de rougets barbet.

Caractères des vins - accords avec les mets

Les vins blancs ont un bonne intensité aromatique. Ils présentent un bon équilibre. Ils ne sont jamais agressifs. Il ne faut pas les conserver très longtemps. Ils accompagnent les poissons grillés ou à la crème, les crustacés, la bourride et les fromages de chèvre.

Les vins rosés, frais et fruités, se boivent jeunes. Ils se servent sur la charcuterie, les viandes blanches, les barbecues de poissons ou de viandes. Ils peuvent accompagner tout un repas.

Les vins rouges sont légers et souples s'ils sont produits sur sols légers. Dans ce cas, il faut les boire dans les 3 premières années et les servir sur les entrées chaudes à base de viande, les viandes blanches, les fromages à pâte molle... S'ils sont produits sur des sols d'argile avec des cailloux, ils sont plus riches et plus tanniques. Ils ont une assez bonne aptitude à la conservation, 3 à 5 ans, voire plus. Ils accompagnent viandes rouges, viandes en sauce, gibiers et fromages à pâte molle croûte fleurie. Il ne faut pas hésiter à les associer à des plats plus originaux tels que les truffes et certaines préparations à base de poisson.

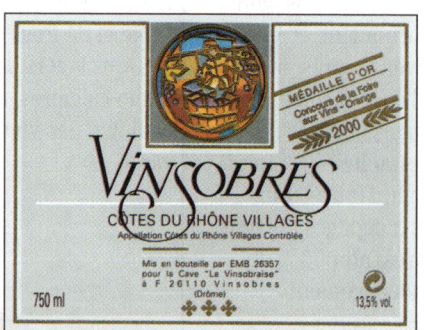
16 noms de communes peuvent compléter l'A.O.C. Côtes du Rhône Villages dont Laudun, Vinsobrès, Beaumes-de-Venise.

Les Côtes du Rhône produisent également des vins de primeurs. Ces vins légers, doivent leurs caractéristiques à une cuvaison très courte. Il convient de les boire jeunes et frais.

Restaurateurs et vins des A.O.C. Côtes du Rhône et Côtes du Rhône Villages

Pendant longtemps, la plupart des vins commercialisés sous l'A.O.C. Côtes du Rhône ont été considérés comme des "vins de café". C'est de l'histoire ancienne, Dieu soit loué. De nos jours, les 2 A.O.C. Côtes du Rhône et Côtes du Rhône Villages sont vraiment des vins de restaurateurs. Ils bénéficient d'une bonne image. Qui plus est, leurs prix tout à fait raisonnables permettent de faire figurer à la carte des vins de qualité que les clients n'hésitent pas à commander.

Les blancs doivent être servis aux environs de 10 °C, les rosés entre 10 et 12 °C, quant aux vins rouges, il faut servir les plus légers à 13/14 °C, les plus puissants aux environs de 15 °C.

Pour la carte des vins, pas de difficultés pour l'A.O.C. Côtes du Rhône. En revanche, pour les Côtes du Rhône Villages, il faut être vigilant. Vous pouvez trouver sur l'étiquette la seule mention Côtes du Rhône Villages. Cette mention est parfois complétée par le nom d'une commune (département de la Drôme : Rochegude, Rousset-les-Vignes, Saint-Maurice, St-Pantaléon-les-Vignes, Vinsobres ; dans le Vaucluse : Beaumes-de-Venise, Rasteau, Cairanne, Roaix, Sablet, Séguret, Valréas, Visan ; dans le Gard : Chusclan, Laudun et Saint-Gervais), soit 16 communes. En réalité, elles sont 25 à pouvoir mettre le nom de 16 villages sur l'étiquette. Par exemple, le vignoble de Chusclan compte 5 communes, celui de Laudun trois.

Vous ne pouvez pas faire figurer à la carte : Cairanne, Vinsobres, etc. Ces noms doivent toujours être précédés de l'appellation, ce qui donne : Côtes du Rhône Villages Cairanne, Côtes du Rhône Villages Vinsobres, etc.

Les vignobles de la Vallée du Rhône, de la Provence et de la Corse

Côtes du Rhône septentrionales

Le vignoble des Côtes du Rhône septentrionales va de Vienne, au sud de Lyon, jusqu'au sud de Valence. Située sur des sols granitiques ou schisteux, la vigne occupe des coteaux à très forte pente. A part les vignobles de l'Hermitage et de Crozes-Hermitage, toutes les A.O.C. sont situées sur la rive droite du Rhône. Contrairement au sud de la Vallée du Rhône où les cépages sont fort nombreux, ici les vins sont issus essentiellement de monocépage : Viognier, Roussanne et Marsanne pour les blancs, Syrah pour les rouges.

Caractères des vins - accords avec les mets

Les vins blancs présentent des caractères différents selon le ou les cépages dont ils sont issus. Ceux issus de Viognier (Condrieu et Cht-Grillet) sont ronds et souples, bien pourvus en alcool, de garde moyenne : trois ans pour la plupart des Condrieu, un peu plus pour le Château-Grillet et certains Condrieu. Ils se servent sur le foie gras, les poissons de rivière, les volailles, les viandes blanches et la Rigotte de Condrieu (fromage). Ceux issus de Roussane sont fins et complexes, ceux issus de Marsanne sont plus puissants. L'assemblage de ces deux cépages donne des vins équilibrés. Les Saint-Joseph et Crozes-Hermitage blancs se boivent généralement jeunes (1 à 3 ans). Ils accompagnent les fruits de mer, les poissons grillés, les viandes blanches. Ceux de l'Hermitage peuvent être bus jeunes mais ils ont également une bonne aptitude à la conservation. On les servira sur le homard grillé, les poissons nobles, les viandes blanches...

Les vins rouges issus de Syrah sont colorés et très aromatiques. Côte-Rôtie, Hermitage et à un degré moindre Cornas ont une excellente aptitude au vieillissement. Ce sont des vins de gibier par excellence.

Saint-Joseph se boit entre 3 et 5 ans, Crozes-Hermitage entre 3 et 8 ans (certains peuvent être conservés plus longtemps). Ils accompagnent viandes rouges, canard, pintade, petit gibier...

Le Saint-Péray mousseux se boit jeune, à l'apéritif, sur un poisson, des ris de veau...

La Côte Rôtie (partie).

Elaboration de vin de paille.

Cépage Viognier.

Cépage Syrah.

Le Saint-Péray existe en vin tranquille et en vin mousseux (méthode traditionnelle).

Vins issus de Viognier.

Vins issus de Syrah.

Les vignobles de la Vallée du Rhône, de la Provence et de la Corse

LISTE DES APPELLATIONS DES CÔTES DU RHÔNE SEPTENTRIONALES ET PRINCIPALES CARACTÉRISTIQUES

Appellations du nord au sud	Situation géographique	Principaux cépages	Nature du sol	Observations
Côte Rôtie	Trois communes du département du Rhône, à hauteur de Vienne.	**Syrah** au moins 80 %, Viognier 10 à 20 % autorisés.	Côte blonde : varié, gneiss, granit… Côte brune : micaschistes ferreux recouverts de schistes.	Très escarpé, le vignoble occupe par endroits, des terrasses avec seulement quelques pieds de vigne.
Condrieu	Rive droite du Rhône, une petite centaine d'ha sur 3 départements : Rhône, Loire, Ardèche.	**Viognier** exclusivement.	Granitique.	Vignoble également très escarpé. Ici le Viognier, seul cépage admis, s'exprime pleinement.
Château Grillet	Toute petite A.O.C., 3,4 ha sur deux communes : St-Michel-sur-Rhône et Vérin.	**Viognier** exclusivement.	Granitique.	Ce vin, très rare, est produit sur de petites terrasses très escarpées. Ce cru n'appartient qu'à un seul propriétaire : la famille Neyret-Gachet-Baratin.
Saint-Joseph	A.O.C. très étendue, une cinquantaine de km de Chavanay au nord à Guilherand au sud.	Blancs : **Roussanne et Marsanne.** Rouges : **Syrah** (éventuellement 10 % de Roussanne ou de Marsanne).	Sols légers composés de schistes et de gneiss sur sous-sol granitique.	Avec près de 800 hectares répartis sur 26 communes (23 dans l'Ardèche, 3 dans la Loire), St-Joseph est, après Crozes-Hermitage, l'A.O.C. la plus étendue des Côtes du Rhône septentrionales.
Hermitage éventuellement vin de paille (1)	Rive gauche du Rhône. 117 hectares sur 3 communes : Tain-l'Hermitage, Crozes-Hermitage et Larnage.	Blancs : **Roussanne et Marsanne.** Rouges : **Syrah** (éventuellement 15 % de Roussanne ou de Marsanne).	Arènes granitiques recouvertes de micaschistes et de gneiss avec, par endroits, des cailloux ronds.	Les vins de l'Hermitage, renommés depuis le XIIIe siècle, sont produits sur un côteau très escarpé. Des vins de paille d'excellente qualité sont commercialisés sous cette appellation.
Crozes-Hermitage	Rive gauche du Rhône, 11 communes situées dans le département de la Drôme.	Blancs : **Roussanne et Marsanne.** Rouges : **Syrah** (éventuellement 15 % de Roussanne ou de Marsanne).	Granitique au nord, près de l'Hermitage, alluvions et cailloux roulés du Rhône au sud.	Avec un peu plus de 1100 ha, cette A.O.C. est la plus étendue des Côtes du Rhône septentrionales. Attention à ne pas confondre Hermitage et Crozes-Hermitage.
Cornas	Rive droite du Rhône sur la seule commune de Cornas.	**Syrah** exclusivement.	Sables, lœss avec cailloux et alluvions rhodaniennes.	Cette A.O.C., qui ne produit que des vins rouges, gagnerait à être plus connue.
Saint-Péray	Rive droite du Rhône, sur 2 communes : St-Péray et Toulaud.	Vin tranquille : **Marsanne** 96 % et Roussanne 4 %. Vin Mousseux : principalement **Marsanne.**	Sols granitiques couverts de limon, lœss et débris calcaires.	Cette A.O.C. est surtout connue pour ses vins effervescents. Les Saint-Péray mousseux sont élaborés par la méthode traditionnelle de seconde fermentation en bouteille (comme le champagne).

(1) Le vin de paille est une production traditionnelle de l'Hermitage. Ce vin rarissime ne peut être élaboré, légalement, que dans le Jura et à l'Hermitage. Un décret de 1994 (qui complète celui de 1937) impose des conditions très strictes pour ce type de vin. Les vins présentés avec la mention particulière "vin de paille" ne peuvent provenir que des cépages Roussanne et Marsanne. Ils doivent présenter une richesse minimale en sucre de 325 grammes par litre de moût au moment du pressurage. Ils doivent être vinifiés conformément aux usage locaux (séchage pendant une durée de plusieurs mois soit en suspension soit sur de la paille). Ils ne peuvent être livrés à la consommation qu'après un élevage minimal de 18 mois.

Les vignobles de la Vallée du Rhône, de la Provence et de la Corse

Restaurateurs et vins des Côtes du Rhône septentrionales

Les vins de cette région sont dignes de figurer sur toutes les tables, y compris les plus prestigieuses. Certains d'entre eux font partie du gotha non seulement des vins français, mais des vins du monde.

Attention, la plupart des vins rouges ne doivent être mis à la carte qu'après quelques années de bouteilles. En effet, lorsqu'ils sont trop jeunes, les vins issus de Syrah sont souvent sévères et très tanniques. Si c'est encore le cas au moment du service, il ne faut pas hésiter à les carafer.

Les vins blancs se servent aux environs de 10 °C (Saint-Joseph, Crozes), aux environs de 12 °C pour les autres.

Les rouges de 14 °C pour les plus légers à 17/18 °C pour les plus puissants (Côte Rôtie, Hermitage).

Pour la carte des vins, il ne faut pas confondre : Hermitage et Crozes-Hermitage. Attention à l'orthographe : Crozes pas Grozes. Pour les appellations les plus prestigieuses, précisez le nom du producteur et éventuellement l'origine : Côte blonde, Côte brune, les Grandes Places, La Landonne, La Turque, La Mouline, etc.

Pour Hermitage, Crozes-Hermitage et Saint-Joseph, précisez bien la couleur : blanc ou rouge.

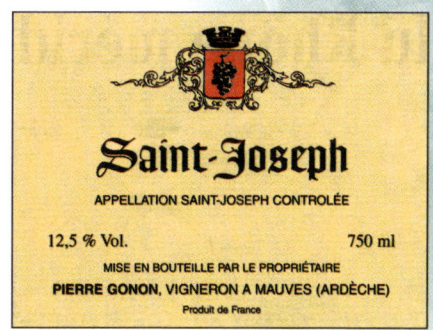
Le Saint-Joseph existe en blanc et en rouge.

Attention à ne pas confondre Hermitage et Crozes-Hermitage.
NB : Etiquettes en braille.

Le vignoble de la Côte Rôtie est divisée en 2 Côtes : la Côte Brune et la Côte Blonde.

Certains crus de la Côte Rôtie sont classés parmi les plus grands vins du monde.

Le vignoble de Côte-Rôtie, situé à quelques kilomètres de Vienne, est divisé en deux Côtes : la Côte blonde et la Côte brune. Ces deux côtes forment la Côte chérie. Selon la légende, le seigneur du lieu avait deux filles, l'une blonde et l'autre brune. A sa mort, le vignoble dont il était propriétaire fut partagé entre ses deux héritières : la brune reçut la partie située au nord-ouest d'Ampuis, la blonde la partie située plus au sud, d'où le nom donné à ces deux Côtes.

Le Château-Grillet est un vin très connu, mais il est rare d'en trouver sur les cartes. C'est une des plus petites A.O.C. de France (3,4 hectares), pas la plus petite. La vigne est cultivée sur des petites terrasses, dont le dessin fut imposé par la pente et qui, situées en plein midi, dominent le Rhône. Comme autrefois, les seuls accès sont des escaliers de roc brut ; tout le travail est fait à la main, tout transport à dos d'homme. Le vignoble appartient à un seul propriétaire : la famille Neyret-Gachet-Baratin qui soigne jalousement ce vin rarissime.

Les vignobles de la Vallée du Rhône, de la Provence et de la Corse

Côtes du Rhône méridionales

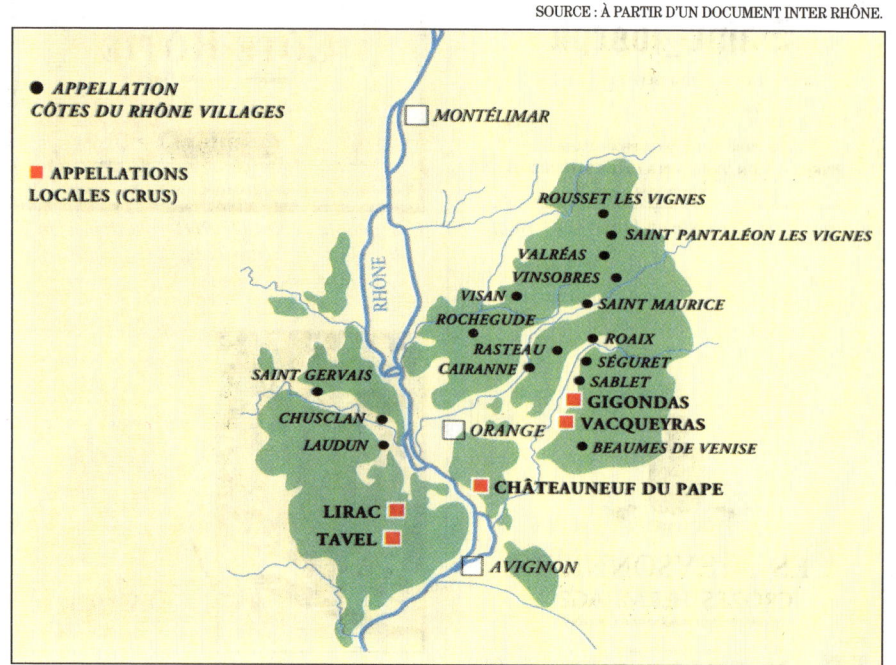

SOURCE : À PARTIR D'UN DOCUMENT INTER RHÔNE.

Au sud de Valence, la vigne disparaît sur une soixantaine de kilomètres. Donc, pas de vigne dans la région de Montélimar, ville célèbre pour ses nougats. Le vignoble ne réapparaît qu'en arrivant à hauteur du barrage de Donzère-Mondragon. La végétation n'est plus la même, le pêcher a laissé la place à l'olivier et à la lavande. Les sols sont différents : du granit, on passe aux terrains d'alluvions du Rhône et de ses affluents. Les vins ne sont plus obtenus à partir d'un seul cépage, mais d'un grand nombre (13 pour l'A.O.C Châteauneuf-du-Pape).

C'est de cette région que proviennent la plupart des Côtes du Rhône Villages (voir premier tableau).

LISTE DES APPELLATIONS ET PRINCIPALES CARACTÉRISTIQUES

Appellations	Situation géographique	Principaux cépages	Nature du sol	Observations
Châteauneuf-du-Pape	Rive gauche du Rhône, département du Vaucluse, sur Châteauneuf-du-Pape et 4 communes limitrophes : Bédarrides, Courthézon, Sorgues et Orange.	Blancs : **Clairette, Grenache blanc,** Roussanne, Bourboulenc… Rouges : **Grenache rouge,** Cinsault, Mourvèdre, Syrah, Muscardin, Counoise.	Sols très caillouteux, constitués essentiellement de gros quartz roulés mélangés à de l'argile.	Cette A.O.C. connue du monde entier produit quelques vins blancs.
Gigondas	Uniquement sur la commune de Gigondas, département du Vaucluse.	**Grenache 80 %** maxi, Syrah et Mourvèdre : 15 % mini.	Sols composés d'alluvions d'argile rouge caillouteuses.	Ce vignoble est situé au pied des célèbres dentelles de Montmirail.
Vacqueyras	Communes de Vacqueyras et de Sarrians, département du Vaucluse. Comme la précédente, cette A.O.C. est située au pied des Dentelles de Montmirail.	Blancs : **Grenache blanc,** Roussanne, Marsanne, Bourboulenc, Viognier*. Rouges : **Grenache 50 %** mini, Syrah, Mourvèdre : 20 % mini, Cinsault	Sols d'alluvions et terrasses glaciaires du quaternaire.	Cette A.O.C. produit essentiellement des vins rouges (95 %), mais on y rencontre également quelques rosés et un peu de vin blanc. *Chacun de ces cépages ne peut représenter plus de 80 %.
Tavel (rosé)	Commune de Tavel, dans le Gard.	Grenache, Cinsault, Clairette, Picpoul, Mourvèdre, Syrah, Carignan…	Trois types de sol : sables et galets, cailloutis calcaires et argile rouge, argile rouge et galets.	Cette A.O.C. ne produit que des vins rosés.
Lirac	Quatre communes, dont Lirac, dans le département du Gard.	Blancs : Clairette, Bourboulenc, Grenache blanc… Rouges : Grenache noir, Cinsault, Syrah, Mourvèdre…	Sols variés : rouges et cailouteux, loess, sable.	Berceau de l'A.O.C. Côtes du Rhône, cette appellation doit retenir l'attention.

Les vignobles de la Vallée du Rhône, de la Provence et de la Corse

Deux A.O.C. des Côtes du Rhône produisent des V.D.N. (voir élaboration des V.D.N. page 251).

Appellations	Situation géographique	Principaux cépages	Nature du sol	Observations
Muscat de Beaumes-de-Venise (V.D.N.)	Département du Vaucluse, au pied des Dentelles de Montmirail.	**Muscat à petits grains.**	Sables, marnes et grès pour une partie de l'A.O.C., l'autre est beaucoup plus variée.	Des vins classiques : blancs, rouges et rosés, sont produits sur l'aire de cette A.O.C. Ils se vendent alors comme Côtes du Rhône Villages Beaumes-de-Venise.
Rasteau (V.D.N.)		90 % mini de **Grenache noir,** 10 % max des autres cépages de la région.	Au nord : sables, marnes blanches, sol rougeâtre. Au sud : terrasses du quaternaire très caillouteuses.	Même remarque que pour l'A.O.C. précédente.

Caractères des vins - accords avec les mets

Les vins blancs, produits en petite quantité, sont aromatiques et très présents en bouche. Ils sont à boire jeunes à l'apéritif, avec des poissons grillés,… Le Châteauneuf-du-Pape blanc peut être servi sur le homard à l'américaine ou à l'armoricaine, le foie gras de canard, la poularde, le veau, les fromages à croûte fleurie…

Les rouges sont ronds, suaves et persistants. La plupart des Châteauneuf-du-Pape et des Gigondas sont des vins de garde, 10/12 ans, voire plus. Les autres vins rouges se boivent entre 2 et 6 ans (temps variable en fonction de leur constitution). Les vins rouges de la région méridionale peuvent être servis sur tous les plats qui appellent un grand vin rouge : viandes rouges, gibiers, fromages qui ont du caractère…

Les rosés, en particulier le Tavel, sont ronds en bouche, puissants, aromatiques et souvent épicés. Ils accompagnent parfaitement les plats méridionaux et la cuisine asiatique.

Quant aux V.D.N., le Rasteau, vin généreux qui vieillit bien, accompagne melon, fromages persillés, chocolat.

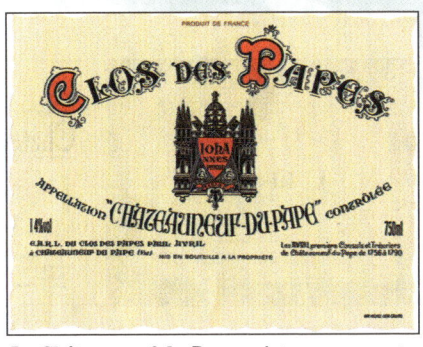

Le Châteauneuf-du-Pape existe en rouge et en blanc.

Que des rosés sur cette A.O.C.

SOURCE : DOCUMENT CPVCP (CLAUDE BADINGER).

Rasteau et chocolat.

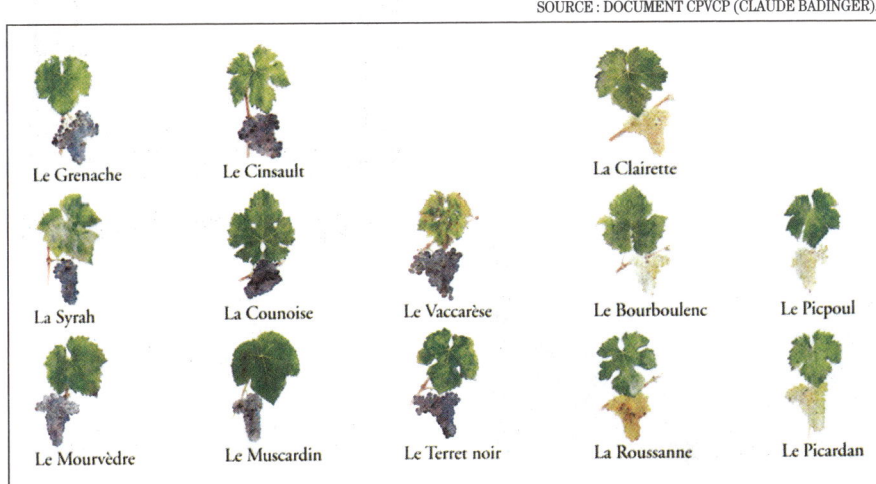

Les cépages de Châteauneuf-du-Pape.

Les vignobles de la Vallée du Rhône, de la Provence et de la Corse

Muscat Beaumes-de-Venise et chaud-froid de pommes caramélisé au marc de Beaumes-de-Venise.

Le muscat de Beaumes-de-Venise, qu'il faut boire jeune, est un vin très aromatique. Il se sert sur les fruits secs et de nombreux desserts parmi lesquels on peut citer : les tartes aux fruits blancs, le chaud-froid de pommes caramélisées, la salade de fruits surtout si cette dernière comporte des lychees, etc. Mais ce serait une erreur de réserver les V.D.N. aux seuls fromages et desserts, ils ont également leur place sur certaines préparations à base de viande ou de poisson.

Restaurateurs et vins des Côtes du Rhône méridionales

Cette région offre une grande diversité de vins. Certains très connus comme le Châteauneuf-du-Pape et le Tavel, sont faciles à vendre en restauration. Mais d'autres A.O.C. comme Lirac, Gigondas, Vacqueyras et les V.D.N. devraient figurer plus souvent à la carte des vins.

Il faut servir les vins blancs de 10 à 12 °C, les rosés aux environs de 13 °C et les rouges pas trop chambrés, en raison de leur puissance (de 15 à 17 °C maximum).

Pas de difficultés particulières pour la carte des vins. Mais pensez aux A.O.C. moins connues et aux Côtes du Rhône Villages produits essentiellement dans cette région. Indiquer le nom du domaine ou celui du négociant.

Rappel : Attention, Chuslan, Laudun, Cairanne, etc., ne constituent pas des A.O.C. propres. Les vins récoltés sur ces communes doivent être présentés sous l'A.O.C. Côtes du Rhône Villages plus nom de la commune.

  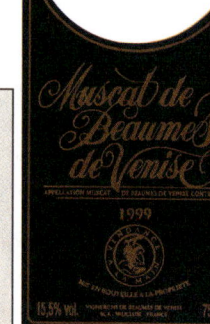

La puissance de certains Châteauneuf-du-Pape s'explique par une nature de sol tout à fait particulière. La vigne y est plantée dans les cailloux : il est possible de parcourir plusieurs centaines de mètres sans voir de terre, surtout dans le secteur de Mont-Redon. Pendant la journée, les pierres emmagasinent la chaleur et la restituent pendant la nuit. Cela permet d'obtenir un vin qui est considéré comme un des plus puissants de France. C'est pour cette raison qu'il peut être servi sur les plats tels que le gibier. Parmi les principaux crus : Château Fortia, Château Mont-Redon, Château des Fines Roches, Château Rayas, Domaine de la Solitude, Domaine du Clos des Papes, Château La Nerthe, etc.

Il paraît difficile de parler de Châteauneuf-du-Pape sans évoquer le Baron Le Roy, souvent considéré comme le Père ou un des pères des A.O.C. Natif de Normandie, Pierre Leroy de Boiseaumarié épouse en 1919 la propriétaire du Château Fortia à Châteauneuf-du-Pape. La même année, il fait mettre en place la délimitation territoriale des appellations par les tribunaux. En 1923, il crée le Syndicat de Châteauneuf-du-Pape, puis le syndicat des vignerons des Côtes du Rhône en 1929. En 1935, il participe à la fondation de l'INAO et en devient président en 1947.

La vigne est présente depuis fort longtemps sur l'actuelle A.O.C. Châteauneuf-du-Pape. Les évêques d'Avignon y possédaient des vignobles. En 1308, le pape Clément V, que nous avons déjà rencontré dans le Bordelais (Château Pape Clément) alors qu'il n'était encore qu'évêque de Bordeaux, fit planter de nouvelles vignes. Après sa mort, son successeur Jean XII a beaucoup contribué au développement et à la renommée des vins de cette appellation. L'appellation "Vin du Pape" date de cette époque.

Sol caractéristique de Châteauneuf-du-Pape. *Le village de Châteauneuf-du-Pape.*

Les vignobles de la Vallée du Rhône, de la Provence et de la Corse

AUTRES VINS DE LA VALLEE DU RHÔNE

Bien que produits dans la Vallée du Rhône, les vins de certaines A.O.C. ne sont pas considérés comme des Côtes du Rhône. Sur une carte des vins, ils peuvent figurer sous la rubrique "vins de la Vallée du Rhône" mais pas sous "Côtes du Rhône". Il s'agit de vins très connus, pour la plupart, mais ils n'ont pas la possibilité de se "replier" en Côtes du Rhône (revoir chapitre le vin et la loi) d'où cette distinction.

LISTE DES APPELLATIONS ET PRINCIPALES CARACTÉRISTIQUES

Appellations	Situation géographique	Principaux cépages	Nature du sol	Observations
Coteaux du Tricastin	22 communes sur la rive gauche du Rhône, au sud du département de la Drôme.	<u>Blancs</u> : **Grenache blanc, Clairette,** Roussanne, Viognier. <u>Rouges et rosés</u> : **Grenache, Syrah,** Carignan, Cinsault, Mourvèdre...	Varié : argiles marneuses, marnes sableuses, calcaires durs, très caillouteux par endroits.	Vin préféré de la Marquise de Sévigné qui le faisait servir en son Château de Grignan.
Côtes du Ventoux	51 communes du département du Vaucluse.	<u>Blancs</u> : **Clairette,** Bourboulenc, Grenache blanc. <u>Rouges et rosés</u> : **Grenache, Syrah,** Cinsault, Mourvèdre, Carignan...	Sédiments du tertiaire, calcaires durs, alluvions anciennes.	Vignoble très ancien. On a trouvé sur place des vestiges datant de 2 500 ans. Très peu de vin blanc (3 % environ).
Côtes du Lubéron	36 communes à l'est d'Avignon à l'intérieur du parc naturel du Lubéron.	<u>Blancs</u> : **Grenache blanc, Clairette,** Bourboulenc, Ugni blanc, Vermentino. <u>Rouges et rosés</u> : **Grenache noir, Syrah,** Mourvèdre, Cinsault...	Sols variés, selon les endroits on trouve : cailloux, argile rouge, sable, éboulis calcaires.	Ici, la vigne est présente depuis l'Antiquité. La fraîcheur du climat explique l'importance des vins blancs (25 % environ).
Costières de Nîmes	24 communes entre Nîmes et Arles dans le département du Gard. Vignoble important 25 000 ha en A.O.C.	<u>Blancs</u> : **Clairette,** Bourboulenc, Roussanne, Grenache blanc, Rolle... <u>Rouges et rosés</u> : **Grenache noir, Syrah, Mourvèdre,** Cinsault, Carignan.	Calcaires, argiles et beaucoup de galets.	Les vins blancs généralement vinifiés à basse température sont très aromatiques. Ils doivent provenir d'au moins 2 cépages. Les vins rouges sont élégants et équilibrés.
Châtillon en Diois	Une cinquantaine d'hectares sur les coteaux de la Haute-Vallée de la Drôme.	<u>Blancs</u> : Chardonnay, Aligoté. <u>Rouge</u> : Gamay.	Argile, calcaire, cailloux.	Tout petit vignoble, une cinquantaine d'hectares. Vins rouges frais et bouquetés, blancs secs et légers. A boire jeunes.
Clairette de Die suivie de "méthode dioise ancestrale" ou "brut" **Crémant de Die**	Département de la Drôme, à l'est de Valence, sur 31 communes situées au pied du parc du Vercors.	<u>Clairette méthode ancestrale</u> : **Muscat** blanc à petits grains, Clairette. <u>Clairette brut</u> : **Clairette** exclusivement. <u>Crémant de Die</u> : **Clairette** : 55 % minimum, Muscat, Aligoté.	Coteaux argilo-calcaires : marnes schisteuses et terre noire favorable au Muscat et sols plus caillouteux convenant mieux à la Clairette.	La Clairette de Die "méthode dioise ancestrale" est élaborée selon la méthode Dioise (voir p.49). C'est un vin doux. La Clairette de Die "brut" par seconde fermentation en bouteille. Le Crémant de Die selon la méthode traditionnelle (seconde fermentation en bouteilles et dégorgement comme en Champagne).
Coteaux de Die	Idem Clairette et Crémant de Die.	Clairette.	Sols légers et caillouteux.	A.O.C. réservée aux vins tranquilles issus du cépage Clairette. Petite production.

Les vignobles de la Vallée du Rhône, de la Provence et de la Corse

Appellations	Situation géographique	Principaux cépages	Nature du sol	Observations
Côtes du Vivarais	A cheval sur les départements de l'Ardèche et du Gard. A proximité des magnifiques gorges de l'Ardèche.	Blancs : Grenache blanc, Clairette, Marsanne… Rouges et rosés: Grenache 30 % minimum. Syrah 30 % minimum.	A dominance calcaire.	Des vins blancs, rouges et rosés trop peu connus. A.O.C. depuis 1999.

Bien que n'étant pas directement dans la Vallée du Rhône, les Côtes du Vivarais situées sur la bordure orientale du Massif Central peuvent y être rattachées.

Pour les vins de pays, les vignerons Ardéchois remettent au goût du jour LE CHATUS, cépage typiquement cévenol.

Caractères des vins - accords avec les mets

Les vins blancs, à l'exception de la Clairette de Die, sont des vins secs. Ils sont généralement aromatiques et souples. Ceux des Côtes du Lubéron sont un peu plus vifs. Ce sont des vins à boire jeunes sur les entrées chaudes, les poissons grillés ou meunière, les viandes blanches et les fromages de chèvre.

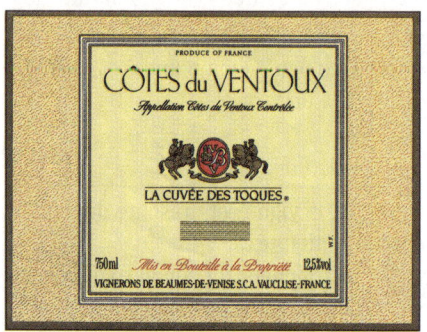

La plupart des vins rouges sont des vins fruités, bien équilibrés, à boire dans les 5 premières années sur les viandes grillées, les volailles et les fromages tendres. Mais il existe aussi des vins plus charnus et plus puissants, avec une aptitude au vieillissement de 6 à 10 ans. Lorsqu'ils sont à maturité, ils se servent sur les viandes en sauce, le gibier et les fromages au goût prononcé.

Quant à la Clairette de Die, qu'il faut boire jeune, elle se sert à l'apéritif, sur de nombreux desserts (feuilleté à la pâte d'amandes, tartes aux fruits blancs…) et lors de réceptions. Avantage non négligeable, elle est très peu alcoolisée : 7/8 % alc.

Restaurateurs et les autres vins de la Vallée du Rhône

Tous ces vins sont d'excellents "vins de restaurateurs". En effet, indépendamment de leur prix raisonnable, ces appellations offrent une gamme de vin complète. Jamais trop acides pour les blancs, jamais trop tanniques pour les rouges, ils font souvent l'unanimité autour d'une table.

Il faut servir les blancs aux environs de 10/11 °C, les rouges jeunes et légers entre 12 et 14 °C, les plus corsés entre 15 et 17 °C. La Clairette de Die doit être servie très fraîche, à 6 °C.

Pour la carte des vins, comme nous l'avons vu, ces vins peuvent figurer sous la rubrique "Vallée du Rhône", jamais sous "Côtes du Rhône". Il faut bien faire la distinction entre le Crémant de Die, brut, donc sec et la Clairette de Die encore bien pourvue en sucres résiduels.

PHOTO : BRUNET

Clairette de Die et galette des rois.

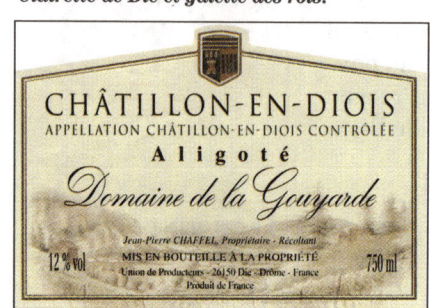

Les vignobles de la Vallée du Rhône, de la Provence et de la Corse

Attention à ne pas confondre Clairette de Die, vin doux peu alcoolisé, élaboré par la méthode dioise et le Crémant de Die, brut donc sec, élaboré par la méthode traditionnelle.

LE MUSÉE DU TIRE-BOUCHON

Le Domaine de la Citadelle, une quarantaine d'hectares, dans les Côtes du Lubéron abrite un musée très original : celui du TIRE-BOUCHON. Ce sont plus de 1000 pièces du XVIIe siècle à nos jours qui y sont exposées. Une visite qui permet de tout apprendre sur l'outil du sommelier...

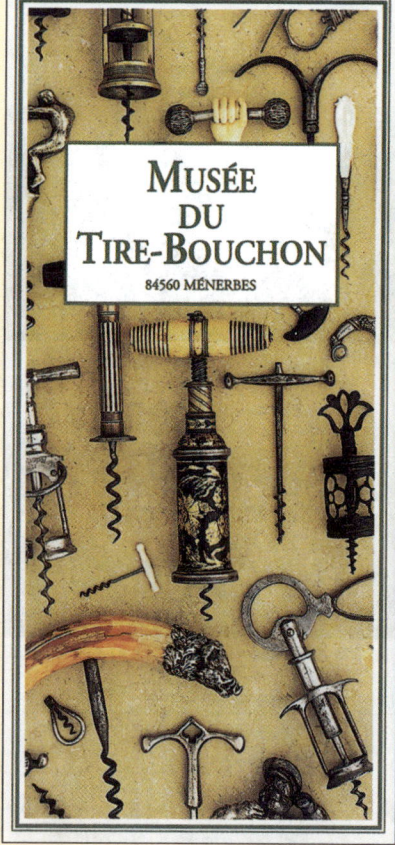

SOURCE : AVEC L'AIMABLE AUTORISATION DU MUSÉE DU TIRE-BOUCHON - DOMAINE DE LA CITADELLE.

La Clairette de Die occupe une place à part parmi les vins effervescents. C'est en effet l'un des plus anciens vins effervescents du monde. Il bénéficie de l'A.O.C. depuis 1942. Mais Pline le cite déjà en l'an 77 de notre ère. La Clairette de Die est élaborée par la méthode dioise. Le moût subit un départ en fermentation à très basse température, ce qui permet de bien préserver les arômes du Muscat. Lorsque le jus atteint environ 3° d'alcool, il est mis en bouteilles champenoises où la fermentation va se poursuivre à partir du sucre naturel du raisin. Il s'agit donc d'un vin naturellement effervescent obtenu sans aucune addition de sucre. Le dégorgement intervient alors que le vin contient encore du sucre et a un titre alcoométrique de 7 à 8°.
(Voir schéma d'élaboration page 49)

Comme nous l'avons déjà vu, les Coteaux du Tricastin sur la rive droite du Rhône, au sud du département de la Drôme, étaient déjà appréciés de la Marquise de Sévigné (femme de lettres du XVIIe siècle). Si de nos jours, ils n'occupent pas encore la place qu'ils méritent, c'est peut-être parce qu'à une certaine époque la culture de la truffe fut préférée dans cette région à celle de la vigne.

Les vignobles de la Vallée du Rhône, de la Provence et de la Corse

PROVENCE

Vignoble provençal.
SOURCE : CIVCP. PHOTO MILLO.

Vignoble de Bandol (La Cadière).
SOURCE : CIVCP. STUDIO PORTALIS.

Pour beaucoup de consommateurs, vins de Provence est synonyme de vins rosés. Certes, ils existent et représentent une part très importante de la production vinicole de la région. Mais le vignoble provençal ne se limite pas à ce type de vin, il produit également des grands vins rouges et en petite quantité des vins blancs dignes d'intérêt.

Considérant que trop souvent leurs vins rosés étaient assimilés à des "vins de vacances", les producteurs ont entrepris, depuis quelques années, de très gros efforts pour redonner aux vins rosés de la région leurs lettres de noblesse et leur faire retrouver l'aura dont ils bénéficiaient dans le passé.

Présentation des vignobles

Avant de commencer l'étude des vins de Provence, une question s'impose : où commence et finit la Provence ? Doit-on y inclure le pays niçois ? Le Guide Vert (Michelin) apporte les renseignements suivants :

"Des points de vue historiques et géographiques, la Provence correspond aux départements du Vaucluse, des Bouches-du-Rhône, des Basses-Alpes, du Var et des Alpes-Maritimes. Région de plaines par la Camargue, la Crau et le Comtat Venaissin, région montagneuse par les Alpes et les Préalpes du sud, région littorale par la Côte d'Azur et les Côtes de Maures et de l'Estérel, elle doit son unité à son climat lumineux, à sa végétation particulière et à son type original de civilisation."

En ce qui concerne les vins, la Provence est beaucoup moins étendue que celle décrite ci-dessus. Elle se limite, en effet, aux départements des Bouches-du-Rhône, du Var et des Alpes-Maritimes*. Les vignobles sont présents dans la zone côtière, mais également dans l'arrière-pays. Comme pour la plupart des vignobles méridionaux, les cépages y sont fort nombreux : Grenache, Mourvèdre, Syrah, Tibouren, Cinsault, Carignan… mais aussi Cabernet Sauvignon, pour les rouges et rosés ; Clairette, Grenache blanc, Rolle, Sémillon… pour les blancs.

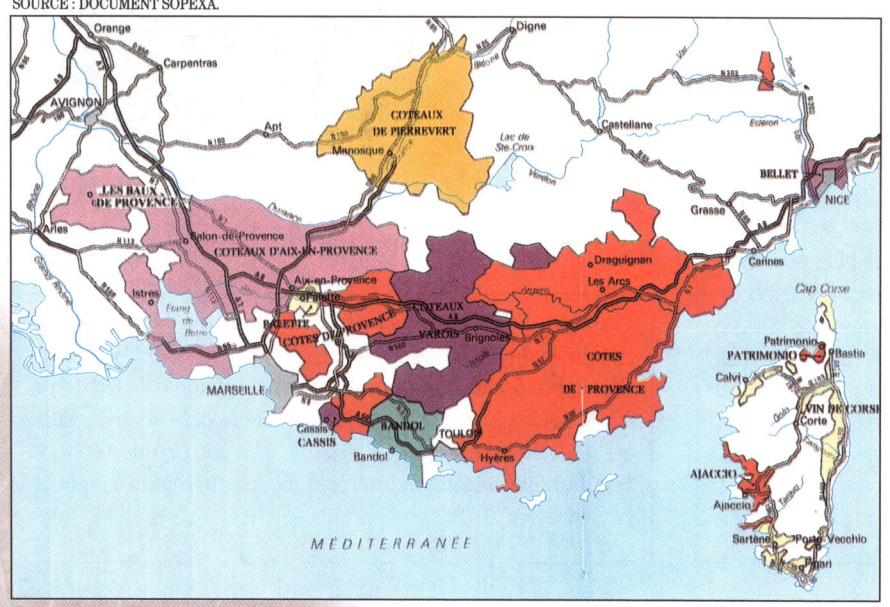
Provence et Corse.
SOURCE : DOCUMENT SOPEXA.

* Plus Alpes de Hautes-Provence pour l'appellation Coteaux de Pierrevert.

LISTE DES APPELLATIONS ET PRINCIPALES CARACTERISTIQUES

Appellations	Situation géographique	Principaux cépages	Nature du sol	Observations
Côtes de Provence (1)	Départements des Bouches-du-Rhône et du Var, plus une commune dans les Alpes-Maritimes (Villars sur Var).	Blancs : **Clairette**, Sémillon, Ugni blanc, Rolle Rouges et rosés : **Grenache, Syrah, Carignan, Mourvèdre, Tibouren (2), Cinsault,** Cabernet, Carignan.	Sols généralement pauvres en humus, perméables et caillouteux. (1)	L'A.O.C. s'étend sur 20 000 hectares. 75 % des vins sont vinifiés en rosé, 20 % en rouge et 5 % en blanc. On y élabore des vins rosés depuis 600 ans avant J.C. Sous certaines conditions, "Sainte Victoire" peut compléter l'appellation.

(1) Le vignoble de Côtes de Provence peut être divisé en cinq zones pédogéologiques ayant chacun sa personnalité géologique et climatique :
Les collines calcaires du haut pays. La vallée intérieure, qui contourne le massif des Maures, terres argilo-sableuses de l'ère primaire. La bordure maritime des Maures, constituée de terrains très anciens, schisteux et granitiques. Le bassin du Baussset, constitué de terrains calcaires. La zone du massif de la Sainte Victoire, formé de grès argileux. (2) Tibouren : cépage typiquement provençal. Il donne des vins fins et élégants, bien pourvus en alcool.

Les vignobles de la Vallée du Rhône, de la Provence et de la Corse

LISTE DES APPELLATIONS ET PRINCIPALES CARACTÉRISTIQUES

Appellations	Situation géographique	Principaux cépages	Nature du sol	Observations
Bandol	Limitée à 8 communes du Var, entre le Massif de la Sainte-Baume et la mer.	Blancs : **Bourboulenc, Clairette*** et **Ugni blanc.** Rouges et rosés : **Mourvèdre** (50 % mini, mais souvent plus), **Grenache, Cinsault.**	Sols arides composés essentiellement de marnes et de calcaires.	Ici, le Mourvèdre, cépage difficile, a trouvé son aire de prédilection. Les vins rouges ne peuvent être commercialisés qu'après 18 mois de fûts. A.O.C. depuis 1941. *De plus en plus présente (décret 2003).*
Cassis	Département des Bouches-du-Rhône, près de la côte à une vingtaine de km à l'est de Marseille.	Blancs : **Clairette,** Ugni blanc, Sauvigon. Rouges et rosés : **Grenache, Carignan, Mourvèdre…**	A dominance calcaire.	Le vignoble est à proximité du charmant petit port de Cassis, chanté par Mistral (célèbre auteur provençal, prix Nobel en 1904).
Bellet	Sur les collines qui dominent la ville de Nice, dans les Alpes-Maritimes.	Blancs : **Rolle, Chardonnay,** Roussan, Spagnol… Rouges et rosés : **Braquet*, Folle noire,** Cinsault…	Eboulis calcaires, galets roulés et sable fin, sur un relief escarpé.	En raison de sa situation, l'appellation doit faire de la résistance face aux velléités immobilières. *Braquet : Cépage très peu cultivé en France, il serait originaire d'Italie, il est caractérisé par son caractère épicé et sa couleur intense.*
Palette	Dans les Bouches-du-Rhône, aux portes d'Aix-en-Provence.	Blancs : **Clairette,** Ugni Blanc. Rouges et rosés : **Mourvèdre, Grenache,** Cinsault.	Eboulis calcaires.	Le vignoble est situé au pied de la Montagne Sainte-Victoire immortalisée par Cézanne. Un seul cru le Château Simone produit à lui seul une grande partie des vins de cette A.O.C.
Coteaux d'Aix-en-Provence	49 communes dans les Bouches-du-Rhône, 2 dans le Var. Rive droite de la Durance essentiellement au N.O d'Aix.	Blancs : **Clairette, Rolle*, Bourboulenc,** Ugni blanc, Sémillon,… Rouges et rosés : **Grenache,** Cabernet-Sauvignon, Carignan, Cinsault, Mourvèdre, Syrah.	Argilo-calcaire. *Rolle : ce cépage originaire de Corse est également appelé : Vermentino, Malvoisie à gros grains ou Malvoisie corse.*	La proximité de Massilia (Marseille) explique la présence de la vigne sur les collines depuis l'arrivée des Grecs, il y a 2 600 ans.
Les Baux-de-Provence	7 communes des Bouches-du-Rhône entre Arles et St Rémy-de-Provence, au pied des Alpilles.	Rouges et rosés : **Grenache, Syrah,** Cinsault, Counoise, Mourvèdre.	Argilo-calcaire avec beaucoup de cailloux.	Cette A.O.C., située autour de la citadelle des Baux-de-Provence, n'existe que depuis 1995. Pour les rouges, 12 mois de vieillissement minimum.
Coteaux varois-en-Provence	28 communes département du Var, dans la région de Brignoles.	Blancs : **Rolle, Clairette,** Ugni blanc, Grenache blanc, Sémillon… Rouges et rosés : **Grenache, Cinsault, Syrah,** Carignan, Tibouren.	Argilo-calcaire avec des silex.	Pour tous les vins (blancs, rouges et rosés), l'assemblage d'au moins deux cépages est obligatoire. Depuis 2005, "en Provence" complète l'appellation Coteaux varois.
Coteaux de Pierrevert	Dans les Alpes de Haute-Provence, essentiellement sur la rive droite de la Durance, près de Manosque.	Blancs : **Grenache blanc,** Clairette, **Vermentino,** Ugni blanc. Rouges et rosés : **Grenache, Syrah,** Mourvèdre, Carignan, Cinsault. ….	Eboulis calcaires avec de l'argile.	Pour les vins rouges, Grenache et Syrah doivent représenter au moins 70 % de l'encépagement. Pour les blancs, assemblage d'au moins 2 cépages.

Les vignobles de la Vallée du Rhône, de la Provence et de la Corse

Le vignoble des Côtes de Provence.

Cépage Grenache, très présent dans tout le Sud-Est.

Mourvèdre, de plus en plus présent, c'est le cépage principal de l'A.O.C. Bandol.

Tibouren, cépage local.

Rolle, cépage local.

Ugni blanc, le cépage le plus cultivé en France.

Il faut savoir que "Rosé de Provence" ne constitue pas une appellation. Les vins produits dans cette région, qu'ils soient rouges, blancs ou rosés peuvent être commercialisés sous les appellations suivantes : Côtes de Provence, Bandol, Cassis, Bellet, Palette, Coteaux d'Aix-en-Provence, etc.

Les crus

Il existe une multitude de crus des Côtes de Provence dignes d'être cités. Lesquels choisir ? Selon quels critères ?

Il existe une classification qui date de 1955. Comme toutes les classifications, elle est critiquée, surtout par ceux qui n'y figurent pas… La voici :

Au J.O du 30 juillet 1955, le Ministère de l'agriculture conférait par arrêté le titre de "CRU CLASSÉ" à 23 domaines et châteaux de la région.

De nos jours, 19 sont regroupés au sein du club des "CRUS CLASSÉS". Domaine de l'Aumérade à Pierrefeu ; Château de Brégançon à Bormes-les-Mimosas, Castel Roubine à Lorgues ; Clos Cibonne au Pradet ; Domaine de la Clapière à Hyères ; Domaine de la Croix à La Croix-Valmer ; Château du Galoupet à La Londe-les-Maures ; Domaine du Jas d'Esclans à la Motte ; Château de Mauvanne aux Salins d'Hyères ; Château Minuty à Cassin ; Clos Mireille à La Londe-les-Maures ; Domaine du Noyer à Bormes-les-Mimosas ; Domaine de Rimauresq à Pignans ; Château de Saint-Martin à Tarandeau ; Château Saint-Maur à Cogolin ; Château Sainte-Roseline aux Arcs-sur-Argens, Château de Selle à Taradeau ; Château Sainte-Marguerite à La Londe-les-Maures.

«Cru classé» des Côtes de Provence.

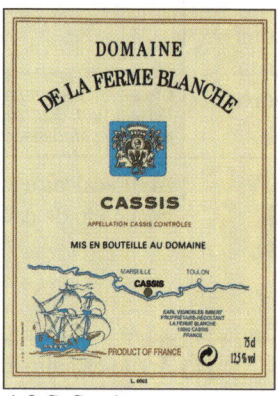
A.O.C. Cassis

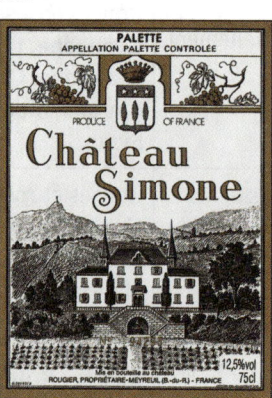
A.O.C. Palette

A.O.C. Côtes de Provence

A.O.C. Bandol

A.O.C. Bellet

Les vignobles de la Vallée du Rhône, de la Provence et de la Corse

Quelques crus de Bandol : Château de Pibarnon, Mas de la Rouvière, Domaine Tempier, Château Romasson, Moulin des Costes, Domaine de l'Hermitage, Domaine de Terrebrune, Domaine de Frégate, Domaine de l'Olivette, etc.

Caractères des vins - accords avec les mets

Les vins ont, bien évidemment, des caractères différents d'une appellation à l'autre. Mais c'est aussi le cas à l'intérieur d'une même appellation. Ceci est particulièrement vrai pour l'A.O.C. Côtes de Provence qui s'étend sur près de 20 000 hectares.

Les vins blancs, à boire jeunes à l'exception de certains vins de Bellet, sont généralement frais, souples et aromatiques, ils accompagnent parfaitement les fruits de mer, les soupes de poissons, la soupe au pistou, la bouillabaisse, les poissons grillés, les coquillages et les crustacés. Les meilleurs crus des différentes A.O.C. accompagnent bien les plats de poissons riches et élaborés.

Les vins rosés sont secs, fruités et élégants. Il faut les boire jeunes. Ils peuvent être servis sur les mêmes plats que les vins blancs mais également sur les viandes préparées simplement, la charcuterie, la pissaladière, etc. Il ne faut pas hésiter à mettre les plus grands d'entre eux sur des préparations plus élaborées : poissons fins, volailles, carré d'agneau...

Les vins rouges sont multiples, certains sont friands, fruités et souples. Il faut alors les boire jeunes et les servir sur les viandes grillées, le pot-au-feu de mouton, les pieds paquets... D'autres plus particulièrement les vins rouges de Bellet, Cassis, Coteaux d'Aix et surtout ceux de Bandol ont une bonne aptitude au vieillissement. Pour l'A.O.C. *Bandol*, le Mourvèdre, cépage principal, donne des vins riches en tanin. Ils doivent être élevés dans des foudres de chêne pendant au moins 18 mois, et ce n'est qu'après quelques années de bouteille qu'ils se livreront pleinement.

Ils trouvent alors leur place sur des plats en sauce (daube provençale...), le canard ou le lapin aux olives, le gibier, les fromages...

Il ne faut pas limiter ces accords vins-mets aux seules spécialités provençales. Il est bien entendu que ces vins peuvent accompagner différents types de cuisine, en particulier les spécialités du bassin méditerranéen et du Moyen-Orient, cuisine grecque, libanaise, etc.

Restaurateurs et vins de Provence

Comme nous l'avons déjà vu, les rosés de cette région ont longtemps été considérés comme des "vins de vacances". Depuis quelques années, de gros efforts ont été accomplis par les vignerons de la région pour offrir des vins rosés qui ont leur place sur toutes les tables y compris les plus prestigieuses.

D'autre part, Il faut se souvenir que le vignoble provençal ne se limite pas aux seules Côtes de Provence. Certes, les vins de Bandol, et dans une moindre mesure, ceux de Cassis, figurent assez souvent à la carte des vins, mais Coteaux d'Aix, Coteaux varois, Coteaux de Pierrevert, etc. sont trop souvent oubliés. On trouve pourtant sous ces appellations d'excellents vins de restaurateurs (bon rapport qualité/prix).

Les vins rosés et les vins blancs se servent entre 8 et 10 °C. Les rouges légers et souples à 14/15 °C, les vins de garde entre 16 et 18 °C.

Pour la carte des vins, l'erreur à éviter est de présenter les Côtes de Provence rosés sous la dénomination "rosé de Provence".

Ici, comme dans la plupart des vignobles méridionaux, en raison du climat, la notion de millésime a moins d'importance que dans les régions septentrionales.

Vin de Provence et dos d'agneau.

Vin de Provence et bouillabaisse.

Vin de Provence et aïoli.

Vin de Provence et tapenade.

Les vignobles de la Vallée du Rhône, de la Provence et de la Corse

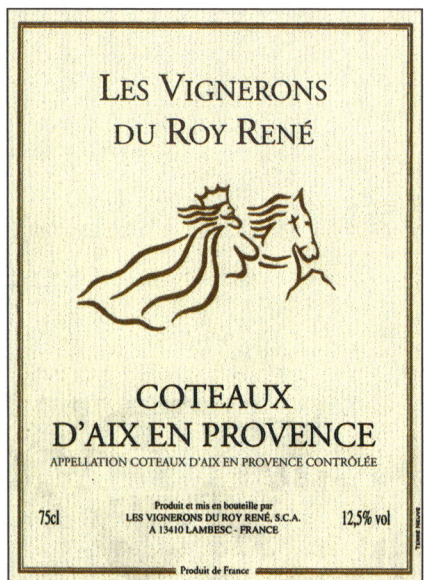

LES VIGNES DE MADAME DE SÉVIGNÉ.

Au Moyen Âge, les vins de Provence comptaient parmi les plus prestigieux de France. Le bon Roi René, angevin de naissance et provençal de cœur, affectionnait les vins de Provence. Sous l'impulsion d'une ambassadrice de haut rang - Eléonore de Provence qui deviendra Reine d'Angleterre, ils s'imposèrent même à la Cour de Londres. A cette époque, la vinification se faisait encore principalement en rosé. Aux XVIIe et XVIIIe siècles, ils furent très appréciés à la Cour de France, où leur notoriété bénéficia de la plume alerte de Madame de Sévigné qui effectuait de fréquents séjours à Entrecasteaux près de Draguignan (1).

Mais la Provence, c'est aussi Pagnol…..

 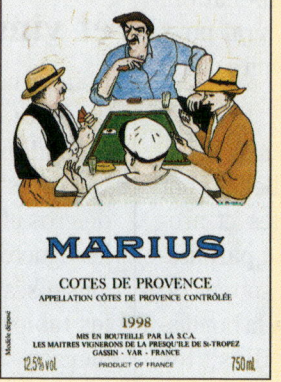 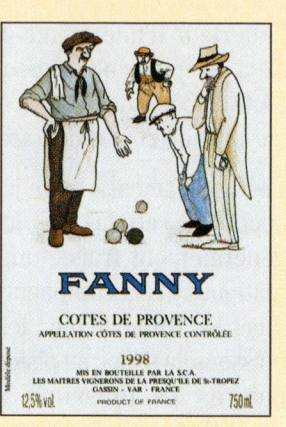

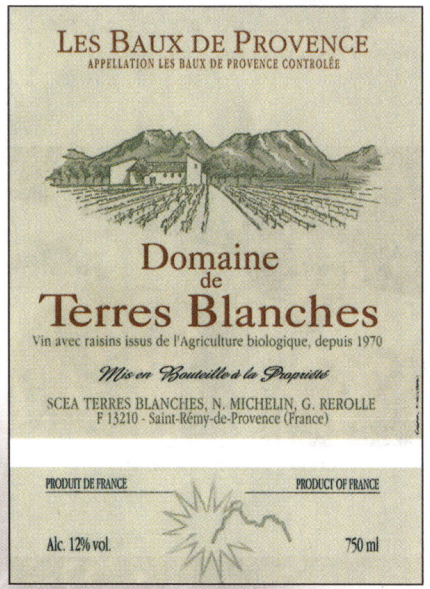

Veni, vidi, vici. C'est avec la domination romaine que le vignoble provençal connait son véritable essor. Subjugués par le climat, décurions et centurions sont de plus en plus nombreux à délaisser le glaive pour le sécateur.

Ils organisent de grands domaines, introduisent de nouveaux cépages (dont la fameuse Syrah encore présente aujourd'hui), améliorent la vinification, si bien que les vins de Provence ne tardent pas à devenir l'un des plus grands crus de l'Antiquité. Jules César ne devait pas être le dernier à les apprécier, puisqu'il leur consacra plusieurs passages dans ses "Commentaires". (1)

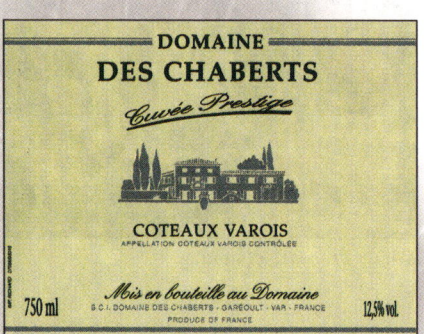

Le célèbre circuit du Castellet se situe à l'intérieur de l'A.O.C. Bandol.

(1) Source : C.I des Côtes de Provence.

Les vignobles de la Vallée du Rhône, de la Provence et de la Corse

CORSE

SOURCE : GROUPEMENT INTERPROFESSIONNEL DES VINS DE L'ILE DE CORSE À BASTIA.

Présentation du vignoble

S'il est une région viticole française qui est trop souvent oubliée sur les cartes des vins, c'est bien la Corse. L'Ile produit pourtant des vins de qualité sous différentes A.O.C. et des vins de pays sous la dénomination "vin de pays de l'Ile de Beauté".

Le vignoble corse est très ancien : la viticulture a été introduite dans l'île par les Grecs à la même époque qu'en Provence, c'est-à-dire 600 ans avant J.C. Au cours des siècles, ce vignoble a connu des fortunes diverses. Très important au milieu du XIXe siècle, il a vu ses surfaces plantées fortement régresser après l'invasion du phylloxéra et l'exode des populations vers le continent. Au début des années soixante, il a connu un renouveau avec l'arrivée des rapatriés d'Afrique du Nord. En effet, ces derniers avaient dû abandonner les vignobles qu'ils exploitaient de l'autre côté de la Méditerranée. Ils retrouvèrent en Corse sensiblement les mêmes conditions climatiques, les mêmes types de vinifications et des terres à acheter. Certaines avaient déjà une vocation vinicole, d'autres, notamment dans la région d'Aléria (sur la côte est) furent aménagées, alors marécages et maquis laissèrent la place à la vigne. Rappelons que jadis, la région d'Aléria était considérée comme le grenier à blé de la Rome antique, les Grecs y auraient même cultivé la vigne. Implanter de la vigne dans cette région était donc un retour aux sources.

Des cépages "pas comme les autres"

Le vignoble corse a la chance de posséder plus de 30 cépages typiques : Aleatico, Barbarossa, Codivarta, etc... et surtout les 3 grands cépages nobles, base de toutes les appellations de Corse : Sciaccarello et Nielluccio pour les vins rouges et rosés, Vermentino pour les blancs.

Le Sciaccarello
Il n'existe qu'en Corse.
Affectionnant les sols granitiques, il s'épanouit particulièrement en Corse Occidentale, Ajaccio, Sartène...
Il donne des vins aristocratiques, souples, à la robe discrètement colorée. L'arôme est très marqué : fruits rouges (cassis, framboise, groseille), poivre, café et fleurs du maquis.

Le Nielluccio
Cépage maître à Patrimonio, il s'exprime aussi en Corse Orientale. Il assure aux vins finesse, densité et bouquet. La robe très soutenue est d'un rouge profond.
Au départ, les vins sont légèrement typés fruits rouges, avec une note boisée ; ils évoluent vers des arômes d'épices et de fleurs du maquis.

Le Vermentino ou Malvoisie de Corse.
Les vins, de très haute qualité, ont la robe blanc pâle, avec des reflets jaune-vert.
Au nez, très typés blanc sec, avec des arômes floraux caractéristiques (aubépine, fleur de fruit vert, laurier, myrtille) ; puis en vieillissant, chocolat et agrumes confits. Ils sont en bouche fins et équilibrés.

Napoléon, dont la famille possédait des vignes, appréciait fort les vins de Sartène. Comme Napoléon III. Et le Moniteur, journal de l'époque, exaltait ce vin "excellent, plein de feu, d'une grande finesse et doué d'un bouquet remarquable".

"... Je n'ai jamais mangé de raisin aussi délicieux que celui du Cap Corse..."
Histoire de l'Isle de Corse du Chevalier de Pommereul, 1779.

"... Le pays réunit toutes les expositions et toutes les températures : d'ailleurs le raisin y étant incomparablement plus délicieux que dans nos climats, pourquoi son jus ne participerait-il pas de la même qualité ?" Abbé Gaudin. Voyage en Corse, 1787.

LISTE DES APPELLATIONS ET PRINCIPALES CARACTÉRISTIQUES

Appellations	Situation géographique	Principaux cépages	Nature du sol	Observations
VIN DE CORSE	Dans les zones délimitées sur l'ensemble du territoire corse.	Blancs : **Grenache, Vermentino** (ou Malvoisie corse), Ugni blanc.	A dominante granitique et schisteuse, sauf à Patrimonio (argilo-calcaire) et dans la plaine orientale (alluvions sédimentaires).	Les vins vendus sous l'A.O.C. "vin de Corse" proviennent essentiellement de la Côte Orientale.
VIN DE CORSE Sartène	Partie sud de l'Ile. Côte ouest.	Rouges et rosés : **Nielluccio, Sciaccarello*,** Grenache…		
VIN DE CORSE Figari	Partie sud, près du cap de Bonifacio.	* ou Niellucciu et Sciaccarellu		L'A.O.C. "vin de corse" peut être suivie par le nom d'une appellation locale. Dans ce cas, les vins proviennent essentiellement de la Côte Ouest.
VIN DE CORSE Porto-Vecchio	Au sud de la côte orientale.			
VIN DE CORSE Calvi	Au nord-est de l'Ile.			Figari est le vignoble français le plus méridional.
VIN DE CORSE Coteaux du Cap Corse	Extrémité nord de l'Ile.			

Editions BPI - REPRODUCTION INTERDITE

Les vignobles de la Vallée du Rhône, de la Provence et de la Corse

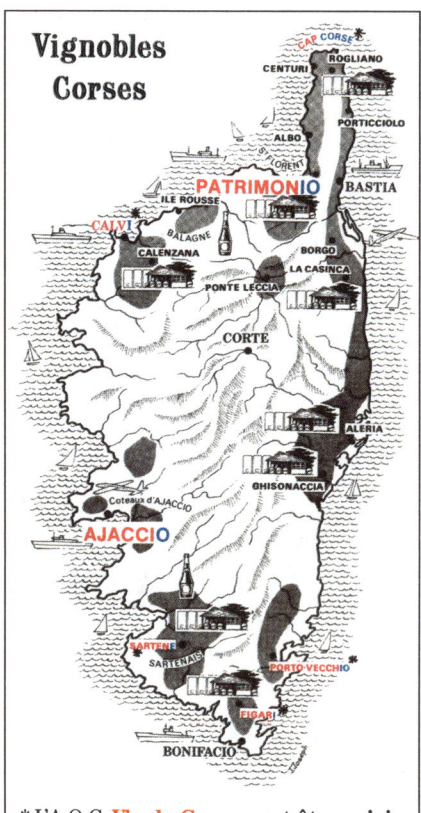

* L'A.O.C. **Vin de Corse** peut être suivie de l'une des appellations locales.

A signaler également un vin de Pays : **Vin de pays de l'Ile de Beauté** dont la zone de production couvre la totalité du territoire viticole de l'île.

Après une très forte poussée des surfaces plantées, sont intervenus des arrachages massifs, motivés par les dispositions prises au niveau de l'U.E. pour diminuer la production de vin. Ces arrachages n'ont pas concerné les vins d'A.O.C.. Actuellement, le vignoble corse s'étend sur environ 8 000 hectares dont 60 % ont été ré-encépagés depuis 20 ans. On retrouve en Corse les cépages méridionaux : Grenache, Syrah, Merlot... Mais la typicité des vins corses est due en grande partie à l'encépagement à base de cépages locaux : Niellucciu, Sciaccarellu et Vermentino.

De nos jours, il existe en Corse deux types de vignoble : le vignoble traditionnel surtout localisé sur la côte ouest et le vignoble nouveau sur la côte est.

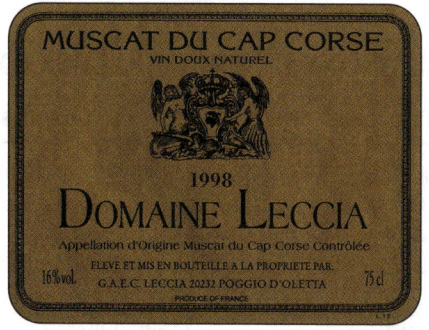

Caractères des vins - accords avec les mets

Comme en Provence, les vins blancs et rosés sont à boire jeunes, les rouges également, excepté ceux vendus sous les A.O.C. Ajaccio et Patrimonio.

Les vins blancs peuvent être servis sur les poissons, les oursins et la fameuse bouillabaisse locale appelée uziminu.

Les rosés accompagnent bien les spécialités locales : soupe paysanne aux haricots, omelette à la menthe, fritelli (beignet à la farine de châtaignes), sans oublier la charcuterie délicieusement fumée et les diverses préparations à base de porc fort nombreuses dans l'île.

Les vins rouges légers s'accordent bien avec les viandes rouges, les volailles, les fromages locaux et les châtaignes rôties. Pour accompagner plats en sauce et gibiers, on donnera la préférence aux Ajaccio et Patrimonio.

Quant au Muscat du Cap Corse, il a sa place à l'apéritif, sur un foie gras, les tartes aux fruits blancs, la tarte au citron, la frangipane…

Restaurateur et vins de Corse

Des vins à faire découvrir. Les blancs et les rosés se servent frais à 8/10 °C, jamais glacés. Les rouges légers à 12/14 °C, ceux de Patrimonio et

LISTE DES APPELLATIONS ET PRINCIPALES CARACTÉRISTIQUES

Appellations	Situation géographique	Principaux cépages	Nature du sol	Observations
Patrimonio	Côte ouest de l'Ile au fond du Golfe de Saint-Florent.	Blancs : **Vermentino**. Rouges et rosés : **Nielluccio**, Sciaccarello*, Grenache.	Argilo-calcaire.	Patrimonio bénéficie de sa propre A.O.C. depuis 1968. *ou Niellucciu et Sciaccarellu
Ajaccio	Sur les collines autour de la ville.	Blancs : **Vermentino, Ugni blanc...** Rouges et rosés : **Sciaccarello**, Nielluccio*, Grenache.	A dominance granitique.	Ajaccio bénéficie de sa propre A.O.C. depuis 1984. *ou Niellucciu et Sciaccarellu
Muscat du Cap Corse	A l'extrémité nord de l'Ile.	Muscat blancs à petits grains.	Schistes et calcaires.	Ils doivent être vinifiés directement par les récoltants. Ajout d'alcool en cours de fermentation (V.D.N.).

Les vignobles de la Vallée du Rhône, de la Provence et de la Corse

d'Ajaccio, surtout après quelques années de vieillissement, se servent de 15 à 17 °C.

Pour la carte des vins : les vins corses, pensez-y plus souvent ! Attention, vous ne pouvez pas faire figurer directement : Porto-Vecchio, Sartène, etc. Ces noms doivent toujours être précédés de "vin de Corse". Bien évidemment, ce n'est pas le cas pour Ajaccio et Patrimonio qui bénéfient d'une A.O.C. propre.

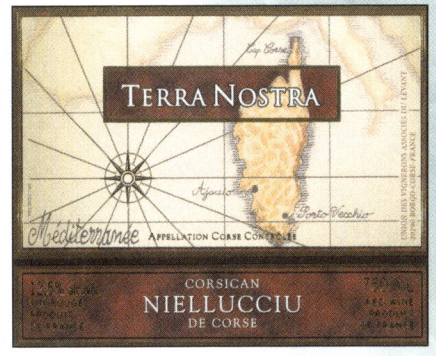

Les Cépages Corses (Niellucciu, Sciaccarellu, Vermentinu)

ORIGINE DU VIGNOBLE CORSE

La vigne a été introduite en Corse au VIème siècle avant J.C., par les Grecs, en même temps qu'ils plantaient l'olivier sur toute la côte orientale. Plus précisément, c'est sans doute en 565 avant J.C. que les Phocéens s'installèrent sur cette côte où ils fondèrent le vignoble d'Alalia (Aléria), faisant ainsi entrer la Corse dans la civilisation de la vigne et du vin.

Plus tard, Strabon et Diodore de Sicile ont parlé de la vigne corse, et il est certain que les légionnaires romains ont contribué à l'expansion du vignoble d'Aléria comme ils le faisaient, d'ailleurs, à la même époque en Sardaigne et en Sicile.

Sous l'influence de Gênes, dont le territoire municipal était fort exigu, la vigne se développa en Corse. Il y avait là indiscutablement une arrière-pensée politique : mettre un frein à de vaines pâtures et au nomadisme tout en donnant aux Corses le goût du travail soigné.

Les efforts de Gênes

La vigne fut, en effet, une des cinq cultures arbustives recommandées par Gênes, les autres étant le châtaignier, le figuier, le mûrier et l'olivier, mais il est cependant curieux de constater que les seuls résultats positifs connus ont concerné l'extension de la vigne.

Prenons, par exemple, le cas du Luri, dans le Cap Corse : en 1646, trois notables de ce village obtinrent l'autorisation de porter les armes pour 12 personnes de leur choix à condition que, dans un délai de cinq ans, ils aient planté 40 000 pieds de vigne.

Et il ne s'agit pas là d'un cas isolé. On pourrait en citer bien d'autres : par exemple, cet Armonio Vincentelli qui, au XVIIe siècle, avait planté plus de 30 000 pieds de vigne en Balagne.

La conquête française

Sur ce plan, comme sur bien d'autres, le baron de Marbœuf suivit la même politique que Gênes. Il est, en effet, notoire qu'il voulut décourager la culture du châtaignier dont il prétendait, à tort ou à raison, qu'elle donnait aux Corses le goût du désœuvrement.

Cela constaté, au fond, on ne sait pas grand chose sur la superficie plantée en vigne avant Louis XV, en dehors du fait que la vigne constitua certainement, à cette époque, une sorte de monoculture dans la partie septentrionale et centrale du Cap. Ce qui ne veut pas dire que la vigne n'existait pas ailleurs en Corse mais plutôt que, là où se tenaient les garnisons génoises ou françaises, se trouvait la vigne.

André Giansilli

La Révolution et l'Empire n'ont pratiquement pas modifié la situation du vignoble corse. En revanche, comme les vignobles continentaux, la Corse n'a pas été épargnée par le phylloxéra.

(note de l'auteur)

Les vignobles et les vins du Languedoc et du Roussillon

SOURCE : GPG DES VINS DU LANGUEDOC.

Présentation des vignobles

LANGUEDOC

Coteaux du Languedoc

Autres vins du Languedoc
Présentation des vignobles
Liste des AOC et principales caractéristiques
Caractères des vins - accords avec les mets
Restaurateurs et vins du Languedoc

ROUSSILLON
Présentation des vignobles
Liste des AOC et principales caractéristiques
Caractères des vins - accords avec les mets
Restaurateurs et vins du Roussillon

VINS DOUX NATURELS
Bref historique – Législation - Elaboration
Liste des AOC et principales caractéristiques
Caractères des vins - accords avec les mets
Restaurateurs et VDN

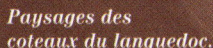

Paysages des coteaux du languedoc.

Les vignobles et les vins du Languedoc et du Roussillon

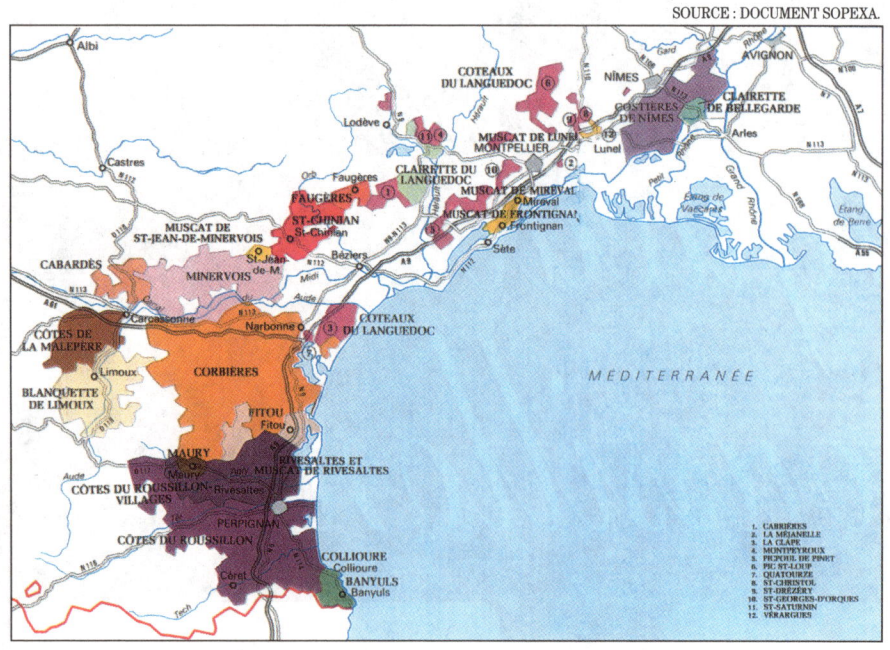

SOURCE : DOCUMENT SOPEXA.

Présentation des vignobles

Le Languedoc et le Roussillon s'étendent sur plusieurs départements : Hérault, Gard et Aude pour le Languedoc ; Pyrénées-Orientales pour le Roussillon. Avec une superficie d'un peu plus de 300 000 hectares, soit un tiers des superficies plantées en vignes en France, le Languedoc et le Roussillon constituent l'une des plus importantes régions de production de vin du monde. Indépendamment de l'aspect quantitatif, la qualité et la diversité sont au rendez-vous.

En effet, pendant très longtemps, dans l'esprit de nombreux Français, "vin du Midi" signifiait trop souvent : vin de table, voire "gros rouge", "pinard". Il y a longtemps déjà que nos amis étrangers ont découvert les efforts entrepris dans cette région qui produit des vins qui n'ont rien à envier à ceux provenant de régions plus prestigieuses. Mais nos compatriotes ne sont pas plus sots que les autres : ils découvriront ces vins quand ils auront atteint les prix des bordeaux et des bourgognes... ce qui est déjà le cas pour certains d'entre eux. Prix tout à fait justifiés eu égard à la qualité de certains vins.

Les implantations ou tentatives d'implantations, de familles aussi connues que Rothschild, Mondavi, Chapoutier, etc., prouvent les immenses possibilités qualitatives qu'offre cette région. D'ailleurs, Robert Parker, le célèbre gourou américain, cite quelques régions viticoles à fort potentiel dans le monde. Le Languedoc et le Roussillon figurent dans cette liste très restrictive.

Les différentes A.O.C. sont très recherchées dans de nombreux pays. La vente des vins de pays a connu une progression spectaculaire surtout sous la dénomination "vins de Pays d'Oc". Cela devrait inciter de nombreux restaurateurs à reconsidérer leur approche à l'égard des vins du Languedoc et du Roussillon. Une région qui produit également 90 % de nos V.D.N., eux aussi trop souvent oubliés.

Grenache noir.

Mourvèdre.

Le Carignan.

Le Languedoc et le Roussillon constituent l'une des plus anciennes régions vinicoles de France. Il y a 450 000 ans, l'homme était déjà présent à Tautavel. Mais comme nous l'avons déjà vu, il ne faut pas confondre vigne et viticulture… Depuis l'époque romaine, la vigne y a toujours été cultivée, malgré des périodes difficiles. C'est ici que le phylloxéra est apparu en 1864. C'est également ici, qu'en 1907, la révolte des vignerons a été sévèrement réprimée par la troupe.

Si la vigne a longtemps été considérée comme la seule richesse du pays, de nos jours, on assiste à une importante diversification. Le développement des moyens de transport a largement favorisé les cultures maraîchères et fruitières, surtout en Roussillon où pêchers, abricotiers et cerisiers (entre autres) occupent des surfaces importantes. Autre atout : le développement du tourisme qui a favorisé la mise en valeur du littoral et l'apparition de nouvelles stations comme La Grande Motte. Qu'ils séjournent dans la région ou qu'ils la traversent pour se rendre en Espagne, de nombreux Français commencent enfin à découvrir la diversité et la qualité des vins produits entre la Camargue et la frontière espagnole.

Le climat méditerranéen permet une maturation parfaite du raisin.

Les vignobles et les vins du Languedoc et du Roussillon

Certains vignobles bénéficient de l'A.O.C. depuis très longtemps. C'est le cas de tous les V.D.N. (1936), du Fitou (1948), de la Clairette du Languedoc (1965), des Côtes du Roussillon, de Collioure (1977), etc.

Au début des années 80, de nombreux A.O.V.D.Q.S. sont passés en A.O.C. : Faugères, Saint-Chinian, Coteaux du Languedoc, Corbières, Minervois, etc. Ces passages en A.O.C. ont permis de mettre en place de nouvelles règles concernant les délimitations, l'encépagement, les vinifications, etc. Grenache, Cinsault, Carignan, Mourvèdre, Syrah… ont remplacé les cépages gros producteurs. Les résultats ont été spectaculaires. Cette région est très certainement celle qui a fait les plus gros progrès depuis 20 ans. Comme nous l'avons déjà signalé, c'est en Languedoc et en Roussillon que l'on produit une part importante de nos vins de pays, surtout sous la dénomination "vin de pays d'Oc".

On présente généralement les vins de ces régions sous la dénomination "Languedoc-Roussillon". L'auteur de cet ouvrage préfère les présenter sous "Languedoc et Roussillon". En effet, si ces deux régions ont des points communs (cépages, climat…), elles ont aussi leurs spécificités.

Pour faciliter l'étude, les AOC sont présentées de la façon suivante :

- **Languedoc :**
  Coteaux du Languedoc sans autres précisions
  Coteaux du Languedoc plus nom de terroirs
  Coteaux du Languedoc qui bénéficient d'une AOC propre (crus)
  Autres vins du Languedoc

- **Roussillon**

- **Vins Doux Naturels** (Languedoc et Roussillon).

Syrah.

Cinsault.

LE LANGUEDOC

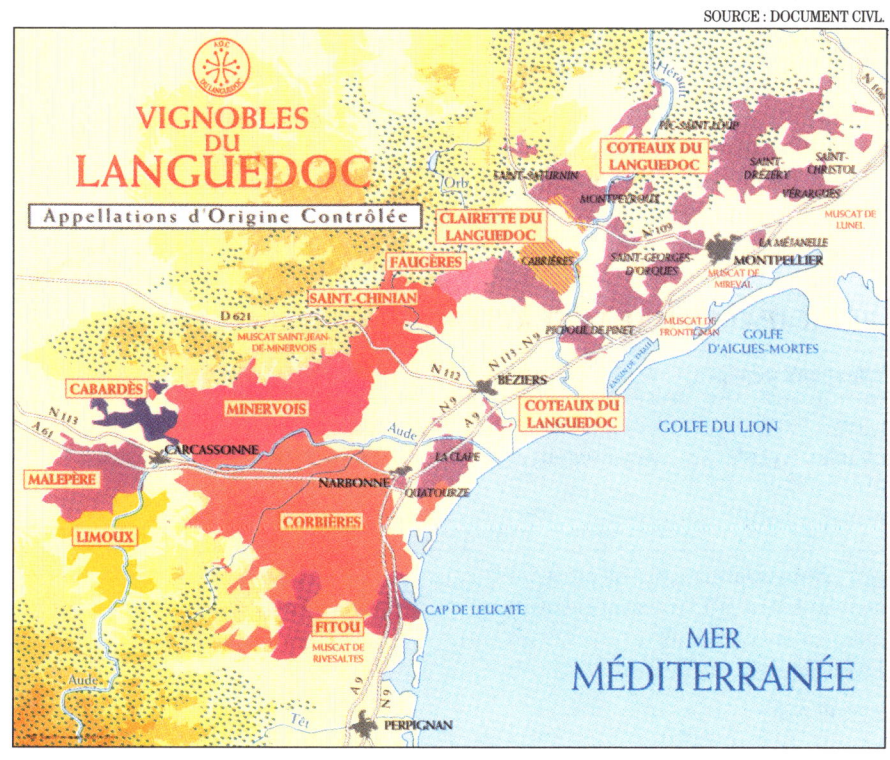

Les Coteaux du Languedoc

Cette partie du vignoble du Languedoc constitue un vaste amphithéâtre qui surplombe la Méditerranée. Elle comporte une Appellation que l'on peut qualifier de régionale (Coteaux du Languedoc). 3 crus : Saint-Chinian, Faugères et Clairette du Languedoc ainsi que 12 terroirs dont le nom peut compléter l'AOC Coteaux du Languedoc.

Les vignobles et les vins du Languedoc et du Roussillon

LISTE DES APPELLATIONS ET PRINCIPALES CARACTÉRISTIQUES

Appellations	Situation géographique	Principaux cépages	Nature du sol	Observations
Coteaux du Languedoc	Entre Nîmes et Narbonne, sur 3 départements : L'Hérault, le Gard et l'Aude.	Voir en (1).	Sols pauvres avec dominance de schistes (vin généreux) et de cailloutis calcaires (vins fruités et légers).	Appellation très étendue. 91 communes peuvent produire cette A.O.C. (sans autre indication géographique).

*(1) ROUGES ET ROSÉS : **Grenache noir, Syrah et Mourvèdre** (50 % minimum dont 20 % mini de Grenache. pour les rosés, ces cépages doivent représenter 60 % minimum) ; Carignan, Cinsault.*
*BLANCS : **Bourboulenc** (40 % minimum), Grenache blanc, Clairette, Piquepoul, Roussanne, Marsanne et Rolle (70 % minimum), Carignan, Terret, Ugni blanc et Maccabeu (limités à 30 %).*

L'A.O.C. Coteaux du Languedoc est considérée comme une A.O.C. régionale.

12 noms de terroirs peuvent compléter l'AOC Coteaux du Languedoc. Par exemple : St-Georges d'Orques, Vérargues, Montpeyroux.

Coteaux du Languedoc plus noms de terroirs

Les noms suivants (tableau), qui correspondent aux 12 terroirs, peuvent compléter l'A.O.C. "Coteaux du Languedoc" mais ne peuvent pas s'y substituer. Ils ne peuvent être employés seuls. Attention au moment de rédiger la carte des vins !

On s'oriente actuellement vers une hiérarchisation à l'intérieur de l'appellation Coteaux du Languedoc sur la base de zones pédoclimatiques au sein desquelles pourraient s'affirmer des appellations communales.

Les zones proposées sont :

- Clape et Quatourze
- Pic Saint Loup

LISTE DES APPELLATIONS ET PRINCIPALES CARACTÉRISTIQUES (CÔTEAUX DU LANGUEDOC +)

Appellations	Situation géographique	Principaux cépages	Nature du sol	Observations
Pic Saint Loup	A une vingtaine de km au nord de Montpellier.	Rouges et rosés : **Grenache, Syrah et Mourvèdre** (90 % minimum).	Argilo-calcaire et caillouteux.	C'est le vignoble le plus septentrional des Coteaux du Languedoc.
La Clape	Zone côtière au nord-est de Narbonne.	Blancs : **Bourboulenc, Grenache blanc** (60 % minimum, dont 40 % mini de Bourboulenc). Rouges et rosés : **Grenache, Syrah, Mourvèdre**... Pour ces 3 cépages, 70 % minimum*.	Calcaires durs, argile rouge et cailloux.	La Clape aurait été offerte par Jules César à ses troupes, pour y planter de la vigne. * 60 % pour les vins rosés.

Les vignobles et les vins du Languedoc et du Roussillon

LISTE DES APPELLATIONS ET PRINCIPALES CARACTÉRISTIQUES (CÔTEAUX DU LANGUEDOC +)

Appellations	Situation géographique	Principaux cépages	Nature du sol	Observations
Picpoul de Pinet	Entre Sète et Pézenas près de l'étang de Thau.	Picquepoul exclusivement.	Plateau calcaire.	Ce vin était déjà très en vogue sous Napoléon III.
Quatourze	Au nord de Narbonne.	Idem Coteaux du Languedoc (1).	Terrasses à galets roulés.	Un des plus anciens vignobles du Languedoc.
Cabrières	Au nord-est de Béziers.	Idem Coteaux du Languedoc (1).	Schistes.	Louis XIV et sa cour en raffolaient, dit-on.
Saint-Saturnin	Au pied des contreforts du Larzac.	Idem Coteaux du Languedoc (1).	Argilo-calcaire.	Ce vignoble bénéfice d'un climat chaud, abrité des vents.
Montpeyroux	Sur la bordure qui supporte le causse du Larzac.	Idem Coteaux du Languedoc (1).	Sols variés : argilo-calcaire, marnes bleues, éboulis…	Ancienne résidence d'été des évêques de Montpellier.
Vérargues	Entre Montpellier et Nîmes.	Idem Coteaux du Languedoc (1).	Terrasses et éboulis argilo-calcaires.	Même terroir que le Muscat de Lunel.
Saint-Drézery	Au nord-est de Montpellier.	Idem Coteaux du Languedoc (1).	Calcaire, siliceux, avec du grès.	Le Duc de Cambacérès fit connaître ce vin à Paris.
Saint-Georges d'Orques	Aux portes de Montpellier (ouest).	Idem Coteaux du Languedoc (1).	Sols rouges avec galets roulés calcaires et siliceux.	Vin apprécié depuis le Moyen Âge.
La Méjanelle	Aux portes de Montpellier (est).	Idem Coteaux du Languedoc (1).	Terrasses de galets roulés.	Le sol rappelle celui de Châteauneuf-du-Pape.
Saint-Christol	Entre Montpellier et Nîmes.	Idem Coteaux du Languedoc (1).	Terrasses de galets roulés.	Saint-Louis et les chevaliers de Jérusalem l'appréciaient déjà….

- Pézenas et Cabrières
- Terres de Sommières
- Picpoul
- Terrasses de Béziers
- L'A.O.C. Coteaux du Languedoc "**Grès de Montpellier***" (Vérargues, Saint-Drézery, Saint-Georges d'Orques, La Méjanelle, Saint-Christol) est reconnue depuis 2003
- L'A.O.C. Coteaux du Languedoc "**Terrasses du Larzac**" (Saint-Saturnin et Montpeyroux), depuis 2005.

A terme, la hiérarchisation pourrait s'organiser à trois niveaux :
- appellation Coteaux du Languedoc,
- secteurs ou appellations sous régionales définis sur la base de zones climatiques,
- appellations communales à partir de critères de sols.

(1) ROUGES ET ROSÉS : Grenache noir, Syrah et Mourvèdre (50 % minimum dont 20 % mini de Grenache. pour les rosés, ces cépages doivent représenter 60 % minimum) ; Carignan, Cinsault. BLANCS : Bourboulenc (40 % minimum), Grenache blanc, Clairette, Piquepoul, Roussanne, Marsanne et Rolle (70 % minimum), Carignan, Terret, Ugni blanc et Maccabeu (limités à 30 %).

*Nouvelle A.O.C. "Coteaux du Languedoc Grès de Montpellier" depuis 2003, que des vins rouges.

LISTE DES APPELLATIONS ET PRINCIPALES CARACTÉRISTIQUES

Appellations	Situation géographique	Principaux cépages	Nature du sol	Observations
Saint-Chinian (1)	Département de l'Hérault au nord-ouest de Béziers.	Rouges et rosés : Grenache, Syrah, Mourvèdre (60 % mini). Lladoner Pelut, Cinsault. Blancs : Grenache blanc (30 % mini), Marsanne, Roussanne, Vermentino...	Schistes et grès au nord de l'A.O.C., argilo-calcaire au sud.	Ce sont des moines bénédictins qui sont à l'origine du vignoble, au VIIIe siècle. A.O.C. depuis 1982, pour les vins rouges et rosés, depuis 2005 pour les blancs. Vins différents selon la nature du sol, et la proportion des différents cépages.
Faugères	Département de l'Hérault au nord-est de Béziers.	Rouges et rosés : Carignan, Cinsault, Grenache, Syrah, Mourvèdre. Blancs : Grenache, Marsanne, Roussane, Vermentino.	Schistes.	A.O.C. depuis 1982 pour les rouges, 2005 pour les blancs. Les vins blancs sont souples et bien présents en bouche, les rouges corsés, voire capiteux, ont des arômes de fruits rouges et de garrigue.

(1) Depuis 2004, cette A.O.C. peut être complétée, sauf pour les vins blancs, et sous certaines conditions par Roquebrun et Berlou.

Les vignobles et les vins du Languedoc et du Roussillon

LISTE DES APPELLATIONS ET PRINCIPALES CARACTÉRISTIQUES (SUITE)

Appellations	Situation géographique	Principaux cépages	Nature du sol	Observations
Clairette du Languedoc	Moyenne vallée de l'Hérault.	Clairette exclusivement.	Calcaire, marnes blanches, graviers, schistes.	Les vins peuvent être jeunes ou rancio, secs ou moelleux. Jadis la Clairette madérisée avait beaucoup de succès.

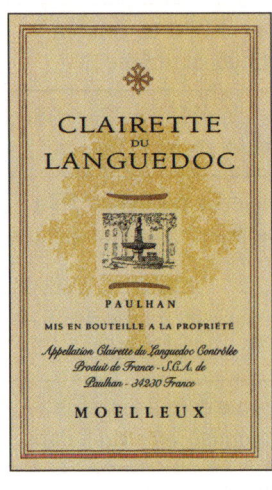

Coteaux du Languedoc qui bénéficient d'une AOC propre (crus)

L'appellation Clairette du Languedoc peut être revendiquée pour des VDL (Vins de Liqueur).

L'AOC suivante ne fait pas partie des Coteaux du Languedoc. Elle est présentée ici en raison de sa proximité avec ces derniers. En réalité, la Clairette de Bellegarde est située à l'intérieur de l'appellation Costières de Nîmes qui

LISTE DES APPELLATIONS ET PRINCIPALES CARACTÉRISTIQUES (SUITE)

Appellations	Situation géographique	Principaux cépages	Nature du sol	Observations
Clairette de Bellegarde	Entre Arles et Nîmes à l'intérieur de l'AOC Costières de Nîmes.	Clairette.	Sols rouges cailloutoux.	Petite production d'un vin blanc au bouquet très caractéristique de fleurs blanches et de miel. Une petite note d'oxydation en fin de bouche ne constitue pas un défaut, bien au contraire.

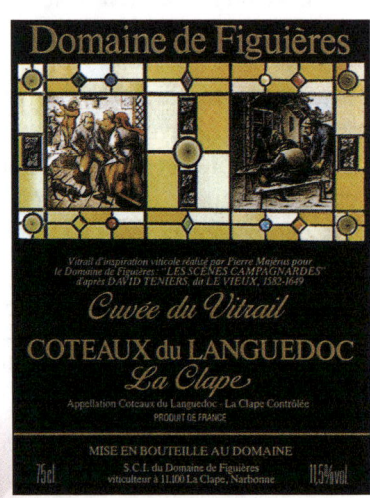

dépend du CRINAO Languedoc, mais est rattachée à Inter Rhône (Vallée du Rhône). Quoiqu'il en soit, la Clairette de Bellegarde est un vin à redécouvrir.

De nombreux VDN sont élaborés dans cette région : Muscat de Frontignan, de Lunel, etc. Ils sont présentés dans un tableau à part.

Caractères des vins des Coteaux du Languedoc - Accords avec les mets

Dans les Coteaux du Languedoc, les vins blancs sont rares, environ 15 % de la production. Parmi les plus connus, le Picpoul de Pinet, vin sec, corsé et fruité, accompagne fort bien les moules et les huîtres de l'étang de Thau tout proche ; la Clape et la Clairette du Languedoc peuvent être servis sur la bourride sétoise, la baudroie à l'américaine, la brandade de morue à la nîmoise, l'aïgou saou, etc. Les vins blancs sont à boire jeunes, quoiqu'en vieillissant un peu, la Clairette du Languedoc prenne un goût de "rancio" que certains amateurs apprécient.

Pour les vins rouges, en raison du climat, la notion de millésime a moins d'importance que dans les régions septentrionales. En revanche, le type de vinification est souvent déterminant. Les vins issus de vinification avec macération carbonique (où a été privilégié l'aspect aromatique), doivent être bus jeunes et frais sur des plats légers. Quant aux vins élaborés en vinification traditionnelle, ils sont généralement plus charnus. Ils peuvent se conserver quelques années, au-delà de 10 ans pour les plus grands, et accompagner les viandes grillées, les volailles, le gibier (particulièrement le lièvre), les fromages. Ces vins se rencontrent surtout sous les appellations Saint-Chinian et Faugères.

Restaurateurs et vins des Coteaux du Languedoc

Cette vaste région offre aux restaurateurs tout un choix de vins qu'il ne faut pas hésiter à proposer. Les clients sont souvent disposés à découvrir des vins qu'ils ne connaissent pas encore. Il suffit peut-être de mettre en évidence certaines spécificités : l'odeur de garrigue du Saint-Saturnin, la finesse et la concentration de Pic Saint-Loup en raison des gros écarts entre la température diurne et nocturne, pour ne citer que quelques exemples.

Les vins blancs se servent entre 8 et 10 °C, les rouges légers entre 12 et 14 °C, les plus puissants, Faugères, Saint-Chinian élaborés en vinification traditionnelle, entre 15 et 17 °C.

Pour la carte des vins attention à bien faire précéder les noms de terroirs : Cabrières, Quatourze, etc. par "Coteaux du Languedoc".

Autres vins du Languedoc

Vignoble de Cabardès.

Cave à Cabardès.

Les AOC du Languedoc ne se limitent pas à la seule zone des Coteaux du Languedoc. On trouve de nombreuses appellations plus au sud, dans la région de Narbonne et de Carcassonne : Corbières, Minervois, Fitou, Limoux, Cabardès, etc.

Les vignobles et les vins du Languedoc et du Roussillon

LISTE DES APPELLATIONS ET PRINCIPALES CARACTÉRISTIQUES

Appellations	Situation géographique	Principaux cépages	Nature du sol	Observations
Corbières (1) **Corbières-Boutenac** (depuis 2004)	Département de l'Aude. Réservé à une dizaine de communes dont Boutenac.	<u>Blancs</u> : **Grenache blanc, Bourboulenc, Maccabeu,** Marsanne, Roussanne. <u>Rouges et rosés</u> : (assemblage d'au moins 2 cépages pour Boutenac) **Grenache, Syrah, Mourvèdre, Carignan, Cinsault** (ce dernier n'est pas admis pour Boutenac)	Sols divers : schistes, calcaires, marnes.	La diversité des sols se traduit par la mise en évidence de 11 terroirs répartis entre Hautes Corbières, Corbières centrales et Corbières maritimes.
Minervois	Entre le canal du Midi et la Montagne noire, de Narbonne aux portes de Carcassonne.	<u>Blancs</u> : **Grenache blanc, Bourboulenc, Maccabeu,** Marsanne, Roussanne, Clairette, Muscat. <u>Rouges et rosés</u> : **Grenache, Syrah, Mourvèdre,** Carignan, Cinsault.	Terrasses de galets, de grès, de schistes ou de calcaires.	Cette zone a la particularité d'avoir un climat à dominance méditerranéenne avec des influences océaniques.
Minervois La Livinière	Réservé à 6 communes (5 dans l'Hérault, 1 dans l'Aude).	<u>Rouges</u> : **Grenache noir, Syrah, Mourvèdre** 60 % minimum*, Cinsault, Carignan.		* Dont 40 % pour l'ensemble Syrah/Mourvèdre.
Fitou	Entre Narbonne et Perpignan : 2 zones : une en bordure de mer l'autre dans l'arrière pays.	<u>Rouges</u> : **Carignan** (30 % minimum) **Grenache** noir, Syrah, Mourvèdre, Cinsault... Ces deux derniers sont surtout présents dans la zone maritime.	Argilo-calcaire pour la partie maritime, schistes peu profonds pour l'autre partie.	Les vins doivent rester 9 mois en fûts avant d'être commercialisés.
Cabardès	Dans un amphithéâtre au pied de la Montagne noire, domine la cité de Carcassonne.	<u>Rouges et rosés</u> : 40 % minimum de cépages atlantiques : **Merlot, Cabernet Sauvignon,** Cabernet franc, Côt et Fer Servadou. 40 % mini de cépages méditerranéens : **Syrah, Grenache.**	Calcaires mêlés à des marnes, granit, schistes et gneiss sur les hauteurs.	A.O.C. depuis 1999. Cette appellation a la particularité d'associer deux types de cépages : atlantiques et méditerranéens.
Limoux, Crémant de Limoux, blanquette de Limoux, blanquette méthode ancestrale	42 communes dans l'Aude, à une vingtaine de kilomètres au sud de Carcassone.	<u>LIMOUX</u> (vin tranquille) : Mauzac (15 % mini), **Chardonnay, Chenin.** <u>CREMANT</u> : **Chardonnay et Chenin** (90 % maximum), Pinot noir, Mauzac. <u>BLANQUETTE</u> : **Mauzac** (90 % mini) Chenin et Chardonnay, Blanquette. <u>MÉTHODE ANCESTRALE</u> : 100 % **Mauzac.**	Sols variés : terres argilo-calcaires légères et caillouteuses, marnes, grès…	Blanquette et Crémant sont élaborés selon la méthode traditionnelle (comme le champagne). Méthode ancestrale : fermentation naturelle en bouteilles, moins de 7° alcool acquis. Depuis la récolte 2003, l'A.O.C. Limoux produit des vins rouges. Cépages : **Merlot,** plus assemblage d'au moins 2 des cépages suivants : Syrah, Grenache, Malbec, Cabernet.
Côtes de la Malepère AOVDQS	Département de l'Aude à l'ouest de Carcassonne.	<u>Rouges et rosés</u> : Merlot, Côt, Cinsault, Cabernets, Syrah.	Sols variés : grès, calcaire, argile.	Cette appellation est sous influence océanique.

(1) Le vignoble des Corbières comporte onze terroirs (voir carte).

Les vignobles et les vins du Languedoc et du Roussillon

Caractères des vins - accords avec les mets

Les vins blancs proviennent essentiellement de la région de Limoux. Mais les AOC Corbières et Minervois produisent également des vins blancs. Ces derniers sont secs, souples et aromatiques. Ils se servent sur les entrées, les poissons grillés, les viandes blanches… Les Limoux (non effervescents) sont secs et bien équilibrés, le Chardonnay leur apporte la rondeur et le Chenin la fraîcheur. Ils accompagnent : fruits de mer, poissons grillés ou meunière, volailles…

Le crémant et la Blanquette de Limoux, à boire jeunes, se servent à l'apéritif ou sur les poissons.

Quant à la Blanquette Méthode traditionnelle, faible en alcool, elle a sa place au moment du dessert.

Les vins rosés, à boire jeunes sont ronds, aromatiques et persistants. Ce sont des vins idéaux pour les menus d'été.

Quant aux vins rouges, ils ont des caractères différents, selon la proportion des différents cépages mais aussi, et surtout, en fonction de la vinification : traditionnelle ou à grains entiers (macération carbonique). Cette dernière est utilisée pour l'élaboration de vins légers à boire dans les 4 premières années. Les vins vinifiés selon la méthode traditionnelle, surtout si Syrah et Mourvèdre sont présents en proportion importante, ont une excellente aptitude à la conservation.

Lorsqu'ils ne sont pas vinifiés en macération carbonique, Fitou, Corbières et Minervois sont des vins généreux avec une bonne structure tannique. Après

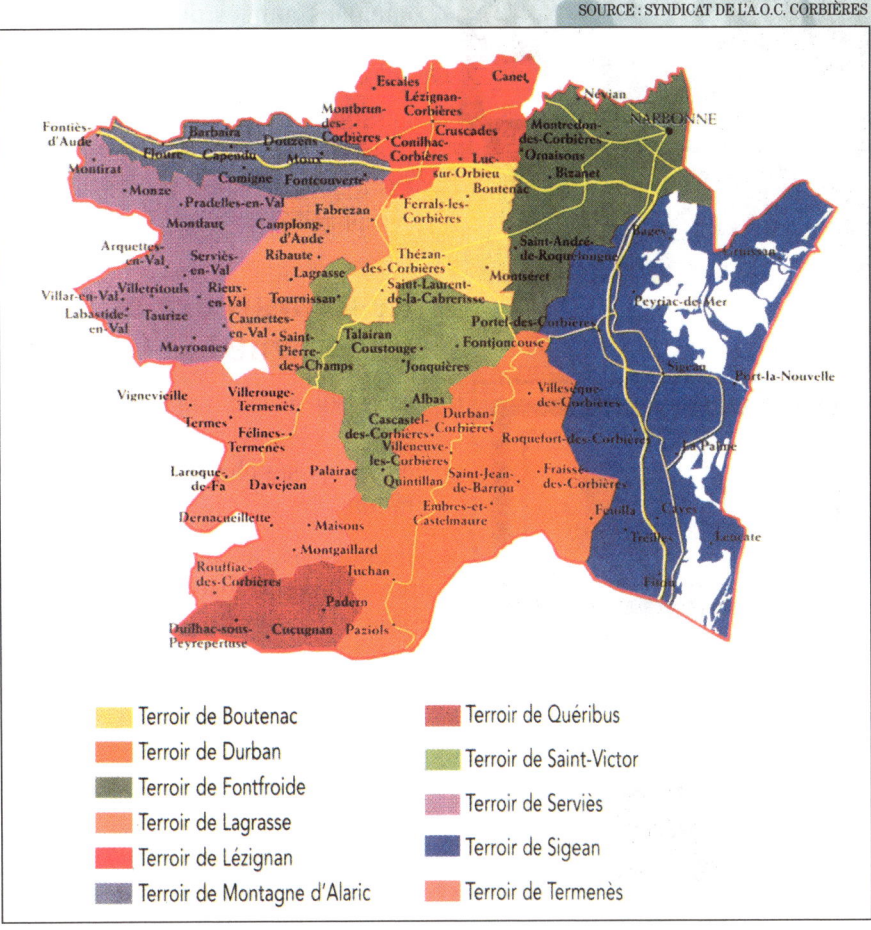

Les 11 terroirs du Corbières.

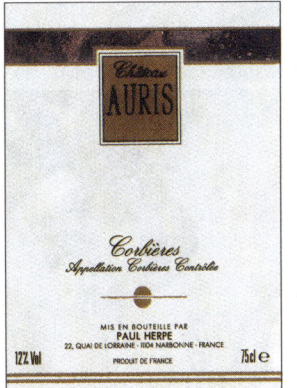

A.O.C. Corbières

A.O.C. Minervois

A.O.C. Minervois la Livinière

AOVDQS Côtes de la Malepère

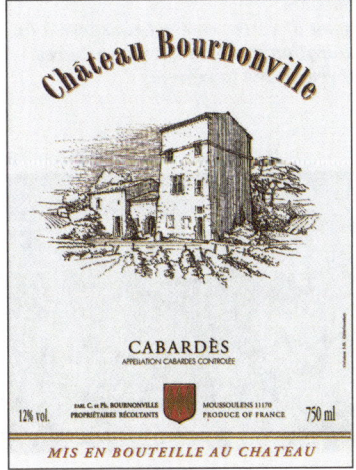

A.O.C. Cabardès

A.O.C. Fitou

Les vignobles et les vins du Languedoc et du Roussillon

AOC Blanquette de Limoux, vin effervescent (méthode traditionnelle) à base du cépage Mauzac, 90 % mini.

AOC Limoux, vin tranquille.

AOC Crémant de Limoux, vin effervescent (méthode traditionnelle). Cépages : Chardonnay et Chenin (90 % maximum), puis Mauzac et Pinot noir.

Méthode ancestrale, vin élaboré par seconde fermentation naturelle en bouteille.

quelques années de bouteilles, ils accompagnent : viandes en sauce, gibier, fromages et cassoulets. Un bon cassoulet et un vieux Fitou, c'est presque un mariage d'amour… A essayer également : un Cabardès et une pintade aux champignons.

Restaurateurs et vins du Languedoc (suite)

En raison de leur rapport qualité/prix et de leur diversité, ces vins devraient être proposés plus souvent en restauration.

Il faut servir les blancs et les rosés aux environs de 10 °C, les rouges légers, issus de macération carbonique, entre 12 et 14 °C. Les rouges plus puissants, issus de méthode traditionnelle, se consomment entre 16 et 18° C.

Pas de difficultés particulières pour la carte des vins. Mais attention, pour les vins de Limoux, il faut bien préciser de quel vin il s'agit, car selon l'appellation, ils peuvent avoir des caractères très différents.

DOCUMENT CAVES DU SIEUR D'ARQUES - LIMOUX.

Chaque année la vente des Chardonnay provenant de 4 terroirs, réunit à Limoux les grands restaurateurs et les grands sommeliers.
L'argent de cette vente est consacré à la restauration des monuments cathares, nombreux dans la région.

SOURCE : PHOTO DOMAINE DE LISTEL.

Domaine de Jarras, Listel.

Le Languedoc offre également aux restaurateurs toute une gamme de vins de pays. Souvent commercialisés sous le nom du cépage, ces vins répondent à une demande très forte de la clientèle anglo-saxonne et sont de plus en plus prisés par la clientèle française.

Attention : Listel n'est pas une appellation et ne doit donc pas figurer en tant que telle sur la carte des vins. Il s'agit d'une marque déposée sous laquelle sont commercialisés différents vins et en particulier "des vins de pays de sables du Golfe du Lion", souvent vinifiés en gris à partir des cépages : Carignan, Cinsault et Grenache, un bon vin de restaurateur (vinification en gris : rosé très pâle obtenu par pressurage direct, sans macération) ! Premier propriétaire récoltant privé de France et d'Europe, les domaines Listel s'étendent sur plus de 1 800 hectares (1 400 en vins de sable, 300 en AOC Côtes de Provence et 100 en AOC Côtes du Rhône).

Vin de pays à dénomination départementale.

SOURCE : PHOTO DOMAINE DE LISTEL.

Château Malijay (Listel).

Les vignobles et les vins du Languedoc et du Roussillon

Vin de pays à dénomination régionale Pays d'Oc.

La région du Minervois doit son nom à l'antique cité de Minerve, place forte romaine. Au Ier siècle de notre ère, Pline le Jeune parle déjà des vins de cette région dans ses lettres.

En Languedoc, les vins de pays sont fort nombreux. Beaucoup sont commercialisés sous la dénomination régionale : VIN DE PAYS D'OC. Les autres le sont sous des dénominations départementales ou de zones.

Parmi ces derniers, on peut citer les Vins de Pays des Sables du Golfe du Lion, en raison de l'importance de leur production (environ 120 000 hectolitres par an), mais aussi en raison de leur origine. Le vignoble actuel date de l'époque où, pour lutter contre le phylloxéra, les pieds de vigne étaient plantés dans le sable. Une partie importante des vins provenant de cette zone est vinifiée en gris ou en rosé. Ils sont vendus sous une marque commerciale (Listel) qu'il ne faut pas confondre avec une appellation d'origine.

Vin de pays à dénomination de zone Sables du Golfe du Lion.

LE ROUSSILLON

L'ancienne province du Roussillon correspond sensiblement au département des Pyrénées Orientales. Mais ce dernier, créé en 1790, est plus étendu que l'ancienne province.

Dans ce département, nombreux sont les terroirs propices à la culture de la vigne. Sur le plan vinicole, il est surtout connu pour ses V.D.N. : Muscats, Banyuls, Maury, Rivesaltes… Mais on y produit également des vins classiques sous les appellations : Côtes du Roussillon, Côtes du Roussillon Villages et Collioure, ainsi que plusieurs vins de Pays.

En Roussillon, il y a 6 AOC réservées au VDN : Rivesaltes, Muscat de Rivesaltes, Maury, Banyuls, Banyuls Grand Cru et Grand Roussillon (voir partie consacrée aux VDN).

(1) Les vins doivent provenir de l'assemblage d'au moins trois des cépages cités pour l'appellation.

(2) Ces quatre zones ont été distinguées en raison de leur originalité sur le plan pédogéologique :
Latour de France : sols à dominance de schistes bruns
Caramany : sols à dominance de gneiss
Lesquerde : sols à dominance d'arènes granitiques
Tautavel : terroirs d'argile rouge sur calcaires compacts.

SOURCE : FÉDÉRATION DES INTERPROFESSIONS DES VINS À AOC DU ROUSSILLON.

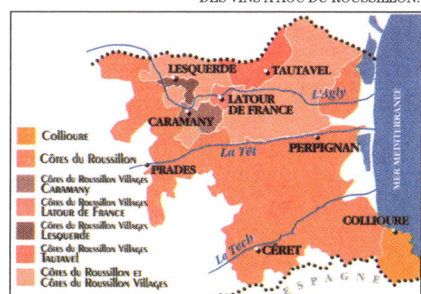

LISTE DES APPELLATIONS ET PRINCIPALES CARACTÉRISTIQUES

Appellations	Situation géographique	Principaux cépages	Nature du sol	Observations
Côtes du Roussillon / **Côtes du Roussillon "Les Aspres"**	118 communes dans les Pyrénées-Orientales entre la mer et les massifs des Corbières, du Canigou et les Albères. Réservé à 37 communes situées à l'est du département.	<u>Blancs</u> : **Grenache blanc, Maccabeu,** Malvoisie, Roussanne, Marsanne. <u>Rouges et rosés</u> : **Carignan, Grenache noir,** Lladoner Pelut, Syrah, Mourvèdre, Cinsault.	Sols schisteux, granitiques, argilo-calcaires, argiles rouges, terrasses avec de gros cailloux de quartz.	Cette AOC est localisée sur les rives de la rivière le Têt, mais la partie la plus importante se trouve sur la rive droite. Depuis 2004, l'A.O.C. Côtes du Roussillon peut, sous certaines conditions, être complétée par "Les Aspres".
Côtes du Roussillon-Villages	Au nord de la rivière le Têt, au nord et nord-ouest de Perpignan. L'AOC est limitée à 32 communes.	<u>Rouges et rosés</u> : **Carignan,** Cinsault, **Grenache noir,** Lladoner Pelut, Syrah, Mourvèdre, Cinsault (très peu) (1).	Sols schisteux et très caillouteux : gneiss, arènes granitiques, terrasses…	4 noms de communes peuvent compléter l'AOC : Latour de France, Caramany, Lesquerde et Tautavel (2).
Collioure	Limité à 4 communes près de la frontière espagnole.	<u>Rouges et rosés</u> : **Grenache, Mourvèdre, Syrah**… <u>Blancs</u> : Grenache blanc, Grenache gris (70 % minimum).	Schistes bruns.	Même aire de production que pour l'AOC Banyuls. Produit des vins blancs depuis la récolte 2002.

Les vignobles et les vins du Languedoc et du Roussillon

SOURCE : CAVE DU ROUSSILLON - PERPIGNAN.
Vins du Roussillon.

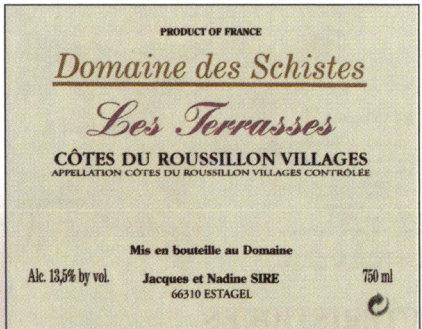

Caractères des vins - accords avec les mets

Les rares vins blancs produits dans cette région, sous l'A.O.C. Côtes du Roussillon, sont équilibrés et aromatiques. Il faut les boire jeunes sur les fruits de mer, les anchois, la morue à la catalane, les crustacés, les plats exotiques, les poissons. Pour ces derniers, la tendance actuelle est d'élaborer des vins blancs plus riches, plus généreux pour accompagner les poissons en sauce.

Les rosés sont fins et puissants. Ce ne sont pas des vins de garde. Ils accompagnent les charcuteries, les grillades, l'ouillade, la paëlla…

Les rouges peuvent être fins et légers, s'ils ont subi une macération courte. Dans ce cas, il faut les boire jeunes, dans les 3 ans, sur la charcuterie, les grillades, les viandes blanches… Mais ils peuvent également être puissants, concentrés et aptes au vieillissement (8 à 10 ans, voire plus). C'est le cas des Côtes du Roussillon Villages, en particulier des vins produits sur les quatre zones délimitées. Après quelques années de vieillissement, ils accompagnent plats en sauce, gibier, cassoulets et fromages affinés.

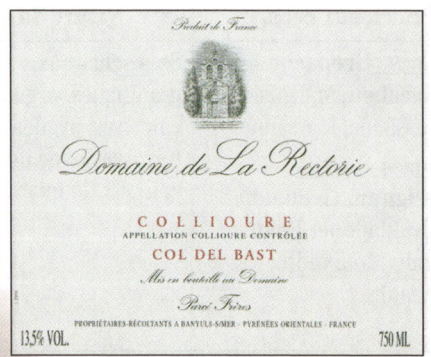

Restaurateurs et vins du Roussillon

Les vins de cette région devraient se rencontrer plus souvent en restauration. En effet, si certaines A.O.C. ont des productions limitées, ce qui est le cas de Collioure, les A.O.C. Côtes du Roussillon et Côtes du Roussillon Villages offrent en quantité non négligeable des vins rouges et rosés qui peuvent accompagner de nombreuses préparations culinaires. Qui plus est, ils présentent généralement un excellent rapport qualité/prix.

Les vins blancs et les rosés se servent entre 8 et 10 °C. Les vins rouges jeunes et légers à 13/14 °C, les vins rouges plus corsés entre 16 et 18 °C. Pour ces derniers, n'hésitez pas à les carafer, surtout s'ils sont encore un peu jeunes, ce qui est souvent le cas en restauration.

Pour la carte des vins, faites bien la différence entre Côtes du Roussillon et Côtes du Roussillon Villages. Pour ces derniers, si le nom d'une des 4 communes qui peut compléter l'appellation figure sur l'étiquette, précisez-le sur la carte. Attention, Tautavel, Caramany, Latour de France et Lesquerde doivent toujours être précédés de " Côtes du Roussillon Villages".

Comme pour le Languedoc, la question que peut se poser un restaurateur est de savoir si le vin qu'il commande est léger et doit être bu rapidement ou, si au contraire, c'est un vin plus structuré à encaver ? Une dégustation suffit pour se faire une opinion. Une autre solution : poser la question au producteur ou au revendeur.

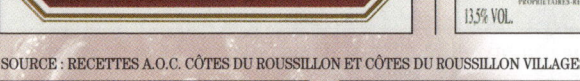
SOURCE : RECETTES A.O.C. CÔTES DU ROUSSILLON ET CÔTES DU ROUSSILLON VILLAGES.

Filet de Loup et Côtes du Roussillon blanc.

Thon mi-cuit aux épices douces et Collioure.

Noisette de lièvre et Côtes du Roussillon Villages.

Canard aux cerises et Côtes du Roussillon vieilli en fût de chêne.

Les vignobles et les vins du Languedoc et du Roussillon

Au début de notre siècle, le charmant petit village de Collioure, célèbre pour ses anchois, a attiré de nombreux peintres d'avant-garde : Braque, Matisse, Derain, etc.

Si, de nos jours, le village de Tautavel est connu pour la qualité de ses vins, il l'est également pour son Centre européen de la Préhistoire où sont exposées des pièces capitales pour l'étude des origines de l'humanité.

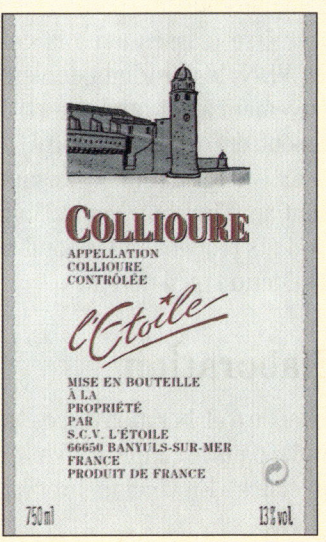
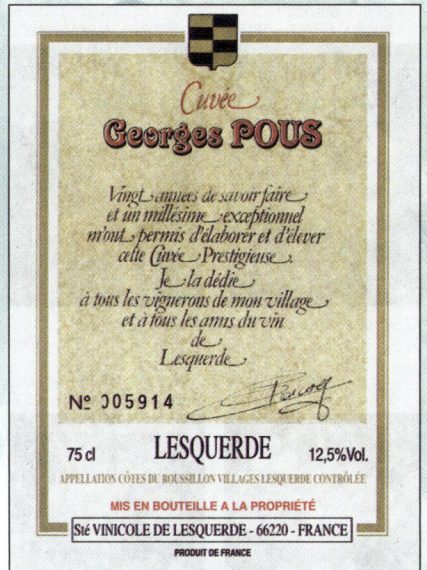

Grâce au matériel archéologique retrouvé sur place, les spécialistes ont pu établir que les grottes de Tautavel ont été occupées alternativement par les hommes et les animaux préhistoriques entre 700 000 et 100 000 ans avant J.C. C'est également sur ce site qu'ont été découverts les restes d'un crâne humain parmi les plus anciens connus à ce jour. Celui de "l'homme de Tautavel" qui vivait dans la région il y a 450 000 ans. Des pollens de vigne sauvage ont également été découverts sur place. Ce qui prouve que la vigne était déjà présente dans la région à cette époque. Mais il s'agissait, bien évidemment, de vigne sauvage.

Vignoble des Côtes du Roussillon, au fond, le Canigou.

LES VINS DOUX NATURELS (V.D.N.)

Bref historique - législation

Quatre-vingt dix pour cent des V.D.N. produits en France proviennent du Languedoc et du Roussillon. Ces vins sont obtenus par mutage, procédé découvert en 1285 par Arnau de Vilanova, médecin de Jacques II roi de Majorque. La dénomination "Vins Doux Naturels" a été attribuée à ces vins par une loi qui date du 13 avril 1898. Cette loi accorde aux VDN un régime fiscal particulier plus intéressant que celui des VDL (Vins de Liqueurs).

Si ce régime fiscal n'a pas posé trop de problèmes en France, en revanche, au regard de la législation européenne (U.E.), de longues années de discussions ont été nécessaires pour aboutir à une définition communautaire spécifique des Vins Doux Naturels.

Ce règlement précise que c'est dans le cadre des Vins de Liqueur Produits dans des Régions Déterminées (VLQ-PRD) que les vins Doux Naturels consti-

N.B : L'A.O.C. «Muscat du Cap Corse» qui est un VDN ne figure pas sur cette carte.

SOURCE : CIVDN.

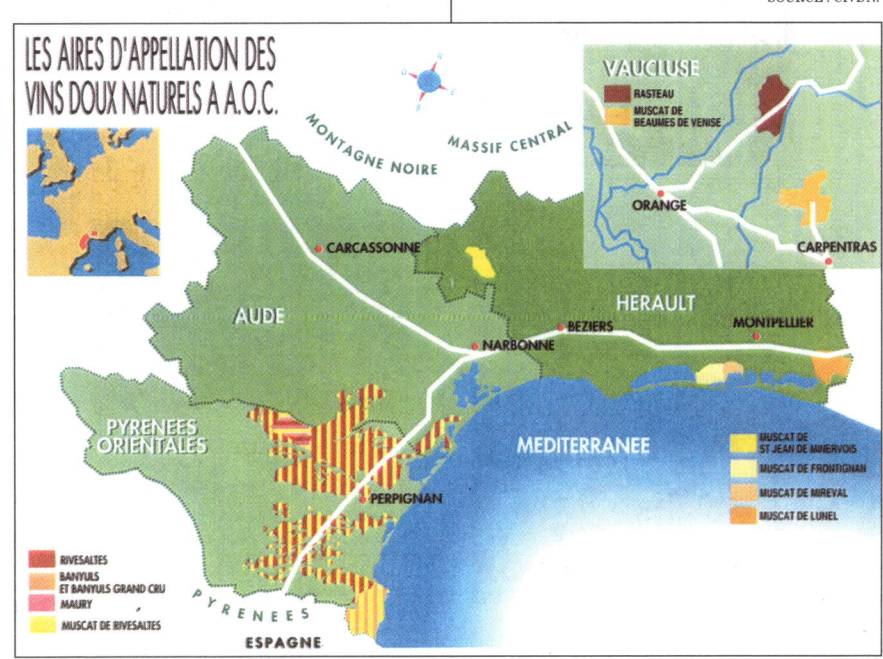

Les vignobles et les vins du Languedoc et du Roussillon

Grenache noir.

Grenache gris.

Grenache blanc.

Maccabeu.

Muscat à petits grains.

Muscat d'Alexandrie.

Malvoisie.

Elevage de Banyuls en barriques à l'extérieur de la Cave des Templiers.

tuent une catégorie particulière. Ainsi, pour être classés dans la catégorie des VDN, les produits doivent impérativement avoir fait l'objet d'un classement en A.O.C. En outre, le texte réserve expressément l'usage de la mention "Vin Doux Naturel" aux seuls produits respectant les conditions de production qu'il définit.

Elaboration

Le mode d'élaboration de ces vins a été étudié dans le chapitre : "Vinifications spéciales". En voici un bref rappel :

Les V.D.N. ne peuvent être élaborés qu'à partir de quatre cépages :

- Grenache (blanc, gris, noir),
- Maccabeu (ou Maccabéo),
- Muscat (petits grains et Alexandrie),
- Malvoisie.

Les moûts doivent titrer au moins 14° d'alcool en puissance (soit 252 g de sucre/litre). Afin de conserver au jus de raisin une partie de son sucre naturel

Elevage de Maury en bonbonnes au Mas Amiel.

Banyuls élevé en Solera.

et ses arômes, on ajoute en cours de fermentation de l'alcool éthylique neutre à 96°, d'origine vinique, à raison de 5 à 10 % du volume de moût mis en œuvre. C'est le mutage. Cette opération arrête l'action des levures avant qu'elles n'aient pu transformer tout le sucre en alcool. Le titre d'alcool minimum du produit fini (alcool acquis et en puissance) doit être de 21,5 % alc. avec un titre d'alcool acquis de 15 % alc. minimum.

Le mutage intervient généralement après le pressurage sur le jus en fermentation dans le cas d'une vinification en blanc. Pour une vinification en rouge, deux cas peuvent se présenter :

- si l'on souhaite un vin léger et peu tannique, le mutage s'effectue sur le jus obtenu après pressurage et quelques jours de fermentation.
- si l'on souhaite un vin plus charpenté, le mutage s'effectue directement sur les grains en cours de fermentation. On parle alors d'un muté sur grains ou muté sur marc. Les VDN élaborés de cette façon ont une meilleure aptitude au vieillissement.

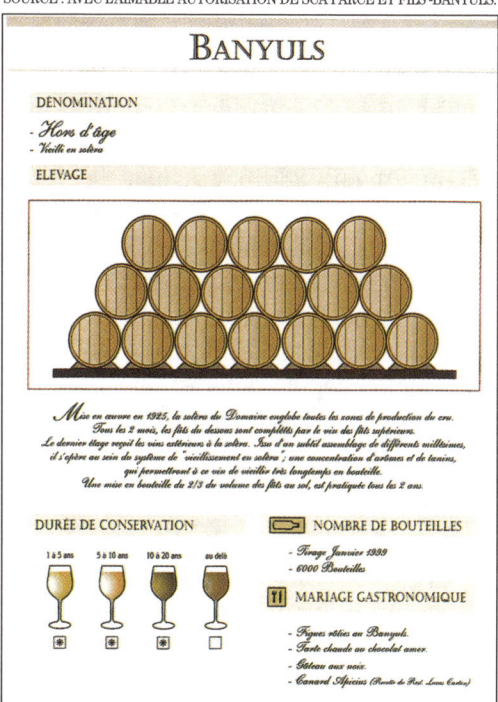
Elevage en Solera.

Les vignobles et les vins du Languedoc et du Roussillon

Suivant que le mutage s'effectue plus ou moins tôt au cours de la fermentation, on obtient des VDN plus ou moins riches en sucre, de l'ordre de 54 à 125 g litre pour un type sec, demi-sec ou doux.

Elevage

A l'exception des Muscats destinés à être bus jeunes, les VDN sont élevés soit en milieu oxydatif, soit en milieu réducteur.

- Milieu oxydatif : contact avec l'air, sous bois ou en bonbonnes. Quelquefois, les vins sont exposés à l'extérieur, ils subissent toutes les variations de température pour accélérer l'effet de vieillissement.

Quelques VDN sont élevés selon le système de "solera" comme le Jérez. Il s'agit toujours de vins rares – de produits d'exception.

- Milieu réducteur à l'abri de l'air : en cuve pleine, souvent sous gaz inerte avec mise en bouteilles précoce.

Banyuls : sol de schistes.

LISTE DES APPELLATIONS DE V.D.N. ET PRINCIPALES CARACTÉRISTIQUES

Appellations	Situation géographique	Principaux cépages	Nature du sol	Observations
Banyuls et Banyuls grand cru	Quatre communes : Banyuls, Collioure, Port-Vendres et Cerbères, dans les Pyrénées-Orientales, au sud de Perpignan, près de la frontière espagnole.	**Grenache noir**, Grenache gris et blanc, Maccabeu. Pour le Banyuls grand cru : 75 % mini de **Grenache noir.**	Terrasses de schistes bruns, sols très pauvres.	Banyuls Grand Cru : sélection des meilleurs Banyuls dans les millésimes exceptionnels, 30 mois de vieillissement sous bois.
Maury	Pyrénées-Orientales, Vallée de l'Agly, au sud des Corbières, 4 communes.	**Grenache noir** (75 % mini). Grenache gris et blanc, Maccabeu.	Schistes brûlés par le soleil.	A Maury, le soleil brille en moyenne 260 jours par an.
Rivesaltes	Sur presque cent communes, 86 dans les Pyrénées-Orientales et 9 dans l'Aude.	**Grenaches** noir*, gris et blanc, Maccabeu, Malvoisie…	Sols très variés : terrasses, schistes, argilo-calcaires et argilo-limoneux.	Cette A.O.C. peut être complétée par : tuilé ou ambré (voir p.255). *50 % mini. pour les vins élevés en milieu oxydatif, 75 % en milieu réducteur.
Muscat de Rivesaltes	Idem + les 4 communes de l'A.O.C. Banyuls (où il n'y a aujourd'hui pas de production).	Muscat d'Alexandrie et Muscat à petits grains.	Idem.	A ne pas confondre avec le précédent.
Muscat de Frontignan	Département de l'Hérault, au sud de Montpellier, sur 2 communes.	Muscat à petits grains (dit de Frontignan).	Cailloutis, calcaires et argile rouge.	Un des rares muscats dont une partie de la production est élevée en fûts de chêne.
Muscat de Mireval	Département de l'Hérault, 2 communes au nord de Frontignan.	Muscat à petits grains.	Cailloutis, calcaires et argile rouge.	Ce muscat peut être fruité ou mielleux.
Muscat de Lunel	Dans l'Hérault, 4 communes entre Nîmes et Montpellier.	Muscat à petits grains.	Cailloutis siliceux, argile, gneiss.	En exil à Sainte-Hélène, Napoléon appréciait ce vin.
Muscat de Saint-Jean-de-Minervois	Département de l'Hérault, 1 seule commune, au nord des Corbières.	Muscat à petits grains.	Argilo-calcaire.	Ce muscat se distingue par sa finesse et ses senteurs florales.
Délaissée pendant quelque temps l'A.O.C. **GRAND ROUSSILLON**, appellation régionale qui englobe les AOC : Banyuls, Maury, Rivesaltes et Muscat de Rivesaltes est à nouveau revendiquée.				

Les vignobles et les vins du Languedoc et du Roussillon

(1) Un décret de décembre 1997 fixe les conditions d'utilisation des mentions "ambré" et "tuilé". Pour la mention "ambré", les vins blancs doivent être élevés à la propriété en milieu oxydatif jusqu'au 1er septembre de la deuxième année suivant la récolte. Pour la mention "tuilé", les vins rouges doivent être élevés à la propriété en milieu oxydatif jusqu'au 1er septembre de la deuxième année qui suit la récolte. Si seule l'AOC Rivesaltes figure sur l'étiquette, les vins sont également élevés à la propriété jusqu'au 1er septembre de la première année qui suit la récolte dont 3 mois en bouteilles, mais en milieu réducteur (à l'abri de l'air).

AOC Banyuls.

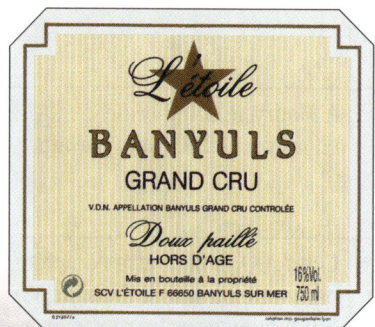

AOC Banyuls Grand Cru.

AOC Maury.

RAPPEL : En dehors du Languedoc et du Roussillon, il existe trois autres VDN français : RASTEAU, MUSCAT DE BEAUMES-DE-VENISE (Vallée du Rhône) et MUSCAT DE CAP CORSE en Corse.

Caractères des vins - accords avec les mets

Les VDN issus de Muscat et ceux à base de Grenache ont une destination gastronomique et une aptitude au vieillissement différentes. Les premiers toujours très aromatiques se consomment jeunes. Ils accompagnent le foie gras, les fromages persillés et de nombreux desserts : tartes aux fruits blancs, salade de fruits, frangipane… Les seconds peuvent être consommés jeunes lorsqu'ils sont élevés en milieu réducteur. Mais la plupart d'entre eux ont une aptitude au vieillissement tout à fait remarquable : 5 à 10 ans, voire 20 ans et plus pour les plus grands (Banyuls grand cru, Maury et Rivesaltes hors d'âge). Ce sont toujours des vins ronds et généreux. Jeunes, ils accompagnent le melon, le canard aux fruits, la tapenade, le lapin aux pruneaux, les entremets à base de fruits rouges. Les vieux VDN élaborés à base de Grenache se servent sur le gibier, le canard aux olives, les fromages (chèvres secs,

AOC Muscat de Mireval.

pâtes persillées) et surtout sur le chocolat amer. Le mariage Banyuls ou Maury avec le chocolat est devenu un accord classique. Il a fallu de nombreuses années pour en arriver là, mais tous ceux qui ont essayé sont convaincus du bien fondé de cet accord. Autre accord à privilégier : une crème catalane (une vraie !) et un Rivesaltes ambré (1).

Les VDN de type rancio accompagnent parfaitement les roquefort, maroilles, pont-l'évêque…

Bien évidemment, tous ces vins peuvent être servis à l'apéritif. Mais ce serait une erreur de ne pas les "inviter" au cours du repas.

Certaines personnes dégustent les très vieux V.D.N., de type rancio, comme digestif après le café.

De l'avis des spécialistes, vieux Banyuls et vieux Maury accompagnent parfaitement les très bons cigares.

AOC Muscat de Lunel.

SOURCE : CAVE DU ROUSSILLON - PERPIGNAN. SOURCE : CIVDN. PHOTOS YVES JAMES ET PIERRE PARCÉ.

Vieux Banyuls et canard aux fruits.

Banyuls Grand Cru et dessert.

Muscat de Rivesaltes avec fruits secs et fruits exotiques.

Rivesaltes et fromages.

Les vignobles et les vins du Languedoc et du Roussillon

Restaurateurs et VDN

La plupart des restaurateurs sont souvent à la recherche d'accords vins et mets originaux. Les VDN répondent parfaitement à cette démarche. Qui plus est, grâce à leur teneur en sucre et en alcool, les VDN se conservent plusieurs jours sans problème après l'ouverture de la bouteille. Ce qui permet de les proposer au verre, aspect non négligeable en restauration.

Les Muscats se servent frais, entre 8 et 10 °C, les Rivesaltes, Maury et Banyuls jeunes de 12 à 14 °C, les mêmes vins, plus âgés, aux environs de 15/16 °C. Bien évidemment, il ne faut jamais ajouter de glaçons comme cela arrive quelquefois pour les Muscats.

Attention à ne pas confondre Rivesaltes et Muscat de Rivesaltes.

La mention "hors d'âge" peut être ajoutée aux mentions "ambré" et "tuilé" pour les vins de l'AOC Rivesaltes ayant subi un élevage de cinq ans minimum après leur élaboration (la plupart d'entre eux sont beaucoup plus âgés). La mention "rancio" est réservée aux VDN blancs ou rouges qui, en raison de leur âge et de conditions particulières, ont pris le goût de "rancio". La méthode classique pour l'obtention de ce type de vin consiste à l'élever en barriques ou en foudres, souvent en vidange. L'élevage est très long, une dizaine d'années minimum. Pour certains rancios, le vieillissement s'effectue au soleil, comme nous l'avons déjà vu (le vieillissement s'effectue en barriques, en muids, ou en bonbonnes).

SOURCE : DOCUMENT CAVE DE MAURY.

Maury et chocolats.

La dénomination "Vintage", longtemps utilisée pour beaucoup de VDN élaborés en milieu réducteur, ne peut plus être utilisée (risque de confusion avec certains vins portugais). Elle est remplacée par "Rimage" (ou Rimtage, en catalan) pour les Banyuls, "Grenat" pour les Rivesaltes et "Récolte" pour les Maury.

Rappel : la France produit également des VDL, Vin de Liqueur, qui bénéficient d'une AOC :

Le Pineau des Charentes (région de Cognac).

Le Macvin (Jura).

Le Floc de Gascogne (Gascogne).

La Clairette du Languedoc.

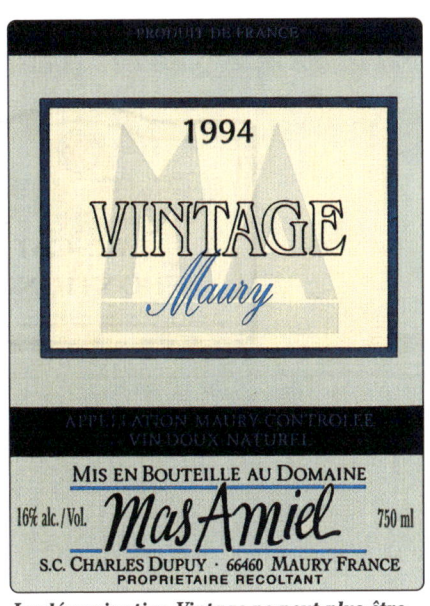

La dénomination Vintage ne peut plus être utilisée...

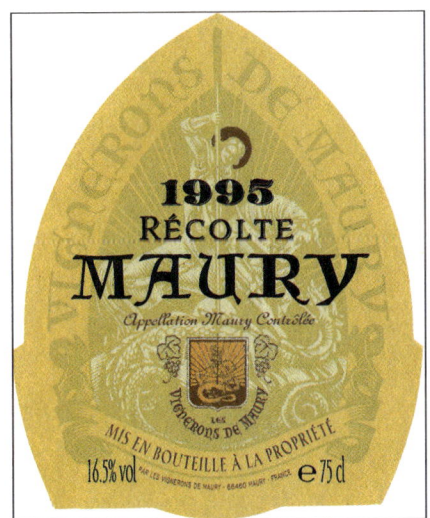

...elle est remplacée par Récolte, Rimage, Grenat

Attention à ne pas confondre Rivesaltes et Muscat de Rivesaltes.

Hors d'âge : 5 ans minimum.
Ambré : vin blanc élevé en milieu oxydatif.
Tuilé : Vin rouge élevé en milieu oxydatif.

Les vignobles et les vins du Languedoc et du Roussillon

RIVESALTES ET SA CÉLÈBRE HALTE

Rivesaltes et sa célèbre halte ont une origine très ancienne. L'expression "la halte de Rivesaltes" figure pour la première fois dans Cyrano de Bergerac d'Edmond Rostand, quand les cadets de Gascogne se rejoignent à l'hôtel de Bourgogne pour mener joyeuse vie. Mais on n'a pas attendu le XIXe siècle pour pratiquer la halte de Rivesaltes. Les premiers à s'arrêter dans ce qui sera bien plus tard le Roussillon furent sans doute les Corinthiens, qui y fondèrent au VIIe siècle avant J.C la ville de Pyréné ou "cité de feu".

Beaucoup de vins de la cave de Frontignan sont vendus en bouteilles torsadées universellement connues. L'origine, selon la légende, proviendrait du fait qu'Hercule, un des plus illustres héros de l'Antiquité, aurait, après avoir bu du Muscat de Frontignan, tordu la bouteille dans ses mains puissantes pour en extraire la dernière goutte.

Ce vin a été loué par Pline, encensé par Rabelais et glorifié par Voltaire dans une lettre écrite de Ferney, près de Genève, où il résidait.

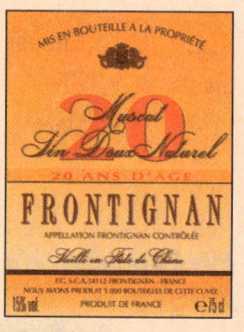

Les Muscats se boivent jeunes, mais comme en grammaire, il y a toujours des exceptions qui confirment la règle.

Bouteille traditionnelle de Frontignan.

Les vignobles et les vins du Sud-Ouest de la France

Bergeracois ; Pyrénées-Atlantiques, Landes, Gers ; Lot-et-Garonne ; Cahors ; autres vins du Sud-Ouest de la France

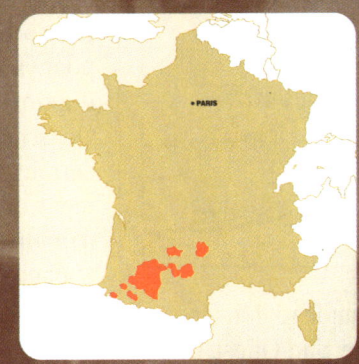

PHOTO BRUNET

LE CHÂTEAU DE MONBAZILLAC

PRESENTATION DES VIGNOBLES

VINS DU SUD-OUEST ?

Bergeracois
Présentation des vignobles
Liste des Appellations et principales caractéristiques
Caractères des vins – Accords avec les mets
Restaurateurs et vins du Bergeracois

Pyrénées-Atlantiques, Landes et Gers
Présentation des vignobles
Liste des Appellations et principales caractéristiques
Caractères des vins – Accords avec les mets
Restaurateurs et vins des Pyrénées-Atlantiques et du Gers

Lot-et-Garonne
Présentation des vignobles
Liste des Appellations et principales caractéristiques
Caractères des vins – Accords avec les mets
Restaurateurs et vins du Lot-et-Garonne

Cahors
Présentation des vignobles
Liste des Appellations et principales caractéristiques
Caractères des vins – Accords avec les mets
Restaurateurs et vins de Cahors

Autres vins du Sud-Ouest de la France
Présentation des vignobles
Liste des Appellations et principales caractéristiques
Caractères des vins – Accords avec les mets
Restaurateurs et autres vins du Sud-Ouest de la France

Editions BPI - REPRODUCTION INTERDITE

Les vignobles et les vins du Sud-Ouest de la France

PRÉSENTATION DES DIFFÉRENTS VIGNOBLES

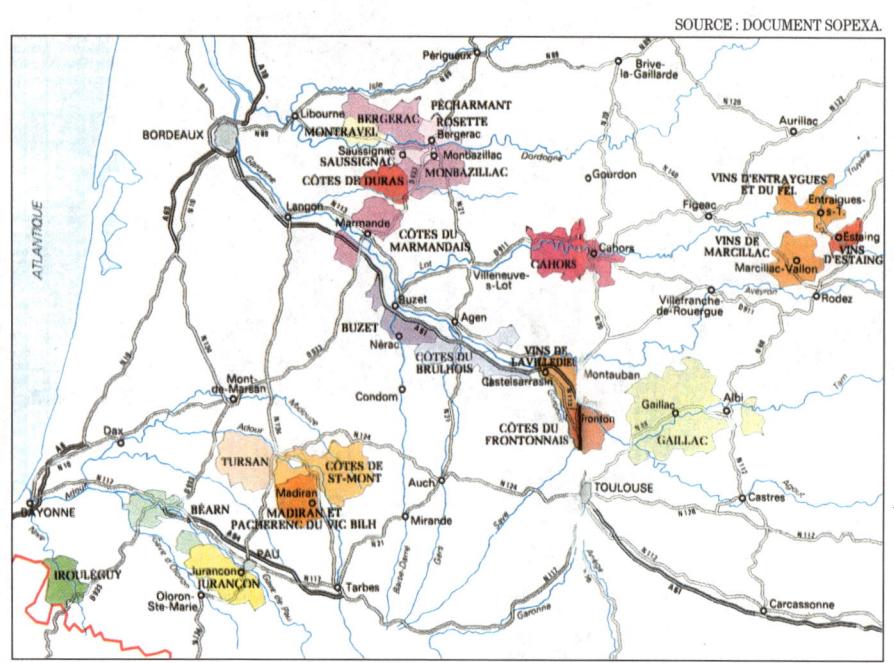

SOURCE : DOCUMENT SOPEXA.

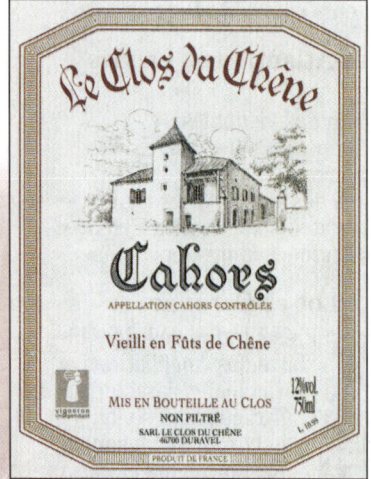

Quelques appellations très connues.

En dehors de la grande région vinicole de Bordeaux, le Sud-Ouest de la France possède de nombreux vignobles parmi lesquels on peut citer ceux du Béarn et de Bergerac. Les vins de ces deux régions sont proposés sous différentes appellations d'origine. Mais la vigne est également présente sur les rives de la Garonne (Buzet, Côtes du Marmandais...), du Tarn (Gaillac), du Lot (Cahors), ainsi qu'au Pays basque (Irouléguy), dans les Landes (Tursan), dans l'Aveyron (Marcillac, Vins d'Estaing...), etc.

La plupart de ces vignobles sont très anciens. Ne dit-on pas que ce sont les moines vignerons de Madiran qui ont créé le *Clos de Vougeot* au XIIe siècle ? Certains de ces vignobles ont longtemps été considérés comme faisant partie des meilleurs d'Europe dans leur catégorie. Ce fut le cas du *Cahors*, du *Monbazillac*, du *Jurançon*, entre autres. Le *Monbazillac*, seigneur incontesté des vins du Bergeracois, était très renommé dès le XIVe siècle, époque où beaucoup de vins de cette région s'exportaient vers l'Europe du Nord. Les vins de Cahors étaient très recherchés, y compris en Russie où ils étaient utilisés pour célébrer la messe. Quant au Jurançon, étroitement lié au baptême du roi Henri IV, il était présent sur la table de nombreux souverains. Malgré cela, après avoir été victimes de procédés commerciaux déloyaux, du phylloxéra et du gel, la plupart de ces vignobles ont failli disparaître.

Mais, comme dans toutes les régions, les viticulteurs sont attachés à leur terroir et à leurs traditions. Ils savent faire preuve de beaucoup de ténacité pour valoriser ou revaloriser leur production. Ce fut le cas dans le Sud-Ouest de la France où le renouveau de certaines appellations est essentiellement dû à quelques viticulteurs qui n'ont pas voulu baisser les bras à une époque où les circonstances n'étaient pas particulièrement favorables. Au lieu d'abandonner la vigne, ils ont replanté et n'ont ménagé ni leur temps ni leur peine pour obtenir des produits de qualité, puis les faire connaître. Dans la plupart des cas, cela s'est traduit dans un premier temps par l'accès à la catégorie des A.O.V.D.Q.S., puis à celle des A.O.C. Ces vins, en raison de leur qualité et de leur diversité, sont donc dignes de figurer sur toutes les tables, des plus modestes aux plus prestigieuses. Il serait souhaitable de les rencontrer plus souvent sur les cartes des vins.

En dehors de quelques A.O.C. telles que : Monbazillac, Jurançon, Cahors, Madiran..., cette vaste région est souvent mal connue (ne trouve-t-on pas régulièrement le *Monbazillac* classé parmi les vins de Bordeaux ?). Elle a pourtant la particularité d'offrir une gamme de vins très complète, allant des vins blancs secs et frais, aux vins moelleux, voire liquoreux. Les vins rouges ne sont pas moins divers, certains sont légers et doivent être bus rapidement, d'autres corsés et tanniques ont une bonne aptitude au vieillissement. Parmi ces derniers, figurent le *Madiran* et cer-

Les vignobles et les vins du Sud-Ouest de la France

tains *Cahors*. En raison du climat, mais surtout de l'encépagement, les vins rouges de Bergerac, de Buzet, des Côtes du Marmandais, etc. ont des caractères proches de leurs voisins du Bordelais.

Quelques appellations très connues.

VINS DU SUD-OUEST ?

Cette méconnaissance, relative, des vins de la partie Sud-Ouest de la France s'explique peut-être par la dispersion géographique des vignobles et le nombre élevé d'appellations. Qui plus est, les mêmes A.O.C. sont présentées comme vins du Sud-Ouest dans certains documents, dans d'autres, elles figurent parmi les vins d'Aquitaine. Certains vins, comme ceux de Cahors, sont présentés à part… Pendant très longtemps, toutes les A.O.C. ont été regroupées sous la dénomination "Vins du Sud-Ouest". Il ne faut plus les présenter de cette façon. Soit ! Donc, pour faciliter l'étude de ces différents vignobles, l'auteur de cet ouvrage a pris la liberté de les présenter d'une façon plus pratique (au risque de s'attirer les foudres des différentes instances représentatives).

Nous verrons donc successivement :

- Les vins de Bergerac (appelés parfois vins de la Dordogne).
- Les vins des Pyrénées-Atlantiques, des Landes et du Gers.
- Les vins du Lot-et-Garonne.
- Le Cahors.
- Les autres vins du Sud-Ouest de la France.

Cette présentation a l'avantage d'avoir une certaine cohérence sur le plan géographique et climatique, sur l'encépagement, et par conséquence sur les accords vins et mets.

Les vins de Bergerac

Vignoble très ancien, le Bergeracois se confond avec l'avènement de la civilisation gallo-romaine. Au XIIIe siècle, le roi d'Angleterre Henri III, qui règne alors sur l'Aquitaine, accorde le droit de circulation des vins de Bergerac jusqu'à l'embouchure de la Gironde, au grand dam de leurs voisins bordelais. Dès 1936, les vins du Bergeracois obtiennent l'Appellation d'origine contrôlée. De nos jours, le vignoble compte 12 A.O.C., 12 000 ha et 1 200 viticulteurs. Le Comité interprofessionnel des vins de la région propose un moyen mnémotechnique pour retenir ces données "la règle des 12".

Le Château de Monbazillac.

Le vignoble de Bergerac.

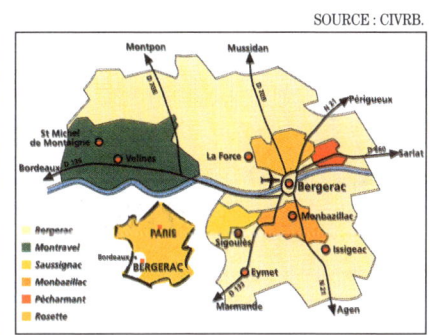

Les vignobles et les vins du Sud-Ouest de la France

LISTE DES APPELLATIONS ET PRINCIPALES CARACTÉRISTIQUES

Appellations	Situation géographique	Principaux cépages	Nature du sol	Observations
Bergerac / Bergerac sec	Département de la Dordogne à l'est du vignoble bordelais, sur les 2 rives de la Dordogne et de ses affluents.	Blancs : **Sémillon, Sauvignon**, Muscadelle, Ondenc, Chenin. Rouges : **Cabernet Sauvignon, Cabernet Franc, Merlot**, Malbec ou Côt.	Argilo-calcaire, calcaire, graves, sable.	A part l'Ondenc et le Chenin (peu cultivés), l'encépagement est le même que dans le Bordelais.
Côtes de Bergerac	Idem.	Idem, mais le Sémillon est le cépage de prédilection pour les blancs.	Idem.	Les blancs se divisent en 3 catégories : demi-secs, moelleux et doux.
Monbazillac	Rive gauche de la Dordogne, au sud de Bergerac.	**Sémillon, Sauvignon, Muscadelle.**	Argilo-calcaire à forte teneur en argile.	Vignoble très ancien, il a la particularité d'être orienté au nord.
Pécharmant	Rive droite de la Dordogne, en amont de Bergerac.	**Cabernet Sauvignon, Cabernet Franc, Merlot**, Malbec ou Côt.	Sable et graviers.	Petite production (400 hectares environ) sur 4 communes.
Montravel	Rive droite de la Dordogne, entre Bergerac et Saint-Emilion.	Blancs : **Sauvignon**, Sémillon, Muscadelle. Rouges : **Merlot***, Cabernets (Franc et Sauvignon), Côt...	Alluvionnaire et mollasses sur calcaire pour les coteaux.	Vin blanc sec issu, avec 25 % minimum de Sauvignon. Vins rouges depuis la récolte 2001, Merlot 50 % minimum.
Côtes de Montravel	Idem.	**Sémillon, Sauvignon, Muscadelle.**	Idem.	Vins moelleux.
Haut Montravel	Idem.	Idem.	Idem.	Exclusivement des vins liquoreux depuis 2004. Ce qui exclut tout enrichissement.
Saussignac	A l'ouest de Monbazillac.	**Sémillon et Sauvignon.**	Argilo-calcaire riche en fer.	Vins moelleux (ou liquoreux par dérogation*).
Rosette	Rive droite de la Dordogne, aux portes de Bergerac.	**Sémillon, Sauvignon, Muscadelle.**	Sable et graviers.	Cette A.O.C., qui avait disparu pendant un certain temps, produit un vin très rare.

* Lorsque les raisins sont botrytisés.

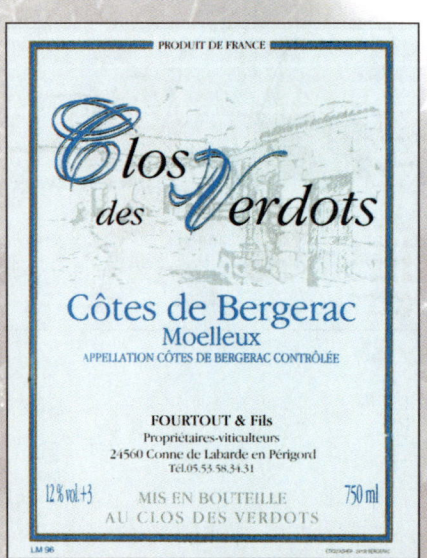

Caractères des vins - accords avec les mets

Le Bergeracois offre une gamme de vins incomparable. Des vins blancs secs : Bergerac sec et Montravel, à boire jeunes, avec les huîtres, les fruits de mer, les différentes préparations à base de poissons, en choisissant les plus souples pour les préparations à la crème. Des vins blancs moelleux ou liquoreux : Monbazillac, Côtes de Montravel, Haut-Montravel, Saussignac, Rosette. La plupart de ces vins ont une excellente aptitude à la conservation : 5, 10 ans, voire beaucoup plus pour les plus grands d'entre eux. La région est propice à l'élaboration de vins blancs issus de raisins botrytisés (comme à Sauternes). Ces vins trouvent leur place sur le foie gras, les fromages à pâte persillée, de nombreux desserts et surtout à l'apéritif. Les vins rouges ne sont pas moins divers : vins légers, à boire jeunes, sous l'appellation Bergerac, pour accompagner les grillades, les viandes blanches…, vins plus corsés sous les appellations Côtes de Bergerac et surtout Pécharmant. Ce dernier a une très bonne aptitude à la conservation. Après quelques années de bouteilles, Côtes de Bergerac et Pécharmant trouvent leur place sur les volailles, le gibier, les viandes rôties, les fromages…

Les vignobles et les vins du Sud-Ouest de la France

Restaurateurs et vins du bergeracois

Eu égard à la qualité, à la diversité et aux prix raisonnables, les vins du Bergeracois peuvent être considérés comme des "vins de restaurateurs". Malheureusement, en dehors de leur région d'origine, à l'exception du Monbazillac, ces appellations ne sont pas assez connues. Si on ne peut pas se rendre dans la région afin de les mieux connaître, il ne faut pas hésiter à découvrir les vins du Bergeracois lors des nombreux salons professionnels où ils sont présents.

Les vins blancs secs se servent entre 9 et 11 °C, jamais glacés.

Les vins blancs moelleux ou liquoreux, légèrement plus frais, entre 6 et 8 °C.

Les vins rouges légers de 12 à 14 °C.

Les vins rouges plus corsés, en particulier le Pécharmant, entre 16 et 18 °C.

Pour la carte des vins, bien évidemment, il ne faut pas classer le Monbazillac parmi les vins de Bordeaux, comme cela arrive encore quelquefois. Attention à l'orthographe de Monbazillac, pas de T, pas de M avant le B. D'autre part, n'oubliez pas de spécifier le type de vin si le Montravel figure à la carte. En effet, le client n'est pas censé savoir que le Montravel est sec et le Haut-Montravel moelleux ou liquoreux.

SOURCE : CIVRB. PHOTO : BENOIT BURDIN.

Chaleur et brouillard favorisent la pourriture noble.

Déjà au 16e siècle, François Rabelais appréciait les vertus des vins de Saussignac et les citait dans son célèbre Pantagruel, en hommage à ses amis, les moines défricheurs de Monestier. Défricheurs et grands buveurs, dit-on…

Vin moelleux

Vin moelleux ou liquoreux

Vin blanc sec

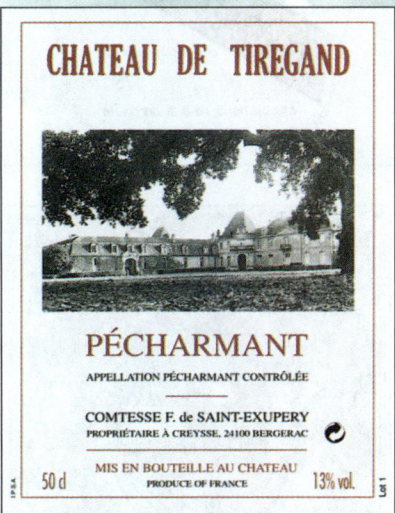

L'A.O.C. Rosette existe depuis 1946. Pendant un certain temps, aucune déclaration de récolte n'a été revendiquée sous cette appellation. C'est un viticulteur, rapatrié d'Afrique du Nord, qui a relancé l'appellation au début des années 60. Ce vin rare, dont la production est de l'ordre de 500 hl par an, est élaboré à partir de raisins légèrement botrytisés.

Les vins des Pyrénées-Atlantiques, des Landes et du Gers

Les vignobles de cette région sont situés essentiellement entre l'Adour et les Pyrénées. Si certaines appellations sont peu connues (pendant très longtemps, les difficultés de circulation sur l'Adour, seul débouché naturel, les ont cantonnées à la consommation locale), d'autres ont acquis depuis très longtemps une renommée incontestable, c'est le cas du Jurançon et du Madiran, entres autres. Le Jurançon est entré dans l'histoire en 1553, le jour du baptême d'Henri IV, Antoine de Bourbon, son père, humecta les lèvres du futur roi d'un peu de Jurançon après les lui avoir frottées avec de l'ail. Quant au Madiran, il a incontestablement bénéficié de sa situation sur la route des pélerins de Saint-Jacques-de-Compostelle.

De nos jours, cette région offre toute une gamme de vins avec un excellent rapport qualité/prix. Ce qui en fait d'excellents vins de restaurateurs. Autre avantage, non négligeable, à un moment où l'on assiste partout dans le monde à une certaine uniformisation de l'encépagement, cette région élabore la plupart de ses vins à partir de cépages traditionnels parmi lesquels il faut citer : le Petit et le Gros Manseng, le Courbu, l'Arrufiac, le Tannat, le Fer Servadou ou Pinenc…

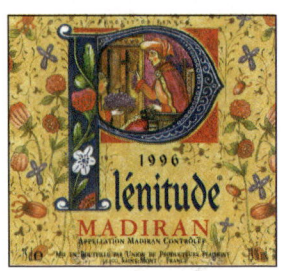  

SOURCE : PRODUCTEURS PLAIMONT. PHOTOS : ALQUIER.

Gros Manseng.   *Arrufiac.*   *Pinenc.*   *Tannat.*

SOURCE : A PARTIR D'UNE CARTE C.I.V.S.O.

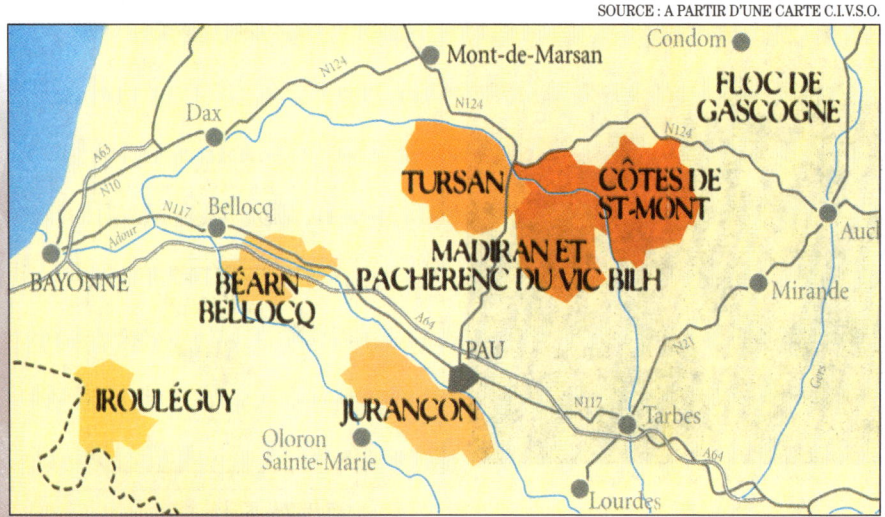

Les vignobles et les vins du Sud-Ouest de la France

LISTE DES APPELLATIONS ET PRINCIPALES CARACTÉRISTIQUES

Appellations	Situation géographique	Principaux cépages	Nature du sol	Observations
Béarn éventuellement suivi de «Bellocq»	Au pied des Pyrénées dans la région de Pau.	<u>Blancs</u> : **Gros Manseng, Petit Manseng, Courbu** (+ Raffiat de Moncade pour Bellocq). <u>Rouges et rosés</u> : **Cabernet Sauvignon, Cabernet Franc** (Bouchy) **Tannat**.	Varié : calcaire, molasses et poudingues*.	Cette A.O.C. très étendue peut être considérée comme une A.O.C. régionale. Mais seulement 13 communes peuvent revendiquer l'A.O.C. Béarn-Bellocq.
Jurançon Jurançon sec	Aux portes de Pau. Entre le Gave de Pau et le Gave d'Ossau.	**Gros Manseng**, Petit Manseng, Courbu…	Silico-argileux riche en galets (poudingues).	A.O.C. Jurançon pour les vins moelleux ou liquoreux. A.O.C. Jurançon sec pour les vins secs.
Madiran	Au nord-est de Pau.	**Tannat** (40 à 60 %) Cabernet Franc, Cabernet Sauvignon, Fer Servadou ou Pinenc.	Argilo-calcaire.	Vieillissement obligatoire d'un an avant commercialisation.
Pacherenc du Vic Bilh	Même aire de production que le Madiran.	**Arrufiac, Petit et Gros Manseng, Courbu,** Sauvignon et Sémillon.	Varié, argilo-siliceux et alluvions.	Existe en sec et en moelleux.
Irouleguy	Au cœur du Pays basque, près de St-Jean-Pied-de-Port.	<u>Blancs</u> : **Gros Manseng, Petit Manseng, Courbu…** <u>Rouges et rosés</u> : **Cabernet Sauvignon, Cabernet Franc, Tannat.**	Argilo-calcaire et argilo-siliceux, galets ronds.	Curnonsky a dit de lui : "Le vin qui fait danser les filles".
Côtes de Saint-Mont (AOVDQS)	Département du Gers et des Landes, sur les rives de l'Adour et de ses affluents.	<u>Blancs</u> : **Arrufiac, Petit Courbu, Petit et gros Manseng.** <u>Rouges</u> : **Tannat** (70 %) Cabernet Franc, Cabernet Sauvignon, Pinenc…	Argilo-calcaire et argilo graveleux.	La vigne était déjà présente dans la région à l'époque gallo-romaine. Les rosés sont obtenus par saignée de Tannat et de Cabernet.
Tursan AOVDQS	Département du Gers et des Landes, au sud de Mont-de-Marsan.	<u>Blancs</u> : **Barroque,** Sauvignon, Gros Manseng, Petit Manseng. <u>Rouges et rosés</u> : Cabernet Franc, Cabernet Sauvignon, Tannat.	Argilo-sableux avec affleurements calcaires et molassiques.	Vignoble très ancien. A redécouvrir.

* Molasse : grès tendre à ciment calcaire.
Poudingue : roche sédimentaire, conglomérats de cailloux arrondis.

SOURCE : CAVE DES PRODUCTEURS JURANÇON.
PHOTOS : VINCENT DUBOURG.

Caractères des vins - accords avec les mets

Les appellations Jurançon et Pacherenc du Vic Bilh produisent des vins blancs secs et des vins moelleux ou liquoreux ; Côtes de Saint-Mont, Irouléguy et Tursan des vins blancs secs. Les vins blancs secs sont en général bien équilibrés et aromatiques. Il est préférable de les boire jeunes, même si certains supportent quelques années de

Les vignobles et les vins du Sud-Ouest de la France

Les Jurançons moelleux et liquoreux ont toujours un bon support acide qui leur confère un bel équilibre. C'est ce qui a fait dire à Louis Orizet, œnologue et vigneron célèbre : "Le Jurançon met sa contradiction à être rond par un bout et pointu par l'autre".

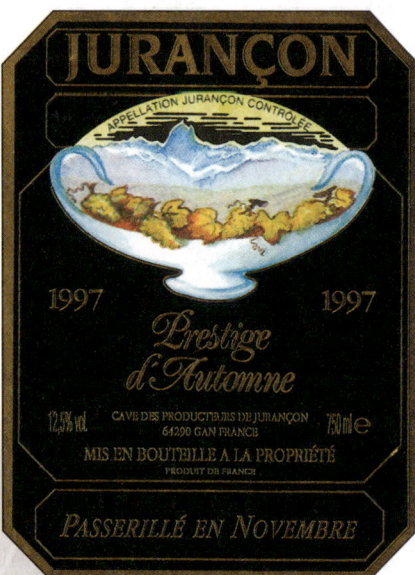

Le Sémillon constitue la base de l'encépagement pour les vins moelleux et liquoreux.

bouteille. Ils se servent sur : les fruits de mer, les huîtres, les poissons, les coquilles Saint-Jacques, les fromages de chèvre, etc. Pour faire un petit clin d'œil à l'histoire, servez un Jurançon sec sur une poule au pot…

Les vins blancs moelleux ou liquoreux sont élaborés à partir de raisins arrivés à surmaturation, généralement passerillés sur pied (pour le Pacherenc du Vic Bilh, le 31 décembre, ont lieu les vendanges de la Saint Sylvestre).

Les vins moelleux ou liquoreux ont une excellente aptitude à la conservation. Ils se servent à l'apéritif, sur le foie gras, les fromages de brebis des Pyrénées et les persillés, etc.

Les rosés (Tursan, Irouléguy, Béarn…) sont à boire jeunes, lorsqu'ils sont encore sur le fruit. Ils accompagnent les hors-d'œuvre, les charcuteries, le poulet basquaise, le Jambon de Bayonne et les pibales (dans certaines régions, elles sont appelées civelles, il s'agit en fait d'alevins d'anguille ; elles sont préparées à la vinaigrette ou en omelette, du Pays nantais à la frontière espagnole).

Les vins rouges sont généralement fermes et tanniques. Ce sont généralement des vins qui ont une bonne aptitude à la conservation, surtout certains Madiran. Après quelques années de bouteilles, ils se servent sur les viandes rouges, les gibiers, les fromages relevés ainsi que sur la plupart des spécialités régionales.

Restaurateurs et vins des Pyrénées-Atlantiques, des Landes et du Gers

Comme nous l'avons déjà signalé, ces vins mériteraient de figurer plus souvent sur les cartes des vins.

Les vins blancs secs se servent entre 9 et 11 °C, jamais glacés.

Les vins blancs moelleux ou liquoreux, légèrement plus frais, entre 6 et 8 °C.

Les vins rouges jeunes et pas trop corsés aux environ de 14 °C ; les plus corsés, en particulier le Madiran, entre 16 et 18 °C.

Pour la carte des vins, il faut bien préciser le type de vin pour les appellations Jurançon et Pacherenc du Vic Bilh. En effet, ces appellations se déclinent en vins sec ou moelleux, voire liquoreux.

"LE VIN DE CURÉ"

Situé sur l'ancienne route de St-Jacques-de-Compostelle, le vignoble de Madiran a pendant très longtemps redonné des forces aux pèlerins en route vers le lieu saint. Pendant des siècles, le vin de cette région fut utilisé (à une époque, pas si lointaine, où l'on célébrait encore la communion avec du vin rouge) comme vin de messe pour les diocèses voisins, d'où son surnom de "vin de curé".

Quant à *l'Irouléguy*, la légende nous dit que ce vin fut le dernier réconfort de Roland à Roncevaux, lorsqu'en 778, l'arrière-garde de l'armée de Charlemagne fut taillée en pièces et que périt le comte Roland. A la suite du traité des Pyrénées, les moines qui cultivaient la vigne dans la région d'Irouléguy ont dû abandonner leurs vignobles. Les habitants de la région se sont empressés de les reprendre et de continuer à élaborer un vin qui a obtenu l'appellation V.D.Q.S. en 1953 et l'A.O.C. en 1970. La rareté de ce vin ne serait pas seulement due au fait que le vignoble est peu étendu, mais s'expliquerait par le nombre de bouteilles expédiées, chaque année, à destination des basques expatriés à New York et surtout à San Francisco.

Lot-et-Garonne

Les vins sont produits essentiellement sur les deux rives de la Garonne, en amont du vignoble bordelais (seules les Côtes de Duras sont situées un peu plus au nord). Les principaux cépages sont ceux du Bordelais tout proche, plus quelques cépages locaux pour certaines A.O.C. Les conditions climatiques ne sont pas très différentes de celles du Bordelais. Il n'est pas question pour autant de comparer les vins de ces deux régions mais ils présentent des similitudes incontestables. Pensez-y.

Caractères des vins - accords avec les mets

Les vins blancs sont des vins secs et fruités, à boire jeunes sur les poissons, les crustacés, les fromages de chèvre…

Les rosés accompagnent parfaitement les repas d'été, les grillades…

Les rouges sont souples et bouquetés, de moyenne garde. Les plus légers (macération courte) se servent sur les viandes rouges, les volailles, les fromages pas trop forts… Les plus corsés méritent quelques années de bouteille, on les sert alors sur le gibier, les magrets, les confits…

Restaurateurs et vins du Lot-et-Garonne

Que ce soit en blanc ou en rouge, les Buzet et Côtes de Duras ne sont pas sans rappeler les Bordeaux issus des A.O.C. régionales. Côtes du Marmandais et Côtes du Brulhois sont légèrement différents en raison de la présence d'Abouriou, de Fer Servadou, de Tannat… Les vins du Lot-et-Garonne permettent d'avoir à la carte des vins, des bouteilles à des prix raisonnables. Qui plus est, la plupart des vins rouges arrivent à maturité assez rapidement, avantage non négligeable pour un restaurateur.

Les vins blancs se servent entre 9 et 11 °C, jamais glacés, les vins rouges

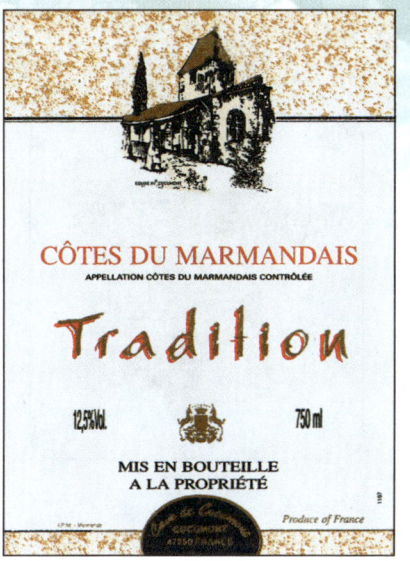

LISTE DES APPELLATIONS ET PRINCIPALES CARACTÉRISTIQUES

Appellations	Situation géographique	Principaux cépages	Nature du sol	Observations
Buzet	Rive gauche de la Garonne, en aval d'Agen.	Blancs : **Sémillon, Sauvignon,** Muscadelle. Rouges : **Merlot,** Cabernet Sauvignon, Cabernet Franc…	Argilo-calcaire et graves, caillouteux et sablonneux par endroits.	A l'origine l'appellation était Côtes du Buzet.
Côtes de Duras	Département du Lot-et-Garonne, à l'est de l'Entre-deux-Mers.	Blancs : **Sémillon, Sauvignon,** Muscadelle. Rouges : Merlot, Cabernet Sauvignon, Cabernet Franc…	Argilo-calcaire et boulbènes.	Souvent classés, à tort, parmi les vins de Bergerac. Les blancs peuvent être secs ou moelleux.
Côtes du Marmandais	Sur les 2 rives de la Garonne à l'est de l'Entre-deux-Mers et des Graves.	Blancs : **Sémillon, Sauvignon,** Ugni blanc, Muscadelle. Rouges* et rosés : Merlot, Cabernet Sauvignon, Cabernet Franc, Abouriou, Fer Servadou, Malbec…	Argilo-calcaire, sur la rive droite de la Garonne, graveleux sur la rive gauche.	* Les cépages "bordelais" ne doivent pas représenter plus de 75 % de l'encépagement.
Côtes du Brulhois AOVDQS	Sur les 2 rives de la Garonne mais surtout sur la rive gauche, en amont d'Agen.	Tannat, Cabernet Sauvignon, Cabernet Franc, Merlot, Fer Servadou, Côt.	Sol caractérisé par son aspect caillouteux, toujours très sec en été.	Les vins de cette appellation, au goût de terroir très prononcé, méritent d'être mieux connus.

Les vignobles et les vins du Sud-Ouest de la France

jeunes et pas trop corsés aux environs de 14 °C, les plus corsés entre 16 et 18 °C.

Pas de problèmes particuliers pour la carte des vins, mais peut-être serait-il souhaitable d'accompagner ces appellations d'une petite carte ou d'un commentaire pour les situer géographiquement.

Cahors

Contrairement à de nombreuses appellations du Sud-Ouest de la France, le Cahors figure très souvent sur les cartes de vins. A cela, plusieurs raisons : la qualité des vins, certes, mais aussi la longue histoire de ce terroir du Quercy. Comme dans la plupart des régions, la vigne est présente, sur les rives du Lot, depuis les Romains. Cette rivière est intimement liée au vignoble. En effet, c'est par cette voie d'eau que les gabares transportaient les barriques de Cahors jusqu'au port de Bordeaux d'où elles partaient pour toute l'Europe. L'opération n'était pas sans risques, il y avait d'une part, de nombreux accidents sur la rivière ; d'autre part, les Bordelais n'appréciaient pas cette concurrence. Ils obtinrent de la cour d'Angleterre, dont ils dépendaient à l'époque, des restrictions draconniennes pour l'entrée des vins de Cahors dans le port de Bordeaux, le fameux "privilège des vins des Bordeaux". Mais c'est de l'histoire ancienne, n'en parlons plus…

Le pape Jean XXII, qui est à l'origine du vignoble de Châteauneuf-du-Pape au début du XIVe siècle, était Cadurcien. Plus tard, François Ier, puis Henri IV imposèrent le vin de Cahors à la Cour. De nos jours, la famille du Prince de Monpezat, époux de Sa Majesté la Reine du Danemark, possède plusieurs vignobles sur l'A.O.C. Cahors.

Le vignoble a failli disparaître après la crise phylloxérique et les terribles gelées qui l'ont anéanti en 1956. Au lieu d'abandonner la vigne, à un moment où le vin se vendait difficilement, une poignée de bonshommes ont replanté et n'ont ménagé ni leur temps ni leur peine pour obtenir des produits de qualité, puis les faire connaître. Cela s'est traduit par la reconnaissance en V.D.Q.S. puis en A.O.C. depuis 1971. Aujourd'hui, le vignoble s'étend sur 4 000 ha.

Il n'existe qu'une seule A.O.C. pour les vins de Cahors.

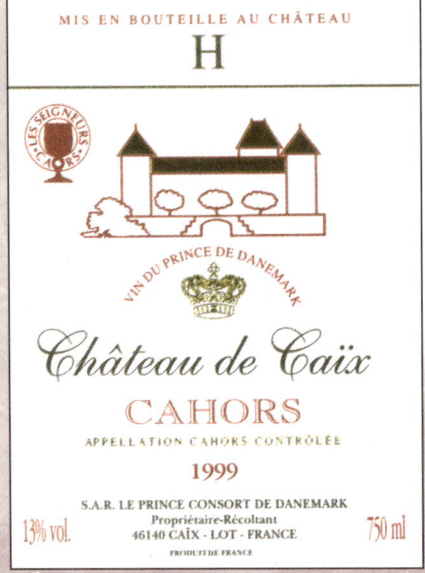

Appellations	Situation géographique	Principaux cépages	Nature du sol	Observations
Cahors	Département du Lot près de Cahors, essentiellement à l'ouest de cette ville.	Côt noir (appelé localement : Auxerrois) 70 % mini, Merlot, Tannat.	2 types de sol : Vallée du Lot : calcaire, alluvions et galets. Causse : argilo-calcaire.	Le vignoble est situé à égale distance entre l'Atlantique, la Méditerranée et les Pyrénées. Il s'étend sur 45 communes.

Les vignobles et les vins du Sud-Ouest de la France

Caractères des vins - accords avec les mets

Généralement les vins de Cahors sont robustes, puissants et riches en couleur. Certains peuvent se boire jeunes, dès la première année, mais l'expérience prouve qu'il est plus sage d'attendre un peu (entre 3 et 5 ans) pour que le vin devienne plus souple, moins astringent. Mais lorsqu'ils proviennent des grands terroirs et d'un grand millésime, les vins de Cahors ont une longévité remarquable : 15 ans, 20 ans, voire plus… La dégustation d'un vieux Cahors reste un moment privilégié.

Il faut servir les vins de Cahors jeunes, encore légèrement tanniques sur les grillades, le canard rôti, les viandes en sauce… et même si cela peut surprendre le profane sur le foie gras de canard et le roquefort, à condition que ce dernier soit gras et bien onctueux. Les vins plus évolués accompagnent les truffes, le gibier, les viandes rouges accompagnées de cèpes.

Restaurateurs et vin de Cahors

Pas de difficultés particulières pour les restaurateurs. Il n'existe qu'une A.O.C. et tous les vins sont des rouges. Posez quand même quelques questions à votre fournisseur sur l'origine du vin : Vin du Causse ou de la Vallée ? Macération longue ? Un vin de Cahors produit sur le plateau calcaire du Causse est généralement plus tannique et plus dur dans son jeune âge que celui des terrasses et des coteaux de la Vallée du Lot, mais il a une meilleure aptitude à la conservation.

Il faut servir les Cahors jeunes et légers aux environs de 14 °C. Les vins plus corsés et plus évolués de 15 à 17 °C.

Pour la carte des vins, il est souhaitable de préciser le nom du producteur et de ne pas se contenter d'indiquer : Cahors et le millésime.

N'hésitez pas à carafer un vin encore jeune, sur la réserve. Décantez éventuellement les vieux Cahors, mais avec discernement (revoir la partie service).

LA BARRIQUE PERPÉTUELLE

Il existe dans la région de Cahors une vieille tradition : la barrique perpétuelle. A l'occasion d'une bonne récolte ou d'évènement familial, un fût de vin est sélectionné. Après quelques années, une partie est mise en bouteilles (généralement un quart ou un cinquième), puis le fût est complété par le nouveau millésime. Cette opération est pratiquée chaque année d'où le nom de barrique perpétuelle. Cette méthode a également été pratiquée dans d'autres régions, notamment en Italie, où dans certains villages, on offrait aux jeunes mariés un tonneau de vin lequel, comme à Cahors, était complété chaque année après la mise en bouteilles d'une partie de son contenu. Lors de la disparition du dernier des deux conjoints, tous les habitants du village vidaient le tonneau en hommage au "cher disparu".

PHOTO : BRUNET.

Le célèbre pont Valentré à Cahors.

Le Côt, appelé localement Auxerrois doit représenter au moins 70 % de l'encépagement.

LE VIN DE CAHORS

DEUX MILLÉNAIRES D'HISTOIRE

Le Vin de Cahors est l'un des plus anciens d'Europe. Sa naissance se situe cinquante ans avant Jésus-Christ, lorsque les Romains plantèrent de la vigne dans le Quercy. Dès le VIIe siècle, Saint Paul Evêque de Verdun remerciait l'Evêque de Cahors Saint Didier pour son envoi de succulent Vin de Cahors. En 1152, le mariage d'Aliénor d'Aquitaine avec Henri II, roi d'Angleterre, donne une formidable impulsion au vignoble de Cahors. En 1325, le Pape Jean XXII (enfant du Quercy) en fait son vin de table et de messe en Avignon. En 1531, François 1er devient un grand amateur de Vin de Cahors. Il fait même planter une vigne avec le cépage "Cahors" à Fontainebleau et demande l'intervention à la cour d'un expert vigneron, un nommé Rivais, qui se rend sur place avec 30 mulets et 30 pièces de vin. A son retour, il sera surnommé "Lou Prince", dénomination qui reste encore à sa descendance.

Apprécié en France, le Vin de Cahors jouit d'une grande notoriété à l'étranger. Dès le XIIIe siècle, l'Eglise Orthodoxe russe l'adopte comme vin de messe. Le Tsar Pierre Le Grand soignait son estomac au Vin de Cahors. Aujourd'hui, le Cahors est encore le vin de messe des Popes. Il existe en Russie un vin appelé "Caorskoié vino". On trouve aussi des cépages lotois en Azerbaïdjan.

Il fut le vin préféré du Président de la république Georges Pompidou, lotois qui, mis au courant du blocage de ce dossier, fit promulguer le décret de classement en A.O.C. en avril 1971.

SOURCE : UNION INTERPROFESSIONNELLE DES VINS DE CAHORS

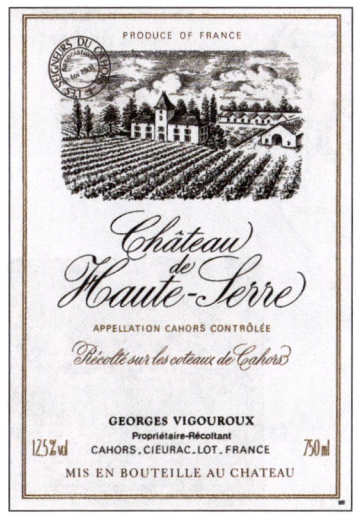

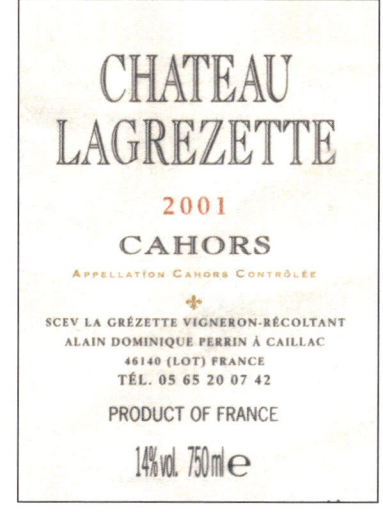

Editions BPI - REPRODUCTION INTERDITE

Les vignobles et les vins du Sud-Ouest de la France

AUTRES VINS DU SUD-OUEST DE LA FRANCE

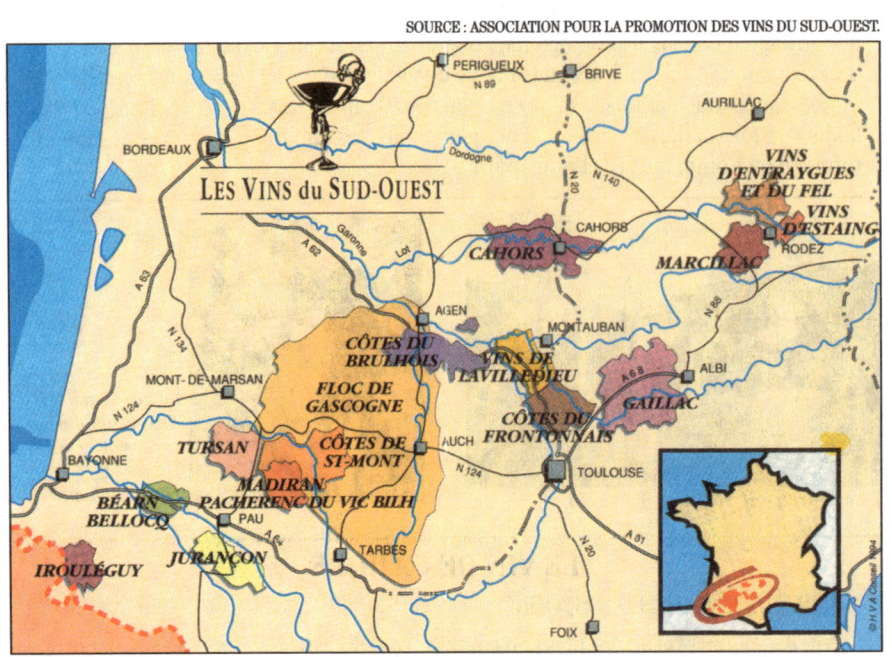

SOURCE : ASSOCIATION POUR LA PROMOTION DES VINS DU SUD-OUEST.

Dans le tableau ci-contre, figurent des vins très connus comme le Gaillac et les Côtes du Frontonnais. D'autres le sont moins. Cela est parfois dû à une faible production (Vins d'Estaing, d'Entraygues et de Fel…) ou à une promotion plus récente au rang des vins d'appellation d'origine. C'est le cas des Côtes de Millau et des Coteaux du Quercy.

Caractères des vins - accords avec les mets

Ces différentes appellations présentent des caractères différents. Ce qui s'explique par la situation géographique et l'encépagement. Le Gaillac sec est frais et aromatique, il se sert sur les poissons et les fruits de mer ; le doux est onctueux et très long en bouche, il accompagne parfaitement le foie gras et le Roquefort ; le "perlé" se sert à l'apéritif et avec les fruits de mer ; les rouges sont charpentés et équilibrés, certains ont une bonne aptitude au vieillissement, ils se servent sur les viandes rouges, les fromages… Les côtes du Frontonnais rouges peuvent être souples, fruités et aromatiques ou plus puissants et plus tanniques si la Négrette est très présente. Les premiers, à boire jeunes, accompagnent les viandes blanches, les volailles rôties, les grillades, les magrets…, les seconds, les viandes en sauce, le gibier, les fromages… Les vins rouges de Lavilledieu sont généralement suaves et bien équilibrés, certains sont à boire jeunes, d'autres gagnent à rester quelques années en bouteilles. Les vins blancs d'Estaing, d'Entraygues et de Fel sont frais et fruités, les rouges, parfois rustiques, si le Fer Servadou domine, accompagnent parfaitement l'agneau et les spécialités locales, par exemple l'aligot (pommes de terre, fromage de Laguiole, lait, ail, saindoux). Les vins blancs des Côtes de Millau sont souples et équilibrés, les rouges légers et frui-

Méthode gaillacoise.

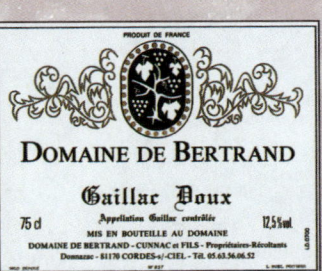

Les vignobles et les vins du Sud-Ouest de la France

LISTE DES APPELLATIONS ET PRINCIPALES CARACTÉRISTIQUES

Appellations	Situation géographique	Principaux cépages	Nature du sol	Observations
Gaillac Gaillac doux ** Gaillac Premières Côtes** Gaillac Mousseux**	Département du Tarn dans la région d'Albi, essentiellement à l'ouest de cette ville.	Blancs : **Mauzac,** Muscadelle, Len-de-l'el, Sauvignon... Rouges et rosés : **Duras, Braucol** ou Fer Servadou, **Gamay,** Syrah, Négrette...	Rive gauche du Tarn, graveleux, convient aux vins rouges. Rive droite : varié : granit, calcaire... Convient surtout aux blancs.	Des vestiges d'amphores fabriquées sur place prouvent que la vigne était déjà cultivée à Gaillac sous l'occupation romaine.
Côtes du Frontonnais	Départements : Garonne, Tarn-et-Garonne, au nord de Toulouse.	Rouges et rosés : **Négrette,** Cabernet, Gamay, Côt, Syrah...	Sols pauvres, très graveleux.	Une des particularités de cette A.O.C. est son encépagement à base de Négrette.
Marcillac	Département de l'Aveyron, près de Rodez.	Rouges et rosés : **Mansois*,** Merlot, Cabernets.	Argilo-calcaire.	* Nom local du Fer Servadou.
Lavilledieu AOVDQS	Départements de Haute-Garonne et du Tarn-et-Garonne, à proximité de Montauban.	Rouges et rosés : Negrette, Cabernet Franc, Gamay, Syrah, Tannat.	Limons fins et siliceux sur sous-sol de cailloutis ou d'alios ferrugineux.	Tout petit vignoble : 150 hectares environ.
Vins d'Estaing AOVDQS	Département de l'Aveyron, au nord-ouest de Rodez.	Blancs : **Chenin,** Rousselou(1), Mauzac. Rouges et rosés : **Fer Servadou, Gamay,** Cabernets, Merlot...	Varié mais à dominance de schistes.	Ce petit vignoble (7 ha) peu connu, est ancien (IXe siècle). Il est très morcelé. Il produit des vins très typés.
Vins d'Entraygues et du Fel (AOVDQS)	A cheval sur les départements de l'Aveyron et du Cantal.	Blancs : **Mauzac, Chenin...** Rouges et rosés : **Fer Servadou,** Gamay, Cabernets, Merlot...	Varié mais à dominance de schistes.	Autre vignoble peu connu. Il date de la même époque que le précédent (faible production).
Côtes de Millau AOVDQS	A l'est du département de l'Aveyron. Gorges du Tarn aveyronnaises.	Blancs : **Chenin,** Mauzac. Rouges et rosés : **Gamay, Syrah,** Cabernets, Négrette.	Calcaire.	Un des rares vins de pays à être passé en AOVDQS (en 1996). Un vin à découvrir.
Coteaux du Quercy AOVDQS	Entre Gaillac et Cahors, 18 communes dans le Tarn-et-Garonne, 15 dans le Lot.	Rouges et rosés : **Cabernet Franc** (40 % mini 60 % max), Merlot, Côt, Gamay, Tannat.	Argilo-calcaire et des "boulbènes chaudes".	Comme le précédent, ce vin de pays est passé en AOVDQS (en 1999).

** Les vins de Gaillac offrent des vins pour tous les goûts, y compris des "primeurs".
(1) Ce cépage, cité dans de nombreux ouvrages, est inconnu des gens de la région.

tés, ils se boivent jeunes. Les vins rouges des Coteaux du Quercy sont corsés sans excès et aromatiques, les rosés, frais et fruités.

Restaurateurs et "autres vins du Sud-Ouest de la France"

Très souvent en restauration, le client souhaite sortir des sentiers battus et découvrir des vins originaux. Les appellations qui figurent dans le tableau ci-dessus offrent cette possibilité : large palette des vins proposés comme à Gaillac, typicité et production très faible : Lavilledieu, Marcillac, Vin d'Estaing...

L'originalité de l'encépagement (Négrette à Fronton, Len de l'el à

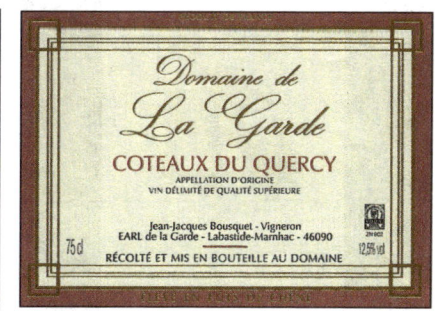

Les vignobles et les vins du Sud-Ouest de la France

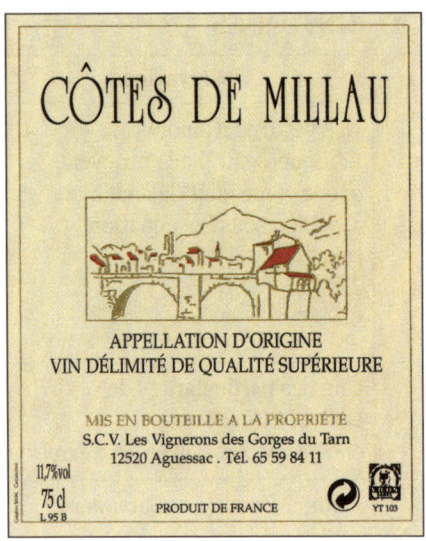

Gaillac, Fer Servadou pour les vins d'Estaing…) renforce l'aspect découverte.

Les vins blancs secs se servent entre 9 et 11 °C, jamais glacés.

Les vins blancs doux, légèrement plus frais, entre 6 et 8 °C.

Les vins rouges jeunes et légers entre 12 et 14 °C, les plus corsés, entre 16 et 18 °C.

Pour la carte des vins, précisez bien le type pour les vins de Gaillac (sec, doux, perlant…) et n'oubliez pas de préciser A.O.V.D.Q.S. pour les vins qui ne sont pas encore en A.O.C.

A.O.C. Gaillac : vins blancs, rouges et rosés ; A.O.C. Gaillac doux : vins blancs dont la fermentation a été ralentie ou arrêtée par filtration ou soutirage, ces vins doivent conserver 70 g de sucre résiduel par litre. A.O.C. Gaillac Premières Côtes : réservée à des vins blancs produits sur 8 communes sur les 73 de l'appellation. A.O.C. Gaillac mousseux : vins blancs ou rosés effervescents élaborés soit selon la méthode traditionnelle soit selon la méthode gaillacoise. Le Gaillac "fraîcheur perlé" qui connaît beaucoup de succès a la particularité de conserver, après le travail du vigneron, une quantité importante de fines perles.

LE CÉPAGE LEN DE L'EL

Le nom de ce cépage signifie loin de l'œil, il est appelé ainsi parce que la grappe est munie d'un long pédoncule, donc le raisin est loin du bourgeon (œil) qui lui a donné naissance.

SOURCE : CIVG.

Len de l'el.

SOURCE : CAVE DE FRONTON.

Négrette.

Les vignobles et les vins du Val de Loire et du Centre

SOURCE :
PHOTO : NICOLAS JOLY.

La coulée de Serrant

Présentation des vignobles

Centre Loire
Présentation du vignoble
Liste des appellations et principales caractéristiques
Caractères des vins - Accords avec les mets
Restaurateurs et vins de Centre-Loire

Centre

Touraine
Présentation du vignoble
Liste des appellations et principales caractéristiques
Caractères des vins - Accords avec les mets
Restaurateurs et vins de Touraine
Appellations "limitrophes" de la Touraine
Appellations communes à la Touraine et à l'Anjou

Anjou
Présentation du vignoble
Liste des appellations et principales caractéristiques
Caractères des vins - Accords avec les mets
Restaurateurs et vins d'Anjou
Appellations "limitrophes" de l'Anjou

Les vins de Nantes
Présentation du vignoble
Liste des appellations et principales caractéristiques
Caractères des vins - Accords avec les mets
Restaurateurs et vins de Nantes

Les vignobles et les vins du Val de Loire et du Centre

PRÉSENTATION DES VIGNOBLES

> Le Val de Loire est classé au patrimoine mondial de l'UNESCO.
>
> Depuis 2000, un périmètre de la Vallée de la Loire situé entre Sully-sur-Loire près d'Orléans et Chalonnes-sur-Loire près d'Angers est classé au patrimoine mondial de l'UNESCO. Quelques centaines de sites seulement, répartis sur 122 pays, bénéficient de cette distinction. Ce classement devrait avoir des conséquences positives pour l'image des vignobles et des vins du Val de Loire.

"Qu'il est joli mon Val de Loire" chante le troubadour, en évoquant cette région appelée le Jardin de la France. Nombreux sont ceux pour qui elle représente ce qu'il y a de plus éminemment français : le pays où l'on parle sans accent. Région bénie des dieux, elle est parsemée de châteaux (Amboise, Chambord, Cheverny, Chenonceaux, etc.). Partout plane l'ombre d'écrivains célèbres parmi lesquels peuvent être cités : Balzac, Du Bellay, Ronsard, etc. Mais le Val de Loire, c'est aussi le pays de la vigne et du vin glorifiés par Rabelais, enfant du pays.

Les vignobles s'étendent sur les rives de la Loire et de ses affluents, du Massif Central jusqu'à l'Océan. Le fleuve royal rencontre successivement les vignobles du Nivernais, du Berry, de la Touraine, de l'Anjou et enfin celui de Nantes.

Sur un aussi long parcours, les conditions de production sont différentes dans des domaines aussi importants que la nature du sol, le climat et l'encépagement. C'est ce qui explique, en partie, la diversité des vins du Val de Loire. Selon les vignobles, on va rencontrer des roches cristallines, des sédiments calcaires, des cailloux et des limons apportés par les vents et les rivières… Le climat océanique en région nantaise et en Anjou devient semi-continental des confins de la Touraine au Centre. La plupart des vins sont issus de monocépage. Pour les vins blancs : Melon de Bourgogne pour le Muscadet, Sauvignon dans le Centre, Chenin blanc pour tous les grands vins blancs d'Anjou et de Touraine ; pour les vins rouges : Cabernet Franc ou Gamay en Touraine et en Anjou, Pinot noir dans le Centre.

Partout la vigne est présente. Les appellations sont fort nombreuses. L'amateur et le restaurateur y trouvent une palette de vins très complète ; blancs liquoreux, moelleux, secs ou demi-secs ; rouges légers ou corsés ; rosés frais et faciles à boire. Des appellations connues du monde entier et des appellations connues des seuls initiés.

Pour faciliter l'étude, dans cet ouvrage, cette vaste région est divisée en cinq parties :
Centre-Loire
Centre
Touraine.
Saumur-Anjou
Pays nantais.

L'A.O.C. Val de Loire n'existe pas. Mais, sous certaines conditions, cette mention peut être ajoutée à la plupart des appellations. Les deux A.O.C., Rosé de Loire et Crémant de Loire sont limitées à la Touraine et à l'Anjou. En revanche, pour les vins de pays, une dizaine de départements peuvent vendre leur vin comme "Vin de pays du Jardin de la France".

SOURCE : F.I.V.A.L.

Les vins du Val de Loire.

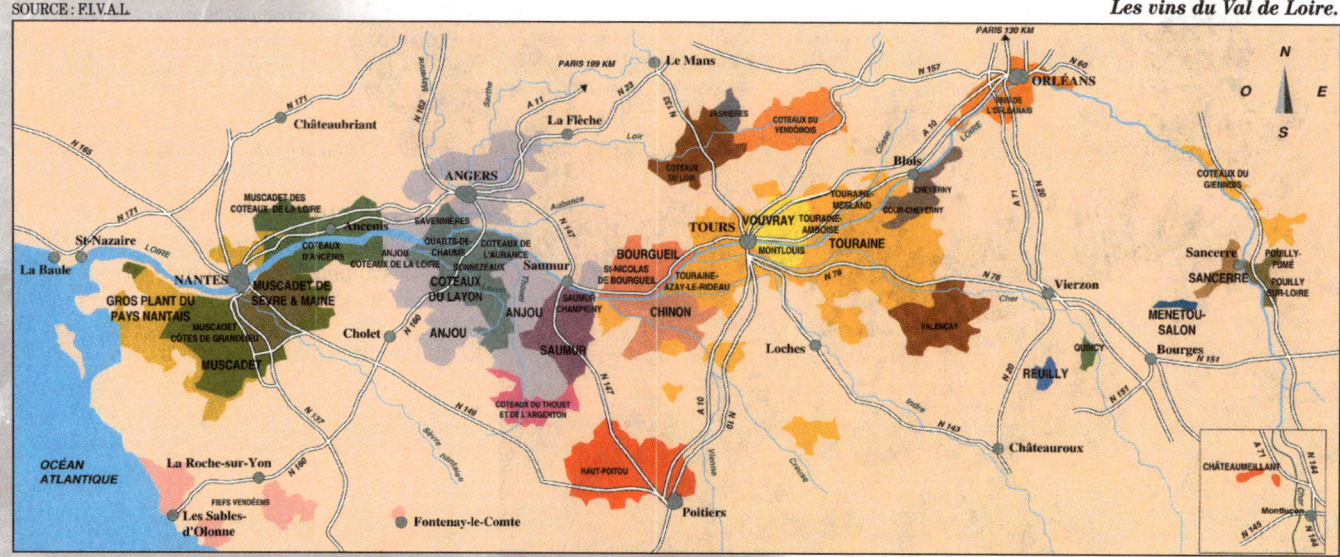

VINS de NANTES **VINS d'ANJOU et de SAUMUR** **VINS de TOURAINE** **VINS du CENTRE**

Les vignobles et les vins du Val de Loire et du Centre

CENTRE-LOIRE

Présentation des vignobles

Les vignobles du Centre-Loire s'étendent sur quatre départements : la Nièvre, le Cher, l'Indre et le Loiret. La partie située dans la région de Bourges et de Nevers peut être considérée comme le royaume du Sauvignon. Y sont élaborés essentiellement des vins blancs secs issus de ce cépage, et en quantité beaucoup plus restreinte, reprenant ainsi une pratique ancienne, quelques vins rouges et rosés issus de Pinot noir ou de Gamay. Parmi les vins blancs de cette région, les plus connus sont incontestablement le Sancerre et le Pouilly-Fumé. Mais les autres appellations méritent une attention particulière.

Cépage Sauvignon.

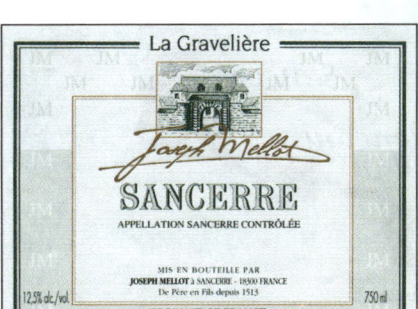

A.O.C. les plus connues.

Appellations	Situation géographique	Principaux cépages	Nature du sol	Observations
Sancerre	Département du Cher, sur la rive gauche de la Loire.	Blanc : **Sauvignon** exclusivement. Rouges et rosés : **Pinot noir**.	Argilo-calcaire (terres blanches) à l'ouest, très siliceux à l'est, sols très cailloutex par endroits.	Vignoble très ancien, déjà cité par l'évêque historien Grégoire de Tours au VIe siècle.
Pouilly-fumé ou blanc-fumé de Pouilly	Département de la Nièvre, rive droite de la Loire en face de Sancerre.	**Sauvignon** (ou Blanc fumé) exclusivement.	Dominance de marnes et calcaires compacts du Kimméridgien.	Même aire de production que pour Pouilly-sur-Loire, mais encépagement différent.
Pouilly-sur-Loire	Département de la Nièvre, rive droite de la Loire en face de Sancerre.	**Chasselas** avec ou sans Sauvignon.	Dominance de marnes et calcaires compacts du Kimméridgien.	Très présent en Suisse, le Chasselas est rare en France pour les vins d'AOC. On le trouve surtout en Savoie. En Alsace, il tend à disparaître.
Quincy	Rive gauche du Cher à l'ouest de Bourges.	**Sauvignon**.	Terrasses de sable et de graves sur des calcaires et argiles lacustres.	Vin qui gagne à être mieux connu. Rappelle le Sancerre, mais plus léger.
Reuilly	Au sud de Vierzon sur les rives de l'Arnon.	Blanc : **Sauvignon**. Rouges et rosés : **Pinot noir**, Pinot gris.	Coteaux de marnes calcaires et terrasses sablo-graveleuses.	A ne pas confondre avec Rully (Bourgogne).
Menetou-Salon	Entre Sancerre et Bourges.	Blanc : **Sauvignon**. Rouges et rosés : **Pinot noir**.	Sédiments calcaires du jurassique supérieur.	Jacques Cœur, grand argentier du royaume, y possédait des vignes (sous Charles VII en 1439).
Coteaux du Giennois	A cheval sur les départements de la Nièvre et du Loiret.	Blancs : **Sauvignon**. Rouges et rosés : **Gamay, Pinot noir**.	Calcaire à l'est et siliceux à l'ouest.	AOC depuis 1999.
Château-meillant* AOVDQS	A cheval sur les départements du Cher et de l'Indre, au sud de Bourges.	Rouges et rosés : **Gamay, Pinot noir**, pinot gris.	Sablo-limoneux sur sous-sol de grès argileux.	Très connu pour son célèbre "vin gris" obtenu par pressurage direct. *Châteaumeillant en un seul mot.

Les vignobles et les vins du Val de Loire et du Centre

Les vins du Centre-Loire.

Caractères des vins - Accord avec les mets

Les vins blancs de cette région sont secs et aromatiques. Ils doivent se boire jeunes. Ces vins peuvent être servis à l'apéritif ou en début de repas avec les coquillages, les fruits de mer, les poissons, mais aussi avec les fromages de chèvre, en particulier le crottin de Chavignol. Sauvignon et crottin de Chavignol sont considérés comme un mariage d'amour. Autre accord à privilégier : le Pouilly-Fumé et le saumon fumé.

Les vins rosés, à boire jeunes, sont fruités et bien équilibrés. Ils se servent sur la charcuterie, la cuisine exotique, les grillades… Les rouges, plus rares, sont légers et fruités. Ce ne sont pas des vins de garde. Ils accompagnent bien les viandes, y compris les viandes blanches, le gibier à plumes, le lapin et les volailles en sauce. Le vin rouge de Châteaumeillant est recommandé sur la soupe aux lentilles du Puy.

Sancerre et crottins de Chavignol.

Les autres AOC méritent une attention particulière.

Pouilly Fumé et saumon fumé.

Les vignobles et les vins du Val de Loire et du Centre

Restaurateurs et vins de Centre-Loire

Sancerre et Pouilly-Fumé figurent régulièrement sur les cartes des vins. Les autres appellations sont trop souvent méconnues ou oubliées. C'est dommage, car elles offrent toute une palette de vins, généralement légers et agréables, à des prix moindres que les appellations les plus connues.

Les vins blancs et les vins rosés de cette région se servent frais entre 8 et 10 °C, jamais glacés ! Les vins rouges issus de Gamay aux environs de 12 °C, ceux issus de Pinot noir à 14/15 °C.

Pour la carte des vins, attention, l'appellation Pouilly tout court n'existe pas ! Il ne faut pas confondre les différents Pouilly : Pouilly-Fuissé, bourgogne blanc de la région de Mâcon ; Pouilly-Fumé, Val de Loire issu de Sauvignon et Pouilly-sur-Loire issu de Chasselas avec ou sans Sauvignon.

Même remarque pour Reuilly et Rully, ce dernier est un vin de Bourgogne (Côte Châlonnaise). Pour Châteaumeillant, précisez bien AOVDQS.

Sancerre.

Menetou-Salon : panneau à l'entrée du village.

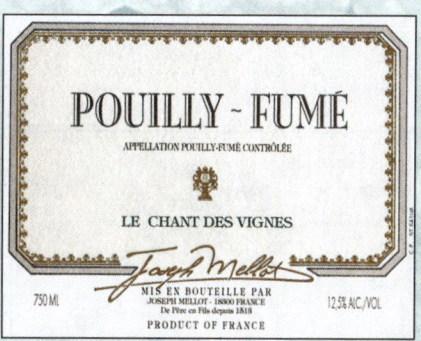

Attention à ne pas confondre les «Pouilly» :
- *Pouilly-Fumé Val de Loire, cépage Sauvignon,*
- *Pouilly-sur-Loire, Val de Loire, chasselas avec ou sans Sauvignon.*
- *Pouilly-Fuissé, Bourgogne, Mâconnais, cépage Chardonnay.*

Le clos de la Poussie, qui constitue un des vignobles les plus importants de l'appellation Sancerre, est relativement récent. Il fut remis en état dans les années 40 par M. Crochet qui, s'inspirant de ce qui se faisait en Suisse pour les terrains très pentus, utilisa (peut-être pour la première fois en France) le moto treuil, employé couramment aujourd'hui dans les vignobles pentus.

Une légende prétend que lorsque l'église de Sancerre fut construite, il faisait si chaud que l'eau vint à manquer. La récolte de vin ayant été abondante l'année précédente, et le vin n'ayant pas encore conquis la Capitale, on l'utilisa pour faire le mortier.

C'est sur la commune de Sancerre que se trouve le hameau de Chavignol, célèbre pour ses crottins. Ces fromages sont élaborés avec du lait de chèvre. Ils bénéficient d'une appellation d'origine contrôlée. Cette appellation déborde largement le cadre du hameau. Elle s'étend sur la majeure partie du département du Cher et sur une petite partie des départements du Loiret et de la Nièvre. A Chavignol, une dégustation de crottin et de Sauvignon (bu avec modération…) est toujours un grand moment, même à 10 h du matin…

Chavignol.

Les vignobles et les vins du Val de Loire et du Centre

CENTRE

Indépendamment de toutes les appellations déjà citées, il existe dans le Centre de la France des vins qui ne peuvent pas être rattachés à l'une des sous-régions du Val de Loire (Touraine, Anjou,...), mais qui complètent la gamme des vins de cette vaste région qui s'étend du Massif Central à l'Océan. Parmi ces vins, on trouve ceux d'Auvergne, du Bourbonnais et du Forez. Certains ont une origine très ancienne. C'est le cas des vins d'Auvergne et de Saint-Pourçain. Toutes ces appellations, connues ou non, font des efforts louables pour offrir des produits dignes de leur terroir.

Les vins de ces appellations ont des caractères différents selon le ou les cépages dont ils sont issus. Les blancs sont généralement secs. Servis à 10 °C environ, ils accompagnent les entrées, les poissons et les crustacés. Les rouges, issus essentiellement de Gamay, souvent vinifiés en macération carbonique, sont des vins légers et fruités, à boire jeunes et légèrement frais sur les grillades, les viandes blanches, les volailles (en privilégiant le Chanturgues avec le coq au vin). En effet, le coq au vin de Chanturgues serait l'ancêtre du coq au vin… Les vins rouges d'Auvergne ont bien évidemment leur place sur les fromages de la région : Saint-Nectaire, Cantal, Bleu d'Auvergne et Fourme d'Ambert.

Appellations	Situation géographique	Principaux cépages	Nature du sol	Observations
Côtes du Forez A.O.C.	Département de la Loire sur la rive droite du fleuve.	Gamay.	Volcanique et sables granitiques.	Cette A.O.C., généralement rattachée au Val de Loire, dépend de l'INAO Bourgogne.
Côte Roannaise A.O.C.	Département de la Loire, sur les 2 rives du fleuve.	Gamay.	Arènes granitiques et sables.	L'appellation locale pour le restaurant Troisgros...
Saint-Pourçain AOVDQS	Département de l'Allier, au sud-ouest de Moulins.	Blanc : **Chardonnay, Tressallier...** Rouges et rosés : **Gamay, Pinot noir.**	Argilo-calcaire et graves.	Les vins de cette appellation étaient servis à la table des rois de France.
Côtes d'Auvergne AOVDQS	Département du Puy-de-Dôme sur les 2 rives de l'Allier.	Blanc : **Chardonnay.** Rouges et rosés : **Gamay, Pinot noir.**	Volcanique (Chanturgues), argilo-calcaire par endroits (Corent).	L'appellation peut être complétée par un nom de terroir (1).

(1) Chanturgues, Corent, Madargues, Boudes et Châteaugay peuvent compléter l'appellation Côtes d'Auvergne.

Les vignobles et les vins du Val de Loire et du Centre

TOURAINE

La Touraine, pays des châteaux, patrie de : Balzac, Descartes, Rabelais... produit des vins réputés. Il faut les déguster sur les rillettes, les rillons et autres spécialités du pays en déclamant : "Quand mon verre sera plein, je le viderai. Quand il sera vide, je le plaindrai."

Pas de doute possible, nous sommes bien au pays de Gargantua et de Pantagruel...

Le vignoble tourangeau couvre 15 000 hectares. Les vins blancs sont issus essentiellement du Pineau de Loire (ou Chenin) et du Cabernet Franc appelé localement "breton" pour les rouges.

Cette région, où résidèrent de nombreux rois de France, produit à la fois des vins blancs tels que le Vouvray et le Montlouis (pendant des siècles, ces vins ont connu la faveur des Hollandais) et des vins rouges parmi lesquels le Chinon, cher à Rabelais, le Bourgueil et le Saint-Nicolas-de-Bourgueil. Mais il ne faut pas oublier pour autant des appellations qui sans avoir la même renommée, produisent des vins de qualité.

Effigie de Rabelais.

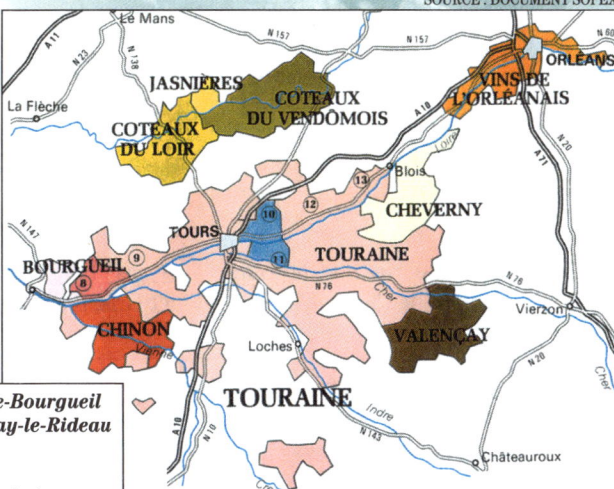

8. St-Nicolas-de-Bourgueil
9. Touraine-Azay-le-Rideau
10. Vouvray
11. Montlouis
12. Touraine-Amboise
13. Touraine-Mesland

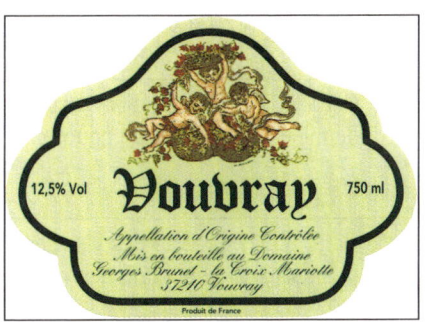

Saint-Nicolas de Bourgueil.

Touraine Noble Joué.

Les vignobles et les vins du Val de Loire et du Centre

Appellations	Situation géographique	Principaux cépages	Nature du sol	Observations
Touraine	Département de l'Indre-et-Loire, une petite partie du Loir-et-Cher et une commune de l'Indre. Essentiellement sur les rives de la Loire et de ses affluents.	Blancs : **Pineau de la Loire** (ou Chenin blanc), Sauvignon, Chardonnay (peu). Rouges et rosés : **Cabernet Franc** (Breton), Cabernet Sauvignon, Gamay, Grolleau, Côt, Pineau d'Aunis, Pinot noir.	Très varié : argilo-calcaire (aubuis), argiles à silex (perruches), sables et graviers, sable sur tuffeau (tuffeau : calcaire tendre, très présent dans la région).	Cette appellation peut être complétée par "pétillant" ou "mousseux" pour les vins qui correspondent à ces types de vinification.
Touraine Noble Joué	Aux portes sud de Tours, entre le Cher et l'Indre.	Vins gris : Pinot Meunier, Pinot Gris, Pinot noir.	Argilo-calcaire et argiles à silex.	"Noble Joué" peut compléter l'A.O.C. Touraine. Vins gris.
Touraine Azay-le-Rideau	Près de la ville, célèbre pour son château, sur les rives de l'Indre et de la Loire.	Blanc : **Pineau de la Loire**. Rosés : **Grolleau** (ou Groslot), Cabernets, Côt, Gamay (peu).	Argiles à silex, argilo-calcaire, sables éoliens.	Pas de vin rouge sous cette A.O.C., très connue pour ses rosés secs issus de Grolleau.
Touraine Amboise	Sur les rives de la Loire, à proximité de la ville d'Amboise, en amont de Tours.	Blanc : **Pineau de la Loire**. Rouges et rosés : **Gamay, Côt**, Cabernets.	Sols cailloux, sables mêlés à de l'argile et du calcaire ; argilo-calcaire.	Sur la route des pèlerins de St-Jacques-de-Compostelle.
Touraine Mesland	Rive droite de la Loire, face au château de Chaumont.	Blancs : **Pineau de la Loire**, Sauvignon, Chardonnay. Rouges et rosés : **Gamay, Côt**, Cabernet.	Argiles à silex, calcaire et marnes, sables et graviers.	La nature du sol convient parfaitement au Gamay, parfois vinifié en gris.
Vouvray complété éventuellement par «pétillant» ou «mousseux»	Rive droite de la Loire à quelques kilomètres en amont de Tours.	**Pineau de la Loire** (ou Chenin).	Argilo-calcaire et argilo-siliceux.	Cette A.O.C. produit des vins secs, demi-secs, moelleux ou liquoreux.
Montlouis-sur-Loire complété éventuellement par «pétillant» ou «mousseux»	Rive gauche de la Loire en amont de Tours, face à Vouvray.	**Pineau de la Loire** (ou Chenin).	Argilo-siliceux et sablonneux.	Cette A.O.C. produit des vins secs, demi-secs, moelleux ou liquoreux.
Chinon	Sur les rives de la Vienne, affluent de la Loire.	Blanc (peu) : **Pineau de la Loire**. Rouges et rosés : **Cabernet Franc**, Cabernet Sauvignon.	Argilo-calcaire, argilo-siliceux, graviers plus sables.	Dans la région, le cépage Cabernet Franc, très présent, est appelé "Breton".
Bourgueil	Rive droite de la Loire, en amont de la ville de Saumur.	Rouges et rosés : **Cabernet Franc**, Cabernet Sauvignon.	Sablo-graveleux, argilo-calcaire sur les coteaux.	Ce vin a inspiré Ronsard, poète de la Pléiade.
Saint Nicolas-de-Bourgueil	Commune de St-Nicolas, à l'intérieur de l'A.O.C. Bourgueil.	Rouges et rosés : **Cabernet Franc**, Cabernet Sauvignon.	Sablo-graveleux, argilo-calcaire sur les coteaux.	Petite production.

Chinon et volaille rôtie.

Montlouis sec et poissons.

Vouvray et frangipane.

Les vignobles et les vins du Val de Loire et du Centre

Caractères des vins - Accord avec les mets

Les vins blancs produits en Touraine peuvent être secs, demi-secs ou moelleux. Les vins secs, issus de Sauvignon sont frais et aromatiques, il faut les boire jeunes ; ceux issus de Chenin sont plus souples et plus présents en bouche, ils peuvent se boire jeunes mais certains d'entre eux (Vouvray et Montlouis), secs peuvent néanmoins être conservés quelques années. Ils se servent sur les fruits de mer, les poissons de mer et de rivière, le fromage de chèvre…. L'andouillette et le Vouvray constituent un accord parfait. Les vins demi-secs, moelleux ou liquoreux issus de Chenin sont des vins ronds, très présents en bouche. Ils ont une bonne aptitude au vieillissement : 10/15 ans, voire beaucoup plus pour les Vouvray et Montlouis de grands millésimes. Certains de ces vins sont issus de raisins surmaturés (pourriture noble) comme dans le Sauternais. Ceux de 1947, année exceptionnelle pour ce type de vin sont absolument fabuleux. Malheureusement, il devient de plus en plus difficile de s'en procurer. Ces vins moelleux ou liquoreux, bien équilibrés et très aromatiques (coing, miel, tilleul, acacia…), accompagnent : foie gras, fromages à pâte persillée, tartes, frangipane, etc. Mais ils peuvent aussi être bus pour eux-mêmes !

Les vins rouges issus de ou à base de Gamay et/ou de Grolleau sont des vins légers et fruités, à boire jeunes sur la charcuterie, les grillades, les viandes blanches. Chinon, Bourgueil et Saint Nicolas-de-Bourgueil sont des vins très typés avec un bouquet caractéristique qui rappelle la framboise (Bourgueil) ou la violette (Chinon). Ils peuvent se boire jeunes s'ils proviennent de sols légers, ils se servent alors sur les rillettes, de Tours bien évidemment, les volailles… servis frais avec des pêches ou des fraises, ils constituent un dessert délicieux et original. Autre accord à essayer : le pot-au-feu et un Chinon rouge jeune. Lorsqu'ils sont produits sur les coteaux, ce sont des vins bien structurés qui se conservent très bien dans les bonnes années (10/15 ans et plus). Après quelques années de bouteilles, les Chinon et Bourgueil provenant des coteaux accompagnent bien : les viandes rouges, les viandes en sauce, les gibiers, les fromages, particulièrement les chèvres jeunes.

Les vins mousseux et pétillants, fort nombreux dans la région, sont généralement servis à l'apéritif, avec les poissons et certains desserts, surtout s'ils sont demi-secs. Ils peuvent accompagner tout un repas, mais dans ce cas, il faut jouer sur les différents types (brut, demi-sec…) comme pour le Champagne. Ce sont également des vins de réceptions.

Restaurateurs et vins de Touraine

Les vins de cette région n'occupent pas toujours la place qu'ils méritent, ils sont pourtant très faciles à vendre en restauration. En effet, ils proviennent d'une région que beaucoup de personnes ont déjà visitée ou rêvent de découvrir. Une petite référence à l'histoire suffit souvent à capter l'attention. Qui plus est, certaines AOC comportent le nom d'un château célèbre dans l'intitulé de leur appellation.

Les vins blancs issus de Chenin doivent être servis entre 10 et 12 C°. C'est à cette dernière température qu'ils s'expriment vraiment. Ne les servez jamais glacés ! Ceux issus de Sauvignon entre 8 et 10 °C.

Attention, la plupart des vins rouges de Touraine doivent être servis frais. A la température d'une bonne cave, c'est-à-dire aux environs de 12 °C. Seuls les Chinon et les Bourgueil les plus corsés et ayant quelques années de bouteilles se servent de 15 à 17 °C.

Lorsque les Vouvray et Montlouis figurent à la carte, il est indispensable de préciser s'il s'agit d'un sec, d'un demi-sec ou d'un moelleux. En effet, un client peut ne connaître que le moelleux et être dérouté en présence d'un vin sec ou inversement.

Bouteilles « Touraine ».

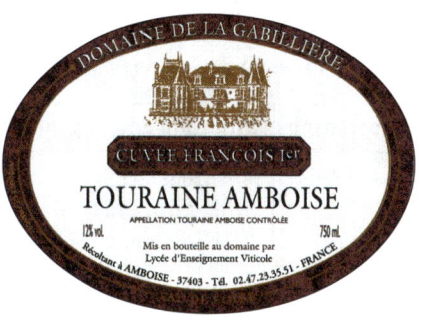

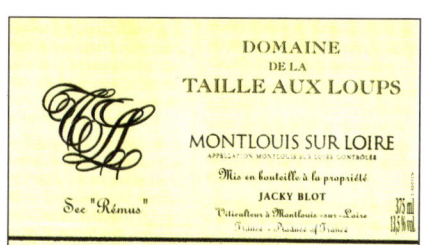

Existe en sec et en moelleux comme le Vouvray.

Les vignobles et les vins du Val de Loire et du Centre

Savez-vous qui a appris aux hommes à tailler la vigne ? Un âne, et pas n'importe quel âne puisqu'il s'agissait de celui de Saint Martin, évêque de Tours au VIe siècle (célèbre pour avoir partagé son manteau avec un pauvre).

Saint Martin ayant attaché la brave bête à un arbre, celle-ci se détacha pour aller brouter la vigne toute proche. Désolation de notre évêque, jusqu'au moment où l'on constata que la vigne ainsi broutée donnait des raisins de bien meilleure qualité que celle qui n'avait pas subi les "outrages" de la bête. Evidemment, il ne s'agit que d'une légende, que l'on raconte différemment dans d'autres régions (en Grèce, par exemple). Mais pourquoi n'en aurait-il pas été ainsi ?

Pour les vins rouges, particulièrement pour les Chinon et les Bourgueil, au moment de l'achat, il faut savoir si le vin doit être mis rapidement à la carte ou si au contraire il est destiné au vieillissement. Dans le premier cas (consommation rapide), il faut acheter un Chinon des bords de la Vienne (provenant d'un sol de gravier mêlé de sable) ou un Bourgueil de graves. Dans le second cas, un Chinon provenant du plateau ou des coteaux argilo-calcaires ou argilo-siliceux et un Bourgueil de tuffeau. Votre fournisseur doit être en mesure de vous indiquer la provenance.

Une partie des vins commercialisés sous l'A.O.C. Touraine est vinifiée en primeur. Ces vins légers, à boire jeunes, peuvent être mis à la consommation à partir de novembre, comme les Beaujolais primeurs.

LE BRETON

Pourquoi le Cabernet Franc porte-t-il le nom de "Breton" en Touraine ? Plusieurs hypothèses sont proposées : l'une d'elles suppose que ce cépage aurait été rapporté du Bordelais par l'abbé Breton, intendant du Cardinal de Richelieu, qui résida en Touraine où une ville porte encore son nom. Cette explication peut paraître plausible, mais en 1600, le Cardinal n'avait que 15 ans et déjà, aux environs de 1530, Rabelais mentionne ce vin en ces termes dans Gargantua "ce bon vin Breton, lequel ne croist point en Bretaigne mais en pays Véron (Pays Véron : région de Chinon)". Il paraît donc difficile de retenir cette explication…

Cabernet Franc dit «Breton» en Touraine.

Appellations «limitrophes» de la Touraine

Bien qu'elles ne soient pas situées en Touraine, les AOC suivantes peuvent éventuellement y être rattachées.

Appellations	Situation géographique	Principaux cépages	Nature du sol	Observations
Jasnières	Département de la Sarthe, au nord de la Touraine.	**Pineau de la Loire** (Chenin).	Argilo-calcaire sur tuffeau.	Toute petite production.
Coteaux du Loir	Départements Sarthe et Indre-et-Loire, au nord de la Touraine.	Blanc : **Chenin**. Rouges et rosés : **Gamay, Cabernets**, Côt, Pineau d'Aunis, Grolleau.	Marnes calcaires sur tuffeau, schisteux ou siliceux par endroits.	Une appellation à redécouvrir.
Cheverny	Département du Loir-et-Cher, près de Blois sur la rive droite de la Loire.	Blancs : **Sauvignon, Chardonnay, Chenin**. Rouges et rosés : **Gamay, Pinot noir, Cabernets**, Menu Pineau…	Argile et sable, argilo-calcaire par endroits.	Ces vins sont très prisés par les nombreux touristes qui visitent la région.
Cour-Cheverny	Plus restrictive que la précédente (11 communes au lieu de 24).	**Romorantin** exclusivement.	Argilo-calcaire.	Le cépage Romorantin est cultivé essentiellement dans cette A.O.C.
Coteaux du Vendômois	Département du Loir-et-Cher sur les 2 rives du Loir.	Blancs : **Chenin**, Chardonnay. Rouges et rosés : **Pineau d'Aunis**, Gamay, Cabernets, Pinot noir.	Argilo-calcaire avec des silex.	Vins légers, à boire jeunes. A.O.C. depuis 2001.

Les vignobles et les vins du Val de Loire et du Centre

Appellations	Situation géographique	Principaux cépages	Nature du sol	Observations
Orléans*	Département du Loiret, 13 communes.	Blancs : **Chardonnay** (60 % mini), Pinot gris... Rouges et gris : **Meunier****, (60 % mini), Pinot noir, Pinot gris. Rouges : **Meunier** (70 % mini), Cabernets...	Argiles et graviers siliceux.	Cette région, très connue pour ses vins gris, produit d'excellents vins rouges et blancs. **Ici le Pinot meunier est appelé : gris meunier, le Pinot noir : Auvernat noir et le Chardonnay : Auvernat blanc.
Orléans-Cléry	Appellation réservée à 5 communes.	A.O.C. ORLÉANS-CLÉRY : **Cabernet Franc**, Cabernet Sauvignon (25 % maxi).		*Ces 2 A.O.C. ont remplacé l'A.O.V.D.Q.S. "Orléanais".
Valençay A.O.C. décret mars 2004 (effet rétroactif à partir récolte 2002, sous certaines conditions).	13 communes du département de l'Indre et une du Loir-et-Cher, au nord-ouest de Châteauroux	Blancs : **Sauvignon** (70 % mini), **Chardonnay, Arbois**. Rouges et rosés* : **Gamay** (30 % mini, 60 % maxi), **Côt et Pinot noir** (ensemble 20 % mini).	Argiles à silex** sur sous-sol crayeux.	*Eventuellement, Cabernet, si planté avant 2000. **Pendant longtemps les silex de cette région ont fourni des pierres à fusil pour l'armée.

Caractères des vins - Accord avec les mets

Caractères différents en fonction de l'encépagement et de la nature du sol. Mais, dans l'ensemble, ces vins ont sensiblement les mêmes caractères et la même destination gastronomique que les vins de Touraine. Il faut les servir à la même température et se souvenir de quelques particularités : les vins de Jasnières sont très proches des Vouvray, ceux issus de Romorantin sont fins et légers avec très souvent des arômes exotiques. Les gris-meunier de l'appellation Orléanais offrent des vins très originaux. Ils ont toujours une robe très chatoyante et des arômes de groseille et de cassis. Ils se servent sur les terrines de gibiers et les petits gibiers à plumes de la Sologne, toute proche...

Restaurateurs et A.O.C. "limitrophes" de la Touraine

Un vivier de vins originaux et peu connus. Une occasion pour faire preuve d'originalité au moment d'établir la carte de vins. Une petite précision : Gris meunier, Romorantin, Gamay... qui sont des noms de cépages ne suffisent pas. Ils doivent être accompagnés de l'appellation exacte sous laquelle le vin est commercialisé. Il suffit de se reporter à l'étiquette.

Attention à ne pas confondre Cheverny et Cour-Cheverny. Ce dernier n'existe qu'en blanc et est issu exclusivement de cépage Romorantin.

> Le vignoble de Cheverny a une origine très ancienne. Au Moyen Âge, en 1294, le Comte de Blois, Hugues II de Châtillon réglementait déjà le travail des vignerons de cette région et exonérait de certains impôts les bourgeois de Blois possesseurs de "closeries".
>
> C'est à François 1er que l'on doit l'introduction dans la contrée du cépage actuel connu sous le nom de "Romorantin".

Au nord de la Touraine.

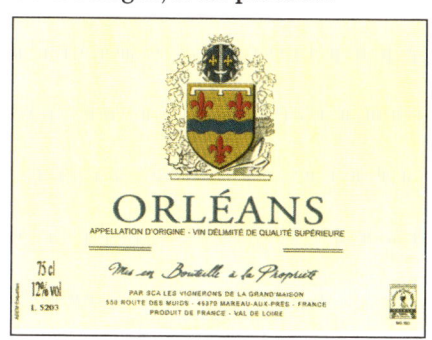

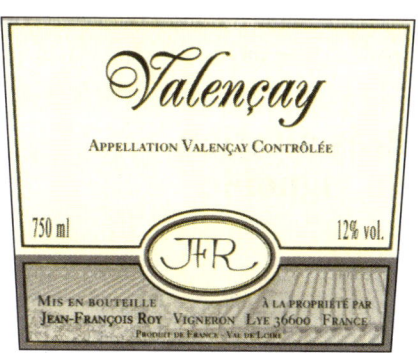

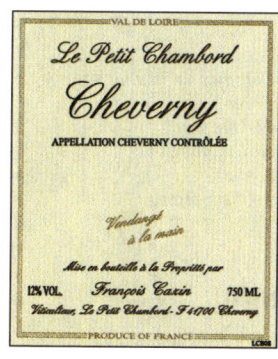

Attention à ne pas confondre. Le Cour-Cheverny n'existe qu'en blanc et est issu exclusivement du cépage Romorantin.

Les vignobles et les vins du Val de Loire et du Centre

A.O.C. communes à la Touraine et à l'Anjou

Deux appellations sont communes à la Touraine et à l'Anjou : Rosé de Loire et Crémant de Loire.

Appellations	Situation géographique	Principaux cépages	Nature du sol	Observations
Rosé de Loire	Sur les aires de production de l'Anjou, du Saumurois et de la Touraine.	**Cabernet Franc, Cabernet Sauvignon,** Côt, Grolleau, Gamay, Pineau d'Aunis.	Très varié étant donné l'étendue de l'appellation.	Ce vin est toujours sec. Il doit contenir moins de 3 grammes/litre de sucre résiduel.
Crémant de Loire	Sur les aires de production de l'Anjou du Saumurois et de la Touraine.	**Chenin,** Chardonnay, Cabernets, Grolleau, Menu Pineau, Pinot noir, Pineau d'Aunis.	Varié mais à dominante calcaire.	Ces vins sont élaborés par la méthode traditionnelle, seconde fermentation en bouteilles, comme pour le Champagne.

Les 2 AOC communes à l'Anjou et à la Touraine.

Les vins vendus sous l'A.O.C. *Rosé de Loire* sont des vins **secs,** légers et rafraîchissants dominés sur le plan aromatique par des notes fruitées. Il faut les boire jeunes entre 10 et 12 °C. Ils accompagnent les hors d'œuvre, les charcuteries, en particulier les rillons, les grillades, les volailles rôties, les viandes blanches… et en règle générale, les menus d'été.

Le Val de Loire et en particulier la Touraine et l'Anjou ont vocation à élaborer des vins effervescents de qualité. Les cépages traditionnels, complétés par le Chardonnay pour les blancs, ont une bonne aptitude à la prise de mousse. Mais surtout, ces deux régions possèdent des caves à température constante, creusées dans le tuffeau, idéales pour l'élaboration de ce type de vin. Après un an de vieillissement dans ces caves, les Crémants de Loire ont acquis une mousse fine et des arômes délicats. Il faut les servir entre 7 et 9 °C en apéritif, sur les poissons fins… Sur les desserts, il est souhaitable de servir le demi-sec ou un brut bien dosé (c'est-à-dire pas trop marqué par l'acidité).

Ces vins sont également des vins de réceptions.

ANJOU-SAUMUR

2. Anjou-Coteaux de la Loire
3. Savennières
4. Quart-de-Chaume
5. Coteaux de l'Aubance
6. Bonnezeaux
7. Saumur Champigny

SOURCE : DOCUMENT SOPEXA.

"Heureux qui comme Ulysse…", "Plus mon petit Liré que le Mont Palatin…", Joachim Du Bellay, poète de la Pléiade, a souvent célébré la douceur angevine. Si l'Anjou, province située de part et d'autre de la Loire, entre la Touraine et le Pays Nantais est connue pour sa douceur, elle l'est aussi pour la qualité et la diversité de ses vins.

Présentation du vignoble

En quittant la Touraine par l'ouest, apparaissent aussitôt les vins de Saumur. Cette ville est très connue pour sa célèbre école de cavalerie, le fameux Cadre noir, où l'on sabrait les bouteilles de Champagne, mais surtout celles de vin mousseux produit dans les nombreuses caves de la région. Comme en Touraine, ces caves, creusées dans le tuffeau (calcaire tendre) sont particulièrement bien adaptées à l'élaboration des vins effervescents. Mais la production du Saumurois ne se limite pas à ce type de vin. On y trouve également plusieurs A.O.C. pour les vins tranquilles blancs, rouges et rosés.

Toujours en allant vers l'ouest on arrive à Angers, capitale de cette ancienne province, où il faut voir le Château

Les vignobles et les vins du Val de Loire et du Centre

du bon roi René et les célèbres tapisseries de l'Apocalypse. Nous sommes alors au cœur du vignoble angevin.

En Anjou, les appellations sont fort nombreuses. On y rencontre des AOC régionales (Anjou, Cabernet d'Anjou…), sous-régionales (Coteaux de l'Aubance, Saumur…) communales (Savennières…), certaines ne concernent qu'un seul cru (Bonnezeaux, Quarts de Chaume…). Il est parfois difficile de toutes les mémoriser. Elles offrent une gamme de vins très variée, où les "vins doux" qui ont fait la renommée de cette région laissent souvent la place à des vins plus secs qui correspondent mieux au goût actuel de la clientèle. Pourtant, certains vins blancs moelleux et liquoreux de cette région font partie du gotha mondial des vins de cette catégorie. C'est le cas, entre autres, du Bonnezeaux, du Chaume et du Quarts de Chaume. La diversité des vins d'Anjou s'explique en partie par la diversité des sols : schistes sur les rives du Layon, craie tuffeau en Saumurois, sables et graviers par endroits… Quant à l'encépagement, il est assez homogène : essentiellement du Chenin pour les vins blancs, des Cabernets et du Gamay pour les vins rouges.

> **Attention :** la ville d'Angers ne se trouve pas sur la Loire, comme on le croit communément, mais sur le Maine. Cette rivière a deux particularités : celle d'être certainement la plus courte de France (10 km), et celle de ne pas avoir de source ; en effet, elle est formée par la réunion de la Sarthe (grossie par le Loir) et de la Mayenne.

Vins d'Anjou et de Saumur et cuisine Thaï.

L'AOC peut concerner…

… une sous-région (AOC sous-régionale),…

… toute la région (AOC régionale),…

… une commune (AOC communale),…

… ou ne concerner qu'un seul cru, comme les « Grands crus » en Bourgogne.

LISTE DES APPELLATIONS ET PRINCIPALES CARACTÉRISTIQUES

A. Les vins blancs

Appellations	Situation géographique	Principaux cépages	Nature du sol	Observations
Anjou blanc	Sur les 2 rives de la Loire, essentiellement dans le Maine et Loire, et une partie sur les départements de la Vienne et des Deux-Sèvres.	**Chenin ou Pineau de la Loire** 80 % minimum Chardonnay, Sauvignon.	Sols variés en raison de l'étendue de l'appellation, mais à dominance argilo-schisteuse et argilo-calcaire.	L'A.O.C. Anjou blanc est une A.O.C. régionale sous laquelle sont commercialisés des vins blancs généralement secs, fins et aromatiques.
Saumur blanc	37 communes près de Saumur, département du Maine-et-Loire et de la Vienne.	**Chenin** (80 % minimum) parfois associé au Chardonnay et au Sauvignon.	Essentiellement sur les terroirs calcaires (tuffeau).	Vin sec et léger, délicatement fruité.
Coteaux de Saumur	Au nord de l'appellation Saumur.	**Chenin blanc.**	Essentiellement sur les terroirs calcaires (tuffeau).	Toute petite production de vin blanc demi-sec ou liquoreux dans les grandes années.
Savennières	Rive droite de la Loire, à l'ouest d'Angers	**Chenin blanc.**	Schistes, grès et granit	C'est sur cette A.O.C. que se trouvent 2 crus célèbres : La Roche aux Moines et la Coulée de Serrant (voir (1) page suivante).

Les vignobles et les vins du Val de Loire et du Centre

Appellations	Situation géographique	Principaux cépages	Nature du sol	Observations
Anjou Coteaux de la Loire	Sur les coteaux qui dominent la Loire à l'ouest d'Angers.	**Chenin blanc.**	Calcaires et carbonifères par endroits.	Vins généralement demi-secs. Mais ils existent également en sec et en moelleux.
Coteaux de l'Aubance*	Au sud d'Angers sur les rives de l'Aubance.	**Chenin blanc.**	Limono-argileux avec affleurement de schistes.	Vins blancs demi-secs ou moelleux, à découvrir ou à redécouvrir.
Coteaux du Layon* **Coteaux du Layon + nom de communes (2)**	Sur les 2 rives du Layon.	**Chenin blanc.**	Sols schisteux, siliceux et argileux. Idem, mais plus caillouteux.	Vins demi-secs, moelleux ou liquoreux, 6 noms de communes peuvent compléter cette A.O.C. (2).
Chaume 1er cru des coteaux du Layon	Près du hameau de Chaume sur la commune de Rochefort-sur-Loire.	**Chenin blanc.**	Poudingues (roche sédimentaire avec cailloux arrondis) du Carbonifère et schistes.	La nature du sol confère aux vins de cette appellation leur spécificité (gras et riches en glycérol).
Quarts de Chaume	Dans les Coteaux du Layon, sur la commune de Rochefort-sur-Loire.	**Chenin blanc.**	Argilo-caillouteux.	Petite production d'un vin blanc d'exception. Cette A.O.C. correspond à une A.O.C. grand cru telle qu'on l'entend en Bourgogne.
Bonnezeaux	Dans les coteaux du Layon, sur la commune de Thouarcé à une vingtaine de km d'Angers.	**Chenin blanc.**	Argilo-schisteux et caillouteux.	Production un peu plus importante que pour l'AOC précédente, sinon même remarque (grand cru).

*Depuis 2003, ces A.O.C. peuvent revendiquer la mention "Sélection de grains nobles".

(1) L'appellation Savennières possède deux terroirs d'exception : la Roche aux Moines et la Coulée de Serrant. Le nom de ces deux terroirs peut compléter l'AOC Savennières. Le Savennières La Roche aux Moines correspond à un coteau de 33 hectares. Quant à l'appellation Savennières Coulée de Serrant elle a une superficie d'à peine 7 hectares. Depuis 1985, Nicolas Joly y pratique la biodynamie (voir contre-étiquette ci-dessous).

(2) Six communes et un village bénéficient de cette appellation et peuvent ajouter leur nom à l'A.O.C. Coteaux du Layon : Beaulieu, Faye d'Anjou, Rablay, Saint-Lambert, Saint-Aubin, Rochefort-sur-Loire et le village de Chaume.

Bien qu'elle puisse être produite sur une douzaine de communes, cette AOC reste confidentielle.

La Coulée de Serrant et la Roche aux Moines, 2 des plus beaux fleurons de vignoble angevin.

Caractères des vins - Accord avec les mets

Les vins blancs d'Anjou et de Saumur offrent une gamme complète allant des vins secs (Saumur, Savennières,...) aux vins moelleux ou liquoreux (Coteaux du Layon, Bonnezeaux…), en passant par les demi-secs (Coteaux de l'Aubance). C'est la raison pour laquelle, pour la plupart des appellations, les caractères des vins ont été signalés dans la colonne observations.

Les vins secs peuvent accompagner : fruits de mer, poissons, viandes blanches,... Les plus grands d'entre eux : Roche aux Moines, Coulée de Serrant, etc. ont leur place sur les crustacés, les poissons fins : brochet, saumon, sandre, surtout si ces derniers sont préparés à la crème. Les

SOURCE : PHOTO NICOLAS JOLY.

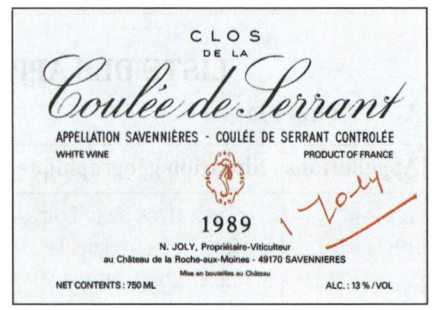

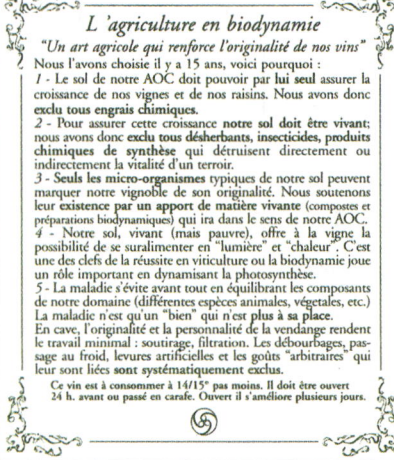

Contre-étiquette de la Coulée de Serrant.

Les vignobles et les vins du Val de Loire et du Centre

Coteaux du Layon, généreux et charnus, conviennent bien à l'apéritif, avec un foie gras, mais aussi avec une fricassée de volaille à l'angevine ou un fromage à pâte persillée.

Dans les Coteaux du Layon, certaines vendanges sont effectuées par tris successifs, comme pour les vins du Sauternais. Les rendements de base sont parmi les plus faibles de France : 25 hectolitres à l'hectare pour Bonnezeaux, 22 seulement pour le Quarts de Chaume.

Restaurateurs et vins blancs d'Anjou et de Saumur

Pour cette région, la difficulté au moment de l'achat réside dans la diversité des appellations. Il ne suffit pas d'acheter un vin d'Anjou, il faut connaître son origine exacte et les caractères propres à chaque appellation.

Il ne faut pas hésiter à proposer les grands vins moelleux et liquoreux de cette région. Ils sont très recherchés des connaisseurs en raison de leur qualité et de leur faible production.

Les vins blancs se servent à 8/10 °C, 12 °C minimum pour les Savennières.

Pour la carte des vins, il faut préciser le type de vin : sec, demi-sec ou moelleux. Pour la Roche aux Moines et la Coulée de Serrant, n'oubliez pas de faire précéder le nom du terroir de l'A.O.C. Savennières. Attention à l'orthographe de Quarts de Chaume, Quarts avec un S. Pour les plus grands vins, indiquez le nom du producteur.

L'Anjou produit des vins blancs secs...

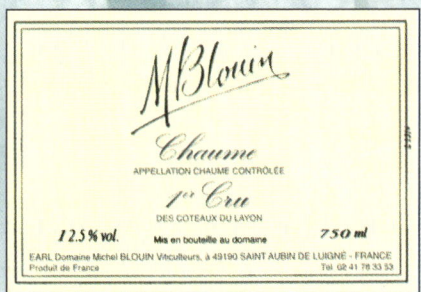
...des vins moelleux ou liquoreux.

L'A.O.C. Coteaux du Layon peut être complétée par le nom de 6 communes dont Rochefort.

Vin d'Anjou rouge et volaille.

Vin d'Anjou et terrine de foie gras.

Coteaux du Layon et foie gras de canard.

Savennières et crustacés.

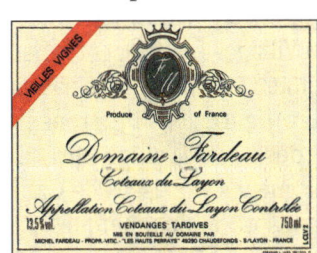

Anjou Villages et cailles farcies.

Les vignobles et les vins du Val de Loire et du Centre

LISTE DES APPELLATIONS ET PRINCIPALES CARACTÉRISTIQUES

B. Les vins rouges

Appellations	Situation géographique	Principaux cépages	Nature du sol	Observations
Anjou rouge	Sur les 2 rives de la Loire, essentiellement dans le Maine-et-Loire, mais une petite partie du vignoble est située sur les départements de la Vienne et des Deux-Sèvres.	Rouges et rosés : **Cabernet Franc, Cabernet Sauvignon, Gamay,** Côt, Grolleau, Pineau d'Aunis.	Sols variés en raison de l'étendue de l'appellation, mais à dominance argilo-schisteuse (idéal pour les vins rouges) et argilo-calcaire.	L'A.O.C. Anjou est une A.O.C. régionale sous laquelle sont commercialisés les vins rouges provenant de l'ensemble de la région.
Anjou Gamay	Sur toute l'aire d'appellation Anjou à l'exclusion de l'aire de production Saumur.	**Gamay** exclusivement.	Argilo-schisteux : les schistes conviennent parfaitement au Gamay.	Vins souples et fruités dont une partie est vinifiée en primeurs.
Anjou-Villages	A.O.C. réservée à 48 communes du Maine-et-Loire et 1 des Deux-Sèvres.	**Cabernet Franc, Cabernet Sauvignon.**	Argilo-schisteux.	Ce vin ne peut être commercialisé qu'après un an de vieillissement en fût ou en cuve.
Anjou-Villages Brissac	Plus restrictive que la précédente, une dizaine de communes.	**Cabernet Franc, Cabernet Sauvignon.**	Argilo-schisteux et argilo-calcaire.	Les vins ne peuvent être mis en bouteilles avant le 1er septembre qui suit la récolte.
Saumur rouge	37 communes près de Saumur, départements du Maine-et-Loire et de la Vienne.	**Cabernet Franc,** Cabernet Sauvignon.	Calcaire et sablo-argileux.	Vins aromatiques à dominance de fruits rouges.
Saumur Champigny	9 communes au sud-est de Saumur.	**Cabernet Franc,** Cabernet Sauvignon.	Calcaires lacustres.	Constitue, avec le Chinon et le Bourgueil, l'aristocratie des vins rouges du Val de Loire.

Rosé de type demi-sec.

Rosé de type sec.

Caractères des vins - Accord avec les mets

Les vins issus ou à base de Gamay sont des vins légers et fruités, à boire jeunes sur les entrées chaudes à base de viandes, les grillades, les viandes blanches… Ceux issus de Cabernet, où domine souvent le Cabernet Franc (Anjou Villages, Saumur…) sont des vins plus structurés, ils s'associent bien aux viandes rouges rôties, aux petits gibiers et aux fromages, les Saumur Champigny, qui peuvent se boire jeunes, mais qui sont encore meilleurs après 3 ou 4 ans de bouteille se servent sur les volailles, le petit gibier, l'agneau.

Restaurateurs et vins rouges d'Anjou et de Saumur

Les vins rouges de ces régions ne présentent pas de difficultés pour les restaurateurs. Il faut néanmoins bien faire la différence entre Anjou Villages et Anjou Villages Brissac, entre Saumur et Saumur Champigny et ne pas oublier de faire figurer ces différences à la carte des vins. D'autre part, il faut savoir que les vins issus de Cabernet sont plus ou moins marqués par les tanins, surtout lorsqu'ils sont jeunes. En règle générale, ces vins plaisent aux amateurs de vin "type Bordeaux". Ce peut être un argument de vente.

Les vins jeunes issus de Gamay se servent à la température de la cave, c'est-à-dire aux environs de 12 °C, ceux issus Cabernet entre 12 et 14 °C. Seuls

Les vignobles et les vins du Val de Loire et du Centre

LISTE DES APPELLATIONS ET PRINCIPALES CARACTÉRISTIQUES (SUITE)

C. Les vins rosés

Appellations	Situation géographique	Principaux cépages	Nature du sol	Observations
Rosé d'Anjou	Ensemble du vignoble angevin.	Tous les cépages rouges de l'A.O.C. Anjou, mais généralement élaboré à partir de Grolleau.	Schisteux, argileux ou calcaire.	Vin demi-sec : mini 7g de sucre résiduel par litre. A ne pas confondre avec Rosé de Loire qui est un vin sec.
Cabernet d'Anjou	Ensemble du vignoble angevin.	**Cabernet Franc, Cabernet Sauvignon.**	Schisteux, argileux ou calcaire.	Cette A.O.C. produit des vins demi-secs à moelleux (10 g de sucre résiduel par litre, minimum).
Cabernet de Saumur	Sur l'aire délimitée de l'A.O.C. Saumur (37 communes).	**Cabernet Franc, Cabernet Sauvignon.**	Sol calcaire.	Vin de type sec, frais et aromatique.

ROSE DE LOIRE : voir AOC commune à la Touraine et à l'Anjou.

les Saumur Champigny et quelques Anjou-Villages élevés en fûts de chêne se servent entre 14 et 16 °C s'ils ont déjà quelques années de bouteille.

Caractères des vins - Accord avec les mets

Les principaux caractères figurent en observations.

Les vins secs se servent sur les hors-d'œuvre, la charcuterie, les grillades, les viandes blanches, les crustacés, la cuisine exotique.

Les vins demi-secs se servent sur les entrées, les plats préparés à la crème, c'est également l'accompagnement idéal pour les tartes aux fruits rouges, en particulier avec une tarte aux fraises des bois…

Restaurateurs et vins rosés d'Anjou et de Saumur

Indépendamment de quelques appellations prestigieuses telles que : Coteaux du Layon, Savennières… ce sont surtout les vins rosés qui ont fait connaître les vins de cette région. Ils offrent une gamme de vins très variée. De nos jours, les "vins doux rosés" qui ont fait la renommée de cette région laissent souvent la place à des vins plus secs qui correspondent mieux au goût actuel de la clientèle.

Rosé de type demi-sec à moelleux.

Les vins rosés se boivent jeunes et se servent entre 8 et 10 °C.

Sur la carte des vins, il faut préciser le type de vin proposé : sec ou doux.

LISTE DES APPELLATIONS ET PRINCIPALES CARACTÉRISTIQUES (SUITE)

D. Les vins mousseux

Comme nous l'avons déjà vu, le Val de Loire, en particulier la Touraine et l'Anjou ont vocation à élaborer des vins mousseux de qualité. Ces vins devraient figurer plus souvent sur les cartes des vins.

Appellations	Situation géographique	Principaux cépages	Nature du sol	Observations
Anjou mousseux	Ensemble de l'aire d'appellation Anjou.	Essentiellement à base de **Chenin** (pour les blancs), Cabernets, Côt, Gamay, Groslot, Pineau d'Aunis.	A dominance schisteuse.	Elaboré selon la méthode traditionnelle de seconde fermentation en bouteille (comme le champagne). Cette appellation existe également en rosé.
Saumur mousseux	92 communes sur trois départements, au sud du Saumurois et au nord de la Vienne et des Deux-Sèvres.	**Chenin,** Chardonnay, Sauvignon (pour ces 2 derniers 20 % max). Cabernets, Côt, Gamay, Groslot, Pineau d'Aunis…	Sous-sol crayeux de tuffeau.	Elaboré selon la méthode traditionnelle de seconde fermentation en bouteille (comme le champagne). Cette appellation existe également en rosé.

CRÉMANT DE LOIRE : voir AOC communes à la Touraine et à l'Anjou.

Les vignobles et les vins du Val de Loire et du Centre

Vins mousseux (méthode traditionnelle). L'A.O.C. Crémant de Loire est commune à l'Anjou et à la Touraine.

Caractères des vins - Accord avec les mets

Les vins de ces deux appellations, essentiellement blancs, sont surtout vinifiés en brut. Mais ils existent également en demi-sec et en rosé. Ces différents types permettent de les servir tout au long d'un repas en allant crescendo.

Les bruts ont leur place à l'apéritif, mais aussi sur les poissons fins ; les rosés vinifiés en brut peuvent être servis sur certaines viandes, en particulier l'agneau. Au moment du dessert, il serait souhaitable de servir un demi sec ou un brut bien dosé (c'est-à-dire pas trop marqué par l'acidité).

Ces vins sont également des vins de réceptions.

Restaurateurs et vins mousseux d'Anjou et de Saumur

Pas de difficultés particulières pour ces vins. Précisez bien le type ; brut, demi-sec, éventuellement blanc de blancs.

Température de service : aux environs de 8 °C.

Pour les règles de service : ouverture de la bouteille, verres, etc. revoir la partie "Champagne".

En se penchant sur l'histoire de la gastronomie, une constatation s'impose : les gastronomes célèbres furent très nombreux : Brillat-Savarin, Monselet, Curnonsky... pour n'en citer que quelques uns. Curnonsky était angevin et s'appelait en réalité Maurice Edmond Sailland. Il est connu de nos jours sous la dénomination de "Curnonsky, Prince élu des Gastronomes". Il fut, en effet, plébiscité par plusieurs milliers de chefs et de gastronomes, auxquels un grand journal avait demandé en 1927 de désigner le Prince des Gastronomes. Défenseur des plats régionaux, il s'éleva contre la cuisine trop sophistiquée de l'époque. C'est à lui que l'on doit la célèbre phrase : "La cuisine, c'est quand les choses ont le goût de ce qu'elles sont." Fondateur de l'Académie des Gastronomes en 1930, il écrivit de nombreux articles et ouvrages, notamment une série d'opuscules consacrés à la France gastronomique : *le Trésor gastronomique de la France, l'Atlas de la gastronomie française*, etc.

Il n'est pas possible de parler de l'Anjou sans citer le Guignolet, spécialité de la région. Il s'agit d'une liqueur de guignes (variété de cerises). Son élaboration comprend deux macérations dans de l'eau-de-vie, celle des guignes sans queues ni noyaux et celle des noyaux pilés. Ensuite, il faut mélanger, filtrer et ajouter du sucre. Cette boisson se consomme surtout en apéritif, quoique le Guignolet kirsch, très en vogue il y a quelques décennies, semble ne plus avoir la même faveur auprès des consommateurs.

Appellations «limitrophes» de l'Anjou

Bien que ne faisant pas partie des vins d'Anjou, les deux appellations suivantes sont présentées ici en raison de leur proximité avec le vignoble angevin.

Appellations	Situation géographique	Principaux cépages	Nature du sol	Observations
Haut-Poitou AOVDQS	Vaste plateau situé au nord et à l'ouest de Poitiers dans la Vienne.	Blancs : **Chenin, Sauvignon, Chardonnay...** Rouges et rosés : **Gamay**, Pinot noir, Cabernets...	Importante proportion de pierrailles, calcaire en surface : terre de groies appelée localement "cosses".	Le nom du cépage figure généralement sur l'étiquette en complément de l'appellation.
Vins du Thouarsais AOVDQS	Département des Deux-Sèvres, entre Saumur et Parthenay.	Blancs : **Chenin**, Chardonnay (20 % maximum). Rouges et rosés : **Cabernets, Gamay.**	Argilo-calcaire avec des schistes.	Petite production.

Les vignobles et les vins du Val de Loire et du Centre

LES VINS DE NANTES

Les vins de Nantes sont produits essentiellement en Loire-Atlantique. Administrativement, ce département est rattaché aux Pays de Loire, mais il revendique son appartenance à la Bretagne. Le château des ducs de Bretagne, l'ancienne Cour des comptes, ainsi que de nombreux autres monuments situés à Nantes ne sont-ils pas les témoins de cette appartenance ? Mais certains Bretons la contestent, soit, mais ils se privent ainsi d'un élément non négligeable de la gastronomie bretonne : les vins de Nantes, qui accompagnent si bien les coquillages et les crustacés qui abondent tout au long des côtes.

Parmi ces vins, le Muscadet, parti à l'assaut de la Capitale aux environs des années trente, est incontestablement le plus connu. Le vignoble s'étend sur 13.000 ha et sa production moyenne est de l'ordre de 700.000 hectolitres. Les Muscadet Sèvre et Maine sont produits au sud de la Loire, dans une région où sont encore présents les souvenirs des Chouans et des guerres de Vendée qui mirent le pays à feu et à sang au moment de la Révolution française.

Le Muscadet est relativement récent en Pays nantais. En 1709, un hiver terrible dévasta le vignoble, la mer gela sur les côtes, les pieds de vigne éclatèrent. Il fallut reconstituer le vignoble, l'on fit alors venir des plants de Bourgogne, d'où le nom de "melon de Bourgogne" donné au cépage (la première partie du nom vient du fait que la feuille rappelle un peu celle du melon). Ce cépage est omniprésent en Pays nantais. Seule la région d'Ancenis a un encépagement plus diversifié.

C'est également en Pays nantais qu'est produit le Gros Plant, A.O.V.D.Q.S. fort prisé par les nombreux touristes qui, chaque année, fréquentent les célèbres plages de la Côte d'Amour et de la Côte de Jade.

La région d'Ancenis située sur les rives de la Loire entre Nantes et Angers produit des vins blancs, rouges et rosés, commercialisés sous l'A.O.V.D.Q.S. Coteaux d'Ancenis.

Il n'existe pas un, mais des Muscadet. Ils sont présentés sous 4 A.O.C.

SOURCE : DOCUMENT SOPEXA.

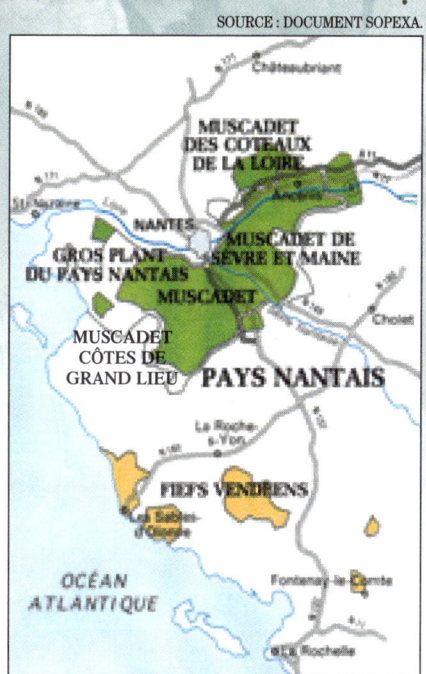

LISTE DES APPELLATIONS ET PRINCIPALES CARACTÉRISTIQUES

Appellations	Situation géographique	Principaux cépages	Nature du sol	Observations
Muscadet	Sud de la Bretagne, département de Loire-Atlantique plus une petite partie en Maine-et-Loire.	Muscadet (ou Melon de Bourgogne).	Très varié, mais avec dominance de schistes cristallins.	Cette A.O.C. peut être considérée comme une A.O.C. régionale.
Muscadet Sèvre et Maine	Au sud-est de Nantes. 4 cantons (1) plus quelques communes.	Muscadet (ou Melon de Bourgogne).	Terrains primaires, vieilles roches éruptives.	Avec plus de 10 000 ha sur 13 000 cette A.O.C. est, de loin, la plus importante.
Muscadet Coteaux de la Loire	A cheval sur les départements de la Loire-Atlantique et du Maine-et-Loire.	Muscadet (ou Melon de Bourgogne).	Granitique, schisteux à proximité d'Ancenis.	Les vins de cette A.O.C. sont caractérisés par une touche minérale.
Muscadet Côtes de Grandlieu (2)	Au sud-ouest de Nantes, déborde légèrement sur la Vendée.	Muscadet (ou Melon de Bourgogne).	Sols légers, sables et galets.	Cette A.O.C. donne des vins précoces. On peut écrire Grandlieu ou Grand Lieu.
Gros Plant du Pays Nantais AOVDQS	Même aire géographique que le Muscadet, plus quelques communes près de l'Océan.	Folle Blanche.	Roches éruptives primaires avec localement des sédiments sableux.	Le Gros Plant était présent en Pays nantais avant le Muscadet.

(1) Les 4 cantons : Vallet, Vertou, le Loroux-Bottereau et Clisson. (2) Côtes de Granlieu ou Côtes de Grand Lieu.

Les vignobles et les vins du Val de Loire et du Centre

LISTE DES APPELLATIONS ET PRINCIPALES CARACTÉRISTIQUES

Appellations	Situation géographique	Principaux cépages	Nature du sol	Observations
Coteaux d'Ancenis AOVDQS	A l'est de Nantes sur les 2 rives de la Loire (départements de la Loire-Atlantique et du Maine-et-Loire).	Blancs : **Chenin**, Pinot gris (Malvoisie). Rouges et rosés : **Gamay**, Cabernets.	Micaschistes et schistes sur la rive droite, schistes verts et gneiss sur la rive gauche.	Le nom du cépage doit figurer sur l'étiquette. Le Gamay est très présent 80 %. Il trouve ici un sol idéal.

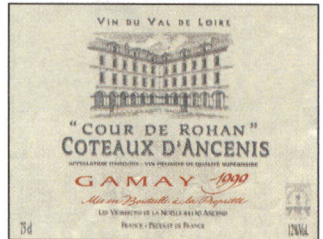

L'appellation suivante ne fait pas partie des vins de Nantes. C'est en raison de sa proximité géographique qu'elle est présentée ici.

Appellations	Situation géographique	Principaux cépages	Nature du sol	Observations
Fiefs Vendéens AOVDQS	Au sud du département de la Vendée.	Blancs : **Chenin, Chardonnay**, Sauvignon, Grolleau gris… Rouges et rosés : **Gamay, Pinot noir, Cabernets** (et Négrette pour Mareuil).	Socle cristallin recouvert de sables argileux et caillouteux.	4 aires de production pour cette appellation : Brem, Vix, Pissotte et Mareuil (voir carte).

SOURCE : DOCUMENT SYNDICAT DES FIEFS VENDÉENS.

Les vignobles et les vins du Val de Loire et du Centre

Caractères des vins - Accord avec les mets

Vins blancs secs par excellence, Muscadet et Gros Plant constituent l'accompagnement idéal pour les produits en provenance de l'Océan tout proche. Le Gros Plant, chez lequel domine la fraîcheur, est proposé sur les fruits de mer et plus particulièrement sur les coquillages. Quant au Muscadet, il accompagne bien les mêmes fruits de mer, mais aussi tous les poissons, qu'ils soient de mer ou de rivière, et plus particulièrement le brochet et autres préparations au beurre blanc. Il ne faut pas oublier que c'est en Pays nantais que Clémence, cuisinière du marquis de Goulaine, "inventa" le beurre blanc, le vrai, en utilisant seulement du vinaigre, des échalotes grises finement hachées, du beurre fin et du poivre. En s'éloignant de sa région d'origine, cette recette s'est parfois étoffée (crème, vin blanc, estragon, etc).

Muscadet et Gros Plant se boivent jeunes, surtout le Gros Plant.

Les Coteaux d'Ancenis vinifiés essentiellement en rouge et en rosé complètent la gamme des vins de Nantes. Il s'agit généralement de vins légers, souples et bouquetés. Ils se servent sur les grillades, les viandes blanches et le célèbre canard de Challans. Sous l'appellation Coteaux d'Ancenis est commercialisée une petite quantité de vin issu du cépage Malvoisie. Ce vin légèrement moelleux a une bonne aptitude au vieillissement. Il accompagne foie gras et pâtisseries fines, entre autres. Les autres vins des Coteaux d'Ancenis se boivent jeunes. Il en est de même pour les Fiefs Vendéens, à l'exception de certains Mareuil que l'on peut boire entre 5 et 8 ans.

Gros Plant avec huîtres et crevettes.

Restaurateurs et vins de Nantes

Le restaurateur doit savoir que le Muscadet Sèvre-et-Maine passe pour être le meilleur, mais qu'il existe également d'excellents vins sous les A.O.C. Muscadet Coteaux de la Loire et Muscadet Côtes de Grandlieu. Quant à l'A.O.C. Muscadet tout court, elle produit de bons vins mais qui ne peuvent rivaliser avec les A.O.C. précédentes.

Beaucoup de Muscadet et de Gros Plant sont vendus sur lie. Il s'agit d'une technique traditionnelle du Pays nantais qui fait l'objet d'une réglementation précise. La méthode consiste à laisser

Muscadet sur lie avec poissons et coquilles Saint-Jacques.

Avant l'arrivée du Muscadet en Pays nantais, une quantité importante de vins produits dans cette région était distillée pour alimenter un commerce très particulier. A cette époque, de nombreux armateurs nantais firent fortune avec le trop célèbre "commerce triangulaire".

Les bateaux quittaient Nantes, alors premier port de France, avec de la pacotille : chaussures, allumettes, sabres ornés de dorures, mais aussi et surtout avec des bouteilles de mauvais alcool, provenant de la distillation de petits vins élaborés dans la région. Ces objets sans valeur permettaient d'obtenir des rois, qui régnaient alors sur les tribus d'Afrique, de nombreux esclaves qui étaient acheminés par les mêmes bateaux vers les Antilles (où avec le développement des plantations, les besoins en main-d'œuvre étaient immenses). Les gains réalisés avec ce commerce d'esclaves permettaient d'acheter sur place sucre, épices, etc. Les navires revenaient alors à Nantes, restée pendant très longtemps la capitale des industries alimentaires françaises. Remarquons que sur les documents d'époque ne figure pas "commerce d'esclaves", mais plus pudiquement "commerce de bois d'ébène".

C'est à Nantes que sont nés Jules Verne et Cambronne. Le premier créa le genre du roman scientifique d'anticipation (De la terre à la lune, Le tour du monde en 80 jours, Cinq semaines en ballon, etc.). Quant au second, commandant le dernier carré de la garde à Waterloo, il aurait prononcé la fameuse phrase : "La garde meurt mais ne se rend pas". On lui prête également un mot de cinq lettres auquel son nom est d'ailleurs resté attaché.

LES FIEFS DU CARDINAL

Dès le Moyen Âge, la vigne fut une des richesses du pays, grâce notamment à un commerce florissant vers l'Europe du Nord. Le "Franc Blanc" était apprécié des marins parce "qu'il tenait bien la marée". Rabelais séjourna à l'abbaye de Maillezais dont dépendaient surtout les vignobles de Vix et de Pissotte. Il y chanta les effets bénéfiques des vins de la région.

Un autre personnage célèbre contribua à la renommée de Mareuil : Richelieu, évêque de Luçon. Les Fiefs Vendéens ont porté pendant un temps le nom "d'anciens fiefs du Cardinal".

Source : Syndicat des Fiefs Vendéens

Les vignobles et les vins du Val de Loire et du Centre

Côteau d'Ancenis, cépage Malvoisie, une production confidentielle.

les vins sur leurs lies fines de l'hiver au printemps. Au cours de cet élevage, les lies dégagent principalement des acides aminés : c'est le phénomène de l'autolyse. Ces composés libérés réagissent avec d'autres molécules présentes et exaltent arômes et composés sapides très riches. Non soutirés, les vins gardent toute leur fraîcheur grâce au gaz carbonique apparu lors de la fermentation. Depuis la récolte 1998 les vins doivent être mis en bouteille du 1er mars au 30 novembre qui suit la récolte. Ils sont commercialisés à partir du 1er jeudi qui suit le 1er mars.

Lorsqu'un client pose la question : "Qu'est-ce qu'un Muscadet sur lie ?", il faut lui expliquer qu'il s'agit d'un vin qui a été mis en bouteille directement sur ses lies, sans être soutiré.

Muscadet et Gros Plant se servent frais, 9/11 °C, jamais glacés. Les vins rouges des Coteaux d'Ancenis et des Fiefs Vendéens à la température de la cave, c'est-à-dire aux environs de 12/13 °C.

Pour la carte des vins, il faut indiquer l'appellation exacte du Muscadet : Sèvre-et-Maine, Coteaux de la Loire… Préciser, éventuellement "sur lie" si cette mention figure sur l'étiquette. Pour les Coteaux d'Ancenis et les Fiefs Vendéens, AOVDQS doit être mentionné.

Quelques vignobles et quelques vins étrangers

Zones favorables au développement de la vigne...

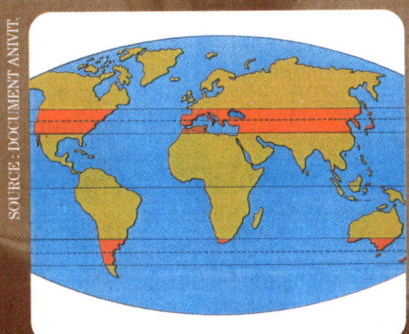

...au voisinage des 40es parallèles Nord et Sud.

Zones favorables au développement de la vigne

Les Français et les vins étrangers

Pays producteurs de vin à l'intérieur de l'U.E.
Allemagne, Autriche, Espagne, Grande-Bretagne, Grèce, Italie, Luxembourg, Portugal.

Autres pays d'Europe producteurs de vin, en dehors de l'U.E.
Suisse, Hongrie, Bulgarie, Roumanie, République Tchèque, République Slovaque, Slovénie, Croatie, Ex-U.R.S.S.

Autres pays producteurs de vin dans le monde
U.S.A, Chili, Afrique du Sud, Australie, etc.

Quelques vignobles et quelques vins étrangers

LES FRANCAIS ET LES VINS ÉTRANGERS

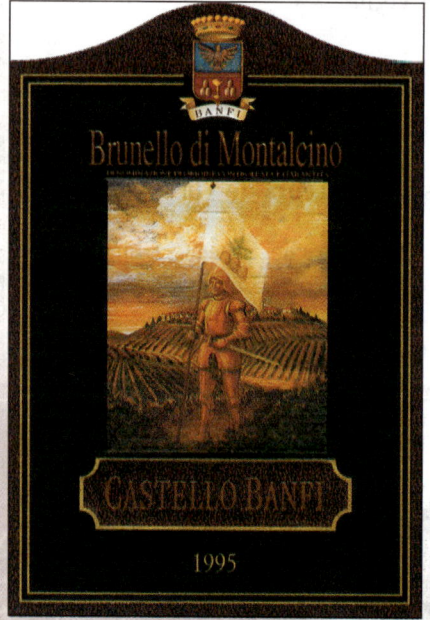

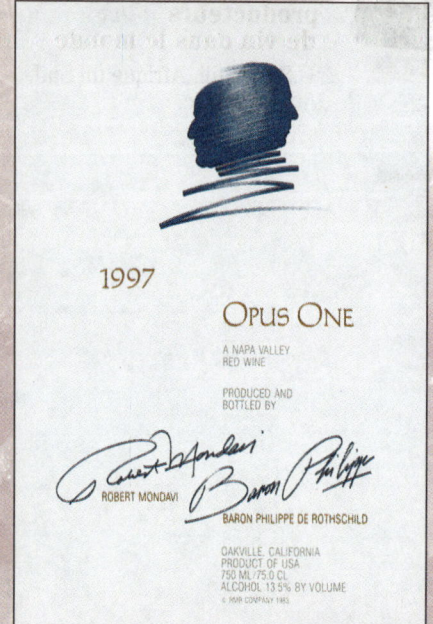

Même si, dans certains restaurants, quelques vins étrangers figurent à la carte, dans l'ensemble, les Français connaissent peu les vins produits hors de leurs frontières. Négligence ? Non, ils sont tout simplement persuadés que seule la France produit de bons vins.

Un petit sondage effectué parmi des restaurateurs et des élèves de terminale d'écoles hôtelières, montre que pour l'Italie, seul le Chianti est cité : le Barolo, le Soave, le Sassicaia ? Inconnus. A la question : citez quelques vins espagnols, réponse : Rioja et Porto. Hélas, le Porto n'est pas un produit espagnol, mais portugais. Il s'agit bien de la Péninsule Ibérique, mais l'erreur n'est pas pardonnable pour autant. Cava, Ribeira del Duero, Vega Sicilia ? Inconnus. Ces personnes se trouvent dans le cas de restaurateurs ou d'élèves terminant leurs études dans une école hôtelière italienne, allemande ou espagnole qui n'auraient jamais entendu parler de la Bourgogne, du Bordelais ou de Château Margaux…

De nos jours, a-t-on encore le droit d'ignorer les vins d'Australie, du Chili, d'Afrique du Sud,… ? Certainement pas. Il est consternant de constater que certaines personnes sont contre l'enseignement des vins étrangers dans nos lycées hôteliers. Il est consternant d'entendre des restaurateurs dire : "Pourquoi aller chercher ailleurs, en France nous sommes les meilleurs, nous avons les meilleurs vins du monde". C'est le langage qui était tenu par bon nombre d'hôteliers dans les années 50, lors de l'apparition de l'hôtellerie de chaîne. La suite est connue : les chaînes étrangères se sont implantées en France. Après être restés quelque temps dans l'expectative, les hôteliers traditionnels ont réagi, soit en se regroupant, soit en s'imposant sur le plan qualitatif. Ils sont toujours là, Dieu merci. Mais l'alerte fut chaude. Aujourd'hui, la plupart des chaînes françaises s'exportent dans le monde entier. L'une d'elles se classe parmi les toutes premières du monde. Il est possible de faire un parallèle avec les vins : la concurrence étrangère existe, il ne faut pas la sous-estimer. Heureusement, nous avons la chance de posséder des terroirs de qualité et une longue tradition vitivinicole. Mais un des meilleurs moyens pour faire face à la concurrence consiste peut être à avoir une bonne connaissance des vins étrangers et, comme le font bon nombre de vignerons, à privilégier l'aspect qualitatif.

Il n'est certes pas possible de connaître tous les vins étrangers ; l'étude des seuls vins italiens nécessiterait autant de temps que celle des vins français !

Indépendamment des grands vins de renommée mondiale que nous avons étudiés : Montrachet, Château Chalon, Châteaux Lafite, Latour, Margaux, Mouton Rothschild, Romanée Conti, etc, il existe quelques vins étrangers qu'il n'est pas permis d'ignorer. En voici quelques uns :

Vega Sicilia : Un grand vin d'Espagne produit dans la région de Ribéra del Duero.

Opus one : produit en Californie (Etats-Unis). Vin rouge élaboré par la famille de Robert Mondavi, le "Pape de la viticulture californienne" et la famille de Rothschild du Château Mouton-Rothschild à Pauillac.

Grange (ex Grange-Hermitage) : considéré comme un des meilleurs vins rouges d'Australie.

Brunello di Montalcino : c'est avec le Barolo, le plus réputé des vins rouges italiens.

Tokay Aszü et surtout **Eszencia** : des vins d'exception produits dans le nord-est de la Hongrie.

Mais aussi : l'**Eiswein** d'Egon Müller (Allemagne), le **Barbaresco** d'Angélo Gaja (Italie).

Pour plus d'informations sur la production de tous ces vins, reportez-vous à l'ouvrage : Le Vin et les Vins Etrangers (368 pages), Paul Brunet, Editions BPI.

Quelques vignobles et quelques vins étrangers

Cependant, il y a des vins étrangers qu'un restaurateur français ou un amateur n'a pas le droit d'ignorer. C'est le cas du Vega Sicilia (Espagne), de l'Opus One (USA), du Grange (Australie), du Brunello di Montalcino (Italie), du Tokay eszencia (Hongrie), des vins de glace (Canada, Allemagne, Autriche), pour ne citer que quelques exemples.

Nous allons étudier les principaux vins étrangers en trois parties :

- Les principaux pays producteurs de vins en Europe.
- Autres pays producteurs en Europe.
- Autres pays du monde.

PRINCIPAUX PAYS PRODUCTEURS DE VIN EN EUROPE

Comme nous l'avons déjà vu, de très nombreux pays produisent du vin sur les cinq continents. Dans cette production, l'Europe occupe une place privilégiée. L'U.E. produit, à elle seule, près des 2/3 des vins produits dans le monde.

Tous les pays producteurs de vin de l'U.E. peuvent revendiquer, s'ils remplissent les conditions, leur classification en VQPRD (Vin de Qualité Produit dans une Région Déterminée).

PRINCIPAUX PAYS par ordre alphabétique :

Allemagne
Autriche
Espagne
Grande-Bretagne
Grèce
Italie
Luxembourg
Portugal

Depuis le 1er mai 2004, ces pays ont rejoint l'U.E. :

Hongrie
Chypre
Malte
République Tchèque
Slovaquie
Slovénie

V.Q.P.R.D

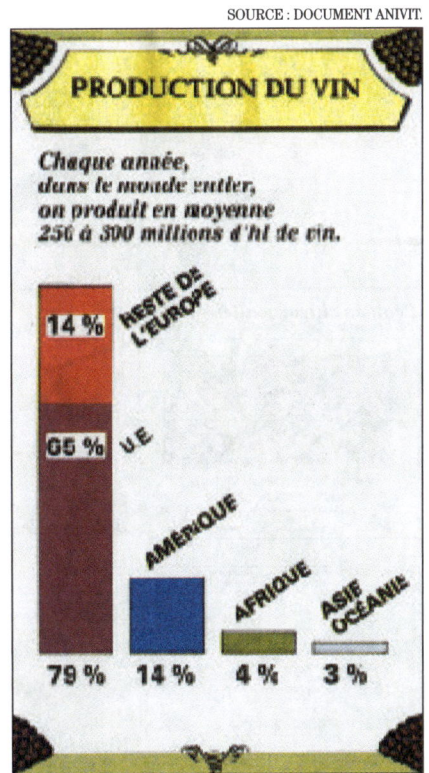

SOURCE : DOCUMENT ANIVIT.

Quelques vignobles et quelques vins étrangers

L'Allemagne

SOURCE : DOCUMENT DEUTSCHES WEININSTITUT-MAINZ.

Les régions viticoles allemandes

Régions viticoles allemandes.

Beerenauslese.

Eiswein.

Kabinett.

Spätlese.

En Allemagne, la culture de la vigne remonte, comme dans la plupart des pays d'Europe, aux invasions romaines. Grand amateur de vin, Charlemagne possédait des vignes dans la région d'Aix-la-Chapelle où il résidait.

Située à la limite septentrionale de la culture de la vigne, l'Allemagne produit surtout des vins blancs (82 %). Les vignobles occupent essentiellement les rives du Rhin et de ses affluents.

Législation

Actuellement, le vignoble allemand est divisé en 13 régions (voir la carte). Chaque région est divisée en Bereich (sous-région).

En Allemagne, les vins sont classés en :

- Deutscher Tafelwein (vin de table)
- Deutscher Landwein (vin de pays)
- Qualitätswein b.A (bestimmte Ambaugebiete)
- Qualitätswein mit Prädikat.

Ces deux dernières catégories sont des VQPRD. Prädikat est en quelque sorte une "mention complémentaire" attribuée en fonction de la maturité du raisin. En allant des vins les plus légers vers les plus riches, on trouve successivement Kabinett, Spätlese, Auslese, puis Beerenauslese et Trockenbeerenauslese. Quant aux Eiswein, ils sont élaborés avec des raisins naturellement gelés. Ces vins très chers, sont des produits d'exception.

Depuis la récolte 2000, deux nouvelles dénominations sont utilisées en Allemagne : **"classic"** et **"selection"**. La première est réservée à un vin de cépage classique et typique d'une région, correspondant au profil d'un vin sec. La seconde à des vins de haut de gamme, à faible rendement et récoltés avec une sélection manuelle.

Les principaux cépages

Pour les vins blancs : Müller-Thurgau, Riesling, Silvaner, Kerner, Ruländer (pinot gris),...

Pour les vins rouges : Spätburgunder (pinot noir), Portugieser, Trollinger.

Quelques vins allemands

Riesling du Rheingau (Johannisberg), Riesling de Mosel-Saar-Ruwer (Bernkastel), Vins de Rheinhessen (Nierstein, Oppenheim, Nackenheim). Les vins de Franken commercialisés dans leur bouteille plate "Bocksbeutel" (Maindreieck, Steigerwald). Vins de Baden (Kaiserstuhl, Ortenau,...).

Les "Eisweine". Parmi lesquels il faut citer ceux d'Egon Müller (Ruwer) et de Bernkasteler Doktor. Ces vins sont parmi les plus chers du monde.

Vins allemands et gastronomie locale

Schwarzwald Schinken (Jambon fumé), Trollinger, Portugieser, Weissherbst.

Forellenfilets mit Riesling Sosse (filet de truite au Riesling) : Riesling bien évidemment !

Hasenrücken Gebraten (râble de lièvre) Spätburgunder Spätlese.

Sauerkraut (choucroute) : Silvaner, Riesling trocken.

Apfelstrudel (feuilleté roulé aux pommes) : Müller-Thurgau-Beerenauslese.

Quelques vignobles et quelques vins étrangers

L'Autriche

Ce sont les Celtes qui auraient introduit la vigne en Autriche, il y a de cela 24 siècles. De nos jours, le vignoble autrichien s'étend sur 60 000 hectares environ (soit un peu plus de la moitié du vignoble bordelais). La vigne est surtout présente dans l'Est du pays. L'Autriche produit essentiellement des vins blancs. Vienne est une des rares capitales à posséder un vignoble important (700 ha).

Législation

Depuis le 1er janvier 1995, l'Autriche fait partie de l'U.E. Elle est donc soumise aux règles communautaires. Elle produit des vins de table (Tafelweine) et des VQPRD, ces derniers peuvent être classés en deux catégories :

Qualitätswein : avec éventuellement la mention : "Kabinett", "Prädikatswein". Comme en Allemagne, des "Prädikat" peuvent être accordés en fonction des différents degrés de maturité : de Spätlese à Trockenbeerenauslese. Il existe également en Autriche l'Ausbruch qui se situe entre le Beerenauslese et le Trockenbeerenauslese.
En Autriche, la teneur en sucre des moûts est mesurée en degrés KMV. 1 degré KMV = 5 degrés œchslé. (degré œchslé : voir page 201).

Les principaux cépages

Blancs : Grüner Veltliner, très présent, c'est le cépage autrichien par excellence, Müller-Thürgau, Welschriesling, Weisser Burgunder, Bouvier.

Rouges : Zweigelt, Blauer Portugieser, Blaufränkisch.

Quelques vins autrichiens

Le plus populaire est certainement le "Heurige" produit à Vienne et servi dans les auberges qui portent le même nom.

Les Grüner Veltliner, de la région de Weinviertel et de la Wachau.

Les vins botrytisés élaborés à proximité du lac Neusiedler See.

Le Gumpoldskirchen produit au sud-ouest de Vienne.

Le Schilcher rosé de Styrie.

Vins autrichiens et gastronomie locale

Blaugekochte Forellen (truites au bleu) : Grüner Veltliner, Riesling.

Wienerschnitzel (escalope panée) : Weiss Burgunder, Müller-Thurgau.
Groestel (bœuf ou porc avec pommes de terre et oignon, spécialité du Tyrol) : Blauer Zweigelt.
Strudel (pâtisserie aux pommes) : Traminer, Bouvier doux.

Sachertorte (gâteau au chocolat) "une institution" viennoise : vins riches et moelleux : Traminer Beerenauslese, Ausbruch.

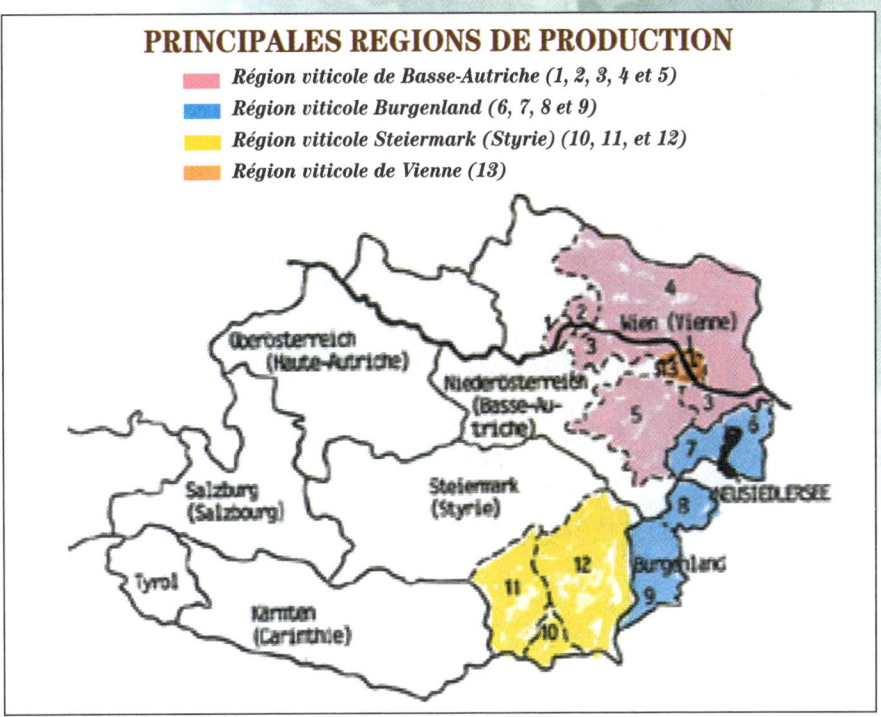

Quelques vignobles et quelques vins étrangers

L'Espagne

SOURCE : DOCUMENT ICEX - INSTITUT DU COMMERCE ESPAGNOL - MADRID.

(1) Alella
(2) Alicante
(3) Almansa
(4) Ampurdán-Costa Brava
(5) Campo de Borja
(6) Cariñena
(7) Cava
(8) Condado de Huelva
(9) Costers del Segre
(10) Jerez-Xérès-Sherry
(11) Jumilla
(12) La Mancha
(13) Málaga
(14) Méntrida
(15) Montilla-Moriles
(16) Navarra
(17) Penedés
(18) Priorato
(19) Rías Baixas
(20) Ribera del Duero
(21) Ribeiro
(22) Rioja
(23) Rueda
(24) Somontano
(25) Tarragona
(26) Terra Alta
(27) Toro
(28) Utiel-Requeña
(29) Valdeorras
(30) Valdepeñas
(31) Valencia
(32) Yecla

Le vin espagnol le plus prestigieux est le Vega Sicilia, élaboré dans la région de Ribera del Duero.

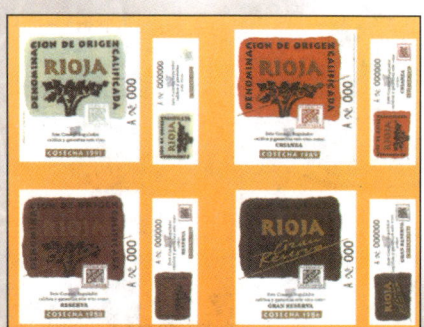

Ce sont les colons grecs et les légionnaires romains qui ont introduit la vigne en Espagne. Avec un peu moins de 1,2 millions d'hectares plantés en vigne, l'Espagne possède le plus grand vignoble du monde. Mais, ce pays n'est que le troisième producteur mondial. A cela, deux explications : la faiblesse actuelle des rendements et une production importante de raisins de table.

Législation

En 1933, il existait déjà en Espagne un statut du vin qui délimitait les zones d'appellation pour 21 "appellations d'origine". Mais c'est en 1970, avec la création de l'INDO (Instituto Nacional de las Denominaciones de Origen), que l'Espagne s'est dotée d'une véritable législation vitivinicole.

L'Espagne compte actuellement une quarantaine d'appellations d'origine. Pour chaque appellation, il existe un conseil régulateur. Chaque conseil a son estampille qui garantit l'origine du vin.

Les vins espagnols sont classés en différentes catégories :

a) Vins à dénomination d'origine :

Denominacion de origen (DO) équivalent de l'A.O.C. française.

Denominacion de origen calificada (DOC) catégorie supérieure créée en 1991 pour la Rioja.

b) Vins de table :

Vino de la Tierra (vin de pays).

Vino Comarcal (vin avec indication géographique de provenance).

Vino de Mesa.

Les vins qui bénéficient d'une appellation d'origine sont des VQPRD au niveau de l'U.E.

Le Nord-est de l'Espagne produit de nombreux vins mousseux (méthode traditionnelle) commercialisés sous l'appellation Cava.

Indépendamment de l'appellation, les vins peuvent être classés en "vinos de crianza", "vinos de reserva" et "vino gran reserva" en fonction de leur vieillissement.

Les cépages blancs : Airen, qui occupe une superficie considérable, Maccabeo, surtout au nord de l'Espagne, Palomino surtout présent dans la région Jerez, Pedro Jiménez, Grenache blanc,...

rouges : Garnacha (Grenache), dans toute l'Espagne, Monastrell, Bobal, Mencia, Tempranillo (cépage principal de la Rioja),...

Quelques vins d'Espagne

Le plus connu des vins espagnols est le Jerez, également appelé Xérès ou Sherry. Il est produit en Andalousie. Il existe différents types de Jerez : Fino, frais et léger ; Manzanilla plus léger, produit sur la zone côtière de l'Appellation, Amontillados et Olorosos.

C'est également en Andalousie qu'est produit le Malaga, généralement doux.

La Mancha "patrie de Don Quichotte" s'étend sur le plateau central au sud-est de Madrid. C'est la région viticole la plus étendue du monde. On y produit des vins blancs, rouges et rosés dignes d'intérêt.

La région de Penedès, près de Barcelone est connue pour ses vins blancs, mais surtout pour son importante production de Cava : vins mousseux élaborés par la méthode traditionnelle (comme le Champagne).

C'est au nord de l'Espagne, près de Pampelune et de la frontière française qu'est élaboré le Rioja. Ce vin, déjà très présent en France, rappelle un peu certains vins de Bordeaux. Les meilleurs proviennent de la Rioja Alta.

Quelques vignobles et quelques vins étrangers

On trouve également d'excellents vins dans les régions de Navarre, de Tarragone,...

Si vous posez à un connaisseur la question "quel est, en dehors du Jérez le plus grand vin espagnol ?" Il vous répondra sans hésiter "le Vega Sicilia". Et il aura raison. Ce vin produit dans la région de Ribera del Duero, fait partie de ces quelques grands vins du monde que personne ne peut ignorer.

Vins espagnols et gastronomie locale

Tapas : Fino de Jerez.

Paella : blanc de la région de Valence ou rosé de Navarre.

Lenguado a la Catalana (filets de sole à la catalane) : vin blanc de la région de Barcelone.

Cordero asado (agneau rôti) : rouge de Mentrida, de la Rioja,...

Callos a la Madrilena (tripes, pieds de veau, chorizo,...) : vin rosé de la Mancha, Fino de Montilla-Moriles.

Afeniques (pâtisseries parfumées à la fleur d'oranger) : Cava demi-sec ou doux.

Le Jérez est parfois directement servi du fût dans des verres tenus à bout de bras à l'aide d'un petit récipient à long manche, appelé la venencia. Cet exercice demande beaucoup d'entraînement et de dextérité.

CAVA vin effervescent.

Les vins de Jerez :

Fino : sec, frais et léger.

Manzilla : le plus léger des finos, élevé dans les bodegas de Sanlucar de Barrameda.

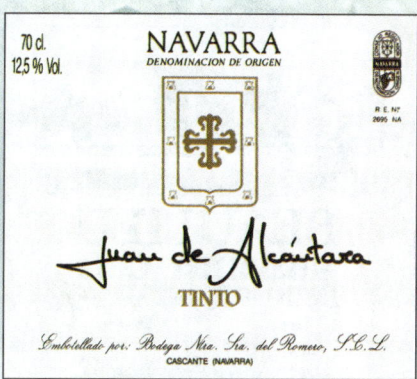

Oloroso : le plus corsé.

Amontillado : vieux fino sec avec une robe soutenue. (topaze brûlée)

La Grande-Bretagne

Au début du Moyen Âge, la vigne était très présente en Angleterre. A la suite du mariage d'Henri II avec Eléonore d'Aquitaine, au XIIe siècle, les vins de Bordeaux ont été préférés aux vins locaux. Le vignoble a périclité. De nos jours, la vigne est présente sur un millier d'hectares surtout localisés sur les côtes est et sud (Suffolk, Kent, Sussex,...). Ces régions bénéficent de l'effet du Gulf Stream qui atténue les rigueurs du climat britannique.

Législation

Depuis 1991, les britanniques produisent des VQPRD sous le contrôle du Wine Standard Board.

Les cépages

Surtout des blancs : Müller-Thurgau, Seyval blanc (hybride français), Reichensteiner, Madeleine angevine, Schönburger, Ortega,...

Rouges : Pinot noir et un peu de Cabernet-Sauvignon...

Quelques vins de Grande-Bretagne

Parmi les exploitations les plus importantes peuvent être citées : Carr Taylor, English Wine center (Sussex) Lamberhurst (Kent) ; Beaulieu (Hampshire),...

Quelques vignobles et quelques vins étrangers

Vins de Grande Bretagne et gastronomie locale

Haddock : Seyval blanc, Schönburger.

Haggis (typiquement écossais, mouton, farine d'avoine,...) Müller-Thurgau, Ortega.

Roast beef : Pinot noir du Kent.

Apple Pie : vins blancs demi-secs du Sussex.

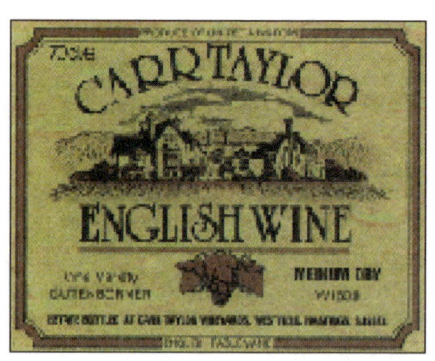

La Grèce

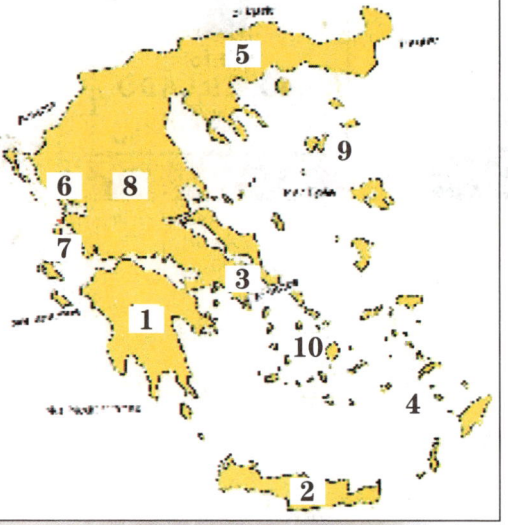

La Grèce — Principales régions de production

1 Péloponnèse
2 Ile de Crète
3 Grèce centrale et Ile d'Eubée
4 Dodécanèse
5 Macédoine et Trace
6 Epire
7 Iles ioniennes
8 Thessalie
9 Iles de la mer Egée (Samos)
10 Cyclades

La Grèce peut être considérée comme le berceau de la viticulture. Dans la Grèce Antique, le vin a été élevé au rang des dieux. Ce pays, héritier de règles strictes déjà en usage dans l'Antiquité, bénéficie de conditions idéales pour la culture de la vigne.

Le vignoble est très dispersé (Péloponnèse, Crète, Epire, Macédoine, Cyclades, etc.). Il s'étend sur environ 140 000 ha. La production (4 à 4,5 millions d'hectolitres) est faible, eu égard à la superficie. Cela s'explique par de faibles rendements et par l'abondante production de raisins secs et de raisins de table.

Législation

Depuis l'Antiquité, la Grèce a eu tendance à considérer le vin comme un don du ciel. Cela explique l'absence de réglementation (sauf pour le Samos) jusqu'en 1962, date à laquelle ce pays s'est associé au Marché commun.

Devenue membre de la CCE (U.E.) à part entière en 1981, la Grèce applique la législation européenne. Elle produit aujourd'hui des vins de table et des vins d'appellation d'origine (VQPRD).

Les cépages

Il y a 20 siècles, Virgile a écrit qu'il serait plus facile de compter les grains de sable sur une plage que d'énumérer tous les cépages cultivés en Grèce. C'est une image, mais de nos jours, ils sont encore nombreux.

blancs : Assyrtiko, Debina, Robola, Muscats,...

rouges : Xinomavro, présent sur le Mont Olympe, Agiorgitiko (vigne de Saint-Georges), Mandilaria (cépage des îles) et le célèbre Mavrodaphne.

Des cépages français sont cultivés en Grèce septentrionale : Chardonnay, Cabernet,...

Quelques vins grecs

Le plus populaire est le Retsina, vin auquel on ajoute de la résine de pin d'Alep. Il bénéficie d'une appellation dite "traditionnelle". Les plus connus à l'étranger sont le Muscat de Samos et le Mavrodaphne de Patras, il s'agit de deux vins généreux, très riches en sucres résiduels.

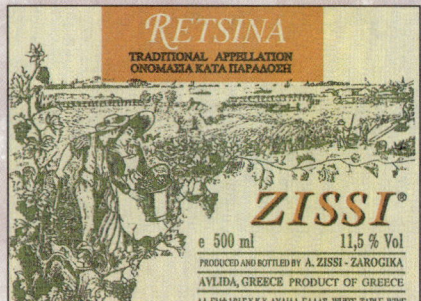

Quelques vignobles et quelques vins étrangers

A signaler également le Nemea et le Mantinia, dans le Péloponnèse ; le Naoussa en Macédoine, le Santorin dans les Cyclades. A Santorin, la conduite de la vigne, directement sur le sol, est très spectaculaire.

Vins grecs et gastronomie locale

Yalandji Dolma (feuilles de vignes farcies) : Retsina blanc ou rosé, Robola rosé,...

Ghofaria (poisson au four) : Mantinia.

  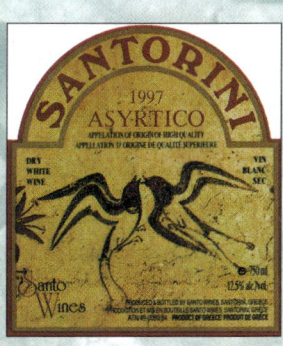

Moussaka (viande et aubergines) : Naoussa.

Kairidopita (gâteau de miel) : Muscat de Samos.

L'Italie

Les poètes Romains (Pline, Virgile, ...) nous ont laissé des récits très détaillés sur la culture de la vigne en Italie au début de l'ère chrétienne et dans la période qui l'a précédée. De nos jours, avec une moyenne de 60 à 65 millions d'hectolitres par an, l'Italie est, avec la France selon les années, le premier producteur de vin du monde. La vigne est présente dans toutes les régions, du nord au sud de la péninsule.

Les principaux cépages

Quelques cépages français : Cabernet, Merlot, Chardonnay, etc.

Mais aussi et surtout de nombreux cépages italiens, parmi lesquels il faut citer :

blancs : Trebbiano (connu en France sous le nom d'Ugni blanc), Verdicchio, Vernaccia, Moscato (Muscat).

rouges : Sangiovese (cépage du Chianti), Barbera, Nebbiolo, etc.

Législation

Il existe différentes catégories de vin en Italie :

Les D.O.C.G. (Denominazione di Origine Controllata e Garantita) réservées aux meilleurs vins italiens.

Les D.O.C. (Denominazione di Origine Controllata) il en existe plus de 220.

Les "Vino da Tavola" ou vins de table. Ces derniers sont répartis en : IGT (Indicazione Geografiche Tipici) qui correspond à peu près à la notion de Vin de Pays et les VDT (Vino de Tavola).

Attention, parmi les vins de table figurent des vins de grande qualité, parfois parmi les meilleurs d'Italie (Sassicaia, Tignanello, Masseto…). Cette remarque est surtout valable pour les vins antérieurs à 1994.

IGT.

DOCG.

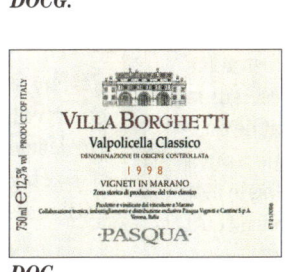

DOC.

Quelques vignobles et quelques vins étrangers

Asti est très connu pour son SPUMANTE (vin effervescent).

L'Italie produit également des vins «metodo classico» 2e fermentation en bouteille.

Vino Santo : vin doux, riche et très aromatique.

> Le Est Est Est est produit dans la région de Rome. Une légende très connue dit qu'au XIe siècle, un évêque allemand, se rendant à Rome, envoya un détachement précurseur pour tester les auberges et inscrire le mot "est" sur la façade de celles où le vin était de qualité. A Montefiascone, l'évêque trouva sur le mur d'une auberge trois fois le mot "est". Il s'y arrêta. La légende prétend qu'il n'est jamais arrivé à Rome...

La mention "classico" figure sur de nombreux vins italiens. Elle est généralement réservée aux vins produits dans la zone la plus ancienne de l'appellation, souvent la meilleure.

Quelques vins italiens

Le Chianti, produit en Toscane est incontestablement le plus connu des vins italiens. C'est également dans cette région que sont produits les DOCG Brunello di Montalcino et Vino Nobile di Montepulciano.

Le Barolo, le Barbaresco, l'Asti,... viennent du Piémont.

Le Lambrusco (vin rouge effervescent) est un vin d'Émilie-Romagne.

Le Soave, le Bardolino et le Valpolicella sont des vins de Vénétie (région de Venise).

Les régions du Latium (Rome) et d'Ombrie produisent des vins blancs très connus : l'Orvieto et le Frascati.

Le Franciacorta, l'Oltrepo Pavese sont des vins de Lombardie.

C'est pratiquement au pied du Vésuve, dans la région de Naples que l'on trouve le Lacrima Christi (larmes du Christ).

Quant à la Sicile, elle est surtout connue pour le Marsala et le Faro.

Le nord de l'Italie produit également des vins effervescents. Le "Vino Santo", parfois assimilé au vin de paille, est élaboré avec des raisins arrivés à surmaturité et légèrement desséchés. Jadis, les raisins n'étaient pressés que pendant la Semaine Sainte, d'où son nom.

Vins italiens et gastronomie locale

Pour les pâtes, base de la cuisine italienne, le choix dépendra de la préparation : à la bolognaise, un Lambrusco ; à la vongole (avec des coquillages), un Orvieto ou un Frascati.

Risotto : Barbera d'Asti.

Osso Buco : San Colombano (Lombardie).

Pizza : variable selon la préparation. Sur les plus classiques : Cerasuelo de Montepulciano, Vermentino de Imperia,...

Cacciucco à la Livournaise (Toscane) composé de 5 poissons minimum : Bolgheri bianco, Bianco Pisano di San Torpe,...

Saltimbocca (escalope de veau avec jambon) : Marsala fino ou vergine.

Pandoro (gâteau de Vénétie) et sur de nombreux desserts : Recioto di Soave ou de Valpolicella ou un Vino Santo (vin doux qui n'est pas sans rappeler nos vins de paille).

> Le Marsala, vin de dessert produit en Sicile, est parfois additionné de jaune d'œuf.

LACRIMA CHRISTI DEL VESUVIO

Il y a de nombreuses légendes autour de ce vin sans rival qui puise dans le sol volcanique des pentes du Vésuve son arôme particulier et son goût sans égal. Il le doit aux cendres fertilisantes projetées par le cratère et au soleil généreux du Midi. D'où vient son nom ? La légende narre que Satan, chassé du Paradis, tomba dans la baie de Naples en entraînant avec lui un morceau de Ciel. Naples et sa région furent bientôt connues comme "le Paradis habité par des démons".

Revenu sur terre, le Christ vit ce triste état de choses et en pleura. Là où ses larmes coulèrent, et précisément sur les coteaux du Vésuve, la vigne prospéra et donna un vin délicieux : le "Larme du Christ", en latin Lacrima Christi. On est libre de ne pas croire aux légendes. On doit cependant reconnaître que le vin de ces terres la confirme entièrement.

Ditta Gluseppe Scala fu Raffaelo

Quelques vignobles et quelques vins étrangers

Le Luxembourg

Les vignobles luxembourgeois sont localisés sur la rive gauche de la Moselle où ils bénéficient d'une bonne exposition. Avec seulement 1 400 ha, c'est le plus petit vignoble de l'U.E.

Etant donné la taille du vignoble, il n'existe pas à proprement parler de régions différentes. Cependant, sur le plan géologique, il peut être divisé en 2 parties : le canton de Remich et celui de Grevenmacher. Au Luxembourg, les vins sont généralement commercialisés sous le nom du cépage dont ils sont issus.

Législation

C'est en 1935 qu'a été créée la "Marque Nationale du vin de la Moselle Luxembourgeoise". En 1959, le système a été complété par l'introduction de mentions à caractères qualitatifs (attribués après dégustation), à savoir : Vin classé, Premier cru, Grand Premier cru. Depuis 1985, la mention "appellation contrôlée" peut compléter la mention traditionnelle "Marque nationale".

Il existe, depuis 1991, une appellation "Crémant du Luxembourg".

Les cépages

Plus de 99 % de vins blancs, dont plus de la moitié issue de Rivaner (Müller-Thurgau). Autres cépages : Ebling, Auxerrois, Riesling, Pinot blanc, Pinot gris,...

Vins luxembourgeois et gastronomie locale

Jambon des Ardennes : Riesling.

Brochet au four : Riesling premier cru.

Ecrevisses à la nage : Pinot blanc, Riesling.

Moules à la mode luxembourgeoise: Ebling, Rivaner,... Gibier : Pinot gris.

Judd Mat Gardebounen (porc aux fèves) : Rivaner, Pinot blanc.

SOURCE : ÉDITÉ PAR LA COMMISSION DE PROMOTION DES VINS LUXEMBOURGEOIS.

Quelques vignobles et quelques vins étrangers

Le Portugal

Le vin est la principale richesse agricole du Portugal. La production annuelle est de l'ordre de 9 à 10 millions d'hectolitres. Surtout connu pour ses vins de Porto et de Madère, le Portugal offre toute une gamme de vins blancs, rouges et rosés.

Législation

La région de Porto a été parmi les premières régions vinicoles du monde à être délimitée. Elle le fut dès 1756 par le marquis de Pombal. La délimitation des autres régions a été effectuée entre 1906 et 1910.

De nos jours, il existe des vins de table et des VQPRD. Sont assimilés aux VQPRD les vins qui bénéficient de la : Denominacão de Origen Controlada (D.O.C.) et de l'Indicacão de Proveniencia regulamentada (I.P.R.).

Les vins qui bénéficient d'une appellation sont commercialisés avec un label qui garantit l'origine. A signaler également «Vinho Régional» (V.R.) proche des Vins de Pays français.

Les principaux cépages

Blancs : Rabigato, très cultivé ; Alvarhino et Loueiro, surtout présents dans la région de Vinho verde ; Sercial et Bual qui constituent la base de l'encépagement à Madère.

Rouges : Touriga-Nacional, Tinta-Francisca, Touriga-Francesa, ces trois cépages sont présents dans la région de Porto ; l'Alvarelhao, Tinta Roriz, Périquita, etc.

Quelques vins portugais

Bien évidemment ceux de Porto et de Madère, mais aussi :

Vinho Verde, vins blancs, rouges et rosés légers produits au nord du Portugal.

Dao, vins de qualité produits depuis des siècles dans la région de Dao.

Colares où les vignes sont plantées dans le sable.

Setubal, près de Lisbonne, surtout connu pour ses célèbres muscats.

La partie sud du pays (l'Algarve), le Sud-Est, près de l'Espagne (Alentejo) et plus au nord la région du Porto (Douro) produisent également d'excellents vins d'appellation.

Porto

Ce sont les Anglais qui sont à l'origine du succès du Porto. Au XVIIe siècle, les nombreux conflits entre la France et l'Angleterre, les taxes élevées que les Anglais devaient acquitter sur les vins de Bordeaux, amenèrent les négociants britanniques à s'approvisionner au Portugal et plus particulièrement dans la région du Douro. A cette époque, les vins n'étaient pas mutés et supportaient mal le voyage. C'est alors que l'on a commencé à y ajouter un peu d'alcool.

Elaboration

C'est le principe de l'élaboration des VDN. C'est-à-dire addition d'une certaine quantité d'alcool en cours de fermentation, ce qui a pour conséquence de stopper la fermentation. Le moment où l'alcool est ajouté est important puisqu'il détermine le type de porto : sec, demi-sec,... Après avoir passé l'hiver dans les "quintas" (domaines) du Douro, la plupart des vins sont transportés dans les chais de Vila Nova de Gaia, en

SOURCE : MONTAGE RÉALISÉ À PARTIR D'UN DOCUMENT ICEX

(1) Bairrada
(2) Bucelas
(3) Colares
(4) Algarve
(5) Vins de Porto
(6) Setubal
(7) Carcavelos
(8) Vinho Verdes
(9) Douro
(10) Dao
VIN DE MADÈRE (île de l'Atlantique à 850 km de Lisbonne)

V.Q.P.R.D.

Labels de garantie

Quelques vignobles et quelques vins étrangers

face de la ville de Porto. Interviennent alors vieillissement et éventuellement assemblages.

Différents types de Porto :

Blancs : issus de raisins blancs. Ils sont généralement secs et fruités.

Ruby : vin d'assemblage, porto jeune de couleur rubis, d'où son nom.

Tawny : ils ont généralement entre 3 et 5 ans, mais certains restent en fûts plus longtemps. Si une indication d'âge figure sur l'étiquette, il s'agit de l'âge moyen de l'assemblage.

Late Bottled Vintages ou L.B.V. : vins d'une seule année. Ils passent de 4 à 6 ans en fûts avant la mise en bouteille.

Colheita : vins d'une seule année, ils doivent séjourner sept ans minimum en fûts de chêne.

Vintage : produits d'exception. Ils ne sont produits que dans les grandes années. Ils proviennent d'un seul millésime mis en bouteille après deux ans en fûts.

Les vieux portos doivent être décantés.

Madère

En France, le Madère est très souvent considéré comme un vin destiné essentiellement à la cuisine. Quel dommage ! En effet, l'île portugaise de Madère située dans l'Atlantique à environ 850 km de Lisbonne produit des vins d'une qualité et d'une longévité exceptionnelle (l'auteur de ces lignes a eu le privilège de déguster dernièrement un Madère de 1795 !). Il existe différentes variétés de Madère en fonction du cépage dont il est issu :

Sercial : sec et léger, Verdelho : sec et aromatique, Bual : doux et aromatique, Malmsey ou Malvasia : doux et très aromatique.

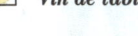
Vin de table

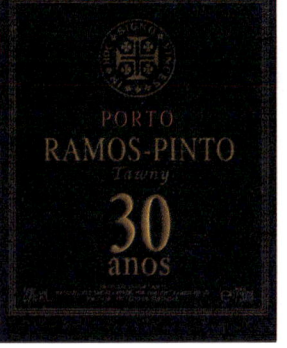
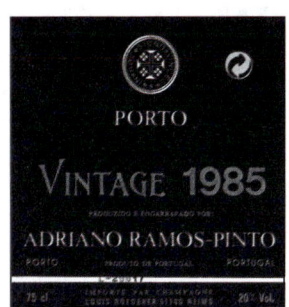

Doux.

Les vintages, des produits d'exception.

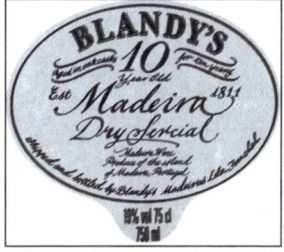
Sec.

Colheita 1900.

Quelques vignobles et quelques vins étrangers

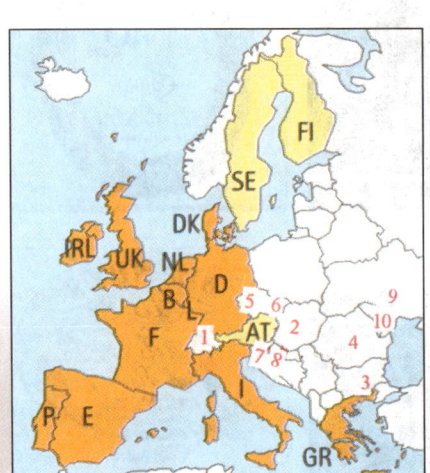
Vieux madères.

Certains vins de Madère, surtout ceux issus du cépage Négra Molle sont vieillis en "Estufas" à une température de 40 à 45 °C.

Sur place, il y a des stocks impressionnants de très vieux madères.

Vins portugais et gastronomie locale

Apéritif : Porto blanc, Muscat de Setubal (à servir sans glace !!),...

Caldo verde (potage) : vin blanc de Vinho Verde ou d'Algarve.

Bacalhau (morue) : Vinho Verde blanc, vin rouge issu du cépage Periquita.

Carne de porco à l'alentejana (porc, vin, praires,...) vin de l'Alentejo utilisé pour la préparation.

Chevreau rôti : vin rouge du Douro.

Fromage de brebis : vieux Porto.

Pâtisserie, y compris celles au chocolat : vieux Bual ou Malvasia de Madère.

AUTRES PAYS D'EUROPE PRODUCTEURS DE VIN

1. Suisse
2. Hongrie*
3. Bulgarie
4. Roumanie
5. République Tchèque*
6. Slovaquie*
7. Slovénie*
8. Croatie
9. Ukraine
10. Moldavie

*ont rejoint l'U.E. le 1er mai 2004.

La Suisse

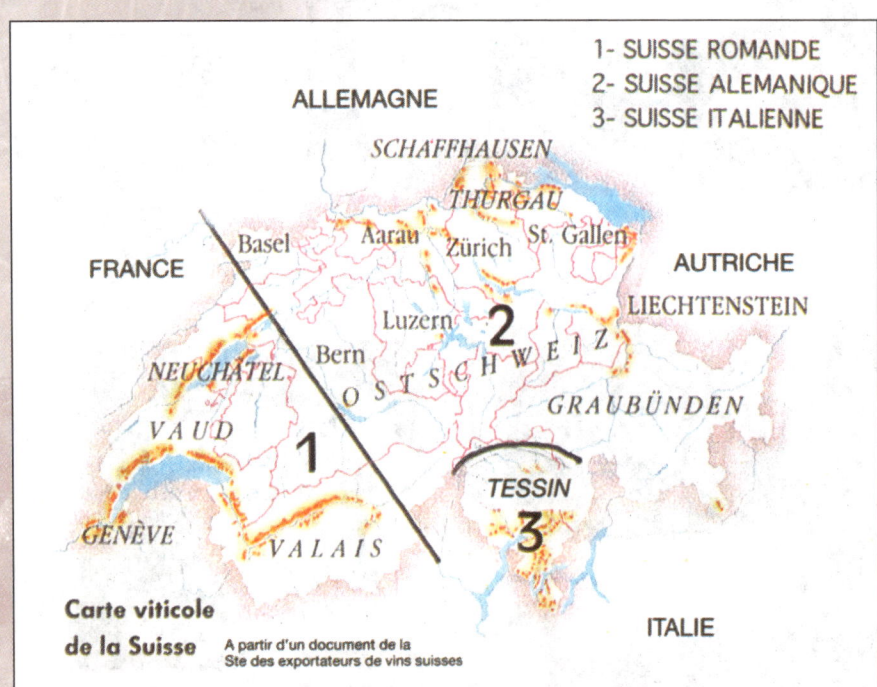

Carte viticole de la Suisse — A partir d'un document de la Ste des exportateurs de vins suisses

La vigne est présente dans de nombreux cantons suisses. La production est de l'ordre d'un peu plus d'un million d'hectolitres par an. Il s'agit surtout de vins blancs.

Parmi les plus connus, citons les vins produits en Suisse Romande :

- Les vignobles vaudois, situés sur les bords du lac Léman, produisent surtout des vins blancs secs issus de Chasselas. Il sont divisés en 4 sous-régions : La Côte (de Nyons à Lausanne) avec le célèbre Dézaley ; le Chablais Vaudois (vallée du Rhône de Saint-Maurice au Léman) avec deux crus très renommés : Yvorne et Aigle ; la région de Bonvillars-Côte de l'Orbe et Vully, (près du lac de Neuchâtel).

Quelques vignobles et quelques vins étrangers

- Les vignobles du Valais, dans la vallée du Rhône (de Viège à Martigny). C'est dans cette région que se trouve l'important centre vinicole de Sion. On y trouve :

  Le Fendant, issu du Chasselas, très prisé des Genevois.

  La Dôle, issue des cépages Pinot noir et Gamay. Un vin rouge suisse très connu.

  Le Johannisberg, l'Arvine, le Martigny, etc.

- Vignobles du canton de Genève (ils peuvent bénéficier d'une AOC).

On produit aussi des vins en Suisse alémanique et dans le Tessin (cette dernière région est surtout connue pour ses merlots).

La Hongrie

Le vignoble hongrois est très ancien. Jusqu'au début des années 90, la plus grande partie de la production était élaborée dans des cuveries nationales et des fermes d'Etat. De nos jours, le vignoble a été restructuré et la production est privatisée. De nombreux étrangers, dont des Français, ont investi dans le vignoble hongrois.

Depuis 1994, on distingue 4 régions vinicoles, divisées en 20 sous-régions :

- L'Alföldld (Grande Plaine).
- La Transdanubie du Nord avec une partie des vignobles du lac Balaton et ceux de Sopron, Mor, Somlo, etc.
- La Transdanubie du Sud avec l'autre partie des vins du Balaton et Villàny-Siklos.
- La Hongrie septentrionale avec les vignobles de l'Eger et son "Sang de Taureau". C'est également dans cette région que se trouvent les célèbres vignobles de Tokay.

Tokay

C'est surtout le Tokay qui a fait la renommée du vignoble hongrois. La région qui produit ce vin est située au nord-est du pays près de la frontière avec l'Ukraine. Il faut savoir qu'il existe différentes catégories de Tokay, avec des caractéristiques spécifiques. Le plus célèbre est le Tokay Aszü, vin très riche élaboré à partir de raisins surmaturés. Sur la bouteille figure la mention "3, 4, 5, éventuellement 6 puttonyos".

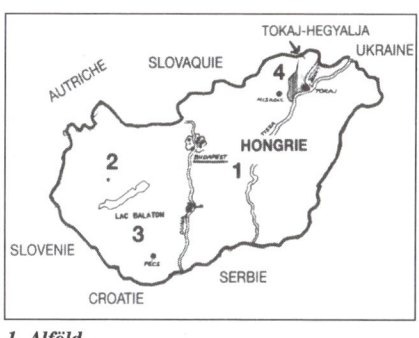

1. Alföld.
2. Transdanubie du Nord.
3. Transdanubie du Sud.
4. Hongrie Septentrionale avec la zone de production du Tokay.

Quelques vignobles et quelques vins étrangers

Cela correspond au nombre de hottes (de 27 à 32 litres) de raisins atteints de pourriture noble que l'on a ajouté au vin contenu dans un fût de 140 litres. L'eszencia, vin très rare et très cher, constitue la quintessence des Tokay Aszü.

Il existe également du Tokay Szamorodni qui peut être sec ou doux ainsi que du Tokay Furmint, de qualité moindre. Tous ces vins sont issus des cépages Furmint et Hàrslevelù.

La Bulgarie

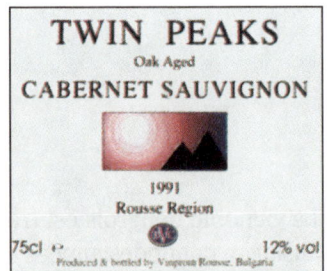

La vigne était déjà présente dans ce pays avant l'arrivée des Romains. Mais le vignoble actuel est très récent. Il s'étend sur 150 000 ha environ. Les vins sont essentiellement issus de cépages locaux. Parmi les vins les plus connus peuvent être cités : les vins issus du cépage Misket, en particulier ceux produits à l'est de Sophia et les rouges issus de Mavrud et de Gamza. Ce dernier est souvent associé au Merlot.

La Roumanie

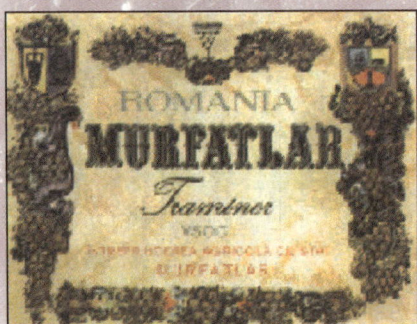

Perla : le vin blanc le plus célèbre de la région de Tarnave en Transylvanie.

La région de Murfatlar est renommée pour ses vins blancs issus de raisins récoltés à surmaturation (vendanges tardives et sélection de grains nobles).

La Roumanie bénéficie de conditions particulièrement favorables à la viticulture. Issus de cépages locaux ou d'origine française, les vins roumains offrent une grande diversité. Parmi les plus connus, peuvent être cités : les vins de Tarnave, dont le célèbre Perla en Transylvanie, le Cotnari en Moldavie et le Murfatlar, près de la Mer noire (surtout connu pour ses vins élaborés à partir de raisins surmaturés),...

Quelques vignobles et quelques vins étrangers

La République Tchèque

La République tchèque comprend : la Moravie dont les vins, essentiellement blancs, sont très appréciés à Prague, la Bohême où des cépages français, entre autres le Chardonnay, sont présents depuis le XVe siècle.

En Moravie, à l'est du pays, les vignobles sont situés près des affluents du Danube. Ils produisent surtout des vins blancs frais et légers qui ne sont pas sans rappeler ceux de l'Autriche toute proche.

En Bohême, les vignobles sont surtout présents au nord-ouest de Prague, près de la frontière allemande, le plus renommé est celui de Melnik.

Vin blanc issu de Chardonnay.

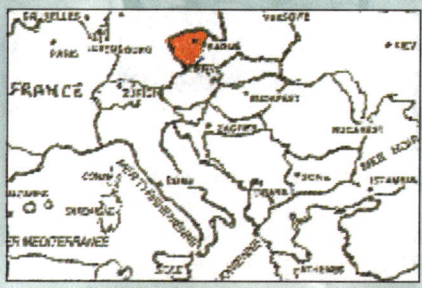

Vin blanc tchèque issu de Müller-Thurgau.

La République Slovaque

Cette république bénéficie de conditions très favorables à la viticulture, en particulier pour l'élaboration de vins blancs. Les vignobles les plus importants sont situés dans les Petites Carpates et près de la ville de Nitra. La partie est du vignoble est le prolongement du vignoble de Tokay.

Les vins de Slovaquie ont longtemps été commercialisés sous le nom d'une marque. On s'oriente actuellement vers le nom du cépage accompagné d'une zone de production, exemple : Sylvaner de Limbach.

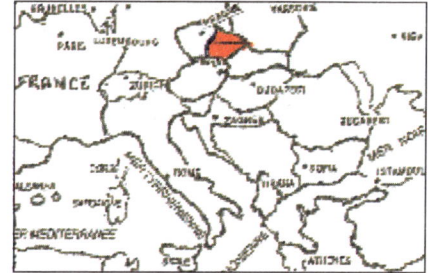

Vin rouge.

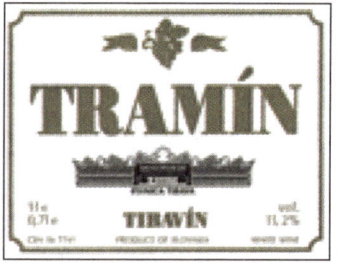
Vin blanc.

La Slovénie et la Croatie (ex-Yougoslavie)

Suite à de nombreux conflits au début des années 90, l'ex-Yougoslavie, pays de fortes traditions viti-vinicoles a éclaté en différents états. Deux états ont une production intéressante sur le plan quantitatif et qualitatif : la Slovénie et la Croatie, mais la vigne est présente en Serbie, au Kosovo, en Macédoine et au Monténégro.

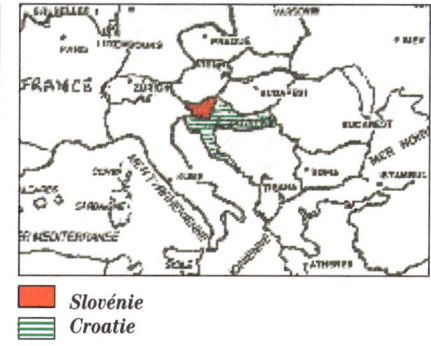

Quelques vignobles et quelques vins étrangers

Vins de Slovénie.

La Slovénie

Les vignobles sont surtout présents dans les vallées de la Drave, de la Mur et de la Save. La partie nord produit essentiellement des vins blancs issus de Riesling, Pinot blanc, Sauvignon,... La zone côtière (près de la frontière italienne) bénéficie d'un climat méditerranéen. Elle produit quelques vins blancs, mais elle est surtout connue pour ses vins rouges issus de Refosk, Cabernet Sauvignon, Merlot,...

La Croatie

La Croatie est divisée en deux régions vinicoles, la zone continentale et la zone côtière.

La zone continentale s'étend entre la Save, la Drave et le Danube, parallèlement à la frontière hongroise. On y produit surtout des vins blancs secs et fruités. Les cépages y sont nombreux mais le Grasevina est omniprésent. C'est dans la partie est de la Croatie continentale que se trouve le célèbre et très ancien centre vinicole de Kutjevo.

La zone côtière occupe la péninsule d'Istrie, la côte dalmate et les nombreuses îles situées au large de cette dernière. Parmi les vins, fort nombreux, produits dans cette zone, on peut citer les rouges issus du cépage Plavac.

KUTJEVO, célèbre et très ancien centre vinicole de Croatie.

Cépage Grasevina, très présent en Croatie.

Vin rouge de Croatie élevé en barrique.

L'ex-URSS

L'ex-URSS était l'un des principaux pays producteurs de vin du monde, le quatrième. De nos jours, de nombreux états issus de l'éclatement du bloc soviétique continuent à produire des vins. Parmi ceux-ci doivent être cités : la Moldavie, l'Ukraine, la Géorgie,...

Les vins sont issus de cépages locaux (Saperavil, Khindogny,...) ou de cépages d'Europe occidentale (Pinot, Chardonnay, Aligoté, Cabernet...).

La MOLDAVIE : production importante, eu égard à la superficie de ce pays. Fait de très gros efforts sur le plan qualitatif. Le Negru de Purkar est très renommé.

L'UKRAINE : la vigne est très présente en Crimée, surtout connue pour ses vins effervescents.

La GÉORGIE : élabore deux types de vins : selon des méthodes très anciennes pour la consommation locale et des techniques plus modernes pour les vins destinés à l'exportation.

On trouve également des vins en : Arménie, Azerbaïdjan, Russie...

Vin capiteux (18°) issu des cépages Isabella et Noha (deux cépages interdits en France).

Muscat.

Cabernet.

Aligoté de Moldavie.

Quelques vignobles et quelques vins étrangers

AUTRES PAYS PRODUCTEURS DE VIN, EN DEHORS DE L'EUROPE

Nombreux sont les pays producteurs en dehors de l'Europe. Les vins de certains d'entre eux commencent, enfin, à être présents en restauration.

Dans la plupart des pays du Nouveau Monde (U.S.A, Australie, Argentine, Chili, Nouvelle-Zélande…), il existe de très grandes entreprises, pour certaines d'entre elles, plusieurs milliers d'hectares. Ces entreprises sont fortement intégrées dans la distribution.

Contrairement à l'Europe, sur le plan viticole, il n'existe pratiquement pas de limitation des droits de plantation. Seuls le manque d'eau ou d'espace limitent les expansions. La plupart des nouvelles plantations sont irriguées. En revanche, la chaptalisation est interdite. Les vins sont généralement commercialisés sous un nom de cépage. Même si on constate une évolution, la notion d'appellation d'origine a beaucoup moins d'importance qu'en Europe.

Les Etats-Unis

Avec une production de l'ordre de 17 à 18 millions d'hectolitres chaque année, les Etats-Unis se classent parmi les principaux producteurs mondiaux.

La vigne est surtout cultivée en Californie, mais de nombreux autres états produisent du vin, notamment l'Oregon, l'état de New York (le plus ancien vignoble des Etats-Unis), l'Illinois, l'Ohio, etc. C'est donc une erreur de réduire le vignoble des USA à la seule Californie. Comme c'en est une de réduire le vignoble de Californie à la seule Napa Valley.

Le vignoble californien

Si la vigne existe depuis fort longtemps en Californie, où elle était cultivée à la fin du XVIIe siècle par des missionnaires espagnols, ce n'est vraiment qu'à partir de 1860 que le vignoble a connu une certaine expansion.

Aujourd'hui, la Californie produit de nombreux vins de qualité, très souvent commercialisés sous le nom du cépage : Cabernet, Pinot noir, Gamay, Sauvignon, Chenin, Zinfandel (les vins issus de ce cépage sont très appréciés par les Américains).

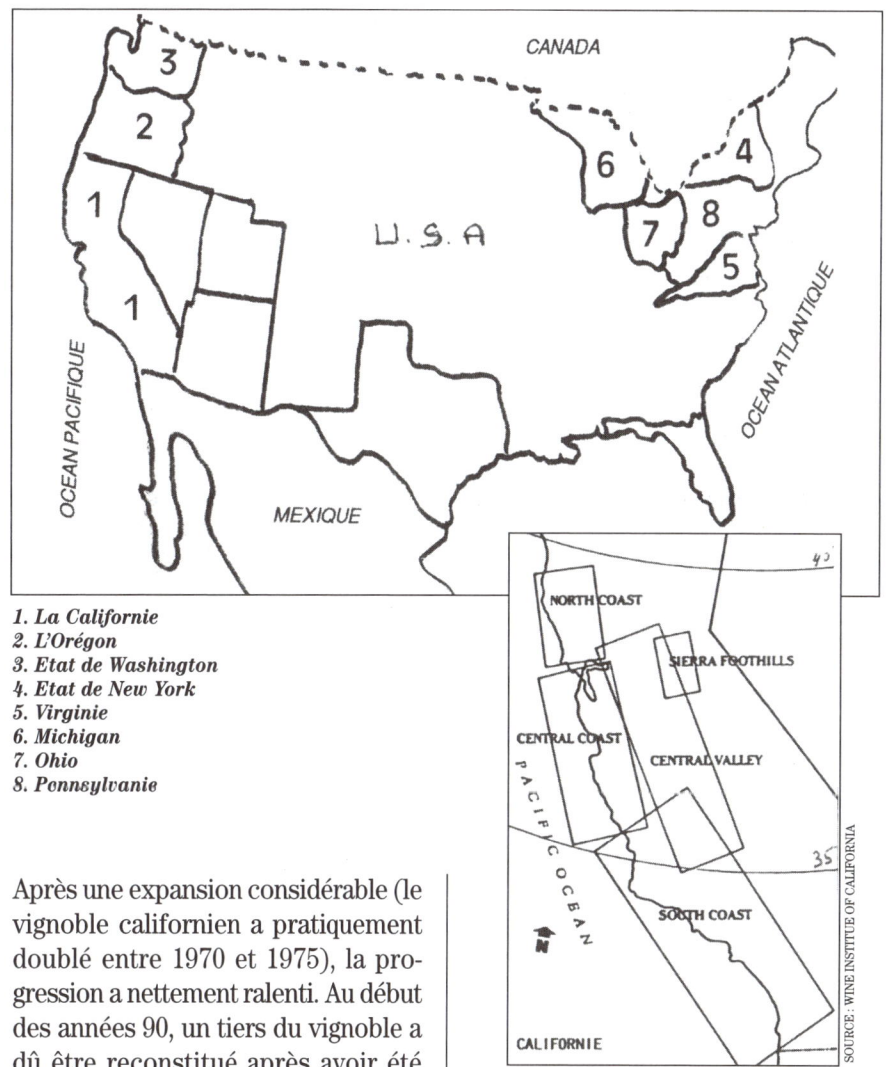

1. La Californie
2. L'Orégon
3. Etat de Washington
4. Etat de New York
5. Virginie
6. Michigan
7. Ohio
8. Pennsylvanie

Après une expansion considérable (le vignoble californien a pratiquement doublé entre 1970 et 1975), la progression a nettement ralenti. Au début des années 90, un tiers du vignoble a dû être reconstitué après avoir été détruit par le phylloxéra.

Californie : 5 principales régions de production

Quelques vignobles et quelques vins étrangers

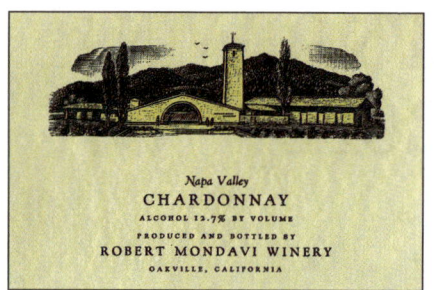

Les principales sous-régions viticoles de la Californie sont :

- Sonoma au nord de San Francisco. C'est dans cette zone que se trouve le fameux vignoble de Buena Vista créé par le comte hongrois Haraszthy au lendemain de la ruée vers l'or. Ce personnage est considéré, à juste titre, comme le père de la viticulture en Californie.

- NapaValley où sont produits les meilleurs vins de Californie, dont le fameux Opus One. C'est dans cette région que se trouve le Domaine Chandon, contrôlé par le groupe Moët-Hennessy. Domaine créé en 1972, il a une superficie de 650 hectares environ.

- Mendocino, Los Carneros....

- La Côte Centrale Nord (au sud de San Francisco) avec les vignobles de Monterey, Alameda, San Benito, Santa Clara et Santa Cruz.

- La Côte Centrale Sud avec les vignobles de Santa Barbara et San Luis Obispo.

- La Californie Méridionale (entre Los Angeles et la frontière mexicaine) avec les vignobles de San Diego, Riverside et San Bernardino.

- La région de Foothills (aux pieds de la Sierra Nevada).

- La Vallée Centrale : quatre bouteilles de vin de Californie sur cinq proviennent de cette région. Il s'agit surtout de vins blancs légers. La Winery Ernest and Julio Gallo représente la plus grande winery du monde. La création de l'entreprise date de 1930. Elle commercialise 40 % de la production viticole de Californie. On a souvent dit que cette entreprise a exercé une influence capitale sur l'évolution du goût des Américains en matière de vin.

On produit également des vins au **Mexique** et au **Canada.**

Un vin canadien de l'Ontario.

Un vin mexicain de la Vallée de Calafia.

Quelques vignobles et quelques vins étrangers

L'Amérique du Sud

Le Chili est situé sur la côte occidentale de l'Amérique du Sud. Ce pays est tout en longueur. Il s'étire sur presque 5 000 km du nord au sud. Les vignobles se trouvent essentiellement au centre de part et d'autre de la capitale Santiago du Chili. Pendant plusieurs siècles, le cépage Pais a occupé la presque totalité des surfaces plantées. De nos jours : Cabernet Sauvignon, Merlot, Chardonnay et autres cépages européens se sont imposés. Vignoble en pleine expansion, le Chili qui offre des conditions idéales pour la viticulture, surtout dans la vallée du Maipo, attire des investisseurs du monde entier.

Toujours en **Amérique du Sud**, **l'Argentine** est un des principaux pays producteurs de vin du monde. Le **Brésil** et **l'Uruguay** produisent également des vins de qualité.

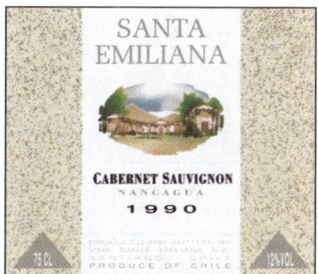
Chili.

Brésil.

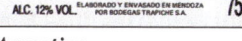
Argentine.

Uruguay.

L'Afrique

L'Afrique du Sud

Il y a plus de trois siècles que la viticulture a été introduite en Afrique du Sud par les Hollandais. De nos jours, le pays des "Springboks" offre toute une gamme de vins issus des principaux cépages européens (dont le Chenin qui est très présent) et d'un cépage spécifique le Pinotage (croisement entre le Pinot noir et le Cinsault).

Les régions les plus souvent citées pour la qualité de leurs vins sont Stellenbosch et Paarl. C'est dans la région du Cap qu'est élaboré le Klein Constancia qui fut un des meilleurs vins du monde.

Les vins d'Afrique du Sud sont vendus avec un sceau qui fournit des informations intéressantes sur le cépage, l'origine, etc.

Longtemps handicapés à l'exportation par des problèmes politiques, les vins d'Afrique du Sud sont de plus en plus présents dans les principaux pays consommateurs.

On produit également des vins dans les pays du Maghreb (**Maroc, Tunisie** et dans une moindre mesure **Algérie**) et en **Egypte.**

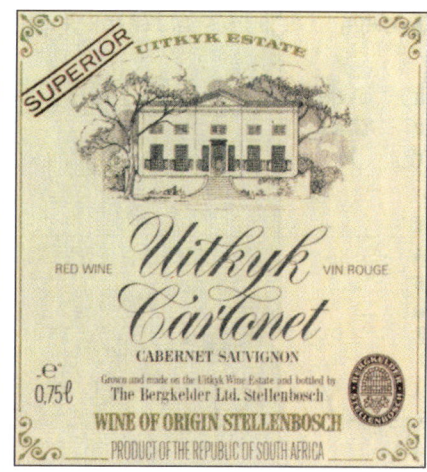

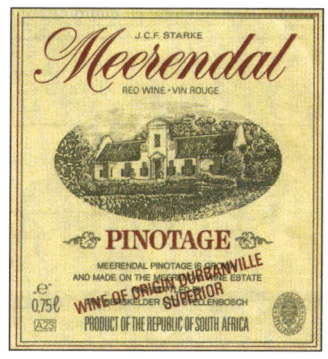

Vin du Maroc.

Quelques vignobles et quelques vins étrangers

L'Océanie

AUSTRALIE

Les premiers ceps de vigne en provenance de Rio de Janeiro et du Cap de Bonne Espérance arrivèrent dans la région de Sydney avec les premiers immigrants anglais en 1788. Que de chemin parcouru depuis. De nos jours, le vignoble australien est en pleine expansion et offre encore un potentiel de développement très important. Tous les cépages européens classiques (Cabernet Sauvignon, Chardonnay, Merlot...) y sont cultivés. La Syrah, appelée sur place Shiraz est très présente. Elle donne des vins rouges de grande qualité dont le fameux Grange (anciennement Grange Hermitage).

NOUVELLE-ZÉLANDE

Située à environ 2 000 km au sud de l'Australie, la Nouvelle-Zélande produit des vins de qualité qui sont de plus en plus exportés dans le monde entier. Elle produit surtout des vins blancs, le Chardonnay et le Sauvignon sont très présents, mais on trouve également du Muscat, du Riesling, du Sémillon...

Il existe différentes régions de production : Gisborne, Hawkes Bay,... Mais la plus importante est celle de Malborough au nord de l'île du sud. Dans cette région sont produits des Chardonnay, des Pinot noir mais aussi et surtout d'excellents Sauvignon déjà présents et très appréciés en France.

Nouvelle-Zélande

Autres pays

Tous les pays producteurs ne peuvent pas être cités dans ce livre (se reporter à l'ouvrage Le vin et les vins étrangers - Editions BPI), mais il faut savoir que d'excellents vins sont produits au Liban, en Israël, en Turquie, en Chine, en Thaïlande, au Japon (même si, dans ce pays, les quantités produites restent modestes), etc.

Israel

Liban

Chine

Les eaux-de-vie et les liqueurs

Eaux-de-vie

Définition
Principales catégories
Cognac
Armagnac
Calvados
Rhum
Eaux-de-vie de fruits
Principales eaux-de-vie étrangères

Liqueurs

Généralités : composition, élaboration
Quelques liqueurs françaises
Quelques liqueurs étrangères

Les eaux-de-vie et les liqueurs

LES EAUX-DE-VIE

SOURCE : BERTRAND - 67350 UBERACH.

L'arbre de vie.

Définition

Les eaux-de-vie sont des boissons fortement alcoolisées obtenues par distillation :

- de jus fermenté de fruits (cette catégorie est généralement appelée eaux-de-vie naturelles).
- de substances végétales, autres que les fruits, mais ayant subi une fermentation alcoolique (betteraves, pommes de terre, blé, orge, etc.).

Il faut éviter d'employer le mot **alcool** en parlant des eaux-de-vie naturelles.

Principales catégories

- **Les eaux-de-vie de vin :**
Parmi les plus célèbres : le Cognac et l'Armagnac qui bénéficient de l'A.O.C (acquit jaune d'or).

- **Les eaux-de-vie de cidre :**
Le Calvados est l'eau-de-vie de cidre la plus réputée. Pendant très longtemps, seul le Calvados du Pays d'Auge a eu droit à l'A.O.C. Depuis septembre 1984, les autres Calvados (Avranchin, Cotentin, Domfrontais, etc.) sont passés en A.O.C.

- **Les eaux-de-vie de fruits :**
Elles sont fort nombreuses. Parmi les plus connues : le Kirsch, la Mirabelle, la Framboise, la Quetsche, etc.
Les eaux-de-vie de baies (framboise, mûre, etc.) sont généralement élaborées après macération de ces fruits dans une eau-de-vie neutre.

- **Les eaux-de-vie de grains et de céréales :** les Whiskies et certaines Vodkas (voir eaux-de-vie étrangères).

- **Les marcs ou les eaux-de-vie de marc :**
Eaux-de-vie obtenues par la distillation du marc (résidu du pressurage) après sa fermentation. C'est une eau-de-vie très typée. Parmi les plus connus : le Marc de Champagne et le Marc de Bourgogne. Un Marc égrappé provient d'une vendange éraflée.

- **Les rhums :**
Le rhum est une des eaux-de-vie les plus consommées dans le monde. Il est élaboré à partir du jus de la canne à sucre ou à partir des mélasses des sucreries (voir schéma). Le premier procédé donne des rhums beaucoup plus fins que le second. Les principaux rhums français viennent de la Martinique, de la Guadeloupe, de la Guyane et de la Réunion. Celui de la Martinique bénéficie d'une A.O.C.

Fine
La dénomination Fine ne peut-être utilisée qu'accompagnée d'une indication géographique. Exemple : Fine Champagne, Fine Languedoc, etc.

En France, quatre eaux-de-vie seulement bénéficient de l'A.O.C. : le Cognac, l'Armagnac, le Calvados, et le rhum de la Martinique. En revanche, de nombreuses eaux-de-vie bénéficient d'une "appellation réglementée". Dans cette catégorie, se trouvent la Mirabelle de Lorraine, le Marc de Gewurztraminer, l'Eau-de-vie de vin d'Aquitaine, de Bourgogne, etc.

Contrairement aux vins, les eaux-de-vie ne vieillissent plus en bouteille. A la cave, elles doivent être stockées debout.

Les eaux-de-vie et les liqueurs

Le Cognac

Eau-de-vie de renommée mondiale, le Cognac est produit essentiellement sur les départements de la Charente et de la Charente-Maritime (plus quelques hectares en Dordogne et dans les Deux-Sèvres). Les vins destinés à l'élaboration du Cognac sont issus essentiellement des cépages : Ugni blanc, Folle blanche, Colombard et Montils.

L'Ugni blanc, que l'on retrouve en Provence et en Italie est très présent dans cette région.

La région, délimitée par le décret du 1er mai 1909, est répartie en 6 sous-régions :

Grande Champagne : eaux-de-vie très fines, légères à dominante florale, demandant un long vieillissement en fûts pour acquérir leur pleine maturité.

Petite Champagne : eaux-de-vie proches de la Grande-Champagne avec peut-être un peu moins d'ampleur après vieillissement.

Les Borderies : eaux-de-vie ayant beaucoup de charme et de douceur, un goût de violette, elles vieillissent plus rapidement que les précédentes.

Les Fins Bois : eaux-de-vie légères, vieillissant rapidement, avec moins de puissance aromatique que les précédentes.

Les Bons Bois : souvent minces et de peu de caractère.

Les Bois Ordinaires : au goût de terroir très marqué.

Remarque : **Une Fine Champagne** est une eau-de-vie obtenue par assemblage de Grande et de Petite Champagne (50 % minimum de Grande Champagne). En aucun cas, Fine Champagne ne correspond à un degré de vieillissement. Pour les étrangers, cette appellation peut prêter à confusion ; il semblerait que dans ce cas, le mot champagne soit la déformation du mot champeigne que l'on trouve dans l'œuvre de Rabelais et qui signifie un sol pauvre et calcaire.

On trouve parfois sur les étiquettes "Grande Fine Champagne" ou "Petite Fine Champagne". Dans ce cas, les eaux-de-vie proviennent exclusivement du terroir mentionné.

Distillation

Elle est dite par "**brouillis et repasse**". Le vin est distillé à feu nu et doux pour obtenir le brouillis, liquide qui contient environ 30 % d'alcool. Ce brouillis est redistillé, ce qui donne la **bonne chauffe.** Seuls les produits de cœur sont retenus. Les têtes sont écartées jusqu'à ce que la teneur en alcool arrive à 72° environ. En fin de distillation, les queues également appelées secondes sont écartées. Elles seront redistillées soit avec un nouveau vin, soit avec un nouveau brouillis. Il faut environ neuf litres de vin pour obtenir un litre d'eau-de-vie.

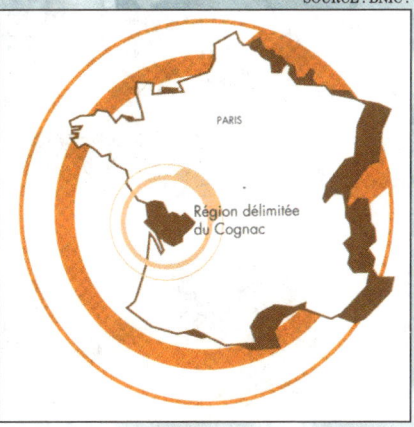
SOURCE : BNIC.

SOURCE : BNIC - ALAIN DANVERS.

Carte de la région de Cognac.

PHOTO : BRUNET.

Cépages Cognac.

SOURCE : BNIC - BERNARD VERRAX.

Ugni blanc.

SOURCE : BNIC - BERNARD VERRAX.

Le vignoble de Cognac.

Grande Champagne.   *Petite Champagne.*    *V.S.O.P.*    *Napoléon*

Editions BPI - REPRODUCTION INTERDITE

Les eaux-de-vie et les liqueurs

La distillation.

Fabrication des fûts de chêne.

Chai de vieillissement.

Le Paradis.

Seules quelques rares maisons ont été autorisées à millésimer certains Cognacs.

Vieillissement

Il s'effectue dans des fûts de chêne du Limousin ou de la forêt du Tronçais dans l'Allier. Le bois joue un rôle essentiel dans le vieillissement du Cognac en cédant à l'eau-de-vie différents constituants et en permettant les réactions d'oxydation nécessaires au développement des qualités organoleptiques. Durant le vieillissement, il se produit une évaporation relativement importante, c'est **"la part des anges"** : elle est à peu près équivalente à la quantité de Cognac consommée en France chaque année.

Les très vieilles eaux-de-vie sont stockées dans un local appelé "Paradis".

Ages des Cognacs et dénominations commerciales

Un bon Cognac provient d'un assemblage harmonieux d'eaux-de-vie de provenances et d'âges différents.

En règle générale, l'apposition d'un millésime dans l'étiquetage des eaux-de-vie n'est pas interdite par la réglementation actuelle dès lors que le millésime indiqué correspond à l'âge de l'eau-de-vie (ou de l'eau-de-vie la plus jeune lorsqu'il s'agit d'assemblage).

Il faut toutefois préciser que des règles intérieures à certains groupements interprofessionnels s'opposent à l'utilisation "d'un millésime précis" pour leurs eaux-de-vie. Cela s'explique par la difficulté de prouver que l'eau-de-vie ne provient que d'un seul millésime, à cause des nombreux ouillages qui doivent être pratiqués en cours de vieillissement.

Sigles Cognac.

En 1962, l'interprofession cognacaise s'est interdit de vendre des Cognacs millésimés. Seules quelques rares maisons ont été autorisées à millésimer certains Cognacs. Depuis 1989, la réglementation autorise à nouveau les Cognacs millésimés. Pour ce faire, un contrôle rigoureux est mis en place, double clefs pour le lieu de stockage, une détenue par le propriétaire, l'autre par les agents du fisc.

Rappel :

Fine Champagne : assemblage d'eaux-de-vie de Grande et Petite Champagne avec un minimum de 50 % de Grande Champagne.

Grande Champagne ou Grande Fine Champagne : eaux-de-vie 100 % Grande Champagne.

Petite Champagne ou Petite Fine Champagne : eaux-de-vie 100 % Petite Champagne.

Toutes ces indications font référence à l'aspect géographique. Mais figurent également sur les bouteilles des précisions qui indiquent l'âge du Cognac. L'âge retenu est pris en compte à partir du 1er octobre qui suit la récolte.

Les sigles suivants sont utilisés (arrêté ministériel du 22 décembre 1956) :

Trois étoiles*** ou V.S. pour les Cognacs dont l'eau-de-vie la plus jeune a au moins deux ans et demi.

V.S.O.P. (Very Superior Old Pale), Réserve... si l'âge de l'eau-de-vie la plus jeune est supérieur à quatre ans et demi.

Napoléon, X.O. Hors d'âge... pour les Cognacs dont l'eau-de-vie la plus jeune dépasse au minimum six ans et demi.

Comment servir le Cognac*

Chef-d'œuvre de la nature, ayant porté le renom de la gastronomie française aux quatre coins du monde, le Cognac doit beaucoup de sa popularité à la facilité avec laquelle il s'adapte aux circonstances et aux goûts les plus variés.

Pur, c'est donc à la fin du repas qu'il sera particulièrement apprécié. Servi dans des verres en cristal "ballon" ou "tulipe" connus des gourmets les plus délicats, il conviendra d'abord, de l'attiédir au creux de la main, afin de pouvoir en capter longuement les émanations subtiles et durables.

Mais il peut également être dégusté toute la journée, soit l'été avec du tonic ou de l'eau glacée, gazeuse ou non, soit l'hiver à la manière d'un "grog" reconstituant, bien agréable, préventif de nombreux maux.

A l'heure de l'apéritif, en toutes saisons, il entre dans la composition de nombre de cocktails réputés, qu'il marque de ses qualités irremplaçables de finesse et de distinction.

Pour la même raison, il est utilisé en haute cuisine française (soufflés, crustacés, pâtisseries, fruits rafraîchis, melon au pineau, etc.).

N.B : pour la dégustation, reportez-vous au chapitre "dégustation".

* Source BNIC.

Le Cognac entre dans la composition de nombreux cocktails..

Le Pineau des Charentes

Voir chapitre "Autres boissons".

Verre de Cognac.

HISTOIRE DU COGNAC**

C'est à M. Robert Delamain que doit revenir le mérite d'avoir conté avec érudition, l'Histoire du Cognac (1), excellent ouvrage richement documenté et préfacé par Gaston Chérau, de l'Académie Goncourt, dans des lignes d'une teneur poétique digne de son sujet... "l'Ame ardente du vin" issue d'un sol unique et jalousement travaillé.

Depuis les invasions nordiques du IXe siècle, les hardis marins de Norvège venaient en Saintonge de leurs fjords natals d'Oslo et Tonsberg, chercher un sel apprécié par les conserveurs de morues et de harengs. A eux, se mêlèrent dans les siècles suivants, des Flamands, des Frisons, commerçants avisés qui introduisirent le sel et le vin de Saintonge en Suède, en Allemagne du nord, en Pologne, en Lithuanie. Tous adoptèrent ces vins frais des Charentes et ce fut pour en faciliter le transport par bateaux et la conservation qu'au XVe siècle naquit l'idée d'essayer d'en réduire le volume en procédant à une première distillation. Le but fut atteint sans que l'on obtint, toutefois, une eau-de-vie de qualité.

Dans les premières années du XVIIe siècle, un distillateur dont la tradition rapporte qu'il fut le "Chevalier de la Croix Marron", essaya pour lui-même de brûler le vin pour en "capter l'âme" en son logis retiré de la Brée-en-Charente. Ayant brûlé ce qu'en amateur de bonne chère il avait adoré, il repassa dans la chaudière le vin déjà distillé ; de la quintessence du vin naquit le cognac, par le miracle de la distillation à deux chauffes et à feu nu.

De nos jours, le bouilleur des Charentes utilise l'alambic de ses ancêtres, sans doute perfectionné, mais avec le respect traditionnel d'un procédé de distillation dont une expérience trois fois séculaire lui a montré toute la supériorité et l'intérêt vital pour les provinces de Saintonge, Aunis et Angoumois.

En effet, de multiples témoignages prouvent que, dès la fin du XVIIe siècle, la transformation du vin en eau-de-vie était, dans ces provinces, le parti le plus avantageux qu'on pouvait en tirer.

** Réalisé à partir d'une documentation du B.N.I.C.
(1) Editions Stock, 1935.

Les eaux-de-vie et les liqueurs

L'Armagnac

Alambic armagnacais.

Alambic armagnacais (schéma).

Chai de vieillissement traditionnel.

* Source : B.N.I.A.

L'Armagnac est produit sur les départements du Gers, des Landes et du Lot-et-Garonne à partir de vins qui peuvent être issus de 11 cépages parmi lesquels on peut citer : l'Ugni blanc, la Folle blanche et le Colombard.

Trois zones de production :

- Le Bas-Armagnac, au sol sablonneux, donne des eaux-de-vie réputées pour leur finesse, avec parfum et goût de pruneaux. Eauze, situé dans cette zone, est le centre le plus important du marché de l'Armagnac.

- Le Ténarèze avec un sol argilo-calcaire donne des eaux-de-vie plus corsées Principaux centres : Condom et Vic-Fezensac.

- Le Haut-Armagnac avec des sols plus variés donne des eaux-de-vie de bonne qualité, mais moins réputées que les précédentes.

Distillation

Deux types de distillation sont utilisés en Armagnac :

- distillation continue au moyen d'alambic du type armagnacais (voir schéma),

- distillation en deux temps, au moyen d'alambic à repasse, comme pour le Cognac.

Remarque : La distillation des vins doit être effectuée avant le 30 avril qui suit la récolte. En aucun cas, le degré alcoolique de l'eau-de-vie obtenue ne devra dépasser 72 degrés. Au moment de la vente au consommateur, l'eau-de-vie doit présenter un degré alcoolique minimum de 40°.

Vieillissement*

Dès sa sortie de l'alambic, l'Armagnac est mis en cuve de vieillissement dans des fûts de chêne ou des pièces de 400 litres, de la forêt de Monlezun, façonnés à la main. A ce jour, aucune machine n'a réussi à donner un travail de même qualité.

C'est seulement à ce moment-là que les eaux-de-vie sont prises en charge par le Maître de chai qui veille jalousement sur leur vieillissement en s'assurant que rien ne viendra troubler leur lente évolution.

Ces pièces sont "gerbées", c'est-à-dire entreposées dans des chais à 12 °C environ.

Au contact du bois, l'eau-de-vie s'imprègne des senteurs du terroir et de la forêt, prend un arôme fauve et une belle couleur d'ambre.

L'évaporation appelée comme pour le Cognac "la part des anges", est de l'ordre de 3 % sur l'ensemble des stocks.

Les murs des caves sont recouverts d'une sorte de moisissure grise : le Torula, champignon qui se nourrit des vapeurs d'alcool.

La surveillance est constante et les vérifications sont fréquentes afin de déterminer le moment où la dissolution des matières tanniques et des essences provenant du bois atteint un taux optimum.

L'eau-de-vie est alors soit transvasée dans des fûts "épuisés", c'est-à-dire n'apportant plus de tanin, soit assemblée dans des cuves.

Le degré de consommation s'obtient par paliers successifs de deux mois, par addition de "petites eaux" constituées d'un mélange d'eau distillée et d'Armagnac.

Le Maître de chai peut alors commencer les coupes ou mélanges qui permettent, à partir de plusieurs eaux-de-vie d'âges et d'origines différents, d'obtenir un produit régulier qui fait la réputation de la marque.

La coupe est un mariage de deux ou plusieurs eaux-de-vie. Elle exprime mieux les qualités et caractéristiques respectives de chacune en les fusionnant.

L'âge de la coupe est celui de l'eau-de-vie la plus jeune et ne change pas. On

Les eaux-de-vie et les liqueurs

peut ajouter une eau-de-vie de 30 ans à une de 4 ans, l'âge de l'eau-de-vie sera toujours de 4 ans. C'est une protection supplémentaire du consommateur. Ce sont les coupes qui font la renommée de la maison. Chaque Maître de chai a son secret, son "tour de main". Il sélectionne ses eaux-de-vie et son art est de maintenir son "pied de cuve" qui lui sert de support afin que la qualité de l'Armagnac soit toujours la même.

Lorsque le degré légal pour la vente est atteint (40 °GL), l'eau-de-vie est mise en bouteilles. Elle ne vieillit plus, mais se stabilise et évolue d'une façon discrète, elle s'épanouit.

Ages des Armagnacs

Armagnac désigne une eau-de-vie pouvant provenir de l'ensemble de la zone délimitée. Il peut y avoir une indication de provenance, par exemple Ténarèze ou Bas-Armagnac, dans ce cas l'eau-de-vie ne peut provenir que de cette seule région.

Comme pour le Cognac : XXX, VSOP, XO, etc, sont des indications de vieillissement. Toujours en faisant référence à l'eau-de-vie la plus jeune entrant dans la coupe.

XXX : 2 ans minimum.

V.O., V.S.O.P. : 5 ans minimum.

Extra, Napoléon, X.O., Vieille Réserve : 6 ans minimum.

Hors d'Age : au moins 6 ans sous bois.

Les Armagnacs sont parfois millésimés. Nous avons déjà vu que pour les eaux-de-vie, l'apposition d'un millésime n'est pas interdite, sauf par certains groupements interprofessionnels, ce n'est pas le cas en Armagnac. Dans le cas d'une eau-de-vie millésimée, l'article 44 de la loi du 27.12.1973 prévoit que les agents de contrôle peuvent exiger de l'annonceur la mise à leur disposition de tous les éléments propres à justifier les affirmations qu'il avance (en l'occurrence l'âge de l'eau-de-vie) sur la base notamment de documents comptables.

A propos du vieillissement, M. Samalens, grand spécialiste de l'Armagnac, classe les eaux-de-vie de la région en trois grandes catégories en fonction de leur âge (*Le livre de l'amateur d'Armagnac* - Editions Solar). « Armagnac jeune, de moins de quatre ans : tel le cadet de Gascogne débarquant à Paris, il est fougueux, ardent, parfois un peu rude. Armagnac vieux, de quatre à 15 ans : le mousquetaire est devenu capitaine des Gardes, il a acquis de l'élégance, de bonnes manières. Armagnac très vieux, de plus de 15 ans : notre Gascon est devenu maréchal de France, glorieux, superbe, exquis envers ceux qui l'admirent. Son air est celui d'un grand seigneur et pourtant il n'a pas oublié ses coteaux et ses landes. »

Chai de vieillissement moderne.

Le maître de chai en son royaume.

BLANCHE ARMAGNAC

Depuis 2004, il existe une nouvelle Appellation : "Blanche Armagnac". Cette dernière est produite dans les mêmes conditions que l'Armagnac, mais sans élevage en fût. Florale et fruitée, elle se boit jeune.

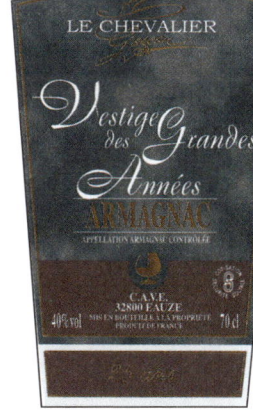

UN PEU D'HISTOIRE

Les premières traces du marché de l'Armagnac, retrouvées à Auch et St-Sever, datent du XVe siècle.

Au XVIIIe siècle, les Hollandais avaient acheté à peu près tous les vins de la Côte Atlantique française, excepté ceux de Bordeaux qui étaient vendus aux Anglais. Ils remontèrent alors la Garonne et conclurent leur premier contrat avec les vignerons du Gers. Craignant la concurrence, les Bordelais interceptèrent les convois qui descendaient le fleuve sous prétexte qu'aucun vin autre que le Bordeaux ne pouvait être transporté par voie fluviale.

Si le vin était interdit, l'alcool ne l'était pas, et c'est ainsi que l'on commença à distiller les vins de la région du Gers.

Les Hollandais achetèrent en Armagnac les grandes quantités d'alcool qui servaient à enrichir et à stabiliser les vins dont ils fournissaient les peuples du Nord de l'Europe.

Documentation BNIA

Les eaux-de-vie et les liqueurs

Armagnac et croustades, deux traditions gasconnes.

Service des Armagnacs

En général, les Armagnacs se servent après le repas. Dans ce cas, on propose de vieilles eaux-de-vie. Il faut alors les servir à température ambiante dans des verres ballon très fins afin de pouvoir faire tourner lentement l'eau-de-vie dans le verre pour percevoir pleinement le bouquet qui rappelle très souvent le pruneau, la vanille...

Voir dégustation des Eaux-de-vie au chapitre "dégustation".

Le Floc de Gascogne :

Voir chapitre "Autres boissons".

Armagnac, un plaisir à découvrir entre amis.

Le Calvados

Aire d'appellation Calvados

Verger en Normandie.

Le Calvados est une eau-de-vie élaborée à partir de cidre ou de poiré.

Situation géographique

La zone de production s'étend bien au-delà des limites du département qui porte ce nom (celui d'un bateau de l'Invincible Armada, qui se serait écrasé sur la côte normande). Le Calvados est produit dans les départements de l'Orne, de l'Eure, du Calvados, de la Manche et même sur la rive droite de la Seine dans le département de la Seine-Maritime (Pays de Braye).

Elaboration

Obtention d'un cidre ou d'un poiré à l'intérieur de la zone délimitée par décret. Ces cidres et poirés doivent répondre à des normes très strictes ; richesse en alcool, pas d'enrichissement, etc.

Il faut environ deux tonnes et demie de pommes pour obtenir un hectolitre de Calvados. Le Calvados vieillit en fûts, généralement en chêne, plus rarement en châtaignier.

Distillation : soit par double distillation comme pour le Cognac (obligatoire pour le Pays d'Auge), soit par distillation continue.

Dégustation par une commission interprofessionnelle, dans l'année qui suit la distillation.

Vieillissement

Plus ou moins prolongé, il est contrôlé par le Bureau National du Calvados. Il s'effectue en fûts de chêne où son arôme va s'exalter et sa coloration s'accentuer. Durant toute cette période de vieillissement, le maître de chai va suivre chaque fût puis, le moment

Les eaux-de-vie et les liqueurs

venu, procéder à des assemblages. Presque un tiers des Calvados est commercialisé à plus de six ans.

Commercialisation

On trouve dans le commerce des Calvados "millésimés" et des "assemblages". Dans le premier cas, l'eau-de-vie ne peut provenir que d'une seule et même distillation. Dans le second cas, par exemple 15 ans d'âge, l'âge annoncé est l'âge de l'eau-de-vie la plus jeune entrant dans l'assemblage.

Les dénominations les plus courantes sont :

Trois étoiles ou trois pommes : 2 ans minimum.

Vieux, Réserve : 3 ans minimum.

VO, VSOP, Vielle réserve : 4 ans minimum.

Extra, XO, Napoléon, Hors-d'Age, Age inconnu : 6 ans minimum.

Selon le Bureau National du Calvados, la préférence des connaisseurs va aux nobles eaux-de-vie. Les producteurs sont formels : "Le meilleur calvados est un Calvados qui a du fût ! 10 ans, 15 ans de fût". Le temps a fait son œuvre, l'agressivité a disparu et les arômes sont devenus complexes.

Les jeunes Calvados sont de plus en plus utilisés en gastronomie et pour l'élaboration de cocktails ou en long drink.

Pommeau de Normandie et Pommeau de Bretagne

Voir chapitre "Autres boissons".

Distillation.

Cocktails à base de Calvados.

EAUX-DE-VIE BÉNÉFICIANT D'UNE APPELLATION D'ORIGINE RÉGLEMENTÉE

Marc d'Alsace Gewurztraminer, Marc de Lorraine, Mirabelle de Lorraine, Eau-de-vie de vin de la Marne, Eau-de-vie de marc de Champagne, Marc de Champagne, Eau-de-vie de vin originaire d'Aquitaine, Fine Bordeaux, Eau-de-vie de cidre de Bretagne, Eau-de-vie de poiré de Bretagne, Eau-de-vie de cidre de Normandie, Eau-de-vie de cidre du Maine, Eau-de-vie de poiré du Maine, Marc d'Auvergne, Eau-de-vie de vin originaire des Coteaux de la Loire, Eau-de-vie de marc originaire des Coteaux de la Loire, Eau-de-vie de marc de Bourgogne, Marc de Bourgogne, Eau-de-vie de vin de Bourgogne, Eau-de-vie de vin originaire du Bugey, Eau-de-vie de marc originaire du Bugey, Eau-de-vie de vin originaire du Centre-Est, Eau-de-vie de marc du Centre-Est, Eau-de-vie de marc originaire de Franche-Comté, Eau-de-vie de vin originaire de Franche-Comté, Eau-de-vie de vin de Savoie, Eau-de-vie de marc de Savoie, Marc de Savoie, Faugères, Eau-de-vie de Faugères, Eau-de-vie de vin originaire du Languedoc, Eau-de-vie de marc originaire du Languedoc, Eau-de-vie de vin des Côtes du Rhône, Eau-de-vie de marc des Côtes du Rhône, Eau-de-vie de vin originaire de Provence, Eau-de-vie de marc originaire de Provence.

En Normandie, les vieilles personnes racontent que, jadis, le jour de son baptême, on donnait au nourrisson une cuillère de Calvados pour tuer les vers ; qu'avant de partir en classe, les enfants prenaient un café "arrosé" pour lutter contre le froid, et qu'un bon repas devait se terminer par une dégustation répétée d'eau-de-vie du pays : le gloria, le pousse-café, la rincette, la surrincette et la consolation…

De nos jours, les enfants portent des vêtements chauds et la conduite automobile ne permet plus d'aller jusqu'à la surrincette ! Il faut s'en réjouir, car comme les autres boissons alcoolisées, le Calvados doit être bu "avec modération".

Les eaux-de-vie et les liqueurs

Le Rhum

Différents Rhums.

Cette eau-de-vie passe pour être une des plus consommées dans le monde. Le Rhum a pour origine la canne à sucre. Il existe deux types de Rhum :

- le Rhum agricole ou de distillerie, obtenu à partir de pur jus de canne à sucre appelé "vesou". Ce jus est distillé après fermentation.

- le Rhum industriel ou Rhum de sucrerie, obtenu par distillation des mélasses (résidus de sucreries).

En France, les Rhums sont produits dans les départements français d'outre-mer : Martinique, Guadeloupe, Guyane, ainsi qu'à la Réunion (île située près de Madagascar). A la Martinique, ce sont deux missionnaires qui sont à l'origine du Rhum : le père du Tertre et le père Labat. Le Rhum est apparu en France sous le règne de Louis XIV. Cette eau-de-vie est très utilisée en gastronomie (marinades, flambages,...), mais aussi pour la préparation des punchs et de nombreux cocktails. Néanmoins, la dégustation d'un vieux Rhum procure beaucoup de satisfaction, lorsqu'il est dégusté seul, comme un Cognac ou un Armagnac. Qui plus est, c'est l'accompagnement idéal pour certaines pâtisseries, en particulier avec le moka ou la bûche au café.

Le Rhum est à la base du fameux "ti punch" et de nombreux cocktails.

N.B. : Depuis 1996, le Rhum agricole de la Martinique bénéficie d'une A.O.C.

Rhum A.O.C.

D'APRÈS UN DOCUMENT BARDINET

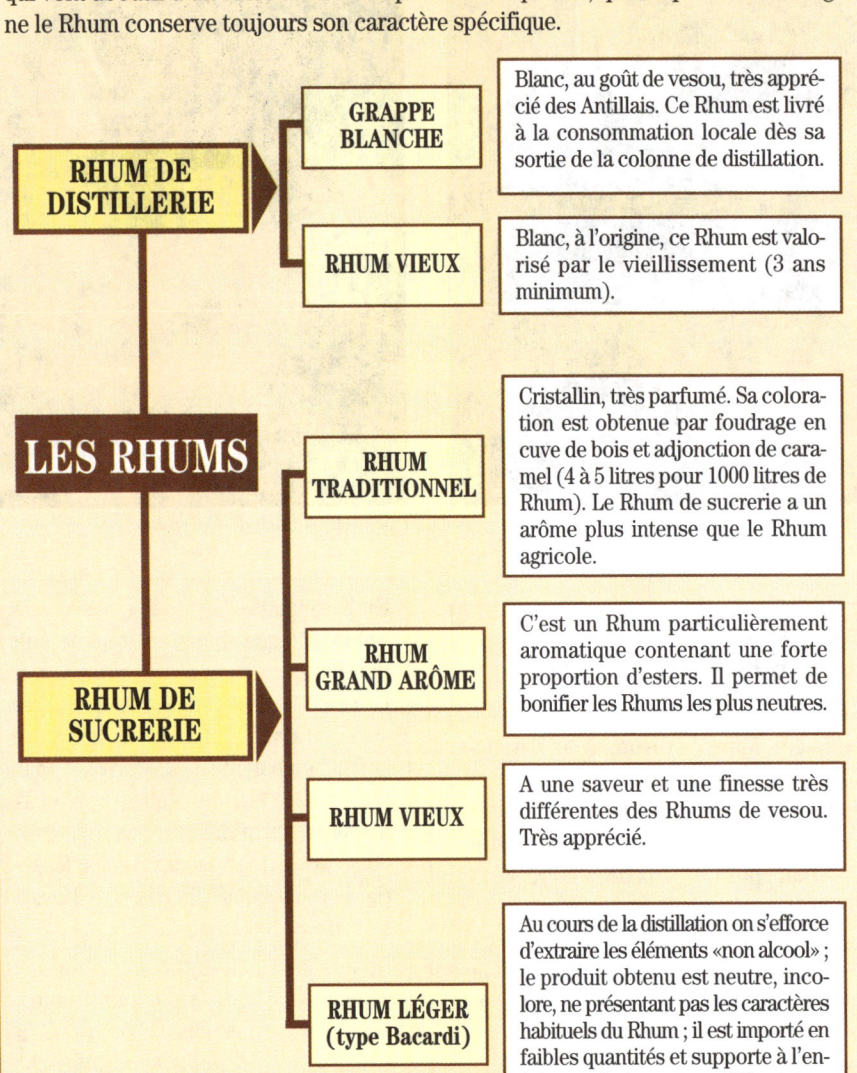

LES PRODUITS DU RHUM

Avant d'être livré à la consommation, le Rhum va être l'objet de soins et de traitements qui vont aboutir à un vaste éventail de produits de qualité ; quelle que soit son origine le Rhum conserve toujours son caractère spécifique.

LES RHUMS

RHUM DE DISTILLERIE
- **GRAPPE BLANCHE** : Blanc, au goût de vesou, très apprécié des Antillais. Ce Rhum est livré à la consommation locale dès sa sortie de la colonne de distillation.
- **RHUM VIEUX** : Blanc, à l'origine, ce Rhum est valorisé par le vieillissement (3 ans minimum).

RHUM DE SUCRERIE
- **RHUM TRADITIONNEL** : Cristallin, très parfumé. Sa coloration est obtenue par foudrage en cuve de bois et adjonction de caramel (4 à 5 litres pour 1000 litres de Rhum). Le Rhum de sucrerie a un arôme plus intense que le Rhum agricole.
- **RHUM GRAND ARÔME** : C'est un Rhum particulièrement aromatique contenant une forte proportion d'esters. Il permet de bonifier les Rhums les plus neutres.
- **RHUM VIEUX** : A une saveur et une finesse très différentes des Rhums de vesou. Très apprécié.
- **RHUM LÉGER (type Bacardi)** : Au cours de la distillation on s'efforce d'extraire les éléments «non alcool» ; le produit obtenu est neutre, incolore, ne présentant pas les caractères habituels du Rhum ; il est importé en faibles quantités et supporte à l'entrée une forte surtaxe. S'il est trop neutre, il n'a pas droit en France à l'appellation Rhum.

Les eaux-de-vie de fruits[1]

Les fruits sont l'unique matière première des eaux-de-vie de fruits françaises. L'arôme, la saveur, la délicatesse des grandes eaux-de-vie de fruits dépendent étroitement de la qualité des approvisionnements. L'habileté du distillateur s'exerce donc dès la sélection des fruits. Les fruits à noyau, ainsi que les poires, doivent fermenter tandis que les baies font l'objet d'une macération.

La fermentation des fruits

Soigneusement sélectionnés, les fruits sont recueillis en fûts ou en cuves verrées. Tassés sous leur propre poids, ils forment rapidement une masse pâteuse et sucrée. La fermentation s'établit au bout de deux jours sous l'action des levures naturelles des fruits. La masse se recouvre alors d'écume et devient tumultueuse.

En une dizaine de jours, la plus grande partie du sucre des fruits est alors transformée en alcool. La fermentation est ensuite ralentie pour s'arrêter définitivement après six semaines. Mais les levures sont capricieuses. Aussi cette étape essentielle est-elle attentivement surveillée par le distillateur.

Les fûts et les cuves sont ensuite hermétiquement scellés jusqu'à la distillation.

La distillation

Elle s'effectue traditionnellement dans des alambics en cuivre chauffés à feu nu ou au bain-marie en deux chauffes successives.

La première chauffe extrait "la petite eau", alcool léger titrant environ 25°, appelé aussi brouillis.

La deuxième chauffe, ou "repasse", permet d'obtenir l'eau-de-vie définitive. Tour de main et expérience sont alors indispensables pour recueillir uniquement le "cœur" de la "repasse", en écartant soigneusement les produits imparfaits de la distillation : les "têtes" au goût âcre et éthéré, et les "queues" trop riches en alcools supérieurs (2).

La macération des baies

Les framboises et les baies sauvages ont une teneur en sucre très faible. Aussi une fermentation ne produirait pratiquement pas d'alcool. Elles doivent donc macérer dans de l'eau-de-vie de vin pendant un mois au minimum, dans la proportion imposée par la législation. Le mélange est ensuite distillé en une seule fois.

Le vieillissement

"Les eaux-de-vie de fruits, on les met sous le grenier" précise le dicton. C'est une pratique très ancienne qui consiste à placer l'eau-de-vie dans de simples bonbonnes fermées par un linge sous les tuiles du grenier. Les écarts importants de température favorisent l'évaporation des esters et la neutralité du verre permet de préserver totalement la pureté de l'arôme et de conserver l'eau-de-vie blanche, limpide et ardente.

Les eaux-de-vie de fruits peuvent également mûrir, par parfums et par provenance, dans des fûts en frêne. Puissante et dure au sortir de l'alambic, l'eau-de-vie s'assouplit et s'arrondit en vieillissant.

(1) A partir d'un document Sopexa et avec l'accord de la Fédération des Distillateurs d'eaux-de-vie de fruits.

(2) "têtes" et "queues" désignent respectivement les produits du début et de la fin de distillation.

Eaux-de-vie de fruits.

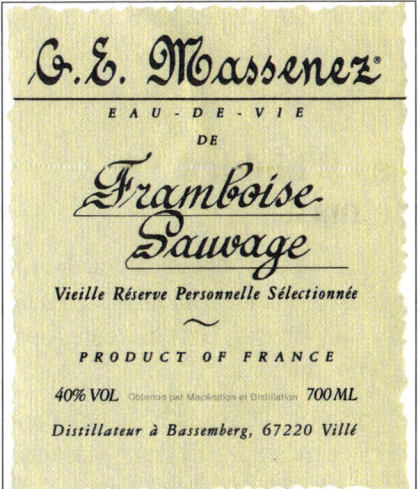

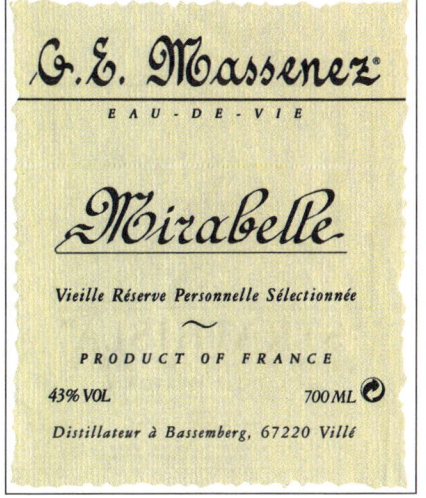

Les eaux-de-vie et les liqueurs

C'est au XIVe siècle qu'apparaissent les premiers alambics dans un grand nombre de monastères et de couvents d'Europe. Ils servaient à la confection d'élixirs préparés à partir de vin distillé et d'herbes aromatiques.

Au XVIIe siècle, un moine de l'Est de la France, un peu alchimiste, eut l'idée de "brûler" des pulpes de cerises fermentées. Il venait de créer la première eau-de-vie de fruits : le kirsch.

Très vite s'établit la mode de distiller toutes sortes de fruits, principalement ceux des vergers : poire Williams, quetsche, prune et mirabelle.

La première eau-de-vie de framboise est née au début du XXe siècle. Elle était réservée aux tables princières, en raison de la rareté des baies sauvages. Aujourd'hui, presque toutes les baies sont distillées : myrtilles, airelles, sureau, fraises des bois, gratte-cul, sorbier, prunelle et même la rarissime baie de houx.

Sont également apparues sur le marché des eaux-de-vie provenant des départements et territoires d'outre-mer : gingembre, pamplemousse, goyave, ananas, mangue…

A l'origine, les fruits étaient distillés en famille par les producteurs agricoles eux-mêmes. Mais le commerce des eaux-de-vie de fruits a pris de l'ampleur, favorisant la création des premières distilleries professionnelles dès le XIXe siècle. Le développement de cette profession a permis la préservation et la codification des traditions orales les plus anciennes. Chaque distillateur perpétue ainsi un savoir-faire original et ancestral.

A partir d'un document Sopexa et avec l'accord de la Fédération des Distillateurs d'eaux-de-vie de fruits.

La durée exacte du vieillissement fait partie du savoir-faire et du secret du distillateur. Elle peut atteindre plusieurs années.

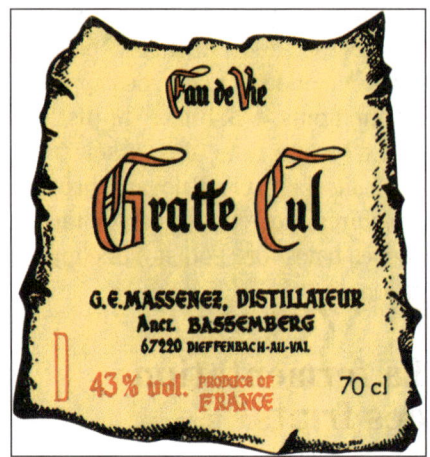

Le cynorhodon (églantine) est aussi appelé «gratte-cul».

Principales eaux-de-vie étrangères

Différents whiskies. Scotch Whisky. Irish Whiskey. Bourbon.

Pur malt.

Le whisky

Le Whisky est l'une des eaux-de-vie les plus consommées dans le monde. Il est élaboré à partir de céréales.

Il existe différentes catégories de Whisky : Scotch, Irish, Bourbon, Rye…

Le SCOTCH WHISKY

Il implique une notion géographique. Le Scotch Whisky ne peut être élaboré qu'en Ecosse et selon des normes très précises. La première mention d'une distillerie dans les actes du parlement écossais date de 1699.

Il existe deux types de Scotch : les Whiskies de malt et les Whiskies de grains.

Les Whiskies de malt*

Ils sont obtenus par distillation de l'orge maltée, à l'aide d'alambics à feu nu "pot still process". Les différentes opérations sont :

- le maltage : l'orge est immergée dans l'eau pendant 2 ou 3 jours, puis mise à germer. La germination est arrêtée par un feu de tourbe, cette dernière est très importante car elle donne au produit terminé une partie de ses caractères.

- le brassage : l'amidon devient soluble. Séché, le malt est broyé puis mélangé à de l'eau chaude. L'amidon se transforme alors en sucre.

- la fermentation : transformation du sucre en alcool.

- la distillation : elle s'effectue en deux fois comme pour le Cognac.

* PURS MALTS et SINGLE MALT

Les véritables amateurs de Whisky ne boivent pas du "*Whisky*" mais du pur malt, en exigeant une marque bien pécise pour retrouver la spécificité due à la région d'origine (Highlands, Islay, Campbeltown…) et le tour de main du distillateur.

Les distilleries de purs malts sont essentiellement localisées dans les Highlands, où l'on peut citer celles de la vallée du Livet avec le fameux Glenlivet, celles de la vallée de la Spey, avec le Glenfiddich, etc. Tous les *Whiskies* de malt sont vieillis en fûts de

Les eaux-de-vie et les liqueurs

bois pendant trois ans minimum.

Ces *Whiskies* peuvent être bus à l'apéritif, mais surtout en digestif et sans glace, surtout s'il s'agit d'une vieille eau-de-vie.

Sur les étiquettes figurent indifféremment : **Single malt** ou **Pur malt**. Dans l'esprit du consommateur, la différence n'est pas toujours évidente.

Single malt : le Whisky provient d'une seule distillerie. Il s'agit en général d'un produit ayant un caractère très marqué.

Pur malt : assemblage de plusieurs "single malt".

Les Whiskies de grains

Ils sont élaborés avec de l'orge maltée et autres céréales non maltées cuites à la vapeur sous pression (ce qui a pour effet de faire éclater les cellules d'amidon). Puis interviennent la fermentation et la distillation. Cette dernière est effectuée avec un alambic à distillation continue appelé "Coffey process" du nom de l'inventeur du procédé qui déposa son brevet en 1830.

Remarque : **le Blend** est un assemblage de Whiskies (malt ou grains) provenant de différentes distilleries. Avant d'être commercialisé, le Whisky doit vieillir en fûts, 3 ans minimum pour les Scotch, 2 ans pour la plupart des autres Whiskies.

L'IRISH WHISKEY

Comme tous les autres Whiskies, l'Irish Whiskey est un alcool de grains, vieilli en fûts.

Il ne peut être produit qu'en Irlande. Son goût est tout à fait différent de celui du scotch. En effet, l'orge maltée n'est pas séchée à l'aide d'un feu de tourbe, comme en Ecosse, mais dans des fours fermés. Autre différence, l'Irish Whiskey est distillé trois fois.

Il se boit allongé du même volume d'eau plate, à température ambiante. Juste de quoi éveiller le parfum du Whiskey…

En principe, chacun se sert son eau, respectant ainsi le dicton irlandais : "Ne versez jamais d'eau dans le Wiskey d'un autre homme".

Le BOURBON (U.S.A.)

Il est élaboré à partir du maïs (51 % minimum). Jadis, le Bourbon ne pouvait provenir que du comté de Bourbon dans le Kentucky. Il y aurait fait son apparition en 1789, grâce au pasteur Eliza Graig. Actuellement, le vieillissement sous bois est de deux ans minimum.

On ne peut pas parler du Whisky aux Etats-Unis sans rappeler que le 16 janvier 1921, le 18e amendement à la constitution interdit la production, la distribution et la vente à la consommation d'alcool. Cette prohibition déclencha un vaste trafic illégal, l'apparition de nombreux bars clandestins, etc. C'est de cette époque que datent la plupart des grandes distilleries canadiennes, installées, comme par hasard, tout près de la frontière… En accédant à la présidence en 1932, Roosevelt fit abandonner cet amendement.

RYE

Il est élaboré aux Etats-Unis et au Canada. La législation est différente d'un pays à l'autre. Aux Etats Unis : 51 % minimum de seigle.

Les Vodkas et les Aquavits

Ces eaux-de-vie sont originaires des pays du Nord. Il n'existe pas une, mais une multitude de vodkas. Le mot "vodka" signifie "petite eau".

Elles sont fabriquées et consommées partout dans le monde. Les vodkas sont originaires de Pologne et de Russie où elles ont fait leur apparition au XVIe siècle. Les vodkas peuvent être élaborées à partir de différents produits : céréales, pommes de terre, etc. Sa principale qualité est sa pureté. Les meilleures vodkas sont élaborées à partir de céréales (blé, seigle, orge).

Elles accompagnent : saumon fumé, caviar, harengs marinés, etc. Elles sont également utilisées pour l'élaboration des cocktails.

Single Malt.

PHOTO : BRUNET.

Whiskeys irlandais.

Bourbons (U.S.A).

Vodkas.

Les eaux-de-vie et les liqueurs

Différentes eaux-de-vie étrangères.

Parmi les plus connues peuvent être citées : l'Absolut (Suède), La Smirnoff (Russie),...

En France, ces eaux-de-vie ne sont pas assez connues. Un excellent ouvrage *"l'univers de la vodka et de l'aquavit"* aux éditions Solar permet de découvrir l'univers fabuleux de ces eaux-de-vie venues du Nord.

Autres eaux-de-vie étrangères

Gin : eau-de-vie aromatisée au genièvre, très prisée des Anglais.

Grappa : eau-de-vie de marc italienne.

Slibovitz : eau-de-vie de prunes, originaire de l'ex-yougoslavie, elle est très présente en Europe centrale.

Boukha : eau-de-vie de figues, d'Afrique du Nord.

Tequila (très exactement les Tequilas) : à servir avec du sel et du citron, et **Mescal** (Mexique) : obtenus à partir d'une plante de la famille des agaves.

Le *Saké* est souvent cité, en réalité il ne s'agit pas d'une eau-de-vie, mais de quelque chose d'intermédiaire entre un vin et une eau-de-vie. Le Saké est surtout consommé dans le sud-est asiatique.

Brandy : eau-de-vie de vin. Exemples : Brandy de jerez, Brandy d'Attique (Grèce).

Liste non limitative.

Les liqueurs et les crèmes

Salle des alambics chez Cointreau.

Liqueur à base de plantes.

Contrairement aux eaux-de-vie, les liqueurs ne sont pas seulement un produit de distillation. Elles se composent de trois éléments :
- des eaux-de-vie sélectionnées,
- des substances végétales,
- des sucres purs.

Il existe deux grandes familles de liqueurs :

- celles élaborées à base de fruits, obtenues par macération. Les fruits sélectionnés, triés, éventuellement équeutés et dénoyautés, sont mis à macérer plusieurs mois dans l'alcool pour obtenir une infusion (cassis, cherry, framboise, etc.) ;

- celles obtenues à base de plantes. Les différentes substances (plantes, graines, écorces, etc.) sont soumises à la distillation dans un alambic en présence d'alcool, pour obtenir les "esprits" ou "alcoolats."

Pour les liqueurs, l'U.E. fixe le titre d'alcool minimum à 15° et prend en compte la teneur en sucre : en général une liqueur contient au minimum 100 g de sucre/litre, 250 g minimum pour les crèmes. Exception pour la crème de cassis qui doit contenir au moins 400 g de sucre/litre.

Les liqueurs n'ont pas besoin de vieillir. Certaines le peuvent, mais il en est d'autres pour lesquelles le vieillissement n'est pas recommandé, notamment celles préparées à base de fruits rouges.

Contrairement à une opinion très répandue, la plupart des liqueurs acquièrent un agrément supplémentaire lorsqu'elles sont servies fraîches.

Liqueur à base de fruits.

Quelques liqueurs françaises.

Les eaux-de-vie et les liqueurs

Quelques liqueurs françaises

Nom de la liqueur	Lieu de production	Base	Degré	Observations
Bénédictine	Fécamp en Normandie.	Plantes (27).	40°.	L'invention de cette liqueur est attribuée au moine Dom Bernardo Vincelli (voir encadré). Le B and B, Bénédictine et Cognac a été créé en 1938 pour répondre au goût américain.
Cassis	Les plus renommés sont élaborés dans la région de Dijon.	Baies de cassis.	Variable : 15° minimum.	Existe en "liqueur" et en "crème". Le cassis de Dijon bénéficie d'une appellation. Il est utilisé pour le Kir (le vrai !).
Chartreuse	Voiron dans l'Isère.	Plantes (130).	Jaune : 40°. Verte : 55°.	La recette date de 1605. Elle est élaborée à partir de 130 plantes ! VEP : jaune 42°, verte 54°.
Cherry-Rocher	La Côte-Saint-André dans l'Isère.	Cerises.	30°.	La Côte-Saint-André est la ville natale de Berlioz. D'autres maisons élaborent du cherry : Marnier, Cusenier, Marie Brizard, etc.
Cointreau	Tout près d'Angers dans le Maine-et-Loire.	Ecorces d'oranges.	40°.	Fondé à Angers en 1849. Le Cointreau est un triple-sec mais tous les triple-sec ne sont pas du Cointreau.
Grand Marnier	Neauphle-Le-Château en région parisienne.	Ecorces d'oranges.	40°.	Le cordon rouge est élaboré à base de cognac. Le cordon jaune à base d'autres eaux-de-vie.
Marie Brizard	Bordeaux.	Anis vert et autres substances.	25°.	Il s'agit d'une anisette connue dans le monde entier. Elle est obtenue à partir d'anis et de 13 autres graines ou plantes.
Izarra*	Bayonne, Pays basque.	Plantes.	Jaune : 40°. Verte : 48°.	Izarra signifie étoile en basque. * Malheureusement cette liqueur n'est plus fabriquée.
Verveine du Velay	Le Puy en Velay.	Plantes.	Verte : 55°. Jaune : 40°.	L'authentique Verveine du Velay est élaborée au cœur de l'Auvergne depuis 1859.

Plusieurs de ces maisons produisent et distribuent toute une gamme de crèmes et liqueurs.

A citer également le Pippermint Get, liqueur à base de menthe ; le Génépi, dont la base est une plante de haute montagne ; la Raphaëlle, liqueur de plantes élaborée dans la tradition et selon les recettes des moines de l'abbaye d'Aiguebelle en Drôme Provençale.

L'invention de la Bénédictine est attribuée au moine Dom Bernardo Vincelli. Son manuscrit perdu au moment de la Révolution fut retrouvé de nombreuses années plus tard par M. Legrand qui relança la fabrication. C'est la liqueur la plus imitée. Au siège de la société, à Fécamp, il est possible de visiter le musée des contrefaçons.

Vieille affiche Bénédictine.

Vieille affiche Verveine du Velay.

Les eaux-de-vie et les liqueurs

(1) Strega signifie sorcière en italien.

Marie Brizard était la 14ème fille d'un charpentier de marine. Célibataire, elle se consacra à soigner les marins sur le port de Bordeaux. En signe de reconnaissance, un marin qu'elle avait soigné lui confia une recette d'anisette. La maison a été fondée en 1755.

Vieille affiche Marie Brizard.

SOURCE : DISTILLERIE DE LA GRANDE CHARTREUSE.

Bouteille de VEP.

SOURCE : GRAND MARNIER.

Cuvée du Centenaire.

Quelques liqueurs étrangères

Drambuie, liqueur écossaise à base de scotch whisky, de miel de bruyère et d'herbes aromatiques.

Irish Mist, liqueur irlandaise à base de whiskey irlandais, de miel et d'herbes aromatiques.

Strega (1), liqueur italienne élaborée à partir de 70 plantes. La légende veut que les fées soient à l'origine de cette liqueur fabriquée au nord de Salerne.

Maraschino d'Italie et Ex-Yougoslavie, élaboré à partir d'une variété de cerise nommée "marasque" (Marasche). Ce sont les soldats de Napoléon qui ont fait connaître le Marasquin en France.

Kummel, originaire de Hollande, élaboré à partir des fruits du carvi.

Liqueurs de café : Tia Maria originaire de la Jamaïque, Kahlua (Mexique).

Liqueur de rose : Chine, Europe Centrale, etc.

Etc.

Des liqueurs d'exception

Si la Champagne a ses "cuvées de prestige", les liqueurs ont aussi des produits rares, d'une qualité exceptionnelle. Des liqueurs pour les grandes occasions...

Parmi celles-ci peuvent être citées :

La Chartreuse VEP (Vieillissement Exceptionellement Prolongé). Après vieillissement, elle atteint une qualité exceptionnelle. Elle est présentée en bouteille d'un litre, identique à celles de 1840. Chaque bouteille porte l'indication de l'année de mise en vieillissement ainsi qu'un numéro individuel de justification.

Grand Marnier Cuvée du Centenaire, cuvée créée en 1927, à l'occasion du centenaire de la maison Marnier Lapostolle, elle est élaborée à partir de vieux cognac. Sa production est volontairement limitée. Elle est présentée dans une bouteille noire et or. Il existe également une cuvée du cent cinquantenaire.

C'est en s'obstinant dans le silence de leurs monastères et de leurs laboratoires, à résoudre ce qu'ils appelaient la question du "grand-oeuvre", que les religieux et les alchimistes du début du XIVe siècle découvrirent les secrets de la fabrication des liqueurs. En poursuivant inlassablement l'étude de la distillation, et en faisant macérer des plantes (romarin, sureau, camomille, rose, mélisse...) dans l'eau-de-vie, ils obtinrent un grand nombre d'élixirs et de liqueurs, dont les formules secrètes se sont transmises de génération en génération.

Au XVIe et au XVIIe siècles, le nombre des liqueurs ira sans cesse augmentant : liqueurs de fruits, liqueurs de plantes, liqueurs d'épices, qui ont gagné le palais et le cœur des Français. Sous Louis XIV, les deux liqueurs à la mode ont pour nom "Populo" et "Rossolis". Mais la liqueur favorite du roi, celle que toute la cour déguste avec lui dans le ravissement, c'est une préparation spéciale et originale, à base de fleur d'oranger, cannelle, clou de girofle et plusieurs arômes de fleurs. La noblesse française, soucieuse d'adopter en tout les goûts de son roi, se livre alors, à l'exemple de la Marquise de Sablé, aux joies de la distillation.

EXTRAIT D'UNE PLAQUETTE PUBLIEE
PAR LE COMITE NATIONAL DE LA LIQUEUR DE FRANCE

Les autres boissons

Boissons alcoolisées
Vins de liqueurs et pommeaux
Cidres
Bières
Apéritifs
Pétillants de raisins
Cocktails à base de vin

Boissons sans alcool
Eaux minérales et eaux de source
Jus de fruits et boissons à base de fruits
Sirops

Boissons chaudes
Cafés
Thés
Infusions
Service

Les autres boissons

Indépendamment des boissons que nous avons étudiées jusqu'à maintenant, il en existe d'autres qui sont servies régulièrement en restauration. Au même titre que pour les vins, une bonne connaissance de ces produits est indispensable. Certains sont des produits traditionnels : bière, cidre, thé, café, etc. D'autres, plus récents, ont été mis sur le marché pour répondre aux nouvelles attentes de la clientèle. C'est le cas des pétillants de raisins et des cocktails à base de vin.

BOISSONS ALCOOLISÉES
Vins de liqueurs (VDL)

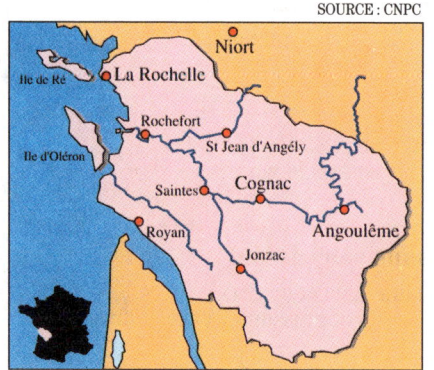

Zone de production du Pineau des Charentes.

En dehors des VDN, Il existe en France quelques vins de liqueur qui bénéficient d'une Appellation d'Origine Contrôlée. Ils ont été signalés lors de l'étude des régions dans lesquelles ils sont produits. Ce sont des vins obtenus par mutage (addition d'alcool). Les VDN bénéficient d'un régime particulier, les produits suivants ont une fiscalité beaucoup plus lourde. Ils sont imposés comme les spiritueux.

Leur degré alcoolique varie entre 15 et 22 % vol.

Pineau des Charentes

Il ne peut être élaboré que dans l'aire d'appellation de Cognac. Le moût de raisin est muté avec du Cognac. Moût et Cognac doivent provenir de la même exploitation. Le Pineau des Charentes n'est commercialisé qu'après avoir été agréé par une commission de dégustation sous contrôle de l'INAO. Il doit être mis en bouteille dans la région de production. Les Pineaux "vieux" (5 ans) et très vieux (10 ans) doivent être présentés en commission pour un deuxième agrément avant leur commercialisation. Le Pineau des Charentes existe en blanc et en rosé. Ce dernier a parfois une robe soutenue qui l'apparente à un rouge. Le blanc, fin et d'une grande complexité aromatique (fruits exotiques, miel, tilleul…) peut être issu des cépages : Ugni blanc, Folle blanche, Colombard, Sémillon, Sauvignon et Montils. Les rouges et rosés aux arômes fruités peuvent être issus de : Cabernet Franc, Cabernet Sauvignon et Merlot.

Le Pineau se sert frais (8 à 10 °C), jamais glacé. Très souvent, il se sert à l'apéritif et avec le melon mais il peut accompagner avec bonheur les plats en sauce tels que les moules, les volailles et les viandes blanches, surtout si la sauce est à base de Pineau. Les vieux Pineaux rouges et rosés s'harmonisent parfaitement avec les fromages à saveur fruitée et les gâteaux au chocolat.

Les autres boissons

Floc de Gascogne

Le Floc de Gascogne est élaboré sur l'aire d'appellation Armagnac. Le jus de raisin est muté à l'Armagnac. Le Floc est élaboré depuis très longtemps (la recette daterait du XVIe siècle), mais il se consommait essentiellement dans la région. Il n'y a qu'une trentaine d'années qu'il s'est fait connaître en dehors de sa zone de production. Il a obtenu l'A.O.C. en 1990.

Il se sert à l'apéritif, sur le melon, le foie gras et les desserts aux pruneaux, entre autres.

Macvin du Jura

Le Macvin du Jura est élaboré dans l'aire d'appellation des vins du Jura. Au XIVe siècle, c'était la boisson préférée de Marguerite de France, femme de Philippe le Hardi. Le moût est muté avec de l'eau-de-vie à appellation d'origine réglementée "eau-de-vie de marc de Franche-Comté". Cette eau-de vie doit provenir de la même exploitation que les moûts. Le Macvin du Jura a obtenu l'A.O.C. en 1991. C'était la 400e A.O.C. française.

N.B. : l'A.O.C. Clairette du Languedoc peut également produire des VDL.

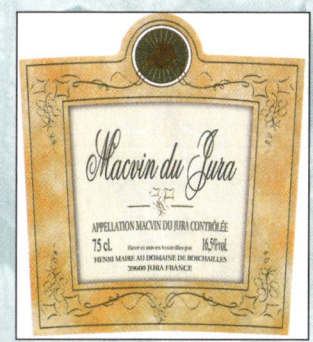

Pommeau de Normandie et Pommeau de Bretagne

Ces deux produits, issus de la pomme, ne peuvent pas être classés parmi les VDL. En effet, seul le raisin permet d'élaborer des vins. Ils figurent ici en raison de leur mode d'élaboration, très proche de celui des VDL. Le Pommeau de Normandie a obtenu l'A.O.C. en 1991, le Pommeau de Bretagne en 1997.

Le Pommeau est obtenu par mutage de moût de pommes à cidre ou de poiré, par du calvados pour la Normandie, de l'eau-de-vie de pommes à appellation d'origine réglementée pour la Bretagne. Pour chaque appellation, un décret fixe : les zones de production, strictement délimitées ; les variétés de pommes à utiliser, le moment du mutage, etc.

Après son élaboration, le Pommeau est élevé au moins pendant 14 mois en fûts. Il est traditionnellement servi à l'apéritif, entre 8 et 10 °C, mais il accompagne parfaitement le melon, le foie gras, les desserts à base de pommes. C'est le compagnon idéal pour la tarte Tatin.

N.B : attention à ne pas confondre le Pommeau de Bretagne et le Chouchen. Ce dernier résulte de la fermentation du miel et de l'eau. Il peut y avoir confusion car les anciens utilisaient du jus de pomme pour faire démarrer la fermentation (à un moment où le Chouchen avait la réputation de provoquer des chutes en arrière…).

Délice d'Eve et Pommeau.

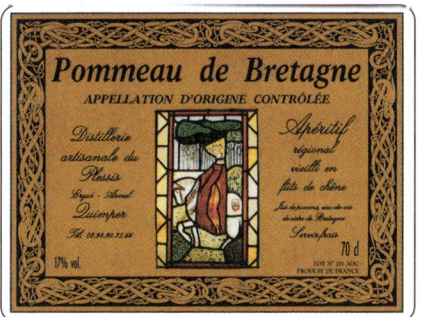
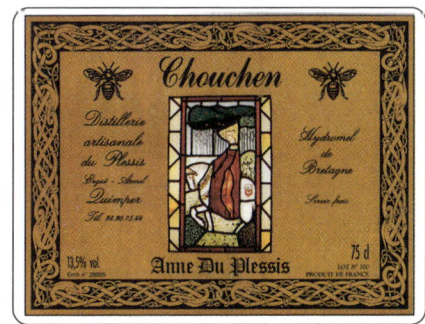

Attention à ne pas confondre Pommeau de Bretagne et Chouchen

Les autres boissons

Cidres

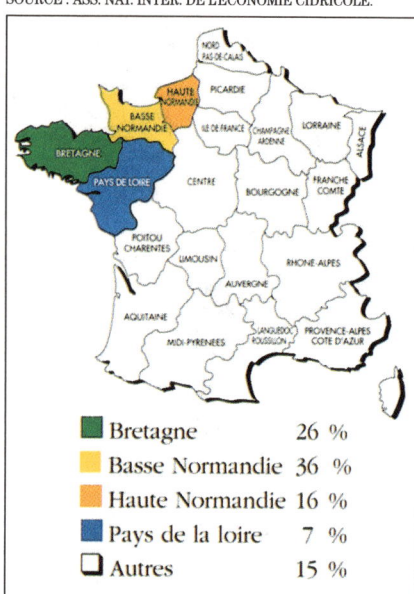

Principales régions productrices de cidre.

- Bretagne 26 %
- Basse Normandie 36 %
- Haute Normandie 16 %
- Pays de la loire 7 %
- Autres 15 %

SOURCE : ASS. NAT. INTER. DE L'ÉCONOMIE CIDRICOLE.

Cidre bénéficiant de l'A.O.C.

Cidre bénéficiant de l'A.O.C.

Le cidre est obtenu par la fermentation alcoolique du jus de pommes. Il semble avoir une origine très ancienne, mais selon les époques (et les auteurs), il a été différemment apprécié : au VI ème siècle, il était couramment servi à la table de la reine de France, la future Ste-Radegonde. Il resta longtemps une boisson de luxe réservée aux gens de guerre. Guillaume le Conquérant, Du Guesclin, mais aussi de célèbres corsaires (Duguay-Trouin, Surcouf, etc.) furent de grands consommateurs de cidre. Mais, il y avait cidre et cidre car, dans son ouvrage *L'histoire à Table*, André Castelot écrit : "*Au Moyen Âge, le cidre avait si mauvaise presse qu'on soupçonnait celui qui vous en offrait de vouloir vous empoisonner. Les Saints en buvaient, peut-être par esprit de pénitence, ou parce qu'ils avaient lu St-Jérôme qui fut le premier à parler du cidre en disant qu'il nous venait des Hébreux…*".

De nos jours, le cidre est très apprécié. Les principales régions de production sont la Normandie et la Bretagne pour la France, le Somerset en Angleterre, la région de Biscaye en Espagne, mais sa production a gagné de nombreux autres pays. Avec le développement des crêperies, le cidre a franchi depuis longtemps les limites de ses provinces d'origine.

L'élaboration du cidre

Le bon cidre se fait avec certaines variétés de pommes. Il existe actuellement une cinquantaine de variétés de pommes à cidre officiellement recensées. Les meilleurs cidres proviennent d'un mélange de différentes variétés : pommes tendres et précoces, pommes dures et tardives, puis pommes demi-dures récoltées à mi-saison.

La cueillette s'effectue couramment par secouage de l'arbre au-dessus d'un filet, mais des moyens de ramassage mécanique se substituent de plus en plus à la cueillette traditionnelle. Interviennent alors les opérations suivantes :

Stockage éventuel, à l'abri des souillures et au frais.

Lavage, triage des fruits.

Râpage.

Pressurage (il faut environ 160 à 170 kg de pommes pour obtenir 100 litres de cidre).

Fermentation alcoolique sous l'action des levures.

Clarification (par décantation, collage ou filtrage).

Conditionnement.

Il existe différentes variétés de cidres :

Doux (1,5 à 3° d'alcool) : à servir sur les desserts, les volailles, les viandes blanches.

Brut (4 à 5,5°) : à servir sur les volailles, le petit gibier, le camembert et le livarot.

Traditionnel (5 à 6°) : plus sec et moins pétillant, à servir sur les poissons de mer et les fromages.

Les cidres doux, brut ou traditionnel, selon les goûts, accompagnent parfaitement les crêpes, les galettes et la tarte Tatin.

Cidre nouveau : obtenu après une légère fermentation (1,5 à 2°), il est mis en vente le 29 octobre de chaque année.

Deux cidres bénéficient d'une A.O.C : **cidre du Pays d'Auge** et **cidre de Cornouaille.** Ces A.O.C. impliquent une localisation précise des vergers, l'utilisation de certaines variétés de pommes, le respect des méthodes d'élaboration et de conditionnement.

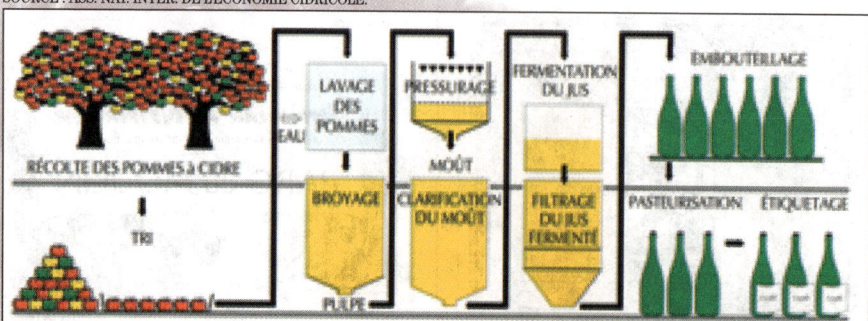

Elaboration.

SOURCE : ASS. NAT. INTER. DE L'ÉCONOMIE CIDRICOLE.

Les bières

La bière est une des plus anciennes boissons du monde. Elle est célébrée depuis la plus Haute Antiquité. Elle était appelée cervoise par les Gaulois.

Le Petit Larousse donne de la bière la définition suivante : "boisson légèrement alcoolisée, obtenue par fermentation du sucre de l'orge germée, sous l'action de la levure de bière, et parfumée avec du houblon". Cette définition a le mérite d'être claire, mais il y a bière et bière.

L'élaboration à basse température (fermentation basse) permet d'obtenir des bières peu alcoolisées. C'est surtout cette technique qui est utilisée en France.

L'élaboration à haute température (fermentation haute) surtout utilisée en Allemagne, en Grande-Bretagne et en Belgique, donne des bières plus alcoolisées.

Elaboration

Les quatre éléments de base pour l'élaboration d'une bière sont : **l'orge, l'eau, le houblon et les levures.**

Chaque brasseur a sa recette et sa levure. Mais les étapes sont toujours les mêmes. Après la récolte, l'orge trempée dans de l'eau très pure, les grains se gorgent, la germination commence. L'orge est ensuite torréfiée pour donner le malt. De sa teinte plus ou moins grillée, dépendra la couleur de la bière. Le brassage commence quand le malt en farine, mélangé à l'eau, est transformé en liquide sucré et doré : le moût. Porté à ébullition, le moût est additionné de houblon, puis refroidi ; on y ajoute les levures. Intervient alors la fermentation qui transforme le moût en boisson vivante : la bière. Cette dernière est mise en cuves de garde pour s'affiner. Puis elle est filtrée et conditionnée.

Blanche, blonde, ambrée ou brune ?

LA BLANCHE (4,4 à 7,7 % Vol). Elle est brassée avec des malts pâles et des malts de froment. Elle est légère et désaltérante. Elle est excellente en apéritif. Elle se sert fraîche (4 °C).

LA BLONDE type "Pils" (4,4 à 5,5 % Vol). Elle est brassée avec des malts blonds pâles. C'est une bière légère, délicate et désaltérante. Elle se déguste fraîche (4 à 6 °C).

LA BLONDE spéciale (+ 5,5 % Vol). Elle est brassée avec des malts légèrement grillés et des malts spéciaux. C'est une bière de caractère avec de la rondeur et une amertume de bon aloi. Elle se déguste à 6 ou 8 °C.

L'AMBRÉE (4,4 à 8 % Vol.). Elle est brassée avec des mélanges de malts grillés et torréfiés. Elle est plus charpentée que les précédentes. Il faut la servir un peu tempérée (8 à 9 °C).

LA BRUNE (4,5 à 8 % Vol). Elle est brassée avec des malts bruns et fortement torréfiés. Elle est onctueuse et crémeuse. Température de service 10 °C.

Quelques marques de bières

Françaises : Kronenbourg, Fischer, Météor, Kanterbrau, Pelforth, Schutzenberger, etc.

Étrangères : Geuze Lambic, Trappiste, Stella Artois (Belgique) ; Guinness (Irlande) ; Heineken (Pays-Bas) Spaten (Allemagne) etc.

Schéma de fabrication de la bière.

Houblonnière en Alsace.

Houblon.

Les autres boissons

Le service
(Association des Brasseurs de France)

Utilisez le bon verre : rincé à l'eau froide et non essuyé, le verre doit être impeccable et sans trace. Il est arrondi au centre et resserré au bord pour mieux capter et conserver les arômes. Il se couvre d'une buée quand la bière est à température idéale.

Ayez le bon geste : remplissez le verre en l'inclinant légèrement de façon à laisser couler la bière le long de la paroi. Une fois le verre à moitié rempli, redressez-le et versez la bière en éloignant la bouteille petit à petit pour former un beau chapeau de mousse qui permet de protéger sa saveur et lui garde tous ses arômes.

Les apéritifs

SOURCE : PRATIQUE DU BAR ET DES COCKTAILS
M. CAILHOL, B GROSSELIN - ÉDITIONS BPI

Amers et anisés

Ils sont généralement classés en catégories : les amers, les anisés et les A.B.V. (apéritifs à base de vin).

Les amers ou bitters

Comme leurs noms l'indiquent, ces produits ont une saveur amère. Ils sont parfois associés à d'autres boissons (Amer bière). La gamme de ces produits est très étendue : Campari, Picon, Fernet-Branca, etc.

Les anisés

Ils sont généralement élaborés à partir de la badiane (anis étoilé). Ils se consomment avec de l'eau et des glaçons : Pernod, Ricard, Berger, pastis Duval, Ouzo (Grèce), etc.

Vermouths rouges et Vermouths blancs

Quinquinas

Les apéritifs à base de vin

a) Les quinquinas : mistelles et vins aromatisés avec, entre autres, de l'écorce de quinquina (arbre de la Cordillère des Andes dont l'écorce donne la quinine) Dubonnet, Saint-Raphaël, Byrrh, etc.

b) Les vermouths : ils sont élaborés à partir de vins mutés aromatisés par macération de plantes et addition d'extraits aromatiques. On distingue les vermouths blancs : Noilly Prat, Cinzano bianco… et les vermouths rouges (vermouths italiens) : Martini rouge, Cinzano rouge, etc.

N.B : pour plus de précisions, reportez-vous à l'ouvrage de MM. Cailhol et Grosselin "Pratique du bar et des cocktails" Editions BPI.

Les pétillants de raisin

Bien qu'elle ait été définie par un décret de 1960, ce n'est que de nos jours que cette boisson connaît un développement spectaculaire. Le pétillant de raisins est un jus de raisin dont l'effervescence et le titre alcoométrique faible (inférieur à 4 % Alc.) résulte de la fermentation partielle par le procédé de la cuve close. La teneur en sucre est inférieure de près de 60 g/L par rapport à celle des jus correspondants. Le choix du cépage est déterminant pour la qualité du produit. Elle nécessite une spécialisation poussée et un réel savoir-faire : fermentation en cuve close, maîtrise de la température, filtration stérile, embouteillage isobarométrique, pasteurisation.

Les cocktails à base de vin

Ces boissons doivent contenir au minimum 50 % de produits issus de la vigne. Très en vogue aux USA sous le nom de "Wine Coolers", ils sont de plus en plus présents sur nos tables.

Ils sont élaborés à partir de matières premières d'origines différentes : vin, eau, sucre et arômes variés d'origine naturelle. Ils ont une teneur en alcool comprise entre 4 et 7° et une teneur en sucre plutôt inférieure à celle des jus de fruits.

Dans ce type de produit, l'aspect aromatique est privilégié : pêche dans la majorité des cas. Les cocktails à base de vin semblent avoir la faveur des consommateurs pour des raisons d'équilibre organoleptique.

LES BOISSONS SANS ALCOOLS

Elles peuvent être classées en deux grandes catégories les boissons froides et les boissons chaudes.

Les boissons froides

Les eaux

L'eau est indispensable à tout être vivant. Il est possible de jeûner un mois, mais il est impossible d'être privé d'eau pendant plus de 48 heures sans risque grave pour la santé.

Le restaurateur est amené à servir régulièrement de l'eau à ses clients. Il paraît donc souhaitable d'apporter quelques précisions sur cette boisson. Toute eau livrée à la consommation doit être **potable** et respecter des **critères réglementaires** (critères physiques, chimiques et microbiens). Mais les eaux potables ne sont pas toutes identiques. Il y a des eaux "dures" et des eaux "douces". Les eaux ayant traversé certains terrains calcaires sont dures. Elles sont riches en sels de calcium et de magnésium. Celles provenant de terrains granitiques sont douces.

En principe le restaurateur est tenu de fournir une carafe d'eau si le client la lui demande[1]. Mais de plus en plus de clients commandent de l'eau conditionnée. Cette dernière peut être classée en trois catégories :

- **Les Eaux de table** (eaux potables simplement conditionnées),
- **Les Eaux de source** : elles ont une origine déterminée et sont naturellement potables. Elles ne peuvent être commercialisées qu'après avoir obtenu une autorisation préfectorale.

Pratiquement chaque région produit de l'eau de source. En restauration, il serait souhaitable de privilégier les sources locales.

- **Les Eaux minérales** : elles ont des propriétés thérapeutiques. Elles sont autorisées et contrôlées par le Ministère de la santé. Elles sont plus ou moins minéralisées. Certaines peuvent comporter des contre-indications. Il faut éviter de les boire journellement sans contrôle médical.

Parmi les eaux minérales les plus vendues en restauration citons : Evian (Haute-Savoie), Volvic (Puy-De-Dôme) faiblement minéralisées, Vittel et Contrexéville (Vosges) fortement minéralisées, Badoit (Loire) qui contient du fluor, Vichy (Allier) fortement minéralisée (bicarbonatée), Perrier (Gard), etc.

PHOTO : BRUNET

Eau minérale

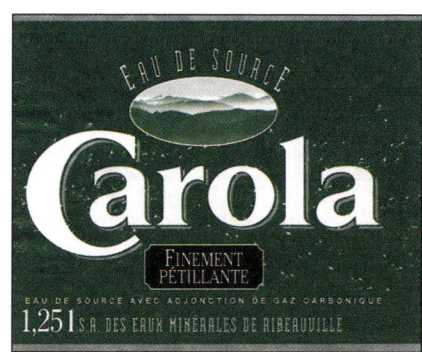
Eau de source

(1) LA POSITION DE LA DDCCRF (DIRECTION DÉPARTEMENTALE DE LA CONCURRENCE, DE LA CONSOMMATION ET DE LA RÉPRESSION DES FRAUDES) PERMET AUX RESTAURATEURS QUI LE SOUHAITENT DE NE PAS FOURNIR UNE CARAFE D'EAU PENDANT LES REPAS, À LA CONDITION TOUTEFOIS QUE CECI SOIT CLAIREMENT PRÉCISÉ SUR LES CARTES ET LES MENUS. TOUTEFOIS, CET ORGANISME N'INCITE PAS SPÉCIALEMENT LES RESTAURATEURS À AVOIR RECOURS À CETTE PRATIQUE. (JOURNAL L'HÔTELLERIE 09/08/01).

Les autres boissons

Ces marques ne peuvent pas être utilisées pour un jus reconstitué à partir de concentré.

100 % pur jus.

Jus à base de concentré

Nectar

(1) Source : Union nationale des producteurs et distributeurs de la métropole et d'Outre-mer.

Quelques eaux étrangères vendues en restauration : Apollinaris (Allemagne), San Pellegrino (Italie), Henniez (Suisse).

L'eau et la carte des boissons :

Trop souvent, on trouve sous la rubrique "Eaux minérales" des eaux de source. Restaurateurs, attention à la répression des fraudes ! Apprenez à lire les étiquettes. Attention également à ne jamais mettre d'eau du robinet dans une bouteille d'eau conditionnée, même pour arroser les fleurs...

Les jus de fruits et les boissons à base de fruits

Les jus de fruits et les boissons à base de fruits sont très consommés en restauration. Le restaurateur se doit d'être très vigilant sur le respect des différentes dénominations. En effet, la législation française est l'une des plus sévères au monde sur les appellations des jus de fruits et boissons aux fruits. Il est impératif, sous peine de se retrouver au tribunal, de bien faire la distinction entre les différentes catégories.

Quelques définitions (1) :

Jus de fruits :
- soit le produit de la pression du fruit par un procédé mécanique,
- soit la reconstitution du jus à partir de concentré par addition du même volume d'eau que celui évaporé lors de la concentration et réincorporation des arômes éventuellement récupérés lors de la concentration. Dans ce cas, le produit est étiqueté "jus de fruit à base de jus concentré". En revanche, la marque collective "100 % jus de fruit" ou "100 % pur jus direct" apposée sur l'étiquette assure qu'il s'agit d'un véritable jus de fruit sans aucun additif autorisé et ne provient pas d'un jus concentré.

Jus à base de concentré (abc) : produit obtenu à partir de jus de fruit par évaporation d'une partie de l'eau de constitution du fruit.

Nectars de fruits : mélange de jus, d'eau et de sucre. Le pourcentage de jus de fruit est variable selon les fruits (25 à 50 % minimum).

Boissons aux fruits : elles ne sont pas définies par une directive européenne. Elles sont constituées d'un mélange de jus (10 % minimum), d'eau, de sucre, d'extraits végétaux et d'additifs autorisés et, pour les boissons gazéifiées, de gaz carbonique.

Les boissons rafraîchissantes sans alcool

Dans cette catégorie, il existe de très nombreux produits, parmi lesquels on peut citer :

La limonade : boisson gazéifiée et sucrée.

Les sodas : boissons gazéifiées, sucrées et parfumées.

Les tonics : boissons gazéifiées, édulcorées et amères (Schweppes, Canada dry, etc.).

Les limes : boissons au citron vert (Sprite, Seven-Up, etc.).

Les colas : boissons gazéifiées et sucrées à base de substances végétales (Coca-Cola, Pepsi-Cola).

Les sirops

Les sirops sont des boissons fortement sucrées et aromatisées. Il existe deux grandes catégories de sirops : ceux élaborés à base de fruits naturels (cassis, fraise, framboise,...) et ceux élaborés à partir d'extraits. Les sirops doivent être consommés rapidement, sinon ils risquent de s'altérer. Généralement, le nom du produit de base est indiqué à la suite du mot sirop.

Les autres boissons

LIQUEUR OU SIROP ?

Lorsqu'un client vous demande un *Vittel cassis*, un *Vichy fraise* ou encore un *diabolo* menthe, devez-vous utiliser un sirop ou une liqueur pour préparer cette boisson ? La réponse découle du décret du 28 juillet 1908.

Ce décret précise que "les dénominations contenant les mots : menthe, curaçao, mûre, fraise, mandarine, cerise, guigne, cassis, ou leurs dérivés sont réservées aux liqueurs correspondant à ces dénominations. Elles peuvent toutefois être employées à désigner des sirops, mais à la condition que ces mots ou leurs dérivés soient précédés du mot "sirop" inscrit en caractères identiques.

Voilà qui est clair et précis : le client doit donc être servi obligatoirement d'une liqueur s'il commande une boisson comprenant un des mots précédents, à moins qu'il n'ait bien spécifié qu'il désirait un sirop.

Cela, c'est la loi. Vous, cafetiers, restaurateurs, vous êtes censés la connaître et l'appliquer. Mais il faut bien admettre que le client, lui ignore presque toujours cette disposition... Le plus souvent, lorsqu'il demande, par exemple, un "vichy fraise", il s'attend à se voir servir un Vichy avec du sirop de fraise, et non pas de la liqueur de fraise. Il y a donc toujours un doute au moment de la prise de commande. Le mieux est de faire confirmer par le client : avec du sirop de fraise ou avec liqueur de fraise. C'est votre sécurité :

- vis-à-vis de la législation (car vous n'avez pas le droit de servir à un client autre chose que ce qu'il a effectivement commandé).

-vis-à-vis d'une bonne pratique commerciale, car ainsi vous donnerez vraiment à votre client ce qu'il désire, même si, à l'origine, il avait passé une commande "ambiguë".

Autre problème : que se passe-t-il avec les enfants, ou avec les adolescents, pour un diabolo menthe par exemple ? Le Code des débits de boissons vous interdit de leur servir des boissons alcoolisées, vous y risqueriez une forte amende et le retrait de la licence ! Ici encore, vous devrez préciser la commande, en avertissant le client.

(SOURCE : JOURNAL L'HÔTELLERIE)

Boisson aux fruits.

Les boissons chaudes

Les boissons chaudes les plus servies en restauration sont : le café, le thé, le chocolat et les infusions.

Le café

Selon les sources, le café est originaire soit d'Éthiopie (Afrique) soit du Yémen. C'est à partir du XVe siècle qu'il se répandit dans tout l'Orient. Il fut introduit en France vers 1643.

Au restaurant, la qualité et le service du café doivent faire l'objet d'une attention particulière. En effet, le café est souvent la conclusion d'un repas. Or, savoir conclure est un art, la dernière impression ressentie est souvent déterminante. Que de bons repas gâchés par un service du café qui laisse à désirer (produit de mauvaise qualité, pas assez chaud, tasse ébréchée...).

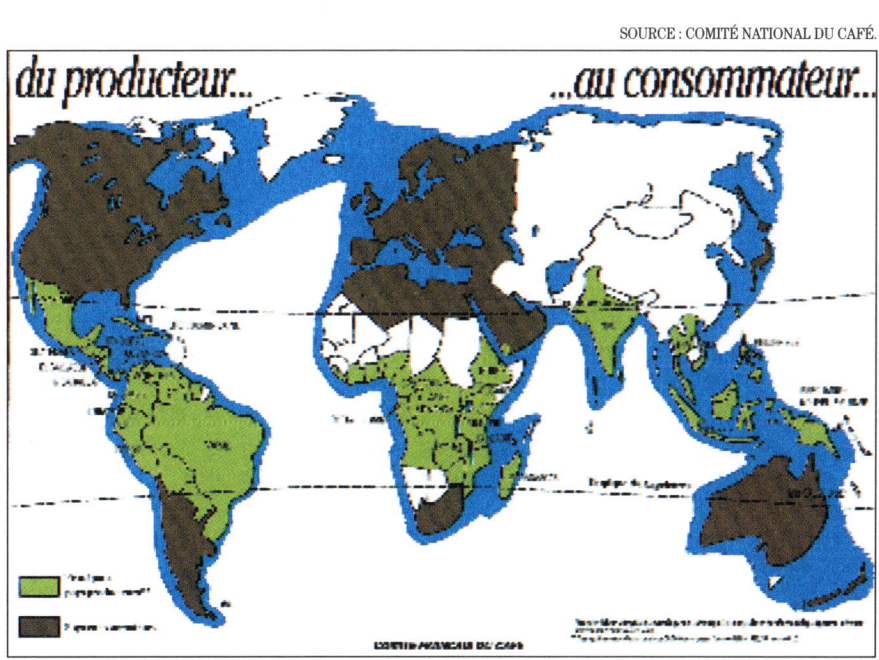

SOURCE : COMITÉ NATIONAL DU CAFÉ.

Les autres boissons

Différentes intensités de torréfactions.

Ce qu'il ne faut pas faire !

DIFFÉRENTES VARIÉTÉS DE CAFÉ

Le caféier est un arbuste qui, pour se développer normalement, a besoin d'un climat chaud et humide. Il en existe une cinquantaine de variétés, mais deux sont communément utilisées : l'Arabica et le Robusta.

L'Arabica : il représente 75 % de la production mondiale. Il pousse en altitude dans des régions de hauts-plateaux (Amérique du sud, Amérique Centrale, Afrique Orientale, Asie et Océanie). Il a une teneur moyenne en caféine inférieure au Robusta.

Le Robusta : il est cultivé depuis le niveau de la mer jusqu'à 600 mètres d'altitude en Afrique, en Indonésie, au Brésil. Cette variété est plus robuste que l'Arabica, d'où son nom. Il a une teneur en caféine élevée.

Après la *cueillette*, les baies (appelées cerises), sont séparées de leur enveloppe. Interviennent alors différentes opérations qui se terminent par *la torréfaction*. Cette opération consiste à chauffer les grains de café vert. La durée de la torréfaction varie suivant la variété du café utilisée et suivant le goût désiré par le consommateur.

En restauration, il faut veiller particulièrement :

- Au choix du café. Vouloir réaliser une économie de quelques francs sur un kilo de café compromet trop souvent la qualité.
- Au stockage : le café doit être stocké à l'abri de l'air, de la lumière et de l'humidité, de préférence dans un endroit frais. Toujours à l'écart des produits à odeurs fortes.
- A la mouture : cette dernière doit être adaptée à la machine ou au type de cafetière utilisée.

QUELQUES CONSEILS

Utilisez toujours un café fraîchement torréfié. Ne servez jamais un café réchauffé.

Ne servez jamais un café dans une tasse ébréchée*.

Ne prenez jamais la tasse à pleine main (elle a une anse) sinon vous posez vos doigts à l'endroit où le client posera ses lèvres*.

QUE DEVEZ-VOUS SERVIR si un client vous demande un :

Expresso : café noir fort, avec la mousse formée par la machine.

Crème : café accompagné de crème liquide.

Moka : type de café Arabica originaire du Yemen ou d'Ethiopie.

Cappuccino : café expresso auquel on ajoute une quantité égale de lait mousseux chauffé à la vapeur. Saupoudrez de chocolat en poudre.

Café viennois : café fort nappé d'une couche de crème chantilly très épaisse.

Café irlandais (Irish coffee) : café très chaud, sucre, whiskey irlandais, crème fraîche. La crème doit rester à la surface du verre.

Décaféiné : un café dont on a extrait la caféine.

ATTENTION, arrivé à la table du client, vous devez être en mesure de faire la différence entre le décaféiné et les autres cafés, si vous en avez plusieurs sur le plateau. S'il n'y a pas de décaféiné dans la maison, dites-le au client.

* *Ces erreurs sont encore trop fréquentes.*

MACHINE À CAFÉ EXPRESS

Très présente dans les cafés et restaurants, mais de plus en plus, il existe des modèles réduits à usage privé.

Mouture très fine. Dosage légalement fixé pour les établissements publics : 7 grammes par tasse.

Les meilleurs résultats sont obtenus en préparant 2 tasses ensemble.

Une chaudière produit de l'eau chaude ; celle-ci est ensuite envoyée à travers le café moulu, mécaniquement : pression de l'eau de ville ou eau mise sous pression par une pompe électrique.

Le café moulu est disposé dans une poignée porte-filtre, en respectant le **dosage légal de 7 grammes/tasse**. La poignée est enclenchée ensuite sous une des «douchettes» situées à la partie inférieure de l'appareil. On met alors en route le dispositif d'amenée d'eau chaude sous pression.

> Le résultat doit être un café d'aspect crémeux : ceci est le gage que la mouture a été bien choisie et que la pression de l'eau est bien réglée.

Il existe aussi des machines à café express, très automatisées, dans lesquelles les manipulations sont remplacées par un ensemble d'opérations synchronisées.

Les autres boissons

Le thé

Le thé est une des boissons les plus consommées dans le monde. En Grande-Bretagne et au Japon, le service du thé s'entoure de tout un cérémonial. En revanche, en France, le service de cette boisson laisse souvent à désirer.

Les principaux pays producteurs de thé sont : l'Inde, Ceylan (Sri Lanka), la Chine, le Japon, etc.

Le théier n'est cultivé que dans des pays chauds et humides. C'est un arbuste dont on cueille le bourgeon terminal de chaque tige et les feuilles qui le suivent. Une fois cueillies, les feuilles doivent être traitées rapidement. Le thé subit cinq opérations : flétrissage, roulage, fermentation qui permet d'obtenir la couleur brune, dessiccation et triage. Il faut faire une distinction entre le thé noir et le thé vert. Ce dernier ne subit pas de fermentation.

A chaque **heure,** son thé :

- Pour le matin, un thé corsé, par exemple un mélange anglais.
- Pour l'après midi un thé doux, type "Orange Pekoe", parfumé ou non.
- Au cours d'un dîner, un thé de Chine.
- En fin de soirée un "Darjeeling" fin et aromatique.

5 règles pour préparer un **bon thé :**

1. Ébouillanter la théière.

2. Mettre une cuillère de thé par personne, plus une pour la théière[1].

3. Verser sur le thé l'eau frémissante.

4. Laisser infuser 3 à 5 minutes.

5. Servir après avoir bien remué. S'il reste du thé, retirer les feuilles pour la deuxième tasse.

SOURCE : LE PALAIS DES THÉS - STRASBOURG - PHOTO : BRUNET

Des boutiques spécialisées proposent plusieurs centaines de thés différents.

Les infusions (tisanes)

Chacun connaît l'action bénéfique des infusions : apaisante, relaxante, digestive,...

Au restaurant, surtout le soir, de nombreux clients commandent des infusions. Il faut être en mesure de proposer les infusions classiques : tilleul, tilleul-menthe, verveine, verveine-menthe, camomille... mais aussi quelques préparations originales : mélisse, romarin, cynorhodon, etc.

Tous ces produits sont généralement proposés en infusette (petit sachet individuel).

Comme pour le thé et le café, veillez à ce que les tasses (chaudes) soient d'une propreté irréprochable et qu'elles ne soient pas ébréchées.

C'est en Orient que le thé est né il y a plus de cinq mille ans. A l'origine, il était considéré comme "précieuse médecine". Selon la légende, en l'an 2 737 avant J.C., l'empereur Shen-Nung faisait bouillir de l'eau à l'ombre d'un théier sauvage ; des feuilles tombèrent dans l'eau, infusèrent, le thé que nous connaissons venait de naître. Boisson préférée des Britanniques, le thé est une des boissons les plus consommées dans le monde.

(1) TRÈS PRÉCISÉMENT 2 G À 2,5 G PAR PERSONNE CAR SELON LA VARIÉTÉ LE VOLUME VARIE DE 1 À 3 POUR LE MÊME POIDS

PHOTO : BRUNET

Les autres boissons

Cacaoyer.

Fèves.

Cabosses.

Le chocolat chaud

C'est Christophe Colomb qui fit découvrir le cacao au monde occidental. Lors de son arrivée sur le continent américain en 1502 (4e voyage), les indigènes lui offrirent différents présents dont "une sorte d'amande qui leur sert de monnaie et avec laquelle ils préparent une boisson délicieuse".

Une quinzaine d'années plus tard, lorsque Cortez accosta au Mexique, l'Empereur aztèque Moctezuma lui offrit une boisson délicieuse préparée à partir des fruits du cacaoyer. Cortez rapporta cette boisson à la cour d'Espagne où elle fut très appréciée. Ce sont les Espagnols qui ont eu l'idée d'y ajouter du sucre pour compenser l'amertume. De nos jours, le chocolat est très apprécié, non seulement au petit déjeuner mais aussi tout au long de la journée.

CHOCOLAT ou CACAO ?

Le cacao est élaboré à partir des fruits d'un arbre tropical, le cacaoyer. Le fruit est appelé "cabosse", il contient une pulpe qui renferme les "fèves". Ces fèves mises à fermenter, sont séchées, torréfiées et broyées. On obtient alors le beurre de cacao et une poudre qui constitue la base du cacao et du chocolat.

Cacao et chocolat ne sont pas synonymes. Le cacao est constitué de poudre de cacao et de beurre de cacao, il ne contient pas de sucre. Il est amer. Le chocolat en poudre est constitué de sucre et de cacao (32 % minimum de cacao). Les meilleurs cacaos proviennent du Venezuela, de l'Équateur, des Caraïbes, du Brésil...

Pour obtenir un délicieux chocolat chaud, il faut mettre 3 cuillères à café de chocolat en poudre dans une tasse et délayer avec du lait très chaud.

C'est l'Infante d'Espagne, Anne d'Autriche, fille de Philippe III d'Espagne, qui introduisit le chocolat à la cour de France après son mariage avec Louis XIII. Pendant très longtemps, cette boisson fut réservée à une élite.

Les approvisionnements

PHOTO : BRUNET.

Achats
Rappel de quelques notions concernant les achats et le stockage

Détermination des besoins
Détermination des besoins
- Par qui sont-ils déterminés ?
- Comment sont-ils déterminés ?

Politique d'achat
Avantages et inconvénients
des différentes formules
Connaissance des produits
L'acheteur

Où, quand et comment acheter ?
Sélection des sources
d'approvisionnement
Mise au point d'une liste de
fournisseurs potentiels
Estimation de la fiabilité
des fournisseurs
Choix à partir d'échantillons

La "gestion" de la cave
Commandes
Livraison, contrôle
Stockage
Valorisation des stocks
et des sorties
Contrôle des sorties
de cave et valorisation
Inventaires

Les approvisionnements

ACHATS

Rappel de quelques notions concernant les achats et le stockage

Acheter, c'est "créer un coût".

Un coût est une addition de charges. Il existe différents types de charges :

- Charges directes/**affectation.** Un seul service est concerné ; exemple : restaurant gastronomique, bar, cuisine, etc.

- Charges indirectes/**répartition, imputation.** Plusieurs services sont concernés, exemple : rémunération de l'exploitant, des services administratifs, éventuellement du caviste, etc.

Remarque : il ne faut pas confondre les charges directes et indirectes avec les charges fixes et charges variables.

Pour obtenir de bons résultats, un coût doit être maîtrisé : il est donc nécessaire de mettre en place une organisation efficace et de bien connaître les procédures spécifiques des approvisionnements dans l'hôtellerie, notamment celles concernant les boissons.

Les différents approvisionnements dans l'hôtellerie :

Les produits alimentaires (périssables ou non) autres que les boissons.

Les produits d'entretien.

Les biens d'équipement.

L'énergie, etc.

LES BOISSONS.

Toute marchandise achetée est, soit utilisée le jour même (produit frais), soit stockée (épicerie à l'économat, viandes en chambres froides, **boissons à la cave,** etc.).

En règle générale, les boissons sont stockées. Le temps de stockage varie en fonction de la nature des produits.

Bières et jus de fruits : peu de temps de stockage.

Vins : de quelques jours (pour leur permettre de se reposer après avoir été transportés) à quelques mois ou quelques années, parfois de nombreuses années, dans le cas de vins de garde.

DÉTERMINATION DES BESOINS

Par qui sont-ils déterminés ?

Par l'exploitant dans le cas d'une petite entreprise.

Par la direction, avec l'aide du ou des responsables des différents services concernés par la vente des boissons, dans les établissements de moyenne importance.

Par le service Direction de la restauration (Food and Beverage), avec l'aide du sommelier ou du responsable des achats dans les entreprises importantes.

Eventuellement, par un ou des acheteurs professionnels, dans le cas des chaînes ou des groupements d'achat.

Comment sont-ils déterminés ?

Ils sont déterminés en fonction :

D'une étude de marché dans le cas de l'ouverture d'un établissement (type de clientèle, carte des mets, ticket moyen prévu, etc.).

De l'analyse des ventes pour un établissement existant (un excellent taux de rotation ne suffit pas, il faut tenir compte des marges).

Des possibilités de stockage.

Des stocks existants.

Des délais d'approvisionnement.

De la carte des mets et de son évolution prévisible.

De la saison (cas des vins primeurs).

Des opportunités : promotions, éventuellement vente d'une cave après cessation d'activité (souvent le seul moyen pour acquérir de vieux millésimes), etc.

Mais les besoins sont surtout déterminés en fonction de la politique de l'établissement.

POLITIQUE D'ACHAT

Le vin est une matière vivante qui évolue plus ou moins rapidement en fonction de son origine, de sa vinification et des **conditions de stockage.** Ce dernier point est très important, car il peut influencer la politique d'achat. Inutile de commander en quantités importantes si l'établissement ne dispose pas d'un lieu de stockage suffisamment spacieux ou si les conditions de stockage peuvent compromettre la qualité des vins. En fonction de ces différents critères, deux politiques peuvent être envisagées :

Stocks réduits au minimum, pour limiter les immobilisations de capitaux et les frais de stockage.

Recherche de plus-values en achetant des vins jeunes et en les conservant quelques années en cave.

Avantages et inconvénients des différents systèmes

Stocks réduits au minimum

Avantages : capitaux engagés peu importants, coût de stockage restreint, moins de risques de dépréciation, etc.

Inconvénients : prix plus élevés (pas ou peu de remises quantitatives), coût de passation des commandes plus élevé, l'acheteur subit toutes les hausses de prix ; risque de rupture de stocks. Difficile de proposer à la carte des millésimes anciens (prix trop élevé).

Déduisez les remises quantitatives suivantes :	
120 à 294 bout..............4 %	600 à 894 bout..............6 %
300 à 594 bout..............5 %	900 bout. et plus..............8 %
Le total de votre commande doit être un multiple de 6 bouteilles (panachage possible)	

Exemple de remises quantitatives.

Stocks importants (éventuelle recherche de plus-values)

Avantages : taux de remise plus élevés, coût de passation de commandes réduit, moins de risque de hausse des prix, pas de ruptures de stock, une plus-value non négligeable sur la vente des produits, possibilité de proposer aux clients des vins "élevés" dans l'établissement (millésimes anciens à des prix raisonnables).

Inconvénients : prévoir est un art difficile, il faut donc faire le bon choix (tant sur le plan qualitatif, que sur le plan quantitatif), coût de stockage souvent élevé, immobilisation importante de capitaux, éventuellement dépréciation des produits, etc.

Remarque : **une bonne connaissance des produits est absolument indispensable,** surtout lorsque les achats portent sur des quantités importantes.

Connaissance des produits

Lorsqu'un restaurateur achète du vin, il doit impérativement se poser la question suivante : **"À boire maintenant ou à conserver ?"**

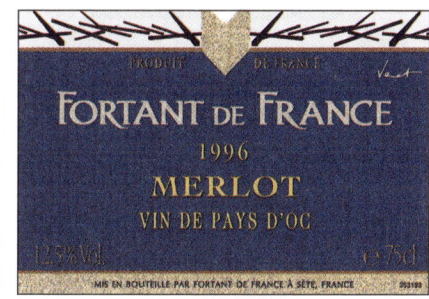

Vins à mettre à la carte rapidement

Les approvisionnements

Vins qui ont une excellente aptitude à la conservation

Dans le cas "à boire maintenant", il faut rechercher des vins à évolution rapide : par exemple des vins issus de *Merlot* ou de *Gamay* pour les rouges, de *Sauvignon* ou de *Chasselas* pour les blancs. Pour les vins rouges, il faut donner la préférence aux vins peu tanniques, à ceux issus de macérations courtes, aux petits millésimes dans les grand crus, aux vins vinifiés en macération carbonique. Les appellations régionales évoluent généralement plus rapidement que les appellations communales ou les appellations grands crus.

Dans le cas "à conserver", il faut rechercher des vins issus de cépages à évolution plus lente : *Cabernet Sauvignon, Syrah, Mourvèdre, Tannat*... Donner la préférence aux vins ayant une robuste constitution, riches en tanin. Rechercher les macérations longues, les bons millésimes dans les grands crus, etc. La plupart des vins de certaines appellations ont une excellente aptitude à la conservation. C'est le cas des AOC : Pauillac, Côte Rôtie, Madiran...

Dans tous les cas, il faut se souvenir que la notion de millésime est plus importante dans les régions septentrionales que dans les régions méridionales.

L'acheteur

Certains restaurateurs se rendent directement dans les vignobles pour acheter leurs vins. Pour les établissements importants, ils sont souvent accompagnés de leur sommelier ou du responsable des achats. Des groupements d'hôteliers effectuent des achats groupés pour obtenir de meilleures conditions. Ce travail peut également être confié à un acheteur professionnel.

Dans tous les cas, l'acheteur (restaurateur, sommelier, responsable des achats...) doit :

Posséder les qualités inhérentes à la fonction.

Avoir des connaissances spécifiques et connaître avec précision le champ de ses activités.

Qualités requises : honnêteté, sobriété et discrétion, entre autres.

Connaissances spécifiques : avoir de bonnes notions d'œnologie (surtout de vinification), de gestion, une bonne aptitude à la dégustation analytique, une bonne approche de la législation viti-vinicole, une bonne connaissance des prix pratiqués pour les différents types de produits...

Champs d'activité : découvrir, goûter, comparer, juger, choisir et contrôler que le produit livré est bien conforme à celui dégusté.

OÙ, QUAND, COMMENT ACHETER ?

PHOTO : BRUNET

Salon des vignerons indépendants.

Sélection des sources d'approvisionnement

Pour l'achat de leurs vins, les restaurateurs et les particuliers ont le choix entre différentes formules : Internet, magasins spécialisés, grandes surfaces, clubs, viticulteurs, négociants, foires et salons spécialisés, ventes aux enchères, etc.

Une petite astuce

Pour les restaurateurs : si vous souhaitez mettre à la carte un vin d'une région que vous connaissez peu, n'hésitez pas à contacter un de vos collègues qui exploite, dans la région en question, un établissement du même type que le vôtre (Logis de France, Maîtres Cuisiniers, Relais Châteaux…). Il se fera un plaisir de vous communiquer la bonne adresse qui n'est pas encore dans les guides, donc à découvrir. Il vous demandera peut-être une contrepartie… une bonne adresse dans votre région.

Les approvisionnements

Pour l'œnophile : lors de votre passage dans une région viticole, profitez d'un repas dans un restaurant traditionnel pour demander au patron ou au responsable une bonne adresse. Un excellent moyen pour découvrir le vigneron dont la production, souvent restreinte, n'est pas connue en dehors de la région.

LES DIFFÉRENTES POSSIBILITÉS OFFERTES AUX RESTAURATEURS ET AUX ŒNOPHILES

Cette liste n'est pas limitative, par exemple de nombreux particuliers achètent leurs vins par l'intermédiaire d'un club ; de nombreux restaurateurs s'adressent à des structures spécialisées réservées aux professionnels, type Métro, Eurocash…

Où acheter ?	Avantages	Inconvénients	Observations
Chez le vigneron	Il est en mesure de parler du vin : terroir, vinification. Possibilité de déguster. Parfois moins cher, mais pas toujours…	Il faut se déplacer. Pris dans l'ambiance sympathique, on a parfois tendance à acheter au-delà de ses besoins…	Cette possibilité qui s'adresse aussi bien au restaurateur qu'à l'œnophile est très enrichissante.
En cave coopérative	Possibilité d'acheter en quantité importante (aspect non négligeable pour la restauration). Des prix raisonnables. Un choix de plus en plus vaste avec des cuvées diversifiées…	L'image encore négative* de certains consommateurs vis-à-vis de ce type d'établissement.	* Si à une certaine époque, les caves coopératives ont pu avoir une image négative, cette époque est révolue. Dans la majorité de ces établissements, le critère qualitatif est un objectif permanent. La présence d'œnologues très compétents, les équipements et les vinifications par terroir permettent de proposer des vins qui ont leur place sur toutes les tables, y compris les plus prestigieuses.
Chez un négociant	Possibilité d'acheter des vins de qualité suivie en grosse quantité. Garantie apportée par la notoriété et très souvent l'ancienneté de la maison…	Très souvent, le négociant est aussi producteur. Il n'est pas toujours évident de faire la différence entre les différents produits proposés. Il suffit de savoir lire l'étiquette ! Mais est-ce toujours le cas ?	Cette formule s'adresse plus au restaurateur qu'à l'œnophile. En règle générale, le négociant achète des vins pour les revendre. Il faut savoir qu'il existe différents types de négociants. Les négociants sont surtout présents dans les grandes régions viticoles, où ils sont très influents.
Chez un caviste	On a généralement affaire à un vrai professionnel. Possibilité d'obtenir des renseignements sur les vins et des conseils pour le service et les accords vins/mets. Gamme plus large que les formules précédentes. Possibilité d'acheter à l'unité…	Généralement plus cher que les formules précédentes, mais le service a un coût…	Plutôt réservé à l'œnophile, mais le restaurateur peut avoir recours à cette formule pour des vins rares ou des vins qu'il souhaite acheter en petite quantité, voire à l'unité, pour une occasion particulière (par exemple un millésime très précis de porto pour un repas d'anniversaire).
Dans une grande surface	Il y a souvent un très grand choix allant des vins de table aux grands crus, en passant par les vins de pays et les vins étrangers. En règle générale, les prix sont intéressants.	Même si de gros efforts sont constatés, trop souvent les bouteilles sont encore stockées dans de mauvaises conditions (debout, à température trop élevée…). Pas de conseillers en vins dans la plupart des cas. Mais il ne faut pas généraliser, certaines grandes surfaces ont un "espace vin" parfaitement équipé.	Contrairement à une opinion très répandue, à condition de respecter les obligations fiscales, un restaurateur peut s'approvisionner en grande surface. A signaler l'ouverture de grandes surfaces consacrées exclusivement aux vins et parfaitement équipées (températures, hygrométrie…) présence de sommeliers professionnels.

Editions BPI - REPRODUCTION INTERDITE

Les approvisionnements

LES DIFFÉRENTES POSSIBILITÉS OFFERTES AUX RESTAURATEURS ET AUX ŒNOPHILES

Où acheter ?	Avantages	Inconvénients	Observations
En se rendant sur les foires ou les salons	Large choix, possibilité de déguster. Pour cette formule, il faut faire une distinction entre les foires et salons professionnels (voir la partie réservée à cette formule) et les autres manifestations.	En dehors des salons professionnels, il n'est pas toujours loisible de déguster dans de bonnes conditions. Qui plus est, certains vendeurs, souvent occasionnels n'ont pas les compétences requises. Ce qui est très préjudiciable pour les véritables professionnels qui participent à la même manifestation.	Voir la liste des principaux salons professionnels (encadré).
Lors d'une vente aux enchères	Souvent le meilleur moyen pour acquérir de vieux millésimes.	Sauf dans les cas cités en observations*, une grande vigilance est de rigueur. Comme dans toutes les ventes aux enchères, attention à ne pas se laisser "emporter". Qui plus est, si l'on ne connaît pas l'origine des bouteilles, un examen attentif des ces dernières est indispensable (niveau, évolution de la robe…).	* Il faut faire une distinction entre les ventes type "vente des vins des Hospices de Beaune" où sont commercialisés des vins très jeunes et une vente aux enchères classique, par exemple après la fermeture d'un restaurant ou lors d'une succession.
Achat sur Internet	Les vins du monde entier sur votre écran. Accès à des sites spécialisés où la sélection est souvent effectuée par des professionnels (œnologues, cavistes, sommeliers…). De plus en plus de producteurs présentent et proposent leur propre production sur Internet.	Il n'est pas toujours évident de se retrouver dans le dédale des sites Internet consacrés au vin. Il y en a des milliers et il s'en crée chaque jour de nouveaux. Il est parfois difficile de faire une distinction entre les différents types de sites : officiels, publicitaires, marchands… Inconvénients liés au commerce en ligne.	Indépendamment de la possibilité de commander des vins, Internet est un outil précieux pour effectuer une présélection en vue d'un achat ou obtenir des informations sur un vin présent en cave.

Mais l'expérience prouve que de nombreux restaurateurs achètent leurs vins lors du passage d'un agent commercial (représentant) dans leur établissement. Cette formule, traditionnelle, présente comme toutes les autres, des avantages et des inconvénients.

Avantages : pas besoin de se déplacer, s'il s'agit d'un agent commercial multicarte, il offre généralement un choix important, il connaît les besoins spécifiques de l'établissement. A la longue, il devient un ami… Beaucoup d'établissements modestes lui confient la rédaction de leur carte des vins. Pourquoi pas ? Mais dans ce cas, le choix est souvent très "orienté".

Inconvénients : souvent, par sympathie, le restaurateur commande du vin dont il n'a pas besoin, la comparaison avec les offres de la concurrence n'est pas toujours évidente. C'est souvent au moment du "coup de feu" ou au moment où le restaurateur souhaite "souffler" un peu après le service que l'agent commercial arrive. Ce dernier inconvénient tend à diminuer depuis que de nombreux sommeliers ont quitté le tablier pour devenir agents commerciaux.

Pour le restaurateur, quelle que soit la formule retenue, il s'agit d'un travail sérieux, car contrairement au particulier, il passe des commandes importantes, il n'a donc pas droit à l'erreur.

Il est possible de diviser la sélection des sources d'approvisionnement en 3 étapes :

- Mise au point d'une liste de fournisseurs potentiels.
- Estimation de la fiabilité des fournisseurs.
- Choix à partir d'échantillons.

Les approvisionnements

Mise au point d'une liste de fournisseurs potentiels

Cette mise au point est possible en utilisant : Internet, revues spécialisées, pages jaunes de l'annuaire, minitel, guides spécialisés (guides d'achat), catalogue des vins à "haute expression" sélectionnés chaque année par l'union française des œnologues, etc. Pour les vins étrangers : Internet où sont présents de nombreux sommeliers de renommée internationale ; le guide "vinalies internationales"… Le restaurateur peut également se rendre sur les foires et salons professionnels : Equip'Hôtel, salon des Vignerons Indépendants, salon des vins de Loire, salon de l'agriculture, Vinexpo… (voir encadré). D'autre part, de nombreuses présentations, avec dégustation, sont organisées par les comités interprofessionnels, les groupements de producteurs, les maisons de négoce, les associations de sommeliers, etc.

Ces dégustations, souvent réservées aux professionnels, offrent d'excellentes opportunités.

Quelques conseils

Lors de ces manifestations, **il serait souhaitable de se comporter en véritable professionnel.** Trop souvent, les personnes passent d'un stand à l'autre en dégustant les différents types de vins dès le début. Pourquoi ne pas organiser sa dégustation ? Commencer par les vins blancs secs, puis les rosés, les vins rouges légers, les vins rouges corsés et terminer par les vins type VDN ou VDL. Cela oblige souvent à revenir plusieurs fois sur le même stand mais en règle générale, les exposants apprécient cette démarche.

Parfois, des carnets de dégustations sont remis à l'entrée. Si ce n'est pas le cas, prévoyez de quoi prendre des notes. Au début, prenez des notes succinctes, quitte à revenir déguster à nouveau les vins qui vous intéressent. L'expérience prouve que, dès le retour à la maison, les commentaires trop détaillés passent souvent à la poubelle ou sont classés dans un répertoire d'où ils ne sortiront, quelques années plus tard, que pour rejoindre la corbeille à papier.

Estimation de la fiabilité des fournisseurs

Il faut exiger des tarifs compétitifs, la possibilité de fournir les qualités et quantités demandées, la possibilité de tenir compte des besoins spécifiques de l'entreprise (par exemple, conditionnement en quarts, en demis, livraisons fréquentes en raison du manque de place pour le stockage, etc.).

Dans la mesure du possible, il serait souhaitable de visiter les installations de ses fournisseurs (viticulteurs, négociants, etc.), pour se faire une idée sur le sérieux de l'établissement.

Evitez les invitations et les cadeaux trop importants qui risquent de créer une certaine dépendance au moment du choix…

Choix à partir d'échantillons

Lorsqu'il s'agit d'un achat important, une dégustation s'impose avant de passer la commande. Dans ce cas, il faut se faire échantillonner et procéder à une dégustation à l'aveugle. Le vin le plus cher n'est pas toujours le meilleur.

Prenons l'exemple d'un restaurateur qui souhaite passer une commande importante de *Vin de Pays d'Oc*. Il présélectionne quatre fournisseurs (sur Internet, sur catalogue, ou mieux, après une visite sur un salon…) leur demande des échantillons, juste ce qu'il faut pour organiser une dégustation (attention à la dépendance…). Il constitue alors un petit comité de dégustation (plus il y a de dégustateurs, plus les résultats sont probants, mais il est possible de se limiter à deux ou trois personnes). En effet, à moins qu'il ne s'agisse d'un professionnel de la dégustation, une personne seule fait rarement le bon choix…

Les quatre vins retenus sont servis dans des verres numérotés, et appor-

Ouvrages et revues : il n'y a que l'embarras du choix

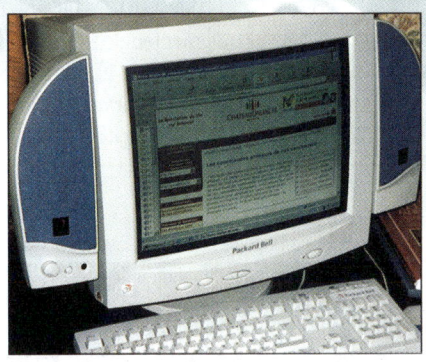

Les vins sont déjà très présents sur Internet

QUELQUES FOIRES ET AUTRES MANIFESTATIONS (LISTE NON LIMITATIVE)

Vinexpo à Bordeaux (tous les 2 ans)
Salon des vins de Loire à Angers
Vinisud à Montpellier
Salon international de l'agriculture à Paris
Salons des vignerons indépendants (Paris, Lyon, Strasbourg…)
Foire nationale des vins à Mâcon
Sial à Paris Villepinte

Autres manifestations :
Les grands jours de Bourgogne
Découvertes en Vallée du Rhône
…

À l'étranger :
Prowein (Allemagne)
Vinitaly (Italie)
London Wine Trade Far (Londres)
Mondial du vin (Bruxelles)
Sélections mondiales (Canada)
…

Si vous êtes intéressés, vous trouverez tous les renseignements (date, lieu, hébergement…) sur Internet.

Les approvisionnements

VIN PRIMEUR ET VIN ACHETE EN PRIMEUR

Il ne faut pas confondre vin **primeur** (exemple Beaujolais primeur, Vin de Pays d'Oc primeur...) et **vin acheté en primeur.**

Comme nous l'avons déjà vu, les vins primeur (ou nouveaux) sont ceux qui sont commercialisés dès la mi-novembre pour les appellations d'origine (AOC et AOVDQS) dès le 4e jeudi d'octobre pour les vins de pays.

Quant à l'achat en primeur, il s'agit en fait d'une **option d'achat**. C'est une pratique très courante dans le Bordelais. Dès la fin du printemps qui suit la récolte, certains propriétaires et certains négociants ouvrent une **souscription** pour un temps limité. L'acheteur verse une partie du prix convenu (conditions variables selon les vendeurs) à la commande et s'engage à verser le solde à la livraison qui peut intervenir 12, 15, voire 24 mois plus tard. Ce faisant, l'acheteur réalise une bonne opération lorsque les cours des vins augmentent, ce qui fut le cas ces dernières années. Certains restaurateurs ont ainsi payé des vins 25 à 40 % en dessous des cours pratiqués lors de la mise sur le marché. Mais il faut savoir que comme à la bourse, il y a le risque de voir les cours s'effondrer entre la souscription et la livraison.

PHOTO : BRUNET

Choix à partir d'échantillons.

tés par une tierce personne, pour que les dégustateurs ne voient pas les bouteilles et ne connaissent pas le prix exact des vins. Ils effectuent alors une dégustation et classent les produits par ordre de préférence. Cette façon de procéder permet, en général, de sélectionner le meilleur produit. Pour cela, il est possible d'appliquer la méthode des rangs de Krammer.

Attention : un fournisseur ne doit pas se trouver en position de monopole, il est donc souhaitable d'avoir deux sources d'approvisionnement pour un même type de produit.

EXEMPLE DE DÉGUSTATION D'ACHAT INSPIRÉE DE LA MÉTHODE DES RANGS DE KRAMMER

Prenons l'exemple de l'achat de Vin de Pays d'Oc, mentionné ci-dessus.

Soit 4 échantillons et 4 dégustateurs. Chaque dégustateur classe les vins par ordre de préférence. Ce travail est facilité par l'utilisation d'une fiche de dégustation.

Les résultats obtenus sont reportés dans le tableau suivant :

A la lecture de ce tableau il apparaît :

Qu'a prix égal, l'échantillon n° 1 doit être retenu, car en additionnant les rangs, il obtient le moins de points.

Qu'a prix égal, l'échantillon n° 2 doit être écarté.

Que pour les échantillons n° 2 et n° 3, la différence n'est pas significative. Si deux vins devaient être sélectionnés, il serait souhaitable d'organiser une nouvelle dégustation pour ces deux échantillons, en changeant un ou deux dégustateurs.

A l'issue de la dégustation, il est possible de reporter dans le tableau le nom du vin et son prix en (a). Il y a souvent des surprises…

Comment constituer le comité de dégustation?

Dans le cas d'une commande importante, le comité de dégustation idéal devrait être constitué de la façon suivante (1) :

Le responsable du restaurant ou de la restauration (patron, F&B manager,…).

Une ou plusieurs personnes chargées de la vente des vins dans l'établissement.

Le chef de cuisine (on l'oublie trop souvent).

La personne qui va payer la facture (patron, directeur financier...).

Un client : en effet, une excellente formule consiste à inviter un client qui connaît bien les vins. Il apportera l'avis de "l'usager" et il sera flatté.

D'autre part, il faut s'assurer que les femmes sont représentées dans ce comité de dégustation.

(1) Très souvent, dans les petits établissements, la même personne cumule certaines des fonctions énumérées ci-contre.

Vin N°	Dégustateur →	Dégustateur N°1	Dégustateur N°2	Dégustateur N°3	Dégustateur N°4	Total des rangs	Observations
1	(a)	2e rang	1er rang	1er rang	2e rang	6	à retenir
2	(a)	4e rang	3e rang	2e rang	4e rang	13	à éliminer
3	(a)	1er rang	4e rang	3e rang	3e rang	11	
4	(a)	3e rang	2e rang	4e rang	1er rang	10	

Ventes records :

En juin 2000 à Paris : 6 bouteilles de château Mouton Rothschild 1900 ont été adjugées à 16 920 € soit 2 820 € la bouteille.

En avril 2000 à Los Angeles : 12 bouteilles de Château Mouton Rothschild 1945 ont été adjugées à 70 885 € soit 5 900 € la bouteille !

VINS A L'ENCAN

Acheter des bouteilles de vin aux enchères ! Eh oui ! Pourquoi pas ? Dans la presse, paraissent régulièrement des entrefilets annonçant la mise en vente de caves appartenant soit à des particuliers qui vouaient un culte immodéré à Bacchus, soit à des restaurateurs ayant définitivement fermé les portes de leur établissement. Les professionnels peuvent trouver là l'occasion de réaliser quelques belles affaires.

Dans la majorité des ventes aux enchères, voisinent des flacons rarissimes dont la seule vue suffit à mettre en émoi le plus impassible des œnophiles et des bouteilles modestes de millésimes récents. Le surenchérissement leur fait parfois atteindre des prix que leur qualité ne justifie pas toujours. Méfiance, donc. Mieux vaut conserver tout son sang-froid, ne pas se laisser prendre au jeu des enchères et accepter de voir le lot tant convoité ravi par un tiers.

Avant de participer à une vente, il est préférable de se renseigner notamment sur l'authenticité des vins proposés et aussi sur les conditions dans lesquelles ils ont été préalablement conservés. Il est aussi bon de savoir quelle publicité a été faite à la vente. De son importance dépend bien souvent sa fréquentation. Une large publicité attire les négociants et les amateurs fortunés qui font souvent grimper les enchères au grand dam des amoureux du vin dont le portefeuille est moins bien garni. Il faut aussi savoir que deux lots identiques mais séparés peuvent accuser des différences de prix relativement importantes et que les frais, à la charge de l'acheteur, accroissent de façon non négligeable le prix de la bouteille ou du lot.

Publié dans le journal l'Hôtellerie Spécial vins

GESTION DE LA CAVE

Jusqu'à ces dernières années, la gestion de la cave a constitué un travail long, répétitif et fastidieux. De nos jours, il existe sur le marché de nombreux logiciels pour gérer les commandes, les livraisons, les stocks et les sorties.

Quelques exemples des possibilités offertes par ce type de matériel vous sont donnés ici à titre d'exemple.

Les commandes

Après le choix du ou des fournisseurs, les commandes de boissons peuvent être passées : par email, par écrit, par téléphone (il faut alors confirmer par écrit), lors de la visite chez le fournisseur (viticulteur, salon professionnel…), lors de la visite d'un agent commercial.

Dans tous les cas, **un bon de commande** doit être rédigé.

Dès l'instant où une commande est transmise à un fournisseur, un achat est **"en cours"**. Il doit être suivi jusqu'au règlement de la facture.

De la passation d'une commande découlent les opérations suivantes :

Les relances (éventuellement) dans le cas de boissons non livrées dans les délais prévus.

La réception des marchandises. En général, chaque fournisseur est informé des heures et des jours prévus pour la livraison des différents produits.

Le contrôle quantitatif et qualitatif, comme pour tous les produits entrant dans l'établissement.

Le stockage, donc des inventaires périodiques et des valorisations des stocks existants.

SOURCE : OPTIMS - EVRY

LES COMMANDES

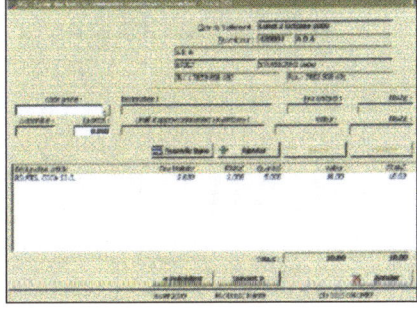

LES COMMANDES

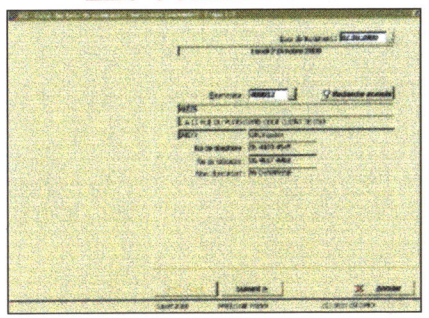

LES COMMANDES

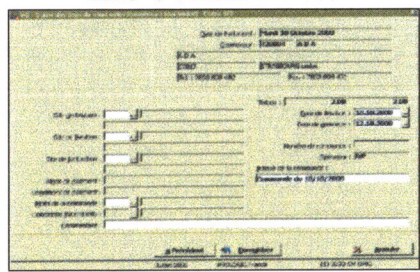

Les approvisionnements

> **REMARQUE**
>
> *Si le vin commandé doit effectuer un long trajet*, il faut éviter, dans la mesure du possible, de passer des commandes à une période où le vin risque d'être exposé à des températures trop élevées ou trop basses pendant le transport (période de gel, canicule). Il ne faut pas oublier que le vin peut rester parfois plusieurs jours dans un wagon ou dans un camion.

SOURCE : OPTIMS - EVRY

LES LIVRAISONS

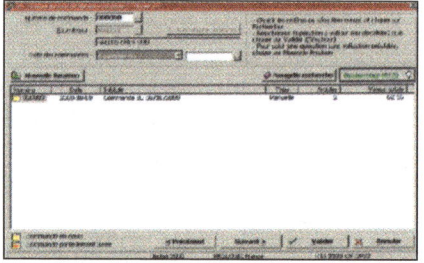

LES LIVRAISONS (PHASE 2)

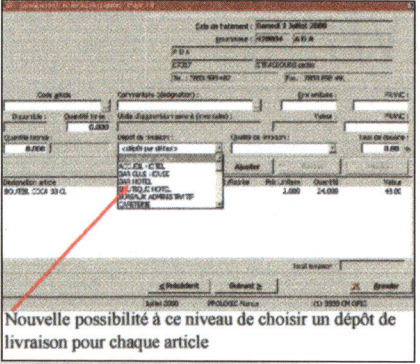

Nouvelle possibilité à ce niveau de choisir un dépôt de livraison pour chaque article

LES LIVRAISONS

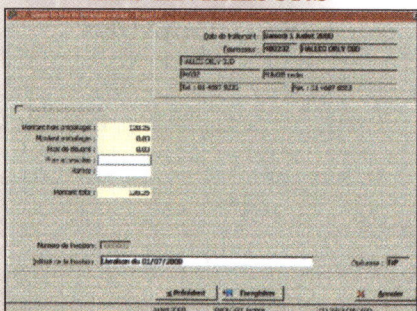

Il arrive parfois que, par manque de temps, le vin reste plusieurs jours dans les cartons ou dans les caisses avant d'être rangé dans les casiers de la cave. Dans ce cas, il faut veiller à ce que les bouteilles soient stockées couchées et éviter de les entreposer dans un endroit où la température est trop élevée.

La distribution et la valorisation des sorties.

Le contrôle de la facturation.

En fonction de l'importance de l'établissement, ces différentes opérations seront effectuées par l'exploitant, le responsable de la cave, le service contrôle restauration, etc.

Rappel sur le bon de commande.

Il circule : client/fournisseur. Il constate la demande de fournitures.

Il précise les **quantités** et **qualités** demandées, éventuellement les conditions de livraisons (lieu, horaires...).

L'original reste chez le fournisseur.

Le double reste chez le client en attendant la livraison, puis la facture. Il est ensuite classé définitivement.

De nos jours, toutes ces opérations sont informatisées.

Livraison - contrôle

L'exécution d'une commande se traduit par la **livraison** des marchandises commandées.

Dans tous les cas, une double exigence s'impose :

- Le client doit pouvoir connaître le contenu des colis et vérifier la concordance de la livraison avec le bon de commande.
- Le livreur doit avoir la preuve qu'il a remis la marchandise au client.

Cette double exigence est satisfaite par l'établissement du **bon de livraison** et du **bon de réception.** Ces documents, établis par le fournisseur sont généralement présentés sur un même tracé.

Le bon de livraison est remis au client (pour vérification de la marchandise livrée).

Le bon de réception est repris par le livreur après signature du client.

A l'aide du bon de livraison, la personne chargée de la réception de la marchandise doit :

Le comparer avec le bon de commande.

Vérifier le contenu et l'état de la livraison.

Si la livraison est conforme, signer le bon de réception. Si la livraison n'est pas conforme : refuser de signer le bon de réception ou mentionner des réserves d'usage, par exemple : 2 bouteilles de porto cassées à l'arrivée du colis, une bouteille de champagne en moins dans un carton...

Dans le cas de boissons alcoolisées, une autre précaution s'impose : **vérifier si les bouteilles sont munies de capsules représentatives des droits (CRD) ou exiger les documents d'accompagnement.** Les documents d'accompagnement doivent être conservés soigneusement, ils peuvent être réclamés à tout moment par l'administration (voir chapitre : "Le vin et la loi").

Le stockage

Voir le chapitre "stockage et conservation".

Le stockage ne peut s'effectuer dans de bonnes conditions que si le local répond aux exigences énumérées dans la partie : "Qualités d'une bonne cave", chapitre 5. Mais cela ne suffit pas. Il faut également mettre en place les moyens nécessaires pour obtenir une bonne gestion des stocks (rotation, suivi des mouvements, valorisation, etc.). C'est le seul moyen pour obtenir une bonne rentabilité de ce secteur.

Il faut, entre autres, veiller à la bonne rotation des stocks. Trop souvent, le nouvel arrivage est stocké sur les bouteilles d'une livraison précédente qui se trouvent encore dans le casier. Cela peut rapidement se traduire par diverses dépréciations (vin à boire jeune stocké trop longtemps ; produit, autre que le vin, ayant dépassé la date limite de consommation, etc.).

Les vins doivent être stockés dans un ordre logique, regroupés par région et par type.

Chaque casier doit porter un numéro (N° de casier ou mieux, références informatiques du produit). Les vins à rotation rapide doivent être stockés de telle sorte que les casiers soient facilement accessibles. En revanche, les vieux millésimes et les vins rares doivent être stockés dans un endroit peu accessible pour éviter à toute personne pénétrant dans la cave de sortir les bouteilles des casiers "pour voir."

À chaque bouteille de vin en stock, doit correspondre une **fiche de stock** sur laquelle sont enregistrés tous les mouvements : entrées, sorties, dépréciation éventuelle (bouteille cassée), etc. Jusqu'à l'arrivée de l'ordinateur, la tenue des fiches de stock représentait un travail long et fastidieux.

Avec le développement de l'informatique dans tous les types d'établissements hôteliers, ce travail est largement facilité. Les professionnels n'ont que l'embarras du choix au niveau des logiciels.

Quel que soit le système utilisé, manuel ou informatisé, la fiche de stock doit permettre de connaître à tout moment :

- Le numéro de casier où le vin est stocké.
- Le nombre de bouteilles restant en stock.
- Les entrées et dates d'entrée de chaque livraison.
- Les sorties avec dates et services destinataires.

Elles peuvent également indiquer :

- Le nom du fournisseur.
- Le prix unitaire.
- Le stock maximum et le stock minimum (dans le cas de vins à forte rotation et faciles à renouveler).

La valorisation permanente du stock, etc.

Valorisation des stocks et des sorties

Il existe plusieurs méthodes pour valoriser les stocks et les sorties :

La méthode du P.M.P. (prix moyen pondéré).

La méthode F.I.F.O. (first in - first out, c'est-à-dire premier entré - premier sorti).

La méthode L.I.F.O. (last in - first out, c'est-à-dire dernier entré - premier sorti).

La méthode du P.M.P.

Principe : appliquer un prix obtenu en pondérant les différents prix d'achat. Exemple : soit 10 bouteilles (achetées à 5 €) restant en cave, puis nouvelle livraison de 60 bouteilles du même vin, nouveau prix : 6 € la bouteille.

En stock : 10 x 5 € = 50 €

Nouvelle livraison : 60 x 6 € = 360 €

TOTAL : 410 €

P.M.P. = 410 € : 70 = 5,85 €

Avantages : simple, cette méthode reflète le mieux la réalité.

Inconvénients : financièrement, cette méthode surestime peut-être le montant des stocks ; mais pour la gestion de la cave, elle est très réaliste.

La méthode F.I.F.O.

Principe : premier entré, premier sorti. Les bouteilles les plus anciennes en cave sont sorties les premières et valorisées à l'ancien prix jusqu'à épuisement.

Avantage : la valeur du stock se rapproche de la valeur de renouvellement.

Inconvénients : dans le calcul des prix de revient, le prix des articles est le prix le plus ancien. Qui plus est, il n'est pas toujours facile de surveiller l'épuisement des stocks par lots (chaque lot correspondant à une livraison).

La méthode L.I.F.O.

(pour mémoire)

Principe : dernier entré, premier sorti.

Avantage : dans le calcul des prix de revient, la valeur des produits utilisés est récente.

Inconvénients : le stock est sous-évalué par rapport à la réalité. Mais il y a aussi risque de dépréciation.

En conclusion, il n'existe pas de solu-

SOURCE : OPTIMS - EVRY

OPTIMS STOCKS

En quelques mots ...
- Liaison stocks/vente.
- Multi-dépôts, multi-points de vente.
- Automatisation des commandes fournisseurs.
- Valorisation des stocks.
- Fin de mois, période en cours, période suivante.
- Différentes unités possibles pour comptage de stocks.
- Gestion de livraisons et des factures fournisseurs.
- Gestion des cessions de dépôt à dépôt.
- Inventaire, analyse de fin de mois et ratios.
- Fiches techniques.
- Statistiques d'achat.

Les approvisionnements

tion idéale, chacune présente des avantages et des inconvénients. Mais il faut se souvenir que l'évaluation du stock final est différente selon la méthode retenue.

Avec la généralisation de l'informatique, c'est la méthode du P.M.P. qui est de plus en plus utilisée.

Contrôle des sorties de cave et valorisation

L'approche sera différente dans un établissement informatisé et dans un établissement qui ne l'est pas encore. Ces derniers sont de plus en plus rares. Mais dans tous les cas, les **objectifs** suivants doivent être atteints :

- **Obtenir** une bonne maîtrise de tous les mouvements de marchandises.
- **Permettre** de chiffrer les sorties par secteur d'activité (restaurant, grill, cuisine, room-service, etc.).
- **Faciliter** le travail du responsable de la cave. Exemple : dans le cas d'un système informatisé, faire en sorte que les numéros de casiers correspondent au numéro de code du produit. Ce numéro figure sur le bon de commande, d'où un gain de temps non négligeable.

Pour les établissements qui travaillent encore avec des supports papier (bons), le système suivant peut être retenu :

- Etablir les bons en trois exemplaires, l'original étant de couleur différente pour chaque service *(voir encadré page suivante)*.

Chaque **bon de sortie** est enregistré sur la fiche de stock et diminue d'autant le stock existant. En règle générale, ce travail ne s'effectue pas au fur et à mesure des sorties, car très souvent, ces sorties sont groupées dans un laps de temps très court. Mais il est **impératif** de le faire journellement.

Rappel : que ce soit à la cave ou dans un service, lorsque des bouteilles sont cassées, il faut faire un bon de "dépréciation" et conserver les preuves (goulot avec le bouchon, avec la capsule) pendant quelque temps, pour répondre à un éventuel contrôle de la Direction.

Les bons doivent être numérotés, lors du contrôle il ne doit pas en manquer. S'il y a une erreur au moment de la rédaction, le bon doit être annulé, **il ne doit jamais être détruit** (comme pour les bons utilisés au restaurant).

Ne pas oublier de préciser l'unité ou le conditionnement : bouteilles, demi-bouteilles, packs, etc. Tous les bons d'un même service sont valorisés. En tenant compte des inventaires des caves du jour (il devrait y en avoir une par service), il est facile de déterminer le "coût matières consommées boissons" pour un service donné et de le comparer avec le chiffre d'affaires boissons. Il est important d'effectuer ce contrôle par service.

Il peut arriver qu'en dehors des heures de distribution de la cave, un service se trouve en rupture de stock pour l'un des produits, par exemple 10 cl de cognac pour la cuisine, des bières pour le grill, etc. Il peut demander le produit en question à un autre service ; dans ce cas, il faut faire un **bon de transfert.** Cela permet d'imputer la marchandise au service qui l'a réellement utilisée.

Ce système peut paraître assez lourd, cependant il donne d'excellents résultats dans les établissements qui l'appliquent. L'essentiel du travail est constitué par la valorisation, l'informatique réduit considérablement la charge de travail nécessaire pour obtenir ces résultats : calcul des P.M.P., possibilité de connaître à tout moment la valorisation des sorties pour les différents services, mais aussi la ventilation en % par famille de produits, l'état des stocks, etc.

Remarque : cette partie concernant les sorties et leur valorisation a volontairement été traitée de façon succincte, car elle diffère très peu, de ce qui se passe à l'économat. Il est donc souhaitable de revoir les cours de gestion et de technologie.

Autre système proposé pour un établissement peu important *(voir docu-*

SOURCE : OPTIMS - EVRY

CRÉATION DES CATÉGORIES, FAMILLES ET SOUS FAMILLES

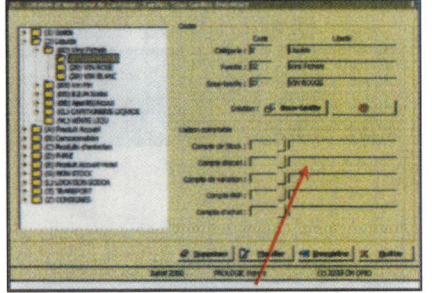

Paramétrage de la liaison comptable.

EXPLORATEUR D'ARTICLES

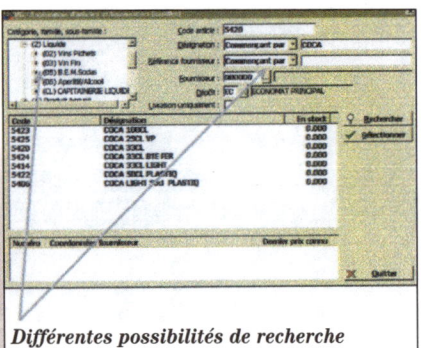

Différentes possibilités de recherche (Alpha, mots clés, explorateur).

Les approvisionnements

N° fiche de stock, idem N° de casier	Désignation des marchandises	Sorties jour	Cumul mois	Coût de revient unitaire	Coût de revient total	Prix de vente unitaire	Prix de vente total
pré-imprimé 022425 022301 Etc.	*préimprimé* Coca Cola 1/2 Vittel						

ment ci-dessus). Toujours avec le système des bons de couleur différente pour chaque service mais, dans ce cas, les bons sont pré-imprimés ou photocopiés, seule la colonne "sorties du jour" est à compléter. Le cumul journalier permet d'obtenir directement les sorties pour une période donnée (semaine, décade, mois...). La valorisation peut s'effectuer journellement ou à la fin de la période, ce qui est moins contraignant dans le cas d'un petit établissement.

Dans tous les cas, ne pas oublier de valoriser et de prendre en compte les boissons consommées par le personnel, la direction et les "offerts".

Ces systèmes de contrôle sont parfois mal ressentis par le personnel qui y voit un manque de confiance de la part de son employeur. Certes, dans l'hôtellerie, il n'y a pas plus de gens malhonnêtes qu'ailleurs, mais il apparaît parfois des négligences (apéritifs ou digestifs mal dosés, bouteilles non facturées, etc.). Il faut que les employés soient conscients que si les négligences se répètent, elles peuvent à la longue compromettre l'équilibre financier de l'établissement. Elle n'est pas loin l'époque où des établissements de grand renom ont dû fermer leur porte pour avoir oublié quelques règles élémentaires de gestion.

Toutefois, il ne faudrait pas que la gestion prenne le pas sur l'accueil ou le confort du client ! Pour mener à bien une entreprise hôtelière, les deux types de priorités doivent obligatoirement cohabiter.

Les inventaires

Les fiches de stocks permettent de connaître les stocks théoriques ou stocks comptables. Or, l'expérience

Triplicata reste au service demandeur.

Double va au service distributeur, puis suit la marchandise pendant son transfert ; permet le **contrôle à l'arrivée**.

Original, de couleur différente en fonction du service demandeur. Exemple : bleu pour le restaurant gastronomique, vert pour le grill, orange pour le bar, etc.
Reste au service distributeur

prouve qu'il y a parfois disparité entre ces stocks et le stock existant. C'est la raison pour laquelle un inventaire "physique" doit être effectué de façon régulière, notamment :

- À la fin d'un exercice comptable.
- À la fin d'une saison, pour les établissements saisonniers.
- Lors d'un changement de responsable au niveau des stocks.
- Régulièrement (semaine, mois...), mais aussi par surprise.
- L'idéal consiste à confier ce travail à une personne non concernée par les résultats, mais cela n'est pas toujours possible…

L'inventaire vise à compter les existants en cave. Il est généralement effectué par type de produits. Il faut ensuite confronter inventaire physique et inventaire théorique. Lorsque des différences sont constatées, il faut mener une enquête pour déceler les causes de ces écarts. Il faut alors agir avec tact, car il ne s'agit pas obligatoirement

La quantité demandée n'est pas toujours égale à la quantité distribuée (rupture de stock). De la marchandise peut également disparaître entre la cave et le service demandeur.

Les couleurs différentes facilitent les «imputations», car chaque bon de sortie est valorisé et son montant imputé au service qui a passé la commande.

SOURCE : OPTIMS - EVRY

CONSULTATIONS DES FICHES DE STOCKS

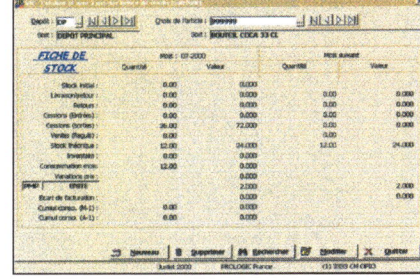

Les approvisionnements

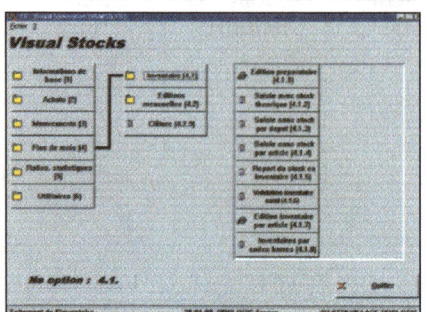

SOURCE : OPTIMS - EVRY
FINS DE MOIS - INVENTAIRE

De multiples éditions en standard.

d'un vol ! Certaines différences peuvent provenir d'une simple erreur de transcription. Dans ce cas, il faut corriger en passant le mouvement inverse de celui qui est à l'origine de l'erreur. Il est souhaitable d'indiquer ces modifications en rouge (ou en observation pour un système informatisé) et en indiquant de façon succincte les raisons de la modification. Si la différence ne peut pas être expliquée, il faut l'enregistrer au compte 974 "différence d'inventaire" de manière à aligner le stock comptable sur l'existant.

Pour la cave du jour :

L'inventaire est fait journellement, voire après chaque service, afin de la compléter. Il faut impérativement comparer les manquants avec les ventes de la veille ou, éventuellement, du service. Il doit y avoir concordance. Sinon, il faut rechercher les causes de la différence en prenant les mêmes précautions que pour la cave centrale (voir ci-dessus).

Cette comparaison entre les manquants et les ventes doit être effectuée quels que soient la taille et le type d'établissement. De nos jours, l'informatique permet de connaître très rapidement les ventes (éventuellement par point de vente pour un établissement important).

Commercialisation

Choix d'une politique
Politique du produit (différents critères à prendre en compte, le vin au verre…)
Politique du prix

La carte des vins
Critères à prendre en compte pour l'établissement de la carte
Présentation, différents modèles de cartes des vins
Rédaction de la carte des vins – vins épuisés
Quelques conseils
Indications obligatoires
Erreurs à éviter
Exemples de cartes des vins

L'argumentation commerciale et la prise de commande
L'argumentation commerciale selon l'origine de la clientèle

La prise de commande
Prise de contact
Présentation de la carte des vins. À qui ? À quel moment ?
Argumentation commerciale
Prise de commande proprement dite : à faire, à ne pas faire

Pour la commercialisation, voir également les chapitres "service" et "accords vins et mets".

PHOTO : BRUNET.

«Jardin des remparts»
A la Cour d'Alsace - Obernai.

Commercialisation

CHOIX D'UNE POLITIQUE

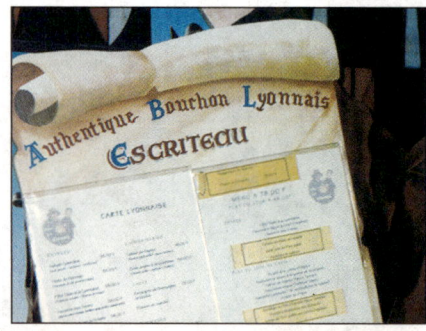

PHOTO : BRUNET.

La commission recommande un taux maximal d'alcool au volant de 0,5 mg/ml.

Une recommandation de la Commission concernant le taux maximal d'alcool dans le sang autorisé (TA) pour les conducteurs de véhicules à moteur est publiée au Journal officiel des Communautés européennes du 14 février 2001. Afin de lutter contre l'alcool au volant, elle recommande à tous les Etats membres d'adopter un taux maximal légal d'alcool dans le sang inférieur ou égal à 0,5 mg/ml pour les conducteurs de tout véhicule à moteur, et inférieur ou égal à 0,2 mg/ml pour les conducteurs inexpérimentés, les motocyclistes, les conducteurs de gros véhicules et ceux transportant des marchandises dangereuses. La Commission préconise également à tous les Etats membres d'adopter un système de dépistage aléatoire par analyse de l'air expiré, et d'œuvrer à l'harmonisation des instruments de mesure et de la précision des éthylomètres.

Source : la journée vinicole.

PHOTO : BRUNET.

Chaque entreprise a des **objectifs à atteindre,** soit pour maintenir sa position sur le marché, soit, ce qui est souvent le cas, pour accroître sa part de marché.

Les responsables doivent alors définir une **stratégie** et fixer une **politique**.

La commercialisation des boissons n'échappe pas à ces règles générales.

Les différents éléments de la politique commerciale pour la vente des boissons en restauration peuvent être résumés de la façon suivante :

Un objectif : accroître le chiffre d'affaires de ce secteur.

Des sous-objectifs : ménager des marges raisonnables, grignoter la concurrence, promouvoir le service restauration, etc.

Les principaux moyens pour atteindre ces objectifs :

- Des produits de qualité.
- Des produits originaux, à faire découvrir.
- Du personnel compétent.
- Une carte des vins bien élaborée et bien présentée.

Mais ces objectifs comportent aussi des **contraintes :**

- Contraintes internes : éventuellement des objectifs fixés au niveau de la chaîne parfois difficiles à atteindre, difficultés de recrutement ou manque de formation du personnel, problèmes de stockage, etc.
- Contraintes externes : existence de concurrents, développement de la commercialisation des grands vins dans les hypermarchés et sur Internet, contrôles d'alcoolémie au volant, etc.

Objectifs, moyens et **contraintes** étant connus, il faut déterminer une stratégie tant au niveau des produits qu'au niveau des prix. Dans un établissement important, cette stratégie doit être définie par la Direction, mais avec la participation des responsables de la vente des boissons dans les différents secteurs (sommelier, maître d'hôtel, responsable du room-service, barman, etc.). Cette formule est très saine, car elle permet de décentraliser les responsabilités et d'obtenir une meilleure motivation du personnel qui se sent ainsi concerné. Pour les établissements plus modestes, moins de personnes sont concernées, mais objectifs, moyens et contraintes doivent être définis avec précision.

Politique du produit

Elle ne peut être déterminée que sur des bases sûres : étude de marché pour une création, analyse des ventes pour un établissement existant.

Selon un principe bien connu, la rentabilité est toujours meilleure lorsque l'offre est adaptée à la demande de la clientèle : cela implique un "choix marketing". Il faut alors tenir compte : du type et de la classe de l'établissement, de sa situation géographique, de la clientèle, du type de cuisine préparée dans l'établissement, des qualités de la cave, du budget disponible, etc.

- **Type et classe de l'établissement**

Les palaces et les restaurants "étoilés" n'ont pas le monopole de la vente des grands crus. Evidemment, ces établissements vendent des vins à prix élevés, en rapport avec le prix des mets proposés. Néanmoins, il ne faut pas croire que dans ce type d'établissement, seuls des grands vins doivent figurer à la carte. Les vins modestes ont souvent la faveur des "grands de ce monde". Il faut toujours avoir présent à l'esprit que la vente d'une bouteille à prix élevé peut être intéressante au niveau du chiffre d'affaires, mais pas forcément au niveau de la marge !

Dans les établissements plus simples, les vins proposés à des prix pas trop élevés doivent constituer l'ossature de la carte. Toutefois, il est bon de prévoir

Commercialisation

(en dehors du *Champagne* qui est rarement oublié) quelques bons crus classés des différentes régions de France (inutile d'avoir un stock important). Ils ne manqueront pas de tenter quelques amateurs qui, à l'occasion de toutes sortes d'événements (anniversaires, rencontres, etc.) n'hésiteront pas à s'offrir la bouteille qui n'est pas celle de tous les jours.

• **La situation géographique**

Si le restaurant est situé dans une région vinicole, une place importante doit être réservée aux vins régionaux. Un restaurateur d'Avignon, par exemple, doit offrir un large choix de vins de la Vallée du Rhône. En revanche, on lui pardonnera si toutes les régions du Bordelais ne sont pas représentées sur sa carte. Mais il ne faut pas tomber dans l'excès contraire et se limiter aux seuls vins locaux. Il serait souhaitable que les différents vignobles soient représentés, ne serait-ce que par quelques appellations ou crus judicieusement choisis.

• **La clientèle**

Indépendamment du type et de la classe de l'établissement, le type de clientèle a son importance. Le choix des vins proposés sera différent selon que l'on s'adresse à une clientèle d'affaires, une clientèle d'habitués qui recherche souvent la formule "vin du moment" ou à une clientèle de passage pour laquelle les vins de la région doivent être privilégiés.

• **Type de cuisine**

Le type de cuisine servie dans l'établissement est un autre élément déterminant. Les maisons avec spécialités de fruits de mer et de poissons doivent avoir une carte des vins où dominent les vins blancs. En revanche, un établissement qui sert beaucoup de gibier (par exemple, en Sologne) doit être en mesure de proposer une gamme de vins rouges adaptés à ce type de mets. Mais là encore, pas de sélection trop sévère : tous les goûts existent !

• **Qualités de la cave**

Le problème de la cave a déjà été évoqué. Il est bien évident que sans possibilités de stockage ou si celui-ci doit s'effectuer dans de mauvaises conditions, il faut limiter la carte des vins.

• **Budget disponible**

Un jeune restaurateur qui s'installe pourra difficilement présenter une carte des vins avec de nombreuses références et des millésimes anciens (immobilisation importante de capitaux). En revanche, même réduite, sa carte peut être attrayante si elle est **évolutive**. Différentes solutions sont proposées dans la partie "Carte des vins".

Quant au restaurateur dont la famille est déjà installée, parfois depuis plusieurs générations, il peut se permettre d'offrir un choix beaucoup plus important et de vénérables millésimes. Certaines maisons fondent leur réputation sur la qualité de leur cave.

Quel que soit le type d'établissement, la carte ne doit pas être figée. Le restaurateur doit mettre en place des formules attrayantes : vins à découvrir, vins au verre, possibilité pour le client de déguster deux vins différents (2/2 verres) avec le plat du jour, des demi-bouteilles ou de 0,5 L, etc.

LE VIN AU VERRE

Actuellement, les bistrots à vin sont en vogue, répondant ainsi à une demande de la clientèle. Sans vouloir leur faire concurrence, le restaurateur devrait penser à servir plus souvent du vin au verre. Même si de plus en plus d'établissements offrent cette possibilité, il reste encore beaucoup à faire… Cette pratique est très appréciée de la clientèle, surtout si cette démarche est empreinte d'originalité : vins peu connus, grands vins dont le prix de vente de la bouteille peut être dissuasif, servi au verre ; deux vins différents servis sur un même plat (2/2 verres).

J'entends déjà les professionnels me faire le reproche "cette dernière formule est irréalisable : trop de manipulations, trop de verres…". Je leur réponds que pour avoir pratiqué avec succès cette formule, après les réticences du

Un établissement qui sert beaucoup de gibier (par exemple en Sologne) doit être en mesure de proposer une gamme de vins rouges adaptée à ce type de mets.

Un établissement spécialisé de poissons et de fruits de mer doit avoir une carte où dominent les vins blancs.

Commercialisation

> Il ne faut pas conserver à la carte des vins qui ne se vendent pas, sauf s'il s'agit de bouteilles de prestige. Pour un restaurateur, il peut paraître tentant d'avoir à la carte et en cave quelques bouteilles de *Romanée-Conti, de Pétrus ou de Château-Chalon 1890*... En général, il ne souhaite pas les vendre, car le prix de vente peut être inférieur au prix de renouvellement. Qui plus est, très souvent le renouvellement n'est plus possible.

personnel, qui y voyait un surcroît de travail, j'ai vu mon chiffre d'affaires boissons s'accroître de façon très sensible. Cette formule est très prisée par les œnophiles de plus en plus nombreux dans nos établissements.

Qui plus est, il faut savoir s'adapter. Si pour les repas de midi, vous êtes débordés mais que le soir, vous avez un service plus calme, ne proposez cette formule que le soir. C'est peut-être un moyen pour attirer une nouvelle clientèle d'œnophiles…

Pour différentes raisons, il n'est pas souhaitable d'avoir un choix trop étendu de vins servis au verre. En particulier en raison des risques de dépréciation. En revanche, une excellente solution consiste à présenter, au minimum, un vin blanc et un vin rouge "classiques" et un vin original (Clairette de Die, Cerdon, Maury, Cabardès, Pissotte, Irancy, Côtes de Bordeaux Saint-Macaire, Klevener de Heiligenstein, Jasnières, Chignin Bergeron, Vin de paille, Sauvignon de Nouvelle-Zélande, Cabernet Sauvignon du Chili, Cotnari de Roumanie, et pourquoi pas un vin du Royaume-Uni ?). Liste non limitative, bien évidemment…

Il faut se limiter à quelques crus bien choisis, et éventuellement, les suggérer sur la carte des mets en indiquant par exemple : confit de canard avec un verre de Madiran (12 cl). Il faut indiquer si le vin est compris dans le prix ou s'il est chiffré en supplément. Dans ce cas, il faut indiquer le prix du verre et le centilitrage (variante : Confit de canard avec 1/2 verre de Madiran et 1/2 verre de Cahors).

En raison des prix pratiqués en restauration, mais justifiés, beaucoup de clients hésitent à commander une bouteille d'un grand cru de Bordeaux, un grand Meursault, un Hermitage, une vendange tardive, un Château-Chalon…, surtout s'il s'agit de millésimes un peu anciens. N'hésitez pas à les proposer au verre. Dans certains restaurants, il est souvent difficile de vendre une bouteille à plus de 100 €. En revanche, bon nombre de clients sont prêts à commander un verre de ce même vin vendu aux environs de 18 €. Vous serez surpris par le succès de cette formule. En revanche, pour éviter tout risque de dépréciation, ne proposez qu'un seul grand vin au verre, après avoir fait votre choix en fonction du plat ou du menu du jour. Quitte à en changer tous les jours.

Politique du prix

Elle est primordiale pour l'établissement. En effet, le prix conditionne à la fois :

- Le **niveau du profit** car prix de vente - coût de revient = **bénéfice.**
- La **position du produit** vis-à-vis de produits similaires, par exemple vins issus du même cépage, mais de régions différentes.
- Le niveau de la demande, qui est un élément de la stratégie commerciale.

Comme pour la politique du produit, il existe des **contraintes** :

- À certaines périodes, certains prix peuvent subir des hausses importantes.
- Il est interdit de vendre à perte.
- Les achats en petites quantités ne permettent pas d'obtenir des remises quantitatives.
- La demande est plus ou moins élastique selon les prix pratiqués.

Etc.

Partant de ces considérations, la question qui se pose est de savoir s'il est préférable de **vendre peu avec une marge importante** ou **beaucoup avec une marge réduite ?** Il ne faut pas oublier qu'une marge, même réduite en apparence, peut devenir confortable si l'on tient compte des remises quantitatives et du fait que toutes les charges n'augmentent pas proportionnellement au chiffre d'affaires (charges de structures).

Certaines chaînes hôtelières, et quelques restaurateurs individuels se contentent de faibles marges sur certains vins de qualité dans le but d'attirer de nouveaux clients au restaurant.

Commercialisation

DETERMINATION DU PRIX DE VENTE

Cet aspect est traité ici de façon succincte car il existe de nombreuses publications sur le sujet (voir catalogue Editions BPI).

Le choix de la politique des prix étant arrêté, il faut ensuite les fixer pour chaque vin figurant à la carte, et les y reporter en prenant bien soin de préciser s'il s'agit de prix nets ou service compris (dans ce cas, indiquer le pourcentage). Rappelons que les prix de vente ne doivent pas être déterminés de façon empirique, mais de façon rationnelle selon deux optiques : l'une financière, pour assurer la rentabilité, l'autre commerciale, pour rester compétitif.

Cette détermination du prix de vente doit prendre en compte :

- la rentabilité,
- le cadre réglementaire,
- la demande,
- la concurrence,
- les aspects psychologiques et sociologiques de la clientèle (effet de Veblen) de plus en plus importants.
- etc.

En aucun cas, le prix de vente ne doit être dissuasif (à moins qu'il s'agisse de vénérables millésimes ou de "vins de garage"...). Il ne faut pas oublier que la plupart des enquêtes récentes montrent que la consommation de vin à domicile devrait s'accroître au détriment de celle hors domicile. Le restaurateur se doit de faire des efforts pour ne pas être pénalisé par cette évolution.

Les méthodes de fixation des prix

Ils sont généralement fixés à partir du **coût matière** auquel on applique un coefficient en tenant compte de toutes les charges directes et indirectes. Un coefficient multiplicateur est généralement appliqué au coût matière pour déterminer le prix de vente. Le coefficient 4, souvent préconisé, pour les vins et les boissons n'est pas très réaliste. Il faut se garder de généraliser. Une excellente solution consiste à moduler ses marges en fonction du produit ou du type de produit et de différents paramètres parmi lesquels peuvent être cités : le prix que le client acceptera de payer par rapport au type d'établissement, l'objectif de rentabilité pour assurer un niveau de marge brute compatible avec le bon équilibre financier de l'entreprise.

Différentes méthodes existent pour améliorer la rentabilité de l'offre. L'une d'entre elles, très facile à utiliser, consiste à classer les boissons vendues en quatre groupes en fonction de leur popularité et de leur marge brute unitaire.

Popularité :

Pour un type de vins, par exemple pour les vins de pays, un vin est classé en zone basse ou en zone haute selon que son pourcentage de vente se situe en deçà ou au-delà d'un certain pourcentage (déterminé par l'exploitant) du pourcentage moyen des ventes de chaque vin.

Marge brute unitaire :

Pour un type de vins, un vin est classé en zone haute ou en zone basse selon que sa marge brute unitaire est inférieure ou supérieure à la marge brute moyenne des vins vendus.

En résumé, deux méthodes de calcul peuvent être utilisées

Première méthode :

Celle qui consiste à appliquer un coefficient multiplicateur au prix d'achat hors taxes (H.T.) pour obtenir un prix de vente toutes taxes comprises (T.T.C.).

Avec cette façon de procéder, le travail est simplifié, mais elle ne permet pas une gestion dynamique de la carte. Par ailleurs, elle n'est pas toujours crédible : cas d'un vin acheté à prix élevé (par exemple, un millésime ancien), l'application d'un coefficient uniforme peut le rendre invendable. Il en est de même pour un vin dont le prix d'achat est très bas : appellations régionales ou certains vins de pays où en appliquant le coefficient uniforme, l'on se prive d'une marge confortable (rappelons que celle-ci, même sur ce type de vin, ne doit jamais être excessive).

"VINS DE GARAGE"

L'expression serait due à un journaliste du "Wine Spectator", célèbre revue américaine consacrée au vin. Il s'agit de vins produits en toute petite quantité par quelques professionnels confirmés. Ils sont élaborés avec des soins particuliers et présentent à la dégustation beaucoup de richesse, de concentration...

Parmi ces vins peuvent être cités : le château Le Pin à Pomerol et le château Valandraud à Saint Emilion, entre autres.

Un célèbre gourou du vin, d'origine américaine, semble avoir beaucoup participé au succès de ces vins dont certains sont devenus des stars que l'on s'arrache à prix d'or. Très souvent, bien au-delà des prix pratiqués pour les célèbres premiers crus classés du Bordelais.

Ce type de vin est vénéré par les uns, critiqué par d'autres... Certains "œnophiles" y font souvent référence. À défaut de pouvoir les vendre, le restaurateur doit savoir qu'ils existent.

Commercialisation

> "Si je mets, à la carte, des vins à des prix peu élevés, le client ne les demandera pas car il sera persuadé que ce sont des vins de mauvaise qualité." Que de fois entend-on cette affirmation !
>
> L'auteur affirme par expérience que cela n'est pas évident. Un client qui vient pour la première fois dans un établissement peut effectivement tenir ce raisonnement, mais la plupart des restaurateurs travaillent essentiellement avec des habitués qui font confiance. Et le restaurateur, sous peine de voir son établissement péricliter, se doit de ne proposer que des produits de qualité, y compris dans les premiers prix.
>
> **Dans de nombreux restaurants, les clients rêvent en regardant la liste des vins proposés et commandent en regardant celle des prix.**
>
> Beaucoup mieux que de longs discours, tentez l'expérience suivante : procurez-vous un vin de qualité dans une appellation peu connue ou parmi les nombreux Vins de Pays (vous n'avez que l'embarras du choix, voir dans le chapitre "approvisionnements" comment découvrir ces vins). Mettez ce vin à la carte après y avoir appliqué une marge confortable. Etant donné votre choix, le prix de vente va peut-être paraître peu élevé par rapport aux autres vins de la carte. Vous constaterez, que beaucoup de clients qui ne prenaient pas de vin ou une demi-bouteille pour 2 ou 3 vont vouloir goûter votre "découverte". Rassurez-vous, les clients qui avaient l'habitude de commander des crus connus et renommés resteront fidèles à ces derniers.
>
> Une autre constatation :
>
> Dans les restaurants d'une enseigne qui fait partie d'une très grande chaîne hôtelière française, les vins sont proposés à des prix très attractifs. Certes, ce sont des vins connus. Mais alors que dans de nombreux établissements similaires, les clients ne commandent pas ou commandent peu de vin prétextant qu'ils doivent travailler ou reprendre la route dans les restaurants de cette enseigne, il y a du vin sur toutes les tables… Il ne viendrait à l'idée d'aucun client de penser qu'il s'agit de vin de mauvaise qualité. À méditer…

Deuxième méthode :

Celle qui consiste à déterminer la part du chiffre d'affaires H.T. représenté par le coût matières pour absorber les autres charges et dégager un bénéfice, afin d'évaluer le prix de vente T.T.C. à partir de ce pourcentage.

Cette méthode présente des avantages pour l'optique financière comme pour l'optique commerciale. En. revanche, elle implique de suivre régulièrement les ventes, de façon à intervenir rapidement si les vins à faible marge se vendent mieux que ceux à forte marge.

Il est souhaitable de moduler ses marges selon les vins.

En résumé, la politique des marges ne doit pas être définie globalement pour l'ensemble des vins figurant à la carte, mais par vin ou par type de vins. Une marge réduite peut être appliquée sur les grands crus qui sont difficilement vendables en restaurant, et une marge plus importante sur les vins ayant un prix d'achat peu élevé.

Il n'existe pas de règle absolue : chaque responsable d'exploitation doit faire un choix, dans l'intérêt bien compris du client et de l'établissement. Ce choix étant effectué, il est ensuite possible de passer à la rédaction de la **carte des vins.**

LA CARTE DES VINS

La carte des vins est le reflet de la cave sur la table du client.

Elle doit être **claire, précise, bien présentée, logiquement ordonnée** et surtout ne **prêter à aucune confusion.**

Critères à prendre en compte pour l'établissement de la carte des vins

Au moment d'établir une carte des vins, différents critères doivent être pris en compte : type et classe de l'établissement, situation géographique, clientèle, type de cuisine proposé, qualités de la cave (possibilités de stockage et conditions de conservation) mais aussi la **législation en vigueur.**

La législation en vigueur :

Il s'agit d'un point très important, car de nombreuses lois, décrets et règlements régissent l'élaboration de la carte des vins.

Bref rappel :

- Loi de 1905 modifiée, sur les fraudes et falsifications.

Commercialisation

- Loi de 1919 modifiée, sur la protection des appellations d'origine.
- Loi du 27 décembre 1973 (dite loi Royer) sur la répression de la publicité mensongère, qui interdit toute forme de publicité ou de présentation pour laquelle ne peuvent être apportés les éléments propres à justifier les allégations ou indications en cause.
- Loi du 10 janvier 1978 sur l'information et la protection du consommateur de produits et services.
- Mais il y a aussi des **règlements communautaires :** C.E.E. 335/79 du 5.12.1979 ; NO 997/81 du 26 mars 1981.

Remarque : ces références ne sont données que dans le but de retrouver plus facilement les textes à consulter, en cas de besoin.

Il ressort des textes en question que quels qu'en soient l'importance et le type de restaurant, **l'établissement d'une carte des vins ou d'un tableau d'affichage est obligatoire.**

Il n'y a pas d'obligation quant à la classification des vins à l'intérieur de la carte ou du tableau. En revanche, toute confusion résultant de la dite classification est sanctionnée.

Il faut essayer de trouver des titres qui ne prêtent pas à confusion. Il est préférable d'utiliser "vins de la région de Bourgogne" au lieu de "*Bourgogne*", "vins de la région de Champagne" au lieu de "*Champagne*", "Vins de la Vallée du Rhône", au lieu de "*Côtes du Rhône*". Cette dernière dénomination est beaucoup plus restrictive. Elle exclut de nombreux vins que d'aucuns considèrent, à tort, comme des Côtes du Rhône (revoir les différents tableaux dans la partie Vallée du Rhône).

Des renseignements concernant la rédaction de la carte des vins peuvent être obtenus auprès des services de la D.G.D.D.I. (Direction Générale des Douanes et des Droits Indirects).

Différents modèles, présentation

DIFFÉRENTS MODÈLES DE CARTE DES VINS

Carte album ou grande carte ? Les deux formules ont leurs avantages et leurs inconvénients :

La carte album est plus maniable car une page est généralement consacrée à chaque région. De plus, elle peut être agrémentée d'une carte du vignoble ou de renseignements sur les vins proposés, voire de citations à la gloire du vin ou de la région. Lorsqu'un vin est épuisé, une seule page doit être changée, surtout lorsqu'il s'agit d'un modèle à intercalaires.

La grande carte paraît plus imposante. Le client peut découvrir d'un seul coup d'œil l'ensemble des vins proposés. Mais ne risque-t-il pas d'être embarrassé devant tous ces crus ?

Alors quelle solution adopter ? Chaque restaurateur doit choisir en fonction de son goût, de ses préférences personnelles et du nombre de vins proposés. La grande carte peut paraître ridicule si le nombre de vins offerts est peu important. En effet, dans certains éta-

---

RAPPEL

Attention : si la carte des vins est affichée à l'extérieur ou pour les vins qui doivent obligatoirement être affichés à l'extérieur, le restaurateur doit être en mesure de servir tous les vins qui y figurent. Il ne peut pas prétexter *"qu'il vient de vendre la dernière bouteille"*. Si ce vin n'a pas été rayé, comme pour les mets, il peut être condamné pour publicité mensongère.

Outre les 9 prestations couramment commercialisées dans son établissement, un restaurateur a l'obligation d'afficher à l'extérieur, les menus et les cartes du jour, ainsi **qu'une carte comportant au minimum le prix de 5 vins**. S'il vend moins de 5 vins, il doit afficher le prix de tous les vins proposés. S'il ne vend pas de vin, il doit afficher le prix de 5 boissons couramment servies.

Mouton Cadet ne suffit pas. Il faut préciser l'appellation : Bordeaux, Graves ou Médoc.

Commercialisation

Différents modèles de carte de vins.

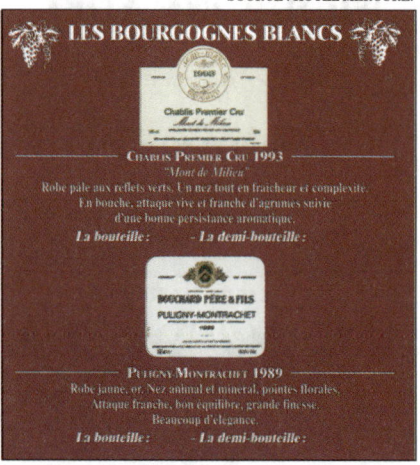

Une excellente solution consiste à présenter chaque vin à l'aide de son étiquette avec un petit commentaire.

Pour éviter les erreurs sur la carte des vins : si vous avez le moindre doute, n'hésitez pas à vérifier avec l'étiquette (elle constitue la carte d'identité du vin).

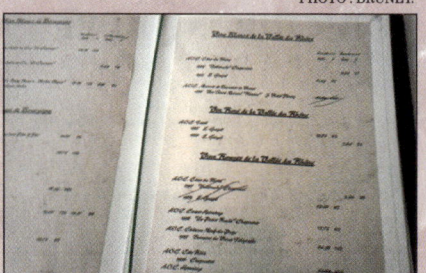

À éviter.

blissements, le choix se limite à une quinzaine, voire une dizaine de vins. Dans ce cas, la carte est souvent triste et peu attrayante pour le client. Une excellente solution consiste à présenter chaque vin à l'aide de son étiquette et éventuellement un petit commentaire... La carte des vins est ainsi plus étoffée et plus agréable à l'œil.

PRÉSENTATION

Indépendamment de l'aspect physique de la carte, qui doit être irréprochable, une attention particulière doit être apportée au classement des différents vins afin de **faciliter le choix du client et le travail du personnel.** Il est parfois décevant de constater que les gros efforts réalisés pour la carte des mets (changements fréquents, plats du jour, etc.) ne sont pas toujours suivis des mêmes efforts pour la carte des vins.

Une bonne carte des vins n'est pas nécessairement celle où figurent un nombre impressionnant de crus. Ce type de cartes est plutôt l'apanage des grandes maisons où officie un sommelier, éventuellement d'établissements plus modestes où le patron (ou la patronne) a la passion du vin. Même si de gros efforts sont faits en ce sens, il est encore trop rare de rencontrer sur une carte le "vin du mois" ou le "vin du moment". Comme nous l'avons vu dans "la politique des produits", c'est pourtant un excellent moyen pour faire découvrir des vins qui sortent des sentiers battus, par exemple : *Châteauneuf-du-Pape blanc, Chinon blanc, Meursault rouge, Pacherenc du Vic-Bilh, Pinot noir d'Alsace, Tursan, Cabardès, Cabernet Sauvignon du Chili,* etc. Il suffit de commander une petite quantité de ces vins, par exemple 48 bouteilles, de les mettre à la carte (comme un plat du jour à la carte des mets). Lorsque le stock est épuisé, on passe à un autre vin. Pourquoi ne pas proposer comme vin du jour le *St Amour* à la St-Valentin ? Que des vins vinifiés par des femmes pour la "journée de la femme" ?...

Il faut penser à faciliter la tâche du personnel. Par exemple, grâce à un ordre géographique, en classant les vins d'une même région du nord au sud, ce qui donne pour la Bourgogne : *Gevrey-Chambertin, Morey-Saint-Denis, Nuits-Saint-Georges,* etc. Pour la Vallée du Rhône : *Côte Rôtie, Hermitage, Saint-Péray, Châteauneuf-du-Pape.* Pour la Vallée de la Loire, les vins peuvent être classés en suivant le cours du fleuve…

Toujours dans le but d'aider le personnel, il est recommandé d'afficher une carte des vins à l'office, comme pour les mets, avec quelques indications succinctes sur l'origine et les caractères des vins servis le plus fréquemment. Exemple pour Saint-Amour : au nord du Beaujolais, cépage Gamay, un des 10 crus, léger et fruité, vinifié en macération carbonique. Cette façon de procéder peut paraître critiquable car chacun doit savoir ce qu'est un Saint-Amour, certes ! Mais combien de fois lorsqu'un client pose une question sur un vin, il obtient pour toute réponse un "Heu" ou plus grave encore, on lui raconte n'importe quoi.

Rédaction et mise à jour de la carte des vins

Pendant très longtemps, les cartes des vins ont été dactylographiées. Dans l'ensemble, cette formule donnait de piètres résultats. Le papier carbone était utilisé pour gagner du temps, heureux le client qui avait la chance d'avoir l'original. A l'époque, certains établissements renommés faisaient imprimer leur carte. De nos jours, cette formule existe toujours, mais elle présente toujours les mêmes inconvénients : son coût et les difficultés pour apporter des modifications (changement de millésimes, vins épuisés…) sans "mutiler" la carte.

Puis sont arrivées les photocopieuses… Grâce aux progrès réalisés dans le domaine des machines à écrire et du matériel de reproduction, cette formule a eu pendant très longtemps la faveur des restaurateurs.

INDICATIONS A FAIRE FIGURER A LA CARTE
Prix service compris (15 %) (5)

	Magnum (6)	Bouteille (6)	1/2 bouteille (6)
Premier exemple : Bordelais. Vins de la région de Bordeaux * Appellation Bordeaux supérieur (1) Bordeaux supérieur 20.. .(Nom du négociant) M.C (2) Château Beau Rivage (3) 19.. (4) * Appellation Médoc (1) M.C (2) Château Labadie (3) 19.. (4) * Appellation Haut Médoc (1) Château Dillon (3) 19..(4) * Appellation Saint-Estèphe (1) M.C (2) Cos d'Estournel (3) 19. (4) M.C (2) Château Montrose (3) 19.. (4)			
Deuxième exemple : Bourgogne Idem Bordeaux plus le nom du négociant ou du propriétaire récoltant * Beaune Grèves (1) (3) 19.. (4) (Joseph Drouhin) (7)			
Troisième exemple : vin de table, à classer à part Cuvée de l'hôtel Bellevue 12,5 % alc. Le pichet de 25 cl (8)			

De nos jours, l'informatique offre des possibilités remarquables (présentation, possibilité d'intervenir rapidement…). C'est la solution idéale. Un gros souci de moins pour le restaurateur.

Il existe encore quelques cartes manuscrites. Elles ne manquent pas d'attrait, surtout si elles sont réalisées sur du papier type parchemin. Mais elles ne supportent pas la médiocrité. L'écriture doit être parfaite.

Quelle que soit la formule retenue, il faut veiller à l'orthographe exacte des noms utilisés. Exemple : Pomerol avec un seul M, Cos d'Estournel et non Clos, etc. S'il y a un doute, il ne faut pas hésiter à se reporter à l'étiquette.

PROBLÈME DES VINS ÉPUISÉS

Une fois la carte des vins établie, présentée correctement, il est impératif de la tenir à jour. Malheureusement, certains vins s'épuisent, il y a des changements de millésimes… Cela se traduit trop souvent par des ratures. Or, il est très désagréable pour un client de se trouver face à une carte raturée. Si la carte ne peut pas être changée immédiatement, il est possible de placer une petite gommette autocollante avec la mention "épuisé" sur le prix du vin en question. Mais attention, si une ou deux gommettes sont tolérables, au-delà, il faut envisager une autre solution. Cependant, la solution ne doit pas consister à laisser les vins à la carte en espérant qu'ils ne seront pas choisis par les clients. L'expérience prouve qu'une fois sur deux, le client demande précisément le vin manquant. En outre, si la carte est affichée à l'extérieur, le restaurateur peut être poursuivi pour publicité mensongère…

De nos jours, avec les possibilités qu'offrent l'informatique une carte des vins raturée ou avec des vins épuisés est intolérable ! Il en va de l'image de marque de l'établissement.

Ne jamais faire figurer un vin sans appellation parmi les vins qui bénéficient d'une appellation !

(1) L'appellation exacte sous laquelle le vin est vendu.**

(2) La mise au château ou au domaine* (si le vin a été mis en bouteilles dans ces conditions).

(3) Indication du cru (sans faute d'orthographe).

(4) L'indication du millésime*.

(5) Les prix nets ou service compris**. Dans ce dernier cas, le pourcentage du service doit être indiqué.

(6) La contenance** : bouteille, magnum, demi-bouteille, etc. (attention au clavelin, il faut préciser 62 cl).

(7) Pour les vins de Bourgogne, il est recommandé d'indiquer le nom du récoltant ou du négociant*. Il serait également souhaitable de le faire pour les autres régions.

(8) Indications spécifiques aux vins de table proprement dits**.

Certaines de ces indications sont OBLIGATOIRES** : ce sont celles qui sont en rapport avec les appellations, la contenance et les prix. D'autres sont FACULTATIVES* (liste non limitative), mais elles facilitent le choix du client.

NOTRE SELECTION DE VINS DOUX NATURELS — La Bouteille

MUSCAT DE BEAUMES-DE-VENISE (Cave des Vignerons) — 45 €

~~RASTEAU « LES ABEILLES » (Chassagne)~~② — 45 €

MUSCAT DU CAP CORSE (Domaine Leccia) — ~~45 €~~②

RIVESALTES AMBRE 1991 (Domaine Cazes) — 65 €

BANYULS GRAND CRU (Frères Parcé) — Epuisé ①

①Eventuellement, mais doit être modifié rapidement
②Ce qu'il ne faut pas faire

Commercialisation

Pour la Bourgogne, n'oubliez pas de faire figurer le nom du récoltant ou du négociant.

Erreurs à éviter

Indépendamment de l'erreur la plus répandue qui consiste à faire figurer des vins sans appellation parmi ceux qui en bénéficient, d'autres erreurs se retrouvent assez fréquemment sur les cartes. Elles ont déjà été signalées pour chaque région dans la partie : "Restaurateurs et vins de...".

Parmi celles qui se rencontrent le plus souvent, citons :

Le Monbazillac parmi les vins de Bordeaux. C'est un vin du Bergeracois (Dordogne).

Blanc de Blancs ou Pelure d'oignon sans autre indication. Il faut préciser l'appellation ou "vin de table".

Blanc de Blanc au lieu de *Blanc de Blancs*.

Champagne nature : il faut mentionner l'A.O.C. exacte "coteaux champenois".

Pouilly tout court : cette appellation n'existe pas, il faut préciser *Pouilly-Fuissé, Pouilly-Fumé*, etc.

Sauvignon, Gamay, Cabernet, Viognier... sans autre précision. Il s'agit de cépages, il faut donc indiquer l'appellation ou vin de pays, voire vin de table.

Tavel parmi les Côtes de Provence alors qu'il s'agit d'un vin des Côtes-du-Rhône.

Rosé de Provence au lieu de *Côtes-de-Provence rosé*.

Certains vins effervescents élaborés en Bourgogne ou dans le Jura vendus sans appellation (sous le nom d'une marque) mais qui figurent dans les rubriques "Vins de Bourgogne" ou "Vins du Jura".

Il serait possible de continuer cette liste, mais ces quelques exemples montrent qu'il faut être très vigilant lors de la rédaction de la carte des vins.

> Remarque : **Trop souvent encore, la carte ne propose pas assez de demi-bouteilles.**

Sur les cartes des vins, il n'est pas rare de trouver «Rosé de Provence» au lieu de «Côtes de Provence rosé».

L'Appellation Pouilly n'existe pas. Il faut préciser : Pouilly-Fuissé, Pouilly-Vinzelle, Pouilly-Loché, Pouilly-sur-Loire, Pouilly-Fumé.

Attention à l'orthographe de Blanc de Blancs.

Viognier est le nom d'un cépage. Dans ce cas, il faut toujours préciser l'appellation ou la dénomination. Ici, «Vin de Pays d'Oc».

Commercialisation

L'ARGUMENTATION COMMERCIALE
LA PRISE DE COMMANDE

L'argumentation commerciale selon l'origine de la clientèle

Comme nous l'avons vu au début de cet ouvrage, la consommation de vin a fortement régressé en France au cours des dernières décennies. Parallèlement, les critères d'appréciation ont évolué, les arguments de vente ne sont plus ceux des années 50. Les vins ont changé, les habitudes de consommation aussi. Parmi les clients qui fréquentent les restaurants, il y a de plus en plus d'étrangers. Certains viennent de pays où l'on boit traditionnellement du vin au cours des repas (Italie, Espagne, Belgique…). D'autres, de pays émergents, où les modes de consommation sont différents (Amérique du Nord, Japon, Océanie…).

De nos jours, il faut faire une distinction entre l'approche des pays traditionnels et celle des pays émergents. Les arguments d'appréciation diffèrent ou interviennent selon des priorités différentes. Il faut en tenir compte lors de la prise de la commande.

Pour les pays traditionnels, les éléments d'appréciation sont surtout : *le goût, l'origine, le prix, puis la convivialité et l'appellation**. En présence de ce type de clientèle, il faut donc insister sur les caractères organoleptiques du vin : vin blanc sec, vin blanc sec et souple, vin rouge légèrement tannique, vin rouge avec des tanins fins déjà bien fondus… Puis sur l'origine, soit en faisant ressortir la renommée de la région (Bordelais, Bourgogne…) soit en décrivant de façon succincte le lieu de production : vin produit sur des terrasses de schistes face à la mer (Collioure)… Le prix, autre élément important, n'est pas évoqué devant les invités, lors de la prise de commande. Tout doit se passer dans la plus parfaite discrétion : un regard, un doigt pointé au bon endroit sur la carte des vins… L'effet bénéfique, éventuel, sur la santé **(lorsque le vin est bu avec modération)** comme tendent à le démontrer des études scientifiques récentes, n'a encore que peu d'importance dans les pays consommateurs traditionnels. En revanche, cet argument de vente arrive en tête pour les pays émergents devant *le cépage, le goût, le prix et l'origine**. Il ne faut donc pas hésiter à faire référence à l'effet santé et au(x) cépage(s) en présence de clients originaires des pays émergents.

* *Source : enquête réalisée par Gérard Mernet pour Vinexpo, publiée par la Journée Vinicole.*

Emportez votre bouteille.

Pour enrayer la baisse des ventes de vin en restauration, différents organismes, dont le CIVB (Comité Interprofessionnel des Vins de Bordeaux) ont eu une idée originale.

Si le client ne souhaite pas finir la bouteille qui a accompagné son repas, il peut l'emporter dans un étui-cadeau. Cette opération semble très appréciée par de nombreux clients qui souhaitent concilier gastronomie et conduite automobile.

À signaler que depuis longtemps, aux Etats-Unis, à la fin du repas, on propose au client d'emporter la nourriture non consommée.

LA PRISE DE COMMANDE

Il existe dans les manuels un nombre impressionnant de méthodes pour résumer les principales étapes de la "vente en général" : AIDA (Attention, Intérêt, Désir, Sécurité), CCC (Connaître, Convaincre, Conclure)… ou pour déceler les besoins de la clientèle, citons par exemple une formule très connue SONCAS (Sympathie, Orgueil, Nouveauté, Commodité, Argent, Sécurité).

Ces méthodes ne sont pas dénuées d'intérêt. Elles donnent de bons résultats pour la vente de certains types de produits. Mais lorsqu'elles sont appliquées à la lettre par le vendeur, en l'occurrence par le sommelier (1) en ce qui nous concerne, ce dernier perd souvent de sa spontanéité. C'est dommage car il ne faut jamais oublier, comme se plaît à le souligner Georges Pertuiset (2), *"Le sommelier est avant tout un homme ou une femme de communication et de convivialité, un marchand de bonheur"*.

(1) sommelier pris au sens très large du terme.
(2) Président de l'UDSF (Union de la Sommellerie Française).

Commercialisation

Lorsqu'il y a un couple au restaurant, il est surprenant, voire choquant, qu'en règle générale, la carte des vins soit remise à l'homme.

Pour qu'il en soit ainsi, il serait souhaitable que la relation entre le client et le sommelier se déroule de la façon suivante :

- Prise de contact.
- Présentation de la carte des vins - A qui ? A quel moment ?
- Prise de la commande - Par qui ? A quel moment ?
- Le client a déjà fait son choix - à faire, à ne pas faire.
- Le client demande conseil - à faire, à ne pas faire.

Prise de contact

Elle doit créer un climat favorable et mettre le client en confiance. Pour ce faire, la tenue professionnelle doit être irréprochable, qu'il s'agisse d'une tenue de sommelier, d'une veste blanche ou d'un simple tablier (revoir le chapitre consacré au service). Les clients doivent être salués avec le sourire en parlant posément et très distinctement. Gardez-vous de trop d'assurance. Dès le premier contact, ayez le sens de la mesure.

Présentation de la carte des vins

A QUI ?

En règle générale, à la personne qui invite si l'on n'a pas reçu de consignes particulières. Si vous ne savez pas qui invite, posez simplement la question de savoir à qui vous devez vous adresser pour la commande. Autour d'une table, une carte des vins, surtout si elle est attrayante, passe parfois de mains en mains. Ce n'est pas toujours la personne qui consulte la carte au moment où vous arrivez qui va passer la commande.

Lorsqu'un couple se trouve au restaurant, il est suprenant, voire choquant, qu'en règle générale, la carte des vins soit remise à l'homme. Pourquoi ne pas poser la question pour savoir qui va effectuer le choix ? L'effet de surprise passé, les femmes y sont très sensibles et la plupart des hommes apprécient.

A QUEL MOMENT ?

Il serait souhaitable qu'elle soit remise en même temps que la carte des mets. Ce qui nécessite d'avoir un nombre de cartes suffisant. Ce qui n'est pas toujours le cas.

Prise de commande

PAR QUI ?

En fonction de l'importance et du style d'établissement, la prise de commande est effectuée par le sommelier, le patron ou la patronne, le maître d'hôtel, le chef de rang, le serveur. Mais quel que soit le type d'établissement, certaines règles impératives sont à respecter. Elles sont énumérées dans le chapitre consacré au service. Il est peut-être bon d'en rappeler quelques-unes (voir encadré ci-contre).

A QUEL MOMENT ?

La prise de commande des boissons (en dehors de l'apéritif) doit intervenir aussitôt après la prise de commande des mets dans le cas où les deux commandes sont prises par la même personne. Aussitôt après avoir pris connaissance de la commande des mets dans le cas où la commande des vins est prise par une autre personne : sommelier, patronne….

La personne qui prend la commande ne doit jamais imposer ses goûts personnels. Elle doit constamment s'efforcer d'augmenter le chiffre d'affaires et la rentabilité du poste "boissons" sans pour autant forcer la vente. Il est relativement facile "d'amener" un client à choisir un vin figurant sur la carte à un prix élevé, surtout s'il a des invités. Le problème est de savoir si le client ainsi "piégé" reviendra dans l'établissement.

Au moment de conseiller les vins, plusieurs cas peuvent se présenter. Le sommelier connaît son client, alors pas de problème, il sait s'il doit sortir la grande bouteille (on disait jadis "de derrière les fagots") ou si, au contraire, il doit présenter un cru plus modeste. A noter que selon les circonstances, le même client peut souhaiter l'un ou l'autre. C'est là qu'intervient la psychologie professionnelle. Deuxième cas de figure : le sommelier ne connaît pas son client, mais celui-ci lui fait confiance, ce qui arrive très souvent. Dans ce cas, attention, pas d'excès ! Il faut s'efforcer de trouver le bon vin à un prix raisonnable, afin d'éviter cette scène vécue dans un restaurant : à la fin du repas, un client appelle le patron et lui commande une bouteille de *Champagne* ; celui-ci revient quelques instants plus tard avec une bouteille de Dom Pérignon… Il s'agit d'une erreur fréquente. Il faut bien se souvenir qu'un *bon Bordeaux* ne veut pas forcément dire un *Château Margaux*.

Commercialisation

DÉROULEMENT DE LA PRISE DE COMMANDE

Deux cas de figure peuvent se présenter :

Le client passe sa commande sans hésiter.

Ecoutez-le attentivement.

Reformulez le choix : appellation, bouteille ou demi-bouteille, éventuellement domaine, millésime…

Vous pouvez alors le féliciter pour son choix, surtout s'il a des invités. Il sera flatté. Eventuellement, ne rien dire… Vous ne devez en aucun cas contester son choix, à plus forte raison en présence de ses invités.

Le client n'a pas fait son choix. Il vous demande de le conseiller.

Vous devez alors pratiquer "l'écoute active". Laissez-le s'exprimer afin de receuillir le maximum d'informations sur ses attentes éventuelles.

Puis, faites-lui une proposition en tenant compte des plats commandés et du contexte (saison, prix du menu, repas d'affaires, repas familial, etc. *Voir le chapitre "accords vins et mets"*).

Proposez-lui un vin, éventuellemenet deux. Evitez de lui énumérer une partie de la carte, comme cela arrive parfois. Vous risqueriez de le mettre dans l'embarras.

Justifiez votre choix de façon succincte. Quelques mots suffisent, exemple : "ce vin à base de Merlot, dans un millésime qui est actuellement à maturité sera en parfaite harmonie avec la volaille que vous avez commandée". Evitez d'énumérer tous les arômes présents ou supposés et de faire référence à l'influence du porte-greffe… Si le client souhaite parler plus longuement de vin avec vous, il ne manquera pas de vous contacter pendant ou après le repas.

Le client peut émettre des doutes suite à votre proposition. Reformulez son argumentation pour l'assurer que vous l'avez bien compris. Dans ce cas, comme en toute circonstance, **évitez de faire preuve de suffisance.** Proposez éventuellement un autre vin. Mais très souvent, le client a seulement besoin d'être rassuré. Il suffit de lui dire quelques mots sur le vigneron qui a élaboré le vin, si vous le connaissez, ou de faire référence à une dégustation récente.

A NE PAS FAIRE

Indépendamment de ce qui figure dans l'encadré, lors d'une prise de commande, surtout en présence d'invités, évitez de faire référence au "prix peu élevé" du vin que vous proposez. Evitez également de parler de "petit vin". Ce dernier peut-être "modeste" ou "sans prétention" à l'image du vigneron qui l'a produit, il est rarement "petit".

RAPPEL

Le rôle du sommelier, toujours pris au sens très large du terme, ne se limite pas à la prise de commande et au service du premier verre. Il doit assurer ou faire effectuer le service des boissons dans de bonnes conditions (température, verres vides ou trop pleins, renouvellement éventuel de la bouteille, etc.) pendant toute la durée du service et jusqu'au départ du client. Lequel devra, bien évidemment, être salué et remercié avant de quitter l'établissement.

PHOTO : BRUNET

Les accords des vins et des mets

Un sujet délicat, comment l'aborder ?

Critères de choix

Combien de vins au cours d'un même repas ?

Faites preuve d'originalité

Quels vins servir avec…

Quels vins servir…
(à partir de 5 critères : budget limité, budget confortable, proposition originale, vins étrangers, vins de pays)
- A l'apéritif
- Avec les hors-d'œuvre et les entrées
- Avec les poissons et les crustacés
- Avec les viandes
- Avec le gibier et les volailles
- Avec les fromages
- Avec les desserts

Repas de fêtes

Quelques exemples

SOURCE :
VIGNERONS DE
BEAUMES DE VENISE
- STUDIO MICHEL MARTIN -
RESTAURANT LA TABLE DU
COMTAT - SÉGURET.

Pintadeau poêlé aux épices et sa galette parmentière truffée.

Les accords des vins et des mets

"Les vins sont faits pour être, comme les diamants sur une bague, enchâssés dans un repas." Pierre Poupon (Pensées d'un dégustateur).

Note de l'auteur :

Depuis de nombreuses années, on me sollicite pour écrire un livre sur les accords vins et mets. Jusqu'à maintenant, j'ai refusé. Dans les premières éditions de cet ouvrage, le sujet a été largement abordé lors de la présentation des différentes régions. Mais aucun chapitre n'y était consacré. Pourquoi ? Parce que chaque accord présente un cas particulier. Il faut tenir compte du plat, mais aussi de la garniture, éventuellement de la sauce, de l'environnement, des vins disponibles, etc. La moindre modification de l'un de ces éléments peut changer l'accord souhaitable comme le souligne si bien Alain Senderens (un des meilleurs spécialistes en la matière) dans son ouvrage *"Le vin et la table"*. (Editions L.G.F. Paris).

Finalement, j'ai fini par céder aux sollicitations. Voici, dans cette nouvelle édition, indépendamment de la partie "caractères de vins - accords avec les mets" pour chaque région, **un chapitre entièrement consacré aux accords souhaitables.**

Vous n'y trouverez pas un vin en face de chaque plat, mais des conseils et des recommandations pour réussir "vos accords personnels". Bien évidemment, il existe de nombreux ouvrages sur le sujet, mais la plupart d'entre eux consacrent un nombre de pages plus important aux recettes de cuisine qu'aux accords.

Pas de vin...

Sur un potage : pas de vin, sur les pamplemousses : pas de vin, sur les salades : pas de vin, sur les avocats : pas de vin, sur les asperges : pas de vin, sur les oeufs : pas de vin, sur la plupart des desserts : pas de vin, etc. Il n'est pas rare de lire ou d'entendre ces affirmations. Certes, quelques-uns de ces mets ne mettent pas particulièrement les vins en valeur. Mais il est permis de se demander si un client qui a choisi le menu suivant "asperges tièdes, beurre fondu - omelette aux cèpes - mousse au chocolat" doit être mis à l'eau ? En lui laissant tout de même le choix entre eau plate et eau gazeuze !

Beaucoup plus sérieusement, il faut savoir que le métier de restaurateur consiste à vendre des mets et des boissons. Pour cela, il faut respecter certaines règles, mais elles ne doivent pas devenir un "carcan" et freiner exagérément les ventes. Pour les accords vins et mets, il n'est pas rare de constater des positions figées : vin rouge avec le fromage (même si depuis quelques temps, on constate une évolution), Champagne brut avec le dessert, etc. Evidemment, il existe des principes auxquels il ne faut pas trop déroger. Mais on peut aussi méditer une citation de Vincent Bourrel, gastronome célèbre : *"En ce qui concerne les accords des vins et des mets, une violation raisonnée n'aboutit pas forcément à une catastrophe"*. Les mariages d'amour existent, certes, mais il n'y a pas qu'eux...

Pour en revenir au menu cité précédemment : un *Muscat d'Alsace* (sec) avec les asperges, un *Beaujolais nouveau* servi frais avec l'omelette, un petit verre *d'Armagnac*, de *liqueur à base d'orange* ou d'un vieux *Banyuls* avec la mousse au chocolat, laisseront certainement une excellente impression à notre convive, et ils auront une influence bénéfique sur le chiffre d'affaires du restaurateur.

PHOTO BRUNET

Avec ou sans vin ?

Les accords des vins et des mets

UN SUJET DELICAT, COMMENT L'ABORDER ?

Il ne faut jamais perdre de vue l'objectif hédoniste de l'accord. Le but recherché est de se faire plaisir ou de faire plaisir à ses clients ou à ses amis.

En aucun cas, l'accord des vins et des mets ne doit être considéré comme un code intangible.

Un seul impératif : **le plaisir des sens doit aller crescendo.**

Cela nécessite la connaissance des caractères organoleptiques des différents vins proposés. Or, il n'est pas possible de connaître les caractères de tous les vins produits en France et dans le monde. En revanche, il est indispensable que la personne chargée de la vente des vins dans un restaurant connaisse au moins l'origine et les caractéristiques de **tous les vins proposés dans son établissement.** Il est difficile de bien vendre un produit sans le connaître parfaitement. Il en va de même pour les mets. Il est intolérable, comme cela arrive parfois, de ne pas pouvoir connaître la composition d'un plat qui figure à la carte.

Les accords vins et mets ont fait l'objet de nombreuses publications. Parmi celles-ci, figure l'ouvrage du professeur Puisais : *"Le goût juste"*. La couverture porte cette appréciation : *"Il nous raconte les rencontres fortuites ou préméditées, simples ou solennelles, rustiques ou élégantes, entre les vins et les mets, celles d'où naissent les plus belles harmonies, celles qui exaltent les arômes. De ces accords privilégiés jailliront des moments de bonheur, moments rares, moments magiques..."* (Flammarion).

Oui, un accord réussi peut procurer des moments rares, des moments magiques, surtout lorsque le client sait qu'il peut faire confiance au sommelier ou à ceux qui chaque jour en assurent les fonctions (restaurateur, maître d'hôtel, chef de rang, serveur,...). Ce climat de confiance permet de proposer le vin en harmonie avec le plat ou mieux encore : le plat en harmonie avec le vin.

Cette confiance, le client est prêt à l'accorder, mais il ne le fera qu'en présence d'une personne qui connaît parfaitement les vins qu'elle propose et qui a les qualités requises (voir chapitre : "Le sommelier, son rôle, ses objectifs").

> **RAPPEL SUCCINCT DU RÔLE DU SOMMELIER**[1] **POUR LES ACCORDS VINS ET METS**
>
> Il doit conseiller, suggérer…
>
> Il ne doit jamais imposer, forcer la vente (le meilleur vin n'est pas toujours le plus cher).
>
> Il doit parfaitement maîtriser sa cave (vins prêts à boire, vins à attendre).
>
> Il ne doit jamais imposer ses goûts personnels.

(1) Pris au sens très large du terme.

PHOTO BRUNET

Les accords des vins et des mets

CRITÈRES DE CHOIX POUVANT INFLUENCER L'ASSOCIATION SOUHAITABLE ENTRE LES METS ET LES VINS

SOURCE : BIVB/DR.

Vins disponibles : savoir que sur tel plat, il serait souhaitable de servir un *Hermitage rouge*, c'est bien. Mais très souvent, le vin en question ne figure pas à la carte car il n'y en a pas dans l'établissement ou il n'est pas encore disponible. En effet, il existe une différence entre les vins en stock et les vins disponibles, c'est-à-dire arrivés à maturité et aptes à la vente.

Les goûts personnels du client : élément important, trop souvent négligé. Si un client demande du vin rouge avec son poisson, on peut éventuellement lui faire remarquer qu'il fait preuve d'originalité, mais il ne faut en aucun cas le lui refuser !

Le nombre de convives : les très grands vins ne peuvent être appréciés qu'en "petit comité".

La qualité des convives, même si cela peut paraître choquant, il faut également en tenir compte. À quoi bon servir un vénérable flacon à des invités qui le boiraient comme un vin de table ou qui n'y prêteraient pas attention.

La composition et la préparation des plats, évidemment... Composition et préparation vont avoir une influence sur la texture. Elément essentiel pour les accords vins et mets. Par exemple, il serait souhaitable d'éviter les vins fins et délicats (Musigny, Margaux, Fleurie...) si la texture dominante est grasse.

SOURCE : BIVB.

Le type de repas : on ne sert pas les mêmes vins sur un dîner de gala et sur le repas de tous les jours. Une précision s'impose : ce serait une erreur de croire que les grands vins demandent des plats compliqués. Ils seront beaucoup mieux appréciés avec des plats simples, mais de qualité, plutôt qu'avec des préparations dont les caractères trop marqués ne permettraient pas au vin de s'exprimer.

"Si le vin est très grand, le plat sera d'autant plus simple mais parfait de qualité." Georges Lepré

Les types d'accords recherchés : il existe deux types d'accords, l'accord dit "horizontal" et l'accord dit "vertical".

L'accord horizontal ne concerne qu'un seul plat et un seul vin. C'est celui que l'on trouve le plus fréquemment dans les tableaux de concordance.

L'accord vertical tient compte du vin qui précède et du vin qui va suivre. C'est celui que l'on pratique généralement lorsque l'on propose les vins pour un menu.
"Le vin que l'on sert ne doit jamais faire regretter celui qui a précédé."

La saison : les vins rouges corsés, généreux s'apprécient mieux en hiver qu'au mois d'août. Lorsqu'il fait très chaud, il est préférable de choisir des vins frais et légers plutôt que des vins riches en alcool.

Un exemple : invitez quelques amis sur la terrasse en plein mois d'août, faites leur servir une bonne estouffade à la provençale accompagnée d'un excellent Châteauneuf-du-Pape. Très rapidement, vous allez constater des signes de fatigue pouvant aller jusqu'à la somnolence. Réitérez l'opération au mois de décembre. Faites servir le même plat et le même vin. Le feu crépite dans la cheminée, le vent souffle dans les persiennes. Une ambiance chaleureuse règne autour de la table. Il serait possible de multiplier les exemples.

Les prix : un accord réussi n'est pas synonyme de coût élevé.

Il existe en France et dans tous les pays producteurs, des vins pour tous les goûts, mais aussi pour toutes les bourses. Nombreux sont les vins de qualité à des prix très abordables (A.O.C. régionales, vin de pays, etc.). Vous n'avez que l'embarras du choix.

COMBIEN DE VINS AU COURS D'UN MÊME REPAS ?

Il est très difficile de répondre à cette question, car doivent être pris en compte : le menu, les convives, le budget, etc. En revanche, force est de constater une évolution dans le temps. Voici ci-contre, à titre d'exemple, un menu de 1866 cité dans le livre du professeur Roger *"Les vins de Bordeaux"*. *(Editions CPETC)*.

De nos jours, les menus sont moins étoffés et les prix rendent difficile un tel éventail de premiers et de grands crus. Pendant toute la première moitié du siècle dernier, les menus sont restés étoffés et le nombre de vins pour les accompagner est resté important (pour s'en convaincre, il suffit de rechercher les menus de mariage des grands-parents). Puis il y a eu la mode du vin unique, bien souvent un rosé, solution de facilité oblige, à un moment où les vins rosés n'avaient pas atteint la qualité qu'on leur connaît aujourd'hui.

Actuellement, sur les menus dégustation, il n'est pas rare de servir au cours d'un même repas un nombre important de vins, parfois autant que de mets. Pour les non initiés, cela peut paraître excessif. C'est oublier la formule du menu dégustation : de nombreux plats en petite quantité. Il en va de même pour les vins : pour un œnophile, la quantité de chaque vin n'a que peu d'importance ! Il y a peut-être là un créneau à exploiter plus souvent par les restaurateurs. Nombreux sont ceux qui proposent un menu dégustation, combien le font en privilégiant le choix des vins ? Il est bien entendu, que pour cette formule, soit le vin est inclus dans le prix du menu, soit on prévoit un "forfait vin". Dans tous les cas, la quantité de vin prévue doit être précisée.

Cette formule est surtout proposée pour une table complète, comme c'est souvent le cas pour le menu dégustation. A privilégier pour les petits banquets.

Huîtres

Potages : Bisque d'écrevisses.

Crème froide de volailles

Hors-d'œuvre

Filets de sole à la... (mot illisible)

Saumon sauce hollandaise

Filets de bœuf à la Royale

Petits pois. Épinards Régence

Dindonneau truffé flanqué de cailles

Chaud-froid de perdreaux

Foie gras de Strasbourg

Salades

Fruits

Desserts

Vins

Chablis

Vin de Constance

Château Rayne Vigneau 1859

Château Climens 1852

Musigny 1857

Château Lafite 1851

Château Latour 1847

Château Haut-Brion 1848

Château d'Yquem 1847

Champagne Clicquot

Dans le cas d'un menu classique, il n'est pas souhaitable de servir un trop grand nombre de vins au cours d'un même repas. Deux, voire trois, semble un nombre tout à fait raisonnable.

Beaucoup plus que sur le nombre de vins, l'accent doit être mis sur l'aspect découverte.

Les accords des vins et des mets

FAITES PREUVE D'IMAGINATION

SOURCE : VIGNERONS DE BEAUMES DE VENISE
PHOTO : STUDIO MICHEL MARTIN
RESTAURANT «MAS DE BOUVAU», VIOLÈS.

Filets de rougets barbet aux olives et au Beaumes-de-Venise.

Parmi les plaisirs que peut procurer un accord réussi, il en est un qui n'est pas toujours pris en compte : la découverte. En proposant par exemple un vin rouge sur un poisson, un champagne sur une viande rouge…

Evidemment, l'approche sera différente pour une table individuelle et un repas prévu à l'avance et regroupant un nombre de convives plus important. Dans ce dernier cas, pourquoi ne pas proposer un thème ?

Au moment où il rédigeait cet ouvrage, l'auteur a été invité à un dîner où la maîtresse de maison a eu l'idée de servir cinq vins de cinq décennies différentes. Difficile à réaliser ?
Trop onéreux, surtout pour les millésimes les plus anciens ? Pour ces derniers, pourquoi ne pas avoir recours à des VDN (les vieux millésimes sont encore à des prix abordables) ou à un Tokay Aszü de Hongrie ?

Quelques idées :

Un menu dégustation avec des vins :

- d'un seul millésime,
- d'un seul cépage,
- d'une seule région ou d'une seule appellation,
- d'un seul producteur sur différentes appellations,
- des vins primés à Vinexpo, au Mondial du Vin à Bruxelles, aux Vinalies…,
- un vin de chaque pays producteur de vin de l'U.E.,
- la même chose mais avec des vins en provenance de pays d'Europe, hors U.E. (Bulgarie, Croatie, Hongrie, Suisse…),
- des vins d'Asie (Chine, Israël, Turquie, Liban, Thaïlande…),
- des vins du continent américain ou d'un seul pays de ce continent : U.S.A. Chili, Argentine, Uruguay,
- des vins d'Australie ou de Nouvelle-Zélande,
- etc.

Menu dégustation et vins du sud*

Salade de truite en escabèche fumée, saumure d'airelles au caviar
Crémant de Limoux Sieur d'Arques

Tartare de canard et son haché fumé au vinaigre de cidre
Tavel du Vieux Moulin Roudil

Filet de la marée du jour au jus de morilles et milhas
Picpoul de Pinet Pomerols

Croustillant d'escargots en chabrot et asperges vertes
Coteaux du Languedoc Mas Julien

Sorbet Coupo Santo Vieil élixir de vie
Carthagène Coupo Santo

Chevreau de pays flanqué de cèpes, marrons, pommes fondantes
Faugères Alquier

Noisettes de filet de bœuf aux grisets du Mont Lozère
Fit ou Château de Nouvelles

Votre choix de fromages du Pays cévenol
Corbières Château Etang des Colombes (blanc ou rouge)

Gratin de fruits frais au sabayon de muscat mentholé
Muscat de Frontignan Le Perçage

Entre amers et saveurs, l'assiette surprise
Banyuls Le Mas Blanc Docteur Percé

* Concocté par Patrick Pagès

AUTOUR D'UN CÉPAGE*

En amuse-bouche :
Petite terrine de truite aux pommes de terre
Gewurztraminer de l'année tiré du Fût

Rouelles de Coquilles Saint-Jacques, Sauce Corail
Gewurztraminer Herrenweg 19..

Rognon de veau rôti aux échalotes confites
Gewurztraminer Brand 19.. Grand Cru

Foie gras fait maison
Gewurztraminer Eichberg 19.. Grand Cru

Les fromages de Munster sélectionnés par la Confrérie
Gewurztraminer 19.. Cuvée Prestige

Entremets gourmands au "Siass-Kas" et fruits rouges
*Gewurztraminer 19..,
Sélection de Grains Nobles*

*La Verte Vallée Munster.

*Note de l'auteur (Menu autour d'un Cépage) : le choix des millésimes et des producteurs est important. Ici, ils ont été occultés car très rapidement certains millésimes ne sont plus disponibles. L'objectif est essentiellement de démontrer les possibilités offertes à partir d'un cépage.

Bien évidemment, il existe beaucoup d'autres thèmes. Par exemple, pourquoi ne pas faire un clin d'œil à l'histoire en proposant une poule au pot et un Jurançon ?

Certains vins sont faciles à se procurer (cépages, région…). Pour les autres, y compris les vins étrangers, contrairement à une opinion très répandue, il est relativement facile de les trouver en France.

Champagne et viande rouge.

QUEL VIN SERVIR AVEC…?

Il y a des accords de complémentarité et des accords d'opposition. Dans ce dernier cas, l'objectif est d'équilibrer les oppositions. Il suffit parfois de modifier légèrement la sauce ou de changer la garniture.

D'autre part, un plat et un vin en parfaite harmonie dans un cadre donné ou lors de circonstances particulières, peuvent se révéler décevants dans d'autres conditions. Cela, seul un professionnel confirmé peut le ressentir.

Il faut éviter d'apprendre par cœur d'immenses tableaux de concordance vins/mets qui omettent de nombreux paramètres (millésimes, cadre, ambiance, humeur du client, etc.). En revanche, le professionnel confirmé sait qu'il doit parfaitement maîtriser les caractères des vins qu'il doit recommander. Cela s'apprend dans les livres et verre en main.

Rappel : les règles qui régissent les accords vins et mets, ne doivent pas constituer un code intangible. **La finalité est de se faire plaisir et de faire plaisir à ses amis ou à ses clients.** Plaisir de l'accord réussi, plaisir de la découverte.

L'accord des vins et des mets s'apprend essentiellement par expérience personnelle. Il faut faire des essais, en n'hésitant pas à quitter les sentiers battus. Quel plaisir de faire découvrir à des clients, à des amis, un accord réussi qui ne figure dans aucun recueil.

Donner des conseils pour accorder vins et mets, n'est pas chose facile. Très souvent à une question du genre : "Quel vin proposez-vous sur tel plat ?", on entend la réponse suivante : un Bordeaux rouge (par exemple). Un Bordeaux, soit, mais quel Bordeaux ? Un Bordeaux supérieur jeune et peu tannique, un cru classé du Médoc ou des Graves, un Saint-Emilion ? Un vin jeune, élaboré en vinification courte ? Un vin plus évolué ayant été élevé en fûts de chêne après une vinification longue ? Voire un vénérable millésime ? De quel budget disposez-vous ? Vos invités sont-ils des amateurs éclairés ou des néophytes ? Autant de paramètres qui, normalement, devraient être pris en compte. Comme devraient l'être : la saison, le vin qui précède et éventuellement celui qui va suivre.

Avant d'aborder le sujet, il n'est peut-être pas inutile de rappeler qu'il existe des "**mariages classiques**" et des mets pour lesquels l'accord n'est pas toujours évident.

Parmi les mariages classiques, citons : huîtres et *Muscadet*, choucroute et *Riesling*, saucisson de Lyon et *Beaujolais*, agneau et *Pauillac*, fondue et *Vins de Savoie*, etc.

Parmi les mets où l'accord n'est pas toujours évident, citons : les crudités, les asperges, le melon, le

Asperges et Muscat d'Alsace.

Les accords des vins et des mets

Vieux Banyuls et canard aux fruits.

Champagne et caviar.

Vins d'Anjou et cuisine Thaï.

caviar, le foie gras, le pot-au-feu, le canard à l'orange, certains fromages, cuisine asiatique, cuisine méditerranéenne (Grèce, Liban…), desserts à base d'eau-de-vie ou de liqueur, etc. Pour ne citer que quelques exemples.

Voici quelques propositions :

Avec des **crudités,** évidemment pas de grand vin ; mais pourquoi ne pas mettre sur la table un vin sans prétention, éventuellement en pichet, afin que chacun puisse étancher sa soif. Personne ne sera choqué si l'hôte a pris soin de dire à ses invités (ou le restaurateur à ses clients) : *"Comme vous le savez, point de grand vin avec les crudités, je vous le réserve pour le poisson, en attendant, vous pouvez étancher votre soif avec ce vin en pichet (vin de pays, edelzwicker, vin gris ou autre…)".*

Avec les **asperges,** un Muscat d'Alsace, qui est un vin sec, convient parfaitement.

Le **melon** est régulièrement proposé avec du porto, pourquoi pas ? Mais il faut savoir qu'il existe de nombreuses autres possibilités : vin doux naturel, tel que *Rivesaltes, Rasteau ou Maury* jeunes, *Floc de Gascogne, Pineau des Charentes, Guignolet…* Si vous êtes un inconditionnel du Porto, évitez d'utiliser les plus grands (vintage, colheita,…).

Pour le **caviar,** la *Vodka* vient tout de suite à l'esprit. C'est un accord classique. Oui mais, il y a vodka et vodka. Il faut faire le bon choix. Qui plus est, après la vodka, est-ce que les papilles pourront apprécier à sa juste valeur le vin qui va suivre ? Pourquoi ne pas essayer un grand *Champagne, une cuvée de prestige Blanc de Blancs,* par exemple ou un *Tokay Pinot gris sec ?*

Quant au **foie gras,** les avis sont partagés. Quoi qu'il en soit, il appelle un grand vin. Il est possible de tenir compte de l'origine du foie : *Sauternes, Barsac, Monbazillac ou Jurançon* moelleux sur un foie gras du Sud-Ouest ; *Gewurztraminer* ou mieux encore, *Pinot gris vendanges tardives* sur un foie gras d'Alsace. Pour sortir des sentiers battus, un vin jaune du Jura, par exemple, un *Château-Chalon* (pour qui connaît ce vin, l'accord peut ne pas paraître évident). Il faut essayer ! Certains amateurs préfèrent les vins rouges, dans ce cas, il faut les choisir tanniques car le foie gras gomme le tanin (consultez le tableau prévu pour le foie gras).

Pour le **pot-au-feu,** servir un vin rouge jeune et tannique légèrement frais : *Côtes de Saint-Mont jeune* (Sud-Ouest), *Côtes du Marmandais, Chinon* (Touraine), *Saumur Champigny* (Anjou).

Avec le **canard à l'orange,** il y a quelque temps déjà, un repas avait été organisé au restaurant Lasserre à Paris par le Cercle des amis de Cuisine et Vins de France, afin de déterminer quel était le vin à choisir pour accompagner cette préparation. Résultat : *le Champagne* arrivait en tête, devant le *Château-Chalon,* venaient ensuite : *Beaune, Pomerol, Saumur Champigny, etc.* Les V.D.N. à base de Grenache n'étaient pas représentés, sinon les résultats auraient peut-être été modifiés, car ce type de vin, servi jeune, accompagne parfaitement les plats à base de fruits.

Un **fromage** peut rendre un mauvais vin acceptable, mais en revanche un fromage mal choisi peut "tuer" un vin de qualité. Contrairement à une opinion très répandue, la plupart des fromages ne mettent pas les grands vins en valeur. Les meilleurs accords sont réalisés lorsque l'on se limite à présenter une seule catégorie de fromages, par exemple des bleus, voire un seul fromage, par exemple un brie. Si le fromage est parfait et le vin bien choisi, un grand moment ! Il ne faut jamais oublier que la qualité des fromages est un élément essentiel (reportez-vous aux différents tableaux).

Il faudrait consacrer un ouvrage entier aux accords avec **la cuisine asiatique.** En effet, il n'existe pas une, mais de nombreuses cuisines asiatiques. La cuisine japonaise à base d'éléments crus ou très peu cuits est différente de la cuisine chinoise. Cette dernière est différente selon son origine. La cuisine cantonaise, très renommée, est essentiellement une cuisine de la mer

Les accords des vins et des mets

alors que celle de Pékin utilise plutôt des produits de la terre. En Thaïlande, la cuisine est très épicée. On pourrait multiplier les exemples. Il est donc difficile de faire un choix. Mais il faut savoir que de très beaux accords sont réalisés à partir des vins d'Anjou, des vins de Provence et des vins d'Alsace, entre autres. Lorsque l'on est en présence d'une cuisine pimentée, il ne faut pas hésiter à choisir des vins ayant quelques sucres résiduels. En effet, l'expérience prouve qu'en présence de piment, on a tendance à s'orienter vers des saveurs sucrées.

La Provence, Le Languedoc et le Roussillon offrent toute une gamme de vins en parfaite harmonie avec la **cuisine méditerranéenne** (Grèce, Liban...).

Avec les **desserts préparés à base d'eau-de-vie ou de liqueur :** soufflés chauds ou glacés, crêpes flambées..., il ne faut pas hésiter à servir un petit verre de la liqueur ou de l'eau-de-vie utilisée pour la préparation. Par exemple : du kirsch avec un soufflé au kirsch, une eau-de-vie ou une liqueur de framboise sur un soufflé glacé à la framboise…

Avec les plats à base de vin

De nombreux spécialistes recommandent de servir le vin utilisé pour la préparation du plat. Exemple : truite au Riesling avec du *Riesling*, coq au vin jaune et aux morilles avec un *vin jaune* ; lamproie à la bordelaise avec le *Bordeaux* utilisé (généralement Saint-Emilion), etc.

Accords régionaux

Même si ce n'est pas toujours le cas, il existe de nombreuses affinités entre les vins et les plats d'une même région : brochet au beurre blanc : *Muscadet*, - rillons et rillettes de Touraine : *Vouvray*, - jambon de Bayonne : *Irouléguy*, - confit d'oie ou de canard : *Madiran* ; cassoulet : *Cahors*, *Madiran* ; brandade de morue à la nîmoise : *Picpoul de Pinet* ; bouillabaisse : *vins de Provence* ; fondue savoyarde : *vins de Savoie* ; saucisson chaud : *Beaujolais* ; fromage de Comté : *vin du Jura*, etc.

Repas tout au Champagne (revoir le chapitre consacré à la Champagne) :

Un *Champagne blanc de blancs* sans année à l'apéritif.

Un *Champagne brut millésimé* avec l'entrée et le poisson.

Un *Champagne rosé* avec la viande, notamment les volailles et l'agneau rôti (selle, carré, etc.). Il est possible de continuer avec ce vin pour les fromages, mais attention alors de bien choisir ces derniers. Pour le fromage, une autre solution : déboucher une bouteille de Coteaux champenois rouge (type Bouzy).

Un *champagne sec ou demi-sec* avec le dessert.

Pour réussir vos accords, une petite astuce :

Lorsque vous goûtez un vin, concentrez-vous et essayez d'imaginer le plat que vous souhaiteriez avoir pour l'accompagner. De même, lorsque vous goûtez un plat, aussi simple soit-il, essayez d'imaginer le vin que vous aimeriez déguster pour l'accompagner. Ensuite, passez aux travaux pratiques. Au bout de quelque temps, vous serez surpris par les résultats obtenus.

La pierre angulaire :

Un excellent moyen pour des accords réussis : choisissez un grand vin ou un vin que vous appréciez particulièrement (les deux ne sont pas incompatibles…). À partir de ce vin qui va constituer la "pierre angulaire" de votre repas, recherchez un plat en harmonie parfaite avec le cru que vous avez choisi. Puis construisez votre menu autour de ce couple.

Lamproie à la bordelaise servie avec un vin rouge.

Coq au vin jaune et aux morilles.

Bäckeofe et Tokay Pinot Gris.

Vin de Provence et bouillabaisse.

Champagne et coquille Saint-Jacques.

Champagne et poularde.

Les accords des vins et des mets

QUELS VINS SERVIR ?

LE KIR

Il s'agit d'un vin blanc cassis. Le vin blanc cassis existe depuis fort longtemps. Il n'a pas été "inventé" par le chanoine Kir, comme on le croit communément. Ce dernier l'a seulement remis à la mode en le faisant servir lors des réceptions à l'hôtel de Ville de Dijon dont il était le maire. Le Pape Jean XXIII, le Général de Gaulle, de nombreux chefs d'Etat, etc, ont ainsi eu droit à la dégustation de *Bourgogne Aligoté* additionné de *crème cassis de Dijon*. La presse en a beaucoup parlé. Maintenant cette boisson se rencontre partout, même si elle est parfois fort éloignée de la recette originale.

Cerdon à l'apéritif.

Spumente italien à l'apéritif.

À partir de 5 critères : **budget limité, budget confortable, proposition originale, vins étrangers et vins de pays** (pour ces derniers, il y a de nombreuses possibilités, mais la priorité a été donnée aux dénominations régionales, plus faciles à se procurer).

Les vins à l'apéritif

Cette formule a de plus en plus la faveur des consommateurs. Elle présente l'avantage de ne pas trop imprégner les papilles gustatives en saveurs qui risquent de gêner la dégustation du premier vin prévu pour accompagner le repas.

Autre avantage : le vin est beaucoup moins riche en alcool que la plupart des produits généralement proposés à l'apéritif, ce qui n'est pas négligeable.

Le *Champagne* brut, les *Crémants* et la plupart des vins effervescents constituent d'excellents apéritifs. Qui plus est, ils n'ont pas d'influence défavorable sur la dégustation du premier vin servi avec le menu. D'ailleurs, dans la majorité des cas, ce premier vin convient parfaitement comme apéritif, à condition d'être servi rapidement (cf. la partie : *"Service des vins"*).

D'autre part, il serait dommage de passer sous silence les V.D.N. français qui peuvent rivaliser avec de nombreux produits étrangers proposés à l'apéritif. Citons également le kir (voir encadré).

Servis frais et agrémentés d'un peu de liqueur de fruit, certains vins rouges légers, particulièrement les primeurs, constituent un apéritif agréable et original.

Champagne à l'apéritif.

Budget limité	Budget confortable	Proposition originale	Vins étrangers
Crémant (Loire, Jura, Bourgogne, Die, Limoux, Bordeaux, Loire, Alsace), Saint-Péray, Muscat d'Alsace (sec), la plupart des VDN jeunes.	Champagne, de préférence blanc de blancs, éventuellement une cuvée de prestige.	Cerdon rosé (Bugey), Montlouis pétillant, Savoie Ayze, Muscat du Cap Corse (doux), Rosette (Dordogne), Gaillac "perlé".	Fino de Jerez ou de Montilla Moriles (Espagne), Franciacorta Spumente (Italie), Crémant du Luxembourg, Cava (Espagne).

Vins de Pays : Vins de Pays du Jardin de la France (Chenin), Vins de Pays des Alpes-de-Hautes-Provence (Muscat blanc moelleux).

Les accords des vins et des mets

Avec les hors-d'œuvre et les entrées

ENTRÉES CHAUDES : QUICHES, TARTES À L'OIGNON, VOL-AU-VENT...

Budget limité	Budget confortable	Proposition originale	Vins étrangers
Pinot blanc d'Alsace, Roussette de Savoie, Bergerac sec, Bourgogne Aligoté.	Chablis, Savennières (Anjou), Pouilly-Fumé (Val de Loire).	Gris de Toul ou de l'Orléanais, Pacherenc du Vic Bilh sec (région de Pau), Corbières blanc, Coteaux du Thouarsais blanc.	Colombard de Californie, Vinho verde blanc (Portugal), Müller-Thurgau (Allemagne).

Vins de Pays : Vins de Pays des Côtes de Gascogne (Colombard et Ugni blanc), Vins de Pays des Côtes de la Meuse ou de Franche-Comté.

ASSORTIMENT DE CHARCUTERIE

Budget limité	Budget confortable	Proposition originale	Vins étrangers
Rosé du Béarn, Gamay de Touraine, d'Anjou ou de Savoie, Beaujolais servis frais, Bordeaux clairet.	Tavel, Bandol rosé.	Irouléguy rosé (Pays basque), Coteaux d'Ajaccio ou Patrimonio, Pinot noir du Bugey, Poulsard (Jura).	Bardolino rosé (lac de Garde, Italie), Dôle ou Goron (Suisse), Kadarka de Hongrie.

Vins de Pays : Vins de Pays du Jardin de la France (Grolleau), Vins de Pays de l'Ile de Beauté (Aleatico).

FOIE GRAS

Les accords seront différents selon qu'il s'agit d'un foie de canard ou d'un foie d'oie. Ce dernier est généralement plus onctueux. De même, on ne choisira pas les mêmes vins avec un foie gras servi chaud et un foie gras au naturel. Sur un foie gras chaud, certains grands vins rouges font merveille lorsqu'ils sont servis à maturité. C'est le cas d'un Musigny (Bourgogne), d'un Margaux, d'un vieux Cahors. Sur ces préparations chaudes, les grands vins blancs d'Alsace constituent généralement un accord remarquable. Mais il faut tenir compte de la préparation du foie : nature, avec des pommes, des raisins, de la rhubarbe. Au restaurant, laissez-vous conseiller par le sommelier, le restaurateur ou la restauratrice.

Vin d'Anjou et terrine de foie gras.

Foie gras en brioche et Tokay Pinot gris.

S'il s'agit d'un foie gras au naturel, voici quelques propositions :

Budget limité	Budget confortable	Proposition originale	Vins étrangers
Côtes de Bordeaux Saint-Macaire, Cadillac (Bordelais), Côtes de Montravel, Vouvray moelleux.	Grand Sauternes, Montrachet, Tokay Pinot gris vendanges tardives (Alsace), Chaume ou Bonnezeaux (Anjou), Château Grillet. *Avec ces vins, le foie gras doit être irréprochable.*	Château-Chalon, Jurançon issu de raisins surmaturés, Haut Montravel ou Rosette (Dordogne), Graves Supérieures, Vieux Cahors ou vieux Madiran, Vin blanc moelleux de Cilaos (Ile de la Réunion).	Cotnari (Roumanie), Sémillon botrytisé de Griffith (Australie, Nouvelle-Galles du sud, au nord de Melbourne), Tokay Aszú 3 puttonyos (Hongrie), Château Lion de Suntory (Japon).

Vins de Pays : Vins de Pays du Jardin de la France (Chenin moelleux), Vins de Pays des Coteaux de l'Ardèche (Viognier).

Les accords des vins et des mets

Gros Plant avec huîtres et crevettes.

HUÎTRES

Il faut choisir un vin blanc jeune, sec et frais. Ce type de vin accompagne les différentes variétés d'huîtres. Mais évitez les vins trop aromatiques sur les belons, afin de ne pas masquer leur goût si particulier. Evitez également les vins marqués par le bois neuf. En règle générale, il y a une opposition entre l'iode et le tanin.

Budget limité	Budget confortable	Proposition originale	Vins étrangers
Gros Plant du Pays nantais, Entre-deux-Mers, Riesling, Menetou-Salon blanc.	Chablis 1er cru d'un millésime récent, Pessac-Léognan blanc jeune de préférence, Sancerre blanc, R de Rieussec.	Beaujolais blanc, Picpoul de Pinet (Coteaux du Languedoc, Pissotte (Vendée), Cassis blanc (Provence), Moselle blanc.	Sauvignon de Nouvelle-Zélande, Chenin d'Afrique du Sud Rivaner du Luxembourg, Perla (Roumanie).

Vins de Pays : Vins de Pays de Côtes Catalanes (Chardonnay), Vins de Pays de la Vienne (Sauvignon ou Chardonnay).

Avec les poissons et les crustacés

CREVETTES, CRABES, LANGOUSTINES...

Il faut choisir un vin blanc sec, vif et léger.

Budget limité	Budget confortable	Proposition originale	Vins étrangers
Sauvignon de Touraine, Bourgogne Aligoté, Sylvaner, Chardonnay du Haut-Poitou.	Coteaux champenois blanc, Bandol blanc, Champagne brut, Ladoix blanc.	Saint Pourçain-sur-Sioule blanc (Allier), Crépy (Savoie), Brem (Vendée), Jurançon sec, Châtillon en Diois blanc.	Fendant (Suisse), Cap blanc (Maroc), Grasevina (Croatie), Coteaux de Carthage (Tunisie).

Vins de Pays : Vins de Pays du Jardin de la France (Chardonnay), Vins de Pays Portes de Méditerranée (Clairette).

Chausson de homards aux queues de langoustines à la julienne d'endives sauce crustacés.

HOMARD, LANGOUSTE

Les vins choisis seront différents selon le mode de préparation. Sur un homard à l'américaine ou à l'armoricaine, il faut choisir des vins ayant du caractère : Hermitage blanc, vin jaune du Jura, Châteauneuf-du-Pape blanc. Si langoustes et homards sont servis froids ou à la nage, on peut envisager les accords suivants :

Savennières et crustacés.

Budget limité	Budget confortable	Proposition originale	Vins étrangers
Muscadet Sèvre & Maine sur lie, 1ères Côtes de Bordeaux blanc, Gaillac blanc, Petit Chablis.	Savennières Roche aux Moines ou Coulée de Serrant, Puligny-Montrachet 1er cru jeune, Chablis grand cru.	Jasnières sec (Val de Loire), Palette blanc (Provence), Minervois blanc, Coteaux d'Ajaccio blanc.	Rueda (Castille, Espagne), Olasz Riesling de la région du lac Balaton (Hongrie), Chardonnay de Roumanie, Soave (Italie).

Vins de Pays : Vins de Pays du Comté Tolosan (Chardonnay), Vins de Pays de la Haute Vallée de l'Aude (Chenin).

Les accords des vins et des mets

Poissons

Muscadet sur lie avec poissons et coquilles Saint-Jacques.

POISSONS FUMÉS

Budget limité	Budget confortable	Proposition originale	Vins étrangers
Sauvignon de Saint-Bris (Yonne), Sauvignon de Touraine, Entre-deux-Mers, Bergerac sec.	Corton-Charlemagne, Pouilly Fumé, Riesling, Châteauneuf-du-Pape blanc.	Aquavit, vodka*, Arbois blanc issu de Savagnin, Klevener d'Heiligenstein (Alsace).	Fino de Montilla Moriles (Andalousie, Espagne), Retsina (Grèce), Bucelas (Portugal), Coteaux de Kafraya blanc (Liban).

* Mais attention au vin qui suivra, difficile d'aller crescendo.

Vins de Pays : Vins de Pays du Jardin de la France (Sauvignon), Vins de Pays des Côtes de Gascogne blanc.

POISSONS MEUNIÈRE

Il faut choisir des vins blancs secs et frais.

Budget limité	Budget confortable	Proposition originale	Vins étrangers
Saint-Véran, Bourgogne Aligoté, Mâcon blanc, Côtes de Blaye (Bordelais), Côtes du Lubéron blanc, Muscadet.	Riesling grand cru, Hermitage blanc, Cru classé de Pessac-Léognan blanc (Bordelais), Coteaux champenois blanc.	Chignin Bergeron (Savoie), Cheverny blanc (val de Loire), Viré-Cléssé, Coteaux du Tricastin blanc, Gaillac blanc. Jurançon sec	Sauvignon d'Israel, Riesling Huadong Tsingtao (Chine), Reichenburger de Carr Taylor (Royaume-Uni), Grüner Veltliner (Autriche).

Vins de Pays : Vins de Pays du Pays d'Oc (Chardonnay), Vins de Pays des Comtés Rhodaniens (Roussanne, Marsanne).

POISSONS EN SAUCE

Poissons accompagnés d'une sauce type hollandaise, poissons **en sauce** légèrement crémée.

La préparation est déterminante, mais il faut choisir un vin plus souple que pour les poissons meunière.

Budget limité	Budget confortable	Proposition originale	Vins étrangers
Côtes du Rhône blanc, Coteaux de l'Aubance (Anjou), Coteaux du Loir blanc, Côtes du Roussillon blanc, Côtes de Duras blanc, Viognier des Côtes du Vivarais (Ardèche).	Batard- Montrachet*, Aile d'Argent* (Bordeaux blanc produit en Médoc), Condrieu, Pessac-Léognan blanc cru classé, Champagne brut, mais souple. ** budget très confortable*	Chardonnay de la région de Limoux (Aude), Costières de Nîmes blanc, Cérons (Bordelais), Vouvray ou Montlouis sec ou demi-sec (Touraine), Bordeaux Saint Macaire, Patrimonio blanc (Corse).	Vin blanc de l'île de Santorin en Grèce, Orvieto ou Frascati (Italie), Chardonnay de la Napa Valley (USA), Chardonnay de la Barossa Valley (Australie).

Vins de Pays : Vins de pays du Pays d'Oc (Viognier), Vins de Pays du Jardin de la France (Chenin).

Lorsque le poisson est servi avec un beurre blanc (un vrai, c'est-à-dire tel qu'il a été "inventé" par Clémence, la cuisinière du marquis de Goulaine), un Muscadet Sèvre-et-Maine semble l'accord idéal. Il y a également un très bel accord avec un Savennières.
Les vins blancs de Savoie accompagnent bien les poisons des lacs (lavarets, ombles…).

Sur un poisson préparé avec du vin : matelote, pochouse, truite au Riesling, lamproie à la bordelaise, etc., il faut servir le vin utilisé pour la préparation.

Les accords des vins et des mets

Poisson fin avec un Meursault 1er cru.

Poisson et Riesling.

Peut-on servir un vin rouge sur un poisson ? C'est une question de goût. Ce qui importe, c'est de se faire plaisir comme nous l'avons déjà vu. Mais force est de reconnaître qu'il ne s'agit pas d'un accord classique, si l'on excepte la lamproie à la bordelaise (sur laquelle il faut servir un bon Bordeaux rouge, un Saint Emilion par exemple) et les rougets. Vous êtes pour le vin rouge, pourquoi pas ? Mais choisissez un vin rouge pas trop corsé, servi légèrement frais et réservez-le de préférence à des poissons préparés avec des poivrons, des tomates ou une sauce au vin rouge.

Filet de Loup et Côtes du Roussillon blanc.

Avec les viandes

Comme pour les poissons, la préparation est déterminante. Viande grillée ? Viande en sauce ? Dans ce dernier cas, quel type de sauce ? Qui plus est, on ne sert pas les mêmes vins sur une viande blanche et sur une viande rouge. Pensez également à la saison. En été, recherchez des vins légers et frais, en hiver, n'hésitez pas à avoir recours à des vins plus corsés, voire généreux.

BŒUF RÔTI OU GRILLÉ : contre-filet rôti, entrecôte grillée, côtes de bœuf, etc.

Budget limité	Budget confortable	Proposition originale	Vins étrangers
Vacqueyras, Pinot noir des Côtes de Toul, Côtes de la Malepère, Côtes du Vivarais rouge, Cabardès.	Saint-Emilion grand cru, A.O.C. communales de la Côte-d'Or : Morey-Saint-Denis, Santenay… Mercurey, Côte Rôtie, pas trop puissant.	Pécharmant (Dordogne), Mondeuse (Savoie), Rouge d'Ottrott (Alsace, pinot noir), Maranges rouge (Bourgogne).	Chianti classico (Italie), Coteaux de Carthage rouge (Tunisie), Cabernet Sauvignon d'Argentine, Salvagnin (Vaudois, Suisse), Priorato (Espagne).

Vins de Pays : Vins de Pays des Comtés Rhodaniens (Gamay), Vins de Pays des Côtes du Tarn (Cabernet).

VIANDE EN SAUCE : bourguignon, goulasch, estouffade, etc.

Si la sauce est à base de vin, servez le vin que vous avez utilisé pour la préparation, telle est la règle ! Sur la (le) goulasch, en raison du paprika, il faut servir un vin rouge puissant type Gigondas, Madiran, Fitou. Autre possibilité : un vin hongrois, Egri Bikaver (sang de taureau).

Budget limité	Budget confortable	Proposition originale	Vins étrangers
Crozes Hermitage rouge, Coteaux Varois rouge, Minervois rouge.	Bandol rouge, Pommard, Clos de Vougeot, Cru de Fronsac.	Bourgogne Epineuil, Lirac rouge, Côtes de Provence rouge, Irouléguy rouge.	Dahra rouge (Algérie), Buzbag (Turquie), Malbec (Argentine), Dão (Portugal).

Vins de Pays : Vins de Pays du Pays d'Oc (Mourvèdre), Vins de Pays des Côtes de Thau (Syrah).

Vin de Provence et dos d'agneau.

Champagne rosé et agneau.

Les accords des vins et des mets

AGNEAU RÔTI OU GRILLÉ

Budget limité	Budget confortable	Proposition originale	Vins étrangers
Bourgogne rouge Côtes d'Auxerre, Anjou Villages, Beaujolais Villages, Côtes du Lubéron rouge.	Cru de Pomerol de Saint-Julien ou de Pauillac (ce dernier accompagne parfaitement la selle), Volnay, Vosne-Romanée, Bellet rouge.	Champagne rosé, Les Baux-de-Provence, Irancy, Fronton rouge, Vin d'Estaing (Aveyron).	Sassicaia (Italie), Rioja Alta (Espagne), Pinotage (Afrique du sud), Cabernet Sauvignon du Chili.

Vins de Pays : Vins de Pays des Côtes de Gascogne (Merlot), Vins de Pays du Jardin de la France (Cabernet).

VEAU RÔTI OU POÊLÉ

Budget limité	Budget confortable	Proposition originale	Vins étrangers
Vin rouge primeur : Mâcon, Touraine, Côtes du Rhône. Côtes du Ventoux rouge, Côtes du Vivarais rouge, Buzet rouge.	Moulis, Margaux, Chambolle-Musigny, Volnay.	Corent (Côtes d'Auvergne), Marcillac (Aveyron), Pinot noir d'Alsace, Saint Nicolas-de-Bourgueil, Rully rouge.	Bardolino (Italie), Merlot du Tessin (Suisse), Chardonnay de la Napa Valley (USA).

Vins de Pays : Vins de Pays de Franche-Comté (Pinot noir), Vins de Pays du Comté Tolosan (Cabernet).

VEAU EN SAUCE : escalope à la crème, blanquette, etc.

Ces préparations demandent généralement des vins blancs. Si vous êtes un inconditionnel du vin rouge, choisissez-le léger et peu tannique.

Budget limité	Budget confortable	Proposition originale	Vins étrangers
Touraine blanc, Mâcon-Villages, Côtes du Rhône blanc.	Haut-Brion blanc, Chassagne-Montrachet (pas trop jeune), Condrieu, Hermitage blanc, Champagne brut mais souple.	Auxerrois (Alsace), Châteauneuf-du-Pape blanc, Mercurey blanc, Tursan blanc, Chignin Bergeron	Pinot gris de l'Orégon (USA), Weiss Burgunder (Autriche), Chardonnay d'Australie, Pinot grigio de Vénétie (Italie).

Vins de Pays : Vins de Pays du Jardin de la France (Chenin blanc), Vins de Pays du Pays d'Oc (Chardonnay), Coteaux de Coiffy, rare (cépage Auxerrois).

Avec le gibier et les volailles

Comme pour les poissons et les viandes de boucherie, il faut tenir compte de la préparation, de la saison, du vin qui précède, éventuellement de celui qui va suivre… Il faut faire la distinction entre le gibier à plumes et le gibier à poils.

GIBIER À PLUMES : cailles, perdreaux, faisans, etc.

Généralement, ils sont accompagnés d'un vin rouge souple et délicat, mais, aussi surprenant que cela puisse paraître, sur certaines préparations, il est possible de servir un vin blanc, en particulier un Tokay Pinot gris d'Alsace ou un grand Riesling.

Budget limité	Budget confortable	Proposition originale	Vins étrangers
Côtes du Roussillon-Villages, Crus du Beaujolais : Moulin-à-Vent, Côtes de Brouilly, Côte de Beaune-Villages, Corbières, Côtes de Castillon.	Crus classés de Margaux ou de Saint-Emilion, Beaune, Volnay, Chambolle-Musigny, Coteaux Champenois rouge.	Collioure rouge (Pyrénées-Orientales), Tursan rouge (Landes), Coteaux du Languedoc, Pic Saint Loup rouge, Tokay Pinot gris d'Alsace grand cru.	Opus One (USA), Tignanello (Italie), Dôle (Suisse), Zinfandel du Mexique, Shiraz d'Australie, Gamza (Bulgarie), Beni M'tir rouge (Maroc), Château Musar (Liban).

Vins de Pays : Vins de Pays de la Principauté d'Orange (Grenache et Carignan), Vins de Pays de l'Aude ou de l'Hérault (Cabernet Sauvignon).

Les accords des vins et des mets

GIBIERS À POILS : marcassin, lièvre, chevreuil, etc.

Il faut choisir des vins rouges corsés, des vins plus charpentés que pour les gibiers à plumes.

Noisette de lièvre et Côtes du Roussillon Villages.

Budget limité	Budget confortable	Proposition originale	Vins étrangers
Côtes du Rhône Villages, (Rasteau, Beaumes-de-Venise, Cairanne,…), Corbières, Côtes de Saint Mont, Saint-Chinian, Côtes de Nuits-Villages, Bordeaux Supérieur vieilli en fûts.	Pommard 1er cru, Corton, Côte rôtie, Hermitage, Châteauneuf-du-Pape, Crus de Pomerol, Crus classés de Saint-Emillion, Cru de Cahors.	Vieux Banyuls, Collioure, Fitou, Patrimonio (Corse), Bandol, Pécharmant, Côtes de Roussillon Villages.	Vega Sicilia (Espagne)*, Grange* (Australie, région d'Adélaïde), Dão (Portugal), Naoussa (Grèce), Cabernet Sauvignon du Chili, Negru de Purkar (Moldavie) * budget très confortable

Vins de Pays : Vins de Pays du Pays d'Oc (Syrah), Vins de Pays Portes de Méditerranée (Mourvèdre).

VOLAILLES

Elles sont traditionnellement classées en fonction de la couleur de leur chair. Volailles à chair blanche : coquelets, poulets, poulardes, chapons, dindes… Volailles à chair brune : canards, oies, pintades, pigeons…

La plupart des vins rouges, à condition de ne pas être trop puissants, peuvent accompagner les volailles. On servira les plus légers sur les volailles à chair blanche, ceux un peu plus corsés sur les volailles à chair brune.

Budget limité	Budget confortable	Proposition originale	Vins étrangers
Beaujolais-Villages, Bourgueil, Chinon, Anjou Villages, Bordeaux rouge, Bourgogne Passetoutgrain, Côtes de la Malepère, Corbières, Fitou, Minervois.	Crus bourgeois du Médoc, A.O.C. communales de la Côte d'Or : Morey-Saint-Denis, Vosne-Romanée, Chambolle-Musigny, Beaune, Volnay, Gevrey-Chambertin, Nuits-Saint-Georges. Ces deux derniers, plus charpentés, seront servis avec les chairs brunes.	Rosé des Riceys (Aube), Irouléguy (Pays basque), Sancerre rouge, Côtes de Duras (Lot-et-Garonne), Mareuil ou Brem (Vendée). Ces deux derniers sont à recommander sur le célèbre canard de Challans	Spätburgunder (Allemagne), Douro rouge (Portugal), Barolo, Chianti classico (Italie), Cabernet Sauvignon de Roumanie ou de la Napa Valley (USA).

Vins de Pays : Vins de Pays du Jardin de la France (Cabernet), Vins de Pays de Saône-et-Loire (Gamay).

Vin d'Anjou rouge et volaille.

Pour le coq au vin, il est recommandé de servir le vin utilisé pour la préparation : coq au Riesling : un Riesling ; coq au vin jaune et aux morilles : un vin jaune du Jura ; coq au Chambertin : un Chambertin. Cette dernière proposition est réservée aux budgets très confortables.

Les accords des vins et des mets

AVEC UN BARBECUE

Très à la mode dès que reviennent les beaux jours, la barbecue-party doit conserver son côté convivial. Il est souhaitable d'éviter les très grands vins. Des vins rouges ou rosés légers et servis frais semblent tout indiqués.

Budget limité	Budget confortable	Proposition originale	Vins étrangers
La plupart des vins rouges et rosés légers ; il n'y a que l'embarras du choix.	Tout est possible, mais est-ce souhaitable de servir un très grand vin ? Conservez vos crus prestigieux pour d'autres occasions.	Touraine-Azay-le-Rideau rosé issu de Grolleau, Béarn-Bellocq rosé, Vins gris de l'Orléanais ou des Côtes de Toul, Beaujolais rosé, Bordeaux Clairet.	Trollinger du Wurtemberg (Allemagne), Rosé de Peñedés (Espagne), Rosé de Tlemcen (Algérie), Vin gris du Maroc.

Vins de Pays : Vins de Pays des Sables du Golfe du Lion (gris de gris), Vins de Pays des Bouches-du-Rhône (rosé).

Avec les fromages

(Pour les Vins de Pays, seuls les cépages sont indiqués, ils se rencontrent sous différentes dénominations régionales, départementales ou zones.)

"Un repas sans fromages est une belle à qui il manque un œil." Cette maxime de Brillat-Savarin, Prince élu des gastronomes, confirme l'importance du fromage dans un repas. En France, nous avons le privilège de posséder une gamme de fromages unique au monde ! Reste à faire le bon choix : choix du ou des fromages, choix du vin pour les accompagner. Vins rouges ou vins blancs ? Doit-on privilégier les accords régionaux tels que Munster et Gewurztraminer, Comté et vin du Jura ? Doit-on réserver les flacons les plus prestigieux pour le plateau de fromages ? Trop souvent, on oublie un élément essentiel : la qualité du fromage que l'on achète. Sur des fromages pasteurisés, sur un roquefort suintant et trop salé, ne vous posez pas trop de questions, vous pouvez servir n'importe quoi, à condition qu'il ne s'agisse pas d'un grand vin.

Les fromages mettent-ils les grands vins en valeur ?

Souvenez-vous qu'un fromage peut rendre un mauvais vin acceptable, mais qu'en revanche un fromage mal choisi peut "tuer" un vin de qualité. Contrairement à une opinion très répandue, la plupart des fromages ne mettent pas les grands vins en valeur.

Alors pourquoi réserve-t-on très souvent les meilleurs vins pour le plateau de fromages ? Tout simplement parce que dans un repas le plaisir des sens doit aller crescendo. Si l'on a servi un grand vin sur le rôti, la logique veut que l'on en serve un plus grand sur le fromage. Il faut choisir son fromage avec discernement en fonction du vin que l'on souhaite proposer et pas le contraire. Après la bouteille prestigieuse servie sur le plat de viande, rien n'interdit de revenir à un vin plus jeune, plus vif, plus fruité avec le plateau de fromages ou à un vin type vin doux naturel, voire à une eau-de-vie dans certains cas particuliers.

Il y a fromages et fromages.

Il faut savoir que les fromages sont classés en catégories : les fromages frais, les pâtes molles à croûte fleurie, les pâtes molles à croûte lavée, les chèvres, les pâtes persillées, les pâtes pressées non cuites, les pâtes pressées cuites et enfin les fromages fondus. Il faut tenir compte de la catégorie à laquelle appartient le fromage au moment de l'accord. Si vous êtes un puriste, vous pouvez très bien présenter un plateau avec des fromages d'une seule catégorie, que des bleus par exemple. Cela facilite le choix du vin.

SOURCE : CIVC. PHOTO : P. EXBRAYAT.

Fromages et Champagne.

SOURCE : BIVB/DR.

Accord Bourgogne fromage.

Les accords des vins et des mets

PÂTES FRAÎCHES ET FONDUES

Pour ces fromages, il faut se limiter à des vins blancs secs et légers ou à des vins rouges très légers et non tanniques.

PÂTES MOLLES À CROÛTE FLEURIE : camembert, brie, carré de l'est, chaource, etc.

Budget limité	Budget confortable	Proposition originale	Vins étrangers
Coteaux du Lyonnais rouge, Côtes Roannaises, Saint-Nicolas-de-Bourgueil, Côtes de Bourg.	Savigny-les-Beaune, Saint-Estèphe, Vieux Chinon ou vieux Bourgueil, Côte de Beaune-Villages.	Lussac Saint-Emilion, un excellent cidre de Normandie sur le camembert, Rosé des Riceys sur le chaource.	Valdéorras ou Rioja reserva (Espagne), Valpolicella (Italie), Salvagnin (Suisse), Merlot de Slovénie.

Vins de Pays : Merlot, Pinot noir…

PÂTES MOLLES À CROÛTE LAVÉE : livarot, pont-l'évêque, munster, maroilles, etc.

Budget limité	Budget confortable	Proposition originale	Vins étrangers
Côtes du Rhône rouge, Côtes de Saint-Mont, Gaillac rouge, Coteaux du Languedoc rouge, Côtes de Nuits-Villages.	Pomerol ou Lalande de Pomerol, Saint-Emilion, Gevrey-Chambertin, Aloxe-Corton, Cahors, Côte Rôtie.	V.D.N. (sauf muscat). Vieux marc de Bourgogne sur l'époisses, Vieux Calvados sur livarot et pont-l'évêque, Gewurztraminer ou Gewurztraminer V.T. avec le munster.	Vino nobile de Montepulciano (Italie), Pinotage (Afrique du sud), Zinfandel de Californie, Cabernet Sauvignon du Chili.

Vins de Pays : Cabernet, Syrah…

PÂTES PERSILLÉES : roquefort, bleu de Bresse, fourme d'Ambert, bleu de Gex, etc.

Budget limité	Budget confortable	Proposition originale	Vins étrangers
Sainte-Croix-du-Mont, Côtes de Montravel, Loupiac, Rouges d'Estaing ou de Marcillac (Aveyron).	Crus classés de Sauternes ou de Barsac, Bonnezeaux, Vieux Cahors, Vieux Madiran, Banyuls grand cru hors d'âge.	VDN issus de grenache : Vieux Rasteau, Maury ou Rivesaltes. Banyuls hors d'âge, Floc de Gascogne, Pineau des Charentes, Graves Supérieures, Jurançon V.T. Cornas.	Vino Santo (Italie), Riesling Beerenauslese (Allemagne), Vieux Porto, Vieux Madère, Ice wine (Canada), Bouvier beerenauslese (Autriche), Mavrodaphne de Patras (Grèce).

Vins de Pays : Grenache, Sémillon…

PHOTO : BRUNET

PHOTO : BRUNET.

SOURCE : DOCUMENT VITICOLE SANCERROISE
BROCHURE SANCERRE - VIN DU CŒUR DE LA FRANCE.

Sancerre et crottins de Chavignol.

Les accords des vins et des mets

CHÈVRES : valençay, chabichou, crottins de Chavignol, picodon de la Drôme et de l'Ardèche, etc.

Budget limité	Budget confortable	Proposition originale	Vins étrangers
Sauvignon de Touraine, Entre-deux-Mers, Mâcon blanc…	Pouilly-fumé, Sancerre, Condrieu.	Reuilly, Montlouis sec, Cour Cheverny, Pinot noir du Bugey, Barsac sur un chèvre frais, Muscat du Cap Corse sur un chèvre sec.	Sauvignon de Nouvelle-Zélande ou d'Afrique du sud, Fino de Montilla-Moriles (Espagne) sur chèvres secs.

Vins de Pays : Sauvignon, Chardonnay, Viognier…

PÂTES PRESSÉES NON CUITES : cantal, saint-nectaire, morbier, etc.

Budget limité	Budget confortable	Proposition originale	Vins étrangers
Côtes d'Auvergne, Lirac rosé, Bourgogne Aligoté, Beaujolais Villages.	Hermitage blanc, Beaune rouge 1er cru, Crus bourgeois de Moulis ou de Listrac.	Chanturge (Auvergne), Vins d'Entraygues et Fels (Aveyron), Saint-Pourçain (Allier), Saint Joseph blanc, Sancerre rouge.	Mantinia (Grèce), Furmint (Hongrie), Müller-Thurgau (Allemagne), Blanc de Morgex (Italie).

Vins de Pays : Gamay, Pinot noir…

PÂTES PRESSÉES CUITES : comté, beaufort, emmental grand cru, abondance

Budget limité	Budget confortable	Proposition originale	Vins étrangers
Côtes du Jura blanc, Vins de Savoie : Abymes, Apremont…, Côtes du Roussillon blanc.	Château-Chalon (vin jaune du jura), Crépy, Chambolle-Musigny, Saint-Estèphe, Saint-Julien.	Vin jaune de l'Etoile ou d'Arbois (Jura), Chignin Bergeron (Savoie), un des 4 crus de Roussette de Savoie, Crépy, Jasnières sec, Vin de voile de Gaillac.	Fino de Jerez (Espagne), Tokay szamorodni sec (Hongrie), Fendant (Suisse), Chardonnay de Sonoma Valley (USA), Sercial (Madère).

Vins de Pays : Altesse, Savagnin…

SOURCE : CDT DU JURA. PHOTO : STUDIOVISION.

Pour conclure, quelques accords privilégiés :

Comté : vin jaune du Jura.

Munster : Gewurztraminer.

Crottin de Chavignol : Sauvignon (Sancerre, Pouilly fumé…).

Roquefort : vieux Banyuls.

Epoisses : vieux marc de Bourgogne.

Vins et fromages du Jura.

Les accords des vins et des mets

Avec les desserts

Délice d'Eve et Pommeau.

Après une longue éclipse, les vins dits "vins de dessert", très en vogue au début du siècle dernier, reviennent au goût du jour. Il faut se réjouir de retrouver ces vins sur nos tables. Le dessert constitue la conclusion d'un repas. Savoir conclure est un art. Souvent, la dernière impression ressentie est déterminante. Pendant trop longtemps, sur les desserts, quels qu'ils soient, on s'est cru obligé de proposer un Champagne. Pourquoi pas ? Mais à une seule condition : qu'il s'agisse d'un Champagne dosé (demi-sec, sec..) ou déjà légèrement évolué. Les bruts, surtout lorsqu'ils sont jeunes, s'accordent rarement avec une préparation sucrée. En revanche, comme nous l'avons déjà vu, ils font merveille à l'apéritif.

DESSERT AU CHOCOLAT

Budget limité	Budget confortable	Proposition originale	Vins étrangers
Vins doux naturels : Rasteau, Rivesaltes, Maury.	Rester dans les vins doux naturels mais en choisissant de vieux millésimes ou des hors-d'âge dans les A.O.C : Rasteau, Banyuls ou Maury, par exemple.	Clairette du Languedoc rancio, Liqueur à base d'orange (Cointreau, Grand-Marnier…), vieil Armagnac. Sur une préparation à base de chocolat amer, essayez un vieux Madiran ou un vieux Cahors.	Vino Santo (Italie), Vieux Madère Malmsey ou Bual, Porto doux (Portugal), Malaga doux (Espagne), Mavrodaphne de Patras (Grèce), Nectar (Moldavie).

AVEC DES TARTES AUX FRUITS ROUGES

On choisit soit un vin rouge jeune, léger et fruité (que l'on sert légèrement frais) soit un rosé doux.

Budget limité	Budget confortable	Proposition originale	Vins étrangers
Rosé d'Anjou, Crémant rosé demi-sec.	Champagne rosé demi-sec	Cerdon du Bugey, Cabernet d'Anjou, Cabernet de Saumur, Gamay nouveau, Saint-Nicolas-de-Bourgueil jeune.	Brachetto d'Acqui ou Lambrusco doux (Italie), Cava rosé demi-sec, (Espagne), Tsimlanskoye rouge doux (Russie).

FRANGIPANES ET AUTRES TARTES : POMMES, POIRES, MIRABELLES, ETC.

Budget limité	Budget confortable	Proposition originale	Vins étrangers
Muscat de Beaumes-de-Venise, Rivesaltes, Lunel, St Jean de Minervois… Bordeaux moelleux, Monbazillac, Anjou doux.	Sauternes, Barsac, Coteaux du Layon, Bonnezeaux (Anjou), Champagne demi-sec, Gewurztraminer vendanges tardives.	Vin de paille du Jura ou de l'Hermitage, Clairette de Die, Vouvray ou Montlouis moelleux, Graves Supérieures, Floc de Gascogne avec les préparations aux pruneaux.	Traminer de Murfatlar surmaturé (Roumanie), vin moelleux du Gloucestershire (GB), Muscat de Samos ou de Patras (Grèce), Muscat de Setubal (Portugal).

Les accords des vins et des mets

V.D.N. et chocolats

Clairette de Die et galette des rois.

Moka et très vieux rhum.

DESSERTS PRÉPARÉS À BASE D'EAU-DE-VIE OU DE LIQUEUR :
soufflés chauds ou glacés, crêpes flambées...

Il ne faut pas hésiter à proposer un petit verre de la liqueur ou de l'eau-de-vie utilisée pour la préparation. Par exemple : du kirsch avec un soufflé au kirsch, une eau-de-vie ou une liqueur de framboise sur un soufflé glacé à la framboise.

Quelques accords à privilégier

Gâteau aux noix : Vin jaune du Jura.

Tarte Tatin : Pommeau de Normandie ou de Bretagne.

Beignets d'acacia : Vouvray moelleux d'un grand millésime.

Moka : très vieux rhum.

Tarte aux figues : vin de paille.

Crème catalane : Rivesaltes ambré.

Salade de fruits frais : Muscat de Beaumes-de-Venise, surtout si la salade comporte des lychees.

MENUS DE FÊTES (accord vertical)

En France, il n'est pas de fêtes sans repas. Si le choix des plats est relativement facile, celui des vins est parfois un peu plus compliqué. Nous allons prendre trois exemples de menus de Fêtes (menus de Noël ou du Jour de l'An). Noël reste une fête familiale, empreinte de traditions, nous pouvons donc rester classique pour le choix des accords. Pour le jour de l'An, on peut se permettre de sortir des sentiers battus. Comme nous l'avons déjà vu, pour les accords vins-mets, une seule règle ne doit pas être transgressée: "Le plaisir des sens doit aller crescendo". Le vin que l'on boit ne doit pas faire regretter celui que l'on vient de boire. Si vous respectez cette règle pour chaque plat, de nombreuses possibilités vous sont offertes Pour chaque menu, voici 4 propositions : une avec budget limité, une avec budget confortable, une en privilégiant l'originalité, une avec des vins européens. Il ne s'agit que de suggestions. A l'intérieur de chaque proposition, un vin peut en remplacer un autre (à condition de respecter la règle qui vient d'être rappelée).

Pour un jour de fête, un Champagne brut semble tout indiqué pour l'apéritif. Selon le budget dont on dispose, on optera pour un Champagne classique ou pour une "cuvée de prestige".

SOURCE : COMITÉ NATIONAL DU PINEAU DES CHARENTES.

SOURCE : COMITÉ NATIONAL DU PINEAU DES CHARENTES.

Les accords des vins et des mets

Premier Menu

Plateau de fruits de mer

Poisson en sauce (type sole normande)

Dinde aux marrons

Fromages

Bûche de Noël au chocolat

Budget limité : Vin de Pays du Jardin de la France (Sauvignon), Côtes du Rhône blanc, Coteaux du Languedoc rouge (pour la dinde et le fromage), Rasteau ou Maury avec la bûche.

Budget confortable : Coteaux champenois blanc, Meursault premier cru, vieux Cahors pour la dinde, Côte Rôtie (1) d'un vieux millésime pour le fromage et un Banyuls grand cru hors d'âge avec la bûche.

Proposition originale : Jasnières sec (Val de Loire), Palette blanc (Provence), Collioure rouge (Roussillon), Gewurztraminer vendanges tardives en vous limitant à des fromages à croûte lavée (munster, livarot, pont-l'évêque...), Grand Marnier ou vieil Armagnac avec la bûche.

Europe : Vinho Verde blanc (Portugal), Riesling, Rheingau (Allemagne), Ribeira del Douero de 5 à 8 ans (Espagne) avec la dinde, Brunello de Montalcino 8 à 12 ans (Italie) avec le fromage, Vieux Madère Malmsey (Portugal) avec la bûche.

Deuxième Menu

Foie gras d'oie truffé*

Homard grillé, beurre fondu à l'estragon

Filet de boeuf en croûte

Plateau de fromages

Salade de fruits frais

* Ce type de menu présente une difficulté particulière. Après un vin blanc moelleux ou liquoreux, il n'est pas toujours évident de revenir sur un vin sec, aussi grand soit-il. Une solution consiste à servir après le foie gras une toute petite tasse d'un excellent consommé de volaille pas trop corsé. Ainsi le palais est prêt pour apprécier le vin suivant.

Budget limité : Cadillac (Bordeaux blanc moelleux), Vin de Pays du Pays d'Oc, cépage Chardonnay, Bourgogne Passetoutgrain, Vacqueyras (1), Muscat de Rivesaltes.

Budget confortable : Sauternes cru classé, Savennières Roche aux Moines ou Coulée de Serrant, Chambolle-Musigny premier cru 5 à 8 ans, Hermitage rouge 8 à 12 ans, Muscat de Beaumes-de-Venise (cuvée de prestige).

Proposition originale : Pacherenc du Vic Bilh moelleux, Châteauneuf-du-Pape blanc, Coteaux champenois rouge jeune (Bouzy, Cumières...), Pécharmant 5 à 8 ans (Dordogne), Château-Chalon (en vous limitant à un assortiment de fromages de Franche-Comté), Pineau des Charentes blanc, ne pas hésiter à en mettre un peu dans la salade de fruits lors de la préparation.

Europe : Bouvier beerenauslese (Autriche), Riesling du Rheingau (Allemagne), Douro rouge (Portugal), Chianti classico, en vous limitant à un plateau de fromages italiens, Muscat de Samos (Grèce).

Troisième Menu

Saumon fumé

Coquilles Saint-Jacques au Noilly et à la crème

Faisan en cocotte

Fromages

Bûche au café

(1) Attention au choix des fromages. Reportez-vous aux tableaux.

Budget limité : Sauvignon de Touraine, Arbois blanc, Vin de Pays cépage Cabernet Sauvignon, Côtes du Roussillon Villages (1), liqueur de café (Tia Maria, Kahlua...).

Budget confortable : grand Pouilly Fumé, Batard Montrachet pas trop jeune, Saint-Emilion grand cru 8 à 12 ans, Hermitage rouge (1), un très vieux rhum avec la bûche.

Proposition originale : Arbois Pupillin blanc, Chignin Bergeron (Savoie), Tokay Pinot gris grand cru d'Alsace, Vieux Banyuls en vous limitant à des bleus, vieux whisky ou vieille prune avec la bûche.

Europe : Aquavit (eau-de-vie des pays nordiques : Suède, Norvège, Danemark...), Riesling premier cru de la Moselle luxembourgeoise (Luxembourg), Barbaresco (Italie), Vieux Porto avec le fromage en vous limitant à un stilton ou à une fourme d'Ambert, Tokay azsü 5 puttonyos (Hongrie) avec la bûche.

Annexes

Vocabulaire de la dégustation.

Fiches d'analyse sensorielle des vins (O.I.V.) : vins tranquilles, vins mousseux et pétillants.

Exemple de décret pour une A.O.C.

Liste des «Vins de Pays».

L'Union de la Sommellerie Française (U.D.S.F.).

Historique de l'Union de la Sommellerie Française (U.D.S.F.).

Palmarès des principaux concours de sommeliers.

Les Courtiers Jurés-Experts Piqueurs de Vin de Paris.

Classement des grands vins de la Gironde en 1855 (Médoc et Sauternes). Classement des Graves et classement de Saint-Emilion.

Seconds vins du Bordelais.

Liste des A.O.C. et climats classés «Premiers crus» de la Côte de Nuits.

Liste des A.O.C. et climats classés «Premiers crus» de la Côte de Beaune et de la Côte Chalonnaise.

La vente des vins des Hospices de Beaune.

L'échelle des crus en Champagne.

Les Grands crus d'Alsace.

Métiers conduisant aux métiers de la vigne et du vin.

Adresses utiles.

VOCABULAIRE DE LA DÉGUSTATION

DOCUMENT BUREAU INTERPROFESSIONNEL DES VINS DE BOURGOGNE*.

1 ASPECT VISUEL
la couleur

LIMPIDITÉ
Net, limpide, cristallin. Trouble, flou, louche, voilé.

BRILLANCE
Brillant, cristallin, éclatant. Mat, terne, plombé.

INTENSITÉ
Bonne, foncée, soutenue. Moyenne, pâle.

NUANCES

▸ **VINS BLANCS**
Or blanc, or vert, or pâle, doré.
Jaune pâle, jaune clair, jaune serin.
Jaune à reflets verts, vert doré.
Jaune gris, vert d'eau.
Jaune ambré, jaune paille, vieil or.
Taché, rosé.

▸ **VINS ROSÉS**
Pivoine claire, framboise, œil de perdrix.
Orangé, saumoné, abricot.
Gris.

▸ **VINS ROUGES**
Rouge violet, pourpre, grenat, pivoine, violine.
Rouge cerise noire, rouge griotte.
Rubis, vermillon, groseille.
Rouge brique, rouge orangé, rouge brun, acajou, tuilé.

2 EXAMEN OLFACTIF
les arômes

INTENSITÉ
Très puissante, puissante, bonne. Suffisante, moyenne. Faible.

IMPRESSION GÉNÉRALE (ouvert, discret, fermé)
Original, élégant, racé, distingué. Subtil, très fin, complexe, riche. Commun, simple.

NUANCES AROMATIQUES

▸ **FLORALES**
Chèvrefeuille, églantine, rose, giroflée, acacia, violette, aubépine, géranium, pivoine, genêt, oranger, jacinthe, réséda.

▸ **FRUITS FRAIS**
Prune, cerise, raisin, cassis, framboise, fraise, groseille, mûre, coulis de fruits rouges, figue fraîche, muscat, coing, pêche, poire, bergamote, citron, orange, pamplemousse, ananas, fruits exotiques, banane, pomme verte, baies sauvages, petits fruits.

▸ **FRUITS SECS ET CONFITS**
Noix, raisin sec, noisette, amande, figue sèche, pistache, pruneau cuit, confiture, fruits cuits, écorce d'orange, noyaux, kirsch.

▸ **VÉGÉTALES**
Herbe, verdure, fougère, sureau, feuille de cassis, tisane, infusion, foin coupé, citronnelle, menthe, thé, tabac blond.

▸ **SOUS-BOIS**
Sous-bois, champignon, truffe, mousse d'arbre, terre mouillée, humus.

▸ **ANIMALES**
Musc, viande, charcuterie, venaison, gibier, cuir, fourrure, ambre, foxé, fauve.

▸ **ALIMENTAIRES**
Miel, caramel, réglisse, ail, cacao, laitage, beurre, cidre, bière, levure.

▸ **EMPYREUMATIQUES**
Brûlé, fumé, café, café grillé, torréfaction, pain grillé, moka, créosote, amande grillée, poudre, bois brûlé, caoutchouc.

▸ **BALSAMIQUES**
Résine de pin, cèdre, thym, vernis, genévrier, vanillé, résineux.

▸ **BOISÉES**
Tanin du vin, fûts neufs, bois humide, planche de chêne en sève, bois vert, bois rancio.

▸ **ÉPICES, AROMATES**
Cannelle, vanille, anis, poivre, laurier, coriandre.

▸ **MINÉRALES**
Pierre à fusil, soufre, iode, silex, minérale, terreux.

PERSISTANCE AROMATIQUE
Très longue, longue. Moyenne, courte. Faible.

*Au B.I.V.B, il existe une école du vin qui propose de nombreux stages. Tél. : 03 80 25 04 80. Fax : 03 80 25 04 81. Email : bivb@wanadoo.fr

3 EXAMEN GUSTATIF
les saveurs

CARACTÈRES DES SAVEURS

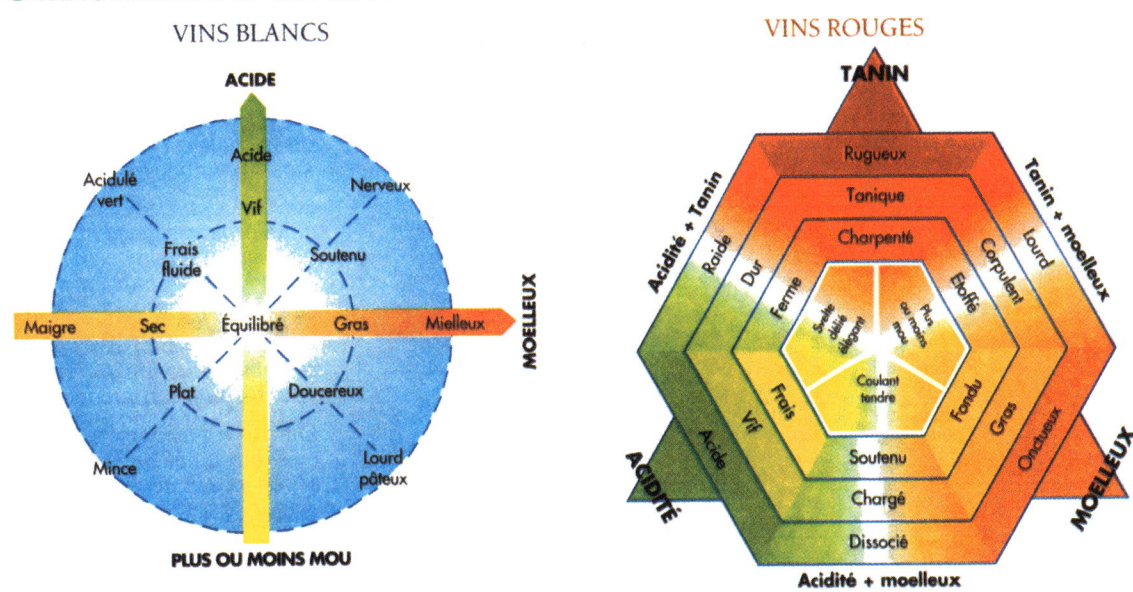

(Schémas conçus par M. Max Léglise)

AUTRES TERMES

Souple, capiteux, généreux, vineux, puissant, chaleureux, rond, charnu.

Solide, structuré, carré, corsé, astringent, rude.

Acerbe, rêche, âpre, amer, agressif.

GAZ CARBONIQUE

Recherché.

Picotement à la pointe de la langue.

Non souhaité.

ÉQUILIBRE

Excellent, équilibré, harmonieux.

Persistant, long, court.

Prolongement moyen, déséquilibré, chétif.

PERSISTANCE GUSTATIVE

Très longue, longue.

Bonne, moyenne.

Courte.

4 CONCLUSION

EVOLUTION

Evolution normale.

Peu évolué, de garde. Encore jeune.

Assez évolué, passé.

AVENIR

A consommer.

A l'apogée.

A conserver.

AUTRES COMMENTAIRES

Température de service du vin.

Positionnement dans son appellation et son millésime.

Perspectives de garde. Suggestions d'accords mets-vin.

BIBLIOGRAPHIE

"Apprendre à déguster les vins". Solar Presses de la Cité, par Claude Defranoux, Directeur du Laboratoire Départemental de Mâcon.

"Une initiation à la dégustation des grands vins" Divo Lausanne, par Max Léglise, Directeur Honoraire de la Station Oenologique de Bourgogne.

L'abus d'alcool est dangereux pour la santé. Consommez avec modération.

FICHES D'ANALYSE SENSORIELLE

Norme O.I.V. des concours internationaux des vins

En 1994, l'assemblée générale de l'OIV a approuvé la « nouvelle norme OIV » des concours internationaux de vins et abrogé le règlement des concours internationaux de vins adopté en 1975.

Ce travail remarquable fixe tous les paramètres à prendre en compte dans ce type de dégustation : buts, produits admis à concourir, modalités d'inscription, contrôle des échantillons reçus, classification des vins, rangement des échantillons, désignation des jurés, mission du bureau, organisation de la session [1], fonctionnement général des jurys, ordre de présentation des échantillons et température [2]. Chaque expert reçoit en même temps qu'il lui est servi l'échantillon à déguster, la fiche de dégustation correspondante. Avec l'aimable autorisation de l'OIV, en voici deux exemples :

Vins tranquilles

FICHE D'ANALYSE SENSORIELLE DES VINS AUX CONCOURS — Annexe 4.2 VINS TRANQUILLES

Vins mousseux et pétillants

FICHE D'ANALYSE SENSORIELLE DES VINS AUX CONCOURS — Annexe 4.4 VINS MOUSSEUX ET PETILLANTS

(1) Les vins sont dégustés par les jurys et par séance, en principe dans l'ordre suivant : blancs tranquilles - blancs effervescents - rosés tranquilles - rosés effervescents - rouges tranquilles - rouges effervescents - vins sous voile, vins doux naturels, vins de liqueur - mistelles

(2) Températures préconisées : vins blancs et rosés : 10/12°C - Vins rouges : 15/18°C - effervescents : 8/10°C - vins de liqueur et mistelles : 8/10°C.

PAGE RÉALISÉE À PARTIR DE DOCUMENTS OIV (ORGANISATION INTERNATIONALE DE LA VIGNE ET DU VIN), 18 RUE D'AGUESSEAU 75008 PARIS

DÉCRET DE RECONNAISSANCE D'UNE AOC

SOURCE : LA JOURNÉE VINICOLE - 20 FÉVRIER 1999.

Le Décret de reconnaissance de l'AOC Minervois-La Livinière

Décret du 12 février 1999 relatif à l'Appellation d'origine contrôlée "Minervois-La Livinière"

Le Premier ministre,

Sur le rapport du ministre de l'Economie, des Finances et de l'Industrie et du ministre de l'Agriculture et de la Pêche,

Vu le code général des impôts ;

Vu le code des douanes ;

Vu le code rural ;

Vu le code de la consommation ;

Vu le décret-loi du 30 juillet 1935 modifié relatif à la défense du marché des vins et au régime économique de l'alcool ;

Vu le décret du 3 avril 1942 portant application de la loi du 3 avril 1942 sur les Appellations contrôlées, complétée par le décret du 21 avril 1948 sur les Appellations d'origine contrôlées ;

Vu le décret n° 72-309 du 21 avril 1972 portant application de la loi du 1er août 1905 modifiée sur les fraudes et falsifications en ce qui concerne les vins, vins mousseux, vins pétillants et vins de liqueur ;

Vu le décret n° 74-871 du 19 octobre 1974 modifié relatif aux examens analytique et organoleptique des vins à Appellation d'origine contrôlée ;

Vu le décret n° 93-1067 du 10 septembre 1993 relatif au rendement des vignobles produisant des vins à Appellation d'origine contrôlée ;

Vu la proposition du Comité national des vins et eaux-de-vie de l'Institut national des Appellations d'origine des 9 et 10 septembre 1998,

Décrète :

Art. 1er - Seuls ont droit à l'Appellation d'origine contrôlée "Minervois-La Livinière" les vins rouges répondant aux conditions fixées ci-après.

Art. 2 - L'aire de production est délimitée à l'intérieur du territoire des communes suivantes :

Département de l'Aude
(1 commune)
Azille.

Département de l'Hérault
(5 communes)
Azillanet, Cesseras, Félines-Minervois, La Livinière, Siran.

Art. 3 - Les vins doivent être issus de vendanges récoltées dans l'aire de production visée à l'article 2, délimitée par parcelles ou parties de parcelle, telle qu'elle a été approuvée par le Comité national des vins et eaux-de-vie de l'Institut national des Appellations d'origine lors de sa réunion du 27 mai 1998, sur proposition de la Commission d'experts désignée à cet effet.

Les plans de délimitation sont déposés à la mairie des communes intéressées.

Art. 4 - Les vins doivent provenir des cépages suivants, à l'exclusion de tout autre :

— cépages principaux: Grenache noir, Syrah noire, Mourvèdre noir.

L'ensemble Grenache N, Syrah N et Mourvèdre N doit représenter au minimum 60 % de l'encépagement, dont 40 % pour l'ensemble Syrah, Mourvèdre N ;

— cépages secondaires : Lledoner Pelut N, Carignan N, Cinsault N, Piquepoul N, Terret N, Aspiran N.

Dans cet article, par le terme encépagement, il faut comprendre l'encépagement de la totalité des parcelles produisant le vin de l'Appellation.

Art. 5 - Les vins doivent provenir de raisins récoltés à bonne maturité et présenter un titre alcoométrique volumique naturel minimum de 12 %.

Ne peut être considéré à bonne maturité tout lot unitaire de vendange présentant une richesse en sucre inférieure à 200 grammes par litre.

Art. 6 - Le rendement de base est fixé à 45 hectolitres par hectare.

Le rendement butoir est fixé à 54 hectolitres par hectare.

Le bénéfice de l'Appellation "Minervois-La Livinière" ne peut être accordé aux vins provenant de jeunes vignes qu'à partir de la quatrième année suivant celle au cours de laquelle la plantation a été réalisée en place avant le 31 août.

Art. 7 - Les vignes doivent être plantées et taillées dans les conditions suivantes :

Toute nouvelle plantation ou replantation doit être réalisée à une densité minimale de 4 000 pieds à l'ha ;

Les vignes sont conduites en taille courte avec six coursons à un ou deux yeux.

Toutefois, le cépage Syrah peut être conduit en taille longue Guyot avec un long bois à six yeux maximum et un ou deux coursons de rappel à un ou deux yeux.

Art. 8 - Les vins doivent être élaborés selon les usages locaux. Les raisins doivent être apportés rapidement jusqu'aux lieux de vinification sans avoir été écrasés ni tassés.

Les vins doivent être obtenus soit par vinification classique comportant le foulage préalable accompagnée ou non d'égrappage, soit par mise en œuvre de vendanges composées de raisins entiers.

Pour l'élaboration de ces vins, la thermovinification, plusieurs foulages ou pompages successifs, les vinificateurs continus, les cuves à remontage automatique, les cuves à recyclage de marcs, les érafloirs centrifuges, les égouttoirs à vis et les pressoirs continus sont interdits.

Art. 9 - L'irrigation pendant la période de végétation de la vigne ne peut être autorisée, en application de la réglementation générale en vigueur, que sur proposition de l'Institut national des Appellations d'origine et à la demande du Syndicat de défense de l'Appellation.

Art. 10 - Pour avoir droit à l'Appellation d'origine contrôlée "Minervois-La Livinière", les vins doivent être élevés à la propriété jusqu'au 1er novembre de l'année qui suit celle de la récolte.

Art. 11 - Les vins ne peuvent être mis en circulation avec l'Appellation d'origine contrôlée "Minervois-La Livinière" sans un certificat délivré par l'Institut national des Appellations d'origine dans les conditions prévues par le décret n° 74-871 du 19 octobre 1974 relatif aux examens analytique et organoleptique des vins à Appellation d'origine contrôlée.

Art. 12 - Les vins pour lesquels, aux termes du présent décret, est revendiquée l'Appellation contrôlée "Minevois-La Livinière" et qui sont présentés sous ladite Appellation ne peuvent être déclarés après la récolte, offerts au public, expédiés, mis en vente ou vendus sans que, dans la déclaration de récolte, dans les annonces, sur les prospectus, étiquettes, factures, récipients quelconque, l'Appellation susvisée soit inscrite et accompagnée de la mention "Appellation contrôlée", le tout en caractères très apparents.

Art. 13 - L'emploi de toute indication ou de tout signe susceptible de faire croire à l'acheteur qu'un vin a droit à l'Appellation contrôlée "Minervois-La Livinière", alors qu'il ne répond pas à toutes les conditions de production fixées par le présent décret, est poursuivi conformément à la législation générale sur les fraudes et sur la protection des Appellations d'origine, sans préjudice des sanctions d'ordre fiscal s'il y a lieu.

Les vins des récoltes 1997 et 1998 peuvent revendiquer l'Appellation d'origine contrôlée "Minervois-La Livinière" dans la mesure où ils remplissent les conditions fixées par le présent décret.

Art. 14 - Le ministre de l'Economie, des Finances et de l'Industrie, le ministre de l'Agriculture et de la Pêche, le secrétaire d'Etat au Budget et le secrétaire d'Etat aux Petites et Moyennes Entreprises, au Commerce et à l'Artisanat sont chargés, chacun en ce qui le concerne, de l'exécution du présent décret, qui sera publié au *Journal officiel* de la République française.

Fait à Paris, le 12 février 1999.

Lionel Jospin
Par le Premier ministre :

Le ministre de l'Economie, des Finances et de l'Industrie,
Dominique Strauss-Kahn

Le ministre de l'Agriculture et de la Pêche,
Jean Glavany

Le secrétaire d'Etat au Budget,
Christian Sautter

La secrétaire d'Etat aux Petites et Moyennes Entreprises, au Commerce et à l'Artisanat
Marylise Lebranchu

LISTE DES VINS DE PAYS

SOURCE : ANIVIT.

DÉNOMINATIONS R = RÉGIONALE. D = DÉPARTEMENTALE. Z = ZONE.		RÉGION D'APPARTENANCE
A Vin de Pays de l'Agenais	(Z)	Aquitaine & Charentes
Vin de Pays d'Aigues	(Z)	Provence-Côte d'Azur
Vin de Pays de l'Ain	(D)	Rhône-Alpes
Vin de Pays de l'Allier	(D)	Vallée de la Loire
Vin de Pays d'Allobrogie	(Z)	Rhône-Alpes
Vin de Pays des Alpes-de-Haute-Provence	(D)	Provence-Côte d'Azur
Vin de Pays des Alpes-Maritimes	(D)	Provence-Côte d'Azur
Vin de Pays de l'Ardèche	(D)	Rhône-Alpes
Vin de Pays de l'Ardailhou	(Z)	Languedoc-Roussillon
Vin de Pays d'Argens	(Z)	Provence-Côte d'Azur
Vin de Pays de l'Ariège	(D)	Midi-Pyrénées
Vin de Pays de l'Aude	(D)	Languedoc-Roussillon
Vin de Pays de l'Aveyron	(D)	Midi-Pyrénées
B Vin de Pays des Balmes Dauphinoises	(Z)	Rhône-Alpes
Vin de Pays du Bas-Rhin (1)	(D)	Est
Vin de Pays de la Bénovie	(Z)	Languedoc-Roussillon
Vin de Pays de Bérange	(Z)	Languedoc-Roussillon
Vin de Pays de Bessan	(Z)	Languedoc-Roussillon
Vin de Pays de Bigorre	(Z)	Midi-Pyrénées
Vin de Pays des Bouches-du-Rhône	(D)	Provence-Côte d'Azur
Vin de Pays du Bourbonnais	(Z)	Vallée de la Loire
C Vin de Pays de Cassan	(Z)	Languedoc-Roussillon
Vin de Pays Catalan (2)	(Z)	Languedoc-Roussillon
Vin de Pays de Caux	(Z)	Languedoc-Roussillon
Vin de Pays de Cessenon	(Z)	Languedoc-Roussillon
Vin de Pays des Cévennes	(Z)	Languedoc-Roussillon
Vin de Pays Charentais	(Z)	Aquitaine & Charentes
Vin de Pays de la Charente	(D)	Aquitaine & Charentes
Vin de Pays de Charente-Maritime	(D)	Aquitaine & Charentes
Vin de Pays du Cher	(D)	Vallée de la Loire
Vin de Pays de la Cité de Carcassonne	(Z)	Languedoc-Roussillon
Vin de Pays de Corrèze	(D)	Autres régions
Vin de Pays des Collines de la Moure	(Z)	Languedoc-Roussillon
Vin de Pays des Collines Rhodaniennes	(Z)	Rhône-Alpes
Vin de Pays du Comté de Grignan	(Z)	Rhône-Alpes
Vin de Pays des Comtés Rhodaniens	(R)	Rhône-Alpes
Vin de Pays du Comté Tolosan	(R)	Midi-Pyrénées
Vin de Pays des Coteaux de l'Ardéche	(Z)	Rhône-Alpes
Vin de Pays des Coteaux de l'Auxois	(Z)	Est
Vin de Pays des Coteaux des Baronnies	(Z)	Rhône-Alpes
Vin de Pays des Coteaux de Bessilles	(Z)	Languedoc-Roussillon
Vin de Pays des Coteaux de la Cabrerisse	(Z)	Languedoc-Roussillon
Vin de Pays des Coteaux de Cèze	(Z)	Languedoc-Roussillon
Vin de Pays des Coteaux Charitois	(Z)	Vallée de la Loire
Vin de Pays des Coteaux du Cher et de l'Arnon	(Z)	Vallée de la Loire
Vin de Pays des Coteaux de Coiffy	(Z)	Est
Vin de Pays des Coteaux d'Enserune	(Z)	Languedoc-Roussillon
Vin de Pays des Coteaux des Fenouillèdes (1)	(Z)	Languedoc-Roussillon
Vin de Pays des Coteaux Flaviens	(Z)	Languedoc-Roussillon
Vin de Pays des Coteaux de Foncaude	(Z)	Languedoc-Roussillon
Vin de Pays des Coteaux de Glanes	(Z)	Midi-Pyrénées
Vin de Pays des Coteaux du Grésivaudan	(Z)	Rhône-Alpes
Vin de Pays des Coteaux de Laurens	(Z)	Languedoc-Roussillon
Vin de Pays des Coteaux du Libron	(Z)	Languedoc-Roussillon
Vin de Pays des Coteaux du Littoral Audois	(Z)	Languedoc-Roussillon
Vin de Pays des Coteaux de Miramont	(Z)	Languedoc-Roussillon
Vin de Pays des Coteaux de Murviel	(Z)	Languedoc-Roussillon
Vin de Pays des Coteaux de Narbonne	(Z)	Languedoc-Roussillon
Vin de Pays des Coteaux de Peyriac	(Z)	Languedoc-Roussillon
Vin de Pays des Coteaux du Pont du Gard	(Z)	Languedoc-Roussillon
Vin de Pays des Coteaux du Quercy (3)	(Z)	Midi-Pyrénées
Vin de Pays des Coteaux du Salagou	(Z)	Languedoc-Roussillon
Vin de Pays des Coteaux de Tannay	(Z)	Val de Loire
Vin de Pays des Coteaux et Terrasses de Montauban	(Z)	Midi-Pyrénées
Vin de Pays des Coteaux du Verdon	(Z)	Provence-Côte d'Azur
Vin de Pays de la Côte Vermeille	(Z)	Languedoc-Roussillon
Vin de Pays des Côtes du Brian	(Z)	Languedoc-Roussillon
Vin de Pays des Côtes Catalanes	(Z)	Languedoc-Roussillon
Vin de Pays des Côtes du Ceressou	(Z)	Languedoc-Roussillon
Vin de Pays des Côtes du Condomois	(Z)	Midi-Pyrénées
Vin de Pays des Côtes de Gascogne	(Z)	Midi-Pyrénées
Vin de Pays des Côtes de Lastours	(Z)	Languedoc-Roussillon
Vin de Pays des Côtes de Montestruc	(Z)	Midi-Pyrénées
Vin de Pays des Côtes de Pérignan	(Z)	Languedoc-Roussillon
Vin de Pays des Côtes de Prouilhe	(Z)	Languedoc-Roussillon
Vin de Pays des Côtes du Tarn	(Z)	Midi-Pyrénées
Vin de Pays des Côtes de Thau	(Z)	Languedoc-Roussillon
Vin de Pays des Côtes de Thongue	(Z)	Languedoc-Roussillon
Vin de Pays des Côtes du Vidourle	(Z)	Languedoc-Roussillon
Vin de Pays de la Creuse	(D)	Autres régions
Vin de Pays de Cucugnan	(Z)	Languedoc-Roussillon
D Vin de Pays des Deux-Sèvres	(D)	Vallée de la Loire
Vin de Pays de la Dordogne	(D)	Aquitaine & Charentes
Vin de Pays du Doubs	(D)	Est
Vin de Pays de la Drôme	(D)	Rhône-Alpes
Vin de Pays Duché d'Uzes	(Z)	Languedoc-Roussillon
F Vin de Pays de Franche-Comté	(Z)	Est
G Vin de Pays du Gard	(D)	Languedoc-Roussillon
Vin de Pays du Gers	(D)	Midi-Pyrénées
Vin de Pays des Gorges de l'Hérault (1)	(Z)	Languedoc-Roussillon
H Vin de Pays de la Haute-Garonne	(D)	Midi-Pyrénées
Vin de Pays de la Haute-Marne	(D)	Est
Vin de Pays de la Haute-Saône	(D)	Est
Vin de Pays des Hautes-Alpes	(D)	Provence-Côte d'Azur
Vin de Pays des Hautes-Pyrénées	(D)	Midi-Pyrénées
Vin de Pays de la Haute Vallée de l'Aude	(Z)	Languedoc-Roussillon
Vin de Pays de la Haute Vallée de l'Orb	(Z)	Languedoc-Roussillon
Vin de Pays de la Haute-Vienne	(D)	Autres régions
Vin de Pays d'Hauterive	(Z)	Languedoc-Roussillon
Vin de Pays des Hauts de Badens	(Z)	Languedoc-Roussillon
Vin de Pays de l'Hérault	(D)	Languedoc-Roussillon
I Vin de Pays de l'Ile de Beauté	(Z)	Corse
Vin de Pays de l'Indre	(D)	Vallée de la Loire
Vin de Pays de l'Indre-et-Loire	(D)	Vallée de la Loire
Vin de Pays de l'Isère	(D)	Rhône-Alpes
J Vin de Pays du Jardin de la France	(R)	Vallée de la Loire
L Vin de Pays des Landes	(D)	Aquitaine & Charentes
Vin de Pays du Loir-et-Cher	(D)	Vallée de la Loire
Vin de Pays de Loire-Atlantique	(D)	Vallée de la Loire
Vin de Pays du Loiret	(D)	Vallée de la Loire
Vin de Pays du Lot	(D)	Midi-Pyrénées
Vin de Pays du Lot-et-Garonne	(D)	Aquitaine & Charentes
M Vin de Pays du Maine-et-Loire	(D)	Vallée de la Loire
Vin de Pays des Marches de Bretagne (1)	(Z)	Vallée de la Loire
Vin de Pays des Maures	(Z)	Provence-Côte d'Azur
Vin de Pays de la Meuse	(D)	Est
Vin de Pays du Mont Baudile	(Z)	Languedoc-Roussillon
Vin de Pays du Mont Caumes	(Z)	Provence-Côte d'Azur
Vin de Pays des Monts de la Grage	(Z)	Languedoc-Roussillon
N Vin de Pays de la Nièvre	(D)	Vallée de la Loire
O Vin de Pays d'Oc	(R)	Languedoc-Roussillon
P Vin de Pays du Périgord	(Z)	Aquitaine & Charentes
Vin de Pays de la Petite Crau	(Z)	Provence-Côte d'Azur
Vin de Pays de Pézenas (1)	(Z)	Languedoc-Roussillon
Vin de Pays de la Principauté d'Orange	(Z)	Provence-Côte d'Azur
Vin de Pays du Puy de Dôme	(D)	Autres régions
Vin de Pays des Pyrénées-Atlantiques	(D)	Aquitaine & Charentes
Vin de Pays des Pyrénées-Orientales	(D)	Languedoc-Roussillon
R Vin de Pays de Retz (1)	(Z)	Vallée de la Loire
S Vin de Pays des Sables du Golfe du Lion	(Z)	Languedoc-Roussillon
Vin de Pays de Saint-Sardos	(Z)	Midi-Pyrénées
Vin de Pays de Sainte-Marie-la-Blanche	(Z)	Est
Vin de Pays de la Saône-et-Loire	(D)	Est
Vin de Pays de la Sarthe	(D)	Vallée de la Loire
Vin de Pays de la Seine-et-Marne	(D)	Est
T Vin de Pays du Tarn	(D)	Midi-Pyrénées
Vin de Pays du Tarn-et-Garonne	(D)	Midi-Pyrénées
Vin de Pays des Terroirs Landais	(Z)	Aquitaine & Charentes
Vin de Pays de Thézac-Perricard	(Z)	Aquitaine & Charentes
Vin de Pays du Torgan	(Z)	Languedoc-Roussillon
U Vin de Pays d'Urfé	(Z)	Rhône-Alpes
V Vin de Pays des Vals d'Agly (1)	(Z)	Languedoc-Roussillon
Vin de Pays du Val de Cesse	(Z)	Languedoc-Roussillon
Vin de Pays du Val de Dagne	(Z)	Languedoc-Roussillon
Vin de Pays du Val de Montferrand	(Z)	Languedoc-Roussillon
Vin de Pays de la Vallée du Paradis	(Z)	Languedoc-Roussillon
Vin de Pays du Var	(D)	Provence-Côte d'Azur
Vin de Pays du Vaucluse	(D)	Provence-Côte d'Azur
Vin de Pays de la Vaunage	(Z)	Languedoc-Roussillon
Vin de Pays de Vendée	(D)	Vallée de la Loire
Vin de Pays de la Vicomté d'Aumelas	(Z)	Languedoc-Roussillon
Vin de Pays de la Vienne	(D)	Vallée de la Loire
Vin de Pays de la Vistrenque	(Z)	Languedoc-Roussillon
Y Vin de Pays de l'Yonne	(D)	Est

(1) Dénominations supprimées.
(2) Nouvelles dénomination : Vin de Pays Cathare.
(3) passé en AOVDQS.

Dénominations récentes :
Vin de Pays Portes de Méditerranée (R) Provence-Côte d'Azur + Rhône-Alpes + Corse
Vin de Pays de la Sainte-Baume (Z) Provence-Côte d'Azur
Vin de Pays des Coteaux de Montélimar (Z) Rhône-Alpes

UNION DE LA SOMMELLERIE FRANCAISE
(U.D.S.F)

Siège social : Les Hameaux de Suzon
12 rue Delouvrier
21000 DIJON
Tel : 03 80 70 92 10 Site internet : www.udsf.net

L'UNION

L'Union de la Sommellerie Française regroupe 20 associations régionales. Elle comprend environ 1500 membres. Chaque association régionale fonctionne en toute indépendance, selon ses statuts approuvés par l'UDSF. Elles organisent des dégustations et voyages. Elles participent à la formation des jeunes.

l'UDSF et l'Education Nationale

L'UDSF a participé à la mise en place du CAP sommelier qui a été remplacé par la Mention Complémentaire Sommellerie, dont le diplôme de certification a été rénové en 1996. Ce diplôme sanctionne une année d'étude après l'obtention d'un diplôme de l'Enseignement Technique Hôtelier. Des stages de vinification et de situation en entreprise sont obligatoires. Le partenariat s'est étendu avec la création d'un Brevet Professionnel Sommelier, préparant à l'encadrement de la sommellerie. Cette qualification s'obtient après 840h de formation en école en alternance avec un emploi dans une entreprise de restauration. Les visites de vignobles sont obligatoires et évaluées. Des postes de Conseiller de l'Enseignement Technique Hôtelier ont été crées.

Ainsi notre profession est présente dans la formation des jeunes et notre Union est l'interlocuteur privilégié et reconnu de l'Éducation Nationale. Les formations sont dispensées dans des sections ou lycées hôteliers, parfois aussi par des organismes professionnels comme les Chambres de Commerce, mais c'est toujours l'Éducation Nationale qui valide les formations. Il existe environ 48 classes formant des élèves au métier de sommellerie ainsi que 4 centres de formation qui assurent la formation des Brevet Professionnel de Sommelier.

Maître-Sommelier

L'UDSF s'est dotée d'une distinction récompensant des sommeliers ayant oeuvré pour notre métier. Sui présentation d'un dossier complet, le titre de Maitre-Sommelier de l'UDSF fut délivré pour la première fois en 1992.

Concours

L'UDSF participe à de nombreux concours et apporte soutien logistique et technique aux comités d'organisation.

Ce que vous trouverez sur le site de L'UDSF www.udsf.net

- La vie de l'U.D.S.F - • Concours de sommellerie - • Les Dégustations - • info et législation - • Le Métier de sommelier
- Techniques - • Les Offres - • Les Olympiades - • Partenaires - • Foire aux questions - • Contacts – • Recevoir notre mailing list

SOURCE : UDSF

HISTORIQUE DE L'UNION DE LA SOMMELLERIE FRANÇAISE (UDSF)

1907
Naissance de L'union des Sommeliers.

1959
Monsieur Cathelineau suggéra la fusion avec la Mutualité Hôtelière qui apportait la revue "Sommelier" ainsi que 150 000 F de nos francs actuels. Il remit sa démission et la présidence fut reprise par monsieur Bompart. A cette époque monsieur Louis Lebail entreprit des démarches pour reprendre la revue, le titre, les fonds et leur liberté.

24 octobre 1969
Naissance de l'Association des Sommeliers de Paris (A.S.P.). Après un premier contact avec l'association des Sommeliers Lyonnais, la décision fut prise de créer l'Union de la Sommellerie Française. Les statuts furent déposés le 1er avril 1970.

1974
Le président Lebail demande que les sommeliers adhérent plutôt à l'Union de la Sommellerie Française qu'à la Mutualité Hôtelière.

1975
Le président Lebail démissionne pour des raisons de santé. Il est remplacé par monsieur Roger Borgeot. Il remplira cette fonction jusqu'en 1979.

27 juin 1979
Monsieur Gilbert Letort est élu président de L'UDSF. Il demande au Comité des Vins de France la participation des sommeliers à l'élaboration du règlement ainsi qu'aux délibérations du jury pour le concours du meilleur sommelier organisé par cet organisme.
Le concours Bacchus est créé. Il deviendra le Trophée Ruinart du meilleur jeune Sommelier.

3 février 1980
L'appellation A.S.I., Association de la Sommellerie Internationale est déposée.

24 avril 1981
L'UDSF cesse définitivement toutes relations avec la revue Bacchus et son rédacteur en chef. L'étude de la création d'un propre journal est envisagée.

1982
La création d'un bulletin Sommelier est décidée, ainsi que la création des comités d'administration et de rédaction lors de l'assemblée générale de l'UDSF.
L'UDSF et l'ASP créent "l'Echo des Sommeliers de France", revue professionnelle et corporative Les sigles UDSF et ASP déposés, ne peuvent être utilisés que par ces mêmes associations.

Octobre 1983
Monsieur Jean Frambourt remplace le président Letort à la gérance d'Intersom.

2 mars 1985
Suite au décès du président Letort, Jean Frambourt, président de l'Association des sommeliers de Paris est élu président. La France organise le concours mondial 89.

10 septembre 1989
La décision de créer le titre de Maître-Sommelier de l'UDSF est prise en assemblée.

Février 94
Le partenariat avec la maison Chapoutier et l'Education Nationale est adopté pour la création du concours du meilleur étudiant sommelier de France en vin et spiritueux.

25 novembre 1996
Monsieur Georges Pertuiset succède au président Frambourt.

L'UDSF participe au renouvellement des programmes de mention complémentaire Sommellerie et B.P. Sommelier. Des postes de Conseiller de l'Enseignement Technique sont demandés. Une commission de déontologie prend forme. La création du titre de Meilleur Ouvrier de France est accepté, des commissions techniques et d'organisation sont mises en place. L'UDSF envisag d'organiser, seule, le concours de Meilleur Sommelier de France. Un service de fax emploi est créé permettant de mettre rapidement en contact les employeurs recherchant des sommeliers et les sommeliers eux-mêmes. Ce service s'adresse aux présidents de toutes les régions mais aussi aux lycées hôteliers dans lesquels une formation de sommellerie est dispensée.

25 octobre 1998
Georges Pertuiset est réélu président de l'UDSF lors du congrès de Marseille. Le travail continue avec la représentation de l'UDSF dans de nombreux concours, la distribution d'une lettre d'information aux présidents de région afin d'améliorer la communication entre tous, la participation au comité de rédaction de la revue "Sommeliers International". Le fichier informatisé de l'Union est mis en place, ainsi les adresses des adhérents sont référencées. Un agenda des sommeliers de l'UDSF est diffusé, améliorant encore la communication entre les fournisseurs et les prescripteurs.

28 juin 1999
Les épreuves de présélection du concours du meilleur Sommelier de France se déroulent dans toutes les régions.

23 septembre 1999
Les épreuves interrégionales se déroulent dans les six régions concernées, afin de désigner les 6 demi-finalistes du concours.

10 octobre 1999
La lettre d'information de l'UDSF est diffusée auprès des 1000 adhérents de l'UDSF.
"Info-UDSF" se veut un moyen de communiquer avec tous, en donnant la parole aux régions, traitant de l'actualité de la sommellerie, informant des nouveaux textes de loi concernant les vins, faisant le point sur les techniques de sommellerie, sur l'évolution de la viticulture et des méthodes de vinifications, mettant en avant un spiritueux et un vin. Mensuel, cet outil d'information sera un lien précieux.

16 et 17 janvier 2000
1/2 finale et finale du concours du Meilleur Sommelier de France 2000. Dernières épreuves du concours et désignation du lauréat du concours du Meilleur Sommelier de France 2000 à Paris, c'est Franck Thomas l'heureux lauréat.

Mai 2000
Les premiers Meilleurs Ouvriers de France Sommeliers sont désignés à Strasbourg. Ils sont quatre : Arnaud Chambost, Éric Duret, Christain Péchoutre, et Franck Thomas.

Juin 2000
Franck Thomas est sacré Meilleur Sommelier d'Europe 2000 - Trophée Ruinart.

Septembre 2000
Olivier Poussier est sacré Meilleur Sommelier du Monde.

Octobre 2000
Les statuts de l'UDSF sont modifiés, afin d'être en conformité avec ceux de l'ASI.

Octobre 2004
Serge DUBS (Meilleur Sommelier du Monde) est élu Président de l'UDSF lors du congrès à Cognac.

PALMARÈS DES PRINCIPAUX CONCOURS DE SOMMELIERS

Palmarès du concours du Meilleur Sommelier de France

Année	SOMMELIER	MAITRE D'HOTEL SOMMELIER	RESTAURATEUR SOMMELIER
1961	CHAUCHEE Jean		
1962	GUYOT Henri	ANGELOVICCI Gérard	BORGEOT Roger
1963	ROUBY	BRUNET Roger	PLEYNET Georges
1964	BLANDIN Guy	BRUNET Paul	BERTUCAT Roger
1965	*Pas de concours*		
1966	BRUNET Paul		JEUNET André
1967	LEBAIL Louis		
1968	MEELKONIAN Armand		
69/70	RENOUX Gérard		PROYE Jean
71/72	STOECKEL Jean-Marie		LEPELLEY François
73/74	JAMBON Jean-Claude		ERTA Jean Luc
75/76	GOLAY Albert	POUTEAU Jean-Luc	ROSIER Alain
77/78	BOURGUIGNON Philippe	PERINET Marcel	CARRE-CARTAL Danièle
79/80	PERTUISET Georges	MESTRALLET Gilbert	ALLAROUSSE Maryse
82/83	DUBS Serge	MALLET Gérard	FEUTRY Jean-Luc
85/86	NUSSWITZ Philippe		
87/88	FAURE-BRAC Philippe		
89/90	POUSSIER Olivier		
91/92	BEAUMARD Eric		
93/94	LECOMTE Lionel		
96/97	BERNARD Richard		
2000	THOMAS Franck		
2002	BIRAUD David		
2004	LAPORTE Dominique		

Meilleur Jeune Sommelier de France

moins de 26 ans (Trophée RUINART)

1979	PALLARDON Pierre
1980	QUARANTA Anne-Marie
1981	BIZEUL Hervé
1982	PECHOUTRE Christian
1983	BORDAS Didier
1984	FAURE-BRAC Philippe
1985	PLACE Jean-Jacques
1986	HASCOET Gilles
1987	BEAUMARD Éric
1988	RUET Jean-Claude
1989	PENNEQUIN Hervé
1990	KAMINSKI David
1991	LECONTE Lyonel
1992	DEBAILLE Stéphanie
1993	VENDRAMELLI Marlène
1994	SALVADOR Christophe
1995	THOMAS Franck
1996	BERNARD Richard
1997	LAPORTE Dominique
1998	BIRAUD David
1999	RAVAT Anthony
2000	BLANC Aurélien
2001	RAPALI Giovanna
2002	LEONETTI Pascal

De gauche à droite : Franck THOMAS, Christian PECHOUTRE, Eric DURET, Arnaud CHAMBOST

M.O.F
(Meilleur Ouvrier de France)
SOMMELLERIE

Promotion 2000
- CHAMBOST Arnaud
- DURET Éric
- PECHOUTRE Christian
- THOMAS Franck

Promotion 2004
- BIRAUD David
- LAPORTE Dominique
- TASSAN Christophe

Meilleurs Sommeliers du Monde

1978	VACCARINI Guiseppe *(Italie)*
1983	POUTEAU Jean-Luc *(France)*
1986	JAMBON Jean-Claude *(France)*
1989	DUBS Serge *(France)*
1992	FAURE-BRAC Philippe *(France)*
1995	TASAKI Shinya *(Japon)*
1998	DEL MONEGO Markus *(Allemagne)*
2000	POUSSIER Olivier *(France)*
2004	BERNARDO Enrico *(Italie)*

Meilleurs Sommeliers d'Europe

(Trophée RUINART)

1988	DUBS Serge *(France)*
1990	SÖDERSTRÖM Mikael
1992	KREIS Bernd *(Allemagne)*
1994	BEAUMARD Éric *(France)*
1996	BASSET Gérard *(Royaume-Uni)*
1998	DURET Éric *(France)*
2000	THOMAS Franck *(France)*
2002	BERNARDO Enrico *(Italie)*
2004	LARSON Andréas *(Suède)*

MEILLEUR SOMMELIER DES AMERIQUES EN 2004

(Trophée RUINART)

CARON Ghislain *(Canada)*

LA COMPAGNIE DES COURTIERS JURÉS-EXPERTS, PIQUEURS DE VINS DE PARIS

5 ter, Rue du Port aux Lions - 94220 CHARENTON LE PONT (Tél. : 01 43 78 15 32)

Qui est donc cette Compagnie dont le nom excite la curiosité et fleure bon son Moyen Âge ?

C'est une très ancienne et très respectable assemblée de professionnels du Vin, l'une des plus anciennes compagnies corporatives de France et sans doute de l'Occident.

Compagnie d'Experts en Vin et Spiritueux, elle est au service de la QUALITE et de la LOI.

La noblesse de son origine n'est pas douteuse : sept siècles d'existence constituent ses quartiers de noblesse.

Elle est avant tout la descendante directe des "intermédiaires" romains et des "corratiers" du Moyen Âge que le temps n'a nullement appauvrie sans sa manifestation professionnelle, tout acquise à une passion : le Vin. Pour le "Prévost des Marchands" et les "Echevins", ils étaient dits "crieurs de vins".

Ces "crieurs" annonçaient dans les rues de Paris, l'arrivée des bateaux chargés de barriques de vin sur les berges de la Seine, en Place de Grève, et que la vente allait commencer sous leur direction.

Ce mot de "corratiers" se déformera en "correctiers", "courratiers", "courretiers" pour devenir après ces altérations successives : courtiers.

Mais pourquoi "Piqueurs de Vins ?"

Entre autres activités, les Membres de la Compagnie jouaient, à l'époque, le rôle actuel du Service de la Répression des Fraudes : vérifier la qualité ou rechercher les défauts des vins, quand ce n'est pas leur falsification.

Pour ce faire, ils devaient prélever des échantillons directement sur les tonneaux, sans les débonder (action d'enlever la bonde placée sur le dessus du fût), ce qui était impossible par suite du gerbage des barriques et risquait d'être préjudiciable à la conservation des vins.

Ils "piquaient" deux trous - comme cela se pratique encore de nos jours - dans le fond des tonneaux.

Pour cela, ils avaient recours à un outil bien tenu en main, le "coup de poing", prolongé par une vrille d'acier. Un filet de vin giclait par l'un des trous tandis que l'air rentrait par l'autre. Le Courtier-Juré pouvait procéder à sa dégustation : le vin n'avait pas été au contact de l'air.

Il suffisait de boucher chaque petit trou avec un fausset, le "douzil", petite pièce de bois tendre, conique, qui gonflait au contact du vin.

Si Charles IV le Bel fut leur père fondateur par un règlement accordant privilège, du 12 mars 1322, c'est Jean II le Bon qui, par son ordonnance du 30 juillet 1350, donna son statut à la Compagnie et fixa son effectif à 60 membres.

Parmi les nombreux articles de cette ordonnance, nous relèverons particulièrement l'article 190 qui interdisait à tout courtier, de la façon la plus formelle, sous peine de déchéance, de faire acte de vente ou d'achat pour son propre compte.

En 1415, par ordonnance du 6 février, Charles VI confirme ce nombre de 60 mais, en outre, précise très soigneusement les qualités professionnelles qui seront requises et les obligations auxquelles les "courratiers" seront tenus.

En 1550, Henri II, par Lettres Patentes en date du 17 décembre, organise une sorte de Bourse du Commerce entre les "courratiers de vins" et précise les services qu'on peut et qu'on doit attendre d'eux.

En 1629 la Municipalité parisienne accorde à ce Corps de faire figurer dans ses armoiries un nombre Navires correspondant à son rang, soit 7 Nefs d'Argent.

Louis XIV confère, par Edit de juin 1691, le titre de "JURETZ-COURTIERS" et, considérant que les ordonnances règlementant cette corporation datent en fait de 1415 et ne correspondent plus aux usages du négoce et des transactions, ordonne que soient révisés les ordonnances, coutumes, statuts et règlement.

Nous y relevons que, si l'emploi d'un courtier n'est pas obligatoire, "ne prend courtier qui ne veut" il n'en est pas moins interdit à quiconque, en dehors des "Courtiers-Juretz", de faire acte d'intermédiaire à quelque titre que ce soit, confirmant ainsi et assurant ces derniers de leur charge.

La Révolution fit table rase de toute cette législation. La loi du 2 et 17 mars 1791 accorde l'entière liberté du commerce à toute personne qui le désire. Les corporations ont vécu. La nôtre se met en sommeil. Près de deux décennies seront nécessaires pour lui redonner force et vigueur.

C'est en 1808 que fut créé l'Entrepôt Saint-Bernard (aujourd'hui la Faculté des Sciences de Paris). Le commerce des vins, considérant que c'était une nécessité, demanda et obtint l'organisation d'une Compagnie de Courtiers spécialisés.

Le 13 décembre 1813, Napoléon Ier signa, aux Tuileries, le décret instituant la Compagnie des Courtiers Gourmets Piqueurs de Vins de Paris, dont le nombre est définitivement fixé à cinquante et dont les obligations seront de "déguster les boissons et indiquer fidèlement le crû et la qualité et aussi servir d'Experts en cas de contestation sur la qualité".

La Loi du 18 juillet 1867 porte un coup néfaste à la compagnie en proclamant la liberté du courtage. La Loi de 1884 exigera la modification de son titre qui devait être remplacé par celui de Chambre Syndicale des Courtiers-Gourmets.

En fait, cette modification n'eut lieu qu'en 1903. Mais Chambre ou Compagnie, les Courtiers-Gourmets fêtèrent brillamment en 1913 le centenaire du décret de Napoléon, après s'être fait remarquer au cours de manifestations qui marquèrent le début du siècle : l'Exposition de 1900, celle de Saint-Louis en 1904, Liège en 1905, Londres en 1908, Bruxelles en 1910 et, en 1937, l'Exposition Universelle de Paris.

C'est par la Loi du 14 mars 1944 que la Compagnie sera réglementée, sous sa forme définitive, de COMPAGNIE D'EXPERTS agréée par le Tribunal de Commerce de la Seine et que tous ses membres devront prêter serment devant celle-ci. Elle sera reconnue d'utilité publique le 19 juillet 1952. Mais aujourd'hui, il est apppparu que la dénomination de "Gourmet" ne correspondait plus exactement au caractère officiel de la Compagnie, celle-ci n'ayant rien de commun avec les confréries bacchiques. Force était faite de revenir au titre primitif "Courtiers-Juretz" modernisé en "Courtiers-Jurés" que confirmera un décret Ministériel du 12 février 1974 et 21 décembre 1999 en "Courtiers Jurés-Experts".

Les Courtiers Jurés-Experts sont des professionnels reconnus, ayant satisfait aux épreuves d'un examen portant sur des connaissances viti-vinicoles approfondies et sur la dégustation ; soumis à l'agrément du Tribunal de Commerce de Paris ils prêtent serment dans les formes prévues par la loi.

Quelles sont les missions de notre Compagnie, missions de toutes les époques ?

• Travailler au développement et au maintien de la qualité des vins français, tant en France qu'à l'étranger.

• Les Membres de la Compagnie se tiennent constamment et immédiatement à la disposition des tribunaux de France et de l'Etranger, des Administrations, du Commerce de Gros et de Détail et des Particuliers pour procéder aux Inventaires et Expertises de Vins, Spiritueux et Alcools. Ils se rendent sur place, en gare, en douane, à bord... et sont sollicités, au titre d'Experts, par :
- Le Laboratoire des Fraudes des Finances,
- Le Laboratoire des Fraudes de l'Agriculture,
- Le Comité National des Vins de France,
- L'Office National des Vins de France,
- L'Institut National des Appellations d'Origine (INAO),
- La SOPEXA (Organisation de promotion des produits agricoles à l'Etranger).

• Ils assistent les professionnels dans le choix de leurs cartes des Vins, assurent l'enseignement du Vin auprès des jeunes qui se destinent aux métiers de l'Hôtellerie là où, à leur tour, ils seront des ambassadeurs des Vignobles de France.

• **La Compagnie édite depuis plus de cinquante ans, une carte des Millésimes des Vins de France qui fait mondialement autorité, et depuis janvier 2000 une carte des Vins du Monde établie en collaboration avec les Œnologues de France.**

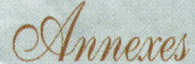

CLASSIFICATIONS DES VINS DE BORDEAUX

CIVB - JUIN 1999.

Classement de 1855

Le Classement des vins rouges

	Communes	AOC
Premiers crus		
Château HAUT-BRION	Pessac	Graves
Château LAFITE-ROTHSCHILD	Pauillac	Pauillac
Château LATOUR	Pauillac	Pauillac
Château MARGAUX	Margaux	Margaux
Château MOUTON-ROTHSCHILD	Pauillac	Pauillac
Seconds Crus		
Château BRANE-CANTENAC	Cantenac	Margaux
Château COS-D'ESTOURNEL	Saint-Estèphe	Saint-Estèphe
Château DUCRU-BEAUCAILLOU	Saint-Julien	Saint-Julien
Château DURFORT-VIVENS	Margaux	Margaux
Château GRUAUD-LAROSE	Saint-Julien	Saint-Julien
Château LASCOMBES	Margaux	Margaux
Château LÉOVILLE-BARTON	Saint-Julien	Saint-Julien
Château LÉOVILLE-LAS-CASES	Saint-Julien	Saint-Julien
Château LÉOVILLE-POYFERRE	Saint-Julien	Saint-Julien
Château MONTROSE	Saint-Estèphe	Saint-Estèphe
Château PICHON-LONGUEVILLE BARON DE PICHON	Pauillac	Pauillac
Château PICHON-LONGUEVILLE COMTESSE DE LALANDE	Pauillac	Pauillac
Château RAUZAN-SÉGLA	Margaux	Margaux
Château RAUZAN-GASSIES	Margaux	Margaux
Troisièmes Crus		
Château BOYD-CANTENAC	Cantenac	Margaux
Château CALON-SÉGUR	Saint-Estèphe	Saint-Estèphe
Château CANTENAC-BROWN	Cantenac	Margaux
Château DESMIRAIL	Margaux	Margaux
Château FERRIERE	Margaux	Margaux
Château GISCOURS	Labarde	Margaux
Château D'ISSAN	Cantenac	Margaux
Château KIRWAN	Cantenac	Margaux
Château LAGRANGE	Saint-Julien	Saint-Julien
Château LA LAGUNE	Ludon	Haut-Médoc
Château LANGOA-BARTON	Saint-Julien	Saint-Julien
Château MALESCOT SAINT-EXUPÉRY	Margaux	Margaux
Château MARQUIS D'ALESME-BECKER	Margaux	Margaux
Château PALMER	Cantenac	Margaux
Quatrièmes Crus		
Château BEYCHEVELLE	Saint-Julien	Saint-Julien
Château BRANAIRE-DUCRU	Saint-Julien	Saint-Julien
Château DUHART-MILON	Pauillac	Pauillac
Château LAFON-ROCHET	Saint-Estèphe	Saint-Estèphe
Château MARQUIS-DE-TERME	Margaux	Margaux
Château POUGET	Cantenac	Margaux
Château PRIEURÉ-LICHINE	Cantenac	Margaux
Château SAINT-PIERRE	Saint-Julien	Saint-Julien
Château TALBOT	Saint-Julien	Saint-Julien
Château LA TOUR-CARNET	St-Laurent de Médoc	Haut-Médoc

	Communes	AOC
Cinquièmes Crus		
Château D'ARMAILHAC	Pauillac	Pauillac
Château BATAILLEY	Pauillac	Pauillac
Château BELGRAVE	St-Laurent de Médoc	Haut-Médoc
Château CAMENSAC	St-Laurent de Médoc	Haut-Médoc
Château CANTEMERLE	Macau	Haut-Médoc
Château CLERC-MILON	Pauillac	Pauillac
Château COS-LABORY	Saint-Estèphe	Saint-Estèphe
Château CROIZET-BAGES	Pauillac	Pauillac
Château DAUZAC	Labarde	Pauillac
Château GRAND-PUY-DUCASSE	Pauillac	Pauillac
Château GRAND-PUY-LACOSTE	Pauillac	Pauillac
Château HAUT-BAGES-LIBERAL	Pauillac	Pauillac
Château HAUT-BATAILLEY	Pauillac	Pauillac
Château LYNCH-BAGES	Pauillac	Pauillac
Château LYNCH-MOUSSAS	Pauillac	Pauillac
Château PEDESCLAUX	Pauillac	Pauillac
Château PONTET-CANET	Pauillac	Pauillac
Château DU TERTRE	Arsac	Margaux

Le classement des vins blancs

	Communes	AOC
Premier Cru Supérieur		
Château D'YQUEM	Sauternes	Sauternes
Premiers Crus		
Château CLIMENS	Barsac	Barsac
Château CLOS HAUT-PEYRAGUEY	Bommes	Sauternes
Château COUTET	Barsac	Barsac
Château GUIRAUD	Sauternes	Sauternes
Château LAFAURIE-PEYRAGUEY	Bommes	Sauternes
Château RABAUD-PROMIS	Bommes	Sauternes
Château RAYNE-VIGNEAU	Bommes	Sauternes
Château RIEUSSEC	Fargues de Langon	Sauternes
Château SIGALAS-RABAUD	Bommes	Sauternes
Château SUDUIRAUT	Preignac	Sauternes
Château LA TOUR BLANCHE	Bommes	Sauternes
Seconds Crus		
Château D'ARCHE	Sauternes	Sauternes
Château BROUSTET	Barsac	Barsac
Château CAILLOU	Barsac	Barsac
Château DOISY-DAENE	Barsac	Barsac
Château DOISY-DUBROCA	Barsac	Barsac
Château DOISY-VEDRINES	Barsac	Sauternes
Château FILHOT	Sauternes	Sauternes
Château LAMOTHE	Sauternes	Sauternes
Château LAMOTHE GUIGNARD	Sauternes	Sauternes
Château DE MALLE	Preignac	Sauternes
Château DE MYRAT	Barsac	Sauternes
Château NAIRAC	Barsac	Barsac
Château ROMER-DU-HAYOT	Fargues de Langon	Sauternes
Château SUAU	Barsac	Barsac

CLASSIFICATIONS DES VINS DE BORDEAUX

CIVB - JUIN 1999.

Classement des Graves

Château BOUSCAUT	Cadaujac
Château CARBONNIEUX	Léognan
Domaine DE CHEVALIER	Léognan
Château COUHINS	Villenave d'Ornon
Château COUHINS-LURTON	Villenave d'Ornon
Château FIEUZAL	Léognan
Château HAUT-BAILLY	Léognan
Château HAUT-BRION	Pessac
Château LAVILLE HAUT-BRION	Talence
Château MALARTIC-LAGRAVIERE	Léognan
Château LA MISSION-HAUT-BRION	Talence
Château D'OLIVIER	Léognan
Château PAPE CLEMENT	Pessac
Château SMITH-HAUT-LAFITTE	Martillac
Château LA TOUR HAUT BRION	Talence
Château LATOUR MARTILLAC	Martillac

Classement de St Emilion

Premiers Grands Crus Classés A
Château AUSONE
Château CHEVAL BLANC

Premiers Grands Crus Classés B
Château ANGÉLUS
Château BEAU-SÉJOUR BÉCOT
Château BEAUSÉJOUR (DUFFAU-LAGARROSSE)
Château BELAIR
Château CANON
Château FIGEAC
Château LA GAFFELIERE
Château MAGDELAINE
Château PAVIE
Château TROTTEVIEILLE
Clos FOURTET

Grands Crus Classés
Château BALESTARD LA TONNELLE
Château BELLEVUE
Château BERGAT
Château BERLIQUET
Château CADET BON
Château CADET-PIOLA
Château CANON LA GAFFELIERE
Château CAP DE MOURLIN
Château CHAUVIN
Château CLOS DES JACOBINS
Château CORBIN
Château CORBIN-MICHOTTE
Château CURÉ BON
Château DASSAULT
Château FAURIE-DE-SOUCHARD
Château FONPLÉGADE
Château FONROQUE
Château FRANC MAYNE
Château GRAND MAYNE
Château GRAND PONTET
Château GUADET SAINT-JULIEN
Château HAUT CORBIN
Château HAUT SARPE   Saint-Christophe des Bardes
Château L'ARROSÉE
Château LA CLOTTE
Château LA CLUSIERE
Château LA COUSPAUDE
Château LA DOMINIQUE
Château LA SERRE
Château LA TOUR DU PIN-FIGEAC (GIRAUD-BELIVIER)
Château LA TOUR DU PIN-FIGEAC (J.M. MOUEIX)
Château LA TOUR FIGEAC
Château LAMARZELLE
Château LANIOTE
Château LARCIS DUCASSE Saint-Laurent des Combes
Château LARMANDE
Château LAROQUE   Saint-Christophe des Bardes
Château LAROZE
Château LE PRIEURÉ
Château LES GRANDES MURAILLES
Château MATRAS
Château MOULIN DU CADET
Château PAVIE DECESSE
Château PAVIE MACQUIN
Château PETIT FAURIE DE SOUTARD
Château RIPEAU
Château SAINT-GEORGES CÔTE PAVIE
Château SOUTARD
Château TERTRE DAUGAY
Château TROPLONG-MONDOT
Château VILLEMAURINE
Château YON-FIGEAC
Clos DE L'ORATOIRE
Clos SAINT-MARTIN
Couvent DES JACOBINS

LES SECONDS VINS DU BORDELAIS
(Listes non limitatives)

Seconds vins des crus classés du Médoc

CH LATOUR	LES FORTS DE LATOUR
CH MARGAUX	PAVILLON ROUGE DE CH MARGAUX (1)
CH LAFITE ROTHSCHILD	CARRUADES DE LAFITE
CH MOUTON ROTHSCHILD	PETIT MOUTON
CH RAUZAN-SEGLA	SEGLA
CH RAUZAN-GASSIES	MAYNE DE JEANNET
CH LEOVILLE-LAS-CASES	CLOS DU MARQUIS
CH LEOVILLE-POYFERRE	MOULIN RICHE
CH LEOVILLE-BARTON	RESERVE DE LEOVILLE BARTON
CH DUFORT-VIVENS	SEGOND DE DUFORT
CH GRUAUD-LAROSE	SARGET DE GRUAUD-LAROSE
CH LASCOMBES	CHEVALIER DE LASCOMBES
CH BRANE-CANTENAC	BARON DE BRANE
CH PICHON-LONGUEVILLE BARON DE PICHON	LES TOURELLES DE LONGUEVILLE
CH PICHON-LONGUEVILLE COMTESSE DE LA LANDE	RESERVE DE LA COMTESSE
CH DUCRU-BEAUCAILLOU	LA CROIX DE BEAUCAILLOU
CH COS-D'ESTOURNEL	LES PAGODES DE COS
CH MONTROSE	LA DAME DE MONTROSE
CH KIRWAN	LES CHARMES DE KIRWAN
CH D'ISSAN	BLASON D'ISSAN
CH LAGRANGE	LES FIEFS DE LAGRANGE
CH LANGOA-BARTON	Pas de second vin
CH GISCOURS	LA SIRENE DE GISCOURS
CH MALESCOT-ST-EXUPERY	LA DAME DE MALESCOT
CH BOYD-CANTENAC	JACQUES DE BOYD
CH CANTENAC-BROWN	CHATEAU CANUET
CH PALMER	LA RESERVE DU GENERAL (1)
CH LA LAGUNE	MOULIN DE LA LAGUNE
CH DESMIRAL	DOMAINE DE FONTARNEY
CH CALON SEGUR	MARQUIS DE SEGUR
CH FERRIERE	LES REMPARTS
CH MARQUIS D'ALESME-BECKER	MARQUISE D'ALESME
CH SAINT-PIERRE	Pas de second vin
CH TALBOT	LE CONNETABLE DE TALBOT (2)
CH BRANAIRE-DUCRU	CHATEAU DULUC
CH DUHART-MILON-ROTHSCHILD	MOULIN DE DUHART
CH POUGET	ANTOINE POUGET
CH LATOUR-CARNET	LE SECOND DE CARNET
CH LAFOND-ROCHET	LE N° 2 DE LAFOND-ROCHET
CH BEYCHEVELLE	AMIRAL DE BEYCHEVELLE
CH PRIEURE-LICHINE	CHATEAU CLAIRFONT
CH MARQUIS-DE-TERNE	CHATEAU DES GONDATS
CH PONTET-CANET	LES HAUTS DE PONTET
CH BATAILLEY	Pas de second vin
CH HAUT-BATAILLEY	CHATEAU LATOUR L'ASPIC
CH GRAND-PUY-LACOSTE	LACOSTE BORIE
CH GRAND-PUY DUCASSE	PRELUDE A GRAND-PUY DUCASSE
CH LYNCH-BAGES	CHATEAU HAUT-BAGES AVEROUS
CH LYNCH-MOUSSAS	CHATEAU HAUT MADRAC
CH DAUZAC	CHATEAU LABARDE
CH D'ARMAILHAC	Pas de second vin
CH DU TERTRE	LES HAUTS DU TERTRE
CH HAUT-BAGES-LIBERAL	LA CHAPELLE DE BAGES
CH PEDESCLAUX	CHATEAU BELLE ROSE
CH BELLEGRAVE	DIANE DE BELLEGRAVE
CH CAMENSAC	CLOSERIE DE CAMENSAC

(1) Jusqu'en 1997, depuis Alter Ego (nouveau vin).

Il existe également des seconds en dehors du Médoc.
En voici quelques uns (listes non limitatives)

Sauternes et Barsac

CH COUTET	LA CHARTREUSE DE COUTET
CH CLIMENS	LES CYPRES DE CLIMENS
CH GUIRAUD	LE DAUPHIN DE GUIRAUD
CH LAFAURIE-PEYRAGUEY	LA CHAPELLE DE LAFAURIE
CH DE MALLE	CH DE SAINTE-HELENE
CH RAYNE-VIGNEAU	MADAME DE RAYNE
CH RIEUSSEC	CLOS LABERE
CH SIGALAS-RABAUD	LE CADET DE SIGALAS
CH SUDUIRAUT	CASTELNAU DE SUIDIRAUT
CH LA TOUR BLANCHE	LES CHARMILLES DE LA TOUR BLANCHE

(1) Vin blanc commercialisé sous la dénomination «Pavillon blanc de Château Margaux».
(2) Vin blanc commercialisé sous la dénomination «Caillou blanc de Château Talbot».

Pessac-Léognan

CH HAUT-BRION	BAHANS HAUT-BRION
CH BARET	CH DE CAMPARIAN
CH BOUSCAUT	LA FLAMME
CH BROWN	LE COLOMBIER DE CH BROWN
CH CARBONNIEUX	CH LA TOUR LEOGNAN
CH LES CARMES HAUT-BRION	LE CLOS DES CARMES
DOMAINE DE CHEVALIER	L'ESPRIT DE CHEVALIER
CH FIEUZAL	L'ABEILLE DE FIEUZAL
CH LA GARDE	LA TERRASSE DE LAGARDE
CH LA LOUVIERE	L DE LA LOUVIERE
CH HAUT-BAILLY	LA PARDE DE HAUT-BAILLY
CH LA MISSION HAUT-BRION	LA CHAPELLE DE LA MISSION HAUT-BRION
CH LARRIVET HAUT-BRION	DOMAINE DE LARIVET
CH LATOUR MARTILLAC	LAGRAVE MARTILLAC
CH MALARTIC LAGRAVIERE	LE SILLAGE DE MALARTIC
CH OLIVIER	LA SEIGNEURIE D'OLIVIER
CH PAPE CLEMENT	LE CLEMENTIN
CH PIQUE CAILLOU	CH CHENEVERT
CH SMITH HAUT-LAFITTE	LES HAUTS DE SMITH

………

Saint-Emilion

Premiers grands crus classés

CH AUSONE	CHAPELLE d'AUSONE
CH CHEVAL BLANC	PETIT CHEVAL
CH L'ANGELUS	CARIILLON DE L'ANGELUS
CH BEAUSEJOUR DUFFAU-LAGARROSSE	LA CROIX DE MAZERAT
CH BEAUJESOUR-BECOT	TOURNELLES DES MOINES
CH BELAIR	HAUT-ROC BLANQUANT
CH CANON	CLOS CANON
CLOS FOURTET	DOMAINE DE MARTIALIS
CH FIGEAC	LA GRANGENEUVE DE FIGEAC
CH LA GAFFELIERE	CLOS DE LA GAFFELIERE
CH MAGDELAINE	CH SAINT-BRICE

Grands crus classés

CH BERLIQUET	LES AILES DE BERLIQUET
CH CADET-BON	VIEUX-MOULIN DU CADET
CH CANON LA GAFFELIERE	CÔTE MIGNON LA GAFFELIERE
CH CHAUVIN	LA BORDERIE DE CHAUVIN
CH CORBIN	CORBIN LA VIEILLE TOUR
CH CORBIN MICHOTTE	LES ABEILLES
CH CLOS DES JACOBINS	CHÂTEAU BEAU MAYNE
CH DASSAULT	LE D DE DASSAULT
CH FAURIE-DE-SOUCHARD	SOUCHARD
CH FONPLEGLADE	CH CÔTES TROIS MOULINS
CH FRANC-MAYNE	LES CEDRES DE FRANC-MAYNE
CH GRAND MAYNE	LES PLANTES DE MAYNE
CH GRAND PONTET	DAUPHIN DE GRAND PONTET
CH GUADET SAINT-JULIEN	CHÂTEAU DES AYRES
CH HAUT SARPE	LE SECOND DE HAUT SARPE
CH LA CLOTTE	CLOS BERGAT-BOSSON
CH LA DOMINIQUE	LE SAINT-PAUL DE LA DOMINIQUE
CH LA SERRE	LES MENUETS DE LASERRE
CH LA TOUR DU PIN-FIGEAC (Giraud-Bélivier)	LA TOURNELLE DE FIGEAC
CH LA TOUR DU PIN-FIGEAC (J.M Moueix)	CLOS DE LA FLEUR FIGEAC
CH LANIOTE	CHAPELLE DE LANIOTE
CH LARMANDE	LE CADET DE LARMANDE
CH LAROQUE	TOURS DE LAROQUE
CH LAROZE	CLOS YON FIGEAC
CH MATRAS	L'ERMITAGE DE MATRAS
CH PAVIE-MACQUIN	LES CHÊNES DE MAQUIN
CH LE PRIEURE	CH L'OLIVIER
CH SAINT-GEORGES	
CÔTE PAVIE	CÔTE MADELEINE
CH SOUTARD	CLOS DE LA TONNELLE
CH TERTRE DAUGAY	CH DE ROQUEFORT
CH TROPLONG-MONDOT	LE MONDOT
CH YON-FIGEAC	YON SAINT-MARTIN

……….

Pomerol

CH GAZIN	L'HOSPITALET DE GAZIN

LISTE DES A.O.C. ET CLIMATS CLASSÉS PREMIERS CRUS DE LA CÔTE DE NUITS
+ PRINCIPAUX CARACTÈRES DES VINS

VINS ROUGES

DOCUMENT RÉALISÉ À PARTIR DE DOCUMENTS C.I.B.

Communes	A.O.C. Communales	Listes des climats classés en «premier cru»	Grands crus
Fixin *Bon rapport qualité-prix*	**Fixin** **Côte de Nuits-Villages**	Aux Cheusots, La Perrière, Le Clos-du-Chapitre, Les Arvelets, Les Hervelets, Les Meix-Bas.	Chaque grand cru constitue une A.O.C.
Gevrey-Chambertin *Vins fermes et colorés, constitution robuste, Arômes très élégants*	**Gevrey-Chambertin**	Au Closeau, Aux Combottes, Bel-Air, Cazetiers, Champeaux, Champitonnois dite «Petite Chapelle», Champonnets, Cherbaudes, Clos Prieur, Clos-du-Chapitre, Combe-aux-Moines, Craipillot Ergots, Estournelles, Issarts, La Perrière, Lavaut, Le Fonteny, Le Clos-St-Jacques, Les Corbeaux Les Goulots. Les Gemeaux. Les Varoilles, Poissenot.	Chambertin Chambertin-Clos de Bèze Latricières-Chambertin Mazoyères-Chambertin Charmes-Chambertin Mazis-Chambertin Griottes-Chambertin Ruchottes-Chambertin Chapelle-Chambertin
Morey-St-Denis *Du corps, de la vinosité, le bouquet se développe avec l'âge*	**Morey St-Denis**	Aux Charmes, Calouères, Chabiots, Clos-Bussière, Côte-Rôtie, La Riotte, Le Clos-Baulet, Le Clos-des-Ormes, Le Clos-Sorbès, Les Bouchots, Les Chaffots, Les Charrières, Les Chénevery, Les Façonnières, Les Frémières, Les Froichots, Les Genevrières, Les Gruenchers, Les Mauchamps, Les Millandes, Les Ruchots, Les Sorbès, Maison-Brûlée, Meix-Rentiers, Monts-Luisants.	Clos de Tart Clos St-Denis Clos de la Roche Bonnes Mares (une partie) Clos des Lambrays
Chambolle-Musigny *Le plus parfumé et le plus délicat de la Côte-de-Nuits*	**Chambolle-Musigny**	Aux Beaux-Bruns, Aux Combottes, Derrière-la-Grange, Les Amoureuses, Les Baudes, Les Borniques, Les Chatelots, Les Charmes, Les Combottes, Les Fuées, Les Fousselottes, Les Gras, Les Groseilles, Les Gruenchers, Les Hauts-Doix, Les Lavrottes, Les Noirots, Les Plantes, Les Sentiers.	Musigny (un peu de vin blanc) Les Bonnes-Mares.
Vougeot	**Vougeot**	Clos-de-la-Perrière, Le Clos-Blanc, Les Gras, Les Petits-Vougeot.	Clos du Vougeot
Flagey-Echezeaux *Vinosité*	**Vosne-Romanée** **(vendus sous l'A.O.C.)**		Grands Echezeaux Echezeaux
Vosne-Romanée *Equilibre parfait, bouquet prononcé, grande délicatesse*	**Vosne-Romanée**	Aux Brûlées, Aux Malconsorts, Le Clos-de-la-Perrière, Le Clos-des-Réas, Les Beaux-Monts, Les Chaumes, Les Gaudichots, Les Petits-Monts, Les Suchots, Les Reignots.	Romanée St Vivant Richebourg La Romanée La Tache La Romanée-Conti (1ha80 à 50ca) La Grand'Rue
Nuits St-Georges *Bonne conservation, couleur, bouquet. Les vins de Premeaux sont plus fermes et plus généreux que ceux récoltés près de Vosne*	**Nuits-St-Georges**	Aux Argillats, Aux Boudots, Aux Bousselots, Aux Chaignots, Aux Champs-Perdrix, Aux Cras, Aux Crots, Aux Damodes, Aux Murgers, Aux Thorey, Aux Vignes-Rondes, En la Chaîne-Carteau, La Perrière, La Richemone, La Roncière, Les Argillats, Les Cailles, Les Chaboeufs, Les Hauts-Pruliers, Les Poulettes, Les Porets, Les Procès, Les Pruliers, Les St-Georges, Les Vallerots, Les Vaucrains, Rue-de-Chaux, Perrière-Noblet.	
Premeaux	**(vendus sous l'A.O.C.)** **Nuits-St-Georges**	Aux Perdrix, Clos-Arlots, Clos-de-la-Maréchale, Clos des Argillières, Clos-des-Corvées, Clos-des-Forêts, Le Clos-St-Marc, Les Corvées-Paget, Les Didiers.	
Comblanchien Brochon Corgoloin Prissey	**Côte de Nuits-Villages**		

406

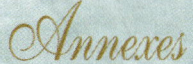

LISTE DES A.O.C. ET CLIMATS CLASSÉS PREMIERS CRUS DE LA CÔTE DE BEAUNE
+ PRINCIPAUX CARACTÈRES DES VINS

DOCUMENT RÉALISÉ À PARTIR DE DOCUMENTS C.I.B.

Communes	A.O.C. Communales	Listes des climats classés en «premier cru»	Grands crus
Ladoix-Serrigny *Souples et délicats*	**Ladoix** (surtout vins rouges)	Les Crechons (bl), Les Buis, En Naget, Le Bois Roussot, Les Hautes Mourottes, Le Regnet.	
Aloxe-Corton *Puissants, mais souples et délicats*	**Aloxe-Corton** (surtout vins rouges)	Basses-Mourettes, En Pauland, La Coutière, La Maréchaude, La Toppe-au-Vert, Les Chaillots, Les Grandes-Lolières, Les Guérets, Les fournières, Les Maréchaudes, Les Meix, Les Petites-Lolières, Les Valozières, Les Vercots, Sous Frétilles (bl).	Corton (R et B) (*générosité légendaire*) Corton-Charlemagne (B) (*sec, mais souple, cannelle, girofle*).
Chorey-Les-Beaune *Robustes*	**Chorey** ou Chorey Côte de Beaune		
Pernand-Vergelesses *Souples et délicats*	**Pernand-Vergelesses** (R et B)	En Caradeux, Creux-de-la-Net, Ile-des-Vergelesses, Les Basses-Vergelesses, Les Fichots.	
Savigny-Les-Beaune *Beaucoup de finesse, tendres et distingués*	**Savigny-les-Beaune** Savigny-Côte de Beaune (surtout vins rouges)	Aux Clous, Aux Fourneaux, Aux Gravains, Aux Grands Liards, Aux Guettes, aux petits Liards Aux Serpentières, Aux Vergelesses, Aux Vergelesses dit Bataillère, Basses-Vergelesses, La Dominode, Les Charnières, Les Jarrons, Les Hauts-Jarrons, Les Hauts-Marconnets, Les Lavières, Les Marconnets, Les Narbantons, Les Peuillets, Les Rouvrettes, Les Talmettes, Petits-Godeaux, Redrescuts.	
Beaune *Qualité variable, très étendue*	**Beaune** (surtout vins rouges)	A l'Ecu, Aux Coucherias, Aux Cras, Champs-Pimont, Clos-du-Roi, En Genêt, En l'Orme, La Mignotte, Le Bas-des-Theurons, Le Clos-de-la-Mousse, Le Clos-des-Mouches, Les Aigrots, Les Avaux, Les Blanches-Fleurs, Les Boucherottes, Les Bressandes, Les Cent-Vignes, Les Chouacheux, Les Epenottes, Les Fèves, Les Grèves, Les Marconnets, Les Montrevenots, Les Perrières, Les Reversées, Les Sisies, Les Teirons, Les Toussaints, Les Vignes-Franches, Montée-Rouge, Per-Tuisots, Sur-les-Grèves, Tiélandry ou Clos Landry	
Pommard *Vins fermes, colorés, puissants. Bonne conservation*	**Pommard** (R)	Clos-Blanc, Clos-de-la-Commaraine, Clos du Verger, Es-Charmots, Derrière-St-Jean, La Chanière, La Platière, La Refene, Le Clos-Micot, Les Argillières, Les Argelets, Les Bertins, Les Boucherottes, Les Chaponnières, Les Chanlins-Bas, Les Combes-Dessus, Les Croix Noires, Les Epenots, Les Fremiers, Les Garollières, Les Petits Epenots, Les Pézerolles, Les Poutures, Les Rugiens-Bas, Les Rugiens-Hauts, Les Sausilles.	
Volnay *Beaucoup de finesse, les plus tendres de la Côte de Beaune*	**Volnay** (R)	Bousse-d'Or, Caillerets-Dessus, Carelles-Dessous, Carelles-sous-la-Chapelle, Chanlin, En Caillerets, En Champans, En Chevrets, En l'Ormeau, En Verseuil, Fremiets, La Barre ou Clos-de-la-Barre, Le Clos-des-Chênes, Le Clos-des-Ducs, Les Angles, Les Aussy, Les Brouillards, Les Lurets, Les Milans, Les Petures, Les Pitures-Dessus, Les Santenots, Pointe-d'Angles, Ronceret, Taille-Pieds, Robardelle, Village-de-Volnay.	
Monthélie *Un peu moins de bouquet que le Volnay*	**Monthélie** (R)	Duresses, La Taupine, Le Cas-Rougeot, Le Château-Gaillard, Le Clos-Gauthey, Le Meix-Bataille, Les Champs-Fulliot, Les Riottes, Les Vignes-Rondes, Sur Lavelle.	

Annexes

Communes	A.O.C. Communales	Listes des climats classés en «premier cru»	Grands crus
Auxey-Duresses	**Auxey-Duresses** (R et B)	Climat-du-Val dit Clos du Val, Les Bas-des-Duresses, Les Bretterins, Les Bretterins dits la Chapelle, Les Duresses, Les Ecusseaux, Les Grands Champs, Reugne, Reugne dit la Chapelle	A.O.C.
St-Romain	**St-Romain** (B et R)		
St-Aubin	**St-Aubin** (B et R)	Champlot, En Remilly, La Chatenière, Les Castets, Les Combes, Les Créots, Les Frionnes, Les Murgers-des-Dents-de-Chein, Sur Gamay, Sur-le-Sentier-du-Clou	
Meursault *Secs mais souples, saveur de noisette. Riche en alcool Arôme de grappe mûre.*	**Meursault** vins blancs, un peu de vins rouges Blagny (rouges)	Aux Perrières, La Goutte-d'Or, Le Poruzot, Les Poruzot-Dessus, Les Bouchères, Les Caillerets, Les Charmes-Dessous, Les Charmes-Dessus, Les Cras-Dessus, Les Genevrières-Dessus, Les Genevrières-Dessous, Les Perrières-Dessus, Les Petures, Les Santenots Blancs, Les Santenots-du-Milieu, Les Ravelles (bl).	
Puligny-Montrachet *Blanc : fruités, distingués Rouge : corps et finesse*	**Puligny-Montrachet** Côte-de-Beaune	Clavoillons, Hameau-de-Blagny, La Garenne, Le Gailleret, Le Champ-Canet, Les Chalumeaux, Les Combettes, Les Folatières, Les Pucelles, Les Referts, Sous-le-Puits.	Chevalier-Montrachet Batard-Montrachet Bienvenues-Batard-Montrachet, Montrachet (*grande finesse, noisette, amande, harmonie parfaite, 1er vin blanc de Bourgogne*).
Chassagne-Montrachet *Surtout connu pour les vins blancs, mais d'excellents vins rouges corsés, bonne tenue en bouteilles*	**Chassagne-Montrachet** Côte de Beaune vins blancs et rouges	Clos-St-Jean, Chassagne ou Caillleret, En Caillerets, Grandes-Ruchottes, La Boudriotte, La Maltroie, La Romanée, Les Brussolles, Les Champs-Gain, Les Chevenottes, Les Macherel-Les-Vergers, Morgeot, Morgeot dit Abbaye-de-Morgeot.	Montrachet *Blanc de Bourgogne*) Batard-Montrachet Criots-Batard-Montrachet
Santenay *Finement bouquetés se font assez vite*	**Santenay** Santenay Côte de Beaune (rouges et quelques blancs)	Beauregard, Beaurepaire, Clos de Tavannes, La Comme, la Maladière, Le Passe-Temps, Les Gravières.	
Cheilly-Les-Maranges Sampigny	**Cheilly-Les-Maranges** (1) (vins rouges)		
Les Maranges Dezize-Les-Maranges	**Sampigny-les-Maranges** (1) **Dezize-les-Maranges** (1) (vins rouges)	La Boutière, le Clos-des-Rois, Les Maranges, Les plantes-de-Maranges	

MONTAGE REALISE A PARTIR DE DOCUMENTS C.I.B. RUE DUNANT 21200 BEAUNE

(1) Ces A.O.C. sont maintenant regroupées sous l'A.O.C. MARANGES.

SOURCE : AVEC L'AIMABLE AUTORISATION DU JOURNAL LE BIEN PUBLIC DIJON.

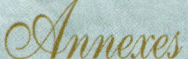

ECHELLE DES CRUS EN CHAMPAGNE

Jusqu'en 1989, le prix du kg de raisin était fixé chaque année par le C.I.V.C. (Comité Interprofessionnel des Vins de Champagne).

Mais le projet de contrat interprofessionnel ayant été abandonné, une nouvelle organisation a été mise en place, à savoir :
- Le prix du raisin à la vendange est libre, à partir d'un prix indicatif établi chaque année par le C.I.V.C.
- Toutefois, les approvisionnements de chaque acheteur sont limités à un plafond déterminé chaque année par le C.I.V.C. en fonction du volume de récolte et des ventes. La transparence des transactions est assurée par le C.I.V.C.
- En avril 1996, un accord a été conclu pour éviter des fluctuations importantes des prix du raisin.

CRUS	Echelle %	CRUS	Echelle %	CRUS	Echelle %	CRUS	Echelle %
MARNE							
Allemant............noirs	85	Courjeonnet...........	85	Montigny-sur-Vesle...	84	Vandières...........	86
............blancs	87	Courmas...............	87	Morangis.............	84	Vauciennes..........	84
Ambonnay.............	100	Courtagnon...........	82	Moslins..............	84	Vaudemanges.........	95
Arcis-le-Ponsart.....	82	Courthiézy...........	83	Moussy...............	88	Vavray-le-Grand.....	84
Aubilly..............	82	Courville............	82	Mutigny..............	93	Vavray-le-Petit.....	84
Avenay...............	93	Couvrot..............	84	Nanteuil-la-Forêt....	82	Venteuil............	89
Avize................	100	Cramant..............	100	Nesle-le-Repons......	84	Verneuil............	86
Ay...................	100	Crugny...............	86	La Neuville-aux-Larris	84	Vert-Toulon.........	85
Barbonne-Fayel.......noirs	85	Cuchery..............	84	Nogent l'Abbesse.....	87	Vertus..............	95
............blancs	87	Cuis.................noirs	90	Œuilly...............	84	Verzenay............	100
Baslieux-sous-Châtillon	84	............blancs	95	Oger.................	100	Verzy................	100
Bassu................	85	Cuisières............	86	Oiry.................	100	Villedommange.......	90
Bassuet..............	85	Cumières.............	93	Olizy-Violaine......	84	Ville-en-Tardenois..	82
Baye.................	85	Damery...............	89	Orbais l'Abbaye.....	82	Villeneuve-Renneville	95
Beaumont-sur-Vesle...	100	Dizy.................	95	Ormes................	85	Villers-Allerand....	90
Beaunay..............	85	Dormans (Try, Vassy, Vassieux,		Oyes.................	84	Villers-aux-Nœuds...	90
Belval-sous-Châtillon	84	Chavenay)............	83	Pargny-les-Reims.....	90	Villers-Franqueux...	84
Bergères-les-Vertus..	95	Ecueil...............	90	Passy-Grigny.........	84	Villers-Marmery.....	95
Bergères-sous-Montmirail	82	Epernay...............	88	Pévy.................	84	Villers-sous-Châtillon	86
Berru................	84	Eloges................	85	Pierry...............	90	Villevenard..........	85
Bethon...............noirs	85	Etrechy...............noirs	87	Poilly...............	84	Vinay................	86
...............blancs	87	...............blancs	90	Pontfaverger.........	83	Vincelles............	85
Bezannes.............	90	Faverolles...........	86	Port-à-Binson........	84	Vindey...............noirs	85
Billy-le-Grand.......	95	Ferebrianges.........	85	Pouillon..............	84	...............blancs	87
Binson-Orquigny......	86	Festigny.............	84	Pourcy...............	84	Vitry-en-Perthois...	85
Bisseuil.............	95	Fleury-la-Rivière....	85	Prouilly.............	84	Voipreux.............	95
Bligny...............	83	Fontaine-Denis.......noirs	85	Puisieulx............	100	Vrigny...............	90
Bouilly..............	86	...............blancs	87	Reims................	88		
Bouleuse.............	82	Germaine..............	80	Reuil................	86		
Boursault............	84	Germigny..............	85	Rilly-la-Montagne.....	94		
Bouzy................	100	Givry-les-Loisy......	85	Romery...............	85	**AISNE**	
Branscourt...........	84	Glannes...............	84	Romigny..............	82	Barzy-sur-Marne......	85
Breuil (Le)..........	83	Grauves...............noirs	90	Rosnay...............	83	Passy-sur-Marne......	85
Brimont..............	83	...............blancs	95	Sacy.................	90	Trélou-sur-Marne.....	85
Brouillet............	86	Gueux.................	85	Saint-Amand-sur-Fion.	84	Autres crus du canton	
Broussy-le-Grand.....	84	Hautvillers..........	93	Sainte-Euphraise et Clairizet	86	de Condé-en-Brie....	83
Broyes...............noirs	85	Hermonville..........	86	Sainte-Gemme.........	84	Autres crus de l'Aisne	80
...............blancs	87	Hourges..............	86	Saint-Gilles.........	85		
Brugny Vaudancourt...	86	Igny-Comblizy........	83	Saint-Lumier en Champagne	86		
Cauroy-les-Hermonville	83	Janvry...............	85	Saint-Martin-d'Ablois	86	**AUBE**	
Celles-s-Chantemerle (La) noirs	84	Joncheny-sur-Vesle...	84	Saint-Thierry........	87	Villenauxe-la-Grande... noirs	85
...............blancs	87	Jonquery.............	84	Sarcy................	83	.....blancs	87
Cernay-les-Reims.....	85	Jouy-les-Reims.......	90	Saudoy...............noirs	85		
Cerseuil.............	84	Lagery...............	86	...............blancs	87	Autres crus de l'Aube	80
Châlons-sur-Vesle....	84	Leuvrigny............	84	Savigny-sur-Ardres...	86		
Chambrecy............	83	Lhéry................	84	Selles...............	84		
Chamery..............	90	Lisse-en-Champagne...	84	Sermiers.............	90	**HAUTE-MARNE**	
Champillon...........	93	Loisy-en-Brie........	85	Serzy et Prin........	85	Villenauxe-la-Grande..	80
Champlat-Boujacourt..	83	Loisy-sur-Marne......	84	Sézannes.............	86		
Champvoisy...........	84	Louvois..............	100	Sillery..............	100	Crus de la Haute-Marne	80
Changy...............	84	Ludes................	94	Soilly...............	83		
Chantemerle..........noirs	85	Mailly-Champagne.....	100	Soulières............	85		
...............blancs	87	Mancy................	88	Taissy...............	94	**SEINE-ET-MARNE**	
Châtillon-sur-Marne..	85	Mardeuil.............	84	Talus-Saint-Prix.....	85		
Chaumuzy.............	86	Mareuil-le-Port......	84	Tauxières............	99	Crus de la Seine-et-Marne	80
Chavot-Courcourt.....	83	Mareuil-sur-Ay.......	99	Thil.................	84		
Chenay...............	88	Marfaux..............	84	Tours-sur-Marne......noirs	100		
Chigny-les-Roses.....	94	Merfy................	84	.....blancs	90		
Chouilly.............noirs	95	Merlaut..............	84	Tramery..............	86		
...............blancs	100	Méry-Prémecy.........	84	Trépail..............	95		
Coizard-Joches.......	85	Les Mesneux..........	86	Treslon..............	86		
Coligny..............noirs	87	Le Mesnil-le-Hutier..	83	Trigny...............	84		
...............blancs	90	Le Mesnil-sur-Oger...	100	Trois-Puits..........	94		
Congy................	85	Mondement............	84	Troissy..............	84		
Cormicy..............	83	Montbré..............	94	Unchair..............	86		
Cormontreuil.........	94	Mongenost............noirs	85	Val-de-Vière.........	84		
Cormoyeux............	85	...............blancs	87	Vanault-le-Chatel....	84		
Coulommes-la-Montagne	90	Monthelon............	88	Vandeuil.............	86		
Courcelles-Sapicourt.	83	Montigny-sous-Châtillon	86				

SOURCE : C.I.V.C.

Annexes

LES GRANDS CRUS D'ALSACE

DÉCRET DU 17.12.92. GUIDE DES GRANDS CRUS D'ALSACE N° D 13 - O - CIVA COLMAR - LOMBARD ET ASSOCIÉS 1998.

- 3 Altenberg de Bergbieten
- 16 Altenberg de Bergheim
- 4 Altenberg de Wolxheim
- 34 Brand (Turckheim)
- 5 Bruderthal (Molsheim)
- 37 Eichberg (Eguisheim)
- 2 Engelberg (Dahlenheim et Scharrachbergheim)
- 33 Florimont (Ingersheim et Katzenthal)
- 13 Frankstein (Dambach-la-Ville)
- 22 Froehn (Zellenberg)
- 29 Furstentum (Kientzheim et Sigolsheim)
- 18 Geisberg (Ribeauvillé)
- 15 Gloeckelberg (Rodern et St-Hippolyte)
- 40 Goldert (Gueberschwihr)
- 39 Hatschbourg (Hattstatt et Voegtlinshoffen)
- 35 Hengst (Wintzenheim)
- 17 Kanzlerberg (Bergheim)
- 8 Kastelberg (Andlau)
- 46 Kessler (Guebwiller)
- 6 Kirchberg de Barr
- 19 Kirchberg de Ribeauvillé
- 47 Kitterlé (Guebwiller)
- 28 Mambourg (Sigolsheim)
- 26 Mandelberg (Mittelwihr et Beblenheim)
- 27 Marckrain (Bennwihr et Sigolsheim)
- 10 Moenchberg (Andlau et Eichhoffen)
- 11 Muenchberg (Nothalten)
- 49 Ollwiller (Wuenheim)
- 20 Osterberg (Ribeauvillé)
- 38 Pfersigberg (Eguisheim et Wettolsheim)
- 44 Pfingstberg (Orschwihr)
- 14 Praelatenberg (Kintzheim)
- 50 Rangen (Thann et Vieux-Thann)
- 21 Rosacker (Hunawihr)
- 48 Saering (Guebwiller)
- 30 Schlossberg (Kientzheim)
- 23 Schoenenbourg (Riquewihr et Zellenberg)
- 32 Sommerberg (Niedermorschwihr et Katzenthal)
- 25 Sonnenglanz (Beblenheim)
- 45 Spiegel (Bergholtz et Guebwiller)
- 24 Sporen (Riquewihr)
- 41 Steinert (Pfaffenheim et Westhalten)
- 36 Steingrubler (Wettolsheim)
- 1 Steinklotz (Marlenheim)
- 42 Vorbourg (Rouffach et Westhalten)
- 9 Wiebelsberg (Andlau)
- 31 Wineck-Schlossberg (Katzenthal et Ammerschwihr)
- 12 Winzenberg (Blienschwiller)
- 43 Zinnkoepflé (Soultzmatt et Westhalten)
- 7 Zotzenberg (Mittelbergheim)

FORMATIONS CONDUISANT AUX MÉTIERS DE LA VIGNE ET DU VIN ET DE L'HÔTELLERIE

Le choix existe - comment faire le bon choix ?

A l'initiative du Syndicat Français des Métiers de la Vigne et du Vin, les formations conduisant aux métiers de la Vigne et du Vin ont été pour la première fois recensées par M. GUET, Ingénieur Agronome, et sont aujourd'hui actualisées par Catherine JOCTEUR-MONROZIER (œnologue) et par le service documentation du Centre de Promotion des Métiers de la Vigne et du Vin.

NOMBRE D'ÉTABLISSEMENTS PROPOSANT UNE FORMATION PAR VOIE SCOLAIRE ET SUPÉRIEURE

Niveaux	Dénomination du diplôme	Nbre d'établissements
Niveau 1	• DOCTORAT D'ŒNOLOGIE ET D'AMPÉLOLOGIE	1
	• INGÉNIEUR D'AGRONOME (ENSA ET ENSAIA)	6
	• DEA ŒNOLOGIE ET D'AMPÉLOLOGIE	2
	• DESS :	
	- Droit Economie et Gestion de la filière viti-vinicole	1
	- Droit de la Vigne et du Vin	2
	- Œnologie des Vins de Champagne	1
	• CES CONNAISSANCE ET COMMERCIALISATION INTERNATIONAL DES VINS	2
	• CESS Cultures et pratiques des analyses sensorielles et de dégustation	1
	• Mastère Spécialisé Commerce International des Vins et Spiritueux	1
Niveau 1 et 2	• DIPLÔME INTERNATIONAL UNIVERSITAIRE DE GESTION, MARKETING ET ECONOMIE DES VINS ET SPIRITUEUX	2
Niveau 2	• DIPLÔME NATIONAL D'ŒNOLOGUE (DNO)	6
	• INGÉNIEUR DES TECHNIQUES AGRICOLES (ENITA)	4
	• INGÉNIEUR EN AGRICULTURE	6
Niveau 2 et 3	• DIPLÔMES UNIVERSITAIRES	
	- Aptitude à la dégustation des Vins	1
	- Marketing du Vin	1
	- Sciences de la Vigne	1
	• LICENCE DES SCIENCES DE LA VIGNE	1
Niveau 3	• BTSA et BTS :	
	- Technico-Commercial Vins et Spiritueux	13
	- Technico-Commercial Vins et Spiritueux (à distance)	1
	- Analyse et Conduite Systèmes d'Exploitation (en alternance)	1
	- Analyse et Conduite Systèmes d'Exploitation (à distance)	1
	- Analyse et Conduite Systèmes d'Exploitation	1
	- Technico-Commercial Agro-Alimentaire Vins et Spiritueux	1
	- Viticulture-Œnologie	9
	- Viticulture-Œnologie (en apprentissage)	5
	- Force de Vente Spécialisation Vins	1
Niveau 4	• BTA :	
	- Viticulture-Œnologie	35
	- Viticulture-Œnologie (en apprentissage)	2
	- Viticulture-Œnologie (à distance)	2
	- Viticulture-Œnologie (en alternance)	2
	- Arbo-Viticulture	5
	- Conduite et Gestion de l'Exploitation Agricole	3
	- Commercialisation des Vins et Spiritueux	5
	• BAC PROFESSIONNEL CONDUITE ET GESTION EXPLOITATION AGRICOLE :	
	Option Vigne et Vin (à distance)	1
	• BTH :	
	Option service	5
	Option restaurant	27
	• BAC PROFESSIONNEL RESTAURATION	40
	• BAC PROFESSIONNEL COMMERCE ET SERVICES PRODUITS VITI-VINICOLES (EN ALTERNANCE)	1
Niveau 5	• BEPA :	
	Option Vigne et Vin	28
	Option Vigne et Vin (en alternance)	22
	Option Vigne et Vin (en apprentissage)	1
	Vente de Produits Frais	1
	Employé de Cave (en apprentissage)	1
	Arbo-viticulture	2
	• BEP INDUSTRIE ET COMMERCE DES BOISSONS	2
	• BEPH OPTION SERVICE	68
Niveau 6	• CAPA :	
	Option viti-vinicole	3
	Option viti-vinicole (en apprentissage)	20
	Option viti-vinicole (en alternance)	9
	• CAP TONNELIER	2
	• CAP EMPLOYÉ DE RESTAURANT	30
	• CAP EMPLOYÉ DE RESTAURANT (APPRENTISSAGE)	8

Correspondance des niveaux : 1 : Bac + 6 - 2 : Bac +4 - 3 : Bac + 2 - 4 : Bac ou équivalent - 5 : 2 ans après classe de 3e - 6 : Classe de 3e.
Correspondance des diplômes :
BEPA : Brevet d'Etudes Professionnelles Agricoles. BEPH : Brevet d'Etudes Professionnelles Hôteliers. BTA : Brevet de Technicien Agricole. BTH : Brevet de Technicien Hôtelier. BTS : Brevet de Technicien supérieur. BTSA : Brevet de Technicien Supérieur Agricole. BPA : Brevet Professionnel pour Adultes. CAP : Certificat d'Aptitude Professionnelle. CAPA : Certificat d'Aptitude Professionnelle Agricole. CES : Certificat d'Etudes supérieures. CESS : Certificat d'Etudes supérieures spécialisées. DEA : Diplôme d'Etudes approfondies. DESS : Diplôme d'Etudes Supérieures Spécialisées. DESU : Diplôme d'Etudes supérieures Universitaires. DTA : Diplôme de Technologie Approfondie.

Annexes

FORMATIONS CONDUISANT AUX MÉTIERS DE LA VIGNE ET DU VIN ET DE L'HÔTELLERIE

NOMBRE D'ÉTABLISSEMENTS PROPOSANT UNE FORMATION POUR ADULTES

Niveaux	Dénomination du diplôme	Nbre d'établissements

Niveau 3	• VITI-EXPORT (Exportation des Vins)
	• BTSA :
	   Option Viticulture-Œnologie
	   Option Elaboration et commercialisation des Vins et Spiritueux (en alternance)
		1
		
		4
		2

Niveau 4	• BTA
	   Option Viticulture-Œnologie
	   Formation Technicien-Chef de cave
		
		5
		1

Niveau 5	• BREVET PROFESSIONNEL par Unités Capitalisables :
	   Option Chef d'Exploitation en Viticulture
	   Option Responsable d'Exploitation Agricole
	   Option Viticulture-Œnologie
	• BPA :
	   Option Agriculture-Viticulture
	   Option Viticulture-Arboriculture
	   Option Vigne et Cultures de diversification
	   Option Vigne et Vin
	• BP Responsable d'Exploitation Agri. (F.I.A.D.)
		
		3
		10
		9
		
		1
		1
		1
		8
		1

Niveau 6	• Formation Ouvrier Hautement Qualifié - Caviste	1
Aucun niveau	• DIPLÔME DE SOMMELIER CONSEIL • FORMATION AU MÉTIER DE VITICULTEUR À DISTANCE • BREVET PROFESSIONNEL DE SOMMELIER	1 1 2

ÉTABLISSEMENTS PROPOSANT DES FORMATIONS COMPLÉMENTAIRES PLUS SPÉCIALISÉES

Niveaux	Dénomination du diplôme	Nbre d'établissements
Niveau 4, 5	• Commerce, gestion, marketing des vins	3
Niveau 3, 4, 5	• Commercialisation des vins	13
Niveau 4	• Œnologie	1
Niveau 4, 5	• Viticulture	1
Niveau 3	• Hygiène et Contrôle Qualité	1
Niveau 3	• Technique de Conditionnement et Emballages	1
Niveau 4	• Viticulture Charentaise	1
Niveau 3	• Exportation	1
Niveau 3	• Gestion, Assurance-Qualité (en alternance)	1
Niveau 3, 4	• Technico-Commercial - Vente de Vin	1
Niveau 5	• Caviste	1
Niveau 6	• Vente - Gestion - Commerce de Vins de loire	1
Aucun niveau	• Elaboration et Conditionnement des Vins	1
Niveau 5	• AGENT DE MAINTENANCE DES MATÉRIELS VITI-VINICOLES	1
Aucun niveau	• CONDUCTEUR DES MACHINES DE L'EXPLOITATION VITICOLE	1
Aucun niveau	• VIGNERON CAVISTE	1
Aucun niveau, 4	• CERTIFICAT DE CAPACITÉ TECHNIQUE AGRICOLE ET RURALE EN VITI-ŒNOLOGIE	6

Niveau 6, 5, 4	• MENTIONS COMPLÉMENTAIRES :
	   Barman
	   Sommelier
	   Sommelier - Barman
	   Caviste
		
		10
		23
		1
		1

ÉTABLISSEMENTS PROPOSANT UNE FORMATION CONTINUE

Niveaux	Dénomination du diplôme	Nbre d'établissements
Niveau 1	• MASTERE SPÉCIALISÉ GESTIONNAIRE DU DOMAINE VITICOLE	1

Niveau 2	• DIPLÔME UNIVERSITAIRE :
	   Elaboration, Droit et Economie du Champagne
	   Vin et culture
	   Connaissance Vins et spiritueux
		
		1
		1
		1

Niveau 4	• BTA Viticulture-Œnologie • DIPLÔME DE TECHNICIEN EN ŒNOLOGIE (DTO) • CADRE COMMERCIAL ADMINISTRATIF DANS LES VINS ET SPIRITUEUX	1 1 1

FORMATION CONTINUE POUR ADULTES

Niveaux	Dénomination du diplôme	Nbre d'établissements

Niveau 3, 4, 5	• CERTIFICAT DE SPÉCIALISATION
	   Informatique
	   Commercialisation des Vins
		
		1
		2

Niveau 5	• BPA :
	   Vigne et Vin
	   Chef d'exploitation (Vigne et Vin)
	   par Unité Capitalisable Chef d'exploitation Viticole
	   par Unité Capitalisable responsable Exploitation Agricole
		
		1
		1
		1
		2

Niveau 5	• BREVET PROFESSIONNEL DE SOMMELIER	1

De très nombreux établissements publics, universitaires et associations, dispensent de la formation continue sous forme de stage. Le service télématique 3615 OENOTEL renseigne sur ces stages dans sa rubrique «LES ÉCOLES DE L'ŒNOLOGIE ET DE LA DÉGUSTATION».

CS Agriculture Biologique = 1 (Niveau 5)
Emballage des boissons et denrées = 1 (Niveau 4)
Cadre Coopérative Agricole = 1 (Niveau 3)
Formation Complémentaire des œnologues = 1 (Niveau 2)

(SOURCE : LA REVUE DES ŒNOLOGUES, N°58, JUIN 1999) ACTUALISÉE 30 JUIN 1996.

3615 OENOTEL - Ce service télématique informe sur les filières d'enseignement des métiers de la vigne et du vin, rubrique «Les Ecoles de l'Œnologie et de la Dégustation».
Il propose également les résultats officiels des grans concours de dégustation :
- Concours général Agricole - Paris   - Concours de la Saint-Vincent - Macon
- Concours des grands vins de France - Macon   - Chardonnay du Monde
- Challenge International des vins - Blaye - Bourg   - Concours des Vins d'Aquitaine - Bordeaux

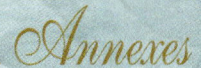

ADRESSES UTILES

SOURCE : OFFICE NATIONAL INTERPROFESSIONNEL DES VINS.

INSTITUTIONS NATIONALES DE LA FILIÈRE VITI-VINICOLE

AFED : Association Française des Eleveurs, Embouteilleurs et Distributeurs de Vins et Spiritueux
20, rue d'Anjou - 75008 PARIS
Tel : 01 42 68 82 46 - Fax : 01 40 06 06 98

ANIVIT : Association Nationale Interprofessionnelle des Vins de Table et des Vins de Pays de France
12, rue Sainte Anne - 75001 PARIS
Tel : 01 47 03 45 44 - Fax : 01 47 03 97 99

CCJPVP : Compagnie des Courtiers Jurés Piqueurs de Vins de Paris
40, Avenue des Terroirs de France - 75611 PARIS CEDEX 12
Tel : 01 43 43 56 77 - Fax : 01 44 74 53 24

CCVF : Confédération des Coopératives Vinicoles de France
53, rue de Rome - 75008 PARIS
Tel : 01 45 22 37 00 - Fax : 01 42 22 86 21

CFCE : Centre Français du Commerce Extérieur
10, Avenue d'Iéna - 75783 PARIS CEDEX 16
Tel : 01 40 73 33 76 - Fax : 01 40 73 30 03

CNAOC : Confédération Nationale des Producteurs de Vins et Eaux-de-vie de vins d'AOC
12, rue Sainte Anne - 75001 PARIS
Tel : 01 42 61 21 25 - Fax : 01 42 61 16 63

CNCP : Confédération Nationale des Caves Particulières
40, Avenue des Terroirs de France - 75611 PARIS CEDEX 12
Tel : 01 44 74 51 24 - Fax : 01 44 74 51 23

CNIVE : Comité National des Interprofessions des Vins et Eaux-de-vie à AOC
95, rue de Monceau - 75008 PARIS
Tel : 01 45 22 75 73 - Fax : 01 45 22 94 16

EGVF : Entreprises de Grands Vins de France
95, rue de Monceau - 75008 PARIS
Tel : 01 45 22 75 73 - Fax : 01 45 22 94 16

FEVS : Fédération des Exportateurs de Vins et Spiritueux de France
95, rue de Monceau - 75008 PARIS
Tel : 01 45 22 75 73 - Fax : 01 45 22 94 16

FNAOVDQS : Fédération Nationale des Appellations d'Origine Vins Délimités de Qualité Supérieure
12, rue Sainte-Anne - 75001 PARIS
Tel : 01 42 61 21 25 - Fax : 01 42 61 16 63

FNPVTP : Fédération Nationale des Producteurs de Vins de Table et des Vins de Pays
12, rue Sainte Anne - 75001 PARIS
Tel : 01 40 20 93 80 - Fax : 01 40 20 92 25

ICV : Institut Coopératif du Vin
La Jasse de Maurin - 34978 LATTES CEDEX
Tel : 04 67 07 04 90 - Fax : 04 67 07 04 95

INAO : Institut National des Appellations d'Origine
138, Avenue des Champs Elysées - 75008 PARIS
Tel : 02 53 89 80 00 - Fax : 01 42 25 57 97

IREB : Institut de Recherches Scientifiques sur les Boissons
19, Avenue Trudaine - 75009 PARIS
Tel : 01 48 74 82 19 - Fax : 01 48 78 17 56

ITV : Centre Technique Interprofessionnel de la Vigne et du Vin
19, rue du Général Foy - 75008 PARIS
Tel : 01 44 69 97 57 - Fax : 01 44 69 97 99

Maison de la Vigne et du Vin
21, rue François 1er - 75008 PARIS
Tel : 01 47 20 20 76 - Fax : 01 47 23 07 21

OIV : Office International de la Vigne et du Vin
18, rue d'Aguesseau - 75008 PARIS
Tel : 01 44 94 80 80 - Fax : 01 42 66 90 63

ONIVINS : Office National Interprofessionnel des Vins
232, rue de Rivoli - 75001 PARIS
Tel : 01 42 86 32 00 - Fax : 01 40 15 06 96

SOPEXA
43-45, rue de Naples - 75008 PARIS
Tel : 01 44 69 40 00 - Fax : 01 44 69 70 71

Université du vin
Château de Suze - 26790 SUZE LA ROUSSE
Tel : 04 75 97 21 30 - Fax : 04 75 98 24 20

UNPJF : Union Nationale des Producteurs de Jus de Fruits, Nectars et Boissons aux Fruits
10, rue de Liège - 75009 PARIS
Tel : 01 48 74 31 16 - Fax : 01 42 80 60 58

UOEF : Union des Œnologues de France
2, Avenue Galliéni - 91710 VERT-LE-PETIT
Tel : 01 64 93 23 38 - Fax : 01 64 93 28 32

LISTE DES COMITÉS INTERPROFESSIONNELS

ALSACE
CIVA - Conseil Interprofessionnel des Vins d'Alsace
12, Avenue de la Foire Aux Vins
B.P. 1217, 68012 COLMAR Cedex
Tel : 03.89.20.16.20 *Fax :* 03.89.20.16.30
e-mail : civa@rmcnet.fr

ARMAGNAC
BNIA - Bureau National Interprofessionnel de l'Armagnac
11, place de la Liberté
B.P. 3, 32800 EAUZE
Tel : 05.62.08.11.00 *Fax :* 05.62.08.11.01
e-mail : armagnac.bureau.national@wanadoo.fr

BEAUJOLAIS
UIVB - Union Interprofessionnelle des Vins du Beaujolais
210, en Beaujolais
BP 317, 69661 VILLEFRANCHE SUR SAONE
Tel : 04.74.02.22.10 *Fax :* 04.74.02.22.19
e-mail : uivb@beaujolais.net

BERGERAC
CIVRB - Conseil Interprofessionnel des vins de la région de Bergerac
1, rue des Récollets
B.P. 426, 24109 BERGERAC Cedex
Tel : 05.53.63.57.57 *Fax :* 05.53.63.01.30
e-mail : jjc.civrb@wanadoo.fr

BORDEAUX
CIVB - Conseil Interprofessionnel des Vins de Bordeaux
1, Cours du XXX juillet
33075 BORDEAUX Cedex
Tel : 05.56.00.22.66 *Fax :* 05.56.00.22.77
Internet : www.vins-bordeaux.fr
e-mail : civb@vins-bordeaux.fr

BOURGOGNE
BIVB - Bureau Interprofessionnel des Vins de Bourgogne
12 Boulevard Bretonnière
B.P. 150, 21204 BEAUNE Cedex
Tel : 03.80.25.04.80 *Fax :* 03.80.25.04.81
e-mail : bivb@wanadoo.fr

CAHORS
UIVC - Union Interprofessionnelle du Vin de Cahors
Maison du Vin, 430 avenue Jean Jaurès
BP 61, 46002 CAHORS
Tel : 05.65.23.22.24 *Fax :* 05.65.23.22.29

CALVADOS
BNICE -Bureau National Interprofessionnel du Calvados, du Pommeau et des eaux-de-vie de cidre et poiré
31, rue Saint Ouen
14000 CAEN
Tel : 02.31.75.30.90 *Fax :* 02.31.74.26.97

CHAMPAGNE
CIVC - Comité Interprofessionnel des Vins de Champagne
5, rue Henri Martin
B.P. 135, 51204 EPERNAY Cedex
Tel : 03.26.51.19.30 *Fax :* 03.26.55.19.79
Internet : www.vins-champagne.fr

COGNAC
BNIC - Bureau National Interprofessionnel du Cognac
23, Allée du Champ de Mars
B.P. 18, 16100 COGNAC Cedex
Tel : 05.45.35.60.00 *Fax :* 05.45.82.86.54
Internet : www.cognac.fr , www.bnic.fr

CORSE
CIV - Comité intersyndical des vins de Corse
7 boulevard du Général de Gaulle Place Saint Nicolas
20200 BASTIA
Tel : 04.95.32 91 32 *Fax :* 04.95.32 87 81

COTEAUX DU LYONNAIS
CIV. Coteaux du Lyonnais
234, rue du Général de Gaulle
BP 53, 69530 BRIGNAIS
Tel : 04 72 31 59 64 *Fax :* 04 72 31 65 57

COTES-DE DURAS
Union interprofessionnel des vins des Côtes de Duras
Maison des vins
BP 13, 47120 Duras
Tel : 05 53 83 81 88 *Fax :* 05 53 20 82 85

COTES DE PROVENCE
CIVCP – Comité Interprofessionnel des Vins de Côtes de Provence
Maison des vins
RN 7 - B.P. 12
83460 LES ARCS SUR ARGENS
Tel : 04.94.99.50.10 *Fax :* 04.94.99.50.19

COTES-DU-RHONE
INTER-RHONE - Comité Interprofessionnel des Vins AOC des Côtes du Rhône et de la Vallée du Rhône
Maison du vin - 6, rue des Trois Faucons
84000 AVIGNON
Tel : 04.90.27.24.00 *Fax :* 04.90.27.24.13
Internet : www.vins-rhone.com
e-mail : maison@vivarhone.com

GAILLAC
CIVG - Comité Interprofessionnel des Vins de Gaillac
Maison de la Vigne et du Vin
Place de l'Abbaye Saint Michel
81600 GAILLAC
Tel : 05.63.57.15.40 *Fax :* 05.63.57.20.01

LANGUEDOC ROUSSILLON
CIVL - Conseil Interprofessionnel des Vins du Languedoc
9, Cours Mirabeau
11100 NARBONNE
Tel : 04.68.90.38.30 *Fax :* 04.68.32.38.00

SAVOIE
CIVS - Comité Interprofessionnel des Vins de Savoie
3, Rue du Château
73000 CHAMBERY
Tel : 04.79.33.44.16 *Fax :* 04.79.85.92.47

SUD OUEST
CIVSO – Comité interprofessionnel des vins du Sud-Ouest
BP 18, 31321 CASTANET-TOLOSAN Cedex
Tel : 05 61 73 87 06 *Fax :* 05 61 75 64 39
Internet : www.vins-du-sud-ouest.com

VAL DE LOIRE
IVVL INTERLOIRE
19, Square Prosper Mérimée
37000 TOURS
Tel : 02 47 64 48 00d *Fax :* 02 47 64 18 19
E-mail : comit@interloire.com

FIVAL Fédération des vins d'appellation d'origine du Val de Loire
41 rue Jules Simon
37000 TOURS
Tel : 02 47 64 48 00 *Fax :* 02 47 64 18 19
e-mail : fival@creaweb.fr *existe jusqu'au 31.12.2000*

BIVC. - Bureau interprofessionnel des vins du Centre
9 route de Chavignol
18300 Sancerre
Tel : 02.48.78.51.07 *Fax :* 02.48.78.51.08

CIVPN - Conseil Interprofessionnel des Vins du Pays Nantais
Maison des Vins Bellevue
44690 LA HAYE-FOUASSIERE
Tel : 02.40.36.90.10 *Fax :* 02.40.36.95.87

VINS DOUX NATURELS
CIVDN – Comité interprofessionnel des vins doux naturels à AOC
19 avenue de Grande-Bretagne
66025 PERPIGNAN Cedex
Tel : 04.68.34.42.32 *Fax :* 04.68.34.83.07

Bibliographie

OUVRAGES GÉNÉRAUX
- *L'appellation d'origine contrôlée.* Institut national des appellations d'origine.
- *Le goût du vin* par Emile Peynaud. Editions Dunod.
- *Le goût Juste* par Jacques Puisais. Editions Flammarion.
- *Connaissance des vins et des eaux-de-vie* par C. Quittanson. Editions Bres.
- *Le vin se met à table* par Jacques Puisais. Editions Marcel Valtat.
- *L'encyclopédie des boissons* par A. Morand et J. Delamare. Editions Denoël.
- *Guide du vin* par R. Dumay. Editions Stock.
- *Dictionnaire des vins* par G. Debuigne. Editions Larousse.
- *Le livre de l'amateur de vins* par N. Got. Editions Causse et Cie.
- *Du vin considéré comme un des beaux-arts* par E. Kressmann. Editions Denoël.
- *Connaissance et gloire du vin* par C. Quittanson. Editions Bres.
- *Les vins de France* par L. Orizet. Editions Que-sais-je ? (P.U.F.)
- *Le guide des vins et des vignobles de France* par E. Kressmann. Editions Elsevier Sequoia.
- *La France viti-vinicole* par Fonquernie et R. Euvrard. Edition C.R.D.P. de Dijon.
- *Histoire de la vigne et du vin* par H. Enjalbert. Editions Bordas.
- *Connaissance et travail du vin* par E.Peynaud. Editions Dunod.
- *Comment faire de bons vins* par P. Dussine. Editions Flammarion.
- *Manuel d'oenologie* par J. P. Navarre. Editions J.B. Baillere.
- *Dictionnaire du vin* par Renouil et Traversay. Editions Feret.
- *Une Initiation à la dégustation des grands vins* par M. Léglise. Editions Divo.
- *Précis d'Initiation à la dégustation* par J. Puisais et R.C. Chabanon. Editions I.T.V.
- *Guide de la bonne cave* par P. Couderc. Editions La Table Ronde.
- *Du bon usage du vin* par P. Trémolières et J. Puisais. Editions Presses Universitaires de France (Cahiers de nutrition et de diététique).
- *Guide des alcools* par R. Dumay. Editions Stock.
- *Alcools et cocktails en 10 leçons* par C. Vence. Editions Hachette.
- *Topographie de tous les vignobles connus* par André jullien. Editions Slatkine.
- *Oenologie et crus des vins* par R. Piallat et P. Deville. Editions J. Villette.
- *Atlas des grands vignobles de Bourgogne* (2 tomes) par S. Pitiot et R. Poupon. Editions J. Legrand.
- *Terroirs et vins de France*. Itinéraires oenologiques et géologiques. Plusieurs auteurs sous la direction de Charles Pomerol. Total-Edition-Presse.
- *Sur les chemins des vignobles de France*. Sélection du Reader Digest.
- *Essai sur la dégustation des vins* par Vedel, Charles, Charnay et Tourmeau.
- *Guide des vins et de leurs à-côtés* par L. Geay. Editions de la Courtille.
- *Le grand livre du vin* par J. lobe. Editions Vilo.
- *Atlas mondial du vin* par H. Johnson. Editions Laffont.
- *Encyclopédie des vins et des alcools* par A. Lichine. Editions Laffont.
- *Vignes et vins de France* par R. Poulain et L. Jacqueline. Editions Flammarion.
- *Les vins de Gala du divin Dali* par L. Orizet et M. Gérard. Editions Draeger.
- *Le vin en France à l'heure de l'Europe* par R. Pisani. Editions La journée Vinicole.
- *Lexique international de la vigne et du vin.* Editions O.I.V.
- *Le tastevin à travers les siècles* par R. Mazenot. Editions des Quatre Seigneurs.
- *Guide des alcools, des liqueurs et de leurs à-côtés* par L. Berard. Editions de la Courtille.
- *Les doigts d'or du vin.* Editions Atlas.
- *Parler en vin* (humour) par Ronald Searle. Editions Albin Michel.
- *Le grand livre des confréries* par. Fernand Woutaz. Club français du vin.
- *Dictionnaire des appellations* par Fernand Woutaz. Guide Marabout.
- *Le livre pratique des vins* par Michel Dovaz. Editions Vecchi.
- *Le savoir-boire* par Jean-Luc Pouteau G.L.M.
- *La dégustation* par Steven Spurrier e Michel Dovaz. Editions Bordas.
- *Yquem* par Richard Olney. Flammarion.

LES GUIDES
- *Guide Hachette des vins de France.*
- *Guide des vins de France* par Patrick Dussert-Gerber. Editions Albin Michel.
- *Guide Gault-Millau.*
- *Le classement des vins et des domaines de France* par M. Bettane et T. Desseauve. Ed. de la revue du Vin de France.

JOURNAUX - REVUES
- *La journée vinicole,* un numéro par semaine + mise à jour permanente sur internet.
- *L'Hôtellerie.*
- *Revue du vin de France.*
- *Revue des œnologues.*
- *Gault-Millau magazine.*
- *L'amateur de Bordeaux.*
- *Bulletin de L'O.I.V* (Office International de la Vigne et du Vin).

Les chiffres concernant la situation de la viticulture dans le monde sont publiés chaque année dans ce bulletin.

OUVRAGES REGIONAUX
LOIRE
- *Les vins de la Loire* par P. Brejoux. Revue lu vin de France.
- *Les vins de la Loire.* Editions Montalba.

BORDEAUX
- *Le vin de Bordeaux, cet inconnu* par G. Marchou. Editions Causse et Cie.
- *Le vin de Bordeaux.* Editions Montalba.
- *Bordeaux et ses vins* par Cocks et Feret. Editions Feret.
- *Le vin de Bordeaux* par Guy Renvoisé. Editions Solarama.

BOURGOGNE
- *Les vins de Bourgogne* par P. Poupon et P. Forgeot. Editions P.U.F.
- *Les vins de Bourgogne* par P. Brejoux. Revue du vin de France.
- *Mon Beaujolais* par L. Orizet. Editions de la Grisière.
- *Le vin de Bourgogne.* Editions Montalba.
- *Pèlerinage aux sources du Bourgogne* par P. Forgeot.

CAHORS
- *Le vin de Cahors* par J. Baudel. Editions Quercynoises.

RHONE
- *Les vins du Rhône et de la Méditerranée.* Editions Montalba.

ALSACE
- *Vignes et vins d'Alsace* par P. Brunet. Editions Quintette.
- *Les vins d'Alsace* par S.Dubs. Edition R.Laffont/Serpenoise.
- *Le vin d'Alsace.* Eitions Montalba.
- *Le vin d'Alsace* par G. Renvoisé. Editions Solarama.

CHAMPAGNE
- *Le vin de Champagne.* Edition Montalba.
- *Le Champagne* par G. Renvoisé. Editions Solarama.
- *Encyclopédie des vins de Champagne* par Michel Dovaz. Editions Luiliard.

EAUX-DE-VIE ET LIQUEURS
- *Dictionnaire des alcools.* Larousse.
- *Les eaux-de-vie d'Alsace et d'ailleurs* par P. Eschbach. Editions Coprur.
- *L'univers de la Vodka et de l'Aquavit* par G. Delos. Editions Solar.
- *Le Cognac, sa distillation* par J. Lafon, P. Couillaud-Gay Belilé. Editions J.B. Baillère.
- *Armagnac, Terre Gascogne* par L. Gaubert. Editions Havas.
- *Le livre de l'amateur d'Armagnac* par J. et G. Samalens. Editions Solar.
- *Calvados* par J. Billy et C. Drouin. Editions Charles Corlet.
- *Le cidre, la pomme et le Calvados* par P. Robin et M. de la Torre. Editions du Papyrus.

COLLECTIONS
- UNE APPELLATION, UN LIVRE *Le Grand Bernard des vins de France* sous la direction de Bernard Ginestet. Editions Nathan : Pomerol, Margaux, Pauillac, Graves, St-Emilion, etc.
- Par Euvrard et Fonquernie (CRDP de Dijon) :
  Connaître et servir les vins, La France viti-vinicole.
  Les secrets de l'alambic.
  Harmoniser les vins et les mets.
  Principaux vignobles et vins de France.

MAIS EGALEMENT
- *Le livre des cépages* par Jancis Robinson. Editions Hachette.
- *La vigne et le vin,* réalisé dans le cadre de l'exposition «La Vigne et le Vin» à la Cité des Sciences de la Villette, La Manufacture Editeurs. Plusieurs auteurs.
- *Vins, vignes et vignerons* par Marcel Lachiver, Editions Fayard.
- *Lexivin,* par Paul Cadiau : traduction du vocabulaire technique Français-Anglais, chez l'auteur à Pernand-Vergelesses (Côte-d'Or).
- *La dégustation du vin, l'approche sensorielle* par G. Pertuiset. Editions Quintette.
- *Grappes 19..-19...* recensement annuel des professionnels français du vin. Travail d'équipe, conception générale : Hervé Bizeul. Editions Glénat (n'est malheureusement plus édité).
- *Le Carnet gourmand du vignoble français,* par Bernard Bonnevaux, Editions Julien.
- *Vins de Pays de France,* ANIVIT/Romain Pagès Editions.
- *Atlas Hachette des vins du monde.* Editions Hachette.
- *Une histoire mondiale du vin* par H. Johnson. Editions Hachette.
- *Sommelier profession d'avenir,* par l'Association de la Sommellerie Internationale, en plusieurs langues : français, anglais, espagnol, allemand, roumain.
- *Les vins de l'Yonne* par C.Doré. Editions Quintette.

POUR TRAVAUX PRATIQUES
- *Le nez du vin* par J. Lenoir. Coffrets avec différents arômes. Editions J.Lenoir. 13470 Carnoux-en Provence. Existe également pour le Champagne, le Cointreau, le Café, les cigares, les défauts du vin...
- *L'esprit et le vin* (tout le matériel pour le service) 75017 Paris.

INDEX DES APPELLATIONS

A
Ajaccio 236
Aloxe-Corton 167
Alsace ou Vin d'Alsace 199
Alsace ou Vin d'Alsace Grand cru 199
Anjou 283, 286, 287
Anjou-Coteaux de la Loire 284
Anjou-Gamay 286
Anjou-Villages 286
Anjou-Villages-Brissac 286
Arbois 206
Arbois Pupillin 206
Armagnac 320
Auxey-Duresses 169

B
Bandol 232
Banyuls 253
Banyuls Grand Cru 253
Barsac 137
Bas-Armagnac 314
Bâtard-Montrachet 169
Béarn 263
Béarn-Bellocq 263
Beaujolais 178
Beaujolais Supérieur 178
Beaujolais-Villages 178
Beaune 167
Bellet 232
Bergerac 260
Bienvenues-Bâtard-Montrachet 169
Blagny 169
Blanc Fumé de Pouilly 267
Blanquette de Limoux 246
Blanquette méthode ancestrale 246
Blayais 148
Blaye 148
Bonnes-Mares 162
Bonnezeaux 284
Bons Bois (Eau-de-vie) 317
Bordeaux 128
Bordeaux Clairet 128
Bordeaux Côtes de Francs 148
Bordeaux Haut-Benauge 140
Bordeaux mousseux 128
Bordeaux rosé 128
Bordeaux sec 128
Bordeaux Supérieur 128
Borderies (Eau-de-vie) 311
Bourg ou Bourgeais 148
Bourgogne 156
Bourgogne Aligoté 156
Bourgogne Chitry 158
Bourgogne Côtes d'Auxerre 158
Bourgogne Côte Chalonnaise 174

Bourgogne Coulanges-la-Vineuse 158
Bourgogne Epineuil 158
Bourgogne Hautes-Côtes de Beaune 170
Bourgogne Hautes-Côtes de Nuits 164
Bourgogne Grand Ordinaire 156
Bourgogne Passetoutgrains ou Passe-tout-grains 156
Bourgueil 278
Bouzeron 174
Brouilly 179
Bugey 215
Buzet 265

C
Cabardés 246
Cabernet d'Anjou 287
Cabernet de Saumur 287
Cadillac 137
Cahors 266
Canon-Fronsac 145
Calvados (Eau de vie) 322
Calvados du Pays d'Auge (Eau-de-vie) 322
Cassis 232
Cérons 137
Chablis 158

Chablis Grand Cru 158
Chablis Premier Cru 158
Chambertin 161
Chambertin Clos de Bèze 161
Chambolle-Musigny 162
Champagne 187
Chapelle-Chambertin 161
Charmes-Chambertin 161
Chassagne-Montrachet 169
Château-Chalon 206
Château-Grillet 222
Châteaumeillant 273
Châteauneuf-du-Pape 224
Châtillon-en-Diois 227
Chaume (Coteaux du Layon) 284
Chénas 179
Chevalier-Montrachet 169
Cheverny 280
Cidre A.O.C. 334
Chinon 278
Chiroubles 179
Chorey-lès-Beaune 167
Cilaos 120
Clairette de Bellegarde 244
Clairette de Die 227
Clairette du Languedoc 244
Clos des Lambrays 162
Clos de la Roche 162
Clos Saint-Denis 162
Clos de Tart 162
Clos de Vougeot 162
Cognac (Eau-de-vie) 317
Collioure 249
Condrieu 222
Corbières 246
Cornas 222
Corton 167
Corton-Charlemagne 167
Costières de Nîmes 227
Côte de Beaune 170
Côte de Beaune-Villages 170
Côte de Brouilly 179
Côte de Nuits-Villages 164
Côte Roannaise 276
Côte Rôtie 222
Coteaux Champenois 187
Coteaux d'Aix-en-Provence 232
Coteaux d'Ancenis 290
Coteaux de l'Aubance 284
Coteaux de Die 227
Coteaux du Giennois 273
Coteaux du Languedoc 242/243
Coteaux du Layon 284
Coteaux du Loir 280
Coteaux du Lyonnais 182
Coteaux de Pierrevert 232
Coteaux du Quercy 269
Coteaux de Saumur 283
Coteaux de Tricastin 227
Coteaux Varois 232
Coteaux du Vendômois 280
Côtes d'Auvergne 276
Côtes de Bergerac 260
Côtes de Blaye 148
Côtes de Bordeaux Saint-Macaire 137
Côtes de Bourg 148
Côtes de Bruhlois 265
Côtes de Castillon 148
Côtes de Duras 265
Côtes du Forez 276
Côtes du Frontonnais 269
Côtes du Jura 206
Côtes du Luberon 227
Côtes de Marmandais 265
Côtes de la Malepère 246
Côtes de Millau 269
Côtes de Montravel 260
Côtes de Provence 230
Côtes de Saint-Mont 26
Côtes du Rhône 219
Côtes du Rhône-Villages 219

Côtes du Roussillon 249
Côtes du Roussillon-Villages 249
Côtes de Saint-Mont 263
Côtes de Toul 204
Côtes du Ventoux 227
Côtes du Vivarais 228
Cour-Cheverny 280
Crémant d'Alsace 199
Crémant de Bordeaux 128
Crémant de Bourgogne 156
Crémant de Die 227
Crémant de Limoux 246
Crémant de Loire 282
Crémant du Jura 206
Crépy 212
Criots-Bâtard-Montrachet 169
Crozes-Hermitage 222

E
Echézeaux 162
Entre-Deux-Mers 140
F
Faugères 243
Fiefs Vendéens 290
Fine Champagne 317
Fins Bois (Eau de vie) 317
Fitou 246
Fixin 161
Fleurie 179
Floc de Gascogne (Vin de liqueur) 333
Fronsac 145
Frontignan ou vin de Frontignan 253

G
Gaillac 269
Gevrey-Chambertin 161
Gigondas 224
Givry 174
Grand Roussillon 253
Grande Fine Champagne (Eau de vie) 317
Grands-Echezeaux 162
Graves 133
Graves supérieures 133
Graves de Vayres 149
Griottes-Chambertin 161
Gros-Plant 289

H
Haut-Médoc 128
Haut-Armagnac 320
Haut-Montravel 260
Haut-Poitou 288
Hermitage 222

I. J
Irancy 158
Irouléguy 263
Jasnières 280
Juliénas 179
Jurançon 263
Jurançon sec 263

L
Ladoix 167
La Grande Rue 162
La Tâche 162
Lalande-de-Pomerol 144
Latricières-Chambertin 161
Lavilledieu 269
Les Baux-de-Provence 232
L'Etoile 206
Limoux 246
Lirac 224
Listrac-Médoc 129
Loupiac 137
Lussac-Saint-Emilion 143

M
Mâcon 175
Mâcon Supérieur 175
Mâcon-Villages 175

415

Macvin du Jura (Vin de liqueur) 206 et 333
Madiran 263
Maranges 170
Marcillac 269
Margaux 129
Marsannay 161
Marsannay rosé 161
Maury 253
Mazis-Chambertin 161
Mazoyères-Chambertin 161
Médoc 130
Menetou-Salon 273
Mercurey 174
Meursault 169
Minervois 246
Minervois la Livinière 246
Monbazillac 260
Montagne-Saint-Emilion 143
Montagny 174
Monthelie 169
Montlouis-sur-Loire 278
Montrachet 169
Montravel 260
Morey-Saint-Denis 162
Morgon 179
Moselle 204
Moulin à Vent 179
Moulis-en-Médoc 129
Muscadet 289
Muscadet Coteaux de la Loire 289
Muscadet Côtes de Grandlieu 289
Muscadet Sèvre et Maine 289
Muscat de Beaumes-de-Venise 225
Muscat de Frontignan 253
Muscat de Lunel 253
Muscat de Mireval 253
Muscat de Rivesaltes 253
Muscat de Saint-Jean de Minervois 253
Muscat du Cap Corse 236
Musigny 162

N.O
Nuits-Saint-Georges 162
Orléanais 280

P
Pacherenc du Vic-Bilh 263
Palette 232
Patrimonio 236
Pauillac 129
Pécharmant 260
Pernand-Vergelesses 167
Pessac-Léognan 133
Petit Chablis 158
Petite Fine Champagne (Eau-de-vie) 317
Pineau des Charentes (vin de liqueur) 332
Pomerol 144
Pommard 169
Pommeau de Bretagne 333
Pommeau de Normandie 333
Pouilly-Fuissé 175
Pouilly-Fumé 273
Pouilly-Loché 175
Pouilly-sur-Loire 273

Pouilly-Vinzelles 175
Premières Côtes de Blaye 148
Premières Côtes de Bordeaux 148
Puisseguin-Saint-Emilion 143
Puligny-Montrachet 169

Q
Quarts de Chaume 284
Quincy 273

R
Rasteau 225
Régnié 179
Reuilly 273
Rhum de la Martinique 324
Richebourg 162
Rivesaltes 253
Romanée (La) 162
Romanée-Conti 162
Romanée-Saint-Vivant 162
Rosé d'Anjou 287
Rosé de Loire 282
Rosé des Riceys 187
Rosette 260
Roussette du Bugey 215
Roussette de Savoie 212
Ruchottes-Chambertin 161
Rully 174

S
Saint-Amour 179
Saint-Aubin 169
Saint-Chinian 243
Sainte-Croix-du-Mont 137
Sainte-Foy-Bordeaux 149
Saint-Enillion 142
Saint-Emilion Grand Cru 142
Saint-Estèphe 129
Saint-Georges-Saint-Emilion 143
Saint-Joseph 222
Saint-Julien 129
Saint Nicolas de bourgueil 278
Saint-Péray 222
Saint-Pourçain 270
Saint-Romain 169
Saint-Véran 175
Sancerre 273
Santenay 170
Saumur 281, 283, 286
Saumur Champigny 286
Saussignac 260
Sauternes 137
Sauvignon de Saint-Bris 158
Savennières 284
Savennières Coulée de Serrant 284
Savennières Roche aux Moines 284
Savigny lès Beaune 167
Seyssel 212

T
Tavel 224
Touraine 278
Touraine-Amboise 278
Touraine-Azay-le-Rideau 278

Touraine-Mesland 278
Touraine Noble joué 278
Tursan 263

V
Vacqueyras 224
Valençay 280
Vin de Corse 235
Vin de Savoie 211
Vins d'Entraygues et du Fel 269
Vins d'Estaing 269
Vins du Thouarsais 288
Viré-Clessé 175
Volnay 169
Vosne-Romanée 162
Vougeot 162
Vouvray 278

VINS ETRANGERS*

Au sein de l'U.E
Allemagne 296
Autriche 297
Espagne 298
Grande Bretagne 299
Grèce 300
Italie 201
Luxembourg 303
Portugal 304

Europe hors U.E :
Bulgarie : 308
Hongrie 307
Moldavie, Ukraine, Georgie 310
République Tchèque 309
République Slovaque 309
Roumanie 308
Slovénie et Croatie 303
Suisse 306

Hors Europe :
Amérique 311, 313
Afrique 313
Océanie (Australie, Nouvelle-Zélande) 314

Dans cet ouvrage les vins étrangers sont traités de façon succincte. Pour plus d'informations consulter l'ouvrage " LE VIN ET LES VINS ETRANGERS (350 pages) par Paul BRUNET Editions BPI

Afin d'être suffisamment précis, il était nécessaire de citer certaines marques commerciales. Ces citations sont faites à titre gratuit et ne constituent pas une appréciation sur les marques mentionnées.

Création - Exécution : Altus - Paris 11e
Achevé d'imprimer en Italie - Imprimerie Bona, Turin, mai 2005
Dépôt légal 2ème Trimestre 2005
N° Editeur 514
ISBN 2 - 85708 - 409 - 9